中國戲劇年鑑

贺敬之题

1989

《中国戏剧年鉴》编辑部编

中国文联出版公司出版

1989·北京

中国戏剧年鉴
（1989）
《中国戏剧年鉴》编辑部编

中国文联出版公司出版
（北京农展南里10号）
文物出版社印刷厂、印刷
北京发行所发行
字数 730千字 开本 787×1092 1/16 印张 22.25 插页 16
1990年1月第1版 1990年1月第1次印刷
印数 3，000册

书号：ISBN7-5059-1338-7/I·953 定价：28.50元

目　　录

综　　述

戏剧日志

各省戏剧概况

重要戏剧活动

·戏曲现状与趋势研讨会·

探索演出（选例）

专　　题

部分省（市、自治区）推荐剧目

戏剧论著介绍

戏剧院校　剧院剧团

少数民族戏剧

逝世人物

资　　料

CONTENTS

REVIEWS

THEATRE RECORDS

THEATRE SURVEYS

MAJOR THEATRICAL EVENTS

Eugene G.O'Neill Festival

The 1st Symposium of the Nation-wide Modern Traditional Opera Literature

The 1st China Theatre Festival

National or Joint-Provincial Selection

EXPLORATORY PERFORMANCE (Selection)

SPECIAL REPORT

PLAYS RECOMMENDED BY SOME PROVINCES, CITIES AND AUTONOMOUS REGIONS

AN INTRODUCTION TO WORKS ON THEATRE

INSTITUTES, THEATRES AND TROUPES

MINORITY NATIONALITY THEATRE

OBITUARY

DATA

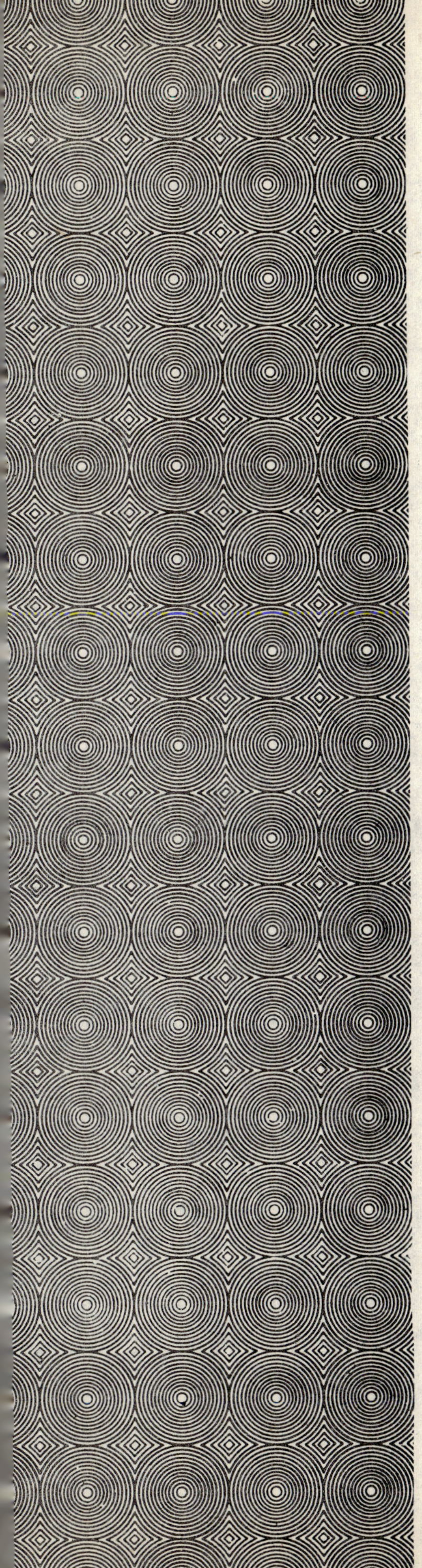

综 述

1988年戏曲创作

安　葵

尽管近年来戏曲舞台的不景气状况并未根本扭转，但从发表的剧本看，1988年的戏曲创作却应该说是取得丰收的一年。剧作者吸取了前几年的许多有益经验，对于如何适应新时期观众的需要，对于如何发挥戏曲艺术的优势，进行了许多有益的探索，从而形成了这一年戏曲创作的许多特点。

一、中年剧作家领风骚，重新审视历史和传统

1988年春天，中国剧协举行了1986——1987年度全国优秀剧本评奖，其中有些获奖剧本，如《风流寡妇》、《田姐与庄周》、《节妇吟》等，经过舞台考验，于1988年公开发表。在各省市的戏剧刊物上还发表了许多新老作者达到一定质量和有特色的剧本，其中包括历年来获全国优秀剧本奖的一批作者，如郑怀兴、魏明伦、郭启宏、孙月霞、齐致翔、陈正庆、田井制、顾锡东、张彭、王其德、杨东标、白良等的新作。这些作者中老作家和青年作者都占少数，大部分是四五十岁的中年剧作家，可以说形成了一个中年剧作家领舞台风骚的局面。这些作家各有不同的个性特点，但是客观的历史条件和成长过程，使他们担负了承前启后的历史重任，并形成了共同的艺术理想追求和艺术思维特点，其中比较突出的一点是，他们既重视对传统的继承，又对历史和传统重新进行严肃的审视，在作品里表现了新的历史道德观点和较强的主体意识。

川剧女作家徐棻与胡成德合作的《田姐与庄周》（《剧本》4月号）是根据古代小说《庄子休鼓盆成大道》的故事重新创作的。这一题材的传统剧目川剧叫《南华堂》，京剧叫《大劈棺》，秦腔叫《蝴蝶梦》，这些戏都表现了歧视、迫害妇女的封建道德观念，表演中也多有色情凶杀成分，解放后被列为禁戏。但是近年来不少剧作家对这一题材发生兴趣，重新审视，翻出新意。《田姐与庄周》不是简单的翻案之作。剧本塑造了庄周与田姐两个性格复杂、内涵丰富的艺术形象。庄周自称他的学旨是“无为无求无伤天”！认为一切应该“顺乎自然，勿悖勿绝”。他在看到一个寡妇为了早日改嫁去搧丈夫的坟时也深表理解，甚至使出法力相助。但当他发现自己的妻子似乎另有所爱的时候，却就脱不出常人的怀疑、妒恨和恼怒的感情。更由于他有“法力”，就把这种怀疑和妒恨化为残酷的手段来对田姐进行试探和折磨。开始他幻化为风流倜傥的楚王孙对田姐百般引诱，而后又假装头疼要求田姐劈开庄周的脑髓为他治病，使田姐陷入无法承受的痛苦之中和重压之下。

作者无意把庄周写成一个反面人物，而是通过这一形象揭示“人难以战胜自己的悲哀”；对田姐，则寄予更多的同情。田姐是一个单纯美丽的少女，她有爱美、爱自然的要求和青春的热望，但在另一方面她又不断地压制这种自然的要求，谴责自己。在庄周的圈套下，她一步步按天性的驱使前进，同时负罪感也越来越重，最后毁掉了这年轻的生命。剧本的副题是“一个大男子和一个小妇人无所稽考的荒唐故事”，在“大男子”面前，这“小妇人”只有上圈套、忏悔和毁灭的一条路。这种状况和观念并没有随着封建社会的被推翻而结束，因此剧本能够引起人们广泛的人生和哲理的思考。

由于封建道德观念对妇女的残害既深又广，所以在爱情婚姻领域批判封建思想一直是剧作家们关注的主题。曾以大悲剧《团圆之后》震动全国的福建，又出现了另一出引人注目的悲剧梨园戏《节妇吟》（王仁杰编剧，《福建戏剧》第4期）。剧本写寡妇颜氏在塾师沈蓉即将辞馆赴试之际，对沈产生了恋情，夜叩沈门，欲以身相许。沈出于前途考虑，阖扉相拒，颜氏二指被夹伤，深为愧悔，遂断指自戒，教子成名。但多年后此事传出，被皇帝知道，宣扬“阖扉颂”以褒奖沈蓉，使颜氏无地自容而死。

《节妇吟》侧重人物心理刻画，特别是剧本的前半部，哀婉凄切。一个年轻寡妇的正当情爱本无可指责，何况她这种要求倏而一闪自己便把它熄灭，立志永绝中夜之念。这本身已构成了人性的悲剧，但这样

仍不见容于封建社会。因此这个戏在很深的层面上批判了封建道德观念和封建社会的罪恶。

曾与陈仁鉴合作改编过《春草闯堂》的柯如宽与林景赋合作改编了《珍珠衫》(《福建戏剧》5期)。这一涉及性爱与伦理冲突的题材，多年为戏曲作者所回避。但是随着商品经济的发展和思想观念的变化，人们又重新觉得《珍珠衫》里王三巧和蒋兴哥的悲剧有值得挖掘的意义在。在柯如宽、林景赋的剧本中，王三巧、蒋兴哥以及陈商等都有真情。王三巧盼蒋兴哥回来，从红梅几度开放到中秋几番月圆，感情写得很真挚。被休后三巧投江，蒋、陈闻王三巧死(实际被人救起)又到江边祭奠，这些场面都很动人，也更显示了王、蒋被世俗观念束缚不能重归于好的悲剧性。剧本没有象古代白话小说那样渲染人物的情欲要求，这是可取的；但把王三巧写得过于贞洁，这样她把珍珠衫赠与陈商就缺乏根据。

在一些作者着重批判传统道德观念的同时，另一些作者把审视的眼光投向历史，在作品中表露了许多新的历史观点。《南唐遗事》的作者郭启宏循着宋、唐兴替的这条线索，继续研究了北宋的历史资料，写出了以北宋三大疑案为贯串线的《宋宫异史》(《新剧本》第3期)。在这里，赵匡胤经过了真真假假的“黄袍加身”的陈桥兵变，达到了成就帝业并拥有美人的巅峰时期；但最后又被曾帮他称帝、因美人而生妒、继而觊觎帝位的弟弟迫不及待地结束了生命。在巅峰时期，赵匡胤发出“唯大英雄方能真好色”的宏论，似乎万物皆备于我；临死前又难免发出“多少夙愿未成竟，人生长在遗憾中”的感慨。在《南唐遗事》中，才华横溢但不谙世事的李后主是一个悲剧人物，在《宋宫异史》中，“赢得个大一统神威华夏”的赵匡胤也落得悲剧的结局。这是“古今多少事都付谈笑中”的传统文人思想的深深的影响，还是现代人对历史的一种更超脱的意识，似乎难以分辨清楚。

与郭启宏的历史浩叹不同，魏明伦的是非爱憎观点更为显露。从创作《潘金莲》以来，他似乎有意与人们的传统心理作对，于本年发表了自称为“演义川剧”的《夕照祁山》。剧本写诸葛亮晚年在与魏延的关系中表现出的虽爱才却又妒才以至害才，有谋略却又因循旧章这晦暗的一面，从而想达到塑造一个复杂的性格，对“人格神”进行否定的目的。魏明伦熟悉戏曲舞台，他在观念上反传统心理的同时，又考虑到适应戏曲观众的审美心理，情节跌宕有致，氛围变化多姿，文彩斐然而又富有幽默感与机趣。但由于作者对人物的态度过于清醒，因此诸葛亮形象的塑造尚嫌平直。

对于同一段历史，在不同时期，人们会发现它的不同侧面，南宋灭亡前这一段惨痛的历史引起过古今多少剧作家的创作激情，名垂千古的岳飞、文天祥、梁红玉以及遗臭万年的秦桧等都不知多少次被搬上舞台。而近年来剧作家们更注意到在这悲剧时代人们心灵的扭曲。剧本《深宫怨》(《剧本》2月号，据介绍作者李莉是位年仅32岁的女性)写赵构为了避免世人责骂他不孝，遣秦桧到金邦赎回其后母韦太后，此时与韦太后同时流落金邦的媛媛公主也逃回，韦太后虽与公主曾有过亲密的感情，但为了使自己在金邦失节的真情不败露，痛苦地、然而却又残忍决绝地说公主是假的，从而害了公主及其他敢于直言的无辜者。这个戏具有环环相扣、层层推进的戏剧局式，在这情节的发展中揭示了韦太后、赵构、秦桧等人物深层的内心世界。

前几年福建的剧作家率先发表了一批揭露朝廷黑暗、具有犀利的反封建精神的作品，引起人们的重视。在1988年发表的剧本中，陕西的《焚佛记》和四川的《大生意》继续着这方面的开掘。《焚佛记》(谭照文编剧，《当代戏剧》第3期)写杨广(隋炀帝)为了从兄弟手里夺得帝位以及得到美人所使用的种种伎俩。《大生意》(倪国桢编剧，《四川戏剧》第2期)写商人吕不韦把窃得控制国家的权力看成一笔大生意，为此所费的苦心令人震惊。这些作品都从一个侧面反映了历史进程中的某种真实，而且一些历史人物的心理动机和行为方式作为历史积淀也以种种变形流传了下来。因此这些作品能引起人们共鸣。

这种对历史与传统的重新审视与当代中国文学反思历史的潮流是相呼应的。它表明了戏曲创作主体性的加强和在思想性方面的深入。剧作家努力使戏曲摆脱陈旧、肤浅的状态，力争戏曲文学进入更高的层次，因此可以认为这些重新审视历史与传统的作品是当前戏曲创作一股有代表性的潮流。

当然，对历史和传统的反思也不应只是揭示和否定其消极的一面，还应肯定和宏扬其积极的一面。但这种肯定英雄人物和歌颂民族脊梁的作品要有新的突破难度也更大。在1988年的剧本中，河北的《易水寒》和《钟离春》有其可取处。《易水寒》(孙鸿鹄编剧，《大舞台》第4期)写的是人们所熟悉的荆轲刺秦王的故事，剧本既写了荆轲及田光、樊于期等慷慨捐躯的壮烈行为，也写了荆轲与其老母的亲情和与新婚妻子的蜜意。既苍凉悲壮亦不失儿女情长。这些古人的行为使人感到与今人既有距离，又是可以理解的。《钟离春》(谢美生编剧，《大舞台》第6期)吸取了传统剧本的一些情节，但全剧有完整的喜剧构思，“无盐娘娘”钟离春性格粗豪又颇有谋略。这些剧本歌颂了我们民族性格中勇肩道义、敢于牺牲的可贵精神，又以独特的人物性格显示了北方剧作的粗犷风格。

二、庄谐相济，雅俗共赏，南北皆有传奇佳作

作者们没有忘记戏曲观众的多层次性，在他们追求戏曲文学的提高的时候，也充分注意到广大观众的欣赏要求，力求使他们喜闻乐见，在适应中征服和提高观众，在适应中寻求戏曲自身的发展和突破。在1988年的剧本中，我们高兴地看到，所谓专家欣赏的剧本和群众喜欢的剧本距离在缩短，不少剧本寓庄于谐，俗中求深，能够达到雅俗共赏。从地域看，除前几年已显出雄厚实力并形成地区风格的福建和浙江外，“湘军”、“川军”也保持着锐气，河北、河南、安徽等省也正在普及的基础上提高，从数量众多和多方探索的创作态势看，他们也正孕育着新的突破。

戏曲作者们都注意到把继承传统和革新发展辩证地结合起来，在具体作品中，继承和革新两个方面又各有侧重，“传奇剧”和“探索性剧目”是这两个方面的代表。

中国戏曲有“非奇不传”的传统，讲究情节的新奇、新鲜、引人入胜。新创作的许多剧本，特别是新编古代戏都注意了戏曲这一特点，剧名标为“传奇”的就有《山寨传奇》、《痴憨传奇》、《玉扇传奇》、《红薯泥传奇》、《罗敷女传奇》等多种。传奇与所谓“情节剧”并不是同义语，许多剧本透过传奇性的情节表现了很深的思想意蕴。

有的作品对人们熟悉的故事又翻出了新意，呈现出新的风格。老作家顾锡东与姚博初合作的《唐伯虎落第》（《新剧本》第5期）着重写唐伯虎落第后的心态变化。唐伯虎凭才学考取功名又因官场黑暗蒙冤而落第，从此他由追求功名变为疏狂。沈九娘在唐寅这人生的大波折中成为他的知己，她在关键时刻提醒他：“又何必，愤世嫉俗叹辛酸，人世间，才智各有奋斗路。”沈九娘的话使唐寅醒悟，“乐得个醉写山林狂作诗”。全剧一扫文人风流韵事的低俗格调，而又熨贴自然，显出老作家的功力。

黄梅戏《布衣青天》（刘达刚编剧，《安徽新戏》第1期）根据宿松的民间传说塑造了狂放而又机智、落第后又能替百姓说话的文人杨馥初的形象。他替百姓求情，免了宿松县的皇粮。他不怕自己吃苦，救下无辜的歌女，护住当地的名胜小孤山，并使贪官洪宝父子伏法。他没有唐伯虎那样的名气，但和群众却有更亲近的感情。全剧有很强的民间色彩。

近年来，一些作者为观众熟悉和喜爱的传统剧目写“续集”、“后传”，获得使观众又熟悉又新鲜的审美效果。川北灯戏《包公照镜子》（萧善生、唐正怀编剧，《四川戏剧》第1期）写了包公铡陈世美之后的心态和周围的事态，耐人寻味。包公做了好事，得到百姓的称赞，可他却心烦意乱，甚至在照镜子时产生了“头没有了”的幻觉。王朝、马汉要求“外放”，觉得跟着他倒霉。幻觉中秦香莲来诉苦，乡亲们说她与相爷“朝夕相陪”。在强权势力和世俗偏见的重重挤压下，包公这样的人是很难自处的。这些都可以使人产生很多联想。剧本构思时考虑到了灯戏活泼、火爆的特点和强烈的舞台效果。

许多地方剧种中都有聊斋戏，解放后根据《聊斋》故事改编的越剧《胭脂》和吕剧《姊妹易嫁》等都是脍炙人口的佳作。中年女作家孙月霞根据《聊斋》故事《王平子》提供的基础创作的《司文郎》（《新剧本》第4期）在中国式“荒诞”色彩之中写出封建社会考场黑暗和种种人情世态。书生宋九郎虽有高才却因不肯贿赂考官而三世落榜，三世夭折仍不忘考场较量。阎王命他投生女胎以绝其科考之念。转世胡银后，借替胸无点墨的哥哥胡金答卷，女扮男装进了考场。考官发现后欲纳她为妾，与其兄胡金达成把才子王子平的考卷换给他的交换条件。胡银屈死到阴间告状，阎王也不受理，最后还是用祖传珍宝玉尺才换了个“司文郎”的差事。剧本塑造了执着的宋九郎、多情多才的胡银、商人气很重的胡金和刚直的王子平等几个生动的形象。

浙江尤文贵的《痴憨传奇》（《戏文》第4期）是根据聊斋一些章节创作的，写姜员外不愿把女儿嫁给只知读书的穷秀才大痴，与其女儿及表侄胡禧等设计了许多骗局，其子憨郎却为人憨厚，在书仙的感化和诱导下，大痴和憨郎都变得聪明并做了官。表面看，这是一段善恶因果的故事，但作者对“书”做出新的解释，读书可以读痴，也可使人聪明，“秦火连天书未绝，文章千古不坏身”。剧本把书的化身——书仙写成聪明热情、美丽可爱的姑娘，这中间也渗透着当代人对知识的理解。

近年来有不少古代故事剧塑造出性格独特的“小人物”的形象。湖南的剧本《千古一丐》（郭细毛编剧，《剧海》第6期）中的小时迁为这一画廊又增添了一个有特色的人物。剧本写皇帝私访遇到水灾，流落村民中间，乞丐小时迁用糠粑粑换下了皇帝的玉玺，凭着这块“金砣砣”，他不仅惩罚了贪财的官吏，还惩罚了贪色的皇帝。皇帝为了要回玉玺许诺封他官，小时迁说还是讨饭有味，于是皇帝封了他个“千古一丐”。剧本活泼热闹，有很强的喜剧性。

根据长篇评书《蒸骨三验》改编的《棠棣冤》（迟放编剧，《福建戏剧》第2期）则塑造了另一种小人物，一个阴恶、刁钻的仆人、小吏皮顺。他利用朝廷中两派力量的倾轧，用谎言为其主子骗得了功名，然后又帮他的主子栽赃陷害、疏通关节，构筑和掩盖了种种冤案。在他的主子犹豫和懊悔时，他说："大丈夫悔事不做，做事不悔。"这是一个全无良心可讲的令人不寒而栗的形象。剧本既写了宦官的专横，也写了反宦官的官僚们种种利己的动机，以及搜罗党羽、营私舞弊等官场手段。

有的剧本并没有很深的历史和哲理内容，但塑造了美丽的形象，表现了美好的感情，能给人美的悦愉和陶冶，这也是积极地发挥了戏曲的社会功能。如《山寨传奇》（梁阿筠编剧，《四川戏剧》第3期）写秀才张曙因状元功名被窃取，一怒上了山寨与山大王为伍，主考官的女儿谷中兰不满父亲循私，女扮男装出走，经过山下被劫上山，后来与张曙成就了一段奇妙的姻缘。这个戏在思想上并无特别的深意，但"智考"、"闺情"、"做媒"等几场戏写得饶有情趣，文辞优美并有舞台性。

其他如《草莽劫》（齐致翔、张之雄编剧，《剧本》1月号）、《醉公主》（王云根编剧，《戏文》第3期）、《月亮湖》（包朝赞编剧，《戏文》第2期）、《萧觃》（尹洪波编剧，《安徽新戏》第3期）、《辞官记》（程久钰编剧，《安徽新戏》第5期）等剧本也都各有特色和长处。如果说那种对历史和人生哲理有较高追求的剧作表明了戏曲文学与整个文学创作同步的趋向，那么大量的传奇色彩浓厚的新作则表明戏曲创作仍植根于深厚的群众基础之中。

剧作家们在重视戏曲特点的同时，也一直致力于戏曲表现能力和表现手段的拓展。于是有一批引人注目的"探索性剧目"出现。湘剧《山鬼》和京剧《洪荒大裂变》分别在中国戏剧节和京剧新剧目汇演中演出，引起强烈反响。前者通过古代故事反映了当代人的思想观点和审美观点，后者表达了诸如人类在生存发展中每前进一步都要付出重大代价这样富有哲理意味的主题。在1988年发表的新作中，孟华的《半个娘娘》（《剧本》第2期）值得重视。作者名之为"意象剧"。有文章介绍说：作者从外国《意象派诗选》中得到启发，认为外国的现代派总是在中国的古文化里盗宝，我们也应该拿它为现代化服务。（《剧本》第9期）这是一个带有寓言色彩的故事。山里姑娘桑桑救下打了败仗的南山王，南山王封她娘娘。但当南山王回朝要来迎娶桑桑时，十分忠于皇上的保驾大臣黄兆年却因桑桑的美丽、聪颖和住在深山而怀疑她是妖精，率领法师对她施展种种法术。后来证明她不是妖精，南山王亲来与她会见时，黄兆年又怀疑她是暗通北山王的奸细，再审再问。这个怀疑不能成立之后，又怀疑她不贞。总之是没完没了的怀疑，没完没了的审问，把一个救了皇上性命的纯真少女几乎置于死地。此外剧本还规定演出使用面具，这种面具不同于表现性格的脸谱，而是象《大神布朗》那样表现人遮掩了真相的另一副面孔。

作者通过剧中唱词说创作的初衷是"为救戏剧不景气，出新出个意象剧"。这个剧本可能以其新奇达到争取观众的效果，同时也还有较深的思想意义。还有些戏，如河北的《猫与鼠》（方原编剧，《大舞台》第4期），在"五鼠闹东京"的故事中嵌入了真假武大、潘金莲，真假包公等情节，标明"梆子、京、昆三下锅"，"主要演给中等以下文化水平的观众看"。由于我国戏曲观众层次众多，这样一种尝试也是有意义的。

三、纵深挖掘，多方展现，现代题材有新拓展

现代戏创作是一个长久的难题。但现实生活的魅力，参与生活的责任感，表现现代生活所能带来的戏曲的革新等，都不断地激发着剧作家们的创作激情。1988年发表的剧本中现代戏比例很大，有些作品也达到了较高的质量，从总体上说题材更为广泛，思想也有更深的开掘。这也显示了戏曲艺术表现能力的巨大潜力。有些作品把历史和现实结合起来，回溯到"文革"、"反右"甚至更久远的年代，对当代历史功过以及它在人们心灵上的复杂影响进行了深沉冷峻的反思。不少剧本对受到不公正待遇的人们寄予了深深的同情，对某些人恶劣的品质进行了严厉的鞭挞。有的则揭示了在那特殊的岁月里人性的被扭曲。

川剧《活鬼》（谭愫编剧，《新剧本》第3期）中的"活鬼"名叫侯七，他在解放前夕两面讨好取得了解放军信任，57年却因对书记说了真诚的话而当了"右派"。政治运动使他学会了一套特殊的本事，在"文革"中间居然应付自如地玩弄了那些幼稚的造反派。他的妻子儿女为他的"不要脸"的表现而感到难受，而侯七这种种表现正是为了保护亲人。这个人物的性格和行为正是那特殊的时代的产物。看到他那种种自轻自贱的行为，不能不引起人们的痛楚和深思。人的尊严被践踏到这种地步，这是多么大的悲哀呀！

"文革"已经过去十几年了，除了要记取这严重的历史教训外，对于"文革"遗留在人们心灵里的创伤应该如何对待呢？越剧《明月何时圆》（杨东标编剧，《戏文》第1期）站到今天的高度表达了一种旷

达的态度。在那荒唐的年代，除了林彪、“四人帮”及其爪牙在制造灾祸外，无辜的人们互相间也常常造成伤害。青年亮亮被迫离开自己的情人三月，而娶了三月的跃星也不是坏人。《明》剧没有掩盖历史的悲剧性、对三月和亮亮等人物的命运和心理描写都很感人，同时又揭示出这段历史已成过去，人们之间应该互相谅解和宽容，表明了奔向新的生活目标的趋向。

切近的生活的矛盾和本质是最难把握和表现的，因此现代戏作者常常避开这类题材，在理论上也有“与生活保持一段距离”的说法。但是有些作家敢于碰硬，专写当前最尖锐的矛盾。河北白良的《瘸腿书记下山》是他的获奖作品《瘸腿书记上山》的续篇，写敢于坚持原则的杨书记在推倒了老队长非法占用宅基地盖的房子之后遇到更大的麻烦。这表明《上山》斗争的胜利远不是事情的结局，不正之风有广泛的社会基础和历史渊源，因此也就有不可低估的力量。真是“下山更比上山难”。三河县作者马玉章的《死心眼插足记》（《大舞台》第3期）写一个青年为揭露一桩婚姻诈骗案受到误解而发生的喜剧性冲突。他说了真话人们却不信，甚至怀疑他别有用心。剧本情节好象新“今古奇观”，但它确是现实生活的反映。从中可以看出当今农村物质文明和精神文明发展的不平衡，文明与愚昧，遵法与违法，正在激烈搏斗中。这些剧本还显拙朴，但浓郁的生活气息扑面而来。

改革开放的时代给人们提供了新的机遇，人们有更多的可能实现自己的价值。但在“自我实现”的奋斗中又必然受到主客观种种条件限制，有喜剧也有悲剧。湖南的《桃花女》（天一编剧，《剧本》1月号）写一个高考落第的女青年克服自身弱点、冲破感情羁绊终于考上大学并获科研成果的故事。吉林的《杏花重开》（王秀侠编剧，《戏剧文学》第5期）则写一个好强的农村女青年放弃养猪的专长，硬要和丈夫一起到城里谋生活，碰了几次壁又重回农村发挥才能。透过这些作品鼓励读书奋斗和劝勉安心农村生产等具体题旨，我们可以看到当代生活一幅龙腾虎跃、色彩斑驳的图画。

在个人为实现理想而进行的奋斗中总离不开别人的支持与帮助。人际关系、人与人的感情永远是作家关注的领域。陈正庆、田井制的《小贩、小官、小教师》（《当代戏剧》第2期）描写一个农村老教师为培养人才所做的无私奉献。他教出的学生有的当了小官，有的当了小贩，在别人的危急面前却显出了热情与畏难两种截然相反的态度。作品在情节上没有大的波澜，但作者发挥了他们《六斤县长》等作品以情见长的特点，表现了对乡亲们炽热的情怀和积极参与生活的态度。

赵德平的《私生活》和董振波的《风流寡妇》通过婚姻爱情这个侧面反映了新生活的进程，并塑造了新的形象。

赵德平是河北大厂县一个土生土长的剧作家，他的《男妇女主任》、《罪人》、《啼笑皆非》等剧作在群众中都有较强影响。他的新作《私生活》（《大舞台》第5期）写农村妇女李淑兰在进城工作的丈夫与她离婚之后，茹苦含辛，养婆教子，到80年代成为富起来的农民。剧本没有把丈夫简单地写成“陈世美”，也没有把淑兰写成现代的“秦香莲”。早在50年代，丈夫回来提出离婚，她就能冷静对待：“既然他提出离婚，心里早就没了我，再过下去还有啥奔头！”表现出新社会妇女已摆脱了对丈夫人身依附的观念。可是她也并不改嫁，在困难时期，伺奉婆婆，自吃野菜，从她身上又确实可以看到《琵琶记》里赵五娘的影子。到了晚年，她叫回离乡多年的丈夫，退还他以前每月寄回的钱，告诉她：“我没低头、没求人、没腿软、没动心、挺过来了！”这是一个既有新时代特点又有重重的传统精神的农村妇女的形象。在她身上既有令人敬佩的品格，又有很强的悲剧性。

《风流寡妇》（《剧本》3月号）女主人公吴秋香则是另一种村镇妇女的典型。她不象淑兰那样遵守传统道德规范，她不安于变相买卖的不合理婚姻，离婚后又大张旗鼓地找理想的男人，引来飞短流长。但这个善良、坚忍、重真诚、讲信义的妇女在“万元户”经济基础和新的社会舆论的支持下，在关系切身命运的婚姻爱情问题上，硬是不屈服，剧本最后并没有写出她得到满意的结局，但这一形象表明新的人格力量正在成长中。

《私生活》中土洋两种手法看来并不甚谐调，但反映了当前农村观众新旧交替的审美要求。《风流寡妇》把新手法的吸收与传统的继承较好地结合起来。这些，都为现代戏创作积累了新的经验。

传统文化心理对现代人有哪些影响，这是剧作家们对现代生活更深层的思考。福建的郑怀兴在《鸭子丑小传》获奖之后，又写出现代戏《阿桂相亲记》（《新剧本》第1期）。剧本写农民阿桂在相亲过程中与被商品所异化了的一些人的喜剧性冲突。在阿桂身上具有更多传统农民质朴、憨厚、诚实的品质，他反对贪污受贿和走后门等不正之风，也不肯为了眼前利益“杀鸡取卵”式地砍伐树木。作者在塑造这个人物时流露出对大自然的眷恋。作家对人们在商品经济下某些美好道德的淡化和丧失以及“千年陋习又复燃”的担心并不是多余的。对于一位成名的作家的新作，应从其探索的方向去把握它。与魏明伦、郭启宏等一样，郑怀兴也在不断地突破自己。而他主攻的突破口是向民族文化心理的深层开掘。他的现代戏《鸭子丑小传》和《阿桂相亲记》都表明这一点。从他已写就的《神马赋》等作品中，可能会看得更清楚。

1988年话剧创作

温广鲤

回顾1988年的话剧创作，令人自然首先想到《桑树坪纪事》这部中国现代西部戏剧。它象一声春雷，预示着龙年话剧创作的丰收。新春过后，一些为人们所熟知的剧作家和鲜为人知的新人，纷纷推出新作：《黑色的石头》、《扎龙屯》、《背碑人》、《耶稣·孔子·披头士列侬》、《回声》、《江祭》、《月祭》等等。全年见于全国刊物的大型话剧作品达70余部。

十年来，实验性探索剧作与传统的写实风格的剧作互相影响，互相渗透，于1988年出现了足以展现各自创造活力的代表性剧作，显示出各呈风采、平分秋色的态势。

1988年的实验性探索剧作占了全年剧作中的一多半。这个不能说明作品质量的比例，却显示出探索、创新的势头有增无减。除标以多场次、无场次之外，作者们还根据各自的特色分别给剧目冠以“现代哲理剧”、“自由结构式”、“宇宙流”、“大写意小说剧”等等。

沙叶新的《耶稣·孔子·披头士列侬》叙述上帝和他的3个使者的故事。这部剧作酝酿了6、7年之久。作为剧名的3个人物代表着3种文化。三人自天国被派往下界考察，先后到了以物质生产著称的“金人国”和以精神生活高于一切的“紫人国”，意在表现当今人类社会普遍存在的世界性的冲突——精神与物质的冲突。他们来到现代世界，由于地域、时间、文化不同，自然产生的错位和碰撞，构成了富有隐喻情趣的喜剧。作者以古今中外的人物，天上地下的空间，想象驰骋，纵笔挥洒，颇显示出艺术个性。在沙叶新的创作史上，这个戏“构思时间最长、写作过程中修改最多、反复最大”，又是“写得最不顺畅”、而成为作者“至今也未解透的谜”。从作者的自述中可以揣摩，伴随作者把握与开掘题材的艰辛历程，创作主体意识的增强，也带来了新的困顿。

青年编剧李容、贺子壮、余云、吴保和立足于对神话的重新发现和再认识，早在5年前，就曾以现代神话剧系列之一的《山祭》迈出了令人惊喜的一步。今年他们又发表了神话系列之二的《月祭》。该剧借姜嫄的故事生发想象，探索和寻求一种民族的潜在心理，向深层意识掘进。同年，杨涛也在神话领域里开拓，奉献出《女娲的传说》。

一东编剧的《行星启事》，李秀峰编剧的《幽灵在黎明前聚会》和青年编剧邱苏滨的《躁音》，都做了不同的探索，有着各自的特色。这三部戏，分别反映了当代工、农、青年的现实生活。《行星启事》以城市管道工反对官僚主义者、并在危险关头挺身而出的情节为内核，借助了太空人、古人、土地爷以及师傅的灵魂穿插烘托。天上人间，呼风唤雨，各种人物多座标地俯视与评说现实生活中这狭小的一隅。这使剧本具有生动性、可看性，丰富了并不新鲜的故事的内涵和外延。《幽灵在黎明前聚会》这部反映山村改革、内容丰厚的作品，以本村3个不同身份、不同影响的人物，死后幽灵聚会，在回溯往事中揭穿隐私。幽灵聚会忆昔既连缀了戏的情节，又凭添了人物的反思色彩，耐人寻味。《躁音》则调动众多手段，梦境、幻觉、心灵诉说，以及众灰衣人的渲染氛围，揭示了作者同龄人的复杂心态，准确地呈现出一群躁动不安的灵魂。

台湾剧作家姚一苇先生曾以《红鼻子》给读者留下深刻印象，再读他的《碾玉观音》，令人不由不折服他的创造活力。他把原为话本的《碾玉观音》从人物性格、故事情节到立意作了彻底的改变，使这个原来带有宿命色彩的爱情故事，变得内涵丰富，具有了现代品格。与探索新潮同步成长的马中骏，在历史题材的开拓上，又以《老风流镇》迈出新的一步。但作者却在剧本上郑重标明了“非历史剧”。这部象征意味颇浓的戏显然没有史料可考，只是借前人衣冠敷演故事，寄托作者的独特思考与发现。他在开掘深层的民族文化心理上，选择了另一侧面。

上述创作表明，剧作家们殚精竭虑地在各个领域多层面、多视角地苦心求索,大有“上穷碧落下黄泉”之势。它显示出，实验性剧目在更广阔的题材领域,向形式与内容的和谐迈进。此类剧作还有《走出死谷》（王延松、陈欲航)、《人间喜剧》（夏坚勇）、《回流》（曹苇舫)、《女兵支队》（陈伦元)、《蛾》（车连滨）等。

写实风格的作品，显示出它的特殊的魅力。

杨利民的《黑色的石头》以一处单调的列车房生动地呈现了石油工人日常的喜怒悲欢。杨利民已写过7、8部戏了，随着实践、摸索的经验积累与反思，他摒弃了对人物以政治区分的简单描摩，而在作为人的七情六欲、人的价值和人的内心奥妙上寻幽探微。连续两届获得全国优秀剧本奖的郝国忱，在他熟悉的那片土地上埋头耕耘出新作《扎龙屯》。它以纵跨农村30年沧桑，尽写人生的悲欢。戏的内容丰厚扎实，意蕴深沉凝重。在农村土生土长的郝国忱，从事专业创作以后还到大队挂职两年，他和自17岁就跑到大庆从干打垒干起的杨利民同属于拥有雄厚生活库存的富翁。随着创作主体意识的增强和思维定势的扬弃，他们以新的审美眼光，致力于对生活素材库存的重新审视，对人的重新发现。

人们熟知的锦云和沈虹光，分别发表了《背碑人》和《搭积木》。《背碑人》选取人物命运的突变关头组织剧情，脉络上跳跃性强，重场处笔墨酣畅，从而勾勒出一个人物半生的坎坷与沉浮，很具有人生况味。沈虹光曾两届获奖，以散文体结构著称，《搭积木》却是个完全彻底的“三一律”写法。她以细腻的笔触、机趣的语言与细节，描绘出微妙的、无尽无休的夫妻矛盾。可惜的是，这两位人们寄以厚望的剧作家的新作，都没能超越自己曾经达到的高度。

1988年还有一批写实或基本写实的新作，象写中学生生活的《回声》（代路），写个体户的奋争及其精神生活的《黄金街欲望》（郑负)、《喧闹的夏天》（李蔚),写农村改革生活的《吕家大院》(张洪春),写部队生活的《绿色的基因》（殷习华）、《山脉》（李冬青、孟冰、成星、翟迎春），写海峡两岸人民意笃情深的《寡妇村的故事》。邵宏大的《江祭》则另僻蹊径，选取了松花江上沉船事件，以纪实文学那样逼真地描绘出芸芸众生的群像。上述剧作各有得失。

据文化市场信息，观众越来越需要赏心悦目的剧目。剧作家们也正在逐步减轻自己产品的超负荷承载,日益冷淡高台教化和生涩哲理，注重戏的娱乐功能，于是出现了一批各种风格和样式的喜剧。如严光炎、俞景陆合作的《征婚浪漫曲》，把自由度广阔的征婚和改革者的竞争意识巧妙地纠缠一起，构筑成一个轻松的喜剧框架，加以不时有意外的情节变化，读来令人兴趣递增。轻羽创作的《赤脚外交倌儿》则从带有时代痕迹的人物性格上挖掘悲剧因素，塑造了一个乡镇企业中独特的“外交倌儿”形象。此外还有《冒险家的乐园》（周正行）、《假如花是红的》（李炳吟）《天上飞的鸭子——傅尔的故事之二》(赵家捷)、《婚丧喜事》(蒋良琛)、《红尘梦》(王长安）等等。

1988年话剧演出、批评与史论研究

高　鉴

一

如果说观众流失是戏剧危机最重要的现象之一，那么本年这一状态依然延伸。话剧艺术家们比以往任何时候都更多地关注这一问题，并且力图以自己的辛勤劳动来扭转这一趋势。北京人艺推出了《太平湖》、《背碑人》、《天下第一楼》、《哗变》。中央戏剧学院的《桑树坪纪事》颇为轰动,还演出了历史剧《虎符》，翻译剧《结婚》、《地狱之火》。沈阳话剧团的歌舞性故事剧《搭错车》在首都体育馆进行了第一千六百场的演出。总政话剧团公演了场面宏大的《决战淮海》。中国青艺为剧院新设的小剧场商业性演出剪了彩。上海人艺的《天使的情爱》和青话的《相逢不是在梦中》在歌舞融入话剧方面作了尝试。广州演出了台湾作家白先勇的《游园惊梦》。由中国铁路文工团等4家单位联合演出了《搭积木》。云南省话演出《同在一块天空下》。吉林市话剧团的《爱情变奏曲》和《回头是爱》晋京演出。江苏省话出演《这个女人是非多》和《天上飞的鸭子》(与南京市话联合演出)。儿童剧有北京儿艺的《纽约少年》、《谜底在你身边》、《我家来了机器人》等,上海儿艺的《伟大的魔法师》,辽宁儿艺的《特殊夏令营》,哈尔滨儿艺的《失去的童年》,青岛市话儿童剧队的《回声》,安徽省话儿童剧队的《皮皮鲁和吹牛大王》。浙江在“六·一”前夕成立省儿艺,排演了《明天飞》。“六·一”节的首都舞台上有来自全国各地的8个艺术团体演出了绚丽多彩的儿童剧。6、7月间,举办了中国奥尼尔国际戏剧节,在南京、上海两地演出了《长日入夜》、《大神布朗》、《悲悼》、《琼斯皇》、《天外边》等8台话剧。年底在北京举办了首届中国戏剧节,铁路文工团的《寻梦》、贵州省铜仁地区文工团的《小桥流水》、天津人艺的《欲望号街车》等9部话剧参加演出。戏剧节期间,北京人民艺术剧院赴沪演出5部大戏,获得成功。这股年终涌起的话剧热潮,给1988年的话剧活动打下了令人兴奋的句号。

性格化、情节化手法重新抬头,内在的理性精神加强,这一趋向明显地区别于前两年反性格、反情节、追求非理性的先锋实验剧。《天下第一楼》编剧、表演、舞美、音响的立体型写实风格虽然受到部分批评家的轻抑,责其观念、手法陈旧,然而却创造了近年来首都话剧舞台最高的上座率。显然,真实的风俗人情、生动鲜明的个性和跌宕富于戏剧性的情节依然是群众钟爱之物,某些被判为非当代性的历史陈迹尚未成为历史。被誉为集近年来实验戏剧之大成者的《桑树坪纪事》,究其艺术手法的深层内核,依旧是坚定的个性化方法。虽然一般评论的兴趣焦点凝聚于转台、女人石像、舞牛的象征道具、歌队、舞蹈等导演手法的运用,但从整体上震撼观众的首先是真实可信的人物和他们的命运。很为行家们称道的《搭积木》在情节结构、戏剧场面的开掘上表露出明显的回归传统的倾向。奥尼尔戏剧节三台《悲悼》(包括越剧)的改编表现了强烈的情节化倾向,称它们为情节剧毫不过分。连《大神布朗》和《尤奕》这些以表现主义手法或精神写成的戏,也得到人物个性化的导演处理。话剧舞台上的这股潮流的涌出,并不象电影界呼唤娱乐片、商业片那样有大批批评家摇旗呐喊,而却象一股静静的晚潮,在无声无息中抬高了水位,然而那潮水却浩淼连天、难以阻遏。前两年实验戏剧大潮中引进或创造出来的一些手法,如复构多维的舞台时空样式,舞蹈化、韵律化的人体动作和造型,抽象化、象征化的舞台设计,进一步被咀嚼、消化,吸收在戏剧中,为人物、情节服务。即便象小剧场演出的《火神与秋女》,也表现出与《车站》等小剧场戏剧迥然不同的品格,前者是由特殊个性向一般人性的透视,而后者明显地要跳过个性直接进入一般共性;前者故事叙述完整,后者则故意敲破情节规范,让画面、光声、造型直接表达意蕴。形式创新从目的转化为手段,因此虽然从整体看,话剧舞台、表演样式已大不同于话剧形式革命前的剧目,但是也较少看到手法热时那种故作惊人之笔了。虽然出现了一批处在话剧体裁边缘地带剧目,其称谓诸如抒情音乐话剧、写意话剧、摇滚舞蹈话剧、音乐造型剧、小说体抒情心理剧等等,但很多艺术家已不把手法的追求作为目的了。艺术家们一种内在的古典精神得到伸展。与此对应,实验戏剧潮势大降,艺术家的自由意志似乎勿能超越市场机制的操纵。

在今年的话剧活动中,一个令人瞩目的现象是业余戏剧演出有相当的发展。中山大学中文系话剧团的《行星启事》充满了时代气息和激情,在全国话剧改革题材创作研讨会上演出反响强烈,赴京演出,在大学生中引起共鸣,使专业戏剧工作者受到震动。北京大学、清华大学、北师大、北方工业大学等四所高校在“五·四”青年节进行联合演出活动。南京大学中文系学生剧社排演了陈白尘的《升官图》。上海复旦剧社的《天外边》和复旦外文剧社的《啊,荒野》参加了奥尼尔国际戏剧节。在北京,一个由大学生和大学毕业生自动组织起来的蛙实验剧团,得到瑞士文化基金会赞助,与中央音乐学院室内乐团合作,演出了瑞士著名的音乐话剧《士兵的故事》。在一些大城市,中、小学教师们配合语文教学,根据课本排演了课本剧,深受学生欢迎,并引起了专业戏剧工作者的兴趣,他们也排演了课本剧作巡回演出。一些专业戏剧家积极参预了校园戏剧活动,如北京人艺和中央戏剧学院指导了北师大北国剧社的排练,青年导演娄乃鸣执导《行星启事》,从而迅速有效地提高了学生演剧的质量。长期以来,我国的业余戏剧活动一直呈衰退态势,濒临绝迹,严重地破坏了戏剧文化的生态环境,使专业戏剧队伍因缺乏后备军而萎缩,因缺乏应有的戏剧教育和体验而难以产生和形成新的观众群。因此上述分布地区较广、质量较高的学生演剧是具有重建戏剧生态环境的意义的。但是,从整体来看,业余戏剧活动的势头还十分微弱,尚处于萌发阶段,并且他们活动的困难是人们难以想象的,资金、时间、活动地点等等因素都会成为阻拦业余戏剧活动发展的关隘。而业余戏剧活动的开展对于振兴戏剧有着决定性的意义,应该得到关心和扶助。

一年前，戏剧理论界的热点集中在戏剧观念讨论上，常常无暇顾及具体剧目的批评。从《狗儿爷涅槃》和《黑色的石头》问世以后，批评风气渐浓。年初，出现了一批《黑色的石头》的批评文字，如丁海鹏的《魅力来自真实的形象》（《文艺报》1988．1．9）、谭霈生的《人的本体观的嬗变》（《戏剧报》1988．1期）以及《首都戏剧家、艺术家座谈〈黑色的石头〉、〈欲望的旅程〉纪要》（《剧作家》1988．1期），这些评论肯定了直面人生和社会的艺术精神和现实主义方法，并很快结集出版。

1988年，出现了几部较为优秀的创作剧目和翻译剧目，既具深刻的社会内涵，又有较高的观赏价值，演出受到欢迎，有的甚至引起轰动，它们是《桑树坪纪事》、《天下第一楼》和《哗变》。围绕这三部戏，批评文章叠出，把冷清既久的论坛，闹得沸沸扬扬。

《桑树坪纪事》在剧作内涵、导、表、舞美等方面都作了广泛的探索，并取得瞩目的成绩，从而提供了层次丰富的批评空间，催成了88年规模最大的戏剧批评活动。2月23日，《人民日报》以《悲壮的历史画卷，精美的舞台创作》为题刊登了首都文艺界座谈该剧的发言摘要，专家学者一致给予极高的评价，认为《桑》剧是一部大胆直面人生的剧作，对愚昧落后作了极为深刻的批判，并具有广袤的艺术兼容性，和谐地融合了多种艺术手法，生动体现了作品内涵。各家大报也纷纷发表少见的长篇评论文字，2月12日《光明日报》的《民族历史的真诚反思》（马也）、3月12日《文艺报》的《评话剧〈桑树坪纪事〉》（谭霈生）、《戏剧报》第3期的《西部黄土高原的呼唤》（曲六乙）。这次批评活动持续时间长（虽然剧目的公演时间不长），并从对剧目本身的肯定引发到对中国话剧的现状和发展方向的思考上。如丁涛的《戏剧艺术的走向》（《光明日报》1988．7．15）指出，《桑》剧的舞台演出使过去10年实验戏剧的“多方位的探索在此分股合流了，它已从手段的拓展走向形式的完成”，因此它昭示出当代戏剧通向自身解放之路是如何成为可能的。田文的《转台的艺术威力》（《戏剧报》第6期）从舞美角度探讨了《桑》剧带来的启迪。他认为《桑》剧有机地融化了舞美因素，使转台成为演出中“无言的角色”，由此可以得到这样的启示：“强调艺术形式的完整性同戏剧的探索精神不是矛盾的”，“技术花招的堆积成不了艺术”。在对《桑树坪纪事》的讨论中表现出两个倾向，即对作品内涵的社会性、深刻性要求及对作品形式的整一性要求越来越高、越来越自觉。

二

《天下第一楼》是近年来首都舞台少见的演出逾百场的话剧剧目。它一反近年来热衷手法展览的风气，而在现实样式中呈现功力，这现象当然引起了批评家的注目，各大报又一次给曾经冷落了的话剧批评划出大版面。7月1日的《光明日报》发表何西来的《惊奇与回味》，7月27日《文汇报》发表顾骧的《疏影横斜，暗香浮动》，8月9日《人民日报》发表了曲六乙等人的一组文章。这次批评活动中表露出一种趣味倾向，那就是开始较多地关注艺术的品鉴，批评家在执拗地阐发剧作思想，社会、哲理意义之余，花了一些笔墨谈及剧作结构、角色表演等问题。如王育生的《散谈〈天下第一楼〉》着重就该剧的重场戏、角色性格和结尾作了分析，黎水则的《平易、流畅、潇洒》概括了演出的整体格调，顾骧的文章也对林连昆的表演叹服不已。

《哗变》的成功，颇出人意料。原以为一出戏只写了一场法庭审判，恐会枯燥，不想观众喜爱，趋之若鹜。对此评论界也纷纷把管撰文探究原因。有从社会学层面找原因的，认为不同社会中某些现象有契合之处，可以引发观众的社会思考；有从哲理层面寻缘由的，认为人生陷于悖论中的两难境地具有普遍性，使中国观众深有所感；有从伦理道德层面作思考的，认为剧作揭示了人性善恶的复杂状态，从而赢得观众的认同。对演出及时作出评论的有董道明《〈哗变〉的启示》（《人民日报》1988．11．8）、钟艺兵《让观众获得思考的愉快》（《光明日报》1988．10．28）、田本相《一出耐人寻味的戏》（《文艺报》1988．11．19）、《关于〈哗变〉的对话》（《文汇报》1988．11．22）、修芸《谁更危险？兼为基弗辩护》（《文艺报》1988．11．26）。另外，有些文章从戏剧艺术本体的角度探讨了《哗变》轰动的原因，与目前中国剧坛上流行的松散结构、忽视台词功能、追求形体效果和技巧粗糙的情况相比，《哗变》则具有结构紧凑整一、高度发挥语言功能和娴熟运用悬念、跌宕等戏剧技巧的特点，使戏剧质朴、结实，并具浓度很高的趣味。（高鉴《〈哗变〉与中国当代戏剧》，见《知识分子》第1期）。中国艺术研究院话剧研究所与北京人艺联合选编了《哗变》的评论集，文化艺术出版社仅用1个月时间就印刷出版了。

《搭积木》的演出也受到评论界的注意，评论多注重主题及对四家联合演出方式的肯定。《搭错车》大量融入歌舞的演出形式和演出逾千场的现象也成为评论界的热门话题，对这个戏的关注的侧重点自然而然地落在话剧演出样式的多种可能性和如何争取观众、走出话剧低谷两个方面。文章有王延松《创造与困扰：由〈搭错车〉现象所引起的自我反思》（《文艺研究》1988年4期），王正《〈搭错车〉和通俗戏剧》（《戏剧评论》1988年2期）、陈欲航《从〈搭错车〉到〈走出死谷〉》（《剧本》1988年4月号），黄维钧、王育生、葛芸生《〈搭错车〉现象如是观》（《戏剧报》1988年3期），廖奔、刘彦君《戏剧空间的拓展》（《光明日报》1988．2．26）。

批评风气的形成为戏剧创作的进一步发展奠定了基础。但批评质量不尽如人意。在批评的格局、视角、方法上都显得单一和单薄，缺乏批评的准确性、精微性、个性。较少有细腻的体验、观照的品味和凭借某种科学方法的分析，更多的是持续在高音上的大合唱。从《狗儿爷涅槃》、《黑色的石头》到《桑树坪纪事》到《搭积木》连续出了一些好戏，评论的调子起得很高，措词都十分相象，诸如“戏剧观讨论至此有了答案”，“集多年探索戏剧之大成”，“树立了里程碑，开创了新纪元”等等，不一而足。评论格局呈现色度的强烈反差，把好和坏都分别推向两个端点，这不仅使评论失真，失去了最耐人寻味的绮丽多彩的丰富层次，而且使得批评本身也难以为续。评论视角习惯于作主题思想有意义否的价值判断，作品内涵的阐释或诠释，缺乏艺术本体的分析。6月在北戴河召开的李杰、郝国忱剧作研讨会上，对这两位剧作家的肯定或否定，大多从作品的思想意义方面着眼。《艺术广角》5期发表洪兆惠的《终结的先兆》，认为《桑》剧的“立足点不是在满足观众生存的实际需要上，而是表现某种生活认识上。这是理性的悲哀”。“和大多数实验剧目一样，《桑》剧也把传达理性判断和启发观众思索作为一切手段的归结点，只不过它重视了‘情’对理性认知的引发作用”。作者对《桑》剧提出了批评。

从过去的政治视角转入到社会视角，目前正竭力站到文化的视角上，这种视角的转换也是全体性风潮式的。文艺理论界大量引入艺术心理学、接受美学、结构主义现象学等新学科方法的潮流却很少流入戏剧批评的领域地。可以略感欣慰的是，一些青年对权威性或一面倒的批评表示了不同的意见，活泼了整个批评格局。譬如对去年奖誉甚高的《中国梦》发表了针锋相对的意见。但是这些批评也仍是在内涵阐释的层面上构成对立关系的。只有少量批评涉及创作心理、艺术形式等问题，这正是批评界急待加强的领域。

三

近年来戏剧观讨论把理论研究推向新的层次。戏剧理论工作者建国以来第一次对纯理论表现出极大的兴趣，检讨了种种传统的戏剧观念，力求对戏剧作本体的把握。这种研究力图摆脱和超越现时具体剧目的框囿，而要在流动的历史长河和宽阔的世界戏剧的纵横座标中深化认识。戏剧的来源和本质，戏剧的媒介和功能，戏剧的时空方式，剧场的交流方式，戏剧的假定性、个性化和类型化的创作方法问题等等基本理论被提出，并引起了普遍的研讨热情。虽然当时有人将这种理论的探讨视作玄谈空论，但是从目前的舞台演出的丰富多采的样式来看，这些理论显然具有不可磨灭的先锋业绩。然而这股理论热象其他的许多“热”一样，缺乏后劲。其原因可能是复杂的，管理体制的改变，急功近利的功利主义抬头；纸价昂贵，出版困难；或许有人集讨论心得潜心著述。在今年的戏剧理论研究方面，戏剧观讨论中提出的问题没有得到期望中的进一步探讨。

谭霈生在1987 12月15日的《人民日报》发表《对戏剧本质的再认识》后，分别于《剧作家》1988年4期和5期连载了《戏剧本体论纲》，进一步展开论述了他的“把情境视为戏剧的本质所在”的思想。这个论题一反人们已经习惯了的戏剧理论，它的挑战意味十分浓厚，然而，起而应战者寥寥。这反映出戏剧基础理论研究的薄弱，无力在广厚的史论基础上作出迅速的反应。

孙葳在他的《理论的误区》（《文艺报》1988．7．23）一文中，对被简称为南、北两派的戏剧理论提出了看法。他认为南、北两派的论战实际不在一个理论层面，因此两派难以发生同一层面的实质交锋，使戏剧观讨论难以深入。他认为“北派”关于“话剧的根本问题是没有写好‘人’”的思想的失误在于不能为话剧概念化问题提供出路，不能成为评价话剧艺术的唯一尺度；南派的失误在于制造一个大一统的“世界戏剧走向图”，把现代主义当作戏剧发展的唯一道路，与事实与逻辑不符，背离了中国国情。本文是对前两年戏剧观讨论的研讨和呼应。

《狗儿爷涅槃》、《黑色的石头》、《桑树坪纪事》等剧目的成功，使理论界对现实主义于创作的意义和其发展的可能性作了进一步的探索。田本相发表了《话剧创作中的现实主义问题》（《戏剧丛刊》1988年4期），指出：“目前的中国话剧仍然需要现实主义，特别是需要现实主义的精神。”“现实主义呈现出一种开放性，即以现实主义为基石，摄取现代派戏剧的审美思维方式和陈述表达方式……”

在基础理论的研究方面，叶长海《戏剧发生诸论》（《戏剧艺术》1988年1期）对中外戏剧的发生原理和渊源诸说作了较细致的梳理。在戏剧技巧方面，林克欢在《剧本》月刊6月至9月号连续发表《戏剧的叙述结构》，着眼于发展创新，对戏剧结构作了系统的研讨。儿童剧兴盛的演出引出了一些儿童剧创作的研讨文章，这是近年来少见的。问题的讨论涉及多方面，但主要集中于儿童剧符合儿童生理、心理特点的问题。《剧本》1988年7月号发表程式如《试谈儿童剧作家的儿童观》一文。她认为大量的儿童剧作“偏重于描写儿童道德的他律过程，着重描写教师或优秀学生帮助后进生，过多渲染客观力量的推动，没有把戏剧矛盾设置在小主人公道德观由他律转向自律的自我冲突中，从而很难产生强烈的性格冲突，很难爆发出撼动人心的感染力”。她要求儿童剧创作突破“教育工具论”，强调儿童“自身的觉醒和奋斗”，拓宽题材。

由于目前戏剧被投入文化市场，戏剧的通俗化问题突现于前景，几年前不少力主为少数知识分子服务的戏剧清高论者也作了180度的大转变大谈通俗性，由通俗性引出群众自身的戏剧活动问题，直至进入了对戏剧文化的生态问题的探讨，这是人们接触戏剧生态问题的轨迹。1988年4月9日，《文艺报》展开“话剧、时代、观众”专题讨论，讨论以《建设戏剧的生态环境》（高鉴）为肇端，文章指出：高度职业化的戏剧事业未能建立在深广的业余戏剧的基础之上，终于引发职业戏剧的创作、演出、队伍建设的全面萎缩。

1988年还有一些较好的作家、导演论问世。如余秋雨的《沙叶新戏剧论》（《戏剧艺术》1988年1期）、《胡伟民印象》（《上海艺术家》1988年9期），其特点是将人物置于地域文化的环境中，从文化学的角度去把握人物及作品的特征。叶廷芳的《艺术探险的“尖头兵”——高行健的戏剧理论与创作掠影》（《艺术广角》1988年4期）除了艺术探讨之外，还指出了高行健创作、理论活动对于整个戏剧探索实践的意义。另外，阿勇的《白峰溪剧作论》（《剧本》1988年9月号）、汪修荣的《试论李健吾的悲剧艺术》（《山西大学学报》哲社版1988年4期）、黄丽华的《高行健戏剧时空论》（《戏剧艺术》1988年1期）都是今年的研究成果。

1988年是美国伟大的剧作家尤金·奥尼尔诞辰100周年，在中国举办了首届奥尼尔戏剧节，同时也有数十篇研究奥尼尔的文章面世，成为外国戏剧研究方面的一个令人瞩目的现象。陈瘦竹（《人类灵魂的画师》，《人民日报》1988．6．14）、龙文佩（《奥尼尔在中国》，《复旦学报》社科版1988年4期）、李醒（《惊魂夺魄的奥尼尔》，《文艺报》1988．8．20）等老学者纷纷撰文。戴宣（《尤金·奥尼尔的戏剧与存在主义》，《中国人民大学学报》1988年1期）等青年理论工作者也从新的角度切入了对奥尼尔的研究。此外对莎士比亚、迪伦马特、萨特等著名作家也都有研究文章发表。倪似丹的《面对着永恒的“上帝”》（《阜阳师范学院学报》社科版1988年2期）则在埃斯库罗斯、奥尼尔、萨特的系列比较研究中论述对“杀母报父仇”这一悲剧母题的不同处理，清晰地凸现出人类悲剧观念的延伸与衍化过程，指出不同的时代特征与悲剧观念的质的飞跃。

一批中青年戏剧理论工作者正在默默耕耘。中国戏剧出版社正在编辑一些戏剧理论丛书。南京大学中文系编撰的《中国现代戏剧史》已经付梓。中国艺术研究院话剧研究所编撰的《中国话剧艺术通史》已经通过初稿审阅。由中国戏剧家协会主编的《当代中国·话剧卷》也开始了撰写工作。这批戏剧科研成果的面世，可望给戏剧论坛注入新的活力。

本年中召开的在全国较有影响的话剧学术会议有广州的“全国话剧改革题材新作研讨会”、南京的“纪念奥尼尔诞辰100周年国际学术会议”、北戴河的“李杰、郝国忱作品研讨会”、烟台的“话剧文学研究会第二届年会”、沈阳的“第二届全国戏剧美学研讨会”、北京的话剧艺术研究会的“话剧‘振兴杯’学术研讨会”。

1988年舞台美术

田　文

1988年的舞台美术创作，是在特殊的环境下发展的。由于种种主、客观的因素，戏剧演出事业的发展出现了困境，处于“低谷”。正是在这种情况下，与前几年多样化探索的热闹繁景相比较，1988年舞台美术创作的发展，呈现了向低回转的曲线。这种曲线状态，在话剧舞台美术创作中表现得尤为明显。但发展曲线的出现，并不意味着发展的完全停滞和中断。向多样化演出形式的探索在继续着，并且艺术探索逐渐走向成熟的迹象和标志仍不时呈现。

龙年春雷《桑树坪纪事》的演出造型设计

年初，中央戏剧学院推出了《桑树坪纪事》（导演徐晓钟、陈子度，设计刘元声）。演出引起了强烈的轰动，被人称为“龙年的春雷”。由于戏剧观念不同本来持不同观点的人，在这一演出实践面前，共同发出了肯定、赞许的和音。这是探索性戏剧走向成熟的重要标志。《桑》剧的演出处理，在内容和形式、演出形式本身的完整性上，是近些年来话剧演出少有的范例之一。其中，舞台美术创作的成功，特别是对转台形象的设计和运用的成功，起了很重要的作用。设计采用了不关启大幕的形式，观众可看到舞台上的一切，而以后的一切变化也都在观众的视线下进行。从台口往后逐渐高起的满铺台面的斜坡大平台，几级由黄土原层提炼出来的几条曲线梯阶，显示了黄土高原的形象。远处天际，呈现一组小小的隆起物，那是山包土丘，上面有两组表现中华古老文化象征的雕象。所有这些都筑置于转台之上。与这组景物相对，在台的右角转台外，是一口唐代古井，形象具体逼真。当转台将后景的山包土丘转到前景时，相继呈现在观众面前的是两个形象不同的窑洞和土洞——这是黄土高原风貌的形象补充。这些自然环境和社会环境的形象表现，基本上属于具象的艺术概括。但由于它的总体构思完整，深深扎根于剧本表现的生活和导演的构思之中，形象和形式的处理与之十分契合，因此，它除了很好地完成多场次演出对场面变化的快速节奏的要求之外，一当演员在景中行动起来，人景结合，就产生出巨大的艺术感染力，使观众产生出无限丰富的艺术联想：“中国的历史舞台被艺术化为转台：农民生存的窑洞上背负着一座大山。对面一口深不可测的唐代老井，正中一个硕大的太极图。黄河之滨，黄土高原，黄帝的子孙，中华的柱础、脊梁和纤夫们，背朝青天，双手抓地，匍匐前往；吼着雄浑的号子，迈着沉重的脚步，拉着历史的车轮。悲壮，沉郁，激越。舞台左旋右转5千年，历史似乎与时间向度无缘，仍在原处重复，艰难而坚韧地重复着。山没有变低，井没有变浅，先民们没有、也难以转出那八卦迷宫。”这正是景的艺术形象同演员的表演相结合、再加上观众本人对戏中表现的生活的主观感受和理解而产生的许多种艺术联想中的一种。《桑》剧转台运用成功之处，在于它既渗进于戏剧演出的有机结构之中，使观众产生丰富的深刻的联想，它又始终处于补充演员表演之不足的从属地位，甘做“无言的角色”，收到了“无声胜有声”的艺术效果。

奥尼尔戏剧节演出设计

本年在我国举办了“1988年南京——上海奥尼尔戏剧节”。这是在我国举办的第一次奥尼尔剧作专题演出，它为舞台美术集中地探索奥尼尔戏剧的演出形式提供了机会。这次戏剧节共有12台奥尼尔的剧作参加了演出（其中有一台是美国洛杉矶奥尼尔剧社的演出），以话剧为主，也有歌剧、歌舞造型剧，还有一台越剧。它们在演出形式上都有自己的追求，显示了多样化的特点，这里择几出话剧的演出为例，记述一下它们的演出设计。

江苏省话剧团演出的《琼斯皇》（导演冯昌年，设计苏时进），导演对剧本做了较大的删改，采用了造型剧的演出形式。适应导演造型剧创作上的要求，舞台美术回避了形象的具象处理，从形象、形式到色彩都做了夸张、变化和抽象。一组形状不规则的有起伏的中性平台铺满舞台，贯串于演出始终，构成了主要的表演空间。舞台上方，开始是中性的蔓条状物萦垂上空，层次不清，参差不齐，构成一个失去平衡、紊乱视觉世界的意象，而两条软质绳结梯架高耸伸向天顶，势寓祈求。背景上是冷色的夜空，悬示一轮圆月，也是暗示性的。随着剧情的进展，这一切隐去，在深蓝色的背景前一个极度夸张的蜘蛛网笼罩着大斜平台，寓意囚困琼斯皇命运的难以挣脱的天罗地网。色彩的处理，冷暖对比明亮强烈，变化迅速急骤。所有这些都表现了服从创造角色内在意念外化形象的意图，收到了创作者预想的效果。《琼斯皇》的这种演出造型处理，引来了两种不同的评论。一种认为它找到了与表现主义精神相吻合的演出造型形式，形式统一完整，形成了自己的独特的艺术语言，具有创造性。另一种观点认为，这一演出处理所表达的激情，只适应了表现主义演出的共性要求，而它的“火焰”却焚葬了奥尼尔这部剧作的个性特点和要求，是不足为法的。

上海青年话剧团演出的《大神布朗》（导演胡伟民，设计李汝兰）的演出设计表现了另外的特点。这个剧本表现资本主义社会下人物性格的扭曲，人格的分裂，以及由此造成的人和人之间虚伪的关系。为了揭示奥尼尔这部象征主义作品的深刻内涵，设计者采用各种抽象的线条，构成演出设计的基调，组成各种形象。垂直的线条，有时为大都市矗立云霄高层建筑物的象征，有时象似制图员笔下的建筑设计蓝图；弧形的线条构成的圆窗表现了妓女尚存的心灵的善良、纯真；整体线条的纵横交错处理则寓意现代发展工业社会中人与人之间相互隔离、各设篱障、相互欺瞒、各怀戒心的复杂心态。这些线条粗细高低不等，可以上下左右运动，在各场之中交替组合成不同的空间，显示出不同的形象。幕间不闭合大幕，仅在台前推出一块黑色景片，上面用白色文字点出各物的主旨思想，如“我们没钱了”、“她叫什么名字”、“Y(“人”字倒写）”。这种处理，在布朗事务所一场里收到了特殊的艺术效果。设计者打破了剧本原提示的平行的空间结构，用线条的纵向组合，使空间变成了纵深分割，幕线外置3个凳子，稍后是布朗的办公桌，再后是一道百页格窗，窗后是制图员的写字台（高台、高椅），形成由低到高重叠的阶梯形的纵深画面。这样就使立体空间——布朗的办公室从原提示的处于舞台的侧边移到了舞台正面的前景，而次要的制图室、会客室则依次推为中景和远景，使导演创造了极为精采的舞台调度。（见图）在演出中，前后空间的显现，靠对灯光明暗的控制完成，时而突出前景，时而强调后景，极有利于动作的展开。灯光的明灭，有时依据剧情中的生活逻辑，有时则不按生活逻辑，而只根据演出情势发展的需要。景和光的这种处理使演出颇具新意。

另一演出《马可百万》（上海人民艺术剧院演出，导演〔美〕杰克逊·菲宾，设计崔可迪、黄少江）的的设计，利用三块粗糙的平台作为全剧的基本装置。平台的立面边沿呈黑色，让人感受到它们象是大海中浮动的板块，飘浮，移动，做出各种不同角度的组合，来适应剧情地点变换的要求。3块板块（平台）错纵搭置，上置篷帆，这暗示出是船；板块正面规则叠用，上竖龙柱，即成大殿。马可周游列国，剧情地点的更换，靠在黑色背景前变换不同的美术作品的办法来表现，如用波斯细密画表示波斯，用石雕佛象表示印度，而蒙古则用表示沙漠、长城、骆驼队的中国画来表示

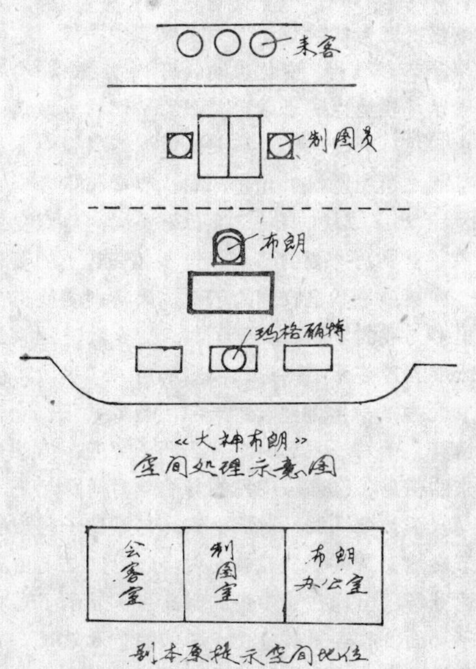

《大神布朗》空间处理示意图

剧本原提示空间地位

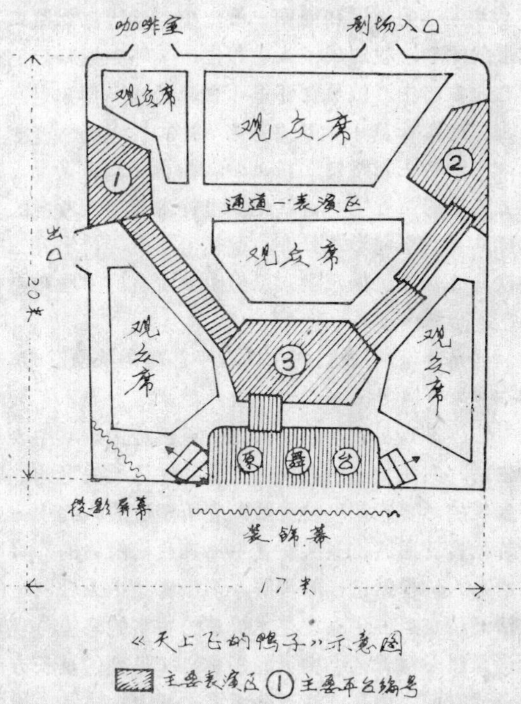

《天上飞的鸭子》示意图

主要表演区 ① 主要平台编号

等等。外景的处理，用在一块约13、14米宽的横幅片子上变换形象来解决。该片子位置的高低，在不同场次里各不相同。在序幕里，它被放在最下边，上面表现沙漠、圣树，圣树上吊满了垃圾状的杂物（旅游者奉献的贡物风化而成），空中有9个太阳在喷洒着炎光；威尼斯夜景，用蓝底白线勾画的航海用的景座图来表现，它的位置是悬吊在舞台的上方；旅行船，用水波纹和半坡文化鱼的纹样做装饰，它的位置在舞台（高度）的中部，这样高、中、下不同的部位交替使用，帮助了演出空间的变换。

避免了对演出形式创新的片面理解，出现了写实风格、夸张变形、抽象寓意等不同风格多样并存的局面。前线话剧团演出的《进入黑夜的漫长旅程》(导演张孚琛,设计唐建新）采用了 写实 演出形式。只是在写实形式的演出设计中，糅进了人头、眼、鼻的抽象形象，使观众感到不够协调。

小剧场演出

在整个演出形势不够景气的状况下，小剧场演出活动日趋活跃，这是1988年特别值得注意的一个戏剧现象。在这个艺术天地里，也在做着不同形式的艺术

实验，《搭积木》（广东）、《天上飞的鸭子》（南京）、《火神与秋女》、《天狼星》、《女人》（以上北京）等等，构成了一个小的百花园。这些演出，除了继续探索解决共同面临的问题，如小型、即景、裸露（一切在观众眼皮底下发生）、观众近距离欣赏等等，已进入对个性化演出形式的探索。比如南京市话剧团演出的《天上飞的鸭子》（导演郝刚，设计马长山），就利用小剧场演出临时构筑“舞台”之便，探索很能反映剧本本质的空间结构。剧本《鸭子》描写青年傅尔同3个对生活、理想持不同态度的女性的恋爱与交往，展示他为寻找“至善至美”的境界所进行的痛苦选择。演出者把这种“选择”的主题外化，表现为“三岔路口”形的平台。3块主要平台也是3个主要表演区，被分别安置在多数观众的前面和左、右两边。三点之间由长形平台和通道相连，这些通道和长平台，也是表演区。观众被分割插花安排在这些平台和通道的周围和两侧。演出中，这“三岔路口”图形的平台，就构成了人生旅程中的三条道路。它交织在观众当中，演员在那里徘徊、徬徨。傅尔走向哪里去？现实生活中不是有许多“傅尔”也时常走到自己人生的“三岔路口”在徘徊，在徬徨，在选择，在寻找自己的位置吗？这就是演出提醒要观众考虑的。这样的舞台空间形式分割，就超出了玩弄技术花招的层次，而构成了揭示剧本思想内涵的表达手段和有机的艺术形式。

同是小剧场演出，在中国青年艺术剧院演出的《火神与秋女》（导演张奇虹，设计赵家培）显示了天然质朴、淳厚真实的特点。而这一点正是由剧本中表现的生活，它所塑造的人物的气质和性格所决定的。剧本表现的是普通矿工的生活，它所塑造的人物“一个个都是普普通通、实实在在生活在我们身边的”（导演语）人。根据这样的理解，演出者给主人公创造的生活环境是经过了高度艺术提炼的写实的环境。观众走进黑匣子（青艺小剧场的别称），见到的是长方形的表演空间，由高低两部分组成，横的一边是高出的台子，长的一头是平地表演区。主要的戏剧动作在这块由三面观众包围着的场地上展开。其中占突出地位的是一尊由大树根粗雕而成的人物立像，旁边散置着几件道具，圆桌、木墩凳、木床等，都是天然木料制成的，形象质朴，制作技术粗犷。观众席和表演区分界处的边沿，展陈着几件形象和形式各异的根雕成品或半成品，由主人公双手雕刻的这些作品也显示了粗犷、豪放的风格。当戏还没有开演，观众已从景物布置中感受到了主人公是位根雕艺术家。及至看过了演员的表演，观众会感到环境的这种艺术处理，同主人公——一位身残志不残、热爱生活而又富有艺术气质的矿工艺术家的形象，是多么的吻合、谐和。而且它还给全剧涂上了一层粗犷、淳朴的基调。演出场所的四周上空悬挂着几幅现代派风格的毛边布画像，是用来点染主题、寓意男女主人公的命运的。但它们没有同剧中动作发生联系，是作为演出装饰物而存在的。

其他如《搭积木》、《天狼星》、《女人》等演出，也都有自己的艺术追求。

歌剧、舞剧、音乐剧的舞台美术

歌剧、舞剧、音乐剧都是难产的艺术品种，因此它们在舞台美术上的探索，值得人们给以格外的注意。哈尔滨歌剧院的《仰天长啸》（导演郭小男、陈万才，设计指导周本义）是出歌颂民族英雄岳飞的大型历史歌剧，借鉴欧洲大型歌剧的艺术形式，以歌唱为塑造人物、抒发感情的主要手段。在它的演出造型设计中，没有去追求对历史战斗环境的具体表现，而是着眼于庄严、恢宏的气势，肃穆、悲壮的气氛的创造。全部景物以横贯舞台的阶梯平台为主要造型手段。它们层次叠累，节奏跌宕，变化灵动（可以分散聚合），构成暗示环境地点的基础。背景的一切物象取消，代之以由黑丝绒的边、檐、后幕所造成的肃穆而深邃的黑色空间，再配以投射光色浓烈、节奏起伏多变的照明，既暗示出了战场、宫廷、牢狱等不同的地点变化，更适应了歌剧所需要的节奏、情调和气势上的要求与渲染。在渡口一景里收到的艺术效果特别明显。在这一场里和与战的矛盾激化到了沸点，金兵进逼京师，主和派秦桧迫使宋主出逃。演出利用一切手段，包括调度和光色，一再铺垫这种气氛，造成紧张、仓忙出逃的情势。千钧一发之时，音乐调子突变，传出岳家军到来的信息，沉郁、闷窒的舞台顿时活跃起来，千军万马（演员做马舞）驰骋而来，冷暖调子强烈的色光快节奏地交替闪烁、轮番扫射。此时，岳飞由高台后迅速登场，出现在台中央的制高点，显示了军威，稳住了局面，收到了挽危亡于瞬间的艺术效果。平台造成的特殊调度、光色的特殊运用，在创造这种艺术效果中，显然起到了重要的作用。

以设计布莱希特戏剧善长的舞台美术家薛殿杰为全总文工团歌舞团的民族舞剧《三圣母》做了演出设计。《三圣母》（导演黄伯寿）一剧，曾以《宝莲灯》的剧名演出过。这次演出为求得演出形式的创新要求同民族舞剧所要求的造型特点之间的协调，设计者采取了一系列的技术方法和独特的艺术处理。所有的景物形象，都采用具有现代感的软雕塑的方法塑造，而避免使用传统的绘画性的写实方法。所谓“软雕塑”的方法，就是以“布”等软质材料经过特殊的加工塑造成"立雕"或浮雕的形象。但所塑造的形象，虽带有装饰、变形的特点，却仍保留了形象的可识辨性即具有一定的具象性。它们能够揭示出一定的环境感，又具有民族的和民间的艺术形式的韵味和特色。内景用垂帐吊幡、幕条、布块和相应的道具组成，利用它们的不同形状、不同的组合格式，表达出这里是"三圣母祠"，那里是"二郎神庙"或"刘彦昌家"等等。外景同样以"布"塑形，用国画渲染、浑润的方法染制的布条悬吊塑形示意为山，对其形象进行特意的控制，配以不同的布塑饰物以区分出环境的不同，如连巅群山、深谷幽洞等。这样就很有特点地解决了舞剧演出中造型处理上的一系列的矛盾：现代手法同民族、民间形式的统一，舞剧对环境及其艺术形式上的夸张、抽象的要求同形象的可识性与具象性的统一，内景和外景、景物单元之间的形式感的统一，等等，从而获得了演出处理整体艺术形象和形式的有机统一。在适应舞剧动作要求环境变化多、节奏迅速方面，也作出了极富寓意的处理，比如沉香苦练功成，降龙得斧，劈山救母这一连贯的动作发展，景都作了迅速的同步配合。

音乐剧，或大型歌舞剧，是近些年引进我国并发展起来的一种艺术形式。1988年出现的这类的演出中，有3台不同类型的演出：上海戏剧学院的《窈窕淑女》、湖南省郴州歌舞团的《公寓·13》和辽宁省歌舞剧院的《美的旋律》。

《窈窕淑女》（导演许容廉，设计指导丁加生）是出外国歌舞剧，由肖伯纳的《卖花女》改编而成，在外国歌舞剧演出史上占有重要的地位。上戏的演出设计，以自己独特的处理，完成了该剧演出造型艺术的任务。背景用大画幕（这是欧洲大型歌舞剧、音乐剧常用的造型形式）集中地交代了剧情的环境和时代背景——世纪初的英伦面貌。台口使用装饰幕，作为背景同舞台上抽象景物之间的过渡。主要景物为台中央的一组斜面平台，其外侧环围一周可沿圆边移动、变换组合的阶形平台，配合6扇上面有雕饰的屏风型的框架，做出不同的组合，以便灵活地更换环境，加上色彩浓烈、多变的灯光处理，很好地适应了舞剧场景变化多的要求。尤其是"舞会"、"赛马场"、"街道"等场景收到极富艺术感染力的效果。

如果说《淑女》一剧的设计反映了中国演出艺术家对外国歌舞剧的理解和把握，那么《公寓·13》（导演王缨之，设计那树枫）的演出则反映了中国戏剧力图利用音乐剧的形式表现自己对现实生活感受的尝试。《公寓·13》表现出现代公寓化的生活带来了人和人之间关系的变化、警惕、隔阂等种种新的问题。设计者没有在舞台上复制大都市高楼大厦、五光十色的繁貌，也没有表现公寓楼房的具体形象。背景，在一片灰暗色的平幕上，右边（观众方面）是三块圆形的色块，左边抽象的高台上有一寓意形象：一对装饰性的鸽子，正振翅飞翔。前景舞台中央是一组寓意公寓楼形象、象似脚手架样的梯架装置，这是演出造型的主体。其中嵌含着部位高低不同、空间大小不同、形状也各异的台阶和平台等调度支点。在演出中，这些不同的空间、台阶和平台就变成公寓房间、门庭、走廊、楼道等不同的表演空间，处理具有现代的形式感，适应了演出音乐节奏的迅速发展。

与上述两例不同，《美的旋律》（设计里公木）的演出则反映了对音乐剧演出形式民族化的追求。《美的旋律》是一台歌剧唱段集锦型的音乐剧演出，把从《白毛女》、《刘胡兰》、《洪湖赤卫队》……直到《芳草心》等17部歌剧中的40余首曲目集中在一个晚会上演出，融歌、舞、戏、乐于一炉，使美声、民族、通俗三种不同的唱法各施其长，竞胜斗妍。为利用现代造型艺术丰富演出，设计者从中国歌剧艺术的历史长河中，选取了《洪湖赤卫队》中的莲花作为主体形象，赋彩生发，创造了绚丽的演出形象。中间是朵盛开的大莲花，台面铺陈几片荷叶，河流向天际延伸，

《窈窕淑女》

设计指导丁加生

中下部的纱幕上陈现各种歌剧的花朵；上部的纱幕上是一群白色单线勾勒的群像（喜儿、韩英、刘胡兰、江姐、阿诗玛等主要歌剧中的人物形象），在长河中飘逸而出，从大到小在中流中挺立，似在具有表现性的淡淡蓝白色的无尽头的诗意空间里飞翔、荡漾。中心莲花，三层五瓣，置于转盘之上，可以自由转动，亦可前后左右移动，以适应演唱者在表演上和空间造型上的要求。莲花上可以负重，上面可以站立演员，舞蹈和演唱演员可根据表演的需要，花上花下交替使用，或上下相互配映。莲花以合金铝薄片为材料，打塑成莲花形纹路皱折，蒙扣其上。在不同色光照耀下可形成不同的感觉，创造出不同的情调和气氛，以适应不同的唱段的情绪要求，产生出不同的艺术联想和意念，时而似花、似石，时而似雪、似血（江姐牺牲前的唱段中）、似红霞，时而似岸边流影（《小二黑结婚》、《船夫曲》等唱段中），时而似山茶花开（《阿诗玛》中）。莲花的边框上嵌饰有霓虹跑灯，时开时闭，有时单色放彩，使莲花形成双钩镶边，有时多色彩的交互闪烁、跳跃，适应民族的、美声的、通俗的不同唱法所需要的气氛和节奏，以完成其总体艺术效果的诗意美、形式美和节奏美。

戏曲舞台美术的艺术探索

由于种种的主客观原因，传统的演出形式成为1988年戏曲舞台上的主导倾向。但在一些有志于戏曲革新的演出团体和艺术家的努力下，戏曲舞美的探索实验，仍在顽强地进行着，而且取得了很可珍贵的成果。这些成果，在下列3个艺术活动中得到了较为集中的展现，这就是：在山西省运城地区举办的戏曲现代戏研究会第七届年会（以戏曲舞美为中心议题）期间的演出、在天津举行的京剧新剧目汇演和在北京举行的首届中国戏剧节期间戏曲节目的演出。当然戏曲舞台美术的探索活动不仅只限于这3个集中的艺术活动之中。从这些演出艺术实践中可以清楚地看出，无论是在传统剧目、新编历史剧目，还是在现代题材的剧目中，舞台美术都有广阔天地，都在做着有意义的实验。

上海京剧院演出的《曹操与杨修》以满票荣登“优秀京剧新剧目奖”榜首。该剧具有凝重的历史感，浸透着强烈的现代意识。这种精神，在演出造型艺术处理中也得到了鲜明的体现。适应古人古事的要求，对剧中的环境地点，如郭嘉墓庐、相府、杨主薄后花园、疆场军营等等，设计者都力图作出具有历史风范的处理。其中外景的处理收到了很好的艺术效果。郭嘉墓台一景，层层台阶叠起，筑成了一个高台，墓碑矗立中央，背后一轮硕大的中秋圆月当空。郭嘉是曹操昔日的重臣、杨修敬重的私交，借中秋之机，曹、杨同到墓地祭悼，景的处理为他们的相识提供了极合情理的环境。曹杨除了共怀哀思，而且各自笼罩着一层锁眉愁云。杨修怀才不遇，报国无门；曹操欲建霸业的宏图受挫，正苦重振雄风无人相助，因此虽是中秋月圆时，月之光辉却并不那么皎洁，被一层薄雾复掩，撒下的光芒冷森、灰暗，使墓台周围的景物蒙上一层冷霜。最后一场，在这一基调的基础上做进一步的气氛渲染，为曹操杀杨修提供了一个更具寓意的环境。主薄后花园一景，一尊太湖石，几株抗风伫立的翠竹，是对主人公清风亮节形象很好的烘托。设计者从审视历史发展的角度，处理了台口和二道幕的形象。台口用秦砖汉瓦浮雕做装饰，而二道幕则用明清时代风格的浮雕龙装饰成一道影壁（形似九龙壁），半立体的浮雕造型增加了演出形式的历史凝重感，而秦砖、汉瓦和明、清龙的乱代风格，则注入了设计者审视历史的主体意识。这种形象处理暗示人们，在这个舞台上活动的这组人物，是有历史具体性的，但类似这样的人和事，他们命运的现实意义，却是超历史的、不受具体历史阶段的局限的。秦砖汉瓦的装饰，整体处理是对称的，各个装饰局部形象的组合又是不对称的，这种矛盾的处理，进一步从形式上增强了对历史的审视意识。

山西省临汾地区眉户剧团演出的《两个男人与一个女人》（导演姚大石、张宏道，设计张优强）的演出设计，也运用了现代的造型手段。《两男一女》是根据小说《老井》改编的现代剧目，以3个青年人的爱情纠葛，表现了这样一种思想：情投意合的恋人难成眷属，同床异梦的夫妻却要生儿育女，顽强不屈与愚昧落后凝结在一起，揭示了我们民族的生命动力和悲剧命运。为适应该剧的演出，设计者在前景以局部体现整体的手法表现每场戏的具体环境。形象的选择和处理具有地方色彩，如深山沟坡、黄泥土层等，形式的处理具有装饰味，表现了地区落后、环境闭塞的特点和气氛。而背景却是在黑丝绒底幕前用塑料绳精细地垂直编排了一道绳幕，部分绳头上下不连贯，中间空出的一块黑色空间呈一个大钩月形，这种处理，既增强了演出的现代感，也升华了戏剧环境的意境。

传统戏曲剧目要不要利用景物造型加强和丰富演出效果是最具有争议的问题。但在实践中，戏曲舞美工作者在不断地从事着这方面的实验。象《女起解》这样的传统节目，过去是根本用不着景物造型的。但山西省运城地区蒲剧团演出《苏三起解》却用了景物造型（设计梁克勤）。他们去掉传统的“守旧”，两侧的侧幕改变了形式；上边用透明的纵线穿连而成镂空的中性图案加以装饰，净化了舞台。代替“守旧”的是一道蓝色的天幕，上面悬贴着一点装饰图案——一朵白云和一组山片。整个舞台形象清新、爽目，增强了演出的形象感染力。陕西戏曲研究院青年实验剧团演出的秦腔折子戏《鬼怨·杀生》(设计朱炜联等)把现代科技技术用于传统的戏曲演出之中。幕启，一簇花团拥簇着一位“女仙”，隐露于云雾之中，似腾云驾雾，飘然下凡；接着李慧娘的身影旋舞于舞台，激光扫描的光环追逐着慧娘的舞势闪烁、扫射，人物衣饰上的亮片反光装饰闪闪发光，时隐时现，时明时暗，造成一种神秘莫测、扑朔迷离的气氛，大大补充了传统的喷火彩的舞台效果。

写实形式的回升趋势

1988年舞台美术创作的一个很惹人注目的现象，是写实形式的回升趋势。尤其在奥尼尔戏剧节和首届戏剧节中，写实形式的演出无论在数量和质量上都占有显著的地位。

北京人民艺术剧院演出的《天下第一楼》（导演夏淳、顾威，设计黄清泽等）是本年中出现的写实演出形式中有代表性的作品。它的特点是通过两场景的形象对比，生动真实地表现了“福聚德”烤鸭店衰兴不同阶段的面貌，从而为塑造卢孟实这个人物形象起到了补充作用。前一景，“福聚德”老字号烤鸭店的旧面貌，清末民初大饭庄的骨貌尚存，但由于经营不善，门面已经相当不景气了。“福聚德”木质匾额、明柱等陈设装饰久未刷新，色彩暗淡，形象陈旧。特别是与饭庄规格不协调的大酒缸的出现，生动地点出了生意滑坡、门面今不如昔了。卢孟实在企业濒临绝境时受命理店，经过十来年的苦心经营，“福聚德”生意改观，日进百金，门面大改：盖起了新楼，增设了雅座，陈设更新，装饰金碧辉煌，“福聚德”的匾额漆黑鎏金，柱联纸红字黑飞点金星。买卖做大了，社会交往扩大了，现代化的联系工具——电话也安上了，灯光照明由原来的油蜡灯改成了电灯。环境上的所有这些对比处理，都是对卢孟实这位具有实干精神和精明干练才智的企业家形象的有力烘托。戏结束时，“好一座危楼谁是主人谁是客；只三间老屋时宜明月时宜风”对联的出现，则有力地帮助了对人物悲剧命运的揭示。景物的这种细节处理是刻画人物形象、表达剧本思想的有力造型手段，同自然主义的细节堆砌，不可同日而语。

同一剧院演出的《哗变》（设计周一莎）其演出造型处理的基本形式也是属于写实范畴。全剧一堂景，固定不变，表现美国军事法庭的审判大厅。景的形象是具象的。左（观众方面）侧后方是审判席，相对的右侧表现为起诉人和辩护律师席，中央是被告席。被告席后边为法庭的门口，也是演员上下场的唯一通口。这样就把一座军事法庭的形象，活脱脱地呈现在观众面前。同《第一楼》的演出处理相比，《哗变》的演出造型形象的处理，已经不是那样注意生活细节的真实和生活的自然逻辑了，就是说它比《第一楼》的景已经具有了更大一点的假定性和剧场性了。比如把审判大厅的空间感处理得那么高大，已不属自然形态，而本为连成一体的墙壁，被分割成孤立的三片墙片，中间的“连续”是由后面的丝绒黑背景托现出来的，这更具有夸张、变形和抽象的性质。即使是中间的被告席，在台中央孤立地放一矮台，上边置把椅子，这种处理，也是让观众觉得它象是真实的罢了。

从演出造型形式系列上看，天津人民艺术剧院演出的《欲望号街车》（设计朱彰）的形式处理，则是写实形式与非写实形式间的另一个阶梯。《街车》的演出，没有象《琼斯皇》那样为了统一演出形式而大改剧本，它基本上尊重原作的精神和结构：场景的时空是固定的，环境是具体的，现实的，事件的进展是依序合乎逻辑的。这样的景很容易处理成一个常见的多空间的写实住宅。天津人艺的演出没有这样做，而是作了这样的处理：与演员动作直接发生关系部分的空间分割和处理都是很具体的，尊重生活逻辑的，两层楼的住宅，下层分室内、室外，室内的过道门庭、通向二楼的楼梯、二楼的阁楼，室内的房间、套间、卫生间等等，局部的陈设布置可以说是相当真实的；但在环境整体形象的处理上，却又相当地不写实：住宅的房间没有墙壁，墙面是由密排的透空横条组成的，是透空的；一反传统的演出的黑背景，背景是“白色”的，用强烈的白光把背景（舍去了中景和远景）照得通亮，使前景由格架、横条组成的镂空房间的轮廓构成深色剪影，显得十分干净、突出。换景时也不关闭大幕，靠控制灯光的明暗使换景在灰暗中进行。换景者的动作，观众可以隐约看到。这样又十分明显地强调和突出了演出的剧场性和假定性，使演出整体的造型形式构成一种特殊形式的虚实结合。

由此扩展开来，可以逐渐地排列到非写实形式的另一端，从而构成我们戏剧园地演出形式多样化的一个长廊。关于非写实演出形式的探索我们在前面已经记述了一些。这里再补充一个利用和发挥原材料性能创造演出新形式的实验，这就是辽宁儿童剧院演出的《特殊夏令营》(导演王文清等，设计苗培如）的演出设计。《特殊夏令营》是出无场次的儿童剧，演出形象和情调明快、神奇、活泼、有趣。森林是这出戏演出环境的主体形象。设计者没有在舞台上具象地复制森林的形象，而是象阿庇亚主张的那样，把着意表现在森林中活动着的人的感觉作为自己的创作任务。设计者选用一种半透明的塑料片（护卡膜），将其卷成长短不同、粗细不同的圆筒,从台口至后区分 5 层、高低不等地吊挂，构成参差不齐的形状，造成森林的感觉；取消边、檐幕，衬以黑丝绒底幕，增加场面的深邃感和神秘感。4 个活动小平台根据剧情的需要变换图形，交错摇弋或升降吊挂的塑料长筒，利用材料反光的性能，多角度地投射不同颜色、不同光度的灯光，强化了大森林中环境幽深神奇、色彩绚丽、光怪陆离的气氛，显示了环境的不断变换：时而是清新的登山路上，时而是神奇的林中露宿地，时而是旷野密林深处，时而是令人恐怖的捕兽陷井。材料受光后的晶莹形象，又起到寓意80年代孩子们向上的性格、透明的心灵的象征作用。

舞台美术理论的探讨

在前几年热烈争鸣的基础上，1988年的舞台美术理论研究逐渐向深化的方向发展。随着艺术本体论讨论的深入，对舞台美术本质的认识在不断拓展、深化。从介绍国外的“大风格”（苏联）、“大舞美”概念（西方），到演出（戏剧）空间论、演出造型艺术论，都是在探讨戏剧艺术的实践已突破了原来对舞台美术狭隘的理解之后，如何更好地、更准确地理解和概括舞台美术的本质。但这些观点还都没有超脱“三维空间”、“四维时空”（有的称为“四维空间”，似为误解）的基础和范围。前不久有人提出了“五维”艺术，它的内涵是“心维”，它最终的目标是要创立舞台美术剧。在这种未来的舞台美术剧中，排除戏剧中其他一切传统因素，剧本、导演、演员等，由舞台美术独立地完成戏剧演出。这个问题是刚刚提出来的新问题，还没有展开讨论。

艺术的多元化理论在舞台美术领域的讨论，涉及到了在什么层次上使用“多元化”的概念才有实际意义的问题。一种意见认为当代的舞台美术，无论从观念、创作原则、艺术风格和形式上都必须是多样化的和多元化的。另一种意见认为，在艺术风格和艺术形式的层次上只是“多样化”的问题，不存“多元化”的问题。在这个层面上使用多元化，只是多样化的同义重复，且易造成概念上的混乱。艺术多元只有在象创作指导原则（艺术方法），它的美学基础、哲学基础的层次上才具有实际的意义。

在艺术主体意识的讨论中，舞美界涉及到的问题是:到了20世纪80年代提出“艺术主体意识的觉醒”这样的问题是否合适？是否有背文艺史的实际？再就是，在戏剧演出艺术中,如何重视它的创作主体的集体性，这些众多“主体意识”的觉醒活跃起来之后，如何共容于统一的创作中，使其发挥积极的促进作用而不产生消极的“内耗”作用。•

所有这些问题和其他被广泛地提出的问题，将接受创作实践的检验，进一步证实它们各自在多大的程度上符合实际。

在戏曲舞台美术理论的探讨中，围绕的中心是关于戏曲舞台美术创新的走向问题。其争鸣的核心，仍然是如何对待戏曲传统和戏曲艺术要不要吸取现代意识的问题。对一大批使用布景的戏曲演出剧目的出现（其艺术成就、成败得失很不一样），有人给予积极支持，大力肯定，认为是适应时代要求的产物，是戏曲革新和发展的表现。也有人不同意这种看法，对上述这种发展趋势（走向）提出了质疑：“随着‘现代戏曲’观念的提出，人们对传统的反思、寻根和在更深层次上的复归，本来早已驾轻就熟的中国戏曲，现在又处在‘失去中心’的荒原上迷惘地面对现实。”（《戏剧评论》1988年 3 期第70页）这是比较留有余地的估计。还有一种意见则认为戏曲艺术的用景实验是在走历史的回头路。

1988年10月，戏曲现代戏研究会在山西省运城地区召开了第七届年会，中心议题是戏曲现代戏的舞台美术问题。召开这样全国性的学术会，专门讨论戏曲现代戏的舞台美术问题，这在我国还是第一次。会上就戏曲现代戏的舞台美术问题进行了广泛的讨论，产生了一批颇具质量的论文。

在以往的舞台美术理论研究中，虽然不乏对中国传统美学观点的引述与阐发，但基本的理论构架和基础，是在西方的艺术和戏剧观念的范围内形成的。1988年舞台美术理论研究中的一个重要变化和发展，是出现了企图以东方（中国）美学思想做指导考察、研究舞台美术现象或进行中西演出造型艺术对比研究的尝试。这是应引起重视的一个重要变化。

• 本稿写作过程中，除文中提及的作品的设计者给予了大力协助，上海的吴光耀，北京的龚和德、赵英勉、吴穹、徐翔、章抗美、程式如，哈尔滨的罗克敏、李春林，武汉的戴真等提供了可贵的资料和重要的信息，特向他们致以谢意——笔者。

戏剧日志

1988年 戏 剧 日 志

〔1月1日〕

“梅兰芳史料陈列馆”在江苏泰州落成，对外开放。陈列馆三个展室分别介绍“梅兰芳生平”、“梅兰芳与泰州”和陈列梅兰芳舞台艺术生涯中的部分文物、照片、图书、实物资料及纪念品。

〔1月7—8日〕

中国文化报在北京召开文艺体制改革恳谈会。戏剧界参加恳谈会的有中国儿童艺术剧院院长方掬芬，著名演员曹灿、孙毓敏等。代表们对文艺表演团体的体制改革发表了意见。“走穴”问题成为恳谈会的热门话题。

〔1月8—14日〕

由中国戏剧家协会和国际剧协中国中心联合主办的“梨园在西方”展览在北京中央戏剧学院展出。所展资料为旅美华人陈依范先生提供，有图片、剧照、文章等250多件，展示了中国戏剧随中国移民进入美国以来的发展情况。

〔1月10日〕

去年12月20日开始的中国煤矿文工团纪念建团40周年庆祝活动结束。

〔1月11日〕

《戏剧报》编辑部召开振兴京剧座谈会，邀集在京的部分京剧界人士与文化部副部长高占祥对话。袁世海、李世济、叶少兰等京剧界人士出席。与会艺术家就京剧界目前存在的问题和如何振兴京剧的问题发表意见。高占祥谈了改革、人才、剧目、普及等问题。

〔1月15—19日〕

中国艺术研究院戏曲研究所在京举办戏曲现状与趋势研讨会。全国各地剧作家、导演、演员、研究工作者、编辑、记者70余人到会。与会者采用即兴发言的形式，就戏曲的存亡、发展趋势等问题进行了专业性讨论。（详见“重要戏剧活动”栏）

〔1月17日—2月16日〕

第十六届香港国际艺术节在港举行。19个国家和地区的音乐、戏剧、舞蹈表演艺术团体千余人参加演出。在艺术节上，中国歌剧院演出了世界著名歌剧《蝴蝶夫人》和《卡门》，河北省承德话剧团演出了话剧《懿贵妃》。承德话剧团在港期间还应香港联艺娱乐有限公司邀请，演出了《班禅东行》。

〔1月21日〕

中国戏剧家协会艺委会召开宋丹菊和宋派艺术座谈会。会上讨论了宋派艺术的特点，总结、宣传宋派艺术的成果，培养宋派艺术接班人等问题。

〔1月23—30日〕

应澳门知名人士马孟祺、崔德祺先生邀请，以红线女为艺术总指导、吴领强为团长、周仁为顾问、尤娟儿为经理的广州粤剧团一行66人赴澳门演出。演出剧目为《女儿香》、《真假金牡丹》、《追鱼》和《白蛇传》，主要演员有花旦倪惠和文武生罗伟华等十余人。

〔1月28日〕

泉州木偶剧团举行仪式，向该团第一名外国留学生、英国小天使木偶剧院副院长约翰·罗伯茨颁发结业证书。结业式后，师生互赠纪念品，并表演中英两国提线木偶。

〔2月1—25日、3月15—27日〕

以哥廷根大学教授、著名汉学家罗思纳博士为首的联邦德国及联合王国北爱尔兰学者一行7人两次在安徽省安庆市考察黄梅戏及民间音乐。同来的学者有哥廷根大学教授、国际传统音乐协会德意志分会主席勃兰德尔博士及夫人，巴姆贝尔克大学教授、音乐科学家布吕克博士、北爱尔兰女王大学音乐与汉学教授沃尔皮特博士及夫人，以及陪同翻译、汉学家吉尔特硕士。

〔2月2日〕

文化部艺术局局长方杰向文化界的人大代表和政协委员们说，文化部的艺术院团改革方式已有初步设想。该设想突出体现文艺界的竞争机制，优胜劣汰是最明显的特点。按此方案，国家将集中组建国家级文艺团体，将把大部分现存文艺团体引入文化市场，以集体和自由组织形式进行竞争，自负盈亏。

〔2月5—9日〕

文化部在京召开全国编导创作人员座谈会，28个省、市、自治区从事戏剧、音乐、舞蹈创作的200余名代表出席了会议。会议期间，胡启立、薄一波、芮杏文会见了与会代表。

〔2月6—8日〕

为抢救古老剧种“永嘉昆剧”，

中国艺术研究院派员到浙江永嘉县录制“永昆”的优秀传统剧目《荆钗记·见娘》、《琵琶记·吃饭吃糠》、《钗钏记·约钗、闹钗》等5个折子戏。

〔2月8日〕

文化部办公厅和中国艺术研究院在北京联合举办纪念1月8日逝世的我国著名戏剧理论家、活动家、教育家、导演和剧作家马彦祥座谈会。文化部部长王蒙介绍了马彦祥的一生，著名戏剧家阳翰笙、曹禺、张庚、刘厚生、马少波等在会上发言或提交了书面讲话。

〔2月8—15日〕

中国青年艺术剧院导演陈颙赴民主德国柏林参加由布莱希特研究中心为纪念布莱希特诞辰90周年举办的国际学术讨论会，来自世界50多个国家200余位代表聚集一堂。会议举办了有关布莱希特研究的书籍展览、电影回顾展等，并开座谈会，安排各国艺术家进行接触。

〔2月10日〕

由中华全国美学学会喜剧美学研究会、陕西省喜剧美学研究会和陕西省艺术研究所合办的全国第一本专门探讨喜剧美学理论和喜剧艺术实践的综合性期刊《喜剧世界》（双月刊）创刊。

〔2月12日〕

希腊大使迈戈洛诺莫斯向我国著名古希腊文学研究家、翻译家罗念生教授授予雅典科学院文学艺术奖。迈戈洛诺莫斯大使在授奖仪式的讲话中，对罗念生教授50多年来在研究古希腊思想和文学方面做出的贡献给予高度评价和赞扬。

〔2月17日〕

中国辽宁青年京剧团结束在意大利的访问演出回国。该团在意大利历时3个半月，先后在27个城市巡回演出《闹天宫》、《醉打山门》、《虹桥赠珠》、《三岔口》等剧目80场。

〔2月20日—3月2日〕

应中国对外友协的邀请，法国幽默滑稽哑剧大师布拉戴尔先生和他的助手、表妹多米尼克女士来华，先后到北京、武汉、广州三市进行访问演出，演出《爱的悲伤》、《街头音乐家》等十余个节目。

〔2月21日〕

中国儿童戏剧研究会理论组在京召开“为了儿童剧的起飞”理论研讨会，就目前儿童剧的状况、儿童戏剧工作者的状态等问题作了探讨。

〔2月22日—3月3日〕

全国政协京昆室、中国戏剧家协会、中国戏曲学院、中国艺术研究院戏研所、北京京昆振兴协会、国际剧协中国中心开发总公司、京剧脸谱研究会联合举办的“中国戏曲脸谱艺术展览”在北京中国美术馆展出。展品7千余件，分中国历史脸谱、地方戏曲脸谱、京剧脸谱、京剧名家勾脸戏剧照、台湾作品、工艺美术脸谱等7部分。

〔2月27日〕

中国艺术研究院戏曲研究所主办的，旨在为戏曲界同仁提供聚会场所，借以交流信息、联络感情的戏曲沙龙正式成立并举行第一次聚会活动。戏剧出版、新闻界的理论工作者、创作人员、编辑、记者等40余人参加了这次聚会。

〔2月27日—3月3日〕

北京市《新剧本》杂志和四川省自贡市联合举办魏明伦川剧剧作讨论会，北京、四川、江苏、浙江、贵州等地的戏剧家和新闻工作者近50人出席了会议，对魏明伦的《易胆大》、《四姑娘》、《岁岁重阳》，以及新作《夕照祁山》的成败得失进行了探讨。

〔2月27日—3月10日〕

应香港漳属同乡会邀请，漳州市木偶剧团赴香港参加春节联欢演出。领队林启富，演员杨烽等9人，演出《大名府》。

〔3月2日〕

我国皮影收藏家、山西省侯马市文化局调研员廉振华被美国悦龙皮影剧团授予“1988—1989年荣誉会员”和“最高荣誉会员”称号。

〔3月5—11日〕

文化部艺术局、中国戏剧家协会、中国艺术研究院、北京市文化局、中国国际文化交流中心、北京京剧院、中国戏曲学院、北京军区战友京剧团、中国京剧院等单位在北京联合举办袁世海舞台生活60年纪念演出活动。5、7、9日，袁世海与方荣翔、杜近芳等名演员联袂演出《群英会》、《龙凤呈祥》、《连环套》。11日，首都戏剧界在全国政协礼堂举行座谈，高度评价了袁世海60年来为我国京剧艺术所做的卓越贡献。

〔3月15—20日〕

中国戏剧家协会、中国剧协广东分会在广州联合举办全国话剧改革题材新作研讨会。应邀出席会议的剧作家、评论家、编辑、导演讨论了《剧本》月刊推荐的《行星启事》、《搭积木》、《人间喜剧》、《幽灵在黎明前聚会》、《吕家大院》、《喧闹的夏天》、《冰棍败火》、《弄潮》和《赤脚外交官》9部话剧作品。研讨会借鉴美国奥尼尔戏剧中心的办法，将《行星启事》、《搭积木》两部不同风格的新作搬上舞台，通过简排，供与会者研讨。

〔3月15—28日〕

应香港联艺公司邀请，关肃霜、毛云亭率云南京剧院演出团赴港参加《大公报》建社（创刊）50周年活动。主要演员有关肃霜、邢美珠、梁建国等。演出剧目为《铁弓缘》、《失子惊疯》、《战洪州》、《玉堂春》、《杀庙》、《吕布与貂婵》。演出上座率为近年香港京剧演出最高。

〔3月21—28日〕

中国戏剧家协会1988年度工作会议在广州举行。各省、市、自治区剧协分会和沈阳、大连、重庆剧协的负责人出席会议。会议的主要内容是：一、宣布和讨论1988年剧协工作要点，包括设立中国戏剧“金龙奖”、举办首届戏剧节、筹备建立“中华戏剧艺术基金会”、对中国剧协会员收缴会费等。二、各分会负责人汇报前两年的工作，交流经验。会上颁发了中国剧协主席曹禺签署的奖状，对在繁荣创作、活跃评论、培养人才、办好企事业等各方面贡献突出、成绩显著的福建、浙江、山东、吉林、广东、河南6省剧协分会予以表彰。

〔3月21—31日〕

中国戏剧家协会、中国评剧院、中国剧协北京分会、北京市戏研所在北京联合举办评剧艺术家小白玉霜、魏荣元逝世20、12周年纪念演出，在首都几个戏院上演评剧《家》（选场）、《包公赔情》、《杜十娘》（选场）、《灵堂公》、《马寡妇开店》（选场）、《九尾狐》（选场）、《秦香莲》等剧目，并举办第二届梅花奖获得者、白派传人刘萍评剧独唱音乐会。

〔3月22—24日〕

以岐阜市齿轮剧团团长小林宏先生为首的日本岐阜市议会文化代表团抵京，与中国青年艺术剧院进行友好接触。代表团在中国青年艺术剧院陈颙、于黛琴等人陪同下参观了青艺的小剧场，观看了小剧场戏剧《绝地》的排练。小林宏先生推荐了他根据井上靖先生原作改编的音乐剧《十一只猫》，并赠予部分服装及长筒袜，希望继续与青艺建立兄弟友好团体关系。

〔3月23日—7月2日〕

中国青年艺术剧院青年导演王晓鹰应邀赴联邦德国布莱梅莎士比亚剧院考察访问。

〔3月27日—4月27日〕

中国福建漳州市芗剧团应新加坡牛车水人民剧场基金管委会的邀请，再度赴新加坡作商业性演出。该团领队为漳州市副市长杨锦和，主要演员为郑秀琴、洪彩莲、钱天真、韩天嵩、阮亚海、王厚根、洪镇平等37人，演出《肃杀木棉庵》、《狄杨合兵》、《琵琶记》、《状元与乞丐》等18个剧目。

〔3月〕

△黄梅戏著名女演员吴琼的演唱专集由中港合资的海威特音像有限公司与香港文志唱片公司合作在香港录制完毕，向海内外发行。“专集”收录了《天仙配》、《女驸马》、《牛郎织女》等优秀剧目的唱腔，并选录了黄梅戏传统唱腔里风格鲜明的花腔小调。

△应美国和平演出公司邀请，陕西省艺术团一行17人赴美旧金山、洛杉矶等城市演出。著名京剧演员尚长荣、孙明珠领衔主演尚派名剧《梁红玉》、《昭君出塞》。

〔4月1日〕

第五届《中国戏剧》（原《戏剧报》）梅花奖揭晓，21人获奖。（获奖名单见“重要戏剧活动”栏）

〔4月8日〕

中国戏剧家协会、中央戏剧学院联合举办的“第一届中国剧作家创作研究班”在京举行开学典礼。创研班的学员来自20个省市，大都是近几年在戏剧创作上有成就的中青年剧作家。

〔4月9—15日〕

中国艺术研究院戏曲研究所与福建省文化厅在福建莆田、仙游、泉州联合举办“南戏学术讨论会”，着重研讨了中国南戏的形成与发展、南戏声腔的流变及南戏剧目流传情况、福建戏曲与南戏等学术问题，同时对如何拓宽研究视野、进一步发掘古代戏曲遗产和发展中国传统戏剧文化等问题展开讨论。全国的专家、学者百余人参加了会议，提交论文61篇。福建梨园戏、莆仙戏与木偶戏、南音等为大会展演了古老南戏剧目《张协状元》、《朱文太平钱》等。

〔4月13日—5月17日〕

应澳大利亚嘉士德有限公司邀请，上海市戏曲学校京剧演出团在团长罗佳陵带领下赴澳大利亚演出《三岔口》、《廉锦枫》、《盗仙草》、《虹桥赠珠》、《闹龙宫》、《借扇》等剧目。

〔4月14日—6月14日〕

应泰国曼谷攀蒂酒楼大剧院邀请，中国木偶艺术剧团在刘霁率领下访问泰国，演出《八仙过海》、《猪八戒背媳妇》等剧目。

〔4月18—28日〕

由文化部艺术局与香港中华文化促进中心在北京联合召开“国际艺术管理研讨会”。研讨会组织委员会主任为文化部艺术局局长方杰，副主任为香港中华文化促进中心副主席陈载澧。研讨会的主题为“西方艺术管理的经验及其在中国的参考与借鉴”。担任主题讲演的有美国威斯康辛大学艺术管理学中心主任阿瑟·比尔维教授、戏剧信息交流中心总监彼得·赛斯勒博士、前美国国家艺术基金会歌剧及音乐剧发展计划总监艾德华·康尔恩、纽约国际艺术节86—87年度临时总监及高级顾问潘美拉·霍卡及英国伦敦城市大学艺术政策及管理硕士课程主任艾历·穆迪博士等，香港艺术管理专门人士也应邀参加会议及讲演。

〔4月19日—6月6日〕

中国广东青年粤剧团一行18人赴美国进行民间访问演出。

〔4月20日—5月5日〕

应香港越剧票房邀请，以张福根为团长的上海戏曲艺术赴港演出团参加4月25—29日在香港大会堂举办的上海戏曲艺术演出晚会，演出团由上海滑稽剧团、上海沪剧院、上海静安越剧团、上海卢湾越剧团、上海越剧院等单位组成，主要演员有吴小楼、毕春芳、陈少春、魏兰芳、张小巧、沈于兰、周雅琴、茅善玉、徐俊、童双春、李青以及浙江乐清剧团的王少楼。

〔4月21—25日〕

中国戏剧家协会在香港中华文化促进中心支持下，举办了首届“国际文化艺术经营管理培训班”。培训班邀请美国PDW艺术顾问公司主席潘美拉·霍卡女士、美国威斯康辛大学艺术管理研究中心主任阿瑟·比尔维先生、美国三藩市学院剧场文学主任阿瑟·巴洛特教授、香港中华文化促进中心总经理杨裕平先生、英国伦敦城市大学艺术管理系硕士课程主任艾历·穆迪博士、美国美中关系委员会理事艾德华·康尔恩先生等，就艺术管理人才的素质和培训、文化艺术的宣传与推广、宏观艺术策划以及演出团体的推动力等课题作报告和演讲。来自全国各地的200多名经理、主任、行政管理人员参加了培训班。学习期间，与会者倡议、发起成立了“中国文化艺术经营管理家联谊会”，曹禺任会长，吴祖光、于是之、张颖、王正、韦洁晶、李冰等任副会长。

〔4月22—29日〕

法国让-吕克·肖普兰率巴黎歌剧院芭蕾舞团来华，先后访问了北京、上海。

〔4月22日—6月24日〕

宋陵生率安徽艺术团一行45人赴联邦德国、瑞士进行商业性演出，安徽省黄梅戏剧院一级演员马兰、黄新德参加艺术团出访演出。

〔4月25—28日〕

由中国艺术研究院戏曲研究所、安徽省艺术研究所、安徽省祁门县政府联合主办的“全国目连戏学术研讨会”在安徽祁门召开。参加研讨会的有全国各地专家及日本学者计59人。会上，中国艺术研究院副院长薛若琳、戏研所副研究员汪效倚、研究员龚和德和日本东京大学教授田仲一成、日本神奈川大学讲师吉川良和等人分别发表了学术讲话并宣读了论文。

〔4月28日—6月22日〕

袁宗杰率宁夏京剧团一行21人赴美国、加拿大进行商业性演出。

〔5月2—9日〕

应文化部邀请，南斯拉夫戏剧家特拉依洛维奇来华。在京期间，中国青年艺术剧院领导毛金钢、陈颙等会见了特拉依洛维奇。特拉依洛维奇向中国同行介绍了将在贝尔格莱德举办的第二十二届戏剧节和南斯拉夫戏剧现状，邀请剧院的戏剧家及早参加他们的“贝尔格莱德国际戏剧节”。毛金钢、陈颙介绍了我国戏剧和剧院的面貌。

〔5月4日〕

北京师范大学、北京师范学院、清华大学、北方工业大学四所高校举行校园戏剧联合演出活动，在北师大科学文化厅进行首场演出。北京人艺院长于是之出席观看并上台致词。这次活动是由“北京人艺之友”联谊会组织发起的，演出剧目有北师院创作演出的小品《拳击》、《新潮病诊所》；清华大学文艺社团话剧队创作演出的小品《位置》、《小草》；北方工大话剧队创作演出的小品《第一个中秋节》和独幕剧《一路平安》；北师大“北国剧社”演出的曹禺早年独幕剧《镀金》、根据欧·亨利小说《警察与赞美诗》改编的独幕剧《心灵的圣殿》，以及曹禺名剧《雷雨》第二幕。

〔5月5—8日〕

为纪念美国剧作家尤金·奥尼尔诞辰100周年，南开大学在天津主办全国外国文学研究生奥尼尔学术讨论会。全国各高等学府的研究生代表与会议特邀专家交流研究奥尼尔的学术成果，探讨奥尼尔思想的哲学根源，尤其对奥尼尔创作思想的现代意义以及对中国现当代话剧的影响进行了深入的讨论。南开大学外文系的同学为会议排演了奥尼尔唯一的一部喜剧《啊，荒野》。

〔5月6—20日〕

根据中国、民主德国两国剧协文化合作协议，以民主德国剧协主席团成员兼书记、《当代戏剧》主编汉斯·莱纳尔·约翰为团长，剧协理事、著名女演员盖谢拉·凯尔勒·奥歇尔豪谢尔、著名剧作家伏尔克·布劳恩、导演亚历山大·斯梯尔马克为团员的民主德国戏剧家代表团访华，考察我国戏剧情况，签署中国、民主德国1988—1990年文化合作协议，先后到北京、西安、上海、广州及苏州、佛山等城市访问。

〔5月8—12日〕

根据中日友好城市项目，以兼高女士为团长的日本横滨人形之家一行8人来华。在上海访问期间拜会了上海市外办友城处，与上海木偶剧团进行了艺术交流，并正式提出邀请该团访问日本人形之家，及参加横滨博览会庆祝演出。

〔5月9—23日〕

应香港联艺娱乐有限公司邀请，以吴鹓筠为团长、许应为艺术指导、庄林坤为秘书长的江苏省京剧团一行64人赴香港演出。演员荟萃了全省京剧精英，有荀派花旦宋长荣、梅派青衣沈小梅、程派青衣钟荣等。演出《玉堂春》、《福寿镜·失子惊疯》、《六月雪·坐监》、《花田错》、《宇宙锋》、《凤还巢》、《霍小玉》、《勘玉钏》等。

〔5月10日〕

中国儿童剧场翻建工程在京举行奠基典礼，康克清为奠基石揭幕。王光美、焦若愚、高占祥、陈昊苏等参加了奠基典礼。邓颖超为奠基典礼致贺：“向全体少年儿童表示祝贺，向儿童艺术剧院全体同志表示祝贺”。

〔5月10—18日〕

中国话剧文学研究会、中国当代文学研究会在山东烟台联合召开“当代话剧文学学术讨论会”暨中国话剧文学研究会第二届年会。全国各地专家、学者、研究人员约60人到会。会议从宏观的角度观照中国当代话剧，回顾了话剧经历的三个阶段，并对话剧今后的发展作了展望。

〔5月15—22日〕

印度普尼实验剧院院长、剧作家萨蒂史·阿尔卡和导演加巴尔·帕特尔应中国戏剧家协会邀请，访问北京和上海两地。

〔5月16—18日〕

第五届《中国戏剧》（原《戏剧报》）梅花奖授奖活动和本届获奖演员演出晚会在北京人民剧场隆重举行。出席发奖大会的有芮杏文、朱学范、王维澄、高占祥、陈昊苏、张百发、杨泳沂、王祖武、荣高棠、戎子和等及首都文艺界领导人和知名人士曹禺、张庚、郭汉城、吴祖光、刘厚生、冯牧、吴雪、舒强、张君秋、赵寻等。（详见“重要戏剧活动”栏）。

〔5月16—21日〕

由《上海戏剧》、《安徽新戏》、《戏文》、《戏剧丛刊》、《剧影月报》、《福建戏剧》、《影剧新作》联合举办的第二届“田汉戏剧奖”评委会在九江市举行评奖活动，根据1987年发表在7家刊物上的剧本与评论作品评选出剧本奖14名，评论奖14名。（获奖名单见“重要戏剧活动”栏）

〔5月17—31日〕

根据中捷两国剧协文化合作协议，以全捷剧协主席扬·卡科什为团长的捷克斯洛伐克戏剧家代表团一行4人来华，了解中国戏剧现状和改革形势，签署中捷1987—1988年文化合作协议。代表团先后访问了北京、西安、广州、杭州四城市。

〔5月26日—6月9日〕

由《中国戏剧》杂志副主编霍大寿、中国社会科学院外文研究所副研究员童道明组成的中国戏剧家代表团出席在南斯拉夫举行的第七届国际戏剧评论会议，同时观摩第33届南斯拉夫戏剧节的演出剧目。

〔5月31日—6月14日〕

应香港万丰公司邀请，上海越剧院赴港演出团在团长吕瑞英、艺术指导袁雪芬率领下，赴港演出《劈山救母》、《玉镯冤》、《汉文皇后》、《西厢记》、《状元打更》、《花中君子》等剧目。

〔5月〕

中国戏曲学院恢复实验京剧团。剧团隶属表演系，由学院院长直接领导。剧团举行建团公演，表演系85级大专班应届毕业生以及部分在校学生参加演出。

〔6月2日—7月11日〕

刘法鲁率陕西西安歌舞剧院《秦俑魂》剧组53人赴荷兰进行商业性演出。

〔6月3—4日〕

中国剧协创委会、中国剧协北京分会、中国戏曲学会、中国戏曲学院、中国京剧院、北京京剧院、中国评剧院、北方昆曲剧院、中国儿童艺术剧院、中国艺术语言研究会、中国艺术研究院戏曲研究所、北京市戏曲研究所、《剧本》月刊编辑部、《新剧本》编辑部在北京联合召开马少波剧作研讨会，以祝贺马少波从事文学创作、戏剧活动55周年，总结他在长期的文艺创作中的丰富经验。

〔6月5—19日〕

中国戏剧家代表团应邀赴朝访问。团长杨兰春，团员张云凤、文辛。该团考察了朝鲜戏剧活动情况。

〔6月6—14日〕

上海市文化局、南京大学等单位联合主办的“南京—上海奥尼尔戏剧节”先后在南京、上海两地举行，纪念世界文化名人、美国戏剧大师、诺贝尔文学奖获得者尤金·奥尼尔诞辰100周年。（详见“重要戏剧活动”栏）

〔6月8日—7月8日〕

关敬诚率山东京剧团和北京战友京剧团120人赴香港访问演出。

〔6月11—22日〕

应新加坡艺术节主席DR ROBE-RT LIEW邀请，沈长吉率沈阳京剧院55人赴新加坡参加新加坡艺术节，演出《白蛇传》、《青石山》、《孙悟空大闹无底洞》、《三岔口》、《逍遥津》、《伐子都》等剧目，演员有王丽芳、李静之等。

〔6月15日—7月4日〕

由中国国际友谊促进会主办，意大利演出旅行部、意大利外交部赞助，意大利驻华大使馆文化处、中国长城艺术公司协助，意大利戏剧局、意大利拉齐奥省文化联合会支持，意大利阿塔合作剧团首次访华，先后在北京、南京、扬州、上海演出著名喜剧《一仆二主》。

〔6月16—27日〕

美国钟恩·贵利罗率大都会歌剧和音乐会使者团自费来华，先后访问了北京、上海。

〔6月22日—7月25日〕

应德尔菲欧洲文化中心邀请，哈尔滨话剧院赴希腊参加第四届古希腊国际戏剧节，演出古希腊悲剧《安提戈涅》。领队王志超，剧院特邀罗锦鳞任总导演。

〔6月23日—7月6日〕

应新加坡艺术节筹委会邀请，以中央戏剧学院表演干部专修班师生为主组成的中国戏剧演出团由徐晓钟、马惠田率领，参加新加坡艺术节，演出中国历史剧《虎符》和中国西部话剧《桑树坪纪事》。

〔6月24—30日〕

中国剧协创委会、中国戏剧文学学会、《剧本》月刊、吉林省戏剧理论学会、中国剧协吉林分会、《戏剧文学》编辑部在北戴河联合召开吉林作者李杰、郝国忱剧本创作研讨会，讨论李杰的近作《古塔街》和郝国忱的近作《扎龙屯》，在审美探求与当代意识诸问题上展开了争鸣性很强的讨论。

〔6月27—29日〕

中国艺术研究院话剧研究所在北京召开《中国话剧史》初稿讨论会，由《中国话剧史》主编葛一虹主持，话剧界刘厚生、胡可、吕复、李超、石羽、苏一平、袁文殊、刘佳、凤子、李希凡、董健、孙庆升、黄会林、丁罗南、王永德等到会。

〔6月28日—7月20日〕

应香港京鼎影业公司李时容邀请，上海中国艺术团赴香港演出《挡马》等剧目，演员有王芝泉、陈同申等。

〔6月〕

中国戏曲学会第一届常务理事扩大会在徐州召开，24个省、市、自治区和中直文艺系统的55位代表与会，会长张庚在开幕式上作长篇讲话。出席这次会议的常务理事们制定了本届任期内的主要学术活动计划，并讨论、通过了学会章程、学会基金会章程等具体事宜。

〔7月1日〕

全总文工团话剧团在民族宫礼堂首次演出法国现代话剧《所有人反对所有人》。根据中法文化交流协定，由法国著名导演勒内·卢瓦柔执导，卢瓦柔于5月30日来华，7月2日回国。

〔7月6日〕

中国戏剧家协会主办的“第四届全国优秀剧本奖”（1986—1987）授奖大会在湖南岳阳举行。（获奖名单见“重要戏剧活动”栏）

〔7月8日〕

中央电视台和辽宁电视台联合主办的全国部分省、市喜剧小品“三鱼杯”电视邀请赛话剧小品赛举行决赛，决出金奖2名、银奖3名、铜奖3名、优秀奖14名。（获奖名单见“重要戏剧活动”栏）

〔7月8日—8月13日〕

澳大利亚政府邀请由北京京剧院四团《三打陶三春》剧组组建，以金和增为团长、周仲寿为艺术指导的中国北京京剧团参加澳大利亚建国200周年庆祝活动。《三打陶三春》作者吴祖光应邀同行赴澳。

〔7月9—11日〕

漳州木偶剧团应邀赴澳门参加澳门旅游展览。团长杨烽，展出剧目《大名府》。

〔7月14—23日〕

香港市政局香港话剧团筹办的“1988年戏剧汇演”在牛池湾文娱中心剧院进行决赛，中学及公开组各有15个话剧团体获选晋入决赛。

〔7月14—24日〕

“董辰生戏曲人物画展”在北京中国美术馆举行，展出近百幅作品。

〔7月15日—8月4日〕

应芬兰萨沃林纳歌剧节邀请，中国中央歌剧院参加该歌剧节，演出《卡门》、《蝴蝶夫人》及清唱剧《安魂曲》。演出团团长周稽。

〔7月16日〕

中国剧协北京分会舞美委员会在北京市政协会议厅举行第二届舞美理论讨论会。会上，对戏曲是否要用布景问题进行了争论。

〔7月17—25日〕

由沈阳市文化局、《文艺研究》编辑部、《戏曲研究》编辑部、《新剧本》编辑部联合主办的全国戏剧美学研讨会在沈阳举行，全国各地的、以中青年为主的戏剧理论工作者60余人参加了会议。与会者对“戏剧思维”、“戏剧的现状与走向”、“通俗戏剧”、“创作与理论的困惑”、“戏曲审美特征”等诸问题进行了集中探讨，还就成立戏剧美学学会问题交换了意见。

〔7月19—27日〕

泉州木偶剧团赴日本冲绳作友好访问。剧团领队薛祖亮，主要演员有林文荣、黄振发、王建生等，演出剧目《太极图》、《火焰山》等。

〔7月19日—8月11日〕

应美国奥尼尔戏剧中心邀请，颜振奋、李龙云、林蘋一行3人赴美参加全美剧作家年会。在美期间，中国戏剧工作者对美国奥尼尔戏剧中心组织戏剧创作和经营管理的一些做法进行了考察。

〔7月27日—8月11日〕

应国际木偶联合会第十五届年会组委会邀请，中国戏剧家协会派出中国木偶皮影艺术家学会会长叶锋列席在日本名古屋、饭田、东京举行的国际木偶联合会第十五届年会和国际木偶节，同时派出中国木偶艺术剧团和由福建省泉州市木偶剧团、福建省漳州市木偶剧团、四川省成都市木偶剧团临时组成的4人小型表演团（即中国木偶艺术家代表团）一起参加国际木偶节。中国木偶艺术剧团（团长王惠民）演出《大闹天宫》、《鹤与龟》、《龙鼓舞》。中国木偶艺术家代表团成员为黄奕缺、杨烽和李政发、梁开通，演出《钟馗醉酒》等提线木偶，《雷万春打虎》等布袋木偶，《人间好》等仗头木偶。此次木偶艺术节不评奖，名古屋市长、世界木偶艺术节组织委员会主席西尾武喜特意向中国木偶艺术团颁发了感谢状。

〔7月〕

中国戏剧家协会主办的《戏剧报》正式改名为《中国戏剧》。

〔8月1—10日〕

根据中澳两国政府1988年和1989年文化协定执行计划，应中国文化部邀请，澳大利亚备件木偶团一行3人来华，先后到上海、杭州、长沙、广州等城市进行非公开演出，团长彼特·威尔逊。

〔8月6—14日〕

剧协内蒙古、山西、河北、天津、北京分会在内蒙古自治区呼伦贝尔盟海拉尔市联合举办第三届华北戏剧创作理论研讨会，议题为“民族戏剧与戏剧的民族性”。天津、山西、河北、北京以及东道主内蒙的剧作家、理论家65人参加了研讨会。

〔8月10—15日〕

由吉林省艺术研究所和文化部政策研究室、中国文化报联合召开的全国艺术管理学研讨会在延吉市举行，全国的艺术管理工作者60余人到会。文化部副部长高占祥到会并作了题为《关于建立文化管理学构想》的报告。

〔8月11日〕

留美攻读博士学位的中国青年剧作家郭顺创作的话剧《微光》由美国犹它州贝伯考克剧院与美国犹它大学戏剧系联合搬上舞台，在美国犹它州首府盐湖城正式公演。该剧为在美国上演的第一部正面反映中国十年“文革”的剧作。

〔8月13日—10月2日〕

中国大连京剧团应邀赴英国、丹麦、瑞典等国的13个城市进行演出活动。团长郑述诚。演出《闹天宫》、《三岔口》、《拾玉镯》、《铡美案》等剧目，主要演员杨赤、张冠斌、张燕等。

〔8月15—29日〕

应中国戏剧家协会邀请，以日本文学座剧团著名导演岩村久雄先生为团长的日本话剧人社丝绸之路访华团一行8人来华，先后到北京、乌鲁木齐、喀什、吐鲁番、敦煌、嘉峪关、兰州、西安等城市和景点访问参观。

〔8月16—30日〕

根据1988年中菲文化交流协定，中国青年艺术剧院代院长毛企钢、中国戏剧家协会创委会副主任李钦、《外国戏剧》编辑部的编辑张学采一行3人赴菲律宾参加菲律宾举行的《北京人》首演式。

〔8月17—25日〕

四川省川剧研究院、成都市川剧研究所、重庆市川剧研究所、绵阳市文化局和北京《戏剧评论》编辑部在四川省绵阳市联合举办“戏剧与当代审美要求”研讨会，黑龙江、辽宁、北京、陕西、四川等地的剧作家、理论家和有关人士40余人参加。针对观众群体失落问题，与会者对戏剧创作的本体、舞台多元并存的趋向和雅俗共赏等方面作了探讨，认为对当代观众审美需求和心理的把握、剖析，已成为未来戏剧发展的一根重要支柱。

〔8月18—31日〕

应新加坡联合早晚报董事经理黄锦西先生邀请，中国上海人民艺术剧院《中国梦》赴新加坡演出团在沙叶新率领下赴新加坡作短期公演。该剧导演陈体江，演员有奚美娟、周野芒等。

〔8月20日〕

民办中华戏剧学院在京举行第八期演员培训班结业汇报演出记者招待会，演出沙叶新的话剧《寻找男子汉》。学院主持人马大儒介绍了该院三年来的办学情况。

〔8月23日〕

北京人民艺术剧院设立文艺重奖“人艺大宝优秀剧本创作奖”，设金奖、银奖、铜奖各1名，奖金分别为5万元、3万元、1万元。

〔8月26日—9月6日〕

天津剧协、文联理论研究室、剧本创作室、戏剧文学学会联合主办的迎接建国及天津解放40周年戏剧创作评论座谈会在辽宁兴城举行，就如何修改天津剧作家近期创作的20余部戏剧新作进行了探讨，并讨论、研究了天津戏剧创作的得失。

〔8月31日—9月4日〕

川、滇、黔剧协分会和重庆市剧协发起的戏剧理论研讨会在云南曲靖召开，会议由云南分会主持。西南地区的戏剧理论工作者、少数民族戏剧工作者、戏剧教育工作者、作家、表演艺术家70多人参加。与会者讨论了戏剧民族化和现代化的问题，总结西南地区近几年戏剧工作的经验、戏剧创作和演出的得失，探索面临的新情况和新问题。

〔8月—11月〕

安庆市黄梅戏剧院一级编剧、《黄梅戏艺术》副主编、中国戏曲音乐学会理事王兆乾应邀赴联邦德国汉诺威格丁根大学进行黄梅戏音乐和安徽民间音乐讲学。

〔9月2—4日〕

应挪威王国伊丽沙白·艾德女士邀请，中央戏剧学院院长徐晓钟参加在奥斯陆大学举行的国际学术会议，研讨现代戏剧和电影问题。徐晓钟在会上介绍了中国现代戏剧状况及导演易卜生话剧《培尔·金特》的体会。

〔9月2—8日〕

中国戏曲学会组织全国各地戏曲专家近60人在山东淄博召开“探索性戏曲研讨会”。与会者观看了有代表性与有争议的评剧《风流寡妇》、桂剧《泥马泪》、湘剧《山鬼》、曲剧《少年天子》、赣剧《邯郸梦记》、川剧《田姐与庄周》及《四川好人》、楚剧《狱卒平冤》、婺剧《白蛇前传》、五音戏《换魂记》等10个戏曲录相，讨论和总结改革开放对戏曲的影响和戏曲创作的经验。

〔9月2—25日〕

应日本文化财团之邀，上海昆剧团访日演出团一行62人赴日本东京、横滨、大阪、福冈、京都、小山、高崎、野川等地作访问演出，由蔡正仁、华文漪领衔主演《长生殿》。演出团艺术指导俞振飞，团长乐美勤，副团长华文漪。

〔9月6—9日〕

应中央文化部外联局邀请，孟加拉戏剧评论家赛义德夫妇来华访问，在上海观摩越剧，与越剧院、戏校进行座谈，并拜访了黄佐临。

〔9月10—20日〕

《中国戏剧》记者吴钢戏曲摄影展在北京中国美术馆和台北爵士摄影艺廊同时举行。这是第一个大型的个人戏曲专题摄影展，也是第一个在海峡两岸同时开幕的展览。

〔9月12日—10月16日〕

应巴西路卡公司邀请，由中国木偶艺术剧团、北京京剧院五团、山东济南杂技团、山东民间工艺小组4个艺术团体组成的中国艺术团赴巴西参加首届中国艺术节，在巴西利亚、圣保罗、里约热内卢等巴西六大城市巡回演出木偶剧、京剧、杂技等优秀节目。

〔9月12—24日〕

应香港联艺娱乐有限公司邀请，上海沪剧院赴港演出团参加香港"88中国地方戏曲展"。团长秦德超，副团长陈剑云，艺术指导邵滨孙。演出《陆雅臣卖娘子》、《杨乃武与小白菜》、《庵堂相会》、《雷雨》等剧目，随团演员有茅善玉、徐俊、孙徐春、马莉莉、张青等。

〔9月15—20日〕

由中国剧协、中山大学中文系、上海戏剧学院、新疆文联文艺理论研究室共同发起的"中国戏剧起源研讨会"在乌鲁木齐举行。全国12所高等院校、7个全国性学术机构、6家艺术期刊和出版单位的60多位戏曲史专家和香港、日本的两名学者到会。与会学者就中国戏剧起源提出"东西方文化交融论"、"由变文蜕化说"、"游戏说"、"远古说"、"脱胎于宗教祭祀说"、"戏剧实体出于汉代说"、"多元说"等观点，并有针对性地考察了敦煌壁画、交河及高昌故城遗址寺院做佛事或供演出的舞台陈迹以及在天山腹地的呼图壁岩等。

〔9月15日—10月20日〕

美国著名导演、美国演员工会主席查尔顿·赫斯顿在京执导由北京人民艺术剧院演出的美国经典名剧《哗变》。该剧是美国著名作家赫尔曼·沃克根据其获普利策奖的小说《凯恩号战舰哗变记》改编。赫尔曼·沃克来京参加了10月18日举行的首演式。

〔9月21日〕

中央戏剧学院第一任院长欧阳予倩铜像揭幕典礼在京举行。国家主席杨尚昆为铜像揭幕。名誉院长曹禺在揭幕典礼上讲话。邓颖超为欧阳予倩铜像题词。

〔9月22日〕

文化部颁发《关于部分直属艺术表演团体领导人员试行聘任制的暂行规定》。

〔9月27日—10月16日〕

为纪念澳大利亚200周年国庆，应中国对外演出公司邀请，盖瑞拉·甘德瑞率澳大利亚墨尔本市"戏剧匣"剧院来华。演出团先后在北京、南京、上海演出音乐剧《乔乔桑》。该剧编剧丹尼尔·凯恩，导演杰夫·胡克。

〔9月28日—10月10日〕

刘家忠率四川芙蓉花川剧团一行55人赴香港参加"88中国地方戏曲展"，演出《芙蓉花仙》、《白蛇传》等，主要演员喻海燕、陈智林、苏明德等。

〔9月28日—10月11日〕

应日中文化交流协会邀请，中国戏剧家代表团赴日本东京、静冈、名古屋、京都、奈良、广岛访问。团长刘厚生，顾问欧阳山尊，成员有俞林、曲六乙、姚锡娟、法蒂哈。代表团进行了拜访、参观、观摩、学术性座谈等活动，并就今后中日戏剧交流问题与白土吾夫、佐藤纯子等进行了会谈。

〔9月29日—10月24日〕

根据中国与苏联1988年文化交流执行计划，中国戏剧家代表团一行6人赴苏联考察访问。团长方杰，团员方掬芬、陈颙、崔德志、刘树纲、李庆成。

〔9月〕

△中国广东潮剧团应泰国皇家花园酒城的邀请赴泰演出《张春郎削发》、《八宝与狄青》、《春草闯堂》等12台大戏。艺术指导姚璇秋，主要演员有方展荣、陈学希等。

△美国导演沃伦（又名华伦）到上海戏剧学院为导演系学生讲学并执导该学院孙惠柱（执笔）、张马力创作的《挂在墙上的老B》一剧。

〔10月3—7日〕

全国剧目情况汇报会在广州召开。全国各省、市、自治区的代表出席了会议。此次会议是第二届中国艺术节首次预备会，会上文化部副部长英若诚就艺术节的总体设想发表了讲话。

〔10月5—7日〕

由中共文化部党史资料征集委员会、中国戏剧家协会和武汉市文化局共同主办的"抗敌演剧队建队50周年党史资料征集座谈会"在武汉举行。武汉市副市长高顺龄主持开幕式并讲话，中共文化部党史委员会主任周巍峙、原中共三厅特支负责人张光年发表讲话。会上宣读了邓颖超、薄一波、曹禺的贺电、贺词及贺诗。

〔10月5日—11月30日〕

应日本话剧人社邀请，上海京剧院演出团在团长李建业率领下赴日本演出《青石山》、《盗仙草》、《三岔口》、《秋江》、《孙悟空大闹御马监》等剧目，随团演员有齐淑芳、丁梅魁、韩董喜、孙正阳、张善元等。

〔10月8—16日〕

福建金连陞高甲戏剧团一行56人应邀参加香港"88中国地方戏曲展"。团长谢华，主要演员纪亚福、洪东溪、李聪照等，演出剧目《凤冠梦》、《审陈三》、《春草闯堂》、《乘龙错》、《武则天篡唐》。

〔10月8—23日〕

福建福清闽剧团应邀赴新加坡

作商业性演出。领队陈元春，主要演员陈剑秋、俞建云、王茂光、陈小芸等，演出剧目《陈若霖斩皇子》、《姐妹皇后》、《生死恨》等。

〔10月11—15日〕

澳大利亚戏剧家代表团一行5人，在天津考察当地的戏剧活动情况，进行学术交流。

〔10月11—18日〕

由临猗县眉户剧团主办的中国戏曲现代戏研究会第七届年会在山西省临猗县召开。此届年会主要议题是研究探讨戏曲现代戏的舞台美术问题。山西省文化厅为年会组织献演了《唢呐泪》、《山风》、《月亮滩的姑娘》、《两个女人和一个男人》、《风流父子》5台现代戏。

〔10月12—21日〕

由中国剧协江西、浙江、福建、安徽、山东、江苏、上海分会联合主办的华东六省一市剧协戏剧创作研讨会，在江西省九江市召开。六省一市的剧作家和戏剧理论家74人到会。会上围绕“戏剧如何走出低谷”这一中心议题展开讨论。

〔10月12—31日〕

朝鲜民主主义人民共和国咸镜北道艺术专家讲学团一行5人，由道文化局指导员金福燮带队，在吉林省延吉市进行讲学，讲授舞蹈、民族声乐、舞美等专题。

〔10月15—20日〕

由上海市文化局举办，上海艺术研究所、上海京剧院和上海市演出公司承办的“中国南派京剧研讨会”在上海举行。上海、北京、天津、江苏、浙江、安徽、福建、山东、河北、吉林、辽宁、云南等地的80余名专家就南派与海派的关系、南派京剧特征、南派的形成发展与影响、今天还存在不存在海派、能不能创建新的海派等5个问题进行了争鸣，并组织了珍贵音响资料听评、参观“南派京剧服饰、戏具展览”、观摩南派京剧专场演出等活动。

〔10月15—29日〕

应文化部邀请，日本四季剧团进行纪念中日和平友好条约缔结10周年、日本四季剧团建团35周年演出，在北京上演两幕轻歌舞剧《汉斯·安徒生之恋》，团长町田裕。

〔10月15日—11月1日〕

中国青年艺术剧院编剧白峰溪应美国纽约州布法罗大学“第一届国际妇女剧作家会议”主席安娜凯·佛朗丝邀请赴美国参加该会。

〔10月16日—11月17日〕

应美国国家新闻总署邀请，沈阳话剧团副团长、歌舞剧《搭错车》导演王延松赴美访问。

〔10月17日〕

美籍华人徐樱女士及其女儿李林德到天津考察昆曲现状，与天津昆曲研究会成员座谈昆曲发展前景，并在南开工人俱乐部演唱昆曲《长生殿·小宴》和《思凡》。

〔10月21—26日〕

澳大利亚戏剧代表团一行5人来华访问，在上海参观了上海青年话剧团和上海戏剧学院等单位。

〔10月23—26日〕

全国艺术科学规划领导小组召开全国10部文艺集成、志书工作首届表彰会。

〔10月24日—11月7日〕

应全苏剧协及国际剧协苏联中心邀请，中国剧协派出戏剧家代表团赴苏联参加“戏剧艺术在新闻媒介中的反映”研讨会，并进行戏剧交流和观摩活动。代表团一行3人，团长李默然，团员王育生、苏红。

〔10月26—29日〕

中国社会科学院文学研究所、中国戏剧出版社在北京联合召开“全国近代戏曲文学学术讨论会”。（详见“重要戏剧活动”栏）

〔10月26—30日〕

应文化部少文委邀请，日本影法师剧团一行13人来华访问，在上海演出《年糕树》、《石头·剪子·布》，并与上海木偶剧团、上海儿童艺术剧院进行交流。

〔10月28日—11月8日〕

由北京京剧院组织的“纪念梅兰芳艺术大师经典名作汇演”赴港演出团一行90多人在香港进行公演，共演出10场。领衔主演为梅葆玖，演员有沈小梅、李玉芙、梁谷音、许嘉宝、马小曼等，特邀谭元寿、马长礼、叶少兰以及上海名丑艾世菊、孙正阳。演出《凤还巢》、《宇宙锋》、《洛神》、《太真外传》等30多出传统剧目。演出团在赴港演出之前，曾在京公演9场。

〔10月29日—11月5日〕

由中央电视台和浙江、上海、江苏、福建电视台联合主办的“全国首届青年越剧演员电视大选赛”在杭州举行决赛。（获奖名单见“重要戏剧活动”栏）

〔10月〕

山西省侯马皮影研究室成立，中国皮影戏一门专业学科从此确立。

〔11月10日—　　〕

应美国国际娱乐公司邀请，申列荣率重庆京剧团一行59人赴美国、加拿大进行商业性演出。主要演员厉慧兰、厉慧福等，演出《百花赠剑》、《盗库银》、《李逵探母》等剧目。

〔11月11—20日〕

应日本演剧学会、日本株式会社西武百货店及日本戏剧界、新闻界等邀请，武汉汉剧院青年实验团赴日本访问演出，公演日、中作者问井芳树、方月仿合编的日本名剧《曾根崎殉情》，以及汉剧传统剧目《活捉三郎》和武生折子戏。张兆德、陈伯华带队，演员有邱玲、熊国强、王立新、邓敏、刘丽、孙伟、朱勇、范琼等。

〔11月22日〕

由中国话剧艺术研究会主办的首届“振兴话剧奖”评奖揭晓。（获奖名单见“重要戏剧活动”栏）

〔11月23—28日〕

文化部艺术局在京举办“文化部振兴昆剧汇报演出”。江苏省昆剧院、上海昆剧团、浙江昆剧团、湖南省昆剧团、江苏省苏昆剧团、北方昆曲剧院参加演出，剧目有《牡丹亭》、《玉簪记》、《烂柯山》、《义侠记》等。

〔11月23日—12月1日〕

泉州木偶剧团赴澳门演出。

〔11月28日—12月13日〕

应新加坡中侨集团邀请，严福昌率四川南充木偶团一行30人赴新加坡进行商业性演出。主要演员李泗元、丁建平、赵德成、秦映兰，演出《红莲花》、《小铃铛漫游记》、《孙悟空三打白骨精》。

〔11月28日—12月16日〕

由中国戏剧家协会及各地分会主办的“首届中国戏剧节”在京举行。（详见“重要戏剧活动”栏）

〔11月〕

应香港中华艺术贸易公司邀请，上海歌剧院一行134人赴港与台湾、香港艺术家合作演出歌剧《西厢记》。该剧由台湾作家侯宇平、黄莹编剧作词，香港作曲家屈文中作曲，香港中华艺术贸易公司总裁姚笛指挥，台湾女高音歌唱家范宇文、上海歌剧院演员顾欣、杨清、陈小群扮演主要角色。

〔12月2日—　　〕

应芬兰瓦萨歌剧院主席伊尔玛·雷维尔邀请，郑小瑛赴芬兰与塞纳约基剧院合作，指挥普契尼的歌剧《蝴蝶夫人》。

〔12月3—18日〕

根据中苏文化交流计划，应中国戏剧家协会邀请，由苏联全苏剧协主席基里尔·拉弗罗夫、著名剧作家盖里曼和拉弗罗夫的助手谢尔盖3人组成的苏联戏剧家代表团来华，先后访问了北京、上海、广州、深圳和沈阳，进行了观摩、座谈和参观游览，参加了“首届中国戏剧节”活动，向中国剧协递交了进一步合作与交流的协议草案。张庚、黄佐临、李门、祝希娟和李默然分别代表中国剧协、剧协上海分会、剧协广东分会、深圳剧协和剧协辽宁分会宴请了代表团。

〔12月8—11日〕

由文化部党史资料工作委员会、中国戏剧家协会、武汉市文化局联合主办的“抗敌演剧队建队50周年各队队史资料展览”在北京中国美术馆展出。

〔12月10日〕

中国戏曲学院、中国京剧院、中国戏剧家协会等单位在京举办“纪念萧长华先生诞辰110周年座谈会”，首都文化艺术界人士80余人出席。俞琳、马少波、吴小如、黄宗江、翁偶虹、刘乃崇、蔡孑人、张春孝及萧氏家属萧盛宣等在会上发言。与会者对萧长华一生为戏曲艺术事业的奉献精神及在继承、发展京剧丑角表演艺术上的成就和建树作了研讨。

〔12月12日〕

中央实验话剧院院长招标揭晓，文化部副部长当众宣布结果，刘树纲中标，并被公正人确认合法。文化部自确定中央实验话剧院为“院长公开招聘制”试点单位于8月26日发布招标公告后，先后有27人报名投标，其中7人符合招标条件，6人参加11月21日由文化部召开的公开答辩会。12月7日文化部评标委员会以无记名投票方式表决通过剧作家刘树纲为中央实验话剧院院长。

〔12月15—30日〕

文化部主办的“京剧新剧目汇演”在天津市举行。京、津、沪、苏、鄂、辽、甘、黔等省市的京剧团和中国京剧院创作演出的18台25出新剧目参加汇演。汇演设“优秀京剧新剧目奖”，同时对在革新创造过程中确有贡献的编剧、导演、表演、唱腔音乐设计和舞美设计给予奖励。（获奖名单见“重要戏剧活动”栏）

〔12月18日—　　〕

应泰国正大集团邀请，上海越剧院红楼剧团在团长周瑜生、副团长王文娟、艺术总指导徐玉兰率领下，赴泰国演出《梁山伯与祝英台》、《追鱼》、《红楼梦》等剧目，主要演员钱惠丽、单仰萍、王志萍等。

〔12月20—26日〕

由剧协广西分会主办的中南六省（区）戏剧创作座谈会在桂林举行，河南、湖北、湖南、广东、广西、海南的60余位剧协分会代表到会。代表汇报了本省（区）戏剧创作的现状，并选送一个剧目（录相或剧本）供研讨。这些剧目是话剧《水上吉卜赛》（河南）、京剧《膏药章》（湖北）、湘剧《庞统治酒》（湖南）、话剧《香江，红绿灯》（广东）、桂剧《独钓寒江雪》（广西）和琼剧《菠萝公主》（海南）。

〔12月24日—　　〕

应美国万丰公司、香港联艺娱乐有限公司邀请，上海越剧院赴美访问演出团赴香港作预备性演出。团长袁雪芬，主要演员傅全香、金采风、毕春芳、张小巧、陈琦、沈于兰、胡佩娣、童双春、王双庆等，演出剧（节）目《孔雀东南飞》、《梁山伯与祝英台》、《珍珠塔》、《庵堂认母》、《白蛇传》选场及滑稽独脚戏等。

本年

童（芷苓）派国剧研究会在美国成立。该会由现居美国的京剧名旦童芷苓门徒和热爱童派艺术的演员、票友、戏迷们发起组织。纽约著名鼓师卢德先首任社长；童芷苓任艺术总监，专程去美赴会，并演出《金玉奴》。

（《中国戏剧年鉴》编辑部）

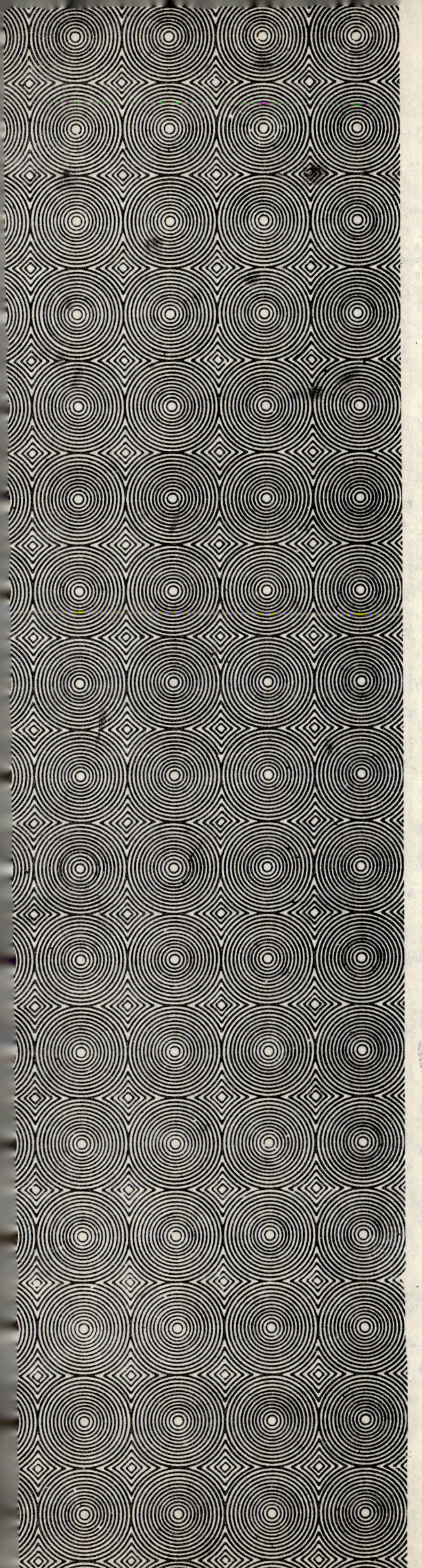

各省戏剧概况

北京市戏剧概况

1988年，北京市的戏剧创作是围绕着迎接建国40周年纪念而进行的。3月份，市文化局组织召开了创作规划会。7月举办了第八届新剧本讨论会。会上共讨论了7部作品：现代京剧《就是他》（编剧臧里），曲剧系列喜剧之一《新婚之夜》、之二《惊弓之鸟》（编剧臧里、石林），评剧现代戏《多情的河》（编剧刘敏庚），儿童剧《鸟儿，飞回了森林》（编剧李才雍）、《伊尔找到了吗？》（编剧吴玉中）及《点缀》（编剧李静媛）。另有几部其他题材的作品也在一定范围内征求了意见。京剧现代戏《就是他》写出租汽车司机救死扶伤，主动送一个被汽车碰伤的老人进医院，然而却受到误解、嘲讽，正当他在心灵上处于矛盾和困惑之际，意外地赢得了真正的爱情，以此表现了对于人的价值的社会取向。曲剧系列喜剧《新婚之夜》、《惊弓之鸟》以“无事生非”为总题目，试图用喜剧形式表现当代人在复杂的人际关系面前，在变革的时代里，心态的不平衡、失落感、困惑感。《鸟儿，飞回了森林》比较成熟，故事性较强，想象力丰富，符合儿童的欣赏习惯，通过诗情画意感动净化孩子的心灵，表现出作者的童心。作者提出回归自然的主题，意蕴比较深邃。《伊尔找到了吗？》是业余作者吴玉中创作的一部科幻童话剧，带有虚幻色彩。通过外星人使少年儿童自我审视，这个角度是新鲜的。遗憾的是过于理念化。大型评剧现代戏《多情的河》的作者刘敏庚，多年坚持写现代戏，取得了一定的成绩。《多情的河》这部戏有较浓厚的生活气息，写出了建筑工人的“野气”和他们的苦与乐。在这次讨论会上，北京人民艺术剧院编剧何冀平介绍了她创作《天下第一楼》的经过及体会，为北京的剧作者们提供了良好的深入生活的经验。

会议期间，5位特邀专家作了学术报告。中央戏剧学院戏文系主任谭霈生教授作了《中国戏剧的走向》专题学术报告。中宣部文艺局的李准作了《1987年以来文艺、创作理论中的若干热点》专题报告。北京师范大学教授程树礼作了《戏曲与观众》的报告。北师大教授、“北国剧社”社长黄会林以《中国话剧与校园戏剧》为题，介绍了中国话剧与校园戏剧的发展情况。中国青年艺术剧院导演张奇虹在《小剧场艺术与北欧戏剧见闻》的报告中，畅谈了西方戏剧观感，介绍了她导演《火神与秋女》的体会。

1988年，北京市剧作者共创作新戏30个，其中大戏19个、小戏11个，这些戏70％取材于现代生活。

1988年，北京市的戏剧剧目生产，根据中央文化部的精神，集中力量抓了成熟创作剧目的演出。如北京京剧院五团的《晨钟惊梦》，该剧作者从一新的视角编写了杜十娘怒沉百宝箱这一家喻户晓的故事，重新透视了杜十娘和李甲这两个人物的内心世界，把他们之间的情感纠葛集中在一个夜晚的遭际来表现，从而取得了一种特殊的审美效应以及诗剧的意境。在音乐设计上，作曲有一定的突破，评弹曲调的融入，从听觉形象上烘托了舞台艺术形象和剧中的江南氛围，使整部作品具有一种和谐统一的美。《哭坟》是根据山西雁北地区北路梆子《周仁献嫂》中的一折移植改编的，改编者改变了原来剧本的立意，重点表现周仁牺牲了爱妻却又受到委屈后寻求自我心态的平衡。为了抒发人物思想感情，设计了大段小生反二簧唱腔，充分发挥了京剧特色，突出了时代特征。此外还加工演出了87年的剧目《一捧雪》。

北京市曲剧团5月份首演了特邀著名导演余笑予指导的北京曲剧《少年天子》，这是根据凌力同名小说改编的清装戏，反映清朝皇宫内部革新与保守势力之间的争斗。

北方昆曲剧院将已上演的昆曲《南唐遗事》搬上了荧屏，拍摄了4集电视戏曲连续剧。作者郭启宏的神韵史剧论和写真性情的立意得到了舞台上所取不到的效果。

北京人民艺术剧院一向以艺术严谨、风格独特享誉国内外。今年，他们先后推出了《太平湖》、《背碑人》、《天下第一楼》、《哗变》4出戏，其中《天下第一楼》引起极大反响，演出逾百场。今年11月北京人民艺术剧院受《文汇报》和上海市对外文化交流协会邀请，赴上海举行“北京人民艺术剧院优秀剧目汇演”，演出剧目有《天下第一楼》、《推销员之死》、《狗儿爷涅槃》、《哗变》、《茶馆》5个剧目，在上海掀起了一股“北京人艺热”。18天内演出21场，观众约2万8千余人次。新闻界对此竞相报导。文化部、北京市委、市政府对北京人民艺术剧院振奋严肃艺术的有意义的活动给予了表彰奖励．在沪期间，上海市的文艺界、戏剧界、新闻界、评论界以及各阶层观众、大专院校学生，为人艺的演出举行了10多次生动活泼、各抒己见的座谈会和研讨会。观看了这一次汇演的日本著名导演内山鹑先生在座谈时说他“明显地感到剧院中的青年人与老艺术家缩短了距离，每个人都在为实现剧院的大目标而努力创作”。

88年的上演剧目还有北京曲剧《婚恋面面观》，现代京剧《风雪送鸭人》、《孔雀岭》，评剧《离宫怨》（根据小说《乾隆韵事》改编）、《龙虎奇冤》、《花魂》，河北梆子《孟姜女》、《玉兔下凡》，儿童剧《机器人》、《小孩闯大祸》。

就全市7个剧院、团统计，全年共演出1782场，剧目226个，观众约899000人次。

88年的戏剧对外交流和赴港演出是十分活跃的。中国木偶艺术团、北京皮影剧团、北京京剧院、北方昆曲剧院、中国评剧院等分别对澳大利亚、美国、日本等国作访问演出和赴香港进行艺术交流活动。10月以导演周仲春和演员梅葆玖、梅葆玥、谭元寿、马长礼、李玉芙等组成的艺术代表团，由市文化局周述曾局长带队，赴香港参加“纪念梅兰芳艺术大师经典名作汇演”活动。

11月份由北京市文化局、北京市文联、北京市青联、北京大碗茶商贸集团公司、中国戏剧家协会北京分会、北京市京昆振兴协会、北京市振兴河北梆子协会等7单位联合主办了首届“北京市青年戏曲演员评奖调演”，目的是鼓励青年戏曲演员献身于戏曲艺术事业，为他们创造舞台实践的机会，使他们互相学习、互相竞艺、互相提高。经过历时18天的演出和评选，评出优秀表演奖10名、表演奖30名、表演鼓励奖15名、集体奖3名、集体鼓励奖2名。

年底，《南唐遗事》、《晨钟惊梦》参加了首届中国戏剧节，《晨钟惊梦》、《一捧雪》、《哭坟》（北京京剧院五团演出）参加了文化部在天津举办的京、津、沪及部分省市的京剧新剧目汇演。

9月份，为了推进艺术生产，繁荣首都舞台，市文化局举行创作、演出、艺术教育发奖大会，对1987年以来市属艺术单位在全国范围内获奖的剧目、剧作家、演员及在艺术教育中做出贡献的教师等进行奖励。奖励在全国性评奖活动中获奖的剧目、剧作家和演员：北方昆曲剧院郭启宏创作的昆剧《南唐遗事》，北京人民艺术剧院刘锦云创作的话剧《狗儿爷涅槃》、李龙云创作的话剧《洒满月光的荒原》等3个剧本在今年获中国戏剧家协会举办的“第四届全国优秀剧本创作奖”，文化局奖励作者各1000元。北方昆曲剧院蔡瑶铣，北京京剧院赵葆秀、马玉璋、宋丹菊等4名演员，获《中国戏剧》（原《戏剧报》）第五届梅花奖，各奖励500元。中国电视剧制作中心与北方昆曲剧院联合摄制的戏曲连续剧《南唐遗事》获由中国电视家协会举办的“全国第三届戏曲电视剧‘金三角’奖”戏曲电视艺术片一等奖，获由中央广播电视部举办的“全国第八届电视‘飞天’奖”戏曲电视连续剧二等奖，文化局奖励北方昆曲剧院1万元。奖励园丁（文化局首届艺术园丁奖）：北方昆曲剧院学员、全体教师获首届艺术园丁集体奖，奖金3000元。北京歌舞团马希图、中国杂技团周仁海获首届艺术园丁一等奖，奖金400元。北京戏校李连仲、钱荣顺、张卉、李少祥，北京儿童艺术剧团李一，北京歌舞团王力，中国杂技团张国琛、孙振学获首届艺术园丁奖二等奖，奖金300元。北京戏校高长青、杨福祥，北京歌舞团于扬获首届艺术园丁奖三等奖，奖金100元。

88年的北京戏剧理论探讨和学术研究较为活跃。春季，《新剧本》编辑部举行艺术魅力讨论会，戏剧界、理论界和剧作家、专家、学者、同人40多人在中山公园水榭再次对艺术魅力这个具有魅力的课题进行探讨。2月，《新剧本》编辑部在四川自贡举办了“魏明伦作品讨论会”。《戏剧评论》在这一年内先后召开了“徐晓钟导演艺术研讨会”，“全国戏剧与当代审美要求研讨会”，对“桑树坪现象”和戏剧如何适应当代人民群众审美要求问题、戏剧在转折性关头要跟上时代的发展必须从审美意识的高度来考虑它所面临的问题，以及戏剧的对策问题进行了研讨。

崔长武、张　红

附件一：北京市1988年新创作并上演剧目

京剧：《风雪送鸭人》《晨钟惊梦》《哭坟》《断指案》《又是一年春》《孔雀岭》

评剧：《花魂》《离宫怨》《龙虎奇冤》

曲剧：《少年天子》《婚恋面面观》

儿童剧：《机器人》《小孩闯大祸》

梆子：《孟姜女》《玉兔下凡》

木偶：《八仙过海》

附件二：1988年市级评奖获奖名单

北京市青年戏曲演员评奖调演获奖名单

（12月3日评奖）

优秀表演奖

许娣（北京市曲剧团 旦角）
赵责臣（北京市河北梆子剧团 武生）
杜镇杰（北京京剧院五团 老生）
高德敏（北京市河北梆子剧团 青衣）
杨凤一（北方昆曲剧院 刀马旦）
王蓉蓉（北京京剧院五团 青衣）
齐建波（中国评剧院 小生）
黄彦忠（北京市戏曲学校实验京剧团 花脸）
张绍荣（北京市曲剧团 生角）
李宏图（北京京剧院五团 小生）

表演奖

寇然 王春燕 耿首春 李红艳 韩冬青
侯爽 温宇航 曾宝玉 刘山丽 乔立明
朱明月 王晶 刘静 王艳芳 宋军
刘蓓 尚伟 王一工 曹颖 周瑞杰
刘巍 佟仲琪 卢雪文 高阆 刘杰
董翔燕 刘慧英 马建民 松岩 秦帅

鼓励奖

于立等15名

集体奖

北京市曲剧团《少年天子》
北京风雷京剧团《盗仙草》
北方昆曲剧院《雁荡山》

集体鼓励奖

北京市戏曲学校实验京剧团《孔雀岭》
北京密云县河北梆子剧团《辕门斩子》

天津市戏剧概况

1988年，天津市的戏剧保持着活跃、健康的局面。

一

天津市原有专业演出院、团15个、共28个演出单位。多年来机构庞大，人浮于事，不利于戏剧事业的发展。文化局根据实际情况和可能，对所属各院、团进行了机构改革和人员调整，将原有院、团精简到了13个，共22个演出单位，演职人员从原来的2382名精减到1700多名。经过调整后的演出团体，队伍较前精干，组织形式灵活，1988年显见改革成效。戏剧演出单位（包括艺术学校）全年共演出1992场，累计观众数为1727520人次，演出场次和经济收入都较往年有所增加。在剧目方面，除近年来经常上演的一批保留剧目外，对新编重点剧目经过加工、修改，重新搬上舞台。如京剧表演艺术家张世麟根据传统戏重新编排、由京剧三团演出的《金翅大鹏》，在1988年进一步加工锤炼，在戏剧冲突、情节取舍以及趣味性等方面下了功夫，使这出翻新花样的旧剧令人耳目一新，在文化部主办的“京剧新剧目汇演”中，获优秀京剧新剧目奖。全市各院、团在创作新剧目、加工重点保留剧目的同时，还挖掘、恢复演出如《春闺梦》、《西施》、《天女散花》、《珠帘寨》、《大破冲霄楼》、《凤吉公主》、《截江夺斗》、《徐母骂曹》等一批被戏曲舞台冷落多年的剧目。其中季砚农整理、改编的《西施》，在保持梅（兰芳）派精华的前提下，删除与主线关系不大的枝蔓，使节奏加快，剧情紧凑，西施的人物形象更显丰满。京剧三团排演的《蝴蝶杯》，以翁偶虹早年根据秦腔、河北梆子演出本移植后易名的《双凤飞》和1955年范钧宏、吕瑞明改编本为根据，整理加工而成一出生、旦、净、丑齐全，唱、念、做、打并重的又一出新戏。40年代曾流行一时的玩笑剧《戏迷传》，在天津舞台绝迹多年后，经本市戏曲工作者重新改编，由赵慧秋、马少良、赵春亮、康万生、孙玉祥等名演员旧戏新演，既保留了原剧中戏中串戏、允文允武的特点，又增添情节和流派唱段，以健康的娱乐性受到观众青睐。该剧还在北京中南海演出过。这批剧目的恢复上演，为扭转戏曲舞台剧目贫乏现象迈出新的一步。

1988年，天津话剧舞台引进两台外国名剧引起话剧爱好者的关注。1月中旬，天津人民艺术剧院演出苏联当代名剧《莫斯科的傍晚》（苏联剧作家亚历山大·加林编剧，赵鼎真翻译、王泉导演），剧中真实地描绘了80年代苏联各层人民群众的社会生活。富有哲理的戏剧情节和活泼、幽默的喜剧风格，强烈地吸引了观众。另一台是美国剧作家田纳西·威廉斯的作品《欲望号街车》，这出戏反映的是二次大战后发生在美国新奥尔良市的一个充满悲剧色彩的故事。50年代初曾由好莱坞拍成电影，并获得3项奥斯卡大奖。天津人民艺术剧院特邀英国伦敦国家剧院导演麦克·阿尔弗雷兹执行导演。这部戏所反映的时代和人物关系虽然距离中国的现实较远，但精采的演出仍深深地打动了观众，并应邀赴北京参加首届中国戏剧节演出。

二

1988年，天津市的戏剧创作出现了奋力拼博的好势头，长期徘徊不前的局面已经引起有关方面领导的重视。剧作者、评论工作者的忧患意识和紧迫感、责任感有所加强。特别是一批中青年剧作者，广泛接触现实、深入反思历史，努力在创作实践中突破旧的模式，以新的戏剧观念和超越意识创作出或正在着手创作的各种不同题材、不同剧种的新剧作有20余部。中年剧作家卫中创作的具有象征意义和荒诞色彩的话剧《天狼星》，采用全息式无场次的创作方法，将现实主义、浪漫主义以及表现主义有机地结合在一起，力图全面地反映当今时代人的情感世界。由于剧本内涵深刻、结构严谨、戏剧情节巧妙，而且在文学性方面具有独到特点，因而当剧本刚刚脱稿即被中国青年艺术剧院搬上舞台，成为天津市第一部由国家级剧院上演的话剧剧本。演出后，观众称赞“这是一出令人深思的戏”。王磊根据天津作家吴若增同名小说改编的话剧《离异》，通过一位中年男子试图与传统婚姻离异而被“新潮”爱情所抛弃的经历，对当代社会生活中爱情、婚姻、性本能等方面提出新的观点。7月在天津上演后，观众以浓厚的兴趣展开讨论和争议。一些中年知识分子认为这是一出触及传统观念的好戏，另一些人则认为剧中所宣扬的观念背离了中华民族的传统，看了觉着别扭。一些理论工作者认为该剧所表现的哲理具有一定的深度，但用戏剧形式表现真实生活则嫌不足，从而造成演出与观众之间的隔膜。对具体剧目从戏剧理论到哲学、社会学、民俗学等多种角度展开不同评价的讨论，给沉寂的话剧界造成活跃气氛，鼓舞了创作人员的热情。刘益民、安平创作的现代京剧《探母吟》，表现海峡两岸骨肉同胞悲欢离合的故事，剧作者希图从传统文化的沟通达到两岸同胞的心灵相通。尽管这出戏还有待于加工提高，但它现有的深刻立意和独具匠心的结构，对于促进祖国统一大业具有一定的现实意义。

完成初稿后仍继续加工磨练的剧本有《唐明皇与杨贵妃》、《蔡京》、《常乐钟》、《杀父报国旗》、《子都之死》、《龙嘴大茶壶》、《马嵬坡》、《卫妹子》、《棋王爷》、《夜归青松岭》、《绕道而行》、《男人船》、《荒园鬼影》、《村南柳》、《丹青怨》、《一无所有》、《梦幻记》、《归路平安》等等。其中有些已经显示出光明前景。剧作家赵大民与李郁文合作编写的古装话剧《唐明皇与杨贵妃》、王寿山反思历史的《蔡京》、卫中对历史人物韩信重新认识和评价的《常乐钟》等等，用新的观念给人以启迪，具有一定的思想深度。一些剧作从选题、立意到情节、结构，已经具备一定的基础。在这些作品中，虽然存在不同程度的戏剧观念和手法较为陈旧，创新意识迟于全国性戏剧潮变，剧本写法上意识大于艺术形象，情节设置过满过实等种种缺欠，但从总体看，创新意识和剧本质量较之以往还是有了明显的提高。

为了帮助创作者开阔视野、更新观念，凝聚起新的创作活力，剧协天津分会、天津文联理论研究室、剧本创作室、戏剧文学会联合邀集有关专业、业余剧作者和评论工作者，于8月26日至9月6日在海滨兴城举办戏剧创作、评论座谈会，着重就如何进一步加工修改已完成初稿的剧作进行深入探讨，并注入关于天津戏剧创作得失的研究。这次活动，理论与实践、求新与务实紧密结合，既开阔了剧作者的思路，为早日推出优秀剧作添加动力，又突出了学术空气，为繁荣天津戏剧艺术作了长远准备。

三

年初，天津市文化局从有关演出单位抽调人员组成慰问团，赴老山前线慰问演出。此后，各专业戏剧团体多次参加慰问演出、义务演出、纪念演出等形式的戏剧活动。在纪念艺术咨询委员会成立一周年的演出活动中，88岁高龄的京剧艺术家赵松樵和73岁的京剧名丑包式先同台合演《扫松下书》，丁至云、王则昭、王玉磬等老艺术家也常在各种演出中登台献艺。

老艺术家焕发了青春，青少年艺术人材茁壮成长。文化局举办的第三届文艺新人月演出活动，从9月1日开始，历时8天，有10个单位（包括艺术学校）的100多名青少年演员、学员共演出15台话剧、戏曲节目。通过交流演出，检阅全市青少年戏剧人才成长情况，以促进人才的涌现。

为纪念天津市河北梆子剧院暨小百花剧团建院、建团30周年，市文化局于年初和年底先后两次组织振兴河北梆子新剧目展览演出。所演《斩关羽》、《袁凯装疯》、《鸾英与凤姑》等几台新戏，受到河北梆子爱好者的欢迎。

春节期间，天津市京剧团在中国大戏院同时连演传统剧目《乌盆记》与在《乌盆记》基础上改编出新的《乌盆梦》，两戏都由中年京剧演员杨乃彭主演。同一角色两种演法、两种情境，提供观众在相互比较中加以评论，以此广开言路、多方征求社会人士对戏曲改革的意见。

近年来，河北梆子、评剧两大剧种由于种种原因，在城市演出场次逐年减少，而在广大农村仍深受群众喜爱。天津市河北梆子剧院的两个演出团经常下乡，为农民群众送戏上门。演出场次和经济收入都超额完成上级规定的指标。

专业剧团试行体制改革，使一些演员的积极性得到发挥，增多了舞台实践的机会。1988年，马少良、杨乃彭、李莉、邓沐玮、王伯华等京剧、河北梆子演员，分别应邀赴上海、北京、黑龙江、云南、河北等地，与当地演出团体合作演出，收到良好效果。人才流动，不仅活跃了各地戏剧舞台，又使有才华的演职员有了用武之地，在肩负重任的舞台实践中增长了才干。

为加强与世界文化的交流，天津市艺术研究所的研究实习员韩瑞杰首先尝试用英语演唱评剧《秦香莲》选段，在北京演出后引起反响。随后，天津市艺术交流辅导中心的中年演员刘军，在外语教师和外籍专家的帮助下，用英语演唱《钓金龟》，同样获得好评。

近年来，儿童剧困难重重，形势严峻，一方面是儿童剧难于走上舞台，找不到合适的演出场所，一方面是文化生活极度贫乏的少年儿童渴望精神食粮。处在这种矛盾之中的天津市儿童艺术剧团，坚持从实际出发，采取一团两制的体制，克服种种困难，实行低票价，为儿童送戏到学校，增加演出场次，受到少年儿童的欢迎。1988年共演出566场，观众人数累计为326838人次，改变了经济亏损的状况。

四

群众性业余戏剧活动在天津源远流长，与专业演出相比较更具特色。以戏剧演唱为主要内容的群众文化活动站遍布城区、街道，由戏曲爱好者自发组织的公园、街头演唱会，风雨无阻，寒暑不辍。1988年，全市工会、共青团系统以及区、街竞相举办的各类喜剧、小品表演大赛，共演出近百个节目。河西区谦德庄街、河东区太平庄街等街道文化站定期举办的戏曲演唱会，居民群众自娱自乐，满足了不同层次的群众文化需求。1988年，京剧票房在天津又有所增加，和平区组建的区级戏剧协会和八一礼堂票友协会团结了众多的京剧爱好者。由八一礼堂票友协会倡议的全国首次“京剧名票荟萃艺术交流演出”，于11月16日至19日在天津举行。来自北京、上海、南京、徐州、沈阳、长春、大连、烟台、唐山、张家口等城市的50余名京剧票友荟萃津门，联合演出40余出折子戏和片断，生、旦、净、丑行当齐全，余、高、马、谭、杨、梅、程、荀、尚、张流派纷呈。这次具有较高水平的大型业余戏曲盛会，对于业余戏剧活动的开展，对于普及和推广戏曲艺术，都将产生影响。

天津市各高等院校的业余戏曲活动也很盛行。经过一年多的筹备，跨校的大专院校业余京剧团正式建立。它不仅争取了老年戏曲知音，而且培养出一批青年“戏迷”。南开大学学生经常自发组织戏曲欣赏会，邀请专业演员示范表演《牡丹亭》、《奇双会》等名剧。一些青年学生因此对中国戏曲由陌生而喜爱后至入迷。广泛的群众性戏曲活动，也直接对少年儿童产生影响。天津市表演艺术交流辅导中心、天津市艺术学校等单位开办的业余京剧少年培训班，经考试后被录取的100多名少年儿童，经过短期培训，都已经能够彩唱或操琴伴奏。

8月20日至10月18日，由南开大学、南开中学和南开文化宫联合举办了曹禺杯话剧小品大赛，参赛单位包括学校、企事业单位、街道等。这是一次范围很广的业余戏剧演出比赛活动。

五

新年伊始，以小玉霜领衔的中国评剧院一团在津演出《马寡妇开店》。此后各地专业戏剧演出团体纷至沓来。先后到津的袁世海、杜近芳、吴素秋、关鹔鹴、罗惠兰、张春华、李世济、刘秀荣、齐啸云、孙岳、李维康、耿其昌、杨春霞、刘长瑜以及江苏名旦小赵燕侠、谭派名生王琴生，上海昆剧团的梁谷音等京剧、昆曲著名演员，为天津观众演出各自的拿手好戏，而且还有象罗惠兰自编、自导、自演的《武则天错断梨花案》这样的新剧目，使热爱京剧艺术的天津观众一饱眼福。

阔别天津舞台多年的一些地方剧种，也陆续献艺津门。演员、伴奏全部由青少年女子担任，平均年龄只有20岁的浙江绍兴小百花越剧团，通过在津演新编神话剧《醉公主》和《劈山救母》等剧目，显示出越剧艺术欣欣向荣的可喜景象。以豫剧表演艺术家崔兰田为艺术指导的河南省安阳豫剧一团在津演出新编古装戏《包青天》之后，郑州市豫剧一团又接踵而来，为天津观众演出根据同名越剧移植的《绣花女奇案》。安徽省黄梅戏剧院吴琼、黄宗毅领衔在津演出了《女驸马》、《牛郎织女》、《夫妻观灯》、《天仙配》等几台剧目。剧目虽非新戏，却由新人所演，天津观众由衷地为黄梅戏艺术后继有人深感欣慰。

青岛话剧团到天津演出的话剧《回声》，以浪漫写意相结合的手法，把当今中学里普遍存在的“双向理解”问题，生动地展现在观众面前。剧中的许多情节取自日常中学生生活，引发观众深思和联想，并从中受到感染。鞍山市话剧团在津演出的话剧《繁荣的使者》，主题新颖、深刻，具有强烈的时代感。在表演方面融歌舞、时装表演、喜闹剧为一体，令观众耳目一新。

在 津献艺的名家中，还有初临津门的香港京昆艺术协会主席邓宛霞女士。她与天津市京剧三团的同行们合作演出《白蛇传》，给天津观众留下深刻印象。

文化部主办的“京剧新剧目汇演”于年底在天津举行。北京、天津、上海、江苏、湖北、甘肃、贵州、辽宁等8个省、市和文化部所属的12个京剧院、团，在15天里演出18台京剧新剧目，总计演出50场。参演人员达1200余人次，观众7万余人次。各地的京剧名家荟萃津门，这对于促进天津戏曲艺术的发展一定会产生良好影响。在这次汇演中，天津市京剧团演出了现代戏《探母吟》，天津市京剧三团演出了新编神话故事剧《金翅大鹏》，天津市青年京剧团与中国京剧院合作演出了新编历史故事剧《草莽劫》和《天女散花》、《凤吉公主》、《三岔口》等一台经过整理加工的折子戏。

甄光俊

附件一：天津市1988年新创作并演出剧目

剧名	编剧	演出单位	首演日期
探母吟	安平 刘益民	天津市京剧团	12月
金翅大鹏	张世麟	天津市京剧三团	
草莽劫	齐致翔 张之雄	天津市京剧团 中国京剧院	12月
鸾英与凤姑	李相心	天津市河北梆子剧院	9月
离异	王磊 沙惟	天津人民艺术剧院	7月
天狼星	卫中	中国青年艺术剧院	7月

注：《天狼星》为本市作者创作

附件二：1988年市级评奖获奖名单

天津市第三届文艺新人月获奖名单（戏剧部分）

新秀奖

刘凤华　江辉　李秀清　秦兴芝　夏霞
董建设　杨丽萍　何红堡　刘小云　赵靖
黄长明　曾绍娟　张淑捷

新人奖

赵斌　李志华　孙永萍　王冠丽　王杰
王昆　王玉年　刘党生　马会来　杨金乐
谷灵台

新苗奖

杨树峰　阎敬　方崇伟　钱昆　宋永慧
王萍　齐丽华　赵丽英　辛健　张士东
董凡　蔡红　牛淼　李仲　董青
田雪

南开区首届曹禺杯话剧小品赛获奖名单

表演一等奖

《谁是傻冒》　南开文化宫
《候　车》　南开大学
《望子成龙》　南开中学

表演二等奖

《品尝家》南开文化宫
《百年之计》　河北文化馆
《拔河》　南开大学
《校园浪漫曲》　天津师范大学
《路边小事》　天津第一聋哑学校
《假戏真做》　南开中学
《父母之间》　天津针织厂
《母女俩》　红桥文化宫

表演三等奖

《为人师表》　南开文化宫
《山城风波》　南开文化宫
《姐妹重逢》　红桥文化宫
《你从哪里来》　南开大学
《病房风波》　天津医学院
《留给明天的启迪》　天津幼儿师范
《求与索》　天津护士学校
《端　锅》　东北角街文化站

特别荣誉奖

《病　态》　南开大学巴基斯坦、朝鲜、日本留学生
《雷　雨》片断（日语）　南开大学

优秀奖

工矿组8名、大学生组6名、中学生组5名

河北省戏剧概况

1988年河北省文化主管部门把主要精力放到抓戏剧创作上，重点是为明年举办的第二届河北省戏剧节准备剧目。

年初，文化厅向各地市文化局发出关于将在1989年举办第二届戏剧节的通知。各地市相继召开会议，进行传达和部署，研究、安排本地的剧目创作和生产。年中、下半年各地又先后召开剧本创作会议，确定本地区戏剧创作的重点，从多方面支持和扶植新创作剧目，使之尽早投入排演，通过公演广泛征求各阶层观众意见，不断提高作品的艺术质量，推荐给省第二届戏剧节。

以往，省文化厅每年召开一次剧本创作会议，讨论各地市报送的剧本。省、地、市有关人员参加，规模大，时间长，作品往往得不到充分的讨论，作者们反映收效不大。政府文化主管部门怎样才能抓好戏剧创作？这是几年来一直摸索、探讨的问题。3月，河北省艺术研究所按照省文化厅有关指示，决定由该所《大舞台》编辑部采取社会方式试办“剧本沙龙”活动。“剧本沙龙”邀请省直部分对剧本创作有研究、有经验、有兴趣的剧作家、评论家、导演、作曲及舞美等人员不定期集中，进行鉴赏、评论、研究，帮助提高省内剧本新作，扶掖新人。“剧本沙龙”本着自由、自愿的原则开展活动，富于民主空气和学术气氛。参加者不论职位高低、名气大小均平等相待，自由讨论，相互切磋，各抒己见。剧作者在听取意见、修改剧本方面享有充分自由权。截止10月，经“沙龙”研讨的剧本新作已达27个（现代戏14个，新编历史剧13个），其中16个已公开发表，14个已经或准备排演。“沙龙”活动中较有学术价值的评论、发言也在《大舞台》陆续发表。大家普遍反映较好的剧本有陈家和的表现人性扭曲的《黑狗记》、戴晓彤的抨击封建道德和世俗偏见的《新婚曲》、马玉章反映商品经济下农村的生活与矛盾的《死心眼插足记》、白良的《瘸腿书记上山》续编《瘸腿书记下山》、赵德平的描写家庭生活的《私生活》、周喜俊写农村青年婚姻恋爱的《砸金匾》，以及探索性剧目《猫与鼠》、《模特歌舞队》、《莹莹的梦幻》、象征性戏剧《疯人恋》、新编历史剧《易水寒》、《还魂案》、《优孟传》和《钟离春》等。这些作品在贴近时代、贴近生活和贴近观众方面都做了一定的努力，是省内戏剧创作的新收获。

“剧本沙龙”的创办，不仅为剧作家、评论家、导演等专业人员提供平等交流、研讨、沟通的机会和场合，也为省文化厅、省艺术研究所更好地展开工作提供了很好的基础。“沙龙”活动使剧作信息及时得到交流和反馈，使刊物团结了一大批剧作者，建立起与作者相互支持、互相得益的新型关系。此外，“沙龙”活动省时节俭，简便易行，灵活机动，是一种较好的学术活动方式。10个月的实践证明，省文化厅关于以刊物为中心，采取社会方式组织与推动戏剧创作的做法，符合艺术创作规律，适合本省剧本生产的实际情况，行之有效。

据不完全统计，1988年全省新创作剧目124个（大型103个，小型21个），其中现代题材63个，新编历史题材57个，其他题材4个。这些新剧目约有$\frac{1}{5}$已搬上舞台演出，有的已列入各级剧团排演计划。连同传统戏和其他艺术形式的演出，全年全省共安排了3000多团次，演出了2万3千余场。

在这一年里，河北省先后有3个剧团晋京演出。6月1至14日，任丘市青年河北梆子剧团在北京3家剧场和中南海礼堂演出新编历史剧《易水寒》及《杜十娘》、《泗洲城》等。7月1日起，石家庄河北梆子剧团在北京剧场和中南海礼堂演出新编历史剧《范进中举》及《哑女告状》等，文化部颁发奖金3万元。7月28日至8月5日，以京剧演员罗惠兰领衔的河北省京剧团在北京演出新编历史剧《梨花狱》。3个剧团在首都的演出，得到各方面的好评，中国戏剧家协会为此召开了座谈会，《人民日报》、《光明日报》、《中国文化报》、《北京日报》和《戏剧电影报》等发表了数十篇消息、报导和评论。此外，7月15日中国音乐学院为河北省培养的“河北民族歌剧班”在北京举行毕业公演，演出凝聚了我国11部著名歌剧精华的《中国歌剧之魂》晚会。该剧展现了我国歌剧的发展历程，从学术角度反思中国歌剧的发展道路。

1988年1月15——28日，河北省承德话剧团应邀赴香港参加“香港十六届艺术节”,演出该团创作的历史话剧《懿贵妃》、《班禅东行》，受到热烈欢迎。新华社香港分社文体部罗部长说：这次演出是话剧界继《茶馆》来港演出后的又一次震动。香港艺术节协会主席邵逸夫认为，这是他多年来所看到的话剧中最好的戏。报界称这次演出使“香港剧坛大放异彩”。

4月18日，班禅副委长就长影拟将话剧《班禅东行》搬上银幕在北京接见了承德话剧团和长春电影制片厂的负责人。他说，把《班禅东行》拍成影片，对加强汉藏民族团结有十分重要的意义，它证明了西藏在历史上就是中国领土的一部分。他要求影片一定要符合历史真实，不要搞猎奇性的。

10月23日，北京京剧院赴香港参加“纪念梅兰芳艺术大师名作汇演”，河北省邯郸市京剧团青年演员李胜素应邀随同演出。

10月6——8日，以日本国际戏剧协会副会长尾崎宏次为团长的日本文化财团代表团一行6人，在石家庄观摩了河北省河北梆子剧院优秀河北梆子表演艺术家裴艳玲主演的《钟馗》、《哪吒》，并就剧院1989年到日本演出事宜交换意见。

在这一年里，河北省还举行了几次与戏剧有关的文化艺术方面的会议。

1月26——29日，中共河北省委、河北省人民政府在保定市召开了全省文艺创作座谈会，全省作家、艺术家及地市宣传、文化部门负责人共240人出席了会议。会议以深入贯彻“十三大”精神，努力提高文艺创作质量为中心展开讨论，为使河北省文艺创作尽快走出“洼地”攀登高峰，献计献策。全省29名戏剧家和戏剧工作者参加了会议。

7月29 — 8月2日，由河北省人民政府召开的全省文化工作会议在唐山市举行。这次会议的主题是加快和深化艺术表演团体体制改革。会议由副省长王祖武主持，文化部副部长高占祥到会讲了话。会上宣读了由省文化厅等5单位共同制定的《河北省艺术表演团体体制改革实施意见》，并就制定过程和条文作了说明。会后，全省18个地市相继召开会议，传达会议精神，部署艺术表演团体体制改革的工作。1988年初，全省共有剧团165个（其中由国家财政包干的11个），到1988年6月底减至159个。

1988年，全省戏剧及与戏剧有关的学术活动有：

3月24——26日，河北省艺术研究所马龙文应美国加利福尼亚大学教授李林德邀请，赴美国旧金山参加了“中国演唱文艺研究会”举办的学术年会。

8月10日，“王实甫研究会”在河北定兴县召开成立大会。该会是在河北省元曲研究会指导下，从事王实甫及其作品研究的学术性群众团体。

10月18日，由中共河北省委宣传部、河北省文化厅、河北省文联和河北省元曲研究会联合主办的“纪念世界文化名人、著名元曲作家关汉卿创作730周年大会暨中国古代戏曲学会第二次专题学术讨论会”在关氏故里祁州（今安国县）举行。121名来自全国30所大学和10个科研机构的专家、学者以及日本友人到会。会议收到论文、讲稿70余篇，对关汉卿的传世之作进行研讨。捷克斯洛伐克、联邦德国、日本、美国、荷兰和香港等国家和地区的23位汉学家发来了贺电、贺信。

本年度河北省在全国性戏剧评奖中有多人获奖。石家庄市评剧院青年评剧团青年演员刘秀荣获第五届“梅花奖”。8月，河北省人民政府命名刘秀荣为“青年评剧表演艺术家”,石家庄市人民政府给剧团记集体一等功、刘秀荣记一等功，省、市政府并给剧团和刘秀荣个人以物质奖励。河北省京剧团创作演出的京剧小品《评功记》获“全国喜剧小品电视邀请赛”银杯奖和剧本奖。全国首届中青年豫剧演员电视大选赛河北省邯郸地区东风豫剧一团演员牛淑贤获中年组最佳演员奖。在第一届“振兴话剧奖”评选中，河北省话剧院导演宋英杰获优秀导演奖，承德话剧团演员王淑英获优秀演员奖，承德话剧团团长孙德民获话剧优秀管理人员奖。

1988年河北省有两名青年演员向著名表演艺术家拜师。1月河北省京剧团演员常春生拜裘派传人方荣翔为师。7月唐山市京剧团演员王丽华拜张君秋为师。

1988年，河北省文化厅改变了以往对省直艺术院（团）排戏经费的拨款办法，把过去的平均分配改为对新剧（节）目的奖励，提高了各剧团（院）排演新戏的积极性，在出人、出戏和出经济效益方面有了新的进展。河北省话剧院排演的《幽灵在黎明前聚会》、河北省河北梆子剧院一团排演的《陆文龙》、河北省京剧团排演的《焚香怨》、《仇荐》等都已与广大观众见面。

蓝学诚

附件：河北省1988年新创作并演出剧目

剧名	编剧	演出单位	首演日期
寡妇·光棍	田甬	河北省话剧院	2月6日
桃花湾的娘儿们	孟繁元	河北省话剧院	1月26日
幽灵在黎明前聚会	李秀峰	河北省话剧院	12月23日

陆文龙	姬君超	河北省河北梆子剧院	12月19日
警钟长鸣	集　体	河北省京剧团	9月27日
评功记	王世明 李宪法	河北省京剧团	6月29日
焚香怨	丁振远	河北省京剧团	12月31日
仇　荐	陆惕明	河北省京剧团	12月31日
钟离春	谢美生	保定地区老调一团	6月20日
金玉凤	韩文秀	涿州市梆子剧团	
徐九经卖酒记	姚其巩	唐山市实验唐剧团	
两家泪	王振兴	深泽县坠子团	
生儿育女	孙孟仁	隆化县梆子团	
假县官断案	张凌霞	滦平县评剧团	3月26日
私生活 、	赵德平	大厂县评剧团	10月16日
俏哥们智胜风流佬	冯十章 赵　敏 史长生	邢台地区河北梆子剧团	
大祭桩后传	徐火旺	邯郸市春燕豫剧团	
朱元璋火烧庆功楼	来德欣 李人一	井陉晋剧团	
人、虎、心	赵奎华	邢台市豫剧团	1月5日
血　酒	赵奎华 赵志民 段庆仁	邢台市业余话剧团	1月2日
穆桂英斩御碑	谢美生 刘嵩山	保定地区梆子团	6月10日
范进中举	郭　江	石家庄地区梆子剧团	6月26日

• 《桃花湾的娘儿们》、《幽灵在黎明前聚会》、《范进中举》非本省作者。

山西省戏剧概况

1988年是山西省文化厅提出“综合治理、总体作战”振兴山西戏曲工作方针的第四年，是分步骤对省四大梆子进行重点扶植的重要一年。

7月10——18日，省文化厅在晋城市举办了“山西省1988年振兴上党梆子调演”。这是自1984年以来的第四次省级调演，目的是巩固和扩大“综合治理”的成果，促进上党梆子剧团的改革和艺术建设，增强上党梆子的竞争能力，繁荣、发展上党梆子艺术事业。为此，省文化厅要求所有参加调演的剧目必须从剧本、表导演、音乐设计、舞美设计、舞台综合效果等各个方面进行综合治理。这次调演共有15个演出单位参加，演出了10台19个剧目。其中改编传统戏和新编古代戏大戏6个、小戏10个，新编现代戏大戏1个、小戏2个。参加调演的演职人员、省内外观摩人员和工作人员达1300余人，演出21场，观众达3万余人次，上座率平均为95%以上，几乎场场爆满，这在历次调演中是少见的。调演期间，新成立的忻州地区雁剧（北路梆子）青年团专程赴晋城交流演出，受到好评。调演评委会评选出综合治理奖7个、剧本奖9个，导演奖9个，音乐创作奖7个，舞台美术综合效果奖5个、单项奖5个，贡献奖2个，演出奖2个，主演金牌奖10名、银牌奖15名、铜牌奖4名，配角金牌奖10名、银牌奖15名、铜牌奖15名。（名单附后）

参加这次调演的剧目在剧本创作上拓宽了题材领域，一些戏具有浓郁的生活气息和当代意识。晋城市上党梆子青年团演出的《两地家书》从卓文君断琴弦与司马相如婚变着笔，以书信往来的形式展开矛盾，刻意表现了卓文君朦胧的反传统礼教意识。高平县上党梆子剧团的《活寡》一剧，反映在封建伦理道德观念的压力下，中国妇女的悲惨命运。在表演形式上，演出者进行了大胆的改革创新，广泛的横向借鉴大大丰富和发展了上党梆子的艺术表现方法和表现手段。有的根据剧本和塑造人物的要求使用了话剧、歌剧和影视的表演方法，如《活寡》和《珍珠衫传奇》都作了有益的尝试。音乐唱腔的设计上也有较大的改革和创新。许多戏由以往的单旋律向音乐唱腔的纵向发展转变，丰富了上党梆子音乐唱腔的艺术表现力和艺术感染力。有些戏在保留上党梆子音乐特点的基础上，吸收当地民歌素材和姐妹剧种的旋律特点，创作出更加适合当代观众欣赏趣味的优美唱腔；运用配器丰富上党梆子的音乐表现力；采用二重唱、三重唱、伴唱、合唱等多种形式，打破了上党梆子的传统唱法，使剧中人物的音乐形象得以充分体现。在舞台美术方面也有突破性的提高，许多戏坚持了戏曲舞台造型艺术重形式美的艺术特征，创造了适合于戏曲特征的舞台环境。有的戏采用写实和写意相结合的手法，较好地表现了舞台气氛。

这次调演涌现出一批优秀演员。他们在继承传统表演技巧的基础上，不断探索自己的路子，追求自己的演唱风格和表演特色。青年演员张爱珍的唱段声情并茂、优美动听，表演艺术更趋成熟。上党地区出现了一批优秀的青年演员，都是1978年以来各地、市、县级戏曲学校培养出来的，经过几年艺术实践后，水平有了大幅度的提高。

10月10——19日，中国现代戏研究会在运城地区召开第七届年会，研究戏曲现代戏的舞台美术创作问题。省文化厅为年会的召开组织了《两个女人和一个男人》、《风流父子》、《唢呐泪》、《月亮滩的姑娘》、《山风》等五台现代戏演出。年会期间，省文化厅召开了由各地、市文化局长和主要创作人员参加的全省现代戏会议，总结、交流近年来本省现代戏创作的经验、体会，表彰省内一批现代戏剧目。其中翼城县琴剧团的《家风》已演出512场，为全省现代戏演出场次的最高记录；芮城县黄河蒲剧团的《月亮滩的姑娘》，已演出270多场；《飞虹塔下》、《两家人》、《爱在深处》、《血染国宝》等均已超过百场。会议还讨论、制订了本省今后两年现代戏的创作规划，研究了为迎接国庆40周年、全国艺术节、省“两会一节”上演的剧目。会议期间，省文化厅还组织了省内外专家组成的评委会，对为年会演出的5台现代戏进行评选，评出剧本奖4个、导演奖4个、音乐创作奖4个、舞台美术设计奖4个、演出奖5个、演员表演奖24个。在年会闭幕式上，向获得本届年会演出奖的剧团、演职人员颁发了奖金和证书，并向省内演出现代戏超百场的剧团颁发了奖旗和证书。

12月18日至22日，由省委宣传部、山西日报社、省文化厅、省广播电视厅、中国剧协山西分会在太原联合举办了1988年全省优秀剧目推荐演出活动。参加推荐演出的剧目是从省文化厅1987年举行的“振兴北路梆子”调演、1988年举行的“振兴上党梆子”调演中及“现代戏年会”选出的。其中有临汾地区眉户剧团的《两个女人和一个男人》，孝义县碗碗腔剧团的《风流父子》，晋城市上党梆子青年团的《两地家书》、《杀妻》，忻州北路梆子青年团《杀庙》等剧目。

演出后，省剧协召集文艺界专家和参加演出的各剧团座谈。与会者认为：这些剧目的不同风格、不同层次、雅俗共赏的组合亮相，是山西省有史以来第一次，代表了山西省戏曲的一定水平，说明“综合治理”是行之有效的。在这“徘徊、困惑”的“戏曲困境”中确实是一缕春光。他们说：只要给古老的戏曲赋予时代的风采，它还有可能从农村打回城市。因为这些戏的演出是符合戏曲发展方向的。

12月23日，省城振兴舞台艺术成果展览在太原开幕。参加这次展览演出的有省城部分专业文艺团体改革以来涌现出的一批优秀剧目。省晋剧院青年团演出了改编的传统戏《打金枝》（曾获全省综合治理奖第一名）及《探监》、《斩娥》、《盗仙草》、《哭灵》、《上轿》组成的折子戏专场。省话剧院的“话剧小品专场”由该团近年来涌现的10个优秀小品组成，它们是《最后一次鼓励》、《电话亭》、《发誓》、《典型》、《爆竹声声》、《财大气粗》等。其中《春夜》曾获全国电视戏剧小品大奖赛优秀奖，《芙蓉树下》续篇曾在龙年元宵晚会上向全国播出。省京剧团演出了移植的轻喜剧《清明雨》。市豫剧团演出了现代豫剧《酷情》等。

为了繁荣本省戏剧创作，迎接建国40周年和省第二届“两会一节”，山西省文化厅和中国剧协山西分会联合举办了“山西省首届戏剧剧本征文评选”活动。在各地、市文化局、文联、剧协及广大剧作者的积极配合和热情支持下，经过3个多月的反复评选，12月24日评选出二等奖10个、三等奖20个，另有52个剧本获收获奖，获奖面约占全部参选剧本的14％。本届评委采取了“密封式”的评选方法，本着从严要求、宁缺毋滥的原则，一等奖空缺。省文化厅创作室将进入评奖范围的82个剧本的剧情简介、作者姓名及通讯地址，刊登在内部刊物《三晋戏剧》上，供各艺术表演团体排演时进行选择。

9月13日至15日中国戏剧家协会山西分会第四次会员代表大会在太原举行。全省各地的345名戏剧表演艺术家、戏剧演员、戏剧作家共同商讨发展山西省戏剧事业的良策。

山西省剧协分会现有会员3800余人，是会员最多的一个分会。会议主要是修改会章，选举产生剧协山西分会的领导成员。

7月，省演出公司组织了“晋阳之声”晋剧名家演唱会。这是山西省30多年来第一次老中青三代演员同台演出。演唱会由著名晋剧演员、全国第四届戏剧“梅花奖”获得者田桂兰和省晋剧院一团副团长田永国主持。舞台设置及音乐伴奏酷似歌舞晚会。70岁高龄的张美琴、程玉英等老一辈晋剧名流和部分中青年演员参加演出。晚会节目有观众熟悉的《算粮》、《教子》、《藏舟》、《打金枝》、《空城计》等传统戏选段。

也有新编历史剧和现代戏唱段节选，以及带有晋剧风味的《黄土高坡》、《少年壮志不言愁》等流行歌曲。此外，著名须生演员武忠的祁太秧歌《老汉进城》和丑角演员姬荣生的《羞答答出门来将头低下》等诙谐幽默，令观众捧腹。

《中国戏曲志·山西卷》按照总编辑部关于编辑出版《中国戏曲志》丛书的统一要求，经过130多人的共同努力，历时5年时间，于是年秋天编撰完毕，顺利交稿。全书分综述、图表、志略、传记4个部类，共设置条目1100多条，配图500余幅，比较全面、系统地志述了山西戏曲的历史与现状，反映了全省40多个剧种的艺术风貌及其繁衍流变轨迹，是山西有史以来第一部最完整的戏曲专志。这部志书的诞生，填补了山西戏曲志的空白，对于今人和后人研究山西戏曲历史、继承戏曲遗产、探索戏曲发展规律、促进戏曲艺术的革新与繁荣，具有重要的文献价值。

为了培养具有高等文化程度的戏曲导演、戏曲理论人材，山西省文化厅开办的山西职工文学院于9月，第一次开设戏剧大专班，设戏曲导演和戏曲理论两个专业，共招收省各地、市专业文艺工作者45名。学员将在校脱产学习两年，系统地学习戏剧史、戏剧理论、戏剧文学、美学等专业课程。

今年7月至8月，由曲润海编剧、省晋剧青年团演出的古装晋剧《崔秀英》由省文化厅录音录相室拍摄成戏曲电视片，已在省电视台播出。这是山西省第一部戏曲电视片，大部采用实景拍摄，其中“抬花轿”、“灵堂”等由于改舞台景为外景，增加了戏剧气氛，密切了人物与环境的关系，对强化主题、表现剧情起到很好的烘托作用。

陈维光

附件一：山西省1988年新创作并演出剧目

剧名	作者	演出单位	首演日期
活寡	郭恩德	高平县人民剧团	7月
珍珠衫传奇	郭恩德	沁县彰河剧团	7月
巧会虹霓	栗守田	晋城市城区鸣凤剧团	7月
西施	赵华云	长治县红专剧团	7月
两地家书	张宝祥	晋城市上党梆子青年团	7月
月到中秋	任志平	屯留县麟山剧团	7月
儿女情	李小猫 周新	晋城市郊区上党梆子剧团	7月
别府	陈柱	高平县上党梆子青年团	7月
秦明入赘	韩识多	阳城县上党梆子青年团	7月
广禅侯	张晓亚 常庆堂 张天林	阳城县人民剧团	7月
二堂舍子	赵景勃 韩丰 王垦	陵川县上党梆子青年团	7月
九仙台	张万一	长治市戏校	7月
五彩石	王吉贺 陈瑛	沁水县上党梆子剧团	7月
鹿卢剑	郭荣仙	长子县人民剧团	7月
两个女人和一个男人	小上	临汾地区眉户剧团	10月
山风	郭启农	临猗眉户剧团	10月
	刘武 韩长荣		
唢呐泪	高建宏 王俊杰 郭启农	临猗眉户剧团	10月
最后一次鼓励	黄冲	山西省话剧院	12月
电话亭	郭旭珠 吴正德	山西省话剧院	12月
发誓	董怀玉	山西省话剧院	12月
典型	魏继恭	山西省话剧院	12月
爆竹声声	马连伦	山西省话剧院	12月
理发店的故事	斗兵	山西省话剧院	12月
重逢	斗琪	山西省话剧院	12月
财大气粗	马连伦	山西省话剧院	12月

附件二：1988年省级评奖获奖名单

中国戏曲现代戏研究会第七届年会演出剧目获奖名单

一、剧本奖

山西省临汾地区眉户剧团《两个女人和一个男人》
编剧小上
山西省孝义县碗碗腔剧团《风流父子》
编剧梁正平、田喻亮、梁正川、霍锁昌
山西省临猗县眉户剧团《唢呐泪》
编剧高建宏、王俊杰、郭启农
山西省芮城县黄河蒲剧团《月亮滩的姑娘》

编剧高建宏、杨兆喜、郭虎江

二、导演奖

《风流父子》导演雷守政

《两个女人和一个男人》导演姚大石、张宏道

《唢呐泪》导演苏家栋、郭高计

《月亮滩的姑娘》导演苏家栋

三、音乐创作奖

《两个女人和一个男人》音乐创作马生采、党晞光

《风流父子》音乐创作何守法、权青寿

《唢呐泪》音乐创作樊银海

《月亮滩的姑娘》音乐创作高中秋、杨一岩

四、舞台美术设计奖

《两个女人和一个男人》舞美设计张优强

《风流父子》舞美设计李达寿、张振业

《唢呐泪》舞美设计梁克勤、王宗甲

临猗县眉户剧团《山风》舞美设计王宗甲、梁克勤

五、演出奖

《两个女人和一个男人》

《风流父子》

《唢呐泪》

《月亮滩的姑娘》

《山风》

六、表演奖

许爱英　郭高计　高艾艾　潘国良　张建琴

李英杰　赵　梅　姚巧玲　白福泉　刘国香

张跃争　张美容　翟文斌　李巧英　张俊芳

阎惠芳　郝淑玲　马志强　董勤虎　陈仙草

王彩燕　王国栋　昝来宝　任金茂

七、单项奖

伴唱奖：姚俊英

群体配角奖：王守仁　李宝芳　张承兰

山西省1988年振兴上党梆子调演获奖名单

剧本奖（大戏）

《活寡》　编剧：郭恩德

高平县人民剧团演出

《珍珠衫传奇》　编剧：郭恩德

沁县漳河剧团演出

《巧会虹霓》　编剧：栗守田

晋城市城区鸣凤剧团演出

《西施》　编剧：赵华云

长治县红专剧团演出

导演奖（大戏）

侯　铮（《珍珠衫传奇》）

王兴振（《西施》）

杜培孝　梅玉文（《活寡》）

张仁义（《巧会虹霓》）

舞美设计奖（设计人员）

李江汉　续存世（《活寡》）

康定杰（《西施》）

马步远（《珍珠衫传奇》）

阎祥田　张晋平（《巧会虹霓》）

剧本奖（小戏）

《两地家书》　编剧：张宝祥

晋城市上党梆子青年团演出

《月到中秋》　编剧：任治平

屯留县麟山剧团演出

《儿女情》编剧：李小猫　周　新

晋城市郊区上党梆子剧团演出

《别府》　编剧：陈　柱

高平县上党梆子青年团演出

《秦明入赘》　编剧：韩识多

阳城县上党梆子青年团演出

导演奖（小戏）

贺梦梨（《两地家书》）

乔高亮（《秦明入赘》）

赵景勃　李树萍（《二堂舍子》）

冯支林　欧阳英　付先贵（《月到中秋》）

肖桂叶（《广禅侯》）

舞美设计奖（小戏）

龚伯安　王琮卫（《两地家书》）

康定杰（《月到中秋》）

秦和平　温跃春（《清风亭》）

音乐创作奖

冯来生（《两地家书》）

李秉衡　郭春忠　路焕俊（《珍珠衫传奇》）

孙志勇　朱明山　姬纯虎（《活寡》）

高德新（《西施》）

徐金山　阎春法（《月到中秋》）

尹保太（《巧会虹霓》）

徐小龙（《秦明入赘》）

乐队伴奏奖

《两地家书》　《珍珠衫传奇》　《活寡》

舞美综合效果奖

《两地家书》　《珍珠衫传奇》　《西施》

单项奖

郭　娜（丫丫奖　《活寡》）

吕荣贵（服装设计奖　《珍珠衫传奇》）

周海根　侯秀林（灯光设计奖　《西施》）

高玉林（伴唱奖　《两地家书》）

赵小春　曹佛生（园丁奖　《九仙台》）

《五彩石》（群体表演奖）

演出奖

《鹿卢剑》（长子县人民剧团）

《广禅侯》（阳城县人民剧团）

贡献奖、综合治理奖（略）

主角金牌奖

张爱珍　袁金叶　崔娣娟　骈桂兰　吴国华

成静云　张保平　郭孝明　马云巧　上官小军

主角银牌奖

张志明　冯文林　李翠萍　吕满聚　师富才

郝建风　祁末霞　吕腊秀　李群玲　王四胖

杨卫明　徐建平　刘月莲　牛新英　原银生

主角铜牌奖

罗建卫　王改棠　李淑红　于喜明

配角金牌奖

侯聪悟　王国伟　牛志国　曹庆燕　刘晋苗

傅耀云　代建民　徐天昌　焦粉苗　鲍根籽

配角银牌奖

侯耀清　马书红　杨新民　李学斌　杨为民

郭李梅　宋建国　袁有顺　李灵巧　冯双明

王桂兰　冯文燕　黄金元　王秀丽　李亚萍

配角铜牌奖

田锁成　吴米屯　陈志军　安翠香　苏　玲

郭俊霞　王雪琴　赵福正　王书萍　李会萍

李德胜　锯海清　胡爱玲　石兰英　常香梅

山西省首届剧本征文获奖名单

一等奖（暂缺）

二等奖

现代戏曲《山婚》（梁枫　马兆录　齐俊宝）

话剧《犯人李铜钟》（卢润泽）

话剧《长牙齿的土地》（魏继恭）

话剧《哑香》（王笑林）

古装戏曲《周三畏》（马　彬）

话剧《李宗仁归来》（孙　伟　卢润泽　黄　冲　姚大石　常文治）

古装戏曲《秦宫月》（陈　瑛）

现代戏曲《传宗接代》（赵爱斌）

古装戏曲《崔秀英》（曲润海）

古装戏曲《金玉笏》（李天生）

三等奖

古装戏曲《双魁缘》（陈　柱）

古装戏曲《沉浮记》（马　君）

古装戏曲《义仆忠魂》（陈　柱）

古装戏曲《铜雀遗恨》（郭　江）

现代戏曲《大梦醒来迟》（边瑞林）

古装戏曲《箫悠悠、剑铮铮》（张喜明）

话剧《职称梦》（卢石华）

古装戏曲《喋血蕲州》（郭俊卿）

古装戏曲《尤庚娘》（王吉贺）

古装戏曲《御史血案》（攀　山）

话剧《真情假意》（孟繁元）

古装戏曲《文弱皇帝》（霍秋法）

话剧《女班主任和她的学生们》（张文忠　贯少伯）

话剧《谭嗣同》（刘建华）

现代戏曲《国公墓》（陈　瑛　文　井）

古装戏曲《肖银宗》（葛来宝）

古装戏曲《琵琶泪》（贾合意　郭　江）

古装戏曲《换头颅》（马　君）

古装戏曲《邹忌与齐王》（高新培　张晏杰　马戈荣）

古装戏曲《貂婵》（贾肯堂）

收获奖52个（略）

内蒙古自治区戏剧概况

1988年内蒙古的戏剧创作、演出有以下特点：

第一、结合体制改革，迈出新步伐。

自治区文化厅根据有关精神，对艺术表演团体进行深入摸底，研究体制改革，初步确定基本轮廓是：代表民族艺术最高水平的团队、少数示范性的具有地方特色的剧团和试验性的新型剧种剧团、符合乌兰牧骑工作条例自治区承认的乌兰牧骑由国家办。其他剧种剧团逐步地、分期分批地自然转轨为社会办团。所有团、队都要增强经营机制、竞争机制。困境中求生存、改革中谋发展，成为各团队的必由之路。各团、队都在积极寻求新的生存方式。弃城出走，下小城镇、基层演出，蔚然成风。呼和浩特市晋剧团、包头市晋剧团实行承包经营后，大部分时间巡回演出，取得社会效益、经济效益双丰收。为满足多层次观众需求，发挥戏曲潜移默化的审美、感染作用，呼市晋剧团推出连本戏《斩判官》、《下南唐》等，3个月行程2千公里，演出150余场。内蒙古二人台剧团在继续从事二人台创新实践的同时，拓宽艺术市场，排演一台二人台轻音乐歌舞晚会，参加秋季农村交流会演出，连同小戏节目演出共达212场。许多戏曲剧团采取多种演出方式结合，大、中、小型剧目都演。本区创作的《贴广告》等优秀剧目得到了广泛演出，受到观众欢迎。

艺术家们执著追求，奋起竞争，显露出新的前景。达拉特旗乌兰牧骑以漫瀚调为基础，演出新创大型剧目《有盼》，成功地突破演绎主题、图解政策的窠臼，进到透视人生，描绘大潮的行列，把焦点凝注在变革时期人物的心态上，表现他们的喜怒哀乐和心灵奥秘。演出获得成功，引起各方面关注。内蒙古话剧团，不甘心话剧"自灭"的命运，他们分成两个承包演出队，一个队主要演法制题材的小戏（包括自创的《船到江心》等）；一个队改编、排演安徒生童话剧《丑小鸭》、《皇帝的新衣》、《海的女儿》。从包头市演到呼和浩特市，深受学生、老师、家长的热情支持。仅在呼市就演出了36场，场场爆满。内蒙古京剧团顺应改革潮流，寻找艺术生产的新路，开始尝试和企业挂钩，共建社会主义精神文明，编创排演了富于生活气息、体现开拓精神的现代京剧《玉液》，为革新与振兴京剧进行了有益的探索。

第二，发挥民族特色，继续新探索。

近几年，随着自治区改革形势的深化和各方面的发展，蒙语戏剧有更加长足的发展和广泛的传播，加快了蒙古剧成熟的步伐。由于各级文化主管部门的积极扶植，本年度又编创和提高了一批体现时代精神、富于民族特色、适合民族审美心理的剧目，如科尔沁蒙古剧《安代传奇》，民族叙事体蒙古剧《韩秀英》，赤峰的浩特格沁蒙古剧，锡盟白旗乌兰牧骑的察哈尔蒙古剧《晨曦》，锡盟蓝旗乌兰牧骑的《金马镫上的命运》，内蒙古民族剧团的《章京之女》、《牧马女神》等等。

7月22至25日，在通辽市举办了全区蒙古剧观摩研讨会，这是继1985年全区首届蒙语戏剧调演和蒙语戏剧理论研讨会之后的又一次重要聚会。出席会议的有来自各盟市及北京、辽宁的专家、学者。听取了北京、辽宁来宾、专家李超、曲六乙、项冶等的学术报告，观摩了《晨曦》、《选女婿》、《好德格沁》、《乌仁都西之歌》的演出录像，与各族群众一起观赏蒙古剧《安代传奇》。会上宣布"内蒙古自治区蒙古剧研究工作委员会"成立。会议决定把蒙古剧的工作当做"七五"期间的一项重点艺术工程来抓。鉴于《安代传奇》经多年精心锤炼，演出60余场，在蒙古族及其他民族群众中产生了较大的影响，经专家鉴赏，会议郑重宣布科尔沁蒙古剧诞生，文化厅予以奖励。

在振兴戏曲的热潮中，脱颖而出的漫瀚剧继续进行艺术攀登，他们坚持"出人出戏走正路，漫瀚路上苦耕耘"，决心"增加积累新创剧目，稳定声乐声腔建设，综合改造求新求美，适应时代审美需求"。在排演大型剧目《北国情》之后，又编创、排演了反映改革生活的大型剧目《33岁的女经理》。同时增加多种形式演出，特别是强调了和观众进行双向创造，逐步扩大了戏剧的复盖面。

呼和浩特市的大型歌舞剧《塞上昭君》独僻蹊径，以家庭内部的矛盾纠葛为主线，突出情爱思绪，探索新角度把握昭君的艺术形象，重现2000年前匈奴民族的乐舞风采和风俗人情，歌颂民族和睦团结。剧情、人物、歌词、曲词、舞姿等都有大胆探索，在青城舞台放射异彩。

第三，加强横向联系，勇开新生面。

随着改革深入，在社会文化多元结构发展的大趋势下，为争取观众，必须打破固有的演出格局，适应"文艺作为商品进入文化市场"的现实，开辟新的途径。

巴彦淖尔盟于10月7日至11日举行的轰动河套的首届二人台十佳大奖赛，得到党政部门、企业厂矿和文化艺术团体的赞助，由盟剧协，盟电视台，盟报社政文部，盟民间歌剧团，临河市文化局、文化馆，狼山镇，乌兰淖尔乡联合挑担，"纵向领导，横向联系，城乡结合，以会养会"。34名为艺术奋斗的选手经复赛、决赛，夺取十佳头衔，技艺征服老观众，也吸引了众多年轻人。

8月19日至9月2日，呼和浩特市首届民族文化博览会开幕。各戏剧团体在"昭君庙会"及第二届"昭君杯"戏剧歌舞大奖赛、文艺演出中大显身手，竞选最佳演员、最佳表演、优秀演员。戏剧团体注意消费文化的大潮，突出娱乐性、观赏性及参与性。呼市民间歌剧团到白庙子乡参加文化物资交流活动，在合资建造的永久性演出场地进行定点演出，尝试多种演出形式。8月10日至24日，巴彦淖尔盟在临河市举行规模空前的经济技术文化新闻物资交流大会，晋、冀、内蒙古经济协作区11个地盟市和沿海地区8个城市及京、津、沪派人参加。戏剧团体参加了演出，以文化支持社会生态环境的变革。

这一年间，戏剧艺术家确立新的文化视角，运用富于时代气息的审美思维方式，借助现代传播手段，争取更多观众，既丰富银屏节目，又弘扬民族民间艺术。经内蒙古电视台录制、播放的就有巴盟晋剧团的《排练场上的婚案》，哲盟通辽戏曲剧团的二人转拉场戏《换亲记》，呼市歌舞剧《塞上昭君》，包头青年晋剧团的《打金枝》、《火烧裴元庆》，呼市晋剧团的《打金枝》（片断），呼市民间歌剧团的《二大娘过寿》、《王满囤卖鸡》，乌拉特前旗乌兰牧骑的二人台《探病》，内蒙古话剧团的《皇帝的新衣》等等。

东部、西部地区的部分剧团到邻近省市作巡回演出和外地的戏剧演出团体赴内蒙自治区献艺，不仅丰富了自治区的文化生活，也交流了艺术。北京市儿童艺术团及山西等省剧团的演出，特别是著名晋剧表演艺术家王爱爱、马玉楼到包头市、呼和浩特市与包头市晋剧团联合演出，给观众留下深刻印象。

戏剧要走出“低谷”，理论研究有一定的导向作用。剧协内蒙古自治区分会于5月举办首届戏剧创作理论研讨会，以“民族戏剧与戏剧民族性”为题进行探讨，意在更新理论知识，拓展探索领域。全区各盟市与区属单位的代表共宣读26篇论文，结合实践多视角、多层次地进行理论阐述与求索。有8篇论文获优秀论文奖。一部分论文经加工，在8月6日至12日呼伦贝尔盟召开的第三届华北戏剧理论研讨会上受到好评。

从1984年开始编纂的《中国戏曲志·内蒙古卷》年内进入合成初稿的阶段。经过4年的艰苦工作，对内蒙古地区戏曲发展的历史和现状全面深入地进行了调查，积累了大量资料。特别是对蒙古族和其他少数民族的戏曲活动，进行了具有开拓性的研究，取得了可喜的成果。

在这一年里，召开了两次戏剧及与戏剧有关的重要会议。

文化厅为了更好地总结近几年自治区艺术创作的经验，研究制定今后5年艺术创作总体规划，落实1989年建国40周年创作排演任务，确定繁荣创作的措施，于11月7日至11日在呼和浩特市召开了全区艺术创作会议。会议确定近期目标为：认真贯彻一个中心两个基本点，以解放思想为先导，以体制改革为动力，以现实题材为重点，以民族艺术为主体，统一规划，分散实施，普遍推进，重点扶持，努力创作出尽可能多的代表自治区水平的优秀作品。注意处理好现实题材与历史题材的关系、主旋律与多样化的关系、发扬民族传统与吸取其他民族文化的关系等。为优化戏剧及其他艺术门类的创作环境，文化厅提出8条措施。

12月7日至9日，召开了中国戏剧家协会内蒙古分会第二次会员大会。鄂长林代表上届剧协分会领导做工作报告。大会选举49人组成的新的一届理事会，平均年龄有所降低。其中蒙古族与其他少数民族理事占48.98%，女理事占16%。理事会选举了名誉主席、主席和副主席。

查洪武

附件：内蒙古自治区1988年新创作并演出剧目（部分）

剧名	编剧	演出单位	首演日期
打麻将	柳志雄	呼和浩特市民间歌剧团	8月
二大娘过寿	韩世五	呼和浩特市民间歌剧团	8月
有盼	石笑 富强 张发	达拉特旗乌兰牧骑	10月
俏姑娘上门	李瑞生	突泉县文工团	10月
夺标之前	李瑞生	突泉县文工团	10月
陈二改匾	刘兆喜	扎赉特旗文工团	10月
闹喜事	王良 马群芳 朱国良	乌兰浩特市评剧团	10月
33岁的女经理	李野	包头市漫瀚剧团	5月
爱管闲事的老妈妈	索德斯琴	阿巴嘎旗乌兰牧骑	4月
夏营盘的牧人们	巴图孟克原作 白依拉格齐改编	正镶白旗乌兰牧骑	6月
巴拉登的商店	苏·道尔吉扎布	镶黄旗乌兰牧骑	10月
手术室门前	苏·道尔吉扎布	镶黄旗乌兰牧骑	9月
良心	银龙	太仆寺旗乌兰牧骑	6月

一无所有	李春耕	太仆寺旗乌兰牧骑	6月
醉仙楼	任海生	通辽市戏曲剧团	12月
绝代佳人	云　川	呼和浩特市晋剧团	8月

朱秉龙

杜　逵

辽宁省戏剧概况

1988年辽宁省的戏剧创作和演出活动仍呈现向上的趋势。剧作家们克服各种困难，创作出大、中、小型剧本140多部。其中话剧30部、歌剧5部、评剧20多部、京剧10多部、儿童剧4部、歌舞故事剧5部、影调戏5部、小戏32部、拉场戏、木偶戏若干部。全省新创作剧目的上演率，由去年的25%增长到40%左右。小戏创作占全年创作剧目数量的20%以上。在“全国喜剧小品电视邀请赛”中，《夸爸爸》获一等奖、《球迷》、《夏》、《接站》获三等奖。还有《红皮鸡蛋》、《座》、《老有少心》、《胳膊箍》等一大批时代感强、贴近生活、意蕴深刻、寓教于乐的小戏，在演出中也受到广大观众的欢迎和专家们的赞扬。小戏的繁荣活跃了戏剧舞台。大型优秀剧目有沈阳话剧团陈欲航、王延松创作的大型歌舞故事剧《搭错车》、沈阳京剧院卜维义创作的京剧《康熙大帝》、辽宁歌剧院集体创作的歌剧音乐会集锦《爱的旋律》、辽宁儿童艺术剧院胡景芳创作的儿童剧《特殊夏令营》、锦州京剧团石颖创作的京剧《契丹太子》。这些剧目，应中国剧协、中国艺术研究院戏曲研究所、中国戏曲现代戏研究会、中国儿童福利基金会等单位的邀请，先后赴京汇报演出，获得成功，中央电台、电视台和各大报纸进行了报导，发表了评论文章，被首都专家们誉为“一股强劲的东北风”。

剧作家们为适应瞬息万变的新形势，认真进行反思，积极整理自己的创作思维，在创作中有的更注重作品的艺术性，对人物命运、人物的心态变化、题旨内涵的开掘，进行了大胆探索；有的为了尊重广大观众的观赏心理，创作出一批可演性、娱乐性强的通俗作品；还有的大大拓宽题材面，创作了一批立意新颖的作品。抚顺作者王永志继《战犯》之后，突破自己以往的思维定势，创作出现代题材的话剧《恶湖》，把人物性格推向极端，使真善美与假恶丑形成强烈对比。沈阳作者朱文权创作出两部大型话剧：《奉都险患》和《瞧瞧这群老鸳鸯》。这两部作品，能够较好地把握当今观众的观赏心理，在沈阳市举办的创作剧本洽谈会上，引起了鞍山、铁岭等市剧团、剧场和演出公司的兴趣。沈阳作者朱格忠继去年创作的话剧《黄牌警告》之后，又别出新裁推出一部现代题材的多幕话剧《球迷》，涉足一个颇有意味的新题材领域，具有浓郁的生活气息和较强的时代感。沈阳作者黄伟英创作的大型评剧《岁月》通过对我国边远农村三代妇女悲剧命运的描述，揭示了封建文化对人性的摧残，颇有深度和新意。本溪作者姜一创作的大型话剧《怀恋的，并不都美好》是对40年建国历史的反思，具有一定的广度和厚度。抚顺作者毛鹏继《康熙出政》在全国京剧汇演中获得6项奖励后，又创作了一部京剧现代戏《抉择》。剧本精选朝鲜战场战俘营中一段鲜为人知的战争悲歌，站在今天的高度，重新审视了这一战争带来的悲剧后果，收到了良好的社会效果。《抉择》参加12月文化部主办的“京剧新剧目汇演” 获“京剧新剧目奖”。沈阳王延松与陈欲航合作创作《搭错车》、《走出死谷》后，又与锦州作者孟繁琳、石颖合作，创作出一台大型歌舞故事剧《海上，那一片烛光》。该剧在现实主义与象征主义交用上更为契合，融歌、舞、剧为一炉更趋成熟。这种“搭错车现象”的发展，给辽宁戏剧舞台带来了勃勃生机。

省文化领导部门和有关部门对创作进行了积极的组织和扶植，使戏剧家们有一个较好的客观环境。例如，年初，根据文化厅领导的指示精神，省剧目工作室为全省重点作家、艺术家、导演、文化领导（分辽中、辽南、辽西三片）放映近30部全国优秀剧目和中国艺术节期间上演的获奖剧目的录像及获奥斯卡金像奖的优秀影片，使之开阔了视野，活跃了创作思想。省剧目工作室还采取“请进来”（把有潜力的剧本的作者和重点作者请到剧目室讨论剧本）、“拉出去”（工作人员直接到各市参加剧本讨论会）的方式，进行剧本的辅导与扶植工作，全年召开了20多次中、小型的剧本讨论会，共讨论了近20个剧本，有的剧本还直接参加修改和加工，不同程度地提高了剧本的质量，其中40％的剧本被推上舞台，收到了较好的舞台演出效果。

全省13个市的戏剧创作呈现出不平衡的状态，有的活跃，有的沉闷。活跃的主要原因是市领导能努力适应新形势，积极克服困难，从征集剧本到修改加工，直至推上舞台，都分别采取了一些新的措施，充分调动了剧作家的积极性，促进了戏剧创作和演出，如抚顺艺术节上有自创话剧《人生当歌》（编剧王贵恬、李庆绵），评剧《辽宫秋梦》（编剧何平、刘汉）等4台大型剧目；锦州市艺术节有评剧《咸丰皇帝与答丽美》（编剧韩德冰、石颖、徐培成、刘树先）等3台大型剧目；本溪文化节也推出自己创作的大型话剧《疾风劲草》（编剧耿汉）。沈阳市一年来在大连、丹东等地连续组织剧本讨论，为作者提供较好的创作环境、和谐的研讨氛围，使剧作质量有所提高。他们还召开"1988年创作剧本洽谈会"，邀请东北3省部分市剧团、剧场、演出公司参加洽谈活动，广泛搜集各地戏剧市场信息，认真交流精神产品如何打进商品经济流通领域的经验，分析当今文化市场与观众的需求，并从如何解决产、供、销矛盾等方面进行了比较深入的探讨。盘锦市文化局在人力、资金严重不足的情况下，由剧目室与文联、艺术馆等单位联合集资召开了剧本讨论会，积极扶植一大批业余作者进行创作。通过剧本讨论会，使《闹表》、《龙凤祭》、《野种》、《夫妻仨》、《风流果园》等10余部作品有了相应的提高。

本年辽宁省的戏剧创作就总体而言，仍处于比较特殊的时期。首先体制改革、职称评定的进行，部分剧团解体，演员的流动，观众的冷漠，商品观念的冲击……使作者的创作心态无法平衡。其次，作者处于商品经济发展迅速的形势下，在题材选择、观众心理变化和文化市场需求等方面都缺乏准确的把握和及时的了解，创作中常常出现盲目性。再次，诸多原因造成的戏写了没人演、演了没人看的状况也是很大障碍。

郭晓香

附件一：辽宁省1988年新创作并演出剧目

剧名	编剧	演出单位	首演日期
荒原与人	李龙云	辽宁人民艺术剧院	4月
人生当歌	王贵恬 李庆绵	抚顺话剧团	春
恶湖	王永志	抚顺话剧团	春
山沟里来了两个外国人	杨作春	朝阳市话剧团	
蔚蓝色的阵地	刘喜国	丹东市话剧团	
疾风劲草	耿汉	本溪市话剧团	春
一个少女，千百个追求者	流鹰 王龙燕 李维岳	沈阳评剧院二团	7月
辽宫秋梦	何平 刘汉	抚顺市评剧团	6月
四喜盈门	李世刚	鞍山市评剧团	春
赌祸	范继伟	鞍山市评剧团	年初
咸丰皇帝与答丽美	韩德冰 石颖 徐培成 刘树先	锦州市评剧团	年初
为明天祝福	韩征	朝阳市评剧团	夏
但愿是场梦	方世玉	本溪市评剧团	年初
郑板桥断案	段文玉	朝阳县评剧团	年初
康熙大帝	卜维义	沈阳京剧院	年初
抉择	毛鹏	抚顺京剧团	春
契丹太子	石颖	锦州市京剧团	年初
本是同龄人	王宝书	锦州市京剧团	年初
走出死谷(歌舞故事剧)	陈欲航 王延松	沈阳市话剧团	年初
海上，那一片烛光	王延松 孟繁琳 石颖	锦州市文工团	春

附件二：1988年省级评奖获奖名单

辽宁省话剧艺术表演赛

（2月5日评奖）

一等奖

李放（《快乐的汉斯》片断，辽宁儿童艺术剧院）
夏军（《女强人》片断，大连话剧团）
陈燕（小品《秋雨》，鞍山话剧团）
宋国峰（《原野》片断，辽宁人民艺术剧院）
王余昌（《荒原与人》片断，辽宁人民艺术剧院）
朱静兰（《马克白斯》片断，沈阳话剧团）
毕延军（独幕剧《可怜的别佳》，鞍山话剧团）
张明亮（《原野》片断，辽宁人民艺术剧院）
李明（《求婚》片断，辽宁人民艺术剧院）
刘燕（哑剧《板凳上的钉子》、《树后面是太阳》，辽宁人民艺术剧院）

林萍（《安娜桂丝蒂》片断，抚顺话剧团）

王晓燕（小品《我和我的父亲》，辽宁儿童艺术剧院）

二等奖 21名（略）

三等奖 25名（略）

吉林省戏剧概况

1988年吉林省的戏剧状况有3个较显著点：一是戏剧创作呈现喜人局面，连结硕果；二是舞台演出虽面临总体困境，但各艺术表演团体在演出形式和舞台处理样式上进行了多方探索，初步形成较为丰富的多元态势；三是艺术理论研究较前更为活跃，涌现出一批艺术理论工作者，对戏剧艺术的发展起到了一定的促进作用。

1988年吉林省出现了一些在全国引起较大震动的作品。戏曲作品的创作水平提高幅度较大，紧追话剧作品，向着人物的心理深层开掘，力求从人物命运的变化中透视出更深厚的社会历史内容。戏曲创作与话剧创作相互促进，使得吉林的戏剧创作形成喜人局面。

新年伊始，话剧创作连续推出两部令人瞩目的作品，即李杰的《古塔街》和郝国忱的《扎龙屯》，为全年吉林省戏剧创作奠定了坚实的基础。话剧《古塔街》以近于琐屑的日常生活的流动，真切地映出人们生存的原初情态和本来面貌。作者以强烈的文化意识、历史眼光，探索了人生和个性美的价值，表现了人们在新旧事物交替过程中那种复杂的心态，从而将作品提高到新的层次。话剧《扎龙屯》选取建国之初、大跃进、文化大革命和三中全会后4个历史断层，通过几对青年的爱情和人生悲剧，描写了在极左路线和贫困的双重迫害下，人的生命、尊严、价值被践踏的悲惨情景，讴歌了下层人民之间存在的互济互爱的缕缕温情，揭示出传统的温情怎样在80年代商品经济的冲击下一步步地土崩瓦解，显示了作品的现实主义力量。

这两部作品引起了全国戏剧界的反响和关注，在中国戏剧家协会主办的第四届全国优秀剧本评奖中，李杰的《古塔街》和郝国忱的另一部话剧作品《榆树屯风情》双双获奖。《古塔街》已被北京人民艺术剧院选为拟排演剧目；《扎龙屯》已由长春话剧院搬上舞台，并作为吉林省参加第二届中国艺术节的剧目，向文化部推荐备选。鉴于李杰、郝国忱的作品连续在全国获奖，吉林省政府对李杰给予表彰嘉奖（其另两届获奖作品为《高粱红了》、《田野又是青纱帐》），并一次性发给奖金6千元，吉林省文化厅对郝国忱予以表彰嘉奖（其另一届获奖作品是《昨天、今天和明天》，并一次性发给奖金2千元。

戏曲创作具有代表性的作品是选取少数民族历史题材的评剧《契丹魂》。《契丹魂》的作者从整个中华民族的文化视角，描写了1000年前契丹族进行的改革旧制、变法图强的历史风云，歌颂了化为整个中华民族国魂一部分的契丹魂。尤为可贵的是，剧中着力刻画出萧太后这个既有着政治家的雄才大略、又狡诈阴险、善使权术，还有着一个普通女人情感的十分复杂矛盾的人物形象。该剧由长春评剧院演出后，反响强烈，年底参加中国戏剧节，也受到观众的欢迎和专家的赞誉，并应中顾委办公厅邀请，进中南海为中央领导演出。《多尔衮》集中刻画了这位叱咤风云的历史人物，并且揭示了多尔衮的理性与情感、良知与权欲、天使与魔鬼的内在冲突，在历史剧创作中别开生面。该剧由白城市评剧团投排公演已确定为吉林省艺术节的展演剧目。

全省一年中共创作、排演了大型话剧3个，大型评剧4个，吉剧9个，拉场戏、二人转45个。

舞台演出情况与去年无大差异。地方戏、二人转在农村仍有较大的观众市场，其他剧种的观众不见明显回升。但艺术表演团体在困境中却迸发出两点悦目的火花。其一是为适应观众多层次的审美要求，舞台演出样式打破单一格局，出现了多元态势。其中较具代表性的是吉林市话剧团演出的两个探索性剧目《爱情变奏曲》和《回头是爱》。这两个戏风格迥异，一为通俗喜剧，一为心理剧，但设计者巧妙地将二者溶入一台中性布景中进行处理，力求异中求同，又在同中求异。在一剧中用菱形平台的旋转、换位、变向来强化戏剧冲突和人物心理节奏，增添轻松活泼的喜剧色彩。在另一个剧中，通过铺设在平台下面的两条轨道，将平台及表演拉近推远，来强化人物的现实思考和朦胧意识的交替呈现，较好地揭示了人物的心理历程。这台剧目3月进京汇报演出，深受首都观众欢迎，颇得有关专家好评。为鼓励吉林市话剧团的探索创新精神，文化部给该团颁发了奖状，并给予奖金1万元。中国戏剧文学学会也分别给两位作家颁发了“剧本创新奖”证书。评剧《多尔衮》、《契丹魂》等剧的舞台处理，也都不同程度地打破了传统戏曲的样式及手法，吸收话剧、东北二人转以及歌舞等艺术样式的长处，丰富了戏曲的表现功能。

其二是各艺术表演团体积极寻找新的经营方式，努力拓宽演出市场。这方面做得较好的如辉南县艺术团。他们采取“场团联姻”，与当地参场联营办团。除进行正常营业演出，还参加场方的“订货”、“联谊”等交往演出活动，增加了演出场次和收入。目前，全省同社会企业联营挂勾的艺术表演团体已达7家，为联营企业开展的服务性演出，在总演出场次中的比重也逐渐增加。再如省民族乐团，该团将演出同普及中、小学音乐教育结合起来，组织短小精巧的演奏小组深入学校课堂，极受学生欢迎。由于城市戏剧演出市场较为疲软，各戏剧表演团体多以组织分队演出的形式为主，下厂下乡，寻找新的演出市场。全省地方戏、戏曲、话剧艺术表演团体的全年演出总场次中，上山下乡深入厂矿演出的场次，平均占2/3以上。

88年全省演出的总场次为15325场，演出总收入为1823000元，观众总人数达11222000人次；其中到农村演出6351场，观众人数达4475000人次。总之，吉林省戏剧舞台的多元舞台演出样式以及艺术表演团体对文化市场的不断开拓，换取来积极的成果，使全省的演出总场次、总收入达到了略高于去年的较好水平。

吉林省1988年的戏剧理论工作十分活跃，构建了一支初具规模、在艺术实践中起作用的理论工作者队伍。年初，全省理论界召开了“吉剧发展战略研讨会”。会议总结了吉剧近30年的发展历程，围绕吉剧现状讨论了吉剧今后的发展道路和剧种建设的目标、方针，坚定了进一步搞好吉剧建设的信心。7月，由吉林省艺术研究所牵头，联合黑龙江、辽宁艺术研究所，召开了“东北二人转研究方法研讨会”。会议宣读论文25篇。与会者就如何把新的学科研究方法运用到二人转的研究领域，展开了热烈讨论。8月，省艺术研究所又与文化部戏研室、《中国文化报》在延吉市共同召开了全国艺术管理学研讨会。文化部副部长高占祥与全国20多个省市的40多位专家、学者到会，宣读论文16篇，高占祥作了题为《关于建立文化管理学构想》的报告。10月，全省举行了“天池杯”戏剧、理论作品评奖活动，参选的50余篇理论文章中，《戏剧地域审美特征初探》等10篇理论文章获优秀奖。

目前，全省已初步形成一支戏剧理论队伍。省艺术研究所有着一批专门研究吉剧、二人转的研究人员。省戏剧创评室的创作辅导部，经常性地担负着对省内戏剧作品的评论辅导任务。省文化厅机关报《新文化报》中的文艺编辑人员，对活跃全省文艺理论、增强学术争鸣探讨空气，均起到了积极作用。各地（市）的戏剧理论研究室也大都设置了专门的理论研究人员。据统计，在全省300余名创作人员中，专职或兼职搞戏剧理论工作的已有30余人。这支初步形成的理论队伍，对指导、总结艺术实践显示着日益增大的作用。

吉林省的戏剧工作虽然取得可喜成绩，但面临的总形势仍然比较严峻。全省创作剧目中深得观众欢迎、连演不衰的剧目极为罕见。戏剧观众走失，使戏剧演出仍在低谷徘徊。剧团经费紧张，排戏演出步履维艰，人员富余、进出渠道不畅。这些问题都有待于通过深化体制改革和艺术改革来解决。

关音光

附件一：吉林省1988年新创作并演出剧目

剧名	编剧	演出单位	首演日期
契丹魂	李学忠	长春评剧院	6月28日
多尔衮	周永泰	白城市评剧团	8月15日
遗恨延吉	新大经 谭安亮	延边评剧团	8月17日
被遗忘的人们	金勋	延边话剧团	1月27日
巧嫂卖杏（拉场戏）	王肯	永吉县地方戏队	6月22日
宝贝疙瘩（拉场戏）	李鹏飞	辽源市艺术团	6月14日
张小屁进城（拉场戏）	李振明	四平市戏曲剧团	5月24日
三个女人一台戏（拉场戏）	杨延国	镇赉县吉剧团	6月20日
禁烟、红绿灯（拉场戏）	刘绘新	榆树县民间艺术团	5月18日
清骂（拉场戏）	许大文	大安县民间艺术团	5月20日

老八头找死（拉场戏）	隋程雁	长岭县地方戏队	5月20日
夫妻夜审（拉场戏）	解滨生	四平市戏曲剧团	5月24日
色盲、爱的鼓噪（小吉剧）	魏顺田	通化市吉剧团	11月18日
老林深处	李玉符	白城地区吉剧团	12月15日
爱情偏瘫症（小吉剧）	张国庆	白城地区吉剧团	12月15日
燕子声声（小吉剧）	张京华	乾安县吉剧团	12月15日
嫩江梦	王铎杉	镇赉县吉剧团	12月18日
小镇风情	冯延飞	吉林省吉剧团	12月25日
第五个黄昏（小吉剧）	赵万捷	吉林省吉剧团	12月25日

附件二：1988年省级评奖获奖名单

——吉林省戏剧“天池奖”

（6月8日发奖）

优秀剧本奖

大型话剧《古塔街》（李杰）

拉场戏《老男少女》（陈功范）

大型话剧《青春小夜曲》（金勋）

独幕话剧《我们乡的人物》（郝国忱）

大型话剧《苍船》（陈亚力）

第三届“戏剧文学飞虎奖”获奖名单（除电视剧）

大杂院的星期天（组合剧）	赵羽翔
我们乡的人物（独幕话剧）	郝国忱
幽会（情境剧）	罗　辑
老男少女（拉场戏）	陈功范
模特儿复活记（小吉剧）	万　捷
古朴大地的焦灼呼喊——评李杰的剧本《田野又是青纱帐》	张　石
戏剧地域审美特征初探——关于“关东戏剧”的思考	关德富
走出庸俗社会学	郭铁城
审美意识的蜕变与戏曲的困境	郑传寅
从书斋到舞台——高行健和他的时代	高　鉴
纵横参照　多维发展——读“戏剧文学飞虎奖”获奖作品随想	肖　复
在现实主义道路上曲折前进	李　改
戏曲文学在戏曲艺术变革中的地位与作用	张青野
1987年《戏剧文学》封面设计	朱　萸
《青春小夜曲》插图	王立克
《张老九过江》题图	王福标
《留在婚姻介绍所的日记》插图	许孝诗
《三座坟茔》插图	朱　萸
著名戏剧家吴雪同志近照	杨明华

上海市戏剧概况

1988年的上海戏剧舞台，引人注意的是京剧剧目创作排演有了一定的起色。上海京剧院为了参加文化部主办的“京剧新剧目汇演”、选排了新编历史剧、现代剧和4个经过整理加工的折子戏、组成3台有一定质量的剧目、赴天津参加汇演。《曹操与杨修》取材于一个传说了几千年的历史故事，着力刻画了曹操求贤若渴而又忌贤妒能的个性。剧作家陈亚先和导演马科把凝重的历史感与强烈的时代感相勾联，使全剧有了丰富深邃的内涵。该剧在二度创作上发扬了“海派”的创新意识，使深刻的思想内涵通过各种艺术手段得到充分体现。演出被戏曲评论家誉为“近10年京剧艺术探索的一个划时代的开端”。《潘月樵传奇》（编剧刘梦德，导演梁大成）塑造了“海派”艺术创始人潘月樵的忠肝义胆和刚正智慧的鲜明形象，情节紧凑，通俗易懂，表演性强，趣味浓烈，较好地继承和发扬了海派的好传统。

其他戏曲剧目也有新作问世。越剧《问君能有几多愁》（编剧薛允璜，导演胡越）着意刻画李后主与小周后的独特性格，表现了他们之间的诗情词趣和爱情悲剧。沪剧《红伶冤》（编剧何俊、张东平，导演周中庸）系根据上海清末四大奇案之一——杨月楼案素材创作，通过天津名伶在沪献艺时因恋爱而蒙冤的遭遇，揭露了封建司法制度为维持门第观念对无辜善良的迫害。沪剧《筱丹桂之死》（编剧薛允璜、李莉，导演严忠）通过40年代越剧名旦筱丹桂在艺术和婚姻上的不幸，控诉了旧社会恶势力对艺人的摧残和迫害。此外，还推出了越剧红楼系列剧《梨香院》（编剧沈去疾）、《风雨大观园》（编剧徐进、沈去疾）和神话剧《七叶花》（编剧陈少春、陈除、吴兆芬），沪剧《霓裳恋歌》（编剧金人），滑稽戏《冒险家的乐园》（编剧周正行）、《勿要吓势势》（编剧洪精伟、沈如春），淮剧《皮五辣子》（编剧乔国范）等。

为了繁荣话剧创作，迎接建国40周年，市文化局把1988年10月——1989年10月这段时间定为“上海话剧年”，集中展演本市的话剧新作。话剧《耶稣·孔子·披头士列侬》的编剧沙叶新、导演熊源伟让耶稣、孔子、列侬这3个不同时代、不同国度的人物同台出现，进行各自依仗的文化背景的比较，考察了金人国和紫人国这两个代表人类社会中拜金主义和极权主义倾向的国度，力图形象地反映尘世间物质生活和精神生活的撞击，而客观地表现人类所面临的困境。这出戏，尽管人们对它的思想内涵众说纷纭，评价不一，但对编剧的思想活跃和导演的大胆构想均给予肯定。市工人文化宫的话剧《女人三重奏》打破了传统的戏剧结构模式，在舞台上交叉展现了3个互不关联的女性故事，形式新颖，生活气息浓郁。青年话剧团《半个天堂》以苏州园林为背景，表现了中国历代知识分子的命运和心态，歌颂了中美两国人民的友谊。这个系列组合剧，各场戏有各自不同的风格，复杂而不乱，杂而有味，受到关注。《天使的情爱》（编剧陆铁军，导演苏乐慈）着力写人，写爱情，写人际关系中的一种纯情，是一出典型的青春浪漫剧。

在儿童剧创作上，著名的老剧作家任德耀捧出了寓言剧《我一点也不快活》。该剧根据刘厚明短篇童话小说改编，写了一只生活在大自然里的年轻猴子被捕捉到城里耍了3年猴戏之后又回归大自然的故事。演出充满童稚情趣，又有一定生活哲理，赢得了小观众的喜爱。

上海市文化局以“让上海了解世界，让世界了解上海”为中心，做了一系列工作。为加强、优化艺术管理，今年5月，市文化局和上海大学、香港文化促进中心及市文化发展基金会联合举办了“上海艺术管理研讨会”。会议旨在借鉴国外管理经验，寻找适应我国文化艺术发展的中国模式。6天会议，中外与会者就艺术生产和产品流通、经费的来源和筹措、艺术表演团体的管理和大型艺术节的组织等问题进行了交流和研讨。

7月，为纪念杰出的戏剧大师尤金·奥尼尔诞辰100周年，举办了“上海、南京奥尼尔戏剧节”，上海推出《大神布朗》、《悲悼》、《马可百万》、《天边外》、《荒野》、《鲸油》、《尤奕》（《休伊》）等大小9台剧目。象征主义的《大神布朗》在美国也很少演，这次由上海青年话剧团搬上了舞台。上海戏剧学院和复旦大学等单位联合演出的两台《悲悼》表现手法和导演处理各具特色，受到人们好评。美国洛杉矶奥尼尔剧社与青年话剧团同台演出的独幕剧《休伊》与《尤奕》（根据《休伊》移植改编），也引起观众的兴趣。戏剧节期间接待了美、日、比利时、瑞典等外国戏剧家，组织了多次专题报告会和座谈会。这次戏剧节加深了我国人民对戏剧大师奥尼尔的了解，促进了国际文化交流。

本年度上海有不少戏剧团体赴港或去国外演出。年初，上海沪剧院应香港联艺娱乐有限公司邀请，首次赴港公演。演出《庵堂相会》、《陆雅臣卖娘子》、《杨乃武与小白菜》、《雷雨》等沪剧优秀传统剧目。主要演员有邵滨荪、马莉莉、韩玉敏、茅善玉、孙徐春、徐俊。特约著名演员有王盘声、杨飞飞、赵春芳、汪秀英等。上海越剧院一年两度赴港。第一次以赵志刚、史济华为首的男女合演的三团为主，剧目有《状元打更》、《花中君子》、《玉镯冤》、《劈山救母》、《李娃传·剔目》等。第二次则以传统骨子老戏组台。两次赴港都由著名艺术家袁雪芬带队并任艺术指导。

上海越剧院红楼剧团在年底首次踏上泰国国土。由著名表演艺术家徐玉兰、王文娟担任艺术指导，主演为新秀钱惠丽、单仰萍、王志萍，剧目有越剧精品《梁山伯与祝英台》、《红楼梦》、《追鱼》等。上海昆剧团和上海京剧院先后出访了日本。昆剧团是在纪念中日友好和平条约签定10周年的背景下赴日的。高圆宫殿下和王妃观看了蔡正仁、华文漪主演的《长生殿》。上海人民艺术剧院由奚美娟、周野芒主演的话剧《中国梦》也应邀赴新加坡演出。

为保存、继承老一辈艺术家的艺术成果，上海京昆界在文化部、市文化局、上海电视台的支持、帮助下，对年逾古稀的著名表演艺术家俞振飞的14个代表作进行了录相，其中有昆剧《长生殿》、《千忠戮》、《玉簪记》、《占花魁》的部分折子，以及京剧《打侄上坟》、《三堂会审》等。

为培养后起之秀，本年在上海纷纷举行戏曲新秀交流、比赛和专场演出。上海举办的南北京剧优秀青年演员交流演出展示了周龙、桂汉庆、张萍、江其龙、关怀、侯丹梅等人的艺术才华，赢得了观众和行家们的一致好评。越剧中青年演员“三新杯”比赛一反过去以学流派评新秀的做法，而鼓励探索新剧目、新形象、新唱腔。沪剧新秀孙徐春、肖雅、陈苏萍相继登场。他们的演出在观众中扩大了影响，并使自己明确了努力方向。上海越剧院于金秋9月组建了青年剧团，首演推出了《梨香院》、《风雨大观园》、《西厢记》、《状元打更》、《七叶花》、《玉镯怨》6台大戏，赵志刚、华怡青、陈颖、胡敏华、章瑞虹、方亚芬、张咏梅等新秀相继登台，被评论界誉为“上海越剧振兴之星”。

10月，举行了中国南派京剧研讨会。上海艺术研究所两位年轻学者对“恶性海派”发表了不同见解，并提出了重振海派京剧的口号。配合研讨会上演了《三江越虎城》、《古城会》、《落帽风》、《瞎子算命》、《红菱艳》等南派名剧。江南名丑刘斌昆，南派名角陈桂兰、吕孝庆、赵云鹤、陈雄昆、孙鹏志等都欣然登台献艺。

1988年沪上艺术表演团体体制改革逐步深化。文化主管部门在对干部的选拔使用上，一改过去单一的任命制为任命制、聘任制、选举制、招聘制等多种形式。为了迎接上海解放40周年和建国40周年，各艺术表演团体在第四季度都狠抓了体改工作。至年末，基本上完成了首次职称评定，并实行评聘一步到位，应聘与未聘成员分开管理。对未聘成员制订了相应的政策和措施，陆续给予安置。

李秋忠

附件一：上海市1988年新创作并演出剧目

剧名	编剧	演出单位	首演日期
潘月樵传奇	刘梦德 程维湘 梁大成 罗通明 王甬石	上海京剧院二团	11月24日
曹操与杨修	陈亚先	上海京剧院三团	12月3日
六月雪	谢雨青	上海京剧院三团	11月28日
五坡岭	张信忠	上海京剧院三团	11月28日
夜探浮山	罗通明	上海京剧院三团	11月28日
问君能有几多愁	薛允璜	上海越剧院一团	9月5日
梨香园	沈去疾	上海越剧院青年团	9月26日
风雨大观园	徐进 沈去疾	上海越剧院青年团	10月6日
七叶花	陈少春 陈除 吴兆芬 （执笔）	上海越剧院青年团	10月20日
心有千千结	宋之华 彭炳麟	上海沪剧院三团	1月
红伶冤	何俊 张东平	上海沪剧院一团	2月
筱丹桂之死	薛允璜 李莉	上海沪剧院一团	10月
皮五辣子	乔谷凡	上海淮剧团二队	2月14日
占花魁	唐葆祥	上海昆剧团	11月5日
天使的情爱	陆铁军	上海人民艺术剧院	3月15日
耶稣·孔子·列侬	沙叶新	上海人民艺术剧院	9月4日
我一点也不快活	任德耀	中国福利会儿童艺术剧院	12月22日
半个天堂	李容 赵耀民	上海青年话剧团	2月5日

附件二：1988年省级评奖获奖名单

越剧折子戏宝灵杯“三新杯”

（剧协上海分会主办）

优秀奖

问君能有几多愁

风雨大观园

斩经堂（选场）

配演奖

宋惠玲（《问君能有几多愁》）

演员奖

方亚芬（《风雨大观园》）

史济华（《斩经堂》）

优秀演员奖

胡佩娣（《问君能有几多愁》）

导演奖

胡越（《问君能有几多愁》）

浙江省戏剧概况

1988年，戏剧工作的重点是抓剧本创作，抓精品，抓力作。为此，在全省各地市普遍召开戏剧创作会议的基础上，省文化厅于7月份召开了省戏剧创作会议。到会剧作者42人，讨论各类题材的剧本29个，其中现代戏9个，新编历史剧、历史故事剧8个，古代传奇剧10个，神话剧、儿童剧各1个。宁波市甬剧团王信厚的《穷秀才的婚事》取材于现实生活，通过一个小学教师的婚姻遭遇，反映了当前知识贬值、脑体倒挂的不合理现象，幽默辛辣，运笔独到，受到好评。台州地区文化局周粟的《大山祭》以散文诗体歌颂山里人的质朴美、自然美，反衬出知识分子的懦弱犹疑，全剧意境深邃、清新恬雅，在内容和形式上均有探索。其他如王杰夫的新编历史剧《商鞅变法》，戚天法、胡小孩的古装传奇剧《血绫》，郑朝阳的古装传奇剧《悬壶蚀日》等，都体现了较高的艺术性和思想性。

由于戏剧创作环境的改善，剧作家互为影响，潜移默化，逐渐表现出浙江特有的创作风格，理论界于年内首次提出"浙派戏剧"的口号。4月绍兴小百花越剧团晋京演出，9月省越剧三团赴京演出《乾嘉巨案》、《柳玉娘》、《明月何时圆》等剧目，为在京专家同行所称赞，认为"浙派戏剧"已经形成，其特点是历史真实与艺术真实的统一、文学性与舞台性的统一，最主要的创作风格是"重继承、重人情、重传奇性、重舞台艺术"。

年底，省文化厅为了抓重点剧目，拨出资金，举行全省戏剧文学评奖活动，以进一步发现剧本，发现人才，量中求质，重点加工，迎接建国40周年。经认真评议，140多个剧本中有30多个剧本获奖。

越剧是浙江的家乡戏，抓好越剧建设，仍是工作重点之一。4月杭州市文化局举办了范瑞娟唱腔研讨会。同时，省文化厅、《戏文》编辑部与省出版部门合作，编辑、出版《中国越剧》一书，共30万字，200余帧图片资料，旨在宣传越剧，扩大影响。曾创作《春江月》、《桐江雨》、《月亮湖》等剧目的作者包朝赞，于本年出版了《包朝赞剧作选》，共收入6个剧本。

年内浙江话剧团正式成立儿童艺术剧团，上演现代儿童剧《明天飞》(科幻题材)，演出超百场，盛况空前，并尝试改编中学生课本剧，先后上演《纪念刘和珍君》、《范进中举》、《警察与赞美诗》、《皇帝的新装》、《最好的顾客》、《变色龙》等6出折子戏，轰动学校，开拓了话剧创作的新路子。

戏剧理论方面。成立了浙江戏剧理论研讨会。6月份省艺术研究所与省导演学会召开了现代戏舞台艺术研讨会，7月省艺术研究所与舟山市文化局共同召开了越剧音乐研讨会及第四届戏剧论文加工年会，省《戏文》杂志召开了戏剧创作理论组稿会。这几次会议有些论文表现了较高的水平。省李渔研究学会、南戏研究学会、汤显祖研究会等都进行了有关理论探讨活动。10月，省剧协、省京剧团等单位联合举行了"盖（叫天）派艺术研讨会"，收到论文近20篇。

省剧协经过长期准备于12月举行了第三次会员代表大会。这是继1980年第二届剧代会以后的又一次重要会议。会议以差额选举的方法选出了121名新剧协理事，选举钱法成为剧协主席，顾锡东等12人为副主席，王秀涛任秘书长。会议通过了《关于通过〈中国戏剧家协会浙江分会章程〉的决议》以及《关于通过会务工作报告的决议》。

为贯彻落实中央制订的戏剧团体改革的有关精神，省文化厅于9月份起派出4个戏剧团体调查考评组，历时3个月，对全省各个剧团的现状作了调查考核。经过一系列细致的工作，于12月份初步完成了省各个戏剧团体的首次考评定级工作，为以后进一步整顿秩序、加快改革步伐创造了条件。经多方准备，认真评议，浙江越剧院一、二、三团，浙江绍剧院一、二团，浙江婺剧团，浙江京剧团，浙江话剧团，杭州越剧院二团，杭州歌舞团，杭州杂技团，肖山绍剧团，嵊县越剧团，余姚姚剧团，宁波越剧团，绍兴县小百花剧团，舟山越剧团，乐清越剧团，温州瓯剧团等19个团体定为一级剧团，宁波甬剧团、武义婺剧团等25个团体定为二级甲等剧团。撤销泰顺越剧团、文成越剧团、开化越剧团等5个剧团。截止年底，共有剧团90个。

9月，浙江艺术学校度过了30周年校庆。该校为全国重点艺术中专，多年来培养了2000多名专业文艺工作者，在历次比赛中有300多人获奖，其中包括“梅花奖”获得者茅威涛、王奉梅和被欧美报刊誉为“神秘魔笛”的詹永明等。

李光耀

安徽省戏剧概况

1988年初，省文化厅为了加强全省戏剧创作的领导，将原属省艺术研究所的剧目工作室升格为安徽省剧目工作室，并拨专款进行戏剧创作组织工作。大部分地区文化局为贯彻文化部召开的全国编创人员座谈会精神，几次召开剧本创作会议。在较好的创作环境下，剧作家们创作了一批作品。《郑八怪联亲》写性格豪放的文人知县郑八怪体恤民情，成全一对有情青年婚姻的传奇故事。《知羞》渗入了现代意识，以新的角度和高度对晋公子重耳作了再认识，着力刻画他归国后知羞奋志而振国，有较强的现实性。《帝妃遗恨》则写清顺治帝与庄太后、董鄂妃力图除旧制，布新政，但在王室勋臣反对下，改革受阻，饮恨终身的故事。《羯鼓惊天》写奴隶石勒战乱中与胞妹逃散，称帝后误杀奴隶身份的胞妹而酿成悲剧。《金箫引凤》围绕相府择婿，表现误抢妹婿引起的喜剧性冲突。根据小说改编的现代生活戏曲《遥指杏花村》，以农村发展个体工矿业为背景，展现了上山采矿农民的不同心态和命运，结合女店主在经营中择偶的矛盾心理，揭示了传统文化和现代文明的撞击。现代生活题材的戏还有反映个体户潜在性格中善良的一面得到回归的《迷乱的星空》，批评以感情代替政策等社会不正常现象的《乡政府大院》，写畲族青年进行商品经营的《畲山女老板》，以及写农村青年工作和思想、爱情的《果园风波》和《山村姐妹》。

除由各级文化主管部门进行有计划地组织剧本生产，“剧本公司”和“剧本订货会”也是组织创作的一个渠道，成为剧本计划生产的补充，并且是为剧本谋求出路有效渠道之一。由中国剧协《剧本》编辑部、中国剧协安徽分会和宣城地区戏剧创作研究室联合组建的“百花剧本公司”成立于1985年3月，至今已打印10部连台本戏和20多个单本戏销售，业务往来涉及全国25个省市自治区的65个剧种，丰富了专业剧团的上演剧目，并在艺术竞赛中显示其作用。尽管公司是自负盈亏的民间组织，但生命力很强，本年度依然运转。滁县地区行署文化局举办的剧本现场订货会由作者和剧团主创人员直接见面，洽谈剧团的需要和作者的构思，由于购销自由，报酬合理，使不少积压多年的剧本找到了出路。

这一年安徽省掀起了小品热。9月，省文化厅和安徽电视台联合举办了“省直剧团传统小戏、折子戏、话剧小品比赛”。小品《荣誉零售局》借用某县高价出售城市户口这一基本事实，塑造了一个见利忘义、出售荣誉职务职称的“马列老太太”，在笑声中引起了观众的思考。《这俩口子》反映老张利用小舅子病危，进行人寿保险合法赚钱，终因心急而轻骑失事。小品《枪套》写秦老汉外出购物，将钱藏在战争年代留存的一个旧枪套中以防小偷而引起的一场误会。《噪音》、《打电话》嘲弄了少数不讲公共道德和文明礼貌的人。《拔河》写日常生活中常见的拉来扯去的现象。

传记体小说《严凤英》出版后，引起了各方关注，江苏省电影制片厂和音像公司合作摄制了15集黄梅戏电视连续剧《严凤英》，由马兰主演，得到全国各界的赞扬。尽管马兰和严凤英未见过面，分属两个时代的不同女性，但马兰跨越了这些障碍，用热爱黄梅戏艺术的心，理解和感知了发展黄梅戏艺术的艺术家，演活了严凤英这一荧屏形象。为此，她荣获1988年“第六届大众电视金鹰奖”最佳女主角奖，以及全国35家广播电视报联合举办的1988年“第二届全国电视十佳演员”第二名。由马兰主演、黄山音像出版社和安徽电视台联合录制的另一部黄梅戏电视连续剧《西厢记》获“第六届大众电视金鹰奖”的创新奖、华东协作区“银燕奖”和全国第三届戏曲电视剧“金三角奖”。获全国第三届戏曲电视剧“金三角奖”的还有黄梅戏电视连续剧《这家没男人》。严凤英生前拿手好戏之一《小辞店》，过去被视为“淫戏”而禁演，经过加工净化，改成突出卖饭女柳凤英不甘屈辱，大胆追求婚姻自由的黄梅戏电视连续剧。此剧由知名度较高的20岁的尖子演员韩再芬主演，受到观众的欢迎，也扩大了演出剧目。同类黄梅戏电视连续剧还有对《大劈棺》净化改造的《劈棺的女人》。拍成黄梅戏电视连续剧的还有《公主与皇帝》、《桂小姐选郎》，以及由舞台剧《乌有国王》改编成的《铁马红巾英雄泪》和根据聊斋故事改编的系列剧《知府赊官》。在电视艺术广泛而深入民间的新形势下，黄梅戏从舞台走向荧屏是戏曲艺术进行艺术竞争、寻求自身发展的一个有效办法。

应联邦德国哥廷根大学教授、国际传统音乐协会联邦德国分会主席勃兰德尔和联邦德国哥廷根大学东方研究所所长罗思纳女士邀请，安庆市黄梅戏剧院一级编剧、《黄梅戏艺术》副主编王兆乾于8月前往联邦德国进行为期3个月的学术交流活动。在汉诺威哥廷根大学做了黄梅戏音乐和安徽民间音乐的专题讲学，并和该校学者一起研究安徽地方戏曲，考察德国乡村民间音乐。以地方戏曲音乐学者身份出访和讲学，在本省尚属首次。由安徽杂技团和安徽省黄梅戏剧院组成的安徽艺术团，于4月至6月前往联邦德国进行商业性演出，一级黄梅戏演员马兰、黄新德随团演出。在西欧舞台上演出黄梅戏，并获得成功，这也是第一次。10月底，由安徽黄梅戏学校和原安庆地区杂技团组成的安庆市文化友好代表团，赴日本茨木市参加安庆市和茨木市缔结友好城市3周年庆典活动，公演5场。其中，黄梅戏演员孙娟、汪莉、刘国平、潘文庆等演出的黄梅戏《送香茶》、《推车赶会》、《百花赠剑》，以及民间舞蹈《双回门》、杂技《高车踢碗》等节目得到当地各界人士称赞。

安徽省话剧团儿童剧队演出的童话剧《皮皮鲁与吹牛大王》，应全国少年儿童文化艺术委员会和中国儿童戏剧研究会的邀请，赴京参加首都庆祝“六·一”国际儿童节的演出活动。该剧集科幻、童话、荒诞于一体，情节紧凑、趣味性强，得到首都小朋友的欢迎和各级领导、同行的好评。全国少儿工作协调委员会、文化部、全国少儿文化艺术委员会表彰了安徽省话剧团儿童剧队等几个为儿童戏剧事业做出贡献的单位，并颁发了奖状。5月，在上海市举办的扬剧广播电视大奖赛上，本省参赛演员濮玉清、傅桂香、余正梅获“白玉兰银奖”。9月，在江苏省扬州市举办的首届江苏省扬剧艺术节上，安徽天长县扬剧团演出的一台小戏获得12个奖，其中小戏《小桥风波》获剧本创作奖和优秀演出奖。在杭州举办的1988年全国越剧青年演员电视大选赛上，芜湖市越剧团的10名青年演员获荧屏奖。在郑州市举办的全国首届中青年豫剧演员电视大选赛上，安徽11名参赛演员获荧屏奖。

4月，中国艺术研究院戏研所、祁门县人民政府和安徽省艺术研究所在郑之珍的故乡、安徽省祁门县联合举办了“郑之珍目连戏学术研讨会”。8个省市的有关专家、学者，以及日本东京大学教授田仲一成、学习院大学部教授采访春雄、神奈川大学李川良和等60余人参加了会议，就目连戏的发生、发展、流变，今后研讨的趋向及目连戏与宗教、民俗的关系等问题进行探讨。为了对梆子戏艺术的历史和现状、改革和创新等问题作专门研究，1月在阜阳市成立了以刘永璜为会长的安徽省梆子戏研究会。3月初，又成立了以陈发仁为会长的安徽省戏曲音乐学会。11月，中国剧协安徽分会第三次会员代表大会在合肥市举行，会议原则通过了二届理事会以来的工作报告和修改后的分会章程，并在各地市、各部门推荐的基础上，通过了第三届理事会理事名单，选举蓝天任主席，推举余耘、左平为名誉主席。

在当前专业剧团演出困难的情况下，安徽省专业剧团从105个（1987年底统计）下降为98个，但民间职业、半职业剧团十分活跃，目前已注册的民间职业剧团有464个，业余剧团有2588个，民间艺人4892人。他们活动在广阔的农村，基本占领了乡村级的舞台，成为一股丰富、满足基层文化生活的不可忽视的力量。在当今改革开放、文艺体制逐渐向“双轨制”过渡的大背景下，专业剧团如何增强艺术表演团体的经营机制和竞争机制，提高演职人员的积极性和创造性，民间职业、半职业剧团如何在提高艺术质量的前提下得到巩固和发展，是当前各级文化事业管理机构正在摸索解决的问题。省文化厅已成立了专业剧团体改的领导小组，拟逐步克服现有体制的弊端，以渐进的方式向双轨制过渡。在完善各项制度的情况下，经营上继续放开搞活，依法管理，逐步向独立经营的演出实体过渡。实施原则大致是不再增设国办和国家固定拨款补贴的专业剧团，不再招收新的公职演职人员，确有需要时实行聘用制。省文化厅只办少数有安徽地方特色、有深厚群众基础、有一定声誉和竞争能力的全民所有制剧团。

吴元骥

附件一：安徽省1988年新创作并演出剧目

剧名	编剧	演出单位	首演日期
醉美人	王自诚 周考如	安庆市黄梅戏一团	9月

附件二：1988年省级评奖获奖名单

安徽省直传统小戏、折子戏、话剧小品比赛获奖名单

（9月22日评奖、发奖）

优秀演出奖

安徽省话剧团（话剧小品5个）

演出奖

《双下山》

《女审》

《哭剑饮恨》

《李逵探母》

《铡美案》

奋进奖

安徽省徽剧团

剧本奖

《荣誉零售局》（余治淮）

《这俩口子》（田景玉）

导演奖

《哭剑饮恨》（汪静仙 宋养俭 程励云）

《荣誉零售局》（张音阶）

《投　保》（胡绍信）

《这俩口子》（孟　苒）

艺术指导奖

曹婉秋

进取奖

崔凤凌

作曲奖

赵荫湖

谢林义

项　艾

乐队演奏奖

安徽省徽剧团乐队

安徽省京剧团乐队

优秀演员奖

任美容（《荣誉零售局》中局长）

朱　起（《这俩口子》中丈夫）

陈　莹（《投保》中投保人）

吴庆芳（《李逵探母》中李母）

金鸿山（《李逵探母》中李逵）

张　敏（《哭剑引恨》中百花公主）

许友升（《双下山》中小和尚）

演员奖

李　琦　黄丽珍　路河清　杨秋月　王连元

张惠芝　张文富　张淑颖　蒋兆义　陶　军

罗丽萍　徐　念　李　青　贾忆萍　朱秀娟

丁青犹　项　薇　胡　健　李小红

配角奖

张　敏　唐大康　徐　茜　顾宏华　吴增礼

汪　杰

安徽省首届戏剧小品大奖赛获奖名单

（9月10日发奖）

优秀作品奖

《吃　客》

《街　景》

《儿子的生日》

《露水案》

《噪　音》

《邻　居》

《荣誉零售局》

《防暑降温》

《孬爸爸》

《圆　球》

安徽省“保险杯”戏剧小品大赛获奖名单

（9月5日发奖）

优秀剧本奖

《猫的悲剧》

《楼道中》

《夜的歌》

《陶渊明折腰》

《魔　窗》

《老不死》

《电视剧之外》

《尊　重》

《情　归》

《猪猝酒》

优秀导演奖

孟　苒　张音阶　程晓晶　李　琦　李树钧

优秀演员奖

李　琦　朱　起　任美容　周天柱　陈　莹

王剑超　朱　衣　曹晓剑　张　敏　王晓玲

洪　莉　武克英　胡唤民　马　平　唐大康

路和清　张厚仁　张小虎　邵昌存　任绪英

方海柱

上海扬剧广播电视大奖赛安徽省获奖名单

白玉兰银奖

濮玉清（天长县扬剧团）

傅桂香（来安县扬剧团）

余正梅（来安县扬剧团）

优秀演员奖

尹树桐（天长县扬剧团）

扬剧新秀奖

徐爱萍（天长县扬剧团）

马秀娣（滁州实验扬剧团）

配角奖

刘月香（天长县扬剧团）

荣誉奖

黎　田（来安县副县长）

首届江苏省扬剧艺术节安徽省获奖名单

濮玉清（优秀表演奖）

徐爱萍（优秀表演奖）

尹树桐（表演奖）

何正萍（表演奖）

《小桥风波》（优秀演出奖）

《小桥风波》（剧本奖）

《训草人》（优秀演出奖）

《训草人》（导演奖）

《训草人》（音乐设计奖）

《训草人》（舞美设计奖）

《训草人》（乐队伴奏奖）

《王瞎子算命》（演出奖）

福建省戏剧概况

1988年福建省戏剧创作进一步繁荣和发展。3月28日至4月1日，省文化厅在福州文艺大厦召开1988年艺术创作会议，各地文化部门负责人、创作和研究人员100多人参加，会议提出的任务是，推出一批有影响、高质量的戏剧等门类的作品，迎接1989年第二届中国艺术节和福建省首届艺术节、福建省第十八届戏剧会演，向国庆40周年献礼。会上宣布成立省创作规划小组和省首届艺术节设计小组，以及对获奖作品实行重奖的具体规定。会后，省直属团体创作中心、各地、市文化局先后组织创作人员30多人深入基层体验生活，搜集创作素材。6月初和7月至8月间，省文化厅、省戏研所又在漳州、福州、分别召开剧本研讨会和剧本改稿会。据不完全统计，全省全年创作现代戏、新编历史剧和古代戏100多个，其中参加两次会议讨论、修改的剧目就达40多个。福建省话剧院莫吉东编写的话剧《寡妇村的故事》，以抒情的笔调讴歌海峡两岸人民骨肉之情。龙岩市王保卫创作的山歌戏新作《鹧鸪声声》，反映农村青年男女爱情生活。改革题材的有省话剧院徐应源创作的《约拿寻找回来》，南平市郑开晖、王文绪创作的南词戏《竹林劫》和莆田县周长赋的《涨潮》、晋江县王清丽的《野茉莉》。擅长反映侨乡生活的泉州歌剧团王再习推出歌剧新作《番客婶》。漳州姚溪山、魏乃聪创作的《龙江潮》描绘了在改革开放的今天，社会主义农村呈现出的新风貌。厦门孔耕炎、曾学文、黄汉忠（执笔）创作的歌剧《梦归伊甸园》系根据琼瑶小说《失火的天堂》改编。省京剧团林戈明创作的《飞出深渊》是反映改革的现代题材剧作。新编历史故事剧有云霄县方朝晖创作的潮剧《围城记》，泉州许一纬创作的高甲戏《唐太宗逸事》，平谭县陈道贵创作的闽剧《天鹅宴》。新编古代戏有：安溪县高甲戏剧团诸葛辂创作的高甲戏《玉珠串》，南平业余作者郑文金创作的闽剧《花轿错》，仙游县郑怀兴的莆仙戏《神马赋》、《造桥记》，莆田县姚清水根据传统戏改编的莆仙戏《金兰曲》，以及梁仲秋、黄锦萍根据王仁杰歌剧《素馨花》改编的越剧《芳馨天涯》等。这些剧目已陆续进入排练场，拟参加年底或明年初省直属或各地市举办的戏剧会演活动。

1988年省部分创作剧目获全国性或华东地区奖誉。5月，林之行编剧的闽剧民间故事剧《武夷狐疑》和汤印昌、赵秀华编写的芗剧民间故事剧《煎石记》，获第二届华东戏剧期刊“田汉戏剧奖”剧本二等奖。《武夷狐疑》写一个在封建礼教桎梏下具有复仇意识的妙龄少女胡丽娘和封建道德家朱熹之间关系的微妙变化。丽娘与朱的接触始自复仇，继而见朱尚不可恶，终于对朱萌生爱情；道德家朱熹在与丽娘的交往中，通过“情”与“理”的激烈冲突，“情”终于战胜，至终仍对丽娘怀着爱恋之情。这出戏在反映“情”与“理”的矛盾中，留给人们深刻的思考。芗剧《煎石记》的剧作者在处理传统的描写婆媳不和的题材中，不落俗套，理出婆媳不和的原由是相互之间的猜疑与臆度，从而精心设计出煎熬鹅卵石3昼夜，终使婆媳怨气消尽、一家和睦的情节和结局。该剧还塑造了封建社会的又一个清官艺术形象——劳县令，他是个“忙在民间打转”的劳心、劳力的劳累之官。6月底，梨园戏《节妇吟》获中国戏剧家协会主办的第四届全国优秀剧本奖。由泉州市福建省梨园戏剧团编剧王仁杰创作的这个剧本，既注意保持了梨园戏剧本的传统特色，又努力运用现代意识把握和开掘题材，成功地塑造了一个饱经封建礼教毒害的寡妇形象。12月1日至12日，梨园戏《节妇吟》赴京参加首届中国戏剧节，并进中南海演出，受到广泛的欢迎和好评。《人民日报》、《光明日报》等首都报刊相继发表有关《节妇吟》的评论、评介、报道和剧照。有的文章说，《节妇吟》“情节流畅，脉络清晰”，是“为首届戏剧节献上一束盛开的梨花”。它还被誉为是继陈仁鉴《团圆之后》“福建剧作的另一个高峰”。12月9日上午，《中国戏剧》、《戏曲研究》、《艺术研究》、《戏剧评论》、《戏剧电影报》等首都5家报刊在中国剧协联合举行《节妇吟》观摩座谈会，著名戏剧理论家、评论家、教育家张颖、郭汉城、刘厚生、俞琳、曲六乙、李超等以及来自全国各地的观摩代表充分肯定并祝贺《节妇吟》编演成功，认为《节妇吟》是个悲剧，用现实主义手法创作，值得欣赏，很有新意。尤其断指一节，震撼人心。演员表演也很成功，特别是曾静萍扮演的寡妇颜氏，朴素真实，感情细腻。

有些演员、音乐工作者在有关竞赛、评比活动中获得奖誉。9月，在中央电视台于杭州举办的全国越剧青年演员电视大选赛中，省芳华越剧团李敏获优秀演员奖，王君安、徐建莉、童国珍、万慧、陈雪华、魏月芳、王伟萍获荧屏奖。王君安并被聘为中央电视台特约演员。11月8日，1988年文化部科技进步奖在宁波揭晓，省芳华越剧团周志樵研制的87—8型系列板鼓获三等奖。

此外，还应提及的是，12月20日至26日省文化厅在福州举办的省属剧团创作汇演。参加汇演的有省闽剧实验剧团的喜剧《花轿错》、省芳华越剧团的《芳馨天涯》、省京剧团根据东山潮剧移植的《围城记》、省话剧院的课本剧和新排话剧《寡妇村的故事》等。应邀观摩这次汇演的有文化部部长王蒙，中国剧协书记处书记、《剧本》主编颜振奋，辽宁省人大常委、原辽宁省文化厅副厅长郝汝惠，北京、山东、吉林、安徽、河北、南京、浙江等省市文化主管部门、艺术研究单位的有关领导、专家，以及省有关领导、观摩代表。汇演评出了剧本创作奖、导演奖、舞美设计奖、演出奖、演员奖及专项奖。这次评奖，一改往年由省里专家评比的方法，邀请地县剧团创作、表演人员进行评比。汇演取得的成果，是对一年来省属剧团文艺体制改革工作的检验，再次证明改革能促进艺术繁荣。

本年福建戏剧的二度创作，又迈出了新的一步。10月25日至28日，省戏曲研究所与省舞台美术学会在福州联合举办舞台美术讨论会。参加会议的40余名代表，有来自全省各地专业剧团的舞美创作骨干、省艺术学校的舞美教员和省戏曲研究所的理论研究人员。会议对1987年省第十七届戏剧会演舞美创作作了基本估价和肯定。会上还交流了舞美创作经验，并围绕“究竟什么是舞美设计的主体意识”、“如何强化舞美设计的主体意识”等议题，展开广泛的讨论与探讨。由省戏曲研究所举办的全省表导演座谈会也于11月13日至16日在泉州市召开。座谈会通过观摩梨园戏《节妇吟》，联系这个戏，探讨表导演艺术方面现代意识与传统文化的结合，以及创作群体（包括领导和编、导、演、作曲、舞美）配合默契等问题。认为默契应建立在对艺术追求一致性的基础上，要发展地方戏曲，就要在继承的基础上不断创新，《节妇吟》的导演在舞台表现手段上，就采用了很多现代的声光艺术与传统艺术的和谐结合。会议还探讨了《节妇吟》中主要人物的表导演处理问题。

在文化交流方面，先后接待毛里求斯、美国、马来西亚，以及港澳、台湾的表演团体和文化界人士来访。派出有漳州市木偶剧团、芗剧团、泉州木偶剧团、厦门高甲戏剧团、福清闽剧团等表演团体赴港澳地区和新加坡、日本、菲律宾等国进行访问演出、戏曲展活动和商业演出。其中，较为重要、较有影响的有：3月27日至4月27日，漳州市芗剧团应牛车水人民剧场邀请，赴新加坡演出《肃杀木棉庵》、《状元与乞丐》等，主要演员有郑秀琴、洪彩莲、钱天真、韩天嵩、阮亚海、王厚根、洪镇平等。演出受到观众欢迎和当地知名人士称赞，报界刊载了有关评论、评介、报道和剧照。在泉州市与日本冲绳县浦添市正式缔结友好城市前夕，应比嘉昇市长的邀请，泉州市木偶剧团赴浦添市、名护市、冲绳市进行友好访问演出（7月19日至27日）。林文荣、黄振发、王建生、夏荣锋、韦宏、尤优雅、王爱珍、魏萍华等主演了《太极图》、《火焰山》等剧，受到三市的市政当局和文化协会，以及《冲绳时报》、《琉球新报》等有关单位和广大观众的热烈赞扬。10月8日至16日，厦门高甲戏剧团赴港参加“中国地方戏曲展”，演出《凤冠梦》、《审陈三》、《春草闯堂》、《乘龙错》等，主要演员有纪亚福、洪东溪、李聪照、张清户、许天良、黄国长、柯碧旺、庄伟文、吴晶晶、林丽雅、张丽娜、洪丽虹等。在港8天，演出5场，盛况空前。《文汇报》、《大公报》等10多家报刊发表有关评介、报道和剧照。香港电台进行了实况录音，并对剧团进行了现场采访报道。

戏剧理论研究工作也取得显著的成绩。4月8日至15日，在莆田、仙游、泉州举行由中国艺术研究院戏曲研究所、福建省文化厅主办，福建省戏曲研究所、莆田市莆田戏曲研究所、泉州地方戏曲研究社承办的南戏学术讨论会。参加讨论会的有中央和北京、上海、浙江、广东、江西、安徽、江苏、山西、四川、湖南、甘肃等10多个省市有关研究单位、大专院校的专家、学者以及福建的研究人员、戏曲工作者共95人，连同先后参加旁听讨论活动的共有140多人，向会议提交了61篇论文。这是一次高层次的南戏学术讨论会，无论是会议规模或是与会专家学者之多、分布之广、在国内都还是第一次。会议讨论的中心，是关于南戏的产生和发展及其与福建戏曲的关系，探讨了南戏研究的方法论问题。有46人次在会上作了持之有据、论之有理的发言。这次讨论会的一个鲜明的特点，是把学术讨论与观摩莆仙戏、梨园戏、木偶戏保存的古南戏剧目展演及参观各地戏曲文物陈列展览相结合，即把对古南戏的研究从文献资料的查考发展到对戏曲文物、活的舞台艺术的考察，从平面式的研究（从本本到本本）发展为立体式的研究（即既研究本本，又结合考察实物、舞台形象），这是别开生面的创举。会议对戏曲传统遗产的抢救、挖掘、整理、保存、保护起了较好的促进作用。

《中国戏曲志》是国家科研规划重点项目。这一年《中国戏曲志·福建卷》的编撰工作主要是根据去年9月《中国戏曲志》编委会、编辑部复审的意见进行修改。5月，省文化厅、省民族事务委员会、中国剧协福建分会在福州联合召开《中国戏曲志·福建卷》编纂工作总结会议，对被评为先进集体的省地市10个编辑部、被评为先进个人的55名编辑人员和撰稿者进行表彰。7月，《中国戏曲志·福建卷》书稿经《中国戏曲志》编委会、编辑部定稿。《中国戏曲志·福建卷》编委会、编辑部组织有关人员将书稿抄正后，送交《中国戏曲志》编委会、编辑部。10月，在北京由全国艺术科学规划领导小组召开的全国文艺集成志书工作首届表彰会议上，《中国戏曲志·福建卷》编辑部被授予先进集体奖状，《中国戏曲志·福建卷》主编柯子铭、副主编林庆熙被授予先进工作者称号，受到表彰。

1988年，全省艺术表演团体体制改革又向前迈出重要一步。在7月召开的全省文化工作会议上，省文化厅提出了全省专业剧团体制改革方案。这个改革方案设想用5年或更多一点时间，分三步实现“双轨制”的格局，即第一步，改变经营机制，试点探索转轨；第二步，推广试点经验，初具双轨雏型；第三步，完善配套措施，实现双轨格局。8月3日，省人民政府批转省文化厅《关于加强和深化我省艺术表演团体体制改革的意见》，要求各级政府加强对艺术表演团体体制改革的领导、各有关部门积极支持配合，帮助解决实际问题，促使剧团体制改革健康进行。

张泉佛

附件：福建省1988年新创作并演出剧目

剧名	编剧	演出单位	首演日期
寡妇村的故事	莫吉东	福建省话剧院	12月10日
鹧鸪声声	王保卫	龙岩市山歌剧团	
竹林劫	郑开晖 王文绪	南平市南词剧团	
春节，我们准备结婚	项　枚	永安市歌舞团	
番客婶	王再习	泉州市歌剧团	10月12日
孩子剧团的娃娃们	林　种	寿宁县北路戏剧团	
爱情狂想曲	孟明亮 杨阿根	建阳县越剧团	
龙江潮	姚溪山	龙海县芗剧团	
约拿寻找回来	徐应源	福建省话剧院	
围城记	方朝晖	云霄县潮剧团	
围城记（根据同名潮剧移植）	景惠生	福建省京剧团	12月17日
海峡恩怨	陈　述	晋江县高甲戏剧团	
陈桥驿	谢亚德	惠安县高甲戏剧团	
童心赋	张芳颂	南安县高甲戏剧团	
天鹅宴	陈道贵	平潭县闽剧团	
芳馨天涯（根据王仁杰歌剧《素馨花》改编）	梁中秋 黄锦萍	芳华越剧团	12月23日

宋太祖家妃（又名《洛水吟》）	张扬华	永太县闽剧团	
花轿错	郑文金	福建省闽剧团	12月15日
珠瑕记	汪世庸	福建省闽剧团	4月19日
造桥记	郑怀兴	仙游鲤声剧团	
唐宫秋	施文炳	南安县高甲戏剧团	
醉中情	杨美煊	莆田县莆仙戏一团	
余厝墓	赵仲健 采秉	连江县闽剧团	
西湖公主（根据同名豫剧移植）	张哲基	福建省闽剧团	10月4日

河南省戏剧概况

为促进戏剧艺术的繁荣和发展，并为首届河南艺术节选拔优秀剧目，河南省文化厅于1988年举办了河南省第二届戏剧大赛。

年初，省文化厅艺术处拟订了《河南省第二届戏剧大赛实施方案》。经过广泛征求意见、反复修改，3月11日以省厅正式文件下发各市地文化局和省直专业艺术表演团体。省直7个戏剧表演团体和16个市地文化艺术单位为参加大赛进行了认真的准备，同时把竞争机制引入了艺术生产。新乡、开封、安阳4月份举办了剧目选拔赛；郑州、许昌、南阳、焦作、洛阳等市举办了剧本讨论会；商丘地区5月份举办了商丘艺术节。据不完全统计，为参加河南省第二届戏剧大赛，各地共新创作100多部新剧作，有60多部立于舞台以供挑选。各市地和省直剧团各出一台参加大赛，包括豫剧、京剧、话剧、曲剧、越调、大平调等不同剧种，在中州戏剧舞台上争奇斗艳，呈现出一派百花盛开的喜人场面。大赛采取分散的办法进行，初赛于7月3日开始，8月26日结束。大赛评委会初评组分赴各市地看戏、评戏，以有记名投票方式从初赛剧目中推荐12台参加9月25日至10月5日在郑州举行的首届河南艺术节演出。这些剧目是话剧《水上吉卜赛》（河南省话剧团演出），豫剧《司文郎》（河南省豫剧二团演出）、《母女怨》（开封市通许县豫剧团演出）、《归来的情哥》（河南省豫剧三团演出）、《依依桃叶情》（焦作市豫剧团演出）、《苦楝花》（洛阳市豫剧二团演出）、《粉黛冤家》（郑州市豫剧二团演出）、《周公辅政》（周口市豫剧团演出）、《八月十五云遮月》（平顶山市豫剧团演出）、《嫁母》（濮阳市豫剧团演出），曲剧《芦苇情》（新乡市曲剧团演出），越调《乔老板的烦恼》（许昌市越调剧团演出）。同时还邀请了观众爱看的南阳地区新野县曲剧团创作演出的超300场的现代戏《酷情》，在艺术节展览演出。在进一步征求观众和专家意见的基础上，评出获奖剧目和单项奖。（获奖名单附后）

河南省第二届戏剧大赛有如下特点：其一，运用竞争机制，调动了全省文化主管部门和戏剧艺术表演团体的积极性与创造性。其二，充分显示出河南剧作者比以往更加关注现实生活、感应时代脉搏。在参赛的23台剧目中，有14台是反映现代生活的。这些剧目，有的揭示人们普遍关心的社会问题，引起人们的警觉；有的反映变革年代人们的心理、观念、情感的变化；有的直接描写改革，塑造改革者的形象。9台历史剧和新编古装戏也都注入了当代意识，给观众以有益的启示。现代戏《归来的情哥》、《母女怨》、《水上吉卜赛》和古装戏《司文郎》、《粉黛冤家》等一批剧目，普遍受到观众欢迎。《归来的情哥》一剧通过枣花和秋富这对情人不同的致富道路，反映了在改革浪潮冲击下人们不同的追求，热情歌颂了用自己的劳动和汗水带领乡亲们发展商品经济的枣花，批评了见利忘义、被金钱扭曲了性格的秋富，具有一定的现实意义。现代剧《母女怨》面对社会现实提出了人们十分关切的问题，从不正之风、官欲膨胀扭曲人性、玷污母爱的角度，描写母女之间的爱与怨，揭露和抨击了社会上的不良现象，引起广大观众的强烈反响。其三，表明河南戏剧队伍的创新意识、观众意识都在增强。相当一部分剧目，在剧本结构、人物塑造、音乐、舞美等方面，对传统的创作观念都有明显的突破，取得了新的进展。有些剧目十分注意增强观赏性、趣味性和情感力度，取得了较好的剧场效果。河南省话剧团创作演出的无场次大型话剧《水上吉卜赛》反映黄河滩上一群化外渔民的生活，评论家认为这是一个较自觉地从现代文化意识来表现传统和现代观念冲撞的诗化的剧作，是一个很有创造性、很有艺术力度的一种新的收获。它凭借黄河作出了一种悲壮的反思，这种反思是比较成功地借用一系列的艺术形象来完成的。河南省豫剧二团演出的聊斋新编豫剧《司文郎》，在内容与形式的结合、传统的继承与革新方面处理较为得当，保留豫剧美学基本特征，又有新的丰富和发展，是一部深受观众欢迎的好戏。剧本作者有较强的时代意识，有感而发，揭露了封建科举制度的弊端，具有较强的讽喻性。二度创作既重视传统的表现方法，又大胆进行了横向借鉴，拓展了豫剧艺术的表现力。有些剧目把创新同争取观众、继承传统密切结合起来，进行了有意识的探索。新乡市曲剧团演出的《芦苇情》写农村青年的爱情纠葛，表现普通人在改革浪潮中思维、情感、心态的变化和自我意识的觉醒。该剧二度创作借鉴现代歌舞、现代音乐、伴舞等手段，在丰富河南现代戏的表现手法方面迈出了可喜的一步。许昌市越调剧团演出的《乔老板的烦恼》深刻地反映了率先致富的农民的命运，触及“嫌贫妒富”这种发人深思的社会现象，展示了不同观念的撞击。在结构上摆脱了故事剧的模式，推出一个个生活画面，让人们去评判思索。这个探索性剧目在观众中反响强烈，在文艺界曾引起争议，它对促进戏剧观念的更新有一定的积极意义。其四，展示河南戏剧队伍的成长。涌现出一大批功底较扎实的中青年编剧、导演和音乐、舞美设计人员，特别是一批青年演员在舞台上崭露头角。他们文化素养较高，受过专门训练，是本省戏剧事业的希望。中年剧作家张健莹、姚金城，导演葛圭璋和青年导演李利宏等，都显示出厚实的功力和艺术才华。青年演员郜红旗、王红丽、魏德华和中年演员虎美玲等都表现出各自的艺术魅力和灵气，为广大观众所喜爱。大赛也造就和培养了一支戏剧评论、组织队伍。

大赛总结颁奖仪式于12月11日在郑州举行。河南省委副书记姚敏学，省委常委、宣传部长侯志英，副省长于友先，省文化厅厅长王传真，原厅长彭玮，副厅长丁发杰、李国经，顾问常香玉等出席了颁奖仪式。厅长王传真主持会议，副厅长李国经作了省二届戏剧大赛总结报告，于友先副省长就如何进一步繁荣河南戏剧创作等问题作了重要讲话。会议还讨论、修改了《河南省文化厅关于繁荣戏剧创作的若干规定》的征求意见稿。

二

9月25日至10月5日在郑州举办的首届河南艺术节上，戏剧方面除了戏剧大赛推荐的12台优秀剧目和一台特邀的《酷情》之外，还有河南名老艺人演出专场、优秀戏曲青年演员演出专场和全省戏校蓓蕾荟萃折子戏专场三个组台演出，颇受观众欢迎。其中名老艺人专场演出呼声最高，反响最大。演出前一个星期票已售光。河南艺术节使中州剧坛十几位名老艺人相聚一起，成为河南演出史上历史性的盛会。他（她）们是省豫剧一团的常香玉，省豫剧二团的阎立品、唐喜成、李斯忠，省豫剧三团的高洁、马琳、魏云、柳兰芳、王善朴，洛阳市豫剧一团的马金凤，省曲剧团的张新芳、王秀玲，省越调剧团的申凤梅，许昌市越调剧团的毛爱莲。

优秀青年演员演出专场和全省戏校学生演出专场具有浓郁的地方风味，充满青春的活力，标志着河南省戏剧事业人才辈出。参加青年演员组合演出的有小香玉、王晓卉、王季昂、刘芬、刘青、刘凤鸣、吕勇、李冰、李树建、汪全珍、杜朝阳、林孟生、张素贞、金德义、孟香翠、海化民、柏青、郭霞、原淑静。参加蓓蕾荟萃专场演出的剧（节）目有省戏曲学校舞蹈班的《担鲜藕》（舞蹈）、新乡文化艺术学校的《挡马》（豫剧）、洛阳文化艺术学校的《接印、出征》（豫剧）、濮阳戏曲学校的《闹龙宫》（豫剧）。

三

为弘扬豫剧艺术，培养一代新人，为艺术家提供竞争中切磋技艺的机会，河南省文化厅、河南电视台、中国经营报联合举办了全国中青年豫剧演员电视大选赛。全国14个省、218个豫剧团的100多名豫剧精英报名参赛。大选赛分两个阶段进行，7月份进行预选赛，10月进行决赛，通过评委当场评判，中年组和青年组分别选出最佳演员奖和优秀奖各6名。（名单见“重要戏剧活动”栏）10月31日举行发奖仪式，河南省顾委副主任韩劲草、副省长于友先和戏剧评论家马少波等为获奖者颁发奖杯和证书，为获伯乐奖的河南省文化厅、周口店地区文化局、南阳地区文化局颁发锦旗。

四

河南省现有剧团253个，其中全民所有制的203个，集体所有制的50个，从业人员1万4千人，年演出剧目900个，演出6万余场次。近年来剧团体制改革取得初步成果，大多数剧团试行了各种形式的经营承包责任制，一些地市调整了艺术表演团体的布局，精简、安置了富余人员，在一定程度上促进了艺术生产的发展。但是仍存在不少问题和困难 为了进一步加快和深化艺术表演团体体制改革，逐步实现“双轨制”的改革构想，文化厅于12月8日至11日召开了全省文化工作会议。会上，各地市文化局和省直艺术表演团体的负责人讨论了河南省《加快和深化艺术表演团体体制改革的实施意见》。与会者认为，改革应审慎、稳妥、有计划有步骤地进行。当前应当抓好经营管理体制的改革，其目的就是要使剧团逐步转化为独立的社会主义艺术生产的经济实体。省豫剧二团介绍了他们在这方面的尝试。他们实行以艺术生产经营为主体的团长负责制，演员以演出收入为主，多演戏多收入，调动了演职员的积极性。林县豫剧一团在社会效益和经济效益统一的前提下，获得了自我发展的活力，兴办第三产业，走出了一条活路，收入显著增加，剧团固定资产由1979年的10万元增加到目前的90万元，演职员每人年平均收入由1980年的900元提高到2000元。多种经营促进了艺术生产的发展。郑州和南阳、安阳等地介绍了从实际出发，调整剧团布局，安排富余人员的情况。副省长于友先参加会议并发表讲话，强调艺术表演团体体制改革要加强领导，要细致地做好工作，在经营管理体制改革中解放艺术生产力，为戏剧创作人员提供成才环境，调动演职员的积极性，尽快地出人、出戏、出效益。

牛学武

附件一：河南省1988年新创作并演出剧目（部分）

剧名	编剧	演出单位	首演日期
归来的情哥	姚金城	河南省豫剧三团	7月
二等公民	牛冠力 李殿臣	河南省豫剧三团	11月
司文郎	孙月霞	河南省豫剧二团	7月
水上吉卜赛（根据魏世祥同名小说改编）	张健莹 李利宏	河南省话剧团	8月
荡寇悲歌	孔江燕	河南省京剧团	7月
陈三两出家	张同春	河南省曲剧团	8月
马大哈找拐棍	赵淑忍	河南省越调剧团	7月
粉黛冤家	张新秋	郑州市豫剧二团	6月
依依桃叶情	张宇瑞 张金珏	焦作市豫剧团	6月
苦楝花	任金义	洛阳市豫剧二团	6月
儿大不由爹	李殿臣	三门峡市豫剧团	3月
母女怨	张文修 陈世庆	通许县豫剧团	1月
爱的呼唤（话剧）	李林	开封市文工团	6月
活寡（根据俞天白同名小说改编）	李扬	开封市豫剧一团	6月
寡妇门前	张锡荣	商丘地区豫剧团	6月
蟋蟀奇谭	陈秋玲	商丘地区豫剧团	6月
芦苇情	李继才	新乡市曲剧团	5月
多梦人生	万文金	林县豫剧二团	4月
嫁母	李洪喜 吴宗俭	濮阳市豫剧团	7月
韩信之死	李景星 郇留群	鹤壁市浚县大平调剧团	5月
乔老板的烦恼	琚同寅	许昌市越调剧团	8月
清明雨	齐飞	许昌市豫剧团	10月
家家都有难念的经	李树修	许昌县豫剧团	9月
藏不住的白纱巾	陈解民	漯河市豫剧团	8月
八月十五云遮月	齐飞	平顶山市豫剧团	6月
楝树坡	苏国庆	南阳地区曲剧团	6月
北国王子	师建林	南阳市豫剧团	6月
勾魂	刘广生	鄢陵县豫剧团	5月

附录二：1988年省级评奖获奖名单

河南省第二届戏剧大赛

（1988年10月19日评奖，12月11日发奖）

演出奖

银牌

司文郎（河南省豫剧二团）

水上吉卜赛（河南省话剧团）

铜牌

母女怨（开封市通许县豫剧团）

归来的情哥（河南省豫剧三团）

依依桃叶情（焦作市豫剧团）

苦楝花（洛阳市豫剧二团）

粉黛冤家（郑州市豫剧二团）

特别奖

周公辅政（周口市豫剧团）

芦苇情（新乡市曲剧团）

乔老板的烦恼（许昌市越调剧团）
八月十五云遮月（平顶山市豫剧团）
嫁母（濮阳市豫剧团）

优秀奖

樱桃女（商丘地区豫剧团）
韩信之死（鹤壁市浚县大平调剧团）
儿大不由爹（三门峡市豫剧团）
北国王子（南阳市豫剧团）
多梦人生（安阳市林县豫剧二团）
富贵金莲（河南清芬豫剧团、荥阳县豫剧团）
荡寇悲歌（河南省京剧团）
陈三两出家（河南省曲剧团）
鹏落秦宫（驻马店市豫剧团）
马大哈找拐棍（河南省越调剧团）
藏不住的白纱巾（漯河市豫剧团）

优秀剧本奖

孙月霞（《司文郎》）
张健莹、李利宏（《水上吉卜赛》）
姚金城（《归来的情哥》）
张文修、陈世庆（《母女怨》）
张宇瑞（执笔）、张金玉（《依依桃叶情》）

优秀导演奖

葛圭璋、朱玉霜（《司文郎》）
石宏图（特邀）（《芦苇情》）
佟守泽、李利宏（《水上吉卜赛》）
袁文娜（艺术指导）、阎盘安（执行）、杨林、张火炎（《依依桃叶情》）
杜萍（总导演）、刘德言、王秀英、韩伟（《乔老板的烦恼》）
罗云（《粉黛冤家》）
陈新理（《归来的情哥》）

优秀音乐奖

朱超伦、梁思晖（《归来的情哥》音乐设计）
王豫生（《司文郎》音乐唱腔）
吴博艺（《周公辅政》音乐设计）
张北方、左清义（《依依桃叶情》音乐设计）
张北方、梁湖、陈东亮（《粉黛冤家》唱腔设计）
鲁滨、于留春（《苦楝花》音乐设计）

优秀舞美奖

柯仲奇（《司文郎》舞美设计）
郑传恩（特邀）（《韩信之死》舞美设计）
张伟（《八月十五云遮月》舞美设计）
余大洪、王正国（《嫁母》舞美设计）
张磊（《苦楝花》舞美设计）
刘殿杰（《芦苇情》舞美设计）

表演奖

一等奖

郜红旗（《司文郎》饰宋九郎）
陈淑敏（《苦楝花》饰李楝花）
虎美玲（《粉黛冤家》饰武则天）
魏德华（《水上吉卜赛》饰三三）
王红丽（《司文郎》饰胡银儿）
巴黎芬（《周公辅政》饰成王姬诵）
王清芬（《富贵金莲》饰富莲、贵莲）
马莉（《八月十五云遮月》饰秋妹）
张素贞（《樱桃女》饰樱桃）
柏青（《北国王子》饰冰清）
陈静（《马大哈找拐棍》饰贾金枝）

二等奖

吴广林（《水上吉卜赛》饰罗四辈）
李文彬（《司文郎》饰王子平）
田敏（《归来的情哥》饰枣花）
王中玉（《北国王子》饰完颜洪烈）
杜朝阳（《马大哈找拐棍》饰孙天才）
管爱姣（《嫁母》饰何母）
张勤（《乔老板的烦恼》饰蔡大婵）
张平（《归来的情哥》饰秋富）
刘萍（《周公辅政》饰太史佚）
佟娜（《荡寇悲歌》饰李夫人）
赵虹（《苦楝花》饰秋月）
邵静霞（《粉黛冤家》饰上官婉儿）
李树建（《儿大不由爹》饰刘东海）
王婉瑜（《芦苇情》饰秀华）
李扬（《母女怨》饰局长）

三等奖

管爱梅（《藏不住的白纱巾》饰雪梨花）
张天玲（《乔老板的烦恼》饰蔡小婵）
张春霞（《富贵金莲》饰婆婆）
李洪波（《荡寇悲歌》饰李长庚）
王金梅（《多梦人生》饰荣荣）
牛双喜（《多梦人生》饰方生）
刘青（《陈三两出家》饰陈三两）
刘吉惠（《芦苇情》饰秋秋）
马美娟（《依依桃叶情》饰桃叶）
楚淑珍（《儿大不由爹》饰单秀阁）
赵玉华（《鹏落秦宫》饰李其）
郝宝军（《八月十五云遮月》饰春才）
刘汝花（《母女怨》饰吴惠娴）
王时珍（《韩信之死》饰萧何）
王春萍（《荡寇悲歌》饰蔡海妹）

海化民（《陈三两出家》饰正德）

特别奖

申凤梅（《马大哈找拐棍》饰天才妈）

高 洁（《依依桃叶情》饰杨大婶）

何全志（《马大哈找拐棍》饰马大哈）

贾林青（《水上吉卜赛》饰罗二别子）

湖北省戏剧概况

新春伊始，为迎接建国40周年和1989年举办的第二届中国艺术节，湖北省文化厅于3月在武昌召开了全国戏剧编创座谈会，动员、组织编创人员总结经验、创作、加工参加两个节日演出的剧目。省文化厅在会议期间就进一步扶持本省舞台艺术创作作了新的部署，颁布了若干措施。

为贯彻省文化厅的精神，省戏剧研究所4月在武昌举办了为期20天、40余人参加的全省戏剧创作讲习班。讲习班以更新观念为主题，邀请中央戏剧学院教授谭霈生、福建省戏剧专家陈贻亮以及湖北省部分大专院校的专家、学者、剧作家到班讲课，组织学员们观摩国内外不同流派、风格、样式的影视、戏剧作品并与企业家对话，目的在于使编创人员增加知识、面向生活、拓展视野，以提高其素质。基于同样目的，省文化厅于8月召集省直20名创作人员到神农架区进行为期13天的创作读书会，进行学习，并讨论了十堰市豫剧团忽红叶创作的剧本《风流女人》。

这一年在湖北举办了两项重要纪念活动，一是抗敌演剧队建队50周年纪念活动，一是陈伯华舞台生活60周年纪念活动。抗敌演剧队是中国共产党领导的文艺团体，于1938年3月1日在武汉宣告成立，在巩固队伍、动员群众、团结抗日的宣传工作中发挥了积极作用。会议由武汉市政府主持，邓颖超等向会议发了贺信、贺词，原抗敌演剧队各队成员大多参加了座谈会。10月，由中国戏剧家协会、剧协湖北分会、剧协武汉分会、武汉市广播电台、武汉晚报、武汉市公共关系协会、武汉市文化局联合举办陈伯华舞台生活60周年纪念活动。省、市人民政府分别授予陈伯华“汉剧表演艺术大师”和“戏剧艺术大师”的称号。李先念、王蒙以及文艺界知名人士曹禺、张庚、阿甲等发函或题词、作画表示祝贺。同时，武汉市艺术研究所还召开了“陈伯华艺术座谈会”，对陈伯华60年的舞台生活进行了回顾，并对其表演的代表剧目作了深入的探讨。

本年度上演的新剧目主要有话剧《搭积木》，京剧《膏药章》、《洪荒大裂变》，豫剧《杨玉环》、《风流女人》，花鼓戏《神仙湾》、《送礼记》、《认亲记》，楚剧《将军泪》、《破灭》，黄梅戏《隋宫孽海》、《知府赊官》，汉剧《空门胡女》，采茶剧《张无奈拾印》，方言歌剧《钱六姐》、《风流柑桔王》等。其中湖北省京剧团演出的《膏药章》和武汉市青年实验京剧团演出的《洪荒大裂变》参加文化部举办的京剧新剧目汇演，均获优秀京剧新剧目奖，余笑予获优秀导演奖，二剧主演朱世慧和何澍获优秀演员奖，《洪荒大裂变》音响设计刘晓林获优秀音响设计奖。专家们认为《膏药章》是湖北省京剧团继剧目创作“三连贯”后的一个有突破性的力作。

《膏药章》赴天津参加12月举行的“京剧新剧目汇演”之前，参加了6月省文化厅举办的省直剧团创作剧目交流演出。交流演出的参演剧目还有省楚剧团的《破灭》、省话剧团的《两性的困惑》（即《搭积木》）。11至12月省文化厅还举办了“湖北省1988年创作剧（节）目巡回观摩”，演出18台戏剧和1台歌舞，组织评论队伍巡回观摩，并进行评奖。

此外，黄梅县黄梅戏剧团的《于老四与张二女》和武汉市楚剧团的《打豆腐》分别参加了3、4月在山东潍坊举行的第五届国际风筝会暨第三届全国风筝会邀请赛和7月在沈阳举行的全国喜剧小品电视邀请赛决赛，在电视邀请赛中《打豆腐》获银奖。

协会工作的建设是本年全省戏剧工作的重要方面。4月初，中国戏剧家协会武汉分会在汉口成立，召开了有181人出席的第一次会员代表大会。大会选出名誉主席巴南冈、吕西民、陈伯华、武克仁、周炬光；主席马奕；副主席陈本才、李志高、李金钊、刘明保、沈承宙、张家昭；秘书长孟庆和。中国剧协湖北分会为适应本省戏剧发展需要，领导机构作了调整。7月，剧协湖北分会在随州市召开了第四届代表大会，投票选出新的理事55名，由理事会投票选出新的主席阮润学、副主席白金亮、朱春牛、陈先祥、李志高、沈虹光、余笑予、李喜华、胡新中；聘请龚啸岚为名誉主席，陈伯华、吕西凡为艺术总顾问，鲍昭寿等13人为顾问。大会就本省戏剧如何适应时代这一中心议题进行了探讨。

6月初，省文化厅召开了全省艺术表演团体体制改革研讨会。参加会议的有各地市（州）主管艺术的文化局长、艺术科长以及省直各剧团负责人共120余人。会议传达了“全国文化工作会议”的精神，交流各艺术表演团体体制改革的经验与问题，对改革作了进一步研讨。

陈先祥

附件一：湖北省1988年新创作并演出剧目

剧名	编剧	演出单位	首演日期
破灭	仲翔	湖北省楚剧团	1月23日
膏药章	余笑予 谢鲁 彭志淦	湖北省京剧团	6月24日
搭积木	沈虹光	湖北省话剧团	6月29日
神仙湾	丁楚章	湖北省荆门市荆州花鼓戏剧团	11月18日
杨玉环	杨育林 罗谦慈	湖北省襄阳县豫剧团	11月20日
风流女人	忽红叶	湖北省十堰市豫剧团	11月22日
小品专场			11月23日
最佳方案	闻俊	郧县豫剧团	
打针	柯昌影	房县文工团	
无题	闻俊	郧县豫剧团	
下一个，7号	关业敬 孟吉权	房县文工团	
送香油	蔡传根 明庆贵	竹溪县二黄剧团	
将军泪	智勇 先春 关鑫 西庭	广水市应山县楚剧团	11月26日
洪荒大裂变	彭志淦 欧阳明	武汉市京剧团青年实验团	11月30日
风流柑桔王	侯明银 汪启武	建始县文工团	12月2日
送礼记	任涛 洪泓	洪湖市荆州花鼓戏剧团	12月7日
隋宫孽海	萧俊峰 郑亚东 刘醒龙	英山县黄梅戏剧团	12月10日
认亲记	杨开永	潜江县花鼓剧团	12月7日
空门胡女	蔡汉华 查重林	黄石市汉剧团	12月12日
张无奈拾印	俞昌炽 叶新谱	阳新县采茶剧团	12月13日
钱六姐	王自力 夏奎斌 黄嘉宾	咸宁市歌舞剧团	12月14日
知府除官	叶新谱 王唤柳	黄梅县黄梅剧团	12月17日

湖南省戏剧概况

1988年湖南省戏剧工作的重点，一是努力发展戏剧生产力，创作新剧目，争取推出质量较高、有影响的戏迎接建国40周年大庆，一是加快和深化戏剧艺术改革和剧团体制改革

2月初，省文化厅召开了有全省各地主管艺术创作的文化行政领导参加的艺术创作座谈会，传达贯彻文化部召开的部分艺术创作人员座谈会精神，就迎接建国40周年全省剧目工作的任务、重点和目标进行了规划、动员和部署，强调献礼剧目要扣紧时代的主旋律和改革的大潮流，提倡百花齐放 4月上旬，举行了全省歌剧创作座谈会，就本省新时期歌剧、音乐剧的繁荣和发展、西方艺术样式的借鉴与创新、中国民族歌剧的发展道路和趋势、音乐剧兴起后的雅俗之争、社会效益与经济效益等问题，联系本省现状进行了探讨。5月中旬，省剧目工作室组织全省部分剧作者30余人，深入到湘西自治州、常德、益阳等地工矿、农村、建设工地参观访问，实地考察，积累素材，并请企业家、个体户作报告 5月下旬，中国少数民族戏剧学会湖南分会在吉首市举行了本省第一届少数民族题材剧本创作笔会，讨论了15个创作剧本，同时探讨

了反映少数民族生活的有关问题。9月，由省文化厅主持、省剧目工作室承办召开了1988年全省创作剧目情况汇报交流会，各地汇报了创作情况，筹划了庆祝建国40周年专业文艺会演的活动。10月中旬和12月下旬，先后在岳阳市和邵阳市分两批召开了1988年创作剧本讨论会，从本省剧作者全年创作的133个剧本中推荐的75个剧本中筛选出38个参加讨论会。

截止12月底，全省本年创作上演的新剧目近30台（见附表），投入和拟投入排练的20余台。在1988年新编演的剧目中，话剧《五月早晨的丹麦王子》（又名《今天星期七》），通过一个精神病医生在一个上午的生活和心理历程，反映了当前知识分子的追求、困惑及心态。全剧10个人物由3个演员扮演。这是湖南省首次上演的小剧场话剧，颇受知识分子和青年观众欢迎。花鼓戏《流浪女与省长》直面改革，写出了乡镇企业的兴衰和个体户的沉浮，引起各方关注。祁剧《狗村纪事》，花鼓戏《奇案奇缘》、《儿大女大》、《为了您的幸福》、《山村血案》，歌剧《毒莓之恋》等都登上了舞台。在投入排练和准备投排的剧目中，有反映改革的戏曲《后浪》、音乐剧《99个梦》；历史题材的歌剧《雪耻之战》、湘剧《湖南和平起义》；古装祁剧《庞统治酒》、《秦巨》，荆河戏《何夕良人》；现代题材歌剧《山里还是紫、绿、黄》和小戏《归》、《闹娘家》等。

这一年，对经过较长演出实践检验的一批剧目进行了加工，其中一些剧目获奖或受到好评。湘剧《山鬼》1987年参加湖南省首届“洞庭之秋”艺术节获一等奖后，经过加工，于今年12月上旬赴北京参加由中国戏剧家协会主办的首届中国戏剧节，引起轰动。评论界认为这个戏具有见仁见智的主题多义性、深厚的历史穿透性、启人心智的哲理性、色彩斑斓的欣赏性，为戏曲改革迈出了一大步。参加首届中国戏剧节的还有音乐剧《公寓·13》。该剧曾于1986年两次获奖，本年继续加工后在戏剧节演出，反映亦佳。以上二剧均获戏剧节优秀演出奖。轻歌剧《小巷歌声》应文化部艺术局和中国歌剧研究会邀请，于9月上、中旬在北京演出，获文化部艺术局的奖励。省湘剧院编演的《凤箫怨》（左大玢主演）和武陵区武陵戏剧团的改编传统戏《桑园配》（王阳娟主演）、现代戏《疯人的妻子》等应中国戏剧家协会邀请，分别于8月下旬、10月中旬在北京演出，受到好评。7月，耒阳越剧团根据湘剧《龙头杖下》改编排演的《龙杖悲歌》赴上海参加中国剧协上海分会主办的越剧折子戏汇演，获“三新”（新剧目、新形象、新唱腔）优秀奖。

在中国戏剧家协会于岳阳市举行的全国第四届优秀剧本奖授奖大会上，剧作者冯柏铭创作的歌剧《深宫欲海》和陈亚先编写的戏曲《曹操与杨修》分别获得1986—1987年全国优秀剧本奖。《深宫欲海》通过春秋时期卫国宫庭中发生的一场变乱，表现正义与邪恶的殊死搏斗，开掘出权欲腐蚀人性的深刻主题，1986年参加湖南省歌剧、话剧观摩演出获多项奖励，参加全国部分省歌剧交流演出获优秀创作和优秀演出奖，1987年在首届中国艺术节上受到普遍好评。戏曲《曹操与杨修》描写三国时代曹操为成其霸业而启用杨修，当杨修充分显示出治国治军的才能时，曹操又忌才，将杨修杀掉，主题深刻，发人省思。该剧由上海京剧院演出，参加文化部1988年12月在天津举行的全国京剧新剧目调演，获优秀京剧新剧目奖、优秀编剧奖等多项奖。

本年，省文化厅修订了《优秀创作剧目演出百场奖的奖励办法》，鼓励优秀创作剧目多演、久演，推动保留剧目建设，并先后向演出《风暴过洞庭》的沅江县花鼓戏剧团和演出《小巷歌声》的株州市歌舞团颁发了演出百场纪念奖。

理论研究是创作的前导，加强理论研究可以促进创作的发展和戏剧的改革。为此，2月5日至11日，省文化厅委托省剧目工作室召开了湖南省新时期戏剧研讨会。近百人参加研讨会，提交论文60多篇，从美学、社会学、戏剧发生学、戏剧形态学、戏剧与时代（生活、观众）、构成戏剧艺术各因素的表现技巧及其继承和创新以及剧目的生产管理体制诸方面，进行了全方位、多层次的探讨。为了改革当前戏剧特别是古老的地方大戏剧种处境困难的局面，从研究具有代表性的大戏剧种入手，省文化厅、中国剧协湖南分会、省戏曲研究所和邵阳、衡阳、零陵、郴州四地市文化局于1月22日至25日在邵阳市联合举行了“祁剧现状与发展研讨会”。66名代表出席，提交论文33篇，就剧目、声腔、编导、表演、舞台美术、人才培育、剧团管理和对观众的调查等方面进行了缜密的思考和分析，提出了发展祁剧的设想和建议。

编纂史志、集成是理论研究的基础，又能为现实问题的研讨提供真实可靠的历史资料和艺术资料。《中国戏曲志·湖南卷》于1986年底完稿后，经过《中国戏曲志》编委会终审，已于本年底交印，将于1989年作为全国第一部戏曲志省卷由文化艺术出版社出版。全书80万字，是百多名编纂人员5年劳动的成果。湖南省文化厅授予该志“全省文化工作优秀成果奖”，并对114名编纂人员授予优异成绩奖、贡献奖和纪念奖。本年10月，该志获得文化部、国家民族事务委员会、全国艺术科学规划小组和中国戏剧家协会共同授予的先进集体称号，4人被评为先进工作者，获荣誉奖、纪念奖65人。作为《中国戏曲志·湖南卷》姊妹篇的《湖南地方剧种志丛书》，省文化厅交由省戏曲研究所承担编纂任务，全书包括全省19个地方戏曲剧种，预计200万字，分6卷由湖南文艺出版社出版。从1987年开始编纂以来，已有9个剧种志开了审稿会，本年发稿两卷，第一卷已成书，包括《祁剧志》、《邵阳花鼓戏志》、《零陵花鼓戏志》3种共36万6千字，这是全国第一部由政府主持编纂、公开出版的戏曲志书。

《中国戏曲音乐集成·湖南卷》在1986年9月全国编纂工作会议上签订《议定书》后开始编纂。首先编地方卷，然后精选，合成省卷。本年，对8个地方卷的图、书、谱、音、像进行了初审，并向9月在湖南南岳召开的《中国戏曲音乐集成》汉族地区小型戏曲音乐编辑工作会议提交了《邵阳花鼓戏分卷》、《长沙花鼓戏分卷》、《零陵花鼓戏分卷》、《湘西阳戏分卷》的试编本。在南岳会议的同时，召开了湖南卷第四次编纂工作会议，交流工作经验，表彰先进地方卷。全国艺术科学规划领导小组组长周巍峙、省文化厅厅长谢作孚向邵阳、益阳、长沙、湘潭、零陵、湘西自治州的集成编辑部颁发了锦旗。

为了准备资料参加在武汉举办的全国演剧队队史展览，中国剧协湖南分会、湖南省话剧团于5月下旬联合举办了演剧六队（抗剧八队）史料预展。该队前身为中国共产党领导的上海文化界救亡协会救亡演剧第八队。这是一支为抗日战争和解放事业作过贡献的革命文艺队伍。“文化大革命”中这支队伍和其他演剧队一样曾被“四人帮”诬陷。展览展示了917场演出记录和每次重点演出后的演出研究检讨会记录，以及一些有历史价值的珍贵文物，用事实进一步肃清了“四人帮”推行的“文化专制主义”流毒。

在体制改革方面，省文化厅成立了专门的省直表演艺术团体体制改革办公室，由副厅长吴兆丰直接领导。省文化厅为了贯彻国务院1988年62号文件和全国文化工作会议精神，通过调查研究，制定了《湖南省加快和深化艺术表演团体体制改革的实施意见》（讨论稿），同时以省花鼓戏剧院为试点，着重抓了省直剧团（院）的体改工作，制定了《关于省直艺术表演团体体制改革的实施办法（试行）》。省人民政府于11月上旬召开了全省文化工作会议，对剧团改革作出了总体部署。中国剧协湖南分会也于6月上旬召开了以改革为中心议题的四届二次理事会进行探讨。

省花鼓戏剧院由省文化厅考核聘任院长，实行院长全面负责制后，两个演出团改为一个演出团，成立多种经营部，实行演员聘任制。长沙市歌剧团由市文化局在全省公开招聘团长，实行资产抵押经营承包责任制，经过答辩，由湖南省通讯广播电视公司湘芝商场35岁的青年经理夺标应聘。湘潭县花鼓戏剧团被文化部评为开展以文补文的先进单位，出席全国经验交流会。此外，改革上有成效的还有株州、衡阳、湘潭等市和益阳、醴陵、祁东、澧县、冷水滩、沅陵、新宁、大庸、浏阳、平江等县（市）的专业表演团体。

为了鼓励改革和演出，省文化厅于年初通报表扬和嘉奖了1987年全省专业剧团中全年演出场次和经费自给率分别列前5名的单位。前者，有衡阳市祁剧团（408场）、武冈县祁剧团（383场）、汉寿县武陵戏剧团（383场）、安化县花鼓戏剧团（380场）、湘潭县花鼓戏剧团（374场）；后者有酃县花鼓戏剧团（92.9%）、醴陵市花鼓戏剧团（83.5%）、长沙县花鼓戏剧团（78.3%）、衡阳市湘剧团（66.3%）、永兴县花鼓戏剧团（64.6%）。

本年，省文化厅完成了艺术系列专业职务评审工作。1987年以来，先后召开了7次中级职务和4次高级职务评审会，起草了全省艺术系列职务评聘工作的补充规定，经省职改工作领导小组批转各地执行，并为文化部解决艺术管理人员的职务评聘问题提供了实践经验。结合职改工作，着手建立全省取得出任高级职务资格和省直艺术上取得出任中级职务资格的专业人员的个人艺术档案。

此外，本年戏剧工作还有几件大事：

一、省文化厅在省戏曲研究所建立了艺术嗓音职业病防治研究室，并于年底举办了第一期嗓音保健员培训班。

二、省艺术学校开办了舞台美术大专班和花鼓戏科自费班，举办了全省小生、小丑表演短期训练班和中青年教师示范实验演出，举行了38周年校庆活动。

三、省文化厅委托省演出管理站对县以上文化主管部门所属演出场所的设施进行了全面调查，提出调查报告和今后剧场建设规划的初步意见。省文化厅还委托湖南师范大学开办了本省首届演出管理干部大专班。

四、中国剧协湖南分会、湖南省广播剧研究会、湖南人民广播电台联合举办了1987年度全省优秀广播剧评比会，评出优秀剧目11个，单项奖30个。

五、中国剧协湖南分会、省湘剧院、长沙市湘剧团和长沙市湘剧票友社（本年4月成立）为纪念田汉诞生90周年，于4月下旬联合举行了联谊演出旬，演出8场，计大小剧目28个。

尹伯康

附件一：湖南省1988年新创作并演出剧目

剧名	编剧	演出单位	首演日期
五月早晨的丹麦王子	陈健秋	湖南省话剧团	11月3日
流浪女与省长	陈芜	湖南省花鼓戏剧院	10月3日
血书金锁（根据越剧《春江月》改编）	陈芜 宋绍文	湖南省花鼓戏剧院	10月
烽火台下	颜梅魁 刘星宜	湘潭市湘剧团	6月4日
父子争婚（根据濮永顺《婚礼照常进行》改编）	陈命钦 谭达辉	湘潭市花鼓戏剧团	6月18日
千手观音	袁雪飞	湘乡市花鼓戏剧团	5月21日
明月照山乡	洪固权	湘潭市歌舞剧团	6月2日
易俗河畔	洪固权	湘潭县花鼓戏剧团	7月20日
金镯记	李群	邵阳市花鼓戏剧团	9月
儿大女大	杨辉周	邵阳市花鼓戏剧团	12月
奇案奇缘	梁文凌	邵阳市花鼓戏剧团	12月
毒莓之恋（根据琼瑶小说《秋歌》改编）	刘宝田 李茂华	邵阳市歌剧团	10月
狗村纪事（参考唐谊练小说《狗村志异》编写）	陈冠雄	湖南祁剧团	12月
桑园配（折子，根据《采桑逼封》改编）	诸杨荣	武陵区武陵戏剧团	9月
请媒骗婚（折子，根据《卖画杀舟》改编）	杨善智	武陵区武陵戏剧团	9月
末代夜皇	张子伟	大庸市阳戏剧团	5月
金鼓	张子伟	吉首市阳戏剧团	5月
黛雅与那卡	罗元明 石维祥	花垣县苗剧团	5月
憨三戏妻	刘能朴	龙山县文艺演出队	11月
死魂幽幽	张拥军	永州市花鼓戏剧团	7月
屈原在汨罗江畔	甘征文	汨罗县花鼓戏剧团	6月
宋江闹院（参照《水浒》及史锡奎演出本改编）	蒋啸虎	湖南省艺术学校	10月
花子奇遇（第七稿，取材歌剧《宁王寻子》）	蒋啸虎	湖南省艺术学校	10月
小羊过桥（根据《幼儿语言材料》改编）	满维禄 常才智	湖南省木偶皮影艺术剧团	4月
为了您的幸福	张林枝	株洲市花鼓戏剧团	9月1日
龙杖悲歌（根据湘剧《龙头杖下》改编）	孔剑尔	耒阳越剧团	10月
皮冬瓜（传统戏改编）	陈兴仪 肖仲春	衡阳市花鼓戏剧团	7月
云英卖枘（根据民间传说改编）	王巨农 黎健棠	浏阳县花鼓戏剧团	9月

附件二：1988年省级奖励获奖名单

湖南省文化厅表彰奖励文化工作先进集体、先进个人和优秀成果

（2月6日发奖）

优秀成果奖

歌剧《深宫欲海》（湘潭市歌舞剧团演出，冯柏铭编剧）

《湖南地方戏脸谱》（湖南省戏曲研究所张京信摄制）

《中国戏曲志·湖南卷》（《中国戏曲志·湖南卷》编辑部组织编写）

《目连传》挖掘、录相、研究（湖南省戏曲研究所组织）

先进集体奖：

浏阳县花鼓戏剧团　长沙县花鼓戏剧团

攸县花鼓戏剧团　株洲市歌舞剧团

株洲市影剧院　衡阳市花鼓戏剧团

衡阳县花鼓戏剧团　湘潭县花鼓戏剧团

湘潭市歌舞剧团　　汨罗县花鼓戏剧团
岳阳县三自花鼓戏剧团　　岳阳市戏剧工作室
岳阳影剧院　　湘阴县演出管理站
新宁县祁剧团　　新邵县花鼓戏剧团
汉寿县影剧院　　澧县荆河剧团
临澧县荆河戏剧团　　益阳地区戏剧工作室
益阳市花鼓戏剧团　　益阳市秀峰剧院
益阳县花鼓戏剧团　　娄底地区戏剧工作室
双峰县剧院　　双峰县花鼓戏剧团
芷江侗族自治县民族艺术团剧院
零陵地区芝山影剧院　　冷水滩市祁剧团
湖南昆剧团　　永兴县花鼓戏剧团
资兴市剧院　　大庸市阳戏剧团
花垣县民族戏剧研究所
湘西土家族苗族自治州民族歌舞团
湖南省话剧团哑剧组

先进个人奖

范广兴　曾金贵　冯自动　张怀新　寻礼兰
邓忠诚　余开宗　王满生　张　玲　关佑生
郭书亮　王泳访　罗树慧　赵淑凡　李碧英
李岳瑛　张少君　何美文　岳翠霞　刘国华
刘松柏　刘文恒　佘茶花　刘立凡　姜铁恒
陈命钦　胡湘光　肖远阳　章锦连　胡世南
甘征文　洪冬梅　王碧元　陈湘源　雷金元
莫宏试　徐善扬　朱世平　刘回春　蔡上矢
刘志钧　易爱民　汤继祖　万家煌　杨　梅
彭道诚　罗德瑜　阎先德　王光胜　罗慧桃
王运富　诸戈文　谌意如　彭铁森　莫佩华
米宣录　周希文　刘步昆　陈桃英　刘若男
李重阳　张辅云　危戚仪　陈立人　陈石坚
申华兴　邓惠文　邹国星　寻剑霞　杨真一
吴甫田　王均密　周贵奇　刘书德　金丕钧
方晓慧　汪新梅　胡平鸽　谢高仁　蒋学花
肖润平　黄武亮　陈维国　唐湘音　刘仁保
黄信雄　谢忠义　曾石善　陈宋生　张幻云

龙　艺　罗元明　吕桂平　王永光　盛和煜
欧阳世春　郭凤文　田既安　周益初　杜长裕
陈富银　杨鑫华　黄克和

省文化厅颁发百场纪念奖

《风暴过洞庭》（沅江县花鼓戏剧团）
《小巷歌声》（株洲市歌舞剧团）

宣传系统先进集体、先进个人
（2月）

先进集体

常德县花鼓戏剧团
省话剧团哑剧组

先进个人：

彭见明　彭铁森　刘玉华　盛和煜

省文化厅表彰奖励中国戏曲志湖南卷编纂人员

优异成绩奖

刘回春　李怀荪　刘和平　张　九　赵训科
陈湘源　李楚池　贾　古　向绪成　何钦法
胡健国　唐璧光　陈兴仪　方晓慧　罗千里
黄吉川　金汉川　文忆萱　谭君实　尹伯康
张京信　陈青霓　蔡　倜　黄其道　江源球
石生朝

贡献奖

周俊克　王伯安　黄曾甫　文剑梅　胡笑蓓
娄慧珍　曾祥嗣　吴宗泽　张成刚　杜应忠
袁章艾　任舜耕　杨善智　彭启试　廖庆云
刘炎卿　肖耀庭　周光庆　王文柏　满益炳
宋运超　刘文恒　孙　试　伍光华　刘希伯
范荣翠　谭东波　杨真一　谭柳生　谢　敏
伍少怀　罗炳辉

纪念奖

李元奇等56人

广西壮族自治区戏剧概况

1988年广西的戏剧，是在深化艺术表演团体体制改革的形势下，围绕庆祝广西壮族自治区成立30周年展开的。

6月2日至5日，在南宁举行了全区艺术表演团体体制改革研讨会。各地、市文化局局长和区直各剧团团长出席会议。区党委副书记李振潜到会与代表一起共商体制改革问题。文化厅长周民震传达了全国文化工作会议精神，提出近期内不搞所有制转轨、暂不确定“重点团”、改变经费使用结构、除民族自治县一般不办县剧团、剧团冗员处置由各团根据具体情况自行妥善解决、建立振兴广西文艺基金会、开发文化市场、建立强有力的团领导班子等8点当前体制改革的参考意见，指出稳定局面、稳定方针、稳妥办法和分散决策、分类指导、分步前进是当前进行艺术表演团体体制改革的总的做法。

本年12月11日是广西壮族自治区成立30周年纪念日。为欢庆节日，区文化厅从40多个新创作剧本遴选的6个推荐剧目中确定《瓦氏夫人》、《独钓寒江雪》、《日月神组曲》3个剧目投入排练并在节日期间演出。

新编历史壮剧《瓦氏夫人》（张淳、宋安群、谢国权编剧）由广西壮剧团、南宁供电局文艺演出队联合演出，导演马冀（执行）、张淳。该剧以恢宏的气势，浓墨重彩地描绘了明嘉靖34年（1555年）的一场抗倭斗争。它的女主人公是广西田州壮人土官妇瓦氏夫人。当年，瓦氏应朝廷诏征，亲率俍兵6千，开赴江浙一带，参加大明王朝平息江南倭患的战役，立下了卓著的战功。然而，朝廷腐败，贪官弄权，功臣受冤，致使危机四起。瓦氏夫人和广西俍兵用热血和悲愤，谱写了一幕感人肺腑的悲壮史剧。

无场次桂剧《独钓寒江雪》是柳州市青年剧作者吴源信（茗之）的近作。作者根据唐代著名文学家、哲学家、政治家柳宗元柳州刺史任中的政绩，选取解放婢奴为剧本的中心情节，着力用当代意识来观照历史，揭示这位具有人文思想的古代知识分子的复杂心理历程和悲剧性格，以处于弥留之际的柳宗元对自己当年一段人生经历的反思作为叙事框架，展示不同时空中柳宗元不同的情感、欲念、心理和思想。把心象和实象交织起来，在它们的对比和排比中透露出剧作的思辨意识。剧中塑造了一心要钓“昨日之鱼”不可得愤而投江的鱼痴这一人物，用以象征柳宗元的“独钓寒江雪”，暗喻主人公以往昔的“尧天舜日”作为自己的政治理想最终导致悲剧命运的历史必然性。为了保证二度创作的质量和培植青年演员，柳州市桂剧团在排练此剧时，特邀中央戏剧学院导演系教授、著名导演张孚琛偕该院戏曲导演专修班4名学员担任总导演和导演，邀请中央歌剧舞剧院舞美设计师张秀江担任舞美设计指导

桂林市歌舞团演出的大型轻音乐剧《日月神组曲》是一出取材于当今改革开放生活的现代戏。编剧蒋绮霞，导演胡勃、蒋绮霞，作曲邵鼎坤。故事发生在一个以摩崖石刻日月神为骄傲的旅游城市，描写一群年轻人寻觅、思索、期待、拼搏，走着不同的路，追求着各自的人生价值。

在庆祝自治区成立30周年之际，举行了首届“振兴广西文艺创作铜鼓奖”评奖活动。这次评奖活动在区党委宣传部领导下进行，在由区党委宣传部、区文联、区文化厅、区广播电视厅、区民委、广西出版总社和广西日报社等单位的负责人组成的领导小组具体指导下开展工作。“振兴广西文艺创作铜鼓奖”为自治区级最高文艺创作奖，分创作奖和编辑奖两大类。戏剧方面，经剧协广西分会理事会根据评奖的具体方案协商推荐、有关专家组成的总评委投票表决，评选出从党的十一届三中全会（1978年）以来到1988年6月底为止在广西工作的剧作者创作并在全区性会演或区外上演的剧目《五子图》等8个作品获“铜鼓奖”。同时授予曾在全国性评奖活动中获奖的作品壮剧《金花银花》等5个作品荣誉奖。

为庆祝自治区成立30周年，有些市也举办评奖活动。柳州市文化局于12月12日至19日举办了第四届舞台艺术“歌仙奖”评选演出，有3个戏剧剧目参加。柳州市桂剧团演出的无场次桂剧《独钓寒江雪》（茗之编剧，陈多文学顾问，张孚琛总导演，宋捷、罗永健、荆涛、王英迪导演，张秀江舞美设计指导，黄海威舞美设计）获优秀演出奖、剧目创作奖等10项奖励。表现当代女性生活的彩调剧《女性交响曲》（符震海编剧，黄海平导演，曾广扬作曲，曾宪坤布景设计，柳州市彩调剧团演出）获演出奖、剧目创作奖等8项奖励。根据民间神话传说创作的粤剧《螺神》（邓瑾昆编剧，蒋耀斌导演，梁材刚舞台美术设计，柳州市粤剧团演出）获演出奖、剧目创作奖等8项奖励。北海市为庆祝区庆30周年并迎接被列为沿海开放城市5周年，组织对5年来创作的艺术作品进行评奖，于12月上旬特邀广州市和自治区的5位戏剧家组成评议小组，对经初评推荐的《酸甜苦辣》等10个短剧和《那一串呼噜》等7个大戏进行评奖，各评出一等奖1个，二等奖2个，三等奖3个。

本年度的戏剧演出还应提到：在区文化厅艺术处的支持下，富川瑶族自治县民族艺术团为培养和锻炼青年演员，特邀桂剧著名演员筱兰魁、苏明香、阳桂峰、周桂童排练了分别由生、旦、净、小生应工的4出折子戏。巴马瑶族自治县民族艺术团在广西文艺辅导团的辅导帮助下排练了由王慧琦、王琦根据蓝怀昌小说《将军泪》改编的现代瑶剧《格鲁花》，这是创造瑶族民族剧种的一次尝试，广西艺术研究所曾组织专门座谈。柳州市柳城县举行了1988年彩调艺术节。广西艺术学校彩调班毕业实习演出了马若云编剧的《花

山情祭》。

一年一度的中南六省（区）戏剧创作座谈会本年轮到剧协广西分会作东道主。座谈会自12月20日至26日在桂林举行。六省（区）剧协分会各向座谈会选送了一个剧目（录相或剧本）供研讨。这些剧目是京剧《膏药章》（湖北）、话剧《水上吉卜赛》（河南）、话剧《香江，红绿灯》（广东）、琼剧《菠萝公主》（海南）、湘剧《庞统冶酒》（湖南）和桂剧《独钓寒江雪》（广西）。到会的60余位代表观摩演出录相和阅读剧本后进行讨论，并就各省（区）戏剧创作的现状进行了交流。通过这次座谈活动，拓宽了创作视野，活跃了创作思想，增进了中南戏剧界的相互了解和友谊。鉴于这一活动的成效，尽管困难不少，大家表示要把它坚持下去，期待着明年在海南省聚会。

申辰撰稿　白云龙编辑

附件一：1988年省级评奖获奖名单

广西壮族自治区首届振兴广西文艺创作铜鼓奖

（12月评奖）

彩调剧《五子图》（王志梧）

桂剧《玉蜻蜓》（章凤仙、肖平武、郭玉景）

壮剧《羽人梦》（梅帅元）

话剧《我为什么死了》（谢民）

桂剧《泥马泪》（韦壮凡、符震海、郭玉景、王超）

桂剧《深宫棋怨》（郑爱德、梁志明）

粤剧《乾隆点状元》（陈安宥、崔志光、邓炳光、黄鹤鸣）

粤剧《潮涨潮落》（郭铭志）

荣誉奖

壮剧《金花银花》（林佩艳、麻振鸥、阳莹珍〔执笔〕）

话剧《宝宝贝贝乖乖》（杨令燕、王琦）

小歌剧《洁白的山茶花》（尹永）

小话剧《猎猪记》（张诚斌）

彩调剧《喜事》（韦壮凡）

注：首届铜鼓奖不分奖别．获奖剧目系1978—1988·6期间上演。

四川省戏剧概况

1988年四川的戏剧创作和演出保持了一种健康的、良好的势头，并且呈现出两个明显的特点：一是改革给人们的观念带来了潜移默化的影响，而观念的改变又成为一个个契机，促使人们去探索、创新。二是大多数剧团已不满足于维持现有的不景气状况，纷纷走上改革的道路，形成一种潮流和趋势。部分剧团已走在改革行列的前面，进行了许多有益的尝试和探索，取得了显著的成效。

在戏剧不景气的情况下，峨眉戏剧创作联谊会于3月底在宜宾市召开了宜宾年会，交流创作经验，沟通信息。省文化厅分管创作的副厅长严福昌在会上作了《大环境大气候大宏放大作品》的专题讲话，鼓励创作人员在当前良好的创作氛围中解放思想，更新观念，大胆探索，勇于创新，拿出高质量的、具有深刻和宏大内容的作品。这次戏剧年会为戏剧创作人员鼓了劲、打了气。10月初，峨眉戏剧创作联谊会又在雅安召开“蒙山笔会”，讨论新近涌现的、已有一定基础的《蒙顶茶仙》、《乞丐与寡妇》、《采石大捷》、《千古帝王冤》、《山乡迷雾》、《神女峰》等10个剧本，并针对当前戏剧创作中存在的问题进行了深入的分析、探讨。

在全省各地普遍开展戏剧创作活动的基础上，省文化厅于9月初召开了全省戏剧作品讨论会，对新创作的《赤身知府》、《杜鹃啼血》、《大佛传奇》、《采石大捷》、《华清池》、《休妻记》、《秘诀》、《桥梁》等剧本提出修改意见。严福昌就更新文化观念、活跃创作思想等问题作了讲话，要求戏剧创作人员拓展视野、增强现代意识、进一步解放思想。

在文化主管部门对戏剧创作高度重视和大力支持下，在良好、和谐的创作氛围中，本省今年推出了《夕照祁山》、《华清池》、《陈世美喊冤》、《跳蚤》等几部具有较强现代意识和探索精神的新创作。

新编演义川剧《夕照祁山》通过诸葛亮斩魏延的历史故事，大胆地描写了诸葛亮晚年的失误和他身上的弱点。作者魏明伦对诸葛亮这个千百年来被人们顶礼膜拜的神化人物提出了置疑，集中反映了整整一代人在文革造神运动灾难后的沉痛而严肃的反思，也表现出作者对人们头脑中根深蒂固的封建愚忠思想的批判和否定。

广元市豫剧团的编剧李现远通过广泛调查，发现流传数百年之久的传统戏《铡美案》原是一出欺世枉人之作，于是根据史实创作了新编古装豫剧《陈世美喊冤》。作者的目的并不在于为陈世美翻案，而是在于沟通、缩短历史和现实的距离，鞭挞、痛斥那种在当今生活中仍然存在着的以邪压正、是非颠倒的极不正常的社会现象。

新编历史川剧《华清池》的作者陈明星一反过去写李隆基、杨贵妃爱情故事的老套子，力图从唐明皇自身的言行中寻找唐代由盛到衰的根本原因，给人以新的启示。

加力根据叶君健的童话《商人》改编的童话喜剧《跳蚤》，通过描写山乡少年亚诺尔蒂为村民外出销售檀香木的故事，赞扬了亚诺尔蒂的善良、诚实、聪明、机智，揭露了象吃人血的跳蚤一样无孔不入的市民的狡猾、贪婪，对观众，特别是对儿童有着很好的教育作用。

为调动戏剧创作人员的积极性，开辟更大的剧本园地，四川省文化厅剧目工作室和四川省川剧艺术研究院合办的刊物《四川戏剧》于年底编辑出版了《四川戏剧》增刊——剧本专辑，共发表新创作的川剧、歌剧剧本14个。

以振兴川剧为主，并以此带动和促进其他剧种的发展、繁荣，根据这一指导思想，组织了一系列演出活动。3月，省剧协、成都市剧协、泸州曲酒厂联合在成都举办了“四川省首届川剧著名表演艺术家展览演出”。著名川剧表演艺术家陈书舫、竞华等和他们的弟子同台演出了11台川剧优秀传统折子戏。别具一格的展览演出既活跃了成都戏剧舞台，又使观众欣赏到艺术家精湛的技艺，看到了不同的师承流派和风格。

为发现和培养近年来涌现的川剧新人，省文化厅、省电视台、剧协四川分会、四川省泸州曲酒厂于8至9月在成都联合举办了“四川省中青年川剧演员泸州老窖‘金鹰杯’电视大选赛”。经过初、复赛的选拔，有30名选手进入决赛，未能进入决赛的66名选手获得了“荧屏奖”。决赛由30名不同行当的选手演出4场优秀折子戏，采用现场直播的形式，当场评分，当场亮分、当场公布成绩，当场发奖，最后评选出最佳演员15名、优秀演员15名。美国留学生、川剧爱好者苏珊在决赛中表演了折戏《出北塞》，获纪念奖。此外，还评出最佳推荐奖2名、优秀推荐奖2名、推荐奖9名。这次川剧大赛展示了本省振兴川剧以来在培养人才方面的成绩；通过电视这种现代化的新闻传播媒介把川剧的观众面从剧场拓展到千家万户，使川剧艺术得到了更加广泛的宣传和弘扬。

为扶持新创剧目，省文化厅于10月上旬在成都举办了“四川省戏剧新作小型观摩演出”。自贡市川剧团演出《夕照祁山》，绵阳市川剧团演出《华清池》，四川人民艺术剧院儿童剧团演出《跳蚤》。《华清池》一剧在不脱离剧情的前提下，融进大量表现帝王宫庭生活的歌舞，并且在音乐、服装、灯光、编排上作了精心设计，赏心悦目，满足了大多数观众的审美需求。《跳蚤》一剧采用了夸张的喜剧手法，使整台戏充满浓郁的儿童情趣，受到少年儿童的普遍喜爱和欢迎。这几台戏演出后引起了较强烈的反响，虽然人们对一些问题还存在不同的看法，却一致赞扬其探索、创新精神。

本年四川省戏剧晋京演出活动频繁，给首都观众留下了深刻印象。年初，省歌舞剧院舞剧《悲鸣三部曲》应邀赴京演出，受到观众的好评。4月下旬，内江市川剧团应邀在北京首都剧场演出大型川剧《张大千》，获得成功。6月初，岳池县川北灯戏团赴京并在中南海演出，受到中央领导的称赞。9月中旬，成都市音乐舞剧院的舞剧《深宫啼泪》代表西南、西北片进京，在中国舞协举办的“中国舞剧观摩演出展览周”中献演，受到首都观众的喜爱和专家们的一致好评。11月，省实验川剧院、重庆市川剧院又应邀参加了在京举办的“首届中国戏剧节”演出，均获得好评。这些晋京演出既展示了四川省近年来在振兴戏剧方面取得的成绩，也丰富、活跃了首都戏剧舞台。

在对外交流演出方面，7月底，成都市木偶剧团表演艺术家李正发、梁开通随中国木偶艺术家代表团出访日本东京，演出了《人间好》、《活捉王魁》两个传统剧目，受到日本朋友的欢迎。11月底，南充地区大木偶剧团出访新加坡，演出了《红莲花》、《小铃铛漫游记》、《孙悟空三打白骨精》等剧目，受到华侨同胞的欢迎。这些演出活动，扩大了四川戏剧在国际上的知名度，增进了我国人民同所访国家人民之间的友好情谊。

9月底10月初，成都市新都县川剧团应邀参加香港1988年“中国地方戏曲展”，演出了《芙蓉花仙》、《白蛇传》2个大戏及5个折戏，以精湛的表演技艺和浓郁的川剧特色征服了香港观众，演出获得了极大的成功，盛况空前。

剧团体制改革仍是本年戏剧方面的一项重要工作。近几年来，各地在合理布局和调整精简方面做了大量工作，剧团已从1979年的218个减少到1987年底的177个，剧团人数已从1979年的20461人减少到1987年底的12515人。1988年又有一些剧团被撤销，一批不适合舞台工作的人员被精简。与此同时，注意了对保留剧团的建设，采取各种有效的办法和措施，促进剧团艺术生产的发展。各地剧团已不甘于维持“等”、“靠”、“要”的被动局面，或加强同企业的横向联系；或挖掘自身潜力，搞多种经营来发展戏剧事业；或改革旧有的不合理体制，强化内部的管理制度来增强剧团自身的活力，显示出蓬勃的生机。6月，国务院批转《文化部关于加快和深化艺术表演团体体制改革意见的通知》下达后，省委、省府领导为加强对这项工作的组织领导，设立了全省艺术表演团体体制改革领导小组。省文化厅也在广泛调查研究、多方征求意见的基础上，根据省内实际情况，制定出《四川省文化厅关于深化剧团体制改革的实施方案》。

本年还有以下几项在全省戏剧界产生影响的大事：

一、成都市川剧院旦角演员刘芸获得第五届戏剧梅花奖。这是本省继川剧演员晓艇、话剧演员张国立之后又一个“梅花奖”获得者。

二、徐棻创作的川剧《田姐与庄周》在第四届全国优秀剧本评选中获优秀剧本奖。

三、1月14日，川剧著名表演艺术家周企何因病在成都逝世，终年78岁。周企何在川剧舞台上塑造了一系列为广大观众喜爱的鲜明、生动的艺术形象，为川剧事业作出重要贡献，他的逝世是川剧事业的重大损失。

四、重庆市川剧研究院的《川剧词典》、《袁玉堃舞台艺术》、《川剧艺闻录》、《周慕莲谈艺录》等新著分别由中国戏剧出版社、上海文艺出版社、四川文艺出版社、重庆出版社出版。

丹　木

附件一：四川省1988年新创作并演出剧目

剧名	编剧	演出单位	首演日期
华清池①	陈明星	绵阳市川剧团	8月14日
潮州擂②	杨中泉	绵阳市川剧团	3月
夕照祁山	魏明伦	自贡市川剧团	2月27日
陈世美喊冤	李现远	广元市豫剧团	9月1日
女皇夜审	王洪滔	广元市豫剧团	9月1日
迪斯科·笛笛	潘路光	攀枝花市话剧团	4月
	马　萧		
	付忠权		
皇亲梦③	张崇林	攀枝花市川剧团	8月
丹凤朝阳	管竹卿	攀枝花市川剧团	12月
	叶春凯		
	于映时		
	陈登太		
借纱帽④	陈维明	雅安地区川剧团	10月8日
跳蚤⑤	加　力	四川人民艺术剧院	10月12日
秘诀⑥	刘永湜	万县地区京剧团	5月14日
料峭奇缘	张　荣	广安县川剧团	
煮梅记⑦	黎仁中	岳池县川剧团	2月
路灯	宋华文	南充地区川剧团	3月
办移交	唐正怀	岳池县川剧团	5月
	肖善生		
丈母娘上轿	唐正怀	岳池县川剧团	5月
	肖善生		
搭车	彭治安	岳池县川剧团	5月

注：①取材吴因易长篇小说《天宝狂飚》部分章节。

②根据郝艳霞等人所著长篇大书《杨七郎打擂》部分章节改编。

③根据王毅的龙江剧《皇亲国戚》移植改编。

④借鉴成章所著《假县官巧断奇案》故事某些情节写成。

⑤根据著名作家叶君健的童话《商人》改编。

⑥根据台湾作者张永祥同名电影文学剧本改编。

⑦根据《柳毅传书》改编。

附件二：1988年省级评奖获奖名单

四川省中青年川剧演员泸州老窖“金鹰杯”电视大选赛

（评奖、发奖9月16至23日）

最佳演员奖

小生组	彭欣蓁
老旦组	杜　佳
武生组	李　沙　龙怡策
花脸组	李乔松　孙普协
青衣花旦组	曾　珍　陈巧茹　沈铁梅　沈先凤　何　玲
小丑组	蓝家富
刀马旦组	陈小红
老生组	李艳冬　熊宪刚

优秀演员奖

小生组	赵晓梅
老旦组	陆　劲
武生组	毋鹏程　黄德成
花脸组	伍　刚
青衣花旦组	刘　萍　谢红茹　伍　越　陈捍丽　沈丽红

小丑组　　　邹　强　张连僧
刀马旦组　　杨楠桦
老生组　　　徐孝林　但志生

荧屏奖

张建平等66名

云南省戏剧概况

1988年云南戏剧战线在“危机”的背景下，仍从创作、演出、理论研讨等方面作了很大努力，集中表现在以下5个方面。

一、为纪念我国革命戏剧奠基人之一、优秀剧作家田汉诞生90周年、逝世20周年、中国戏剧家协会云南分会、云南省京剧院联合举办了多项活动。9月6日，在昆明召开了“纪念田汉同志90诞辰座谈会”，参加座谈会的有省内、外戏剧界人士。《云南戏剧报》设纪念田汉专版发表一批研究田汉的文章。孙维骐的《论田汉剧作的思想发展》和胡绍轩的《田汉精神》从不同角度简要介绍和分析了田汉的创作活动和思想发展脉络。吴枫的《改革声中忆汉师》、龙显球的《进一步开展田汉学术研究》、张之一的《纪念田汉，戏剧要与时代共同前进》等文，结合抗日战争时期田汉在昆明从事的戏剧活动，赞扬了田汉的献身精神和他对云南戏剧事业的深远影响。纪念活动包括演出。演出剧目有关鹔鹴、金素秋的京剧《谢瑶环》“公堂”、邢美珠的《白蛇传》“断桥”（均为田汉的作品）等剧目。

二、9月由中国戏剧家协会四川分会、贵州分会、云南分会、重庆分会在曲靖、昆明共同召开了西南三省一市戏剧理论研讨会第三轮会议。参加研讨会的主要是三省一市的戏剧理论工作者和有关人士。应会议邀请，中国剧协、云南省文化厅、省文联和曲靖行署、地委、地区文化局、地区文联负责人出席了开幕式或参与了讨论。研讨会的宗旨是在中央“一个中心两个基本点”的指导下，共同研讨如何繁荣西南地区的戏剧事业，总题目是“民族化、现代化戏剧艺术的前景”。

大家认为，在伟大的变革时代，处于东西方文化“渗透”、传统文化与现代文化碰撞的背景下，戏剧艺术不改革、创新，便要成为时代的弃儿。改革、创新，戏剧现代化，首先要解决的是戏剧思维模式的改变。四川代表廖全京说，新时期剧坛最大的困顿与迷惘，莫过于由缺乏辩证思维陷入形而上学而带来的整个思维方式的困顿与迷惘。对假马克思主义的厌恶，转移到对真马克思主义的漠视，使认识停留在介乎感性认识和理性认识之间，因此必须加强学习马克思主义，掌握科学的辩证法。《桑树坪纪事》的编导高举“兼容”的旗帜，怀着开放的心态和强烈的主体意识，在东西方美学观、戏剧和戏剧本体、戏剧语汇之间寻找自然的结合点，思维方式从形而上学的框架中跳出，获得鲜活的辩证思维的生命力。贵州代表李瑞岐说，民族化是整个民族文化艺术发展的经验结晶，是中国人民在长期的文化创造实践中，在广泛的文化交流活动中形成的民族独特的审美意识，包涵着深刻的思想内涵和强烈的民族情感。云南代表金重认为，要从自己的特殊性、个性体现人类的共性。应站在民族性的基点上，寻找民族的审美意识与世界的、人类共同审美意识的结合点，吸取外来的艺术精华，转化为自己的血肉。发言还涉及地域文化、表演程式以及观众审美观念的转变等问题。会议提出论文近30篇，除重点研讨以上问题外，还有一些讨论西南民族题材和民族戏剧的论文。

三、由昆明市文化局、曲靖地区文化局、东川市文化局、昭通地区文化局联合主办的第二届滇东北戏剧节，在昆明市举行。演出剧目10余台，有昆明市滇剧团的历史故事剧《钱南园》、《赵武灵王》，曲靖地区演出团的新编历史滇剧《滇族女奴》、现代花灯剧《可渡桥》，昆明市滇剧团的传统折子戏专场，宜良县滇剧团的神话故事剧《兔仙救龙记》，东川市歌舞团的民族历史舞剧《泪碑》，昆明市人民曲剧团的新编诗剧《血恋》，昭通地区花灯团的历史故事剧《柯四先生》，昭通地区演出团的滇剧、花灯小戏《渡河》、

《迎春店》、《凭文凭》,昆明业余戏曲演出队的《家庭·婚姻·爱情》。这次戏剧节约有280人分别获创作、编导、音乐、灯光、服装、舞美、声乐、器乐、指挥等项目的一、二、三等奖及鼓励奖。

四、9、10月间，省文化厅举办了首届云南民族艺术节。在民族艺术节的主会场上，演出了6台戏剧晚会：关鹔鹴折子戏专场，滇剧《古琴魂》，滇剧传统折子戏专场，云南花灯剧《闹花灯》、《鸳鸯湖》，彝剧小戏专场。关鹔鹴演出了折子戏《战洪州》、《金山寺》、《白门楼》。这台告别舞台的演出特别引起人们的注意，艺术节会刊也发表评论文章，高度赞扬了关鹔鹴的艺术创造。滇剧《古琴魂》系根据《聊斋·宦娘》改编，赞美宦娘与温如春、葛良工的纯真爱情和友谊，特别着力于宦娘的心理刻画和情感开掘，以作品的内涵力量去感染、打动观众。滇剧折子戏演出了多年来受观众欢迎的《鼓滚列封》等优秀传统戏。云南花灯剧《闹花灯》由《赶灯会》、《游春》、《大茶山》、《小蚌壳》、《老海休妻》等优秀花灯歌舞组成，集中了云南花灯的传统表演精萃，充满浓郁的生活气息和地方特色。现代花灯剧《鸳鸯湖》以喜剧手法表现了农村两代人对婚姻恋爱问题的不同看法，反映了80年代农村婚姻观念的转变。彝剧小戏《双叩门》、《两家人》、《蔑独尼闹店》、《荞花又开》综合吸收了云南彝族民间的音乐、舞蹈、美术、语言，具有浓郁的民族特色。这几出小戏取材于急速变化的彝族山区生活，表现了随着现实生活的发展，人物心理状态的变化。

五、为了繁荣云南的剧本创作，鼓励剧作家努力反映云南多民族地区的改革生活，年初由云南省民族艺术研究所创作研究室和《云南戏剧》编辑部联合举办了“云岭杯”少数民族改革题材剧本征文奖，冯永治、李荫厚、柏桐、金重、赵大宏、范道桂、欧阳常贵、郭思九、黎方组成的九人评奖委员会，从应征的30余个大、中、小型剧本中，评出5个获奖剧本。它们是：大型白剧《玉春河畔》。作者王立智。剧本通过杏梅的不幸遭遇，揭示了白族农村某些地区旧的精神枷锁仍在阻挡人们的前进的步伐，也显示出改革春风必将冲破旧势力的束缚迅猛前进。大型京剧现代戏《火神》。金重、乔嘉瑞根据小说《荒山》改编。剧本通过雷英山、保烟孔、木槿等人的不同命运，反映了景颇族中发生的新与旧的历史性裂变，显示了新的思想观念和生产力正在景颇山滋生、发展。独幕剧《苗家女》。作者杨作玖。作品深刻地揭示了苗家女阿荣的个性特征，并折射了改革对人才的发现与器重。独幕壮剧《岔河涨水》。作者刘诗仁。剧作描写壮家女阿顺嫂沉迷于背男人过河方能有孕生子的传统习俗，不巧在背男人时恰遇丈夫到河边，从而产生一场误会，全剧有一定的哲理性。独幕白剧《黄河人家》。作者魏树生。剧本写做生意亏本的白族人海寿过年，遇债主来讨债，妻子用两头肥猪抵了债，又取下玉镯，鼓励丈夫继续经商，表现了白族人的善良品质和坚韧精神。

李荫厚

附件一：云南省1988年新创作并演出剧目

剧名	编剧	演出单位	首演日期
明魂剑	贾喜林	云南省京剧院	7月
图腾祭	李振民	云南省京剧院	8月3日
二女争夫(移植)	谢济舟(口述) 江波 黄勇刹 冀志枫	云南省花灯剧团	2月
鸳鸯湖	刘运桔 尚仁	云南省花灯剧团	9月
男妇女主任(移植)	赵建华	云南省大理白族自治州白剧团	2月
竹林拾子(改编)	李洋	云南省大理白族自治州白剧团	5月
上关花	黑明星	云南省大理白族自治州白剧团	5月
白洁夫人	薛子言 张继成 和汉中	云南省大理白族自治州白剧团	

附件二：1988年省级评奖获奖名单

第二届滇东北戏剧节评奖

创作一等奖

钱南园（滇剧）

泪碑（彝剧）

迎春店（花灯小戏）

演出一等奖

钱南园（滇剧）

滇族女奴（滇剧）

柯四先生（花灯戏）

柳暗花明（花灯小戏）

"云岭杯"少数民族改革题材剧本征文奖

玉春河畔（白剧，王立智编剧）

火神（京剧，金重、乔嘉瑞改编）

苗家女（话剧，杨作玖编剧）

岔河张水（壮剧，刘诗仁编剧）

黄河人家（白剧，魏树生编剧）

陕西省戏剧概况

为迎接陕西省第二届艺术节和第二届中国艺术节并以高质量的作品向建国40周年献礼，省文化厅于4月上旬召开了包括戏剧、音乐、舞蹈、美术、曲艺、木偶、杂技等艺术门类的创作座谈会，号召艺术创作人员在坚持四项基本原则的基础上，继续解放思想，勇于革新探索。为了保证全省艺术创作长期、稳定、健康地发展和繁荣，使艺术创作和管理逐步适应新形势的要求，省文化厅、省剧协及有关单位联合成立了陕西省艺术创作研究中心协调委员会，以加强对创作的研究、指导、协调和管理。为加强戏剧理论研究和评论工作，省剧协与有关方面协商成立了陕西省戏剧评论家联谊会。省文化厅还建立了艺术创作奖励基金会和定期评奖制度。在省艺术创作座谈会精神指导下，截止10月底，全省共创作、改编各类剧本180多个，经地（市）县各级剧本讨论会、改稿会研究、筛选，评出基础比较好的作品60多个。20多个剧（节）目被省直剧院（团）和各地、市列为重点，如秦腔《千古一帝》（第二部），歌剧《香火》、《不能掰开的月亮》、《褒女恨》，舞剧《长相思》，现代戏《阴错阳差》（根据小说《福禄楼》改编）、《黄河浪》、《马大怪传奇》、《山乡小知县》、《酸枣崖》、《双颂案》、《山乡变奏曲》，新编古代戏《女魂》、《三请布衣》、《贞观鉴》、《生死卜》、《文士泪》、《黑虎鞭》、《秋红传诏》、《金手记》等。有些已经搬上舞台，广泛征求意见，如话剧《情祭》，现代戏《漂来的媳妇》（根据同名小说改编）、《马家艳事》、《丁家院》，新编古代戏《李陵碑》、《贞观遗恨》等。

渭南地区戏剧创作成绩突出，有近20个作品问世，现代戏、新编古代戏并重。为了选拔参加省二届艺术节的剧目，12月下旬举办了渭南二届艺术节。新创作的现代戏《女儿沟》，新编古代戏《李师师》、《隋室晚钟》（根据电影剧本《审妻》改编）、《沙苑恩仇》，及皮影、木偶、民间小戏、歌舞等20多个剧节目与观众见面，受到好评。尚有一些基础较好的剧作，如现代戏《杨柳依依》、《剪不断》，神话歌舞剧《神弓祭》，新编古代戏《焚佛记》、《玉玦恨》、《王翦尸谏》等，也计划陆续投入排练。

本年的戏剧创作，反映现实生活的作品比例较大，取材于农村生活的较多。这些现代戏生活气息较浓，时代特色较鲜明，艺术结构也较多样，借鉴话剧和影视的表现手法，突破"一人一事一线到底"的模式，力求最大限度地利用舞台空间，多侧面、多角度地展现社会生活和人物内心世界。文字、语言、形象塑造追求真实、细腻、粗犷和黄土高原的泥土气息，在更深的层次上揭示人的内心奥秘。如省戏曲研究院在院庆50周年上演的眉户现代戏《漂来的媳妇》（顾群编剧），注重人的潜意识的表述，冲击了固有的传统婚姻、爱情观念，复归了人们长久寻求的本体意识，是出锐意创新的较好剧目。渭南秦腔一团演出的眉户现代戏《女儿沟》（王袁超编剧），通过贫困山区母女两代人的不同命运和追求，深刻地揭示了封建传统文化意识给人们带来的愚昧和怯懦。正是这种不健康的社会心态，阻滞了农村改革的进程。这个戏尽管尚有很大的加工余地，但已引起文化界的兴趣，在当地产生很大反响，褒贬不一。这是个可喜的现象。这一年的新编古代戏，基本取材于本省及当地的历史和传说故事。作者在忠于历史的前提下，力图用时代发展的眼光，对历史事件和历史人物作出新的解释和评价，赋予新的生命。过去那种简单、生硬的比附、影射、把古人现代化的现象，已基本改变。作品也由单一、表面、节奏缓慢向多元、深层、快速多变发展。同时，也有沿用传统编剧手法，老戏老演的，如渭南市艺术节演出的《隋室晚钟》（谢蒙秋编剧）就是这样。由于它适应了广大农民观众的欣赏习惯，同样收到很好的审美效果。本年新创作的作品，绝大部分出自中青年作者之手，他们文化素质较高，因而剧本的文学性有了很大的提高。

此外，还有一些专题创作。安康地区的“三长”（厂长、乡长、校长）创作，至10月底，已写出10多个剧本，经地区文化局组织讨论，正在进一步加工修改，不久将举行“三长戏”会演。由省电视台组织的第三届喜剧小品电视表演赛，有专业与业余作者创作的60多个小品参加了年底在西安举行的初赛选拔，已确定24个节目（专业7个）参加明年元月的决赛。

5月7日，由陕西省电视台倡议，西北五省(区)联合举办“咸阳杯”秦腔新秀电视大赛。为迎接这次空前规模的秦腔新秀大赛，省电视台、省剧协、省电视艺术家协会共同举办了陕西省“公主杯”选拔赛。各地为了把最优秀的青年演员推选到省，进行了选拔。咸阳市在各县剧团推荐的基础上，举行了近年来规模最大的全市青年演员会演；西安市举办了以市花——“石榴花”命名的秦腔青年演员大赛；省戏曲研究院举办了首届“迎春花”青年演员大赛。经过层层选拔，全省100多名新秀参加“公主杯”选拔赛，经群众投票和专家评议，选出一等奖24名、二等奖16名、三等奖24名。从一等奖的24名青年演员中选出18名，作为陕西省参加“咸阳杯”西北五省（区）秦腔新秀电视大赛的代表。这次陕西省涌现的秦腔新秀，人才众多，行当齐全，表演细腻，有独创，过去秦腔舞台比较薄弱的武功，这次有了变化，表现特别突出。这次选拔活动，时间长，规模大，参赛演员多，节目质量高，特别是借助了电视这一现代化传播媒介，其影响之大，社会效果之好，都是空前的，在振兴秦腔上是一个创举。

4月下旬，由省委宣传部扶贫工作队、省戏曲研究院等单位发起，省内14个表演团体（学校）著名演员参加的慰问贫困山区演出团，在省委宣传部副部长李沙铃和省剧协主席、省戏曲研究院院长杨兴率领下，到千阳县义务演出。这次慰问演出的阵容，几乎囊括了陕西秦腔界全部名家、新秀。他们表现出极大的热情，和全心全意为人民服务的精神，鼓舞了千阳人民战胜困难、脱贫致富的斗志。《陕西日报》、《宝鸡日报》发了《秦腔名家新秀深入生活扶贫演出，千阳县城万人空巷竞相观看》、《名家荟萃，轰动千阳》等报导和文章，省广播、电视台进行了录音录相。群众反映说：“这才是为群众办实事！”

9月23日至25日，省司法厅、省文化厅、省广播电视厅、西安市文化局等单位在西安联合举办了省首次规模最大的法制文艺调演。演出了21个剧（节）目，评出创作一等奖3个，演出一等奖4个，个人表演一等奖6个，这次活动，对推动法制教育，增强人们的法制观念，起了积极作用。

10月10日，中国国际文化交流中心陕西分会主办的首届中国酒文化节在西安开幕。全国300多家酒厂、50多家销售公司及日本和港、澳工商界人士参加。省戏剧界为这次酒文化节创作、演出了《皇后御酒》、《醉卧太白》、《杜康进酒》等3部大型秦腔剧，宣传介绍陕西名酒。

11月下旬至12月上旬，省戏曲研究院青年团在首届中国戏剧节演出秦腔折子戏《魂怨·杀生》，受到热烈欢迎，获优秀演出奖，受到省里表彰。宝鸡市观摩团在戏剧节期间、邀请首都戏剧专家、名流及各省市观摩演出代表观看了由青年剧作家王真、霍秉全编剧、尤二群导演、宝鸡市话剧团演出的话剧《去年的中秋节》，受到话剧界、评论界的好评。省剧协组织本省戏剧界30余人观摩了戏剧节的演出。

但是，就总体而言，本年的戏剧演出，仍然不大景气。大城市上座率低于中小城市，中小城市又不及乡镇、农村。由于城市演出入不敷出，剧团很少演出，加之影视的冲击及剧目老化、新戏不多，剧场萧条，观众冷落。西安市坚持常年演出的只有易俗社一家。大多数剧团走向乡村，演会戏、赶庙会。尽管如此，由于物价上涨、运费提价、农村包场费较低，一些山区剧团整年疲于奔命方能勉强维持。衣箱破旧，艺术质量下降，更无力排演新戏。由于剧团很少演戏，收入下降，不少演员特别是话剧演员热衷于拍电影、上电视。这种状况也影响到剧作者。他们的剧本无出路，上演费不兑现。长此以往，将会直接影响到创作的发展和繁荣。

今年7月，是陕西省戏曲研究院成立50周年暨马健翎80诞辰。该院以总结经验、加速和深入改革为主题，举办了院史展览和纪念演出。7月25日，举行隆重的纪念会，院长杨兴在会上作题为《发扬延安精神，开拓前进，为进一步实现两个振兴而奋斗》的讲话。戏曲研究院的前身是陕甘宁边区民众剧团。建国以来，该院共创作、改编现代戏100多个，新编古代戏近百个，挖掘、整理传统戏千余个，培养、造就了众多艺术人才。

6月中旬，中国戏剧家协会主席曹禺应省文化厅、省剧协分会、省戏曲研究院邀请，到陕指导工作。6月13日下午，与陕西戏剧界人士举行座谈，对戏剧战线的形势和任务作了发言，希望大家发扬锲而不舍、顾全大局的精神，投身改革，度过难关。曹禺在陕期间，应邀出席了中国梨园学会成立大会，并被推选为会长。

5月23日至27日，省文化厅、省艺术科学规划领导小组在西安召开了陕西省戏曲剧种研讨会。研讨会以陕西地方剧种的界定和类别划分为中心，并对剧种发展、地方剧团的建设及管理等问题进行了探讨，以期进一步摸清本省剧种情况，提高戏曲志、戏曲音乐集成的编辑质量。参加研讨会的专家、学者来自全省10个地（市），共40余人，提交论文近30篇。

经过几年的努力，100万字的《中国戏曲志·陕西卷》初稿于8月完成。9月21日至27日，《中国戏曲志》总编辑部、省文化厅、省剧协分会、省艺术科学规划领导小组在临潼召开《中国戏曲志·陕西卷》审稿会。《中国戏曲志》总编辑部、中央艺术科学规划领导小组邀请专家学者19人，对《中国戏曲志·陕西卷》初稿进行了审阅、座谈，提出了修改意见。

今年国内艺术交流活动主要有：一、6月，豫剧表演艺术家常香玉和戏剧家陈宪章夫妇率河南豫剧一团到陕演出，为奖掖豫剧新秀的“香玉杯”戏剧奖励基金筹集资金。先后在西安、宝鸡等地演出20多场，受到热烈欢迎。演出期间，与陕西戏剧界同行进行了交流座谈。二、7月，京剧表演艺术家厉慧良应西安艺术学校邀请，到西安讲学传艺，并与省京剧团、市艺校联袂演出《长坂坡》，使古城人民有幸一睹“厉派”艺术风采。三、春，西安市秦腔演员李爱琴、全巧民、刘茹慧、王君秋、康少易等应邀赴新疆乌鲁木齐，与当地秦腔剧团联袂演出，进行艺术交流，得到边疆人民的高度评价。国际交流方面，有捷克斯洛伐克、日本、民主德国、波兰等戏剧艺术家6批40余人到西安访问。

陈夫林

附件：1988年省级评奖获奖名单

秦腔新秀“公主杯”电视大赛获奖名单

一等奖

肖　英　耿建华　小李峰　樊　军　张宝玮

赵改琴　乔慷慨　丁良生　李　娟　李　梅

李发牢　傅飞社　王化武　雒爱丽　杨据瑚

刘丽美　赵会生　郭　军　谢红娟　武红霞

王艳霞　王粉莉　马喜婵　党美丽

二等奖

张　咏等16名

三等奖

雷秋婵等14名

配演奖

拓巧云等4名

甘肃省戏剧概况

1988年舞台演出虽然比较萧条，但许多剧作者仍埋头剧本创作，希图以新的剧目突破沉寂，促进舞台艺术的全面革新与创造。9月11日至18日，剧协甘肃分会联合作协甘肃分会、《飞天》文学月刊编辑部在武威市举办了河西地区作品讨论会，会上讨论了《钟馗醉酒》、《腾格里情思》、《古琴曲》、《如此县长》4个大戏和《门》、《医生》2个小戏。岳永进以韩信杀钟离昧取信刘邦而终被刘邦夺权囚禁的悲剧故事敷衍成篇的《古琴曲》，因文笔清丽、人物性格鲜明而获得好评。经过修改，已被《甘肃戏苑》选用。李德文创作的《钟馗醉酒》选题颇有新意，细节生动，正在进一步加工提高。陇南地区于9月10日至25日召开的剧本讨论会上讨论了4部大戏、8个小戏。经过修改，《扶花姑》（小型现代戏）已由陇南地区群众艺术馆收入《春节演唱》，《除夕夜》（小型现代戏）和《三怕妻》（小型古代戏）已由西和县剧团演出。庆阳地区于3月1日至6日、10月5日至11日两次召开剧本讨论会，对全区11部新作进行了认真的研究，并对大型现代戏《生命树》、《山乡迪斯科》，新编历史剧《宦海沉浮》、《杨花词》、《庆州泪》等5部基础较好的剧作进行重点加工，计划陆续投入排练。

为迎接建国40周年，兰州市积极组织剧作者创作了一批剧本。李智创作的豫剧《风流保姆》通过农村姑娘入城帮工，描写了新的人际关系。严森林创作的眉户剧《喜狗娃烂漫曲》写一个农村企业家的家庭悲喜剧，引发人们对于同步建设两个文明的思考。付胜创作的秦剧《三老和两小》触及新的道德风尚问题。兰州市文艺创作研究中心组织创作的一批实验话剧小品《转变》（付胜编剧）、《电话》（张发栋编剧）、《请客》（单澄平编剧）、《卖药》（付胜编剧）、

《瞬间》（杨家宁编剧）、《误会》（单澄平编剧）等，从不同角度反映了现实生活。上述剧作均已投入排练。

本年度演出的新创作剧目不多。年初，甘肃省话剧团上演了谢庞创作的大型陇剧《国恩家庆》。作品取材于社会福利院孤寡老人的生活，讴歌了社会主义新的道德风尚。11月下旬，天水市文工团推出了张炎创作、任庆和导演的话剧《山风》。剧作通过一个封闭的小山庄激荡的潜流涌动，呼唤着改革。创作者刻意寻求的是以观众为主体的纪实性戏剧，力图保持生活流和意识流的原生态的多元混一，让编导演和观众处于平等地位，在矛盾的涡流中自由选择，真诚讨论，相互启迪。这种探索无疑是有意义的。

为了寻觅多样化的话剧演出形式，以适应观众多元的审美要求，甘肃省话剧团于年初采取小剧场演出形式推出苏联现代名剧《回归》。中国剧协甘肃分会和省话剧团为演出召开了座谈会。与会的各方面观众反响热烈，对近距离观赏倍感亲切，认为这种丰富话剧表现方式的作法值得提倡。

7月，甘肃省歌舞团以王志、高平根据王铖同名电影剧本改编的歌剧《咫尺天涯》，参加在青海省首府西宁举行的西北五省（区）音乐周“西海音乐会”，引起强烈反响。各省文艺界同行对该团在商品经济挑战的严峻形势下仍坚持民族歌剧的创作，走自己的路，给予热情赞扬。认为《咫》剧深沉厚重，情致浓郁，在纵向继承、横向借鉴上作了多种探索，使深刻的意蕴熔铸于强烈的舞台时空之中。在为《咫》剧召开的座谈会上，各省专家就传统民间音乐素材与创新，乡土气息、民族特色与时代特点等问题进行了探讨。

省文化厅委托甘肃联合大学主办的戏剧创作干部专修班和省文化厅主办的导演干部进修班，经过两年系统的专业理论学习，于本年7月结业。创作班36名学员、导演班20名学员两年中学习了《中国通史》、《中国戏曲史》、《哲学》、《古代汉语》、《艺术概论》、《中国现代文学》、《戏剧美学》、《美学原理》、《外国戏剧》、《中国古典文学》以及导演、写作等课程，作了大量的小品练习。创作班学员将自己的学习心得运用于毕业创作，取得了可喜的成绩。其中韩绍祖写的无场次歌剧《绿的，黄的，绿的》，通过几个生物系大学生探寻沙漠奥秘的故事，将笔触伸展到对人生价值的探索。刘镜的《山乡迪斯科》反映现代文明对于封闭的山乡的冲击，表现在强劲的冲击波下各种人物不同的心态以及他们的变化，洋溢着浓郁的喜剧色彩。曹国新的《贞观轶事》塑造了唐太宗、房玄龄、房夫人几个生动的形象，情节跌宕有致，在谐谑的氛围中给人以思想的教益。张明根据小说《红橄榄》改编的多幕话剧《宽厚的河套》则以形象的生动、语言的质朴给人以审美亨受。这些作品均已收入《甘肃戏苑》。导演班的学员以执导新戏书写自己的毕业论文。如张发仁执导的《桑树坪纪事》、郑元悟执导的《秋风辞》、李惠民执导的《赵氏孤儿》、王瑛执导的《戏剧小品集锦》等，均获得好评。这些学员填补了本省戏曲导演的空白。

为了迅速提高省内舞台美术的水平，适应舞台美术革新的急需，集中全省专业剧团的20名舞台美术工作者开办了舞台美术培训班。培训班于9月5日开学，学习时间半年，课程设素描、彩画、建筑结构、特殊技法、构成等课。为使理论教学与实践结合，剧协甘肃分会及所属舞台美术学会组织学员到天水、清水各地深入生活、实习写生，完成了近百幅作品。这些学员是本省第一批接受正规系统培训的舞台美术人才。

甘肃省电视台与甘肃省振兴秦腔学会于年初举办了“兰光杯”预选赛，从19名参赛的优秀青年演员中评出参加西北五省（区）电视台联合举办的“咸阳杯”秦腔新秀电视大赛的人选。牵动大西北千百万人关心注目的秦腔新秀电视大赛于9月底揭晓。这是一件检阅队伍、交流经验、宣传秦腔的盛事。

本年，反映陕西现代历史的姚运焕、张明、周新浦创作的话剧《路易·艾黎在山丹》被改编成6集电视连续剧。钟文农根据曹禺著名话剧《原野》改编的同名京剧，由甘肃省京剧团排练，参加文化部主办的京剧新剧目汇演，获京剧新剧目奖，扮演仇虎的陈霖苍获优秀表演奖。

李迟

附件一：甘肃省1988年新创作并演出剧目

剧名	编剧	演出单位	首演日期
国恩家庆	谢宠	甘肃省陇剧团	2月9日
山风	张炎	天水市文工团	11月21日

附件二：1988年省级评奖获奖名单

甘肃省秦腔新秀电视大赛

（9月底揭晓）

一等奖

谭建勋（靖远县秦剧团）

二等奖

孙存蝶（甘肃省秦剧团）

张东升（定西地区秦剧团）

雷通霞（定西地区秦剧团）

三等奖

杨斌善（兰州市秦剧团）

蔡征征（窑街矿务局秦剧团）

孔桂玲（定西地区秦剧团）

王　青（甘肃省陇剧团）

杨建儒（镇原县秦剧团）

雷玉玲（天水市秦剧团）

张春阳（平凉地区秦剧团）

新疆维吾尔自治区戏剧概况

1988年，新疆一些小剧团、文工团不断有新剧目出台，甚至排演一些大型剧目，受到观众欢迎，令人刮目相看。

最为突出的是和田地区两个县级文工团。洛甫县文工团根据维吾尔古典长诗《乌尔里卡——艾木拉江》及有关传说创作改编的多幕话剧《西尔买买提是个机灵的孩子》，使在维吾尔人民中广为流传的优美传说第一次作为舞台形象呈现给观众。故事说的是，秦玛青国王子艾木拉江受命与两个哥哥远行寻找神鸟“布里布里古雅”。艾木拉江历尽艰险，在迪宛国美女乌尔里卡的帮助下，终于得到神鸟，却遭兄长的残害，被剜去双眼丢入枯井。最后，兄长的罪行被揭露，艾木拉江重见光明，并与乌尔里卡成为眷属。此剧共上演27场，深受观众欢迎。皮山县文工团改编上演的大型话剧《生与死》共演67场。

石河子豫剧团创作上演了现代戏曲《税官下乡》，以轻喜剧的形式反映了新形势下的人情世风，情节曲折，唱词清新流畅。在石河子市区上演13场，场场爆满。石河子豫剧团还创作上演了反对卖国分裂、歌颂民族团结的大型新编历史剧《左宗棠归剑》，得到了观众的赞许。石河子文工团的无场次话剧《枪声为谁而鸣》由晏萍、周明山编剧，剧本反映的是新形势下私欲与医德、亲情与法律之间的冲突。

阿克苏文工团创作的六场喜剧《阿克苏，你好！》通过扩修街道一事，展示了个人利益与大众利益、私欲与公德之间的冲突，其间交织着几代人的爱情线，悲悲喜喜，恩恩怨怨。该剧运用喜剧的表现特点，让观众在笑声中获得美感和教益。

1988年小品晚会大受新疆观众欢迎。许多剧团都结合自身的特点，组织了小品晚会。如新疆话剧团配合宣传交通安全，编排了一台交通安全专题小品晚会，从7月到10月底，共上演79场，受到观众的好评。塔城文工团话剧队组织编排了一台小品相声晚会，上演22场。其他如新疆歌剧团也组织上演过小品晚会。小品这种原本作为教学手段的形式，已经越来越受到观众的喜爱，逐渐成为独立的戏剧艺术样式了。

在戏曲演出方面，除石河子豫剧团演出的豫剧剧目外，乌鲁木齐京剧团全年上演了78场，演出剧目64个。一些多年来未上演的剧目经过整理后重新上演，如《朱痕记》、《锁五龙》、《盘丝洞》、《九江口》等。他们还邀请了齐啸云等名角组台演出。

这一年参与的跨省戏剧活动和对外文化交流活动主要有：6月，乌鲁木齐市秦剧团熊小玲等6人参加西北五省（区）秦腔新秀电视大选赛，分别获得一、二、三等奖。7月，受中国戏剧家协会委托，剧协新疆分会和乌鲁木齐戏剧曲艺家协会联合承办了西北地区国际文化艺术经营管理培训班。8月，剧协新疆分会接待了日本话剧人社丝路访华团的访问，安排陪同日本客人参观游览了伊犁、吐鲁番等地，并组织新疆戏剧界部分同仁与之联欢、座谈，交流了信息，建立了友谊。

向　阳

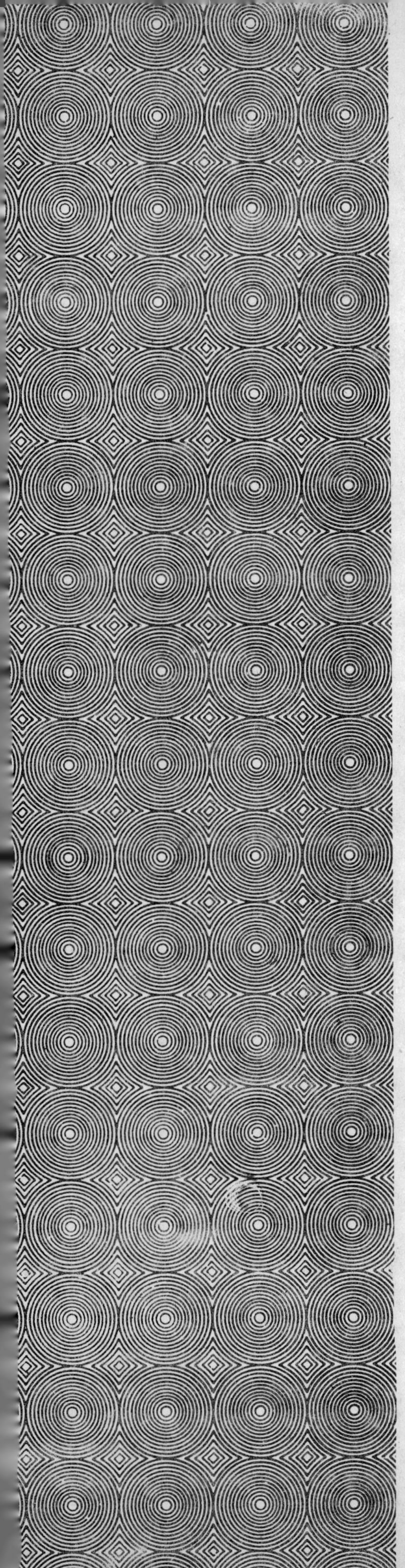

重要戏剧活动

·戏曲现状与趋势研讨会·

1988年"戏曲现状与趋势研讨会"综述

徐刚　李悦

中国艺术研究院戏曲研究所主办的"戏曲现状与趋势研论会"于1988年1月15日至18日在北京门头沟区举行。来自北京及全国各地的60余名中青年戏曲理论家、实践家参加了会议。会议以"探索真理、寻求友谊"为宗旨，采取即兴发言方式，紧张、热烈，显示了中青年的特点和个性。中国戏剧家协会副主席张庚、郭汉城，中宣部文艺局代局长梁光弟，文化部艺术局局长方杰，中国艺术研究院副院长李希凡、刘颖南、薛若琳到会。中国艺术研究院戏曲研究所所长苏国荣、副所长廖奔主持了会议。

代表们就诸多问题展开了激烈的论争：

一、关于文艺与政治

在这个问题上，与会代表的看法是：有人认为，现在提出"文艺为初级阶段生产力服务"与"文艺为政治服务"一样，是出于同一思想模式。如果把文艺当作某种工具和载体，将会扼杀文艺的生机。有人提出，文艺工作的改革根本在于政治体制的改革，在于政治上的民主、创作上的自由。文艺创作不能用行政命令规范化，艺术思维强调的是个性。有人针对"扼杀文艺生机"的担忧阐明了自己的观点，认为，以往"文艺为政治服务"的口号被绝对化而产生了消极效应，现在有些人产生某种担忧是一种可理解的逆反心理的反应。但文艺与政治、经济的关系有直接的、间接的，是多层次的，不可一刀切。不仅要区分是什么样的政治、经济，是进步的还是倒退的：而且"文艺为初级阶段的生产力服务"也并非是要艺术家图解经济政策。

二、关于理论与实践

一些人指出，现在的理论与实践之间出现了鸿沟。朱颖辉将当前戏曲理论工作的不足归纳为：①对外来理论生硬的引进，②理论空泛，无例证。③人为拔高。④兴趣狭窄。汪效倚认为，理论研究还必须与史的研究结合起来，现在社会上有人攻击戏曲是"文盲与半文盲的艺术"，这种理论的出现正是缺乏史学知识功底的表现。一些实践工作者建议理论工作者下到剧团中去亲身经历一下一个剧目创作的全过程，解决实践中存在的具体问题。孟繁树认为当前戏曲理论已发展到一个新的阶段，这个新阶段的特点是：①个性化，多元化，富有探索精神。②不是从传统理论模式出发而是从戏曲危机的现实出发。③提出了一系列理论命题，如"现代戏曲"、"造剧运动"等。

三、关于传统戏曲与当代意识

栾冠桦认为，像京、昆这样的古老剧种已经衰老，这是因为它的发展被其完美技术所累。长期突出地强调"一招鲜吃遍天"的技巧，形成了"角儿制"，这无利于加强戏曲的整体综合性和应变能力。涂沛、安志强等人认为，"技巧"本身并非是戏曲的致命伤，而恰恰是戏曲与其他戏剧艺术形式竞争的有力手段。吴乾浩认为，任何一个古老剧种都不能以挖掘为主，传统戏曲也要渗透当代意识，不仅要挖掘，还要创新。关于现代戏曲，张先认为，它首先表现为艺术家用现代意识观照戏曲，它不是对传统的全部否定，而是进行新的开掘。金桐认为，戏曲的当代意识不表现在一些简单手法的运用上，而是在内容上赋予时代精神，在形式上体现当代人的生活节奏和审美要求。李春熹认为，戏曲目前出现国内受冷落、国际上受重视的困惑现象，对此，应站在传统与当代的交融处冷静对待。王蕴明认为，应在当代文化生态下的纵横交叉点上寻找戏曲的位置。熊澄宇从传统戏曲与当代意识的结合出发，对戏曲形态的运动方式作了描述：一是局部运动，主要表现在综合艺术中各个艺术部类形态的运动过程；二是整体运动，可分为聚集式运动、组合式运动和构成式运动三种表现形式。

四、关于戏曲与观众

周传家认为，目前戏曲观众的文化素质是低下的，这决定了戏曲的发展只能是渐进的。张杰认为，戏曲从来都属于俗文学，但这并不能说明戏曲艺术的低下。目前根据国情要多搞通俗戏曲，不能忽略戏曲固有的娱乐性。张先认为，现在戏曲沿袭历史的高台教化观念太重，而娱乐性不够，这是戏曲失去观众的重要因素。章诒和认为，戏曲的生命力在于它与人民的联系，在戏曲改革中，如果一味追求高品位、高层次，搞思辨、哲理、荒诞等，只能是脱离人民，使民间艺术“贵族化”。姚练认为，中小城市的观众对改革剧目比较容易接受，但有两个层次：探索性较强的属于高层次，多是历史题材的悲剧，但观众较少，它面临一个如何征服观众的问题；浅层次的是生活喜剧，面临一个提高的问题。郑怀兴结合自己的创作指出，搞戏要求质量，只有高水平的戏才能提高观众的欣赏水平。在谈到演出剧目的雅俗问题时，大家也各抒己见，展开了争鸣。有人指出，剧目的雅与俗应根据观众不同层次进行调整。有人认为戏曲剧目创作应做到雅俗共赏。有人指出，一部作品很难做到雅俗共赏，只能说从戏曲的整体构成看，戏曲是雅俗共赏的。有人则认为，当前戏曲创作是沿着雅俗两个方向分化，但二者要殊途同归，走向雅俗合流。

五、关于戏曲艺术的本质规律

一些人认为，戏曲艺术的本质规律仍可用王国维的“以歌舞演故事”来界定，但对本体、外延、角度要限制。吴毓华认为，王国维的界定是戏曲的最低标准，近年来戏曲实践对这一定论已有所突破。歌舞必须经过戏曲化才能进入戏曲。齐致翔认为，从历史发展角度看，目前仍以此说界定戏曲，实际上已不是先进而是保守和倒退。苏国荣将戏曲的本质规律界定为“以歌舞化的动作展开矛盾冲突”。王安葵认为张庚的“剧诗说”发展了王国维说，是对戏曲艺术形式与内容的整体概括。还有人认为，戏曲的本质规律应分为不同层次，如本质规律、一般规律、特殊规律等。对于这一论争，有人认为它对指导艺术实践是十分重要的；有人认为应该更多相信实践家的内心尺度，不要对他们做过多框限；有人认为这场论争对戏曲改革没有多少重要的作用。

结合当前戏曲现状，马也针对“杂交型戏曲”指出，杂交的最大特点是断代，是种的灭绝，因而戏曲艺术要保持质的规定性，就要敢于承认自己的封闭性和排他性，这是开放与借鉴的前提。孟繁树认为，“杂交型戏曲”只是一种借喻，不必在文辞概念上做过多的生物学解释，而且生物学意义的杂交也并非意味着父本与母本两种质的毁灭。在当前形势下提出排他性理论无利于戏曲的革新创造。刘世今认为，戏曲不会灭亡的原因在于它的个性、特殊性，戏曲应向“提纯”方向发展。苏国荣认为，革新戏曲要在继承传统基础上广泛横向借鉴，要敢于重新综合，不要怕乱，事物的发展就是从无序走向有序。

六、关于戏曲艺术的革新与创造

与会代表从一些当前的探索剧目入手，展开了争鸣。张先发言指出：不能将“探索”作为衡量剧作是否成功的标准。真正的艺术家是用体验而不是用理念把握世界的。刘彦君则认为：对艺术形象的理解不能只限于人物，内心世界的立体图景和“有意味”的空间意象都是艺术形象，它们不仅服务于情节和人物，而且具有独立的审美价值。目前舞台上与情节、冲突淡化相对的是人物意识活动形式与舞台空间语汇等表现的强化，在某些方面比情节更具有艺术的概括力。齐致翔强调，对那些表现意念不表现艺术形象的探索剧目应允许存在，但不宜过多提倡，而对其他探索剧目的成就应当鼓励。王安葵指出：争论性剧目的成就是变换一种思维方式和表现形式，探索的结果会积累一些成功的经验，应给予鼓励。对剧作家的理论应鼓励走极端，以形成自己的个性。但要把作者的追求与所达到的目标分开。吴乾浩反对将“话剧加唱”看成不是戏曲的一种发展方向，而仅是戏改中出现的低级形态的提法，认为它是在戏曲中独立存在的形式，并可以形成自己的发展高峰。他将《奇婚记》、《风流寡妇》等剧目划为这种形式的成功作品。徐刚认为，当前戏曲的内容还很浅露和陈旧，要想争取青年观众，跟上时代步伐，剧作家就应更新观念。李悦认为，戏曲内容的革新和深化更为重要，戏曲反映人生社会，不能仅满足于人与社会的诸关系，应深入人类心灵中的潜意识领域进行开掘，探求人格完善的变化过程。胡芝风强调：新时期戏曲的探索包括内容和形式两个方面，成功的探索应该是二者的结合，但不能失去戏曲的特性。

七、关于戏曲的中心

持“导演中心论”者认为：戏曲是整体艺术，是个系统，最佳艺术效果是各个艺术部类的协调和谐，哪个方面突出都会破坏这种和谐。而导演则是这种协调关系的总调度。导演是联系作者与观众的桥梁。造成目前戏曲不景气的原因之一是未能确立导演中心制，因而强化导演意识是时代的需要。

持“剧本中心论”者以中外戏剧史上著名作家莎士比亚、易卜生、关汉卿、汤显祖以及陈仁鉴、魏明伦等为例，说明了演员和导演都必须以剧本为依据，优秀剧目可以造就一代或几代演员；导演的二度创作也要受剧本的制约，体现剧作者的意图。而当前戏曲无法与其他姐妹艺术相抗衡的原因，关键在于剧本。

持“表演中心论”者指出，表演是戏曲艺术的本质特征，把演员等同于舞台上的无机物，是导演专制，把人当作傀儡，是对活生生的戏曲本质的扼杀。戏曲的基本构成法，应以剧本为基础，以导演为指导，以表演为中心。

持“创作阶段中心论”者强调指出，戏曲是一个创造的过程，剧本创作阶段编剧是中心，排戏阶段导演是中心，上演阶段演员表演是中心。某一阶段的中心不能统率全过程。

“观众中心论”者认为，剧作和表导演只是一半，另一半在观众。戏剧的目的、发生、艺术价值的实现离不开观众，没有观众，就没有戏曲，所以观众是中心，是“上帝”。

张庚、郭汉城参加了这一辩论，提出“以剧本为根本，以导演为主导，以演员表演为中心”的看法。

张庚、郭汉城在会上作了专题学术报告。

张庚着重谈到理论与实践相结合的问题。他说，第一，理论产生于实践之后，是对实践经验的总结。正因为它是从实践中来的，那么它对艺术实践具有指导和启发的意义。也就是说，对历史经验的总结，不是完全无用的。如“以歌舞演故事”是王国维从实践中总结出来的理论，它对现在的艺术实践还是有指导意义的。再如以表演艺术为中心的理论认识也是有用的。所以，要重视戏曲史上的经验总结。但是，对过去实践经验的总结，不是终结。事物处在永恒发展变化过程之中，戏曲也是如此。因此，过去的总结是不够的，不全面的，需要不断总结新的经验。将来和过去有联系，但过去不可能包括将来。某一时期的理论不能穷尽对戏曲规律的认识，因为真理是一点一滴汇集而成的。第二，搞理论的人与搞实践的人要密切配合。搞理论的人，第一要多看戏，第二要与实践家交朋友，了解和解决他们所面临的各种具体问题，这样总结出来的理论才是有价值的。而搞实践的艺术家也要了解和认识理论，不要轻视理论对实践的指导作用。

郭汉城就什么是“新”、什么是“旧”从理论上和具体剧目的分析上发表了自己的意见。他说，对“新”的认识有两种，一种认为是推陈出新——具有民族特点和风格的、在新的里面包括着过去的东西；一种认为新与旧完全、彻底割裂开才算是新。新不是绝对抽象的东西，而是在一定历史条件下存在的，新可以变旧，旧可以在一定历史条件下经过发展转换为新。对《泥马泪》和《风流寡妇》具体题材的选取和处理，他说，《泥》剧反映了“人造神”，从内容上看很新，但脱离了具体的历史事实，缺乏历史唯物主义和辩证唯物主义观点，就很难说是新了；《风》剧题材极为古老，“寡妇门前是非多”，但在改革时代的冲击下，“寡妇”作为人认识到了自己的价值和责任，认识到了自己掌握自己命运的重要性，因而表现了一种新的思想。

·奥尼尔戏剧节·

1988年南京——上海奥尼尔戏剧节演出巡礼

高　鉴

雨果说：“好奇是一种食欲，看便是吞吃。”对久闻奥尼尔大名，而未曾得见其剧目演出的中国观众来说，“1988年南京——上海奥尼尔戏剧节”真是一次难得的“盛宴”。这次戏剧节共有12台奥尼尔的剧目演出，其中大部分是专业团体的演出，也有学生业余剧团参加，还有美国洛杉矶奥尼尔剧社带来的一台戏。演出样式也琳琅满目，有话剧、歌舞造型剧、歌剧和越剧。演出不但得到了中国观众的欢迎，而且引起了世界各国奥尼尔研究专家的巨大兴趣，获得了很高的评价。

南京有3台演出，首先为大会演出的是江苏省话剧团的《天边外》。这是一个移植改编本。剧中描写了兄弟俩爱着同一个青年女子的故事，而故事地点被挪到了中国江南一带的渔村，以极其写实的手法将奥尼尔的故事、人物与中国的风情糅合在一起，使奥尼尔的戏剧主题世界化了。这一点引起了国外来宾的极大兴趣，美国密苏里·坎撒斯大学的戏剧教授劳屈里赞扬这个戏有浓厚的生活气息。

第二天晚上，前线话剧团演出了《进入黑夜的漫长旅程》。这是中央戏剧学院导演系副教授张孚琛所导演的第三出奥尼尔的戏了。这个戏很难演，故事冗长而郁闷，但由于导演牢牢把握住人物，充分体现了不同人物的心灵所承受的痛苦，尤其是中年演员王频刻画了一个神经质的、充满母爱、忍受不了孤独而染上吸毒癖的极为复杂的母亲形象，这些人物及其命运牢牢吸引了观众。但由于演出时间的限制，一些精彩的独白被砍了，这终是一种遗憾。全剧风格十分写实，但在布景上出现了人头、鼻、眼的抽象形象，与整体格调并不融洽，据说是为了象征剧中雾的氛围，这点使不少中外宾客惑然不解。

江苏省话剧团的舞蹈造型剧《琼斯皇》把南京的演出推向高潮。《琼斯皇》是一出以独白为主的戏，它描写打杀了白人、当了原始村落首领的黑人琼斯在残酷压迫村民、遭到反抗后出逃的情景。中国话剧的缔造者之一洪深在20年代曾移植并主演过该剧，但由于独白太多，动作狂乱，几乎被当作疯子。江苏省话剧团将原剧作中由独白表现的幻象转化为舞蹈视觉形象。这些幻象既有琼斯王对过去受白人欺凌、被拉去拍卖及杀死白人的经历的追忆，也有对在劫难逃的惩罚的恐惧心理产生的幻觉，把琼斯王逃跑的现实过程和各种幻象以意识流的手法错落有致地穿插起来、以节律化、舞蹈化的动作统一全剧，舞蹈成分之大，在全国话剧舞台上动作舞蹈化的尝试中堪列榜首。事实上不多的道白在剧中反而显得“跳”。随之而来的问题是原作语言特有的意蕴难以透彻地传达，然而它却用舞蹈形体语汇创造了别一意境。人体大幅度的扭动传达出精神上难以忍受的痛苦。以人体模拟的十字架沉重地压在琼斯的肩上，表现出黑人所承受的肉体、精神的双重重负。在观剧过程中，有两个黑人教授情不自禁地大声叫好，情绪十分激动。形体语汇超越了语言的障碍，沟通了不同国籍、不同肤色的人们的心。这出戏的导演冯昌年和舞蹈造型设计苏时进都十分年轻，他们的创作得到了专家们的高度赞扬。

在上海，首先迎接代表们的是另一种风格的戏——象征主义手法的《大神布朗》。布朗在事业上飞黄腾达，然而在爱情生活中并不得志。为了赢得自己钟慕的姑娘玛格丽特，他不得不冒名顶替死去的戴恩。但他终于忍受不了人格的分裂而精神崩溃。为了表现人虚伪的两面性和人格的分裂，奥尼尔要求用面具进行表演。上海青年话剧团的演出运用了面具，四位中青年主要演员的表演给人留下了深刻的印象。他们不仅具有从形貌到声音的良好素质，而且擅长性格化的表演，戴面具和不戴面具的表演，两者反差很大。演员能够及时地调整自己，根据角色的需要，适应这一难度很大的表演，但是制作精美的面具与演员容貌的对比不太强烈，因此影响了两重人格立意的传达。舞台画面虽然很漂亮，而且构成了较丰富的表演空间，但整个调子显得轻，与剧本内在的巨大的悲剧性拉开了距离。

有趣的是在上海同时出现了三台《悲悼》。上海戏剧学院表演系84级的毕业演出又一次展示了上海话剧艺术新人的实力，他们演出的《悲悼》显示出艺术力量的勃勃生机。故事虽然是个悲剧，但导演把重点放在对人性的热情讴歌，及对压抑人性的力量和行为的无情揭露和鞭笞上。因此导演张应湘一开始就把在剧中多次提及的生命无所约束的原始岛民部落的热情舞蹈呈现在舞台上，具象化，让它作为人性力量的象征贯串全剧，这个热情的序幕和主人公走向坟墓似的深院形成强烈的对比，鲜明地传达了主题。有的代表对这样的处理表示怀疑，认为它过于表面化、现代化，与全剧的气氛不和谐。

由复旦大学等单位联合主办的《悲悼》演出，阵容强大，娄际成、焦晃、张英、乔奇等出阵。克莉斯汀娜的扮演者卢时初，戏重，但应付裕如，技巧娴熟。她讲究控制，创造的形象含蓄浑厚，很少用大动作，但善于把握戏眼与节奏，只在一睥睨、一扬首之间就把高雅外表下包藏着的欲念和热情准确地表达出来。外部形体与内心情感的高度融合创造了经久不衰的艺术魅力。这两台戏都把奥尼尔的三部曲压缩成三小时的戏，许多外国专家为此大喊可惜。不过作为普及，这样做不失为一种办法。事实上，《悲悼》在上海已经创造了很好的票房价值。

上海越剧三团移植改编了《悲悼》，把故事搬到了中国。代表们看了排练片断，一些外宾对越剧唱腔很感兴趣，美国易卜生协会主席费尔德教授说：“我看懂了越剧，她那缓缓的节奏更适合于悲剧。”他还赞扬用红手绢象征毒药的简练的处理。

还有一台有趣的演出是把移植改编剧《尤奕》和美国人按原作演的《休伊》放在一起了。《休伊》写一个赌徒赌输了，半夜回到旅馆，备觉孤独，千方百计向旅馆伙计搭话，以排解烦恼，但伙计心不在焉，赌徒绞尽脑汁，费尽唇舌，伙计才对赌徒发生了点兴趣。戏表现了人与人之间的隔膜与沟通的困难，显示了奥尼尔的存在主义思想。中外两台戏的表演都很精彩。青话的《尤奕》发生在旧中国的一家下等旅馆里，焦晃的旅店茶房头戴瓜皮帽、老眼昏花、耳朵半聋；娄际成的房客，衣履不整，活脱的落魄相，两人搭档，意趣盎然。美国洛杉矶奥尼尔剧社由斯坦·韦斯顿饰赌徒，他表演松弛、自然、真实，成篇累牍的独白在他念来张弛有致，富于节奏变化，十分耐看。两台戏比较，美国的导演更注意切断两个角色的交流，故意让旅馆的夜班伙计注视街上发生的事情，对赌徒的话充耳不闻，不予反应，强调人和人的分割状态，整台戏几乎成了赌徒的独角戏。中外两台《休伊》的演出使美国艺术家极为兴奋，他们将作努力，希望这两台演出能有机会同时呈现在美国观众面前。

上海歌剧院赶排了根据奥尼尔原作改编的歌剧《鲸油》。该剧描写捕鲸船船长不顾水手和亲属的反对，执意去北冰洋捕鲸，当他们看到鲸油时，船长夫人已经疯了。剧作接触了人与自然、人与命运的主题。国际声乐比赛获奖者顾顾等参加了演出。

另外，还有复旦大学学生组成的复旦剧社演出了《天边外》片断，复旦外文剧社用英语演出了《啊，荒野》的片断。历史悠久的复旦校园，戏剧活动令人瞩目，而学生演剧物质条件的匮乏也引起了代表们的深切关注。

这次集中而盛大的奥尼尔剧作的纪念演出并非演出团体日常演出剧目的积累，而是借着奥尼尔诞辰100周年的机缘匆匆赶排出来的。一些企业、团体和政府有关部门的慷慨解囊，对这次盛会也起了举足轻重的作用。但是这并不等于说此次戏剧节只是偶然机缘的产物，也不能说它和中国平素的戏剧活动是脱节的。事实上，当代中国剧坛上对奥尼尔剧作的兴趣从两年前就已产生。当时的话剧舞台正是实验戏剧、现代手法“一头沉”，沈阳话剧团以极其写实、细腻的风格演出了奥尼尔的《榆树下的欲望》大获成功，人们再度认识到写实主义的力量，倾斜的舞台恢复了平静，写实主义、现代主义等多种风格样式并存的多元戏剧格局开始形成。令人感兴趣的是，奥尼尔本身是一个戏剧形式的探索者、创新者，但是在80年代的中国剧坛上，他首先是作为一个传统的写实的戏剧代表人物出现的，他和反情节、反个性的某些戏剧实验似乎形成了对峙。对奥尼尔的这种认识和理解延续到最近的戏剧节演出。尽管有人说“奥尼尔在今天的中国受到欢迎是因为他表现了人，而这是中国目前最为人关心的主题”（胡伟民语），但是，这次戏剧节所有剧目的删改中，几乎都大段砍去了奥尼尔刻画人物复杂奇诡内心世界的台词，对奥尼尔剧作中情节因素的兴趣大大超过了对人的复杂性的探究。把奥尼尔的戏搞成情节剧，这不能不说是一种降格处理，削弱了对人的主题的探索意义。这种现象只能从两个方面来解释：要么是导演的趣味，要么是导演对观众趣味的直觉把握和顺应。从中国剧坛的宏观角度看，对奥尼尔剧作不约而同的情节化处理，表现出了某些传统戏剧因素的回归，而对奥尼尔剧作中人的主题的开掘，则正是这次演出的弱项。如在本文提及的《大神布朗》中人格分裂的悲剧，《尤奕》中人的孤独的存在主义观念都是有待强化的。艺术工作者的宣言和实践之间的差距表现出了他们的困惑，这或许是艺术追求与市场价值之间的矛盾吧。通过这次演出活动，不仅有助于我们更深刻地理解奥尼尔，而且有利于我们更准确地认识和把握自身的戏剧观念，检测我们的戏剧素质和实力。

这次规模盛大的演出活动对奥尼尔在中国的宣传普及作出了积极的贡献，大大加强了中美两国戏剧文化的交流。奥尼尔在中国的知名度提高了，他的剧作为更多的中国人认识和理解。虽然这次戏剧节的演出准备较为匆忙，但是在演出的整体水平上超过了去年的莎士比亚戏剧节，无论在演出的完整性、表现的深刻性，还是样式的丰富性上都有所反映。这说明，中国的戏剧艺术家们在危机感的重压下，依然在为艺术献身！这种精神是恸天地、泣鬼神的！

（《中国戏剧》1988年第8期）

·第一次全国近代戏曲文学学术讨论会·

第一次全国近代戏曲文学学术讨论会在京召开

王　卫　民

戏曲发展到近代（1840至1918年）出现了空前繁荣和复杂的局面。一方面，花部蓬勃兴起，皮黄、梆子、秦腔等剧种取代昆剧占领了全国各地舞台，创作和演出了数以万计的剧目。另一方面，昆剧虽然衰落，但是很多文人学士照旧运用传统手法创作了大批的传奇杂剧。在维新运动和辛亥革命前后，又出现了一场轰轰烈烈的戏曲改良运动。在这一运动中，各剧种竞演改良新戏，西方话剧（当时称新剧或文明戏）也在我国舞台上生根开花，于是数目可观的时事新戏和文明戏剧本也涌现在各种报刊杂志上。这一时期戏曲文学种类之全，数量之大，作家之众，可以说是前所未有的。

建国后，特别是粉碎四人帮以来，文学艺术界虽然加强了这方面的研究工作，整理出版了一些资料，写出了一些论文和专著，但是由于起步晚，人员少，所以与古代戏曲研究和现代戏剧研究相比还是非常薄弱的。为了交流成果，组织队伍，加强近代戏曲文学的研究工作，中国社会科学院文学研究所与中国戏剧出版社联合于1988年10月26日至29日在北京召开了第一次全国近代戏曲文学学术讨论会。出席的除东道主外，还有南开大学、陕西师范大学、中山大学、汕头大学、中国戏剧家协会、中国戏曲学院、中国艺术研究院戏曲研究所、北京市戏曲研究所、四川省川剧研究院、成都市川剧研究所、浙江省文化厅、广西自治区艺术研究所、陕西省艺术研究所、河北省艺术研究所、河南省戏曲研究所等单位的教授、专家50余人，文学研究者和戏曲研究者会聚一堂。

学术讨论会就建立近代戏曲文学学科的构想、目的，近代戏曲文学的分期、文学性等问题进行了热烈而融洽的讨论。关于建立学科的问题，与会者一致认为，近代戏曲文学研究是一个薄弱环节，空白点很多，建立这一学科是非常必要的，目的在于加强研究，科学地揭示近代戏曲文学的价值。近代戏曲文学和现代戏剧文学关系极为密切，研究它也是为现实戏剧的繁荣和发展服务，因为它可以提供许多值得今天参考的经验与教训。

关于分期问题，有人指出，1840年鸦片战争使中国社会性质发生了变化，而具有相对独立性的戏曲艺术并没有发生质的飞跃。如果以政治历史为分期依据，以第一次鸦片战争为界，就把花部（即清代乾嘉以后兴起的各地方戏）给腰斩了。科学的分期应以戏曲自身的演变规律为准则。艺术是以形式来记载的，戏曲的演变历史即形式的演变历史。许多人把我国戏曲发展的整个历史分为三大高峰：元杂剧、明清传奇、清代地方戏。按此，清代以来的地方戏应该都属于近代戏曲的范围。其上限就应断在花部兴起的乾嘉年间。至于下限，有人主张断在1919年五四运动前夕，有人则主张断在新中国成立的1949年。有人虽承认戏曲的三大高峰，但仍坚持原来的分期法。他们的理由是：近代是一个时间概念，戏曲研究者的任务是研究这一时期的戏曲文学现象，因此，不必按戏曲的发展规律来划分。再则，近代的概念已约定俗成，如果不与历史分期同步，就会在概念上造成混乱。

关于近代戏曲的文学性问题，更加众说纷纭。有人说，所谓文学性主要指剧本而言。清代以来的地方戏要求剧本配合表演，创作队伍多为文学素养较差的艺人，在这种情况下便出现了一些严重问题。第一，戏曲文学失去了发展势头，成为表演的附庸，而表演艺术向极端的形式美发展，于是思想价值和艺术价值降低。第二，剧本的文学性与舞台性既有联系又有区别。虽然近代戏曲以舞台性确立了自身的地位，但作为案头剧本远逊于元明。它的主要缺点是缺乏提炼，情节简单，结构一般，过场戏太多，人物类型化。对上述观点多数人持反对意见。有人认为：所谓文学，是用文字来描写人生。真善美才是衡量文学性高低的根本原则，不能全以文采作标准。花部文学虽然缺乏雕饰，但是它以真率为贵，少饾饤堆砌的痕迹，多生动活泼的趣味，现实人物信手拈来，哭笑于文字间，呼吸于舞台上，仍不愧为好的文学作品。另一方面，所谓戏曲文学，是因为它能从案头跳跃于舞台上，变剧本为表演。近代剧本科介增加，语言浓缩，更加突出了戏曲文学特性，也符合近代文学由雅而俗的发展总趋势。有人说，作为文学样式的戏曲剧本，要求它有高度的文学性自然不为过分，有引人入胜的可读性也非常必要。但是，戏曲剧本决非一般文学读物。它除了具有可读性外，更需要有舞台立体感。因为剧本的最终目的要变为舞台动作，给人以直观形象的观赏。在戏曲艺术里，有一类剧本虽够不上优秀佳作，可它富有动作性，为导演、演员提供了一个非常广阔的二度创作的天地，同样不失为一出好戏。有人还指出：所谓花部文学性高低，在许多人心目中是和元明清三代的杂剧传奇相比较而言的。元杂剧有目可考的达六七百种，而留存下来的剧本只有一百五六十种，不及1/4。这些剧本经过数百年的筛选，优胜劣汰，当然是元杂剧中最优秀的。明清传奇杂剧也经过多次筛选，我们现在能看到的也都是较好的。地方戏离我们时代最近，数量也最多，既很少加工整理，也没有经过认真筛选，以粗比精，以多比少，自然会得出文学性差的结论。倘若把地方戏中最优秀的剧本精选出来，与《元曲选》、《六十种曲》放在一起，其文学性亦无愧色。也有人说，关于文学性也有个观念更新的问题。过去，往往把雅的看成是高级的，把俗的、民间的视为低下的。花部戏曲源自民间，剧本大都为艺人创作，因而在传统观念里总认为低下、粗鄙。戏曲剧本归根结蒂是要搬上舞台的，因而人物形象、结构、语言以及是否宜于舞台演出和歌唱，都应该是评价戏曲文学优劣的重要标准。焦循在《花部农谭》中曾写道："花部中有剧名《赛琵琶》，余最喜之"，"高氏《琵琶》，未能及也”。作为一位封建正统的经学大师，早就看到花部艺术的高度成就。如果我们打破原来的框框，以新的观念、新的尺度来衡量花部艺术，那么很可能发现更多更好的“赛琵琶”，得出比焦循更高更新的结论。

这是一次质量高、成果大、收获多、学风正的学术讨论会，为建立近代戏曲学科奠定了基础。

会议期间成立了近代戏曲文学学术会筹备组，推举中国艺术研究院戏曲研究所副所长、研究员余从，中国社会科学院文学研究所副研究员王卫民，中国戏剧出版社戏曲编辑室主任、副编审苏明慈，中国戏曲学院《戏曲艺术》主编、副编审钮骠，广西艺术研究所所长、副研究员顾建国5人为筹备小组成员，负责今后各项学术活动。

·首届中国戏剧节·

建国以来第一次民间戏剧节——首届中国戏剧节

奇　特　　李春熹

由中国戏剧家协会及其各省、市、自治区分会联合主办的首届中国戏剧节，在各界社会力量支持下，自1988年11月28日开幕到12月16日闭幕，历时19天，取得圆满成功。

在1987年中国剧协的主席团工作会议上，曾经讨论决定：为推动戏剧事业的进一步发展，应由中国剧协主办一次全国性的戏剧节。1988年3月在广州召开的全国剧协工作会议上，又进一步明确提出了由中国剧协及其各省、市、自治区分会作为主办单位，联合筹办首届中国戏剧节。1988年4月，中国剧协就举办首届中国戏剧节一事开始向中宣部和文化部请示，经过多次讨论，中宣部于8月批复同意。至此，戏剧节的筹备工作正式进行。中国剧协成立了戏剧节的组委会和工作班子，筹措资金，选择剧目。

戏剧节得到杨尚昆、李先念、邓颖超、薄一波、宋任穷等国家领导，文艺界的老前辈夏衍、阳翰笙等的重视，他们为戏剧节写了贺词和贺信。各地有关领导和戏剧同行以及新闻界等给戏剧节以大力支持。

邓颖超在给首届中国戏剧节的贺词中说，这个戏剧节“有很鲜明的群众性和民间性”。夏衍在贺信中也说：“本届戏剧节是由中国剧协这一群众团体在广泛的社会力量资助下举办的民间戏剧节，这在建国以来的戏剧发展史上还是第一次。”这些意见准确地揭示了本届戏剧节的主要特点，即它的社会性和民间性。随着我国改革事业的深入发展，社会办文化、艺术事业已形成了一个新的趋势，戏剧自然也应从中寻出一个生存的发展的新途径来。本届戏剧节最重要的资金问题的解决，就全靠社会各方的支持。全国17家企事业单位以及总政文化部共赞助十几万元的经费。各地演出团体的来京费用除得到了当地文化厅局的补贴外，也广泛地依靠了地方上的社会经济力量，如贵州铜仁地区文工团就得到了当地30多个单位的资助。在某种意义上说，来自全国各地的1000多位观摩人员和北京观众购票看戏，无疑也是对戏剧节重要的经济支持。

本届戏剧节的特点还集中体现在演出剧目选择上。中直、解放军以及京、津、沪、黑、吉、晋、豫、湘、苏、浙、赣、闽、川、黔、陕等15个省市的33个专业戏剧团体的1600余人参加了戏剧节演出，共演出20台37个剧目，其中大型剧目13个，戏曲折子戏16个，话剧小品8个，包括了话剧、歌剧、哑剧及京、昆、评、蒲、湘、川、豫、赣、娄、秦腔、梨园戏、河北梆子等12个戏曲剧种。这些丰富多彩的演出基本上概括了全国各地戏剧创作的现状，反映了我国戏剧发展的现实风貌。中国剧协没有花费巨资去编排专为戏剧节上演的戏，而是在各地已经由观众检验了的剧目的基础上，自愿报名，分会推荐，民主协商，共同选定。在剧目的内容和风格上，采取开放的态度，既有优秀传统戏和外国名剧，也有当代杰作和近年的获奖剧目，既有观众和专家一致赞赏的成功之作，也有少数争论激烈的作品，突出地表现了民间性戏剧节的开放性和灵活性。

本届戏剧节充分地表现了勤俭办事业的精神。整个戏剧节只有一个25人的工作班子，满负荷工作。工作人员把不能供暖的剧协会议室作为办公地点，打破了住宾馆、开房间的旧习。来京演出的剧团选择最低档的招待所居住。长春评剧院为了省钱，由住地到剧场宁可坐地铁而不包专车。湖南湘剧院《山鬼》主角王永光带着脚腕重伤参加演出。河北清芬豫剧团借债进京。福建梨园戏剧团损失了约10万元演出收入北上献艺。在人们经商、赚钱风气日炽、戏剧界又倍受“危机”困扰的情况下，这种艰苦奋斗追求艺术的精神十分宝贵，令人感动。

本届戏剧节还突出了一种服务精神。在戏剧与观众的关系上，以往常常把观众放在被教育的地位上。这次戏剧节则公开标出：“中国戏剧界向观众致意——没有你们就没有我们”。除在剧目选择上考虑观众的欣赏要求外，戏剧节还以填写调查表的方式请观众来评戏，并站在观众的角度来安排开幕式和闭幕式的形式，尽量减少官场气氛，增加艺术气氛。开幕式、闭幕式都不超过10分钟，简明而隆重，得到了观众的肯定。在票务问题上采取以卖为主以赠为辅，先卖外地，后卖本市，先卖普通观众后赠首长、专家的原则，在一定程度上改变了以往那种“好票都送掉，观众却很少，场里空位多，门口在约票”的局面。一方面体现了为观众服务的精神，另一方面也增加了票款收入，补足筹款之不足，使戏剧节的收支达到基本平衡。

本届戏剧节共有73场演出场次，82 000个座位券，平均上座率为7成弱，约有55000观众人次，其中购票观众约为40000人次，约占实际观众人次的73％。观众中有各省、市、自治区的观摩人员约1250人，有来自苏联、波兰、日本等国的戏剧界朋友，以及一些国家的驻华使馆人员、留学生、侨民等，还有香港同胞。戏剧节期间，中国剧协同文化部统计处一道，对有某种代表意义的6场演出，进行了“观众的基本情况和对演出剧目的反应”的抽样调查。从电脑统计数字看，在观众总数中青年观众约占39％，文化工作者约占52％，这说明本届戏剧节的观众中有近一半是戏剧圈外的社会各界观众，特别是35岁以下的青年人所占比例不小。另外，对演出剧目评价为“好”或“较好”的观众，与评价为“差”的观众，占被调查总数的百分比分别为：由蒲剧、豫剧、秦腔、河北梆子的优秀传统折子戏组合的《梆子荟萃》是95％与0.6％，中国青年艺术剧院在“黑匣子”小剧场演出的《火神与秋女》是96％与0％，湖南湘剧院演出的探索性戏曲湘剧《山鬼》是83％与2％，湖南郴州地区歌舞剧团演出的音乐剧《公寓·13》是78％与2％，江苏省话剧团演出的“造型话剧”、美国奥尼尔的《琼斯皇》是70％与5％，中国铁路文工团话剧团演出的、根据戏曲名著改编的诗剧《寻梦》是66％与6％。这两项的平均值为81.3％与2.6％，从中大体可以看出，绝大多数观众对演出剧目的评价是肯定的。极少数持否定态度的观众中，有的不仅在调查表上划勾，而且还注明他批评这场演出的理由，反映了观众对戏剧事业的关心和爱护。外地一些通过电视观看了演出的观众写信表示祝贺，并热望通过荧屏能看到更多的戏剧节的精采演出。

戏剧节期间，《中国戏剧》、《戏剧电影报》、《戏曲研究》、《戏曲艺术》、《戏剧评论》5家编辑部受委托分别主持了15次座谈会，邀请在京的评论界、新闻界以及演出团对上演剧目进行艺术上的评论和交流。绝大多数座谈会都座无虚席，发言踊跃，意见中肯，对一些剧目如《公寓·13》、《琼斯皇》、《山鬼》等的争论也相当热烈。一些发言提出了对当前戏剧创作带普遍意义的问题。

20多家报纸刊登了有关戏剧节的消息、报道、评介、综述等各类文章100多篇，重点评介的剧目有《山鬼》、《节妇吟》、《契丹魂》、《小桥流水》、《寻梦》、《琼斯皇》、《黑色的石头》、《公寓·13》，以及《军营小品》、《四演〈白蛇传〉》、《梆子荟萃》、《川剧之花》、《京剧新排》等专场和京剧《龙凤呈祥》。《中国戏剧》、《剧本》等戏剧专业刊物以及《瞭望周刊》、《海外学人》等综合性刊物10多家也发表了有关的评介文章和剧照。此外，中央电视台在新闻联播节目中播发了戏剧节开幕的消息，并直播了开幕式和闭幕式，录制了9台演出，制作了“花信风”专题节目《戏剧节幕启幕落》以及《首届中国戏剧节启示录》等，新华社发了通稿，中央人民广播电台和北京人民广播电台也报道和反映了戏剧节的情况，《中国日报》和国际广播电台同时向世界各地报道了戏剧节的盛况。

根据座谈会上和会外专家、观众的反应，戏剧节剧目中受到普遍赞赏、给予很高或较高评价的剧目有9台，一般受欢迎的6台，少数观众欢迎的4台，其中评价一致没有什么争论的14台，有一般争论的3台，有较大争论的2台。

“让戏剧走向社会，走向民间，走向人民群众”——这是首届中国戏剧节的主旨，表明了戏剧界的新的思考和追求。最近几年关于“戏剧观”的讨论取得了很大的成绩，但无论是对“探索戏剧”的争论，还是对“戏剧是人学”命题的研究，还是对新的导演观念、表演观念的实验求索，都还缺少一个最主要、最基本的支点，那就是：当戏剧在社会总格局中的位置发生了巨大变化的形势下，我们应当建立一个什么样的戏剧发展观念？现在，戏剧所面临的局面是严峻的，一方面在多种艺术样式的激烈竞争中戏剧早已失去了“独领风骚”的地位，而只是多元化艺术格局中的一员，尽管仍不失为是重要的一员；另一方面，戏剧从国家包管一切的摇篮中走出来之后，经济状况、经营问题还困扰着每一个戏剧团体。因此，戏剧对艺术理想的顽强追求必须同对社会主义商品经济规律的自觉把握结合起来，必须同努力在社会、在广大群众中建立、稳定、开拓新的戏剧市场结合起来。戏剧艺术独立生存和发展的新途径，就在广大的普通民众中。首届中国戏剧节提出要忠实地反映广大人民群众对戏剧的真正的审美需求，建立起戏剧与普通群众间的相互理解和信任，正说明在努力建立一个新的戏剧发展观。

戏剧要想真正地走向社会、走向民间，取得社会各界和广大观众的支持，特别是经济上的支持，就必须在艺术创作上真正满足他们的欣赏要求。这就要求我们，一方面要热切地关注普通人的生活和命运遭遇，努力探索并描画出他们在追求人的健全发展、实现人的价值和潜能的过程中那种复杂感受和人生体验，创作出具有较高审美价值的艺术精品；另一方面还要尽量地去满足广大群众日益增长的文化娱乐和文化消费需求，创作出大量艺术水平较高的也有娱乐性的戏剧作品，或者是出之以轻松、娱乐而内含着深沉的人生况味的戏剧作品。如果说本届戏剧节的前一种剧目尚不乏优秀作品的话，那么通俗性较强的作品还是太少了。首届中国戏剧节通俗性、娱乐性剧目的缺乏，应当说是它的一个明显的不足。

尽管首届中国戏剧节取得了成绩，但戏剧并没有走出“低谷”,戏剧的“困境”并没有消除。在一个相当长的历史时期内造成戏剧目前状况的各种社会条件似乎不会有大的改变，因而这种“低谷”、“困境”也就成了戏剧生存和发展的常规环境。矢志不渝地投身戏剧事业、追求真正的人生价值的人们，既不必悲观，也不能急躁，坦率地承认当前文艺事业所处的实际状况，并依此找到自己的立足点和发展方向，坚持不懈地奋斗下去，戏剧艺术是不会消亡的，在众多艺术样式的竞争中，戏剧必将成为不可缺少的一个品种，成为人们最宝贵的精神食粮之一。

附：首届中国戏剧节演出剧目

一、话剧

1.《天下第一楼》（北京人民艺术剧院）
2.《小桥流水》（贵州省铜仁地区文工团）
3.《欲望号街车》（天津人民艺术剧院）
4.《琼斯皇》（江苏省话剧团）
5.《黑色的石头》（黑龙江省大庆市话剧团）
6.《小品》（解放军专业话剧艺术团体联合演出）
7.《决战淮海》（中国人民解放军总政治部话剧团）
8.《寻梦》（中国铁路文工团话剧团）

二、戏曲大戏

1.《南唐遗事》（北方昆曲剧院）
2.《契丹魂》（吉林省长春市评剧院）
3.《山鬼》（湖南省湘剧院）
4.《节妇吟》（福建省梨园戏实验剧团）

三、戏曲折子戏

1.川剧之花

《三祭江》（重庆市川剧院·沈铁梅主演）
《乐羊子》（重庆市川剧院·天池主演）
《西关渡》（重庆市川剧院·赵又愚主演）
《醉写沉香》（四川省川剧院·杨昌林主演）
《六月雪》（四川省川剧院·何玲主演）
《怀玉惊梦》（四川省川剧院·蓝光临主演）

2.梆子荟萃

《大刀王怀女》（北京河北梆子剧团·李二娥主演）
《哭楼·路遇》（河南清芬豫剧团·王清芬主演）
《苏三起解》（山西省运城蒲剧团·武俊英主演）
《鬼怨·杀生》（陕西戏曲研究院·李梅、萧英主演）

3.四演《白蛇传》

《游湖》（上海昆剧团）
《盗草》（江西省赣剧团）
《金山寺》（四川省川剧院）
《断桥》（浙江省婺剧团）

4.京剧新排

《三岔口》（天津青年京剧团·王立军、石晓亮主演）
《晨钟惊梦》（北京京剧院·王蓉蓉主演）
《壮别》（北京军区战友京剧团·叶少兰、李长春主演）

四、歌剧

《公寓·13》（湖南省郴州地区歌舞剧团）

五、小剧场话剧

《火神与秋女》（中国青年艺术剧院）

六、吉祥戏

京剧《龙凤呈祥》（中国戏曲学院）

七、综合晚会（以各剧种获梅花奖的演员为主组织的演唱会）

·全国性（或数省联合）评奖·

第五届梅花奖

（5月16日发奖）

评选委员会名单

顾　问：曹禺　张庚　吴雪　阿甲　张君秋

委　员：（按姓氏笔划为序）

丁海鹏　于是之　方杰　王贵　王育生　邓兴器　叶锋　刘乃崇
刘有宽　刘诗嵘　刘厚生　丛兆桓　吕瑞明　曲六乙　安志强　李超
李汉飞　李庆成　李维新　李紫贵　陈刚　陈颙　严正　沈达人
张颖　张仁里　张梦庚　杨毓珉　周来　林兆华　赵寻　胡沙
俞琳　钮骠　夏淳　徐晓钟　顾鸣竹　郭汉城　龚和德　舒强
游默　霍大寿

获奖演员名单

（以得票多少为序，名下所列为1987年在京演出的主要剧目及角色）

戏　曲

冯玉萍　评剧现代戏《风流寡妇》中饰吴秋香；《牧羊圈》中饰赵锦棠

石小梅　昆剧《题画》中饰李香君；《游殿》中饰张珙

杨至芳　京剧《岳飞夫人》中饰岳飞夫人；《王昭君》中饰昭君；《祭江》中饰孙尚香

武俊英　蒲剧《苏三起解》中饰苏三；《送女》中饰周兰英

马玉璋　京剧《挑滑车》中饰高宠；《长坂坡·汉津口》中饰赵云、关公

宋丹菊　京剧《改容战父》中饰万香友；《扈家庄》中饰扈三娘

刘芸　川剧《田姐与庄周》中饰田姐；《红楼惊梦》中饰秦可卿

蔡瑶铣　昆剧《女弹》中饰张三姑；《跪池》中饰柳氏；《寄扇》中饰李香君

赵葆秀　京剧《八珍汤》中饰孙淑琳；《李逵探母》中饰李母

霍俊萍　五音戏现代戏《石臼泉》中饰鲁丫

戴春荣　秦腔《卓文君》中饰卓文君

马少良　京剧《响马传》中饰秦琼；《长坂坡》中饰赵云；《八大锤》中饰陆文龙

高翠英　晋剧《凤台关》中饰张秀英；《赠剑》中饰百花公主

刘秀荣　评剧《宝玉与黛玉》中饰宝玉；《杨三姐告状》中饰杨三姐

王奉梅　昆剧《题曲》中饰乔小青；《絮阁》中饰杨玉环

话　剧

奚美娟　《中国梦》中饰明明

宋国锋　《秦始皇》中饰秦始皇

野芒　《中国梦》中饰五个角色：志强、郝志强、外祖父、马克、记者

韩童生　《命运的拨弄》中饰卢卡申

张秋歌　《红茵蓝马》中饰列宁；《高加索灰阑记》中饰阿兹达克

歌　剧

刘维维　《蝴蝶夫人》中饰平克尔顿；《卡门》中饰唐·何塞

第五届梅花奖授奖和获奖演员演出

第五届《中国戏剧》（原《戏剧报》）梅花奖授奖活动和本届获奖演员的演出晚会于5月16日至18日在北京隆重举行。

本届梅花奖评选活动在去年底开始酝酿、筹备，3月7日评委会对筛选以后的近40名正式候选人进行最后表决，共评出15名戏曲演员、5名话剧演员、1名歌剧演员，包括京剧、昆剧、评剧、蒲剧、川剧、五音戏、秦腔、晋剧、话剧、歌剧共10个剧种，覆盖北京、辽宁、江苏、湖北、山西、四川、山东、陕西、天津、河北、浙江、上海共12个省、市。

5月16日在人民剧场举行隆重的发奖大会。出席发奖大会的有中共中央书记处书记芮杏文、人大副委员长朱学范、中宣部副部长王维澄、文化部副部长高占祥、广播电影电视部副部长陈昊苏、北京市副市长张百发、江苏省副省长杨泳沂、河北省副省长王祖武以及荣高棠、戎子和等。出席发奖大会的首都文艺界领导人及知名人士有曹禺、张庚、郭汉城、吴祖光、刘厚生、冯牧、吴雪、舒强、张君秋、赵寻等。梅花奖评委会委员也出席了发奖大会。出席发奖大会的还有赞助单位的负责人及代表张秉琪、张文福、谢俊华、刘智初以及徐美娣、温伟平、毕月英、吉永泉、王富远、鞠湘奇、李鸿池、王成典、张大勇、杨法新、任红等。

中国剧协艺委会主任、本届梅花奖评委会主任、著名导演艺术家舒强宣布发奖大会开始。中国剧协常务理事、首届梅花奖获得者、著名京剧表演艺术家叶少兰主持发奖仪式，宣读全国妇联主任康克清的题词：“为繁荣戏剧艺术培育人才”。中央领导及老戏剧家向演员颁发获奖证书和印有绘画大师吴作人先生所作红梅的特制瓷盘，大会向赞助单位的代表赠送了纪念品乌框白底红梅相映照的镜框。

发奖仪式结束，获奖演员进行首场演出。武俊英主演蒲剧《苏三起解》选场，杨至芳主演京剧《祭江》选场，宋丹菊主演京剧《扈家庄》选场，赵葆秀主演京剧《李逵探母》选场，马玉璋主演《长坂坡·汉津口》选场，马少良主演《响马传·观阵》选场。

5月17日，中国剧协、本届梅花奖评委会及《中国戏剧》编辑部在北京饭店举办联欢茶话会。近500位戏剧界人士和赞助单位代表赴会。茶话会上，获奖演员领取了奖金和烟台北极星钟表（集团）公司提供的奖品石英钟。获奖代表和赞助单位代表先后致词。当晚举行第二场演出——评剧专场，由本届梅花奖获得者冯玉萍主演《牧羊圈》选场，刘秀荣主演《乾坤带·金殿》选场，首届梅花奖获得者谷文月主演《花为媒·花园》选场。

18日晚演出了昆曲专场和京剧专场。昆曲专场由本届梅花奖获得者石小梅和王奉梅主演《琴挑》，蔡瑶铣主演《货郎旦·女弹》选场。京剧专场由本届梅花奖获得者宋丹菊演出《扈家庄》，杨至芳演出《祭江》，马少良主演《观阵》，赵葆秀演出《李逵探母》，马玉璋演出《长坂坡·汉津口》。

18日上午《中国戏剧》编辑部还邀请首都戏剧家与获奖演员进行座谈。戏剧界老前辈和著名专家、学者张庚、刘厚生、李超、曲六乙、王正和编辑部副主编霍大寿、王育生参加座谈会，热情祝贺获奖演员，充分赞扬，肯定成绩，又语重心长地指出了不足，对他们今后努力的方向恳谈各自的见解。

全国文艺集成志书工作首届表彰会

（全国艺术科学规划领导小组10月23日发奖）

一、先进集体（戏曲部分）

中国戏曲音乐集成：

北京卷　河南卷　贵州卷

中国戏曲志：

天津卷　山西卷　辽宁卷　吉林卷　黑龙江卷　福建卷　安徽卷　山东卷　湖北卷　湖南卷　广东卷　广西卷　西藏卷

二、荣誉奖（168名）

三、先进工作者（187名）

四、纪念奖（3171名）

第四届全国优秀剧本奖

（7月6日发奖）

评奖委员会名单

主　任：曹　禺

副主任：胡　可　郭汉城　张　颖

委　员：（以姓氏笔划为序）

王安葵　方　杰　田本相　李庆成　李　钦　何孝充　吴乾浩　张书义

范　溶　温广鲤　谭霈生　颜振奋

获奖剧本名单

（以得票多少为序）

戏　曲

《南唐遗事》（昆曲）

作者：郭启宏　北京北方昆曲剧院

《风流寡妇》（评剧）

作者：董振波　辽宁省沈阳市评剧院

《田姐与庄周》（川剧）

作者：徐　棻　四川省成都市川剧院三团

胡成德　四川省成都市川剧院三团

《邯郸梦记》（赣剧）

作者：舒　羽　江西省《影剧新作》杂志

《倒霉大叔的婚事》（豫剧）

作者：齐　飞　河南省许昌市文联

《曹操与杨修》（巴陵戏）

作者：陈亚先　湖南省岳阳地区文化局戏工室

《节妇吟》（梨园戏）

作者：王仁杰　福建省梨园戏剧团

歌　剧

《深宫欲海》

作者：冯柏铭　湖南省湘潭市歌剧团

话　剧

《黑色的石头》

作者：杨利民　黑龙江省大庆市文化局

《狗儿爷涅槃》

作者：刘锦云　北京人民艺术剧院

《大趋势》

作者：张晓然　广州军区战士话剧团

《四十不惑》

作者：黄小振　山东省青岛市文联

《洒满月光的荒原》

作者：李龙云　北京人民艺术剧院

《古塔街》

作者：李　杰　吉林省艺术研究所

《决战淮海》*

作者：所云平　总政话剧团

王朝柱　总政歌剧团

刘　星　总政话剧团

《榆树屯风情》*

作者：郝国忱　吉林省戏剧创作评论室

（注：*票数相等，按笔划多少排列）

全国部分省、市喜剧
小品“三鱼杯”
电视邀请赛话剧小品赛

（7月8日揭晓）

主办单位：中央电视台、辽宁电视台

获奖名单

金　奖

《书香门第》（解放军艺术学院戏剧系）

《“夸”爸爸》（沈阳军区抗敌话剧团）

银　奖

《战友情》（北京军区战友话剧团）

《相亲》（海军政治部电视剧制作中心、解放军艺术学院戏剧系联合演出）

《夺旗》（广州军区战士话剧团）

铜　奖

《球迷》（辽宁人民艺术剧院）

《送礼》（山东艺术学院）

《夏》（沈阳军区抗敌话剧团）

优秀奖

14名

“咸阳杯”西北五省（区）
秦腔新秀电视大赛

（9月26日发奖）

获奖名单

一等奖

赵改琴（陕西，《三娘教子》中饰王春娥）

肖　英（陕西，《杀生》中饰李慧娘）

雒爱丽（陕西，《拾玉镯》中饰孙玉姣）

熊小玲（新疆，《三堂会审》中饰苏三）

李小峰（陕西，《白逼宫》中饰汉献帝）

杨　珺（陕西，《双锁山》中饰刘金定）

王化武（陕西，《借扇》中饰孙悟空）

耿建华（陕西，《杀庙》中饰韩琦）

谭建勋（甘肃，《斩姚期》中饰刘秀）

二等奖

张宝卫（陕西，《小宴》中饰吕布）

丁良生（陕西，《打镇台》中饰王镇）

张江中（甘肃，《徐策跑城》中饰徐策）

李　娟（陕西，《杨七娘》选场中饰杨七娘）

刘　青（青海，《鬼怨》中饰李慧娘）

樊　军（陕西，《戏妖》中饰孙悟空化身）

李发牢（陕西，《赶驾》中饰赵匡胤）

孙存蝶（甘肃，《拾黄金》中饰胡来）

徐乃平（青海，《小宴》中饰吕布）

张东升（甘肃，《伐子都》中饰子都）

刘美丽（陕西，《痴梦》中饰崔氏）

赵会生（陕西，《包公赔情》中饰包拯）

乔慷慨（陕西，《荒郊义救》中饰仁义）

雷通霞（甘肃，《打神告庙》中饰敫桂英）

柳　萍（宁夏，《打神告庙》中饰敫桂英）

郭　军（陕西，《火烧裴元庆》中饰裴元庆）

谢建伟（新疆，《虎口缘》中饰贾莲香）

屈巧哲（青海，《赶坡》中饰王宝钏）

三等奖

傅飞社（陕西，《拾黄金》中饰金串串）

王　炜（新疆，《痴梦》中饰崔氏）

杨斌善（甘肃，《界牌关》中饰罗通）

蔡征征（甘肃，《窦娥冤杀场》中饰窦娥）

王粉莉（陕西，《卖酒》中饰李凤姐）

吕秋娟（青海，《辕门斩子》中饰杨延景）

李晓鸣（新疆，《包公赔情》中饰包拯）

孔桂玲（甘肃，《逃国》中饰伍子胥）

王　青（甘肃，《乾元山》中饰哪吒）

张莉莉（青海，《杀狗》中饰焦氏）

杨建儒（甘肃，《后三对》中饰包拯）

王卫东（新疆，《拷寇》中饰陈琳）

同　超（青海，《杀驿》中饰吴承恩）

王　瑛（新疆，《周仁回府》中饰周仁）

雷玉玲（甘肃，《周仁回府》中饰周仁）

刘红梅（宁夏，《赶坡》中饰王宝钏）

王景琪（宁夏，《扛井桩》中饰赵云）

王　欣（宁夏，《三岔口》中饰刘利华）

许国林（宁夏，《三岔口》中饰任堂会）

李凤云（宁夏，《扈家庄》中饰扈三娘）

张春阳（甘肃，《挂画》中饰含嫣）

第二届“田汉戏剧奖”

（10月发奖）

主办单位：《上海戏剧》、《安徽新戏》、《戏文》、《戏剧丛刊》、《剧影月报》、《福建戏剧》、《影剧新作》

承办单位：江西省《影剧新作》

获奖名单

剧　本

等　级	作品名称	作　者	发表刊物
一等奖	《死罪》	金振家	《影剧新作》
二等奖	《眷恋》	翟剑萍、王厚强	《戏剧丛刊》
	《武夷狐疑》	林之行	《福建戏剧》
	《榆钱树下》	刘桂城	《戏剧丛刊》
	《血狐帕》	田耕勤	《安徽新戏》
	《煎石记》	赵秀华、汤印昌（执笔）	《福建戏剧》
	《讨饭国舅》	谭　伟	《戏文》
	《风流母女》	马中原、刘兴中	《剧影月报》
	《冷水湾人家》	张小友	《戏文》
三等奖	《郎当索》	胡桔根	《影剧新作》
	《徽骆驼》	柯灵权	《安徽新戏》
	《天堂闲梦》	轻　羽	《剧影月报》
	《生命》	陈长文　谷　水　张正奕	《安徽新戏》
	《花妹》	方家骃	《影剧新作》

评　论

一等奖　《1986年上海剧坛一瞥》

本刊评论员　《上海戏剧》

二等奖　《戏曲形式的符号结构及其民族特性》

陈贻亮　《福建戏剧》

《话剧本体探寻》　邹　平　《上海戏剧》

《新冲突的结构式》　禾　子　《影剧新作》

《认识你自己》　李潮洋　《戏剧丛刊》

《中国“荒诞剧”小议》

陆　炜　《剧影月报》

《关于话剧历史问题的思考》

安　子《安徽新戏》

《“三者并举”方针推动着戏曲艺术的复苏》

吴乾浩《戏文》

《西剧崇拜与观念错觉》

万书元　《剧影月报》

三等奖　《民族戏曲与“荒诞派”》

纪　勤　《戏文》

《汤显祖研究的反思》

蒋星煜　《上海戏剧》

《信息时代的话剧表演样式》

花　建　《上海戏剧》

《艺术和哲学的和谐统一》

马　驰　《福建戏剧》

《从文学的双重主客体性谈戏剧观念的转变》

栾贻信　《戏剧丛刊》

全国中青年豫剧演员电视大选赛

（10月揭晓）

主办单位：河南省文化厅、河南电视台、中国经营报

获奖名单

最佳演员奖

中年组：虎美玲（郑州市豫剧二团）
牛淑贤（河北邯郸东风豫剧团）
张宝英（安阳市豫剧团）
赵　峰（西安市豫剧团）
吕荣华（西安市豫剧团）
许青枝（洛阳市豫剧团）

青年组：小香玉（河南省豫剧一团）
李喜华（湖北襄阳豫剧团）
柏　青（南阳市豫剧团）
杨　华（山西阳泉市豫剧团）
汪全珍（河南省豫剧一团）
党玉倩（河南商水县豫剧团）

优秀演员奖

中年组：郭应先（郑州市豫剧团）
芦兰香（河南省豫剧三团）
谷秀荣（河南省豫剧一团）
芦　军（武汉市豫剧团）
赵玉英（河南省豫剧二团）

王　杰（河南方城县豫剧团）

青年组：江团结（周口地区豫剧团）

王　慧（河南省豫剧一团）

章　兰（山东聊城市豫剧团）

曹亚林（南阳市豫剧团）

宋晓波（周口地区豫剧团）

王晓卉（南阳市豫剧团）

全国越剧青年演员电视大选赛

（中央电视台主办）

获奖名单

小生组（10月29日评选揭晓）

最佳表演奖：

赵志刚（上海越剧院）

夏赛丽（浙江小百花越剧团）

郑国风（江苏无锡市越剧团）

周　明（浙江越剧院三团）

优秀表演奖：

方雪雯（浙江小百花越剧团）

王　蓓（江苏无锡市越剧团）

钱丽亚（上海越剧院）

张卫忠（浙江越剧院三团）

老生组（11月3日评选揭晓）

最佳表演奖：

董柯娣（浙江小百花越剧团）

优秀表演奖：

华渭强（浙江越剧院三团）

乐彩珍（浙江舟山市越剧团）

老旦组（11月3日评选揭晓）

最佳表演奖：

胡敏华（上海越剧院）

优秀表演奖：

陈少君（江苏省南京市越剧团）

小丑组（11月3日评选揭晓）

最佳表演奖：

陶　卉（贵州省贵阳市越剧团）

优秀表演奖：

陈依娜（浙江舟山市越剧团）

花旦组（11月5日评选揭晓）

最佳表演奖：

何　英（浙江小百花越剧团）

吴素英（浙江绍兴小百花越剧团）

黄依群（浙江小百花越剧团）

陈　颖（上海越剧院）

优秀表演奖：

颜　恝（浙江小百花越剧团）

王雅美（江苏镇江市越剧团）

应　虹（江苏无锡市越剧团）

李　敏（福建省芳华越剧团）

第一届“振兴话剧奖”

（11月22日揭晓）

主办单位：中国话剧艺术研究会

获奖名单

荣誉奖：

黄佐临　于是之　李默然　朱　琳

优秀编剧奖：

白峰溪　刘锦云　沙叶新　刘树纲　李龙云
赵　寰　杨利民　欧阳逸冰　高行健　李　杰
沈虹光　郝国忱

集体优秀编剧奖：

山东话剧团创作小组（翟剑萍、茅茸、刘庆元）

优秀导演奖：

徐晓钟　夏　淳　陈　颙　张奇虹　林兆华
陈　坪　文兴宇　宋英杰　丁　尼　胡伟民
王　贵　欧阳山尊　王延松　罗锦鳞　娄乃鸣

优秀演员奖：

林连昆　吕　齐　雷恪生　覃　琨　李若君
奚美娟　魏宗万　任宝贤　辛　薇　韩静如
瞿弦和　王淑英　张　炬　刘国祥　卢吉兰
徐　雷　滕　英　方掬芬　李野萍　胡美珍
傅亚男　连德枝　李　放　王　巍　白之光
黄小立

京剧新剧目汇演

（12月30日发奖）

主办单位：文化部

获奖名单

优秀京剧新剧目奖（以得票多少为序）

《曹操与杨修》（上海京剧院）
《甘棠夫人》（中国京剧院）
《洪荒大裂变》（武汉市京剧团青年实验剧团）
《潘月樵传奇》（上海京剧院）
《金翅大鹏》（天津市京剧三团）
《膏药章》（湖北省京剧院）
《香港行》（中国京剧院）
《红菱艳》（江苏省京剧院）

优秀京剧新剧目（折子戏）奖（以得票多少为序）

《晨钟惊梦》（北京京剧院）
《天女散花》（天津市青年京剧团）
《六月雪》（上海京剧院）

京剧新剧目奖（排名不分先后）

《草莽劫》（中国京剧院、天津市青年京剧团联合演出）
《调寇审潘》（中国京剧院）
《探母吟》（天津市京剧团）
《抉择》（辽宁省抚顺市京剧团）
《梁红玉》（北京京剧院）
《明月清风》（贵州省贵阳市京剧团）
《原野》（甘肃省京剧团）

京剧新剧目（折子戏）奖（排名不分先后）

《一捧雪》《哭坟》（北京京剧院）
《三岔口》《凤吉公主》（天津市青年京剧团）
《五坡岭》《夜探浮山》《打神告庙》（上海京剧院）

优秀编剧奖（以得票多少为序）

陈亚先（《曹操与杨修》编剧）
范钧宏（《调寇审潘》编剧）

优秀导演奖（以得票多少为序）

马　科（《曹操与杨修》总导演）
余笑予（《膏药章》导演）

优秀表演荣誉奖

张春华（《草莽劫》中饰阮小七）

优秀表演奖（以姓氏笔划为序）

冯志孝（《调寇审潘》中饰寇准）
关　怀（《潘月樵传奇》中饰潘月樵）
朱世慧（《膏药章》中饰膏药章）
何　澍（《洪荒大裂变》中饰大禹）
言兴朋（《曹操与杨修》中饰杨修）
张幼麟（《金翅大鹏》中饰大鹏鸟）
张曼玲（《甘棠夫人》中饰甘棠）
陈霖苍（《原野》中饰仇虎）
尚长荣（《曹操与杨修》中饰曹操）
杨淑蕊（《梁红玉》中饰梁红玉）
黄孝慈（《红菱艳》中饰郛菱姐）

优秀青年演员奖（以姓氏笔划为序）

王蓉蓉（《晨钟惊梦》中饰杜十娘）
李占华（《潘月樵传奇》中饰花凤仙）
李佩红（《凤吉公主》中饰凤吉公主）
陈淑芳（《香港行》中饰严小莉）
胡小毛（《金翅大鹏》中饰孙悟空）
奚中路（《夜探浮山》中饰贺天保）
袁英明（《六月雪》中饰窦娥）
徐美玲（《香港行》中饰麦露娜）
雷　英（《天女散花》中饰天女）

优秀配角奖（以姓氏笔划为序）

郑　岩（《调寇审潘》中饰班头）
熊志麟（《潘月樵传奇》中饰张老财）

优秀作曲奖

关雅浓（《晨钟惊梦》作曲）

优秀舞台美术设计奖（以得票多少为序）

徐福德（《曹操与杨修》布景设计之一）
张惠康（《曹操与杨修》布景设计之一）
吴明耀（《曹操与杨修》布景设计之一）
胡冠时（《打神告庙》舞美设计）

优秀服装设计奖

张希娥（《甘棠夫人》服装设计）

优秀灯光设计奖

王念章（《曹操与杨修》、《六月雪》灯光设计）

优秀音响设计奖

刘晓林（《洪荒大裂变》音响设计）

优秀伴奏集体奖（以得票多少为序）

《抉择》乐队（辽宁省抚顺市京剧团）
《晨钟惊梦》乐队（北京京剧院）
《天女散花》乐队（天津市青年京剧团）

探索演出（选例）

《桑树坪纪事》（话剧）

编剧：陈子度、杨健、朱晓平
导演：徐晓钟、陈子度
舞美设计：刘元声、慕百锁、霍起弟、卢一
演出：中央戏剧学院表演系88届干修班
主要演员：
李金斗——崔景富、王奎荣
许彩芳——刘远、蒋宝英
榆　娃——张晓春、贾新光
李福林——王巍、谢钢
月　娃——任冶湘、朱景芳
陈青女——宋迎秋、杜宁林
王志科——祁宝泉、苏金榜
李金明——舟帆、孙继堂
朱晓平——钟浩、杨亚州
剧情梗概：

“桑树坪”是西部黄土高原的一个封闭、苍凉的小村。麦收即将来临，一声惊雷，天空中骤然集起团团乌云，眼看快到嘴的麦子就要毁于一旦。村民们拥挤在山塬上呼天喊地地赶雨，希望将这无情的灾难转降给别人。

生产队长李金斗为全村人的温饱，可以与县革委的“脑系们”和估产队干部软磨硬泡，讨价还价，为村里人的利益，又能欺行霸市迫使外乡来的麦客们廉价出卖劳动力。

金斗的大儿媳彩芳新婚丧夫，18岁守寡，内心始终充满着对自由和爱情的渴望。当她对那个活跃健壮的年轻麦客榆娃萌发纯真的爱情、双双约定远走高飞去平凉时，遭到了以李金斗为首的桑树坪村民们的“围猎”。

为了村民李金财家患有阳疯病的福林不误娶亲，金斗出主意，用福林的妹妹小月娃给福林换来了远近闻名的俊婆姨青女。面对疯丈夫，青女依然竭尽贤妻之道。

王志科是桑树坪唯一外姓人，善良忠厚，在那极左年代，却被扣上“杀人嫌疑犯”的罪名。队长李金斗逼得王志科家破人亡，将其家传产业转回到李姓人手中。

老黄牛“豁子”是饲养员李金明的心尖尖，在桑树坪人眼里，没有比牛更为珍惜的了。然而，他们终于有一天竟在万般无奈中近似疯狂地亲手打死了“豁子”。

在一个黑蒙蒙的夜晚，12岁的月娃强忍着泪水冲出了家门，李金斗拉着月娃向土坡走去，投进了寂静的黑夜。突然，一声凄厉的叫喊，福林手中拿着月娃留下的小转转从窑洞追出，喊着“我要妹子”，“我要妹子”。

在一个黎明，断了腿的李金斗望着村头那口古老的唐井默默地沉思。

（匡映辉）

在兼容与结合中嬗变

——话剧《桑树坪纪事》实验报告

徐晓钟

桑树坪纪事
导演徐晓钟
徐方方 摄

我一直想通过一台戏的演出（甚至包括剧本创作）表述自己这几年对戏剧发展的思索：继承现实主义戏剧美学传统，在更高的层次上学习我国传统艺术的美学原则，有分析地吸收现代戏剧（包括现代派戏剧）的一切有价值的成果，辩证地兼收并蓄，以我为主，孜孜以求戏剧艺术的不断革新。1986年冬，我选中了朱晓平的桑树坪系列小说的3个中篇——《桑树坪纪事》、《桑塬》、《福林和他的婆姨》作为实验的文学基础小说深深地触动了我，它不仅使人看到我们民族非凡的韧性和生存力，而且对民族命运作了勇敢的反思，具有深刻的历史内涵，我认为这是一部在深层意义上呼唤改革的作品。我先后和主要创作人员、演员两次进入西北山区学习，熟悉并贴近了小说中的人物，加深了对原作的理解，并串起了我们自己的生活积累与对生活的思索。生活使我们获得了创作的诗情。话剧《桑树坪纪事》的剧本改编是按我所确定追求的美学原则，在统一的构思下由陈子度、杨健和小说原作者朱晓平3位年轻同志执笔的，陈子度还参加了导演工作。

（一）五千年梦魂的呼唤

桑树坪——历史的活化石

朱晓平笔下的这个西北山区小村——桑树坪，尽管离现代化城市只有4至6小时的汽车路，却因几层大山的阻隔而被封闭起来。那贫瘠苍凉的山塬、那唐代摩崖佛像以及笨重简陋的木轮车，使人想起远古，远古的灿烂文化，远古的蛮荒。在这块"活化石"中凝固着黑暗而漫长的中国封建社会及农民千年命运的踪迹，一方面是李金斗、金明、榆娃、彩芳这些忠厚农民和自然环境、和贫穷的艰苦卓绝的搏斗，另一方面是那闭锁、狭隘、保守、愚昧的封建落后的群体文化心理。桑树坪的先民用自己瘦骨嶙峋的脊背肩负着民族生存和发展的重压，为黄土高原的文明奠定了基础，而桑树坪人自己却仍留在闭锁、愚昧与贫穷的蛮荒之中。这块因封闭而留下的"活化石"可以提供人们领悟民族命运的内蕴。

那年月，三条绳索的捆束

当众叔伯哄劝月娃出门时，12岁的月娃要求说："妈，我不出门行呀不？"青女见人就问："女人是人呀不？……"这种发问在桑树坪是无意义的。几千年来就是这样，象山里人唱的："娶下婆姨做什哩？白天烧锅做饭哩，夜里奶上歇乏哩，炕上养娃做月哩。"桑树坪人把这种摧毁人性的买卖婚姻、收养童养媳、易妹换妻及丑陋的转房亲，视作天经地义的事情，历来如此的。

桑树坪的农民还表现出一种强烈的宗族观念，排外和狭隘的自私心理很重，这种宗族的排外冲突往往表现得十分野蛮、残酷；为了两孔破窑，可以叫王志科这个外姓人家破人亡！

李金斗常常为小利和别人争斗。小说作者写道："些许小利？他们不为些许小利又为什么？苦劳苦作熬磨营生，得来的不就是些许小利吗？生活在这贫瘠闭塞小山村的庄稼人，要挣来这些许小利，也要经过一番多么艰难的挣扎啊！"我们到山区生活时，结识过几个不幸婚姻的中年妇女，基本都是由于女家收了男家五百块（后来是八百块）的财礼，而从此落入了深渊。几百块钱葬送一个女子的爱！一个个有血肉的生灵就这样活活地被吞噬了！

从空间上讲，桑树坪是一个闭锁的西北小村，从时间上讲，它处在极左路线猖獗的年代，这时空的交叉处汇聚着捆束桑树坪人的三根绳索：封建主义的蒙昧，极左思潮和习气以及物质生活的贫穷。它使桑树坪人盲目而麻木地相互角逐和厮杀，制造着别人的也制造着自己的惨剧。

桑树坪人爱牛如子，惜牛如命，可县上的"脑系们"为庆祝革委会成立要杀牛吃，逼着他们卖老耕牛"豁子"，于是一场惊天动地的围猎"豁子"的惨剧发生了，桑树坪人打死了"豁子"，也打死了自己生存的希望。这场惨剧发生之前，桑树坪人也是这样"围猎"了王志科，把这个善良的外姓人捆绑入狱。在封建主义和极左路线交织的罗网里，"桑树坪人"就是这样相互戕害，所谓相互戕害，实质上也是自戕！

李金斗，怎么说他才好！

李金斗，这个桑树坪的"山大王"是中国封建文化心理的一种典型；历史的、文化及政治的诸种复杂因素，铸成了这个基层干部的形象。作为一队之长，他象母鸡护小鸡一样护卫着全村老小几十口的生计，他也常常出自"好心"地为村人奔走婚丧嫁娶，然而他身上的封建宗法家族观念、婚姻伦理道德观念和狭隘闭锁等历史积淀下来的文化心理，以及他身上的"左"的积习，使他可爱、可怜又可恨。在"乌龙"（即暴雨）面前、在估产队、县革委的"脑系"面前，他是一只被人抽打的羔羊，然而在彩芳、榆娃、麦客及外姓人王志科面前，他又是吞噬生灵的一只恶虎！这个李金斗，怎么说他才好呢？！

小桑树坪和大桑树坪

我以为小说作者的视野既超越了一个西北的小村，也超越了极左路线猖獗的一个年代。他把自己的焦距对准桑树坪这些默默无闻的小民，是要通过他们来认识我们的历史和今天。他写的是小桑树坪，观照的是大桑树坪，桑树坪人身上有的某些性格基质、文化心态，我们身上有过，或者现在也还有；桑树坪人的命运，我们有过，或许也还可能有。《桑》剧全体创作人员怀着对我们民族——苦难母亲的赤子之爱，来改编这部小说并把它呈现在舞台上，希望通过李金斗和他的村民们的命运引发人们对五千年中华民族文化心理的反思，激发自己的民族自强意识，希望《桑》剧的演出能折射出改革的必要性和迫切性。

（二）以我为主，辩证地兼收并蓄

兼有叙述体戏剧及戏剧性戏剧的特征

《桑》剧保留了原小说"人物绣像式"的结构，虽只几个人物，几场围猎，但内在的哲理和情绪韵致贯通，揭示了民族命运的内涵。没有中心事件贯串全剧，明显的三个乐章，在结构上可能给人某些纪实性的真切感，小说中作者的叙述和评点，一部分由歌队承担了。叙述体戏剧所追求的"陌生化效果"是通过场面与场面、段落与段落的组接和排列顺序来体现的。

老耕牛"豁子"和外姓人王志科的命运模式是共同的，都是在桑树坪被"围猎"而亡的，看起来是桑树坪人在戕害另外两个生灵，实质上都是桑树坪人的自戕。然而桑树坪人对这两个生灵的态度是不一样的，"打牛"一场，桑树坪人是疯狂的、愤怒的；对待捆绑王志科入狱是冷漠的、麻木的。为了揭示悲剧的这一内涵，引起观众的惊觉，我们把这两条线索交叉组接如下："批斗王志科"、"王志科在亡妻坟上哭坟"、"李金斗在密告王志科的状子上按了手印"，插入"饲养员金明护牛"，再接"逮捕王志科"，最后接"打牛"。我希望通过这样的组接，能给这些日常生活的片断赋予更多的历史反思的内涵。在段落或场面的内部基本上是戏剧性戏剧的特征，即展现人物在规定情境中的冲突与行动，大体上遵循创造现实幻觉的原则，追求共鸣与感应；而在某些具有象征因素的舞台调度和细节的处理上，则含有陌生化效果的成分。如李金斗象牲口一样驮着估产队干部在地上爬行，月娃在出门前戴着猴面具在众叔伯面前耍猴戏等。我想，这样既可发挥叙述体戏剧的特长，增强戏剧的思索品格，又可不过多地打扰观众的欣赏习惯。

"情"与"理"的结合

在剧场艺术实践中我观察到，运用布莱希特的理论时，如果割裂了"情""理"的辩证关系，造成对"情"的忽视，往往使观众对剧场里的一切产生冷漠，不仅是情感的冷漠，也导致理性思索的冷漠。导演对观众欣赏戏剧时的情理自然逻辑过分生硬的干预，会给观众的欣赏带来困惑，降低观剧审美的愉悦。我以为，仔细研究中国传统戏曲情理交融的美学观，可能有助于我们加强戏剧思索品格的追求。在《桑》剧中，我希望通过观众对人物命运的贴近、关注与共鸣激发观众思索。我想，在剧场里观众不激动是不可想象的，问题在于是对人物表层的悲欢离合的激动，对戏剧外部情节的激动，还是对人物命运的激动与由此引起的哲理思索的激动。从生活的逻辑来讲这两者是难以割断或对立的，我试图追求偏向后者的倾斜，即重视观众的理性思索，然而应该是不脱离情感激动的思索。

"情"与"理"的结合我想最基本的应该体现在演员的表演上。在《桑》剧里，演员与角色，演员与观众的关系呈现出十分活跃的状况，演员既是作为艺术形象的剧中人，又是作为对自己扮演的人物进行理性评价的中介。有时要求演员与角色的统一，强调共鸣感应；有时又要求演员与角色的间离，强调演员对角色的评价，要求与观众有多种的适应。然而我们在排演过程中首先要求演员遵循"在体验基础上的再体现"的原则，以真挚的体验作为各种表演原则、表演心理状态的基础。即使是在用表现原则的场面或表现性语汇里（如"捉'奸'"、"打牛"），原则和形式是诗化的，也要求演员情感的逼真与情绪的纯真。无论是强调演员与角色的统一或是演员对角色持鲜明的评价意识，演员对人物命运以及超脱于具体人和事的哲理思索，都应该怀有艺术家自己的真挚、炽热的感情。

然而，在《桑》剧中我们也不提倡舞台上泛情。我习惯于要求演员在表演时或明或暗地传达出自己对角色的评价，即渗透出演员对自己人物的行为、命运的态度和情感。我认为，演员表演角色时怀有评价意识是在所有流派（包括斯坦尼斯拉夫斯基的心理现实主义）的表演实践中都存在的，只是在不同艺术家的理论与实践中对这种意识的性质、程度和体现形式要求不同罢了，有的是直接传递，有的则是间接暗示。在《桑》剧中有许多表演环节要求演员有更鲜明的评价。如李金斗在全剧有三次抱头痛哭：一次是在估产队面前发了急，演员在心里善意地笑李金斗急中生智鬼点子多；再一次是在彩芳当着全村人不认他作爹时他要无赖，演员是要让观众看到李金斗这副令人恶心的下作的嘴脸；第三次是他威胁利诱地要彩芳答应“转房亲”，演员心里怀有这样一句内心独白：“观众请看，李金斗已俨然成为一只吞噬羊羔的猛虎！”月娃出门前众人围上去哄劝，我要求扮演叔伯婶子婆姨的演员均怀着这样一句不平静的内心独白：“观众们，你们看，这里既有群众也有干部，有的还是党员，这些混帐逻辑居然能被他们讲得如此振振有词，娓娓动听！”

导演主体意识的强化，有时要求演员把自己融化到整体的哲理语汇中去，这时要求演员在舞台上直接传达导演和演出者的情感和态度。在第一章结尾的“诀别”一场：彩芳搀扶起被打断腿的榆娃，把他送进归去的麦客行列时，扮演彩芳的演员先是怀着在这个规定情境中的人物的情感，当榆娃跌跌撞撞进入麦客队伍、化入“麦客”整体形象中去时，则要求演员此刻怀着不是对一个榆娃，而是对农民——民族脊梁整体命运的祝福和沉思。

人物的态度和情感与演员评价人物行为时的态度和情感，应该尽可能保持统一和平衡，然而在不同的段落里，这两种态度和情感的侧重面是会不一样的。遗憾的是在《桑》剧排演过程中，有的我们向演员要求了，而有些环节中演员应该有的正确自我感觉，我自己也是事后才明白过来的。

在激发观众贴近人物、关注人物的命运时，我愿意采用一些以我们观众的神经能够承受为度的“残酷”的因素，以此去撞击观众的情感：小到估产队主任蛮横无理时把一杯开水冲李金斗脸上泼去；估产队员把李金斗当作牲口一样骑在自己的胯下；面对着脉脉含情的青女，福林野性大作，把青女踢打得在地上翻滚、嚎叫，直至剃断她的发辫。大至对福林当众扒去青女的裤子及残酷批斗外姓人王志科等场面的渲染。

李金斗漠然地牵着月娃去甘肃，我们要求月娃在“田梗”上蹦跳嬉戏，知青娃竟顺从地用手电筒为他们照亮出村的小路。我揣摩，观众会因这幅图景而激动地思索；而当他们刚在舞台深处消失，月娃的阳疯子哥哥呼唤着“妹子……”冲向台口，无望地在地上翻滚时，我们是想着意地再度激荡观众的情感，推动观众在兄妹命运的联系中进入一个新的层次，去探求“桑树坪人”共同的悲剧命运的究竟。我试图追求这种为情感所推动的理性思索，伴随着情感激荡的理性思索，和不脱离哲理思索的情感激荡。我向往能使观众在情感的激荡和理性的思索两个方面同时获得满足。

破除现实幻觉，创造诗化的意象

与情理结合的追求相适应，在对待舞台幻觉问题上我基本是让破除现实幻觉与创造现实幻觉两种原则相结合，两种手法相交替。《桑》剧是大实大虚相结合的原则，在“实”处（如“雇麦客”、“批斗王志科”等）基本上遵循创造现实幻觉的原则；在“虚”处（如“捉奸”、“打牛”）一般都遵循破除现实幻觉的原则。即使在实处理的场面也间或用了些破除现实幻觉的手法，如月娃出门时，歌队——桑树坪的良心——在歌唱。

我认为，中国戏曲中也有类似破除现实幻觉的观赏效果，然而它的特征是在破除现实幻觉的同时，却给观众创造着诗意的联想和意境的幻觉。《桑》剧在情感、哲理高潮的几段戏，我试图在破除现实幻觉的同时，在观众的联觉活动中也创造这种诗意的联想和意境的幻觉，以呈现演出者的主观意识，这种诗意的联想和意境的幻觉我称之为“诗化的意象”。在“捉奸”一场，我们避开了一场中世纪式的对男女青年肉体和心灵野蛮摧残的场面，而凝聚为对两个生灵的“围猎”的象征，并升华成为一场象征“围猎”的舞蹈。我在自己的实践中追求的“诗化的意象”，其特征是：不在舞台上创造现实生活的幻觉，而是通过某种象征形象的催化，在观众的心理联觉和艺术通感中创造出再生的饱含哲理的诗化形象；一个诗化形象的完整语汇，应该是一个哲理的形象并体现为一个形象的哲理。因此，诗化的意象可能使观众同时获得哲理思索与审美鉴赏的两重激动。

很自然，导演创造一种体现自己主观意识的形象，总会是自己心灵感觉到的，然而我总想努力去估计并选择我们的观众也可能感觉到并予以接受的形式，设法使中常文化水平的观众能通过我创造的形式听见我心灵的鸣响。我向往能寻找到一种和民族、民间艺术审美取向相结合的诗化的意象。“打死耕牛‘豁子’”这场戏是全剧哲理和情感的高潮，在剧本改编时就决定要创造出一个非幻觉主义的“打牛”场面来，试验过几种方案，最后决定采用民间舞狮子的形式，由两位演员担任“舞牛人”。牛头的造型和装饰以及“牛”的舞蹈动作，尽可能给观众以民族、民间艺术的审美情趣。通过形体、舞蹈设计赵常如、马羚、金小山，舞美设计霍起弟、卢一，灯光设计慕百锁和舞美系85级灯光班同学以及全体演员的努力，创造了一台较为悲壮的“围猎耕牛”的诗化意象。

在追求民族、民间艺术的风格意蕴时，我们又努力融合进若干现代艺术风格的因素，如音乐（郭峰、蒋洪声作曲）和舞蹈的设计与选择上，我们在人物气质、服装及化装造型“土得掉渣”的场景里，使含有民族风格意蕴的音乐，通过配器等处理手法响彻现代风格的乐音；在彩芳、榆娃心灵对话的场面，台后出现的西北民间双人舞，我们也糅进了若干诙谐的现代舞的动律。总之，希望演出既能给观众以民族、民间艺术审美情趣的亲切感，又能透露出现代风格的新意。

在《桑》剧的语言处理上也作了同样的尝试（台词指导教师：冯明义、黄意璘、段春启），我们试图寻找地方语音与普通话某种程度的结合：对于西北语言结构特色极强的词汇或在传达人物情绪的特殊需要处，鲜明地突出少数几个字的地方语言，一般的则要求用微带地方口音的普通话。

表现与再现原则的结合

近年来，导演们在创造舞台演出时都在努力强化自己的主观意识（自己对生活的感受，对剧本的解释以及对生活哲理的思索），并且将这种主观意识直接予以外化或物化，即往往不是在戏剧冲突发展的逻辑轨道上，也不用生活的形态自然呈现，而是运用远离生活的形态或非生活形态的象征形象予以体现。我相信，真正的表现原则和表现的美只存在于饱含哲理、饱含诗的激情和意境并找到美的形式的那些瞬间。

青女被自己的疯子丈夫当众扯去裤子一场戏是令人惊心动魄的：我感觉到，被扯去裤子的不是一个青女，几千年来有多少中国妇女不都是这样或那样被封建的愚昧野蛮地损害与凌辱？！我还想，过去几千年如此那还是可以理解的，而今日仍在重现这种惨剧则实在令人难以平静！我仿佛看见青女——这个想做母亲而不得的女人，精赤着那洁白如玉的身子，就这样躺在中华文明的发祥地黄土高原之上！我希望找到一个象征形象，一种象征形式来外化我心灵的震颤，物化我的这种历史深沉感。当福林把自己的婆姨按倒在地，村民们涌上围观，福林当着全村人的面举起自己婆姨的裤子嚎叫：“我的婆姨！钱买下的！妹子换下的！”这时，围观的村民转化成桑树坪的良心和这悲剧历史的见证，规范化地形成半圆展开，此时，歌队无字哼鸣声起，在青女被按倒的地方，一座残缺的汉白玉的古代妇女塑像呈现在观众面前……我的感情要求彩芳——另一个被封建习惯势力所戕害的妇女——徐徐站起走向石像，肃穆地把一条黄绫献上；我的心灵在呼唤：人们，面对着我们民族生生不息的本源——女人、大地、母亲，低下头来吧！这场“围猎”就这样在构思中逐渐显现出来了。当灯光渐渐暗下来，观众隐约地看到转台载着跪在地上的桑树坪人的群体徐徐转动时，我希望观众对这场戏内涵的反思，会一层一层地延展开来！

我观察舞台艺术实践时发现，表现性语汇如果不含有哲理，一定是空有华美形式的“空语汇”；表现性语汇如果没有真正的诗情，就可能沦为导演意念的图解；表现性语汇找不到美的形式，就不可能呈现出表现的美。但是，哲理和诗情并不听命于导演人为的安排，它们是在人物的行为、人物的冲突、人物关系及人物命运发展的过程中逐渐孕育、凝炼出来的，有一个从散文到诗的孕育、凝炼的过程。基于小说原著的诗情特色，也由于自己创作个性的追求，我确定《桑》剧的改编与舞台呈现采用表现与再现原则的结合，表现与再现手法的交替。

南宋朱熹说文学写作的两种手法比兴是“先言他物以引起所咏之词也”。希望咏诵《桑》剧这首“五千年梦魂”之歌是我们创作《桑》剧的目的，而“言他物”是激发咏诵的需要。如第一章从彩芳与榆娃的“井遇”、“自乐会上的对唱”发展到两个年轻人在心灵中的“定情”和“捉‘奸’”；第二章从“月娃出门”、“青女过门”、“青女铺排男人”发展到“福林当着全村人扯下自己婆姨的裤子”及“桑树坪人面对‘石雕像’的沉思”，都是这种从散文到诗孕育与凝炼的大体过程，也是《桑》剧再现与表现两种原则、两种手法结合与交替的大体轨迹。当然，这只是从大的表现语汇出现的逻辑来讲，事实上即使在所谓“散文”的段落内如“青女铺排男人”一场，也是诗情不断涌现，只不过在这场戏里基本上遵循着再现的原则罢了。“打牛”这场戏之前有一场戏是“护牛、借牛”，饲养员金明“爱牛如子”，不许任何人累了老耕牛“豁子”，我们让两个演员手提民间工艺彩画的牛头上场，这是一段“散文”；在这之后又插入“王志科被捆绑入狱”……这几场戏的顺序出现，都在哲理与诗情的孕育和发展上做了铺垫和准备，当然也在风格、演剧原则的美学属性上为观众的观赏心理做了铺垫和准备。是前面几段戏孕育和逐步凝炼了这个横溢诗情的表现原则的语汇——“打牛”，就象随着诗人的情感自然沉浮，再现与表现的两种原则、两种手法在戏中交替出现。

舞台设计刘元声和我们一起爬过黄土高原，和我们怀着同样的诗情出色地找到了《桑》剧空间处理的造型形式：以大写意的原则在转台上安置一个14米直径的倾斜“大圆盘”——象征五千年黄土高原的大塬背，“圆盘”高端的一侧是用提炼的写实手法体现的傍坡而凿的窑洞和牲口棚。“散文”式的场面基本上在这种写实环境里发生，而人物命运和哲理升华的诗化的意象场景，则基本上在这象征广袤黄土高原的塬背上“咏诵”。转台的转动不单是物质空间的转换，而且是物质空间与心理空间两种不同性质空间的转换，也是散文与诗、叙述与咏诵的转换，即再现与表现两种美学原则、两个美学层次的转换。我们利用这种种转换，构建成一组组富有感染力的哲理形象，以传达融化在形象里的哲理。

（三）真实的人物形象和生动的表演艺术是《桑》剧的主要魅力

戏剧的形式和表现手段应该拓展，它在新时期十年中也已经获得了一些拓展。音乐、舞蹈甚至电影以及其它姐妹艺术的艺术手段，不断地丰富着戏剧艺术的表现力，戏剧将会使自己呈现出种种新面貌。这种嬗变的前景不可限量。但就戏剧发展的总体走向来看，我以为它仍将凭藉自己的本质特性。我认为，直观的冲突和行动，仍将是戏剧的主要特征，塑造真实、生动的人物形象仍将是戏剧最主要的魅力。导演的主体意识将会不断地强化，舞台演剧艺术的表现手段也会不断地丰富和发展，然而，舞台艺术最基本的表现力和魅力仍将是演员的创造，是演员活人的有精湛技艺的表演！我们就是基于这样的认识来改编剧本、确定剧本结构的。原小说真实、生动的人物形象，真实生动的语言，为我们的人物二度创造提供了坚实的基础。我们也根据这个原则和演员一起工作。

表演干部专修班前一年半的教学为《桑》剧的表演艺术创造了很好的条件。我们从西北山区回来以后做了大量的人物生活观察小品，第二阶段又做了许多“桑树坪人”的人物形象小品，我要求演员通过小品的方式把剧中人物的性格、形象特征糅透，要求剧中人物形象直接间接地与生活中我们亲身观察体验过的人物“接通血管”。我主张，只有当演员闭上眼睛能知道人物在任何一个假定的情境中将会想什么和怎么想，做什么与怎么做，才能说角色的准备工作已做好，可以进入排演了。这次《桑》剧的排演基本上是这样做的。在排演的那些日子里演员满脑子装满了各种各样的人物形象，所以后来在舞台上即使是台词极少甚至没有一句台词的角色，也被演员们演得极为真实和生动。我要求演员必须象丹钦科要求的那样，用自己的神经、自己的体验、自己心灵的火花和自己的气质去感染观众，在这个基础上，根据剧本和导演构思的需要，去调节演员与角色、演员与观众的关系，去调节自己在现实空间与心理空间中的表演自我感觉。演出中许多震撼人心的地方（如“青女铺排男人”、“月娃出门”、“批斗王志科”等），均是演员的出色创造；即使是十分鲜明的导演语汇（如“捉‘奸’”、“福林扯去青女的裤子”、“打牛”等），也都是以演员比较坚实的表演为支撑的，抽掉了演员的血肉创造，许多原本可能是精彩的导演处理都将枯萎！

（四）实验后的两点体会

真实地讲，《桑》剧许多构思的产生，有的我能说得清楚，有的却不能。当然，剧中的许多表现性的诗意语汇的哲理内涵和意念我是清楚的，然而，体现这种哲理内涵的诗化的意象，体现出来的形式是怎样产生的，我却说不太清楚。有同志问我“‘桑树坪人’举着火把‘围猎’一对年轻恋人”、“福林扯下青女的裤子后‘桑树坪人’跪对古代女雕像的沉思”以及“打牛”这些场面怎么构思出来的？我只能如实地讲：夜半，灯下，对着舞台模型，用耳机听着《桑》剧的音乐，一遍又一遍，这三个场面就这样渐渐地在脑子里出现了。究竟是怎么出现的？现在我只能说：是生活！生活的、文学的、姐妹艺术的各种视觉、听觉印象在生活诗情的激发下凝聚起来了。它绝非一蹴而就。从最初酝酿改编到最后的演出，《桑》剧的创作延续近一年。回顾整个的创作过程，使我深深地体会到：无论是写实或写意，无论是具体或抽象，也无论是再现或表现，艺术观念、演剧原则可能各异，指导提炼或抽象生活的原则、方法可能不一样，然而一切舞台艺术创造直接地来源于生活，我是坚信不移的。

我向往把某些新的或是对我们是陌生的艺术观念、演剧原则予以兼收并蓄，与我国传统艺术的美学原则、观众的欣赏习惯辩证地相结合。而要使“结合”不致成为某些观念与原则的拚凑，这就需要自己的消融和创造。《桑》剧的改编和舞台呈现基本上是这样做了。我相信，追求某一种艺术观念与演剧原则纯化的形式的演出，过去有过今后也应该有，也一定会有它自己的魅力。《桑》剧的实验只能得出这样一个结论：“辩证结合”的原则是有生命力的，而且《桑》剧只是“结合”的一种形式。时代在发展，观众的审美经验在变化，每一个剧作家和导演的创作个性与美学追求是不大一样的，因此，“兼收并蓄”的“口味”，“结合”的具体原则、“结合”的形态、“结合”的

"临界点"一定是不一样的；"结合"将会出现种种不同的倾斜，因此"结合"应该出现千姿百态的舞台艺术作品。《桑》剧中做的，有些成功，有些并不尽成功，有的是发现了问题但尚未能解决，希望在今后的实验中去完善它、矫正它！

（《戏剧报》1988年第4、5期）

创作、演出、评论资料

匡映辉整理汇辑

创作、演出纪事

1986年12月，中央戏剧学院戏剧艺术研究所决定将朱晓平的系列小说《桑树坪纪事》、《桑塬》、《福林和他的婆姨》3个中篇改编成话剧《桑树坪纪事》，并改出第二稿。

1987年8月，成立《桑》剧创作小组，主要创作人员徐晓钟、刘元声、陈子度、杨健、霍起弟等去陕西山区凤翔县、麟游县一带深入生活。归来由杨健执笔写出第三稿、经集体反复讨论修改、写出第六稿。

1987年9月，以中央戏剧学院表演系表演干部专修班为基础，成立《桑》剧剧组，随即深入陕甘边界麟游县桑树塬乡富家坪村体验生活。回校后分阶段进行各种人物的小品练习。

9月中旬，《桑》剧创作小组召开导演、表演、舞美创作人员讨论会，并决定由陈子度、杨健、朱晓平综合各方面的意见、写出《桑》剧的第七稿。

1987年11月20日，徐晓钟向全剧组作《桑》剧导演阐述、开始排演工作。在排演过程中改出第八稿。12月又在排演过程中改出第九稿。

1988年1月29日，《桑树坪纪事》在京正式公演，至2月3日，共演出6场。

1988年4月，《剧本》月刊4月号刊载《桑树坪纪事》剧本。

1988年6月11日、文化部副部长英若诚等领导代表文化部到中央戏剧学院向《桑树坪纪事》剧组颁发奖金、奖状。

1988年6月24日，《桑》剧剧组应邀赴新加坡参加新加坡艺术节、于6月29日至7月2日在新加坡维多利亚剧场演出4场。

1988年7月13日至7月23日、《桑》剧在京第二次演出、共演11场。

首都戏剧界座谈《桑树坪纪事》

1988年2月6日《人民日报》、《戏剧报》、《文艺报》和中央戏剧学院联合召开座谈会，座谈《桑树坪纪事》，50多位专家、学者出席。座谈会由缪俊杰、钟艺兵、丁扬忠、王育生主持。

发言摘要：

缪俊杰：《桑树坪纪事》演出后受到戏剧界、文艺界和社会各界的热烈欢迎。这出戏是近几年来甚至是多年来我国戏剧进行创新探索带总结性的作品、标志性的作品，它从内容到形式在探索方面都有许多值得总结的经验。

唐达成：话剧《桑树坪纪事》是一部大胆直面人生、具有深刻历史内涵的力作。舞台上呈现出的黄土高原农民的命运、痛楚辛酸，回肠荡气、令人震动深思、给人以新的省悟和启迪。形成黄土高原那个角落中农民命运的悲剧，无疑与旧体制的弊端和十年内乱的背景有关，但更在于这一切又和千百年来积淀下来的传统的封建意识、文化心理、行为方式互相纠合缠绕在一起的缘故。这从舞台上众多人物之间盘根错节的纠葛与心态中，看得异常清楚。编导以撼人心魄的真实揭示出：在那年月，封建礼教、道德观念，买卖婚姻，封建的宗法观念、排外思想、男尊女卑思想等等仍然有如幽灵渗透在人们的心理与素质中，成为我们民族前进的可怕阻力。使我们联想到当前的改革，对于改革农民的命运具有何等的必要性和紧迫性。

江晓天：《桑树坪纪事》虽然只字未提改革，但它比起某些肤浅的正面描写改革的作品深刻得多，强有力得多。这是一台呼唤改革的好戏，它形象地说明了愚昧、狭隘、闭锁、保守的封建主义余毒就象一具无形的枷锁束缚着我们民族的腾飞。只有改革，才能消除历史遗留的痼疾，才能解放生产力。

曹禺：我来讲三点意见。首先，剧本从结构上讲不是传统的起承转合的老套子，是散文式的话剧，是一片生活。但凝聚力和吸引力却非常强，给人以完整、圆满的感觉。第二，演出效果十分强烈，震撼人心，写意的东西与写实的东西结合得如此完美，许多地方让人激动不已。这种效果是怎么造成的，应好好研究，找一找其中的规律。第三，立意深厚、含蓄。这个戏的焦点，是对准生活在这块有5千年历史的黄土地上的农民，实际上也是对我们这个民族身上的和心上的重大负担的一种批判。因此它所蕴含的内容是巨大的，可以引起人们深刻的反思。另外，导演的功力是少见的、非常突出的。

马也：看戏之后深受感动，艺术家们以直面人生的勇敢、坦率和彻底的精神，把真正的社会使命感、人道主义追求融入戏剧当中，以一腔如火的激情和同情，不掩饰、不雕琢、全方位地展现了挣扎在温饱线上的农民的真实生活图景。《桑树坪纪事》的艺术成就有三点：一是为民族自省与反思找到了恰当、完美、统一的艺术形式，剧作所展示的种种生活图景被力、劲、美所统摄；二是导、表演处理的细腻与透彻，剧作所展示的任何一点艺术潜力，导、表演都能淋漓尽致地使它舞台艺术化，层次清晰，节奏稳准；三是导、表演克服了手法拼凑和形式拼贴的通病，解决了十年话剧所未解决的难题，对话剧的发展作出了贡献。

王贵：这个戏揭示了我们龙的传人自我戕害的意识，这是一种劣根性，它拨动了我们民族历史的古老心弦。这个戏的戏核是“杀牛”，看后它使我想站起来狂喊：龙的传人哪！炎黄子孙们哪！为什么要这样残忍地杀害你们的忠实的、相依为命的老耕牛呢？！《桑树坪》是苦涩的，但它是医治民族痼疾的一剂良药。

《桑》剧中导演创造了一个很难超越的、可以载入戏剧史册的大语汇：“杀牛”。它已经远远超出了剧本所提供的桑树坪的村民们为了不交出这头牛而杀牛的内涵。这语汇给人以强烈的震动。如此完美、强烈、震撼的艺术呈现，开掘了龙的传人自我戕害这一沉重的悲剧主题。衷心祝贺《桑树坪纪事》演出成功！你们的演出艺术是我梦想中的艺术追求，我要成为你们的同盟者！怎么在一夜之间，中国剧坛一下子成熟了这么一大批现代的、民族的、年轻的表演精英！太使人感动了。中国的、多元化的、新层次上的现实主义戏剧振兴万岁！中国戏剧大有希望，《桑树坪纪事》便是个信号。

黄宗江：这个戏用北京话讲是“镇了”！中国话剧需要“镇”，中国观众也需要“镇”。这个戏其所以“镇了”，就在于它使我们的人民真正聪明起来。这些年，写中国愚昧落后方面的作品是很多的，已经不是伤痕问题，而是真实问题。对此，有人欢迎，有人忧心忡忡。我两者兼而有之。但什么样的真实能接受？什么样的真实不能接受？关键在于看完作品之后会不会得到“我们的民族是大有希望的”结论。《桑树坪纪事》给了我这个结论，也给了我奋起的勇气和力量。

林克欢：这个戏透过凝重的历史感、透过对民族命运的反思，达到戏剧场景的文化批判的深度。编导以一种十分冷静的、客观的态度，对待农村的现实、对待农民的生存状态，没有进行人为的提升，而是不加修饰和美化地呈现历史的真实。比如月娃出嫁，就非常典型。编导不仅仅表现了一个天真的女孩子被当作童养媳拉走，而且冷静地处理了周围的老乡们把这一切看成是理所当然的事，他们并不难过，即使是一个12岁的不懂事的小女孩，也要“女大当嫁”。在这种没有觉醒的生活场景之中，一种非常不自然的东西被看成自然。编导的处理也非常自然，从而反映了千百年来不知重复了多少遍的我国农村妇女的悲惨命运。相反，榆娃和彩芳这对年青人的情感与肉体的结合，本来是非常自然的事情，但却遭到乡亲们象围住两个牲口一样的“围猎”，这里又把本来自然的东西表现得非常不自然。编导者们对传统的封建伦理和道德标准的控诉和批判，采取了一种客观冷静的态度，因此，它才具有震撼力。

童道明：这个戏的成功，来自于创作者直面民族悲剧的非凡勇气和舞台现实主义表现的非凡功力。这个戏在舞台上呈现的形象丰富性有赖于表现手段的多样化。演员的现实主义表演有时真能达到斯坦尼斯拉夫斯基所说的“把感情撕成碎片”的程度。在超越了这个逼真的极限之后，导演又能挥洒自如地运用非幻觉造型手段创造出高度概括的形象语言。一切舞台技巧都是服务于构筑一个有助于进行历史反思的形象体系。在外露的各种戏剧冲突表层上，伸延着一个一个令人深思的生活冲突，也就是说在人物关系中存在着人与生存这样一个社会冲突。悲与美的交融是这个戏的一大特色。

谭霈生：如果说这个戏标志着我国戏剧探索的逐步成熟的话，我以为此话并不为过。一个大艺术家应该包容量很大，能够吸收一切成果，把它融化，造就出一部艺术作品。这个戏的导演正给予了我这样的感觉。几年来，戏剧家们对戏剧形式和人的本体问题进行了艰难的探索。《桑》剧是对戏剧形式的探索和对人的把握从浅层的人的价值观向人的本体突进方面的探索这两种探索的汇合，逐渐成熟。把它看作是中国戏剧走向的话，那么这种走向很光明。

英若诚：近半年来，首都舞台上迎来了一出又一出精采的话剧，如《狗儿爷涅槃》、《中国梦》、《黑色的石头》等，作为这一时期话剧创作演出高潮的，则是《桑树坪纪事》。这些本子都有强烈的特色，各不相同，谁也不是“样板”，这是成熟的标志，使我们对话剧创作的前景充满了信心。

曲六乙：《桑树坪纪事》是对新时期十年实验性剧目的一个概括性总结，有几点经验值得注意。一是巨大的剧场性与巨大的真实性的结合；二是强烈的剧场意识和丰富的现代审美意识的结合。

易凯：今天的艺术所面临的是一个“春秋战国”式的时代，话剧要想在与文学、电视、电影、音乐、舞蹈等艺术的激烈抗争中立足，必须具备两个基本条件：一是在思想哲理的涵盖上，要与当代人类最新、最科学的思考同步合拍；二是在艺术审美的把握中，要高扬话剧“活人”艺术所独具的气魄和魅力。《桑树坪纪事》的演出之所以令人震动、兴奋、甚至倾倒，就是在这两个方面都向前大大地跨进了一步。《桑》剧中最辉煌的一页是导演艺术。导演具有一种“万物皆备于我”的大家风范，兼容并蓄，广泛吸收，却又不失导演强烈的主体意识和个性锋芒，话剧的张力和潜力得到了强有力的表现。导演将一切新的、外来的艺术观念，演剧原则和舞台语汇同民族的传统审美心理、欣赏习惯相结合，将话剧的再现和表现原则相结合，在破除舞台现实幻觉的同时创造了一种和民族审美取向相结合的“诗化的意象”。导演还运用了一系列革新的艺术手法：太极图般的旋转舞台，象征岁月苍莽的华夏古原；大型歌队的反复吟唱，在情节中穿针引线，画龙点睛；粗犷原始、几乎不加雕琢的各种群舞，为剧作注入了一种别样的动感和勃勃生机。

康洪兴：我认为《桑》剧是一出很高雅的戏，同时又具有雅俗共赏的特点。它时代感强，又非常民族化。它使探索戏剧走到了一个新高度，解决了很多重大困难。导演方法充满了民族风格和民族气派，并诉诸观众各种审美心理的综合效应，而且比较恰当地解决了导演与演员的关系，既体现了导演的主体意识，又充分发挥了演员的创造力。同时也较好地解决了表达哲理内涵的问题，这是以往的探索性戏剧始终未解决的。另外，舞台时空的灵活运用也为探索戏剧提供了很好的经验。整个戏是写实和写意的结合，整体上是传神写意的，而局部上却是写实的。转台上表现的大部分是写意的，而圆台下又基本上是写实的。

陈荒煤：《桑》剧的编剧、导演、表演、舞美设计都明显地表现出一种勇于创新探索的精神，这是向新型的话剧迈出的可喜的一步。演员的表演真实，把那个时代的背景、复杂的人际关系、人物的悲惨命运表现得淋漓尽致，感人肺腑，催人泪下。打老牛“豁子”这场戏，运用了电影中的慢镜头处理，这不仅突破了舞台表现的局限性，也增加了视觉的强烈感受。演员的演技高，感情真挚、自然、朴素，个性鲜明，非常真实。它是一部以情动人的刻画了典型人物的深刻揭示了社会矛盾的现实主义的作品。“麦客”离村时在转台上集体转动中没有突出对榆娃的同情与关心以使得动作性更强烈一些，这时最好用陕西的民乐伴奏。总之，我祝贺这个戏的成功，并希望进行修改，使之更完整，作为一个保留的新型话剧，长期演下去。

汪兆桂：《桑》剧是一出多元化、高层次、充满着诗意的激情和浓郁的美学韵味、蕴含深刻哲理的心理悲剧。导演将象征主义、表现主义、间离效果、哑剧和荒诞戏剧等多种表现手法融为一体，将现代音乐、歌舞、民间戏曲熔于一炉，调动一切戏剧手段为导演整体构思所用，使人物的深层心理和情感得到了合理的外化和延伸，从而创造出了一种充满生机活力的新现实主义戏剧。《桑》剧还有着自己鲜明的“这一个”的独特品格和美学个性：质朴无华、深刻而鲜明、含蓄而强烈。巧妙地把具象和抽象这一对戏剧现象中矛盾着的对立统一物有机地融合在一起，赋予舞台形象以丰厚的美学韵味。在处理虚与实的关系上，尤其善于运用“确定性与不确定性互相依赖而构成艺术的魅力”，给舞台造成一系列“尽在不言中”的戏剧效果。如对青女的处理正是这种独特的美学个性的表现。

田本相：戏虽然是由片断组成的，但从始至终给予观众以整体冲击，是情绪、心理、情感的巨大冲击，有强烈的感染力。整体性的感受来自它的综合性，是一种流动的音乐与雕塑的结合。剧中的音乐非常好，有一种雕塑感在里面，因此我说它是一种雕塑和音乐高度融合的动律所产生的冲击式的美感力。它把音乐、舞蹈的语言有机地化成了戏剧的语言、舞、乐都是作为戏剧的构成部分和因素存在的。因此这个戏具有高度而完美的综合性，巨大的艺术潜能和充分的艺术表现力。

朱汉生：知青娃应当成为贯穿全剧的人物，因为在那个封闭落后的小村庄里，只有他能从城市带来现代观念和是非观念，把他与村民们的观念进行对比的话，戏的深刻性还会更强些。

李维新：彩芳这个人物在戏里是个很重要、很可爱的人物，但她死得太可惜，死得过于实。如果处理成由实到虚是否更好些？那样会使内涵更宏大、更与整个戏的风格相一致。

叶廷芳：为什么要把王志科搞成“杀人犯”呢？情节没有交待清楚。这个人物虽然具有典型意义，但缺乏艺术感染力，如果搞成“地富反坏右”是否更有典型意义？

海内外评论汇辑

2月10日，《人民日报》头版以“开创我国话剧现代艺术新生面　《桑树坪纪事》受到首都戏剧界赞誉”的标题报道《桑》剧演出。指出话剧《桑树坪纪事》是一个积几十年来的中国现实主义戏剧传统和近十多年来革新探索戏剧成果之大成的舞台杰作，是新时期话剧改革创新的一个概括性总结，是把巨大的社会内容同尽可能完美的艺术形式紧密结合的一个典型，《桑》剧的出现，标志着我国当代话剧艺术在经过相当长时期艰难的探索和探求之后，已经趋向成熟和完善，预示着话剧艺术在我国蓬勃发展的美好远景。

《文艺报》于2月13日在头版头条以“十年话剧创新探索走向成熟　《桑树坪纪事》演出获得成功”的标题报道了《人民日报》文艺部、《文艺报》、《戏剧报》和中央戏剧学院联合举行座谈会的情况。

中国艺术研究院话剧研究所所长田本相致信《桑》剧导演徐晓钟说：在话剧仍然处于危机阶段之时，向观众向戏剧界贡献了《桑树坪纪事》这样一台好戏，使我看到了话剧原来有着如此巨大的艺术潜能，如此丰富的表现力。《桑》剧在充分调动戏剧自身的优势和特点上，“兼容”了舞蹈、音乐等，并融合得如此自然、熨贴、深厚、圆熟，表现了“诗性的智慧”，把它所“兼容”的东西结构得浑然一体，实现了质的升华与飞跃。在中国话剧舞台演出史上将会记上它的功绩。

王贵说，晓钟导演的“桑树坪”，基于现代的社会观念，基于对民族强烈的爱心，对民族传统文化心理冷峻的审视，对生活的宏观把握，才结出了这颗艺术的硕果。它在艺术上的成功，是全方位的。晓钟导演以深厚的艺术功力，把握着整体演出形象贯通始末的大意念、高情感、高格调的恢宏气韵。“桑树坪”的出现，是中国戏剧新浪潮即将来临的强讯号。

曲六乙认为：《桑》剧的演出，场面之恢宏、人物之繁多、冲突之尖锐、色彩之强烈、风格之鲜明、揭露之彻底、思想之深刻以及它所负载的艺术信息容量之大，实在为近年剧坛所罕见。它的重要成就之一，就是在总结前人成果，汲取已有的经验和教训的基础上，使崭新的艺术形式与丰富的社会内容获得令人相当满意的结合，体现了从传统文化深层渗透出的巨大历史感和溶入当代审美意识的巨大现实感。

一些评论说，在《桑》剧的艺术创作中，导演把斯坦尼斯拉夫斯基、布莱希特以及中国戏曲这些重要的演剧体系，分别加以吃透、消化，有鉴别地吸收，而后将其融汇、化合，再根据现代观众新的审美心态与审美要求，进行新的创造，探索出了一种新的导演方法。

在《桑》剧的演出中，导演那光辉的构思，那宏伟的框架，把深邃的哲理内涵与准确新颖的表达形式，极强的导演主体意识与精湛的表现技艺，冷峻的审视与饱满的激情，外来的戏剧观念、舞台语汇与民族传统的美学原则等等诸多方面融会贯通的审美理想颇为完美地体现出来。如戏中的“豁子祭”，是一组产生巨大震撼力的具有较高美学价值的语汇，它首先得力于导演将“杀牛”这一事件的表象，升华和抽象为整个民族的苦难、受戮、抗争的怒吼。那一镐镐、一棍棍与其说打在牛身上，不如说打在人心上，牛痛人心碎。当那头尚存一息的老耕牛“豁子”临死前艰难地爬到悲痛得在地上翻滚的饲养员金明身边，轻轻地舔着他的手和脸时，观众感受到此时的人、牛早已一体了，已经形成为宁死也不向极左路线屈服的民族之魂了。加上导演巧妙地配以歌队的无字哼鸣以及那一组组欲哭无泪，继而深思，而后昂奋的形体造型，将戏推向高潮。整段戏长达5分钟。没有一句台词，但观众却听到了那对极左路线的控诉和暴风雨即将来临的滚滚雷鸣。这场戏的处理，如长江大河，酣畅淋漓，犹如一阕悲壮的颂诗。

《桑》剧的最大成功，是在导演艺术方面，导演对舞台创新的追求，导演的美学思想的阐发，导演融汇各种创新成果的能力，导演统领艺术创造全局的智慧，使得舞台演出气势磅礴，格调高雅，色彩缤纷，力度深厚，堪称精美之作。

综观全剧可以看出，凡属新时期十年戏剧探索中有价值的东西，都在《桑》剧中复活了。从这一意义上讲，它宛若耸立在舞台上的当代戏剧艺术的丰碑，上面历历镌刻着十年探索戏剧的功绩。

《桑》剧中演员们的精彩表演，把导演的完美构思体现在舞台上，使得满台生辉。尤其是福林的扮演者王巍，金斗的扮演者崔景福，彩芳的扮演者刘远等，都十分成功地塑造了人物，是他们用心和血努力体验角色，并找出了适当形式表现人物的结果。比如彩芳报复民兵队长保娃时的表演：彩芳被逼无奈，只好脱光上身（只戴一个遮胸的红兜兜），紧紧拉住保娃，大声嚷嚷，故意在保娃妻子面前做出保娃调戏自己的情状。这段戏，演员如果没有深刻的内心体验（一种因保娃败坏她的名声而无比愤慨的心情），就无法获得情感的真实；然而，如果光有情感真实，而找不到特定的外形动作，并把它高度夸张、强化，也很难刻画出人物那种愤慨到几乎发疯的变态心理。还有那时隐时现的歌队、舞队，都被演员们那种穿透性真实的表演素质表现得淋漓尽致。他们的表演，能够在一瞬间由这一艺术世界跳跃到另一艺术世界，他们以高度的艺术创作热情奏出了一部和谐的交响乐章。

《桑树坪纪事》在国外也引起了强烈的反响。

6月23日，应新加坡社会发展部的邀请，《桑》剧全体演职人员和中国戏剧演出团一起，参加新加坡艺术节。《桑树坪纪事》和《虎符》两剧的演出被安排在最后，用艺术节组织者的话说，“这是整个艺术节高潮的压轴节目”。

演出前，新加坡《联合早报》、《联合晚报》均在国内新闻版以特大号字体刊登消息：“《虎符》与《桑树坪纪事》出击　中国中央戏剧学院26精英今起演名剧”、“中国中央戏剧学院为我国艺术节上演　《桑树坪纪事》荣获优秀创作奖”。

6月29日晚8点，《桑》剧演出一开始，台上台下就产生了极自然的情感交流。全剧几十个小场次的转换，每次只要灯光一收，全场就响起了雷鸣般的掌声，并且一直延续到下一个场次的开始。“观众的掌声达到了狂热的程度”。演出结束后，观众和戏剧界的朋友们纷纷拥上舞台，围着演员和导演，或要求签名，或要求一起合影留念，或畅谈观戏的感受，那热烈激昂的情绪，使整个维多利亚剧场又足足沸腾一两个小时。一位新加坡小学的华语教师紧紧抓住演员的手说：“这是世界上一流水平的演出，是许多年来难得看到的好戏！我太受感动了。”一位白发稀疏的老人激动得颤抖着嘴唇说：“我是侨生，在新加坡50多年了，看了这样高水平的演出我热血沸腾；我感到非常自豪！我相信，凡是中华血统的人都会是这样！”

有的观众说，你们的戏太好了，我已经用20美元一张的票看了你们全部两个戏的8场演出，如果再演10场，我还要连看10场。

有的朋友告诉演员，他们看过戏后，马上打电话给亲朋好友，让他们莫失良机。有的是头天自己来看了戏，第二天又把全家老小都给领来了。

演出后的第二天，新加坡的《新明日报》、《联合早报》、《联合晚报》等报刊纷纷发表评论文章，赞誉《桑树坪纪事》。《新明日报》发表沈玉兰题为《“导演的野心很大”　观“桑树坪”有感》的文章说：“有观众惊叹，导演的野心很大。于是在观众惊愕之下，舞台化成一个不受时空限制，可大可小、可近可远、可新可旧的神奇天地。3个小时的演出，意念丰饱，表演形式纷繁，导演徐晓钟要突破传统戏剧框框，要揽尽天地乾坤于一舞台的‘野心’，一览无遗。”“导演采用了类似电影的语言，精简、浓缩了朱晓平原著小说的精华，使舞台意象更鲜明浮凸。如：榆娃、彩芳滋生恋情时，周围观众的淡出，再以优美的双人舞暗喻情到浓时并带过情节的发展，手法流洒浪漫，令人浮想联翩。”“《桑树坪纪事》是一只冲破传统的茧而出的，别具斑烂美的化蝶，它带来了一个新信息：传统不是一成不变的，东方戏剧表演可以再创新猷。”

蔡秀美以《把姐妹艺术熔于一炉》为题在《新明日报》上发表文章说：北京中央戏剧学院的《桑树坪纪事》，以最大胆的舞台形式，表现了最落后的农村面貌。惊叹编导者们的魄力，把这农村细腻而繁琐的叙事题材搬上舞台。剧情局限了一气呵成的效果，但舞台右边的一口老井是历史的见证，它自始至终领着观众冷眼看着村里的每一个人，每一件事。全剧把音乐、歌唱、舞蹈、朗诵、话剧熔于一炉，该算是戏剧界的大突破吧！

郭宝昆的文章认为：《桑》剧几乎调用了当今中外所有重要戏剧体系和流派的手段。从这里我们可以看到写实话剧细致入微的工笔刻画，中国戏曲那种天马行空的渲染自由，希腊古剧的歌队评议，布莱希特的感情与理性的间隔疏离，苏联表现学派那种高度强调内在外化的形式技巧，流行歌舞的通俗魅力以及民俗演艺的质朴活泼……《桑》剧既是一出气势非凡的剧作，又是一个考察中国戏剧艺术革新的丰富资料库。

新加坡南方艺术研究会顾问韩劳达先生说："鲁迅从自己民族的灵魂深处无情地揪出了阿Q式的劣根性，《桑树坪纪事》也一样，淌着热泪向自己民族身上几千年来因袭的封建思想和自戕意识这两个大毒疮开刀。"他撰文称赞说："滚烫的热泪、苦涩的思索，奔腾的热血，加上出神入化的演技，美得目不暇给的舞台艺术——《桑树坪纪事》！"

评论家们还深有感慨地说：通过《桑》剧，优秀的中国戏剧家们给我们带来的不只是艺术探索的勇敢，更是带来了一个生命力强韧的民族处于危难时期所表现的勇敢的反思精神。巨龙腾飞前挣扎的痛楚与创伤在此一览无遗。小龙有这样的胆气去倾听，有这样的智慧与胸怀做同样深刻的苦思么？

报刊发表主要文章、报导目录

开创我国话剧现代艺术新生面
《桑树坪纪事》受到首都戏剧界赞誉
易　凯　　《人民日报》
1988年2月10日

民族历史的真诚反思
——评话剧《桑树坪纪事》
马　也　　《光明日报》
1988年2月12日

十年话剧创新探索走向成熟
《桑树坪纪事》演出获得成功
——《人民日报》文艺部、《文艺报》、《戏剧报》、中央戏剧学院联合举行座谈会
杜家福　　《文艺报》
1988年2月13日

五千年梦魂的呐喊
——话剧《桑树坪纪事》观后
易　凯　　《戏剧电影报》
1988年2月14日

冤无头债无主
杜清源　　《戏剧电影报》
1988年2月21日

悲壮的历史画卷　精美的舞台创作
——首都文艺界座谈话剧《桑树坪纪事》
陆毅、李彤、陈原整理
《人民日报》
1988年2月23日

命运的悲歌
——话剧《桑树坪纪事》观后
丁　涛　　《中国文化报》
1988年2月24日

冷峻的反思　神奇的融合
——访徐晓钟
李永君　　《今晚报》
1988年2月25日

评话剧《桑树坪纪事》
谭霈生　　《文艺报》
1988年3月12日

"桑树坪现象"
王　贵　　《文艺报》
1988年3月12日

兼容·综合·开放
——致徐晓钟
田本相　　《中国文化报》
1988年3月13日

西部黄土高原的呼唤
——评话剧《桑树坪纪事》的演出
曲六乙　　《戏剧报》
1988年3期

从民族的土壤上展翅
——关于话剧《桑树坪纪事》的对话
导演　徐晓钟
本报记者　唐斯复
《文汇报》
1988年3月29日

一个令人深思的艺术形象
——谈话剧《桑树坪纪事》的李金斗
刘　平　　《科技日报》
1988年3月11日

表演的张力
——评《桑树坪纪事》中的福林形象
林荫宇　　《戏剧报》
1988年5期

探索的探索
——谈话剧《桑树坪纪事》的艺术
丁扬忠　　《戏剧评论》
1988年2期

在兼容与结合中嬗变（上、下）
——话剧《桑树坪纪事》实验报告
徐晓钟　　《戏剧报》
1988年4、5期

反思、兼容、综合
——话剧《桑树坪纪事》的探索
徐晓钟　　《剧本》
1988年4月号

像吟唱一首诗一样
——《桑》剧赴新加坡演出前访徐晓钟
邝亦农　　《人民日报》海外版
1988年6月22日

话剧《桑树坪纪事》导演艺术初探
王　敏　　《戏剧评论》
1988年3期

历史的疑问　舞台的探询
——评话剧《桑树坪纪事》
林克欢　　《文论报》
1988年7月5日

戏剧艺术的走向
——《桑树坪纪事》一剧对当代戏剧的意义
丁　涛　　《光明日报》
1988年7月15日

* * * *

《桑树坪纪事》表达华族韧性和生命力
李子毅　　《新明日报》（新加坡）
1988年6月29日

揭露人性残缺面
《桑树坪纪事》“打牛”场面惊心动魄
（PO）　　《联合早报》（新加坡）
1988年6月29日

现实主义的戏剧
庄永康　　《海峡时报》（新加坡）
1988年6月30日

淌着热泪割毒疮
——看《桑树坪纪事》
韩劳达　　《联合早报》（新加坡）
1988年6月30日

《桑树坪纪事》
蕴含悲情的散文诗
李子毅　　《新明日报》（新加坡）
1988年6月30日

“导演的野心很大”
观“桑树坪”有感
沈玉兰　　《新明日报》（新加坡）
1988年7月1日

把姐妹艺术熔于一炉
蔡秀美　　《新明日报》（新加坡）
1988年7月4日

山　鬼（湘剧高腔）

编剧：盛和煜
导演：陶先露
副导演：阎鑫
作曲：王湘强
舞美设计：曾泽强
演出：湖南省湘剧院
主演：王永光、朱米、徐军、钟革、邵展凡、肖宁、徐恩德
司鼓：宋章乾
主笛：李三三

剧本发表于《剧本》月刊1987年11月号。

首演于1987年9月5日。

1987年获湖南省首届“洞庭之秋”艺术节综合一等奖。

1988年获首届中国戏剧节优秀演出奖。

剧情梗概：

为崇高理想和美好感情而上下求索的屈原，来到一个原始部落。在这里，他遇到一些莫名其妙的事情，阴差阳错中执掌了大权。他想按照自己的理想和道德标准治理好部落，但是事与愿违，部落的人们仍然选择了原来的首领。最后，屈原不得不怀着难以名状的心情离去，继续他的求索。　（阎鑫）

《山鬼》作者盛和煜

我不探索

盛和煜

我认定，《山鬼》自出娘胎便生活在水深火热之中，很大程度上是一些好心的人们将它捧为"探索剧目"所致。他们不知道，有些人提起这个词儿，是既畏怯，又鄙夷，还会本能地生出一种排斥心理的。

这也难怪，因为我们许多的所谓"探索剧目"，并没有体现出新的精神价值，而只是捞着个舶来品就照葫芦画瓢，或者顶多给这瓢安上一个塑料把手什么的。丧失了自身的创作能力，就只能靠玩形式而媚俗了，于是声光电迪斯科、意识流宇宙流如黄河决口，让人一听到"探索"二字就心里发怵。其次，便是我们国家这个特定的、包括多种层次在内的观众群体，却有着大一统文化的思维模式。这种思维模式是不那么喜欢，不那么习惯，不那么能够容忍哪怕稍微有点儿别的想法的东西的。所以，我犯不上睁着眼睛往火坑里跳，我不探索。

还有，就是我觉得，要创作出真正意义上的探索剧目，需要作者本身具备很好的心理素质和人格力量，我不行。在创作《山鬼》时，我什么都想到了，就是没有想到"我正在探索啊！"虽然写文章总免不了来点言不由衷的玩意儿，但把完全没有的事硬说得有鼻有眼，那晚上是睡不着觉的。

为什么想到弄《山鬼》这个东西的，我曾经在各种场合极诚恳地胡说八道许多遍了。现在仍然难以说清诱发我创作冲动的最初契机是什么。在动笔写《山鬼》前，我正经历着我创作生涯中最严重的一次危机，那就是歌剧《想穿牛仔裤的老知青》在全省歌、话剧调演中的惨败。当时我内心的痛苦真是不可言喻。我对自己的创作道路、艺术品格乃至修身养性都进行了全面的反省。在一篇文章中，我说这次惨败"使我走过了平常10年也难走过的心理历程"，这话并非故作深沉。在另一篇文章里我又咬着牙发狠说："我非要写出个好戏来不可！"于是，便去做《山鬼》。大丈夫一言九鼎，此所谓也。

提笔伊始。我胸中还有一股愤愤之气，冲撞激荡写着写着便趋于平静，继而神清气朗，待剧本脱稿，我亦如凤凰涅槃。

总的来说，我写得很潇洒，去尽浮燥；很自觉，时有所悟。我常想起在湘西大山插队时，有一次担着一担谷去山下的水碾房碾米。返回时天色已晚，我放下担子，准备歇口气再爬坡。四周黑黝黝的，山涧流水、竹篁摇曳，黄麂蹑足，秋虫振翅，一切生命的律动都隐藏在静谧的黑暗之中；而从幽幽山峰的顶端直至天穹，却不知从何发出淡青色的神秘光亮。暗的山谷和亮的夜空界限是那样分明，融合得又是那样浑然一体，天地静止永恒的一瞬间，我深深感动了，沉浸在一种宗教的纯净空灵中。同时内心又感到从未有过的孤独，孤独是这样的必需和美好。也许这只是我当时内心感情的一种外化，也许是岁月将我的记忆变形，抽象化了。后来这情景再呈现于我脑海时，就只有一幅说不清形状、明暗对比强烈、透出一派天籁的图画。我不知道在我的潜意识里，是否将这图画构成了我剧本的背景。还记得有一年闹春荒时，我和乡亲们在山坡上插秧。秧苗翠嫩，清晨的太阳光鲜如润，可人们饿着肚子。突然，一个回乡中学生尖锐地拖长声音叫起来："啊——饥饿笼罩着姜家湾，再也奈不何了呀，人死卵朝天！"满田的人于是大笑，我也笑得直不起腰来。这才叫穷开心哪！特别是"人死卵朝天"。一句顶一万句，比说什么都来劲。这句话给我的影响太大了。以至我写剧本时，特别是写到一些道德裁判，生死关头，庄严场面的时候，这句话就冒出来，就觉得所谓的是是非非，生死荣辱，包括我曾有过的不被理解的愤懑，都可笑极了，就忍不住也想来这么一下子。这种调侃自嘲，和玩世不恭有区别，而和庄禅宏大的宇宙观倒有某种相同之处。一个在"文革"中

16岁便陷入冤狱、10年后才平反的女孩子曾对我说："我们面临着一个最大的哲学命题：人,到底是什么?"她这问题很大很玄乎很一本正经，当时我被唬住了。后来一想又简单极了。人是什么？碳水化合物的物质构成。至于那些从人的本义上引伸的、附加的意义，如人的价值哪，人生的困惑哪，咱们就用不着费那么多脑筋去琢磨了。有的作品喜欢就哲学经济政治都发表意见，还生生地想挤兑《人民日报》社论。其实呢，对我们这些编剧来说，甭说一言兴邦，一千言又咋的?换十来块钱的稿费，还得看编辑的兴趣。我是十分尊敬那些具有忧患意识的作家的，我是十分不愿意人家硬拧着我的脖子听他布道传经的。这年头，世界上，谁也不怕谁。把读者和观众惹烦了，戏剧便永远走不出低谷。

不过，这些考虑并不是我在《山鬼》中去刻意塑造另一个屈原的原因。3年前我就萌生了这样的想法，我要写一部关于屈原的作品。在这部作品中出现的屈原，将不同于郭老的香港的日本的和人们认识习惯中的屈原。这将是我自己创造的，而不是从什么地方什么人手里"批发"来的屈原。这个屈原可以是诗人哲人而不可以是政治家思想家；这个屈原属于艺术，而不属于科学。我的这些想法，是在转换了思维方式和看问题的角度之后的新发现。

我从来就很仰慕屈原。他在我心目中的地位，是文化人的第一形象。他的晶莹高洁，他的耿介拔俗，很对中国知识分子的脾胃，也是我原来极想效法的。这些年，韩少功为发轫者，文学的"寻根"热晕乎了文坛；古老楚文化的魅力倾倒几多新潮男女。作为楚文化最杰出代表的屈原先生，自然又被这热潮推向光辉的顶点。我未能免俗，被这潮流裹胁着，又去拜读老先生的九歌九章离骚天问，又被老先生的文思弄得满脑壳五彩斑斓，又为他的怀才不遇叹息唏嘘，为他遭宵小谗害愤愤不已，为他的悲凉身世长歌当哭。如此者三，我忽然发现，自己不再感动，甚至不想再读下去，甚至有点儿（现在我仍须鼓足勇气才能说出这个字眼）厌倦。我吃惊了，为我自己居然会产生这种情绪，我困惑了，问自己为什么会产生这种情绪。当时我想，假设我是一个从来不知屈原为何人的人，骤然去读《离骚》，我将有何感想？我会发现，这个人的遭遇固然值得同情，这个人的牢骚也太多一点。时时以美人香草自比，时时抱怨不为社会所理解，时时觉得世界上的人都浑浊，就他一人清白。"放言无肆，为前人所不敢言"，"而反抗挑战,则终其篇未能见"，鲁迅先生对他的批评是对的。命运不公，你为什么不抗争？人们不理解你，你为什么不去争取理解？你的抱负不能施展，你为什么不想办法去施展？当然,"愤怒出诗人"，也仅仅是出诗人而已。我们为什么要把他捧为或委屈成思想家政治家呢？屈原的伟大意义在于，他创造了并代表着楚文化中华文化最光辉篇章。他的"路漫漫其修远兮，吾将上下而求索"的意志，成为了我们民族精神品格的象征。但他在政治上并没有什么伟大的建树。当然，他有过他的政治主张和行动，可失败了。失败的原因总的是历史环境决定，再就是他个人性格弱点所致。这点，他比不上他同时代的张仪。他们俩在政治斗争中较量过，屈先生败了。在我们心目中，张仪是个坏家伙，这问题就来了，为什么好的斗不过坏的？屈夫子如此，明代的东林党人也如此。东林党人以"清流"自喻，关心国是，抨击时弊，可闹到后来，却被他们称之为"浊流"的宦官统统抓起来，扔到黄河里去了。"以尔清流、投彼浊流"。再就是"文化大革命"中，老舍、赵树理们是绝对斗不过张春桥、姚文元之流的。"历史的经验值得注意"，现代中国人在赞美和学习屈原先生的正直忠诚仁厚求索精神的同时，不应当再去赞美和学习他的迂腐牢骚清高脱离实际了。目前，对《山鬼》中屈原形象的争议，我以为更多是感情使然,而不是客观分析的结果。有人针对"难道历史上真实的屈原是这样子吗"的问题解释道："这个屈原只是一个（哲学上的）符号，而不要看成真实的屈原。"这话是对的。说他是两千年来中国传统文化、道德力量的化身，或是中国知识分子集体生存心理、悲剧心态的凝聚，也可以。许多看过《山鬼》的人，包括一些高级知识分子对我说，他们从屈原身上看到了自己的影子。我对这个屈原调侃嘲弄，实际上是对我们自身弱点的调侃嘲弄，而且这之中包含着深切的痛惜。但如果硬要说我写的是历史上真实的屈原我也不讳言，保不准他老人家就是我笔下这个样子？而不是"一贯正确"地走到了汨罗江。

话虽这么说，就我艺术创作的本意而言，我只是希望《山鬼》中屈原的艺术形象成为一杯醇郁的好酒，凡现代中国知识分子都可拿来一浇心中块垒，可您如果连酒味儿都不闻一闻就将酒泼掉，那就太让人想不开了。

有很多人劝我："不就一个名字吗？将屈原换成别的什么人得了。"中央戏剧学院一位学者为此分析道：艺术的核心问题，是人物形象问题。《山鬼》选择屈原是非政治、非历史，纯粹是艺术上的原因。所以，不能用庸俗的社会学和庸俗的历史学来评价。从艺术上讲，选择屈原作为剧中道德力量的化身，有三个好处：一、屈原的智慧深沉，正直仁厚以及他的求索精神是大家公认的，是中国历史上被肯定的一页。

同样，道德也不是人类精神的小丑，发挥到了淋漓尽致的道德，它本身也是智慧、忠诚、正直的，在它的范围内充满着求索精神的，如果我们换上一个人，比如朱熹就不行。朱熹是中国宋代的大理学家、大道德家。但他也是一个伪君子，平生做事有许多不道德之处，比如到福建当官上任的时候，搞了两个尼姑，藏在轿子里面，带到福建做了小老婆。《山鬼》这个戏，不是讲道德的虚伪，而是讲道德转化到了人性的对立面之后道德本身的悲剧。那么，用忠孝节义的关云长行不行呢？也不行。关云长太蠢，而道德是智慧的。所以，《山鬼》选择屈原这样一个杰出的人物来做道德的化身，这样才不至于歪曲道德的本身。在这个戏中，屈原的文明程度是远远高于杜若子和部落其他人的，但是，因为道德走向了人性的对立面，人性的反面，脱离了人性，脱离了实践，因此就用进步的形式实现了倒退。联想到中国历史上多次提倡宗教，扼杀科学精神，特别是“文化大革命”以进步的形式实现的大倒退，就引伸出这个戏多主题中的一个主题，就具有一种历史的通透感。二、以屈原作为道德的化身，具有悲剧所追求的某种最高境界。屈原并不知道，首先是他自己被自己的信仰所消灭，这样的悲剧，能引起人们更深入的思考。三、以屈原作为道德力量的化身，可以给整个戏带来一种很浓厚的楚文化背景。屈原的作品气势磅礴，想象奇特，有着天马行空般的韵律。他被作为一个人物借用到戏剧中来，他本身的气质，他的作品所内含的气质，都被带入这个戏中，天风海雨扑面而来，使我们进入了楚文化这样一种特别瑰丽奇异、特别具有浪漫色彩的戏剧气氛中间。当然，这位学者的原话，比我在这里所引用的大意要详尽慎密得多，我是不可能作出这样的分析的。我只是模模糊糊感到，如果将屈原的名字换掉，那么我的冲动、我的灵感、我的艺术创造的快乐和悲伤，都将随先生而去了。

在动笔写《山鬼》前，我在日记里写下了5个字，“敢为天下先”。我只能悄悄写在日记里而不能说出来，说出来人家就会认为你狂妄，而狂妄对我们这些已不年轻可老先生还说你年轻的人来说并不是个美妙的词眼，甚至还可以引伸出若干的歧义。但我的思想，我的创作指导方针，是这样确定了。我经常阅读一位成就卓著的科学家所写的一本关于组织工作的著作。我是这样喜爱这本薄薄的小册子，甚至将他视为《论语》。就是这本书，开宗明义提出：“先例是为打破而存在的”，“一项新方案，要等到60%的人赞成时再干，就为时已晚”。我觉得这些话太对了，太适合于文学艺术创造了。我们的作品不同于政治主张。一项政治主张拿出来，应该得到大多数人的赞成和拥护。而如果一个文艺作品拿出来，所有的人都觉得符合自己的口味，那这个作品就太乏味了。我写屈原是基于这个前提。在我为《山鬼》寻找恰当的表现形式时，更是自觉地不将我知道的任何一部戏剧作品奉为模式。有人说文体其实就是作家自己，是人生心境和创作心境的混合物。那么，当人们鉴定《山鬼》为真实的荒诞的传统的时髦的通俗的深奥的心理现实主义魔幻现实主义哲理寓言黑色幽默的少林拳术峨眉剑红白刀枪昆仑鞭什么都是什么都不是的玩意时，就可以想象到我有一个怎样的随心所欲、矛盾混乱的世界，寻找形式不玩形式，我又实实在在地觉得只有这种不土不洋不古不今不伦不类的形式才能成为我整个艺术感受的载体。

听说在门头沟召开的“戏曲现状与趋势”会议上，《山鬼》被人斥之为“后结构主义”什么的。对我来说，这不是批评而是恭维了，这恭维又使我汗颜。因为我迄今仍不知“后结构主义”为何物。不过，我觉得以迪伦马特“一种美学的虚构”之语，艺术创造意味着“重新构想一个世界图象”之语来解释《山鬼》的叙述框架，倒是准确一些。

以往，我们的戏剧作品，在叙述故事情节时，总要用一种确定性的意义命题，来制约故事的发展、流动和多向发生，以理性观念的硬壳来束缚活生生的生活形态、情感形态。我写《山鬼》，却是无拘无束、不负责任的。

这个戏的副标题是“屈原先生的一次奇遇”。既是奇遇，就可胡诌。这个戏上演后，有的领导要请考古学家来考证这究竟是母系社会还是父系社会。可我早在剧本提示中说了，这地点是“很难考证”的，时间也在十分模糊的“过去”。再譬如在人物关系的设置上，有人说高阳不是屈原的远祖吗？“帝高阳之苗裔兮”，怎么把他俩给扯到一块儿来了？逼得我只好想出一条理由：不错，高阳是屈原的远祖，我把他们扯在一起并让他们发生冲突，正象征着人的本性和人类在进化过程中确立的道德价值观念的冲突。论述深刻，疑问冰释。其实我当时只是觉得把他俩扯在一起蛮好玩。还有，申巫给屈原治伤，用的是蒲草、腾蛇、牛王刺、黄荆条、蜥蜴、蚂蟥骨头、羚羊角……这之中，腾蛇是传说中的一种会飞的蛇，蜥蜴使人联想到巫术，羚羊角本来就可入药，蒲草和屈原先生有不解之缘，牛王刺、黄荆条在我插队的那个山坳坳里遍地都有，而蚂蟥根本就没有骨头。我并不要求读者观众对这些东西有逐个的理解，也不奢望人们会从这些词、物的组合中感受到一种奇特的朴素的文化意韵，我只是觉得这样真真假假，虚虚实实，有的说得无，无的说得有的创作活动，实在是人生的一种大快乐。至于如果有人拿“蚂蟥本来是没有骨头的而盛和煜硬说它有骨头并可入药给人治伤并拿到剧本和舞台上去宣传愚弄和欺骗了读者观众”的罪名来追究我，我是不负责任的。咱们早就有言在先。

《山鬼》对“高台教化”、“文以载道”、“文章合于时而著”的叙述模式的改变，使得一些人传统的欣赏习惯，即审美心理定势难于接受。有一些批评家也说：“我们都看不懂，何况一般观众！”这使我有些惶惑。惶惑之余，又想怯生生问一句：“您需要看懂什么？”若是想通过观看湘剧高腔《山鬼》，明白一个人在为伟大理想而斗争的道路上，不论遇到任何艰难险阻，都要向屈原同志学习，不屈不挠勇往直前，当然也要团结群众，教育群众富贵不能移万恶淫为首不孝有三无后为大计划生育好是刹住乱涨价歪风的时候了，那我没辙。因为我写这东西，根本没有打算告诉内行诸君什么门道。我自个是一脑壳浆糊，以己昏昏，岂能让人昭昭？面对您的愤怒，我只能给您讲一个老掉牙的故事：从前，有个皇帝光着身子并没有穿衣服。可是因为裁缝说他穿了衣服而这衣服愚蠢的人是看不见的，大家都不愿当愚蠢的人，于是都说皇帝穿了衣服，这衣服还如何漂亮。最后还是一个孩子嚷出：“他什么也没穿！”童言无忌，孩子没有关于愚蠢等等的考虑，所以他能看清事物的本来面目。不知道您听了这故事以为如何？反正我是将这归真返朴的感悟用于了创作，力图使作品朴素、原始、本质。如屈原问申巫为什么要吃好人，申巫回答：“好人好吃些吵！就象吃鸡蛋，你喜欢吃好蛋还是吃坏蛋？”这实在是用最明白不过的语言，说明最简单不过的事情。但如果硬要带着许多生活的附加意义，透过理论的层雾去看它，便会觉得神秘深奥，玄机无穷，甚至觉得从中渗出一些歹毒来。

不说了。这文章再做下去，就会变成剧本一条条蹩脚的注释。而且，想用规规矩矩的方块汉字和抽象的、逻辑的、强调的、清晰的理论说明艺术创作时朦胧繁复鲜活的思维状态，对于我来说，委实太难，硬要如此，那我情愿根据《离骚》去制定剧团改革方案。

（在全国探索性戏曲研讨会上的发言）

湘剧《山鬼》的探索

沈　尧

一

盛和煜迈步在探索的道路上。他给湘剧带来些什么？又给戏曲带来些什么？我以为，他的血气方刚，他的东奔西突，给湘剧和戏曲带来的是活力，是拓展的希望。《山鬼》，似乎一时成为难以索解的艺术之谜。其实，它并不比一幅抽象的绘画更难懂，它的内涵很现实。《山鬼》告诉人们，盛和煜的心脏正扣紧时代的脉博在砰然跳动。那么，还能要求他为湘剧和戏曲做些什么更大的贡献呢！

《山鬼》写“屈原先生的一次奇遇”。从艺术反映生活的原则来看，有没有可能呢？可能性是衡量艺术真实性的最基本条件。因为艺术创造的形象终究是一种“幻象”，终究不是实实在在的生活。同时，艺术的“幻象”要能调动读者和观众的想象，也不在于它是生活中的一种实在，而在于它是生活中的一种可能。可能性将唤醒读者和观众的生活经验，驱使他们的想象在“幻象”的天地里驰骋。这似乎无需引用一些权威性的理论来说明，相反，倒要用一点实证的方法来证实。伟大的爱国诗人屈原进入一个原始部落，由此导引出一系列冲突，这有没有可能性呢？我联想起被马克思、恩格斯高度赞扬的摩尔根的《古代社会》，书中记载了这样一段事实：19世纪初叶，一些西方传教士到夏威夷群岛的原始部落创设教区，面对停留在人类社会蒙昧阶段的原始人，面对尚处于母系家族状况下的伙婚制，他们的思想感情受到极大震动，他们认为发现了人类道德败坏的最坏典型。摩尔根说："这表明在文明人与蒙昧人之间存在的鸿沟有多么宽阔。经过多年的发展而形成的高度的道德观念和高尚的情操，与这些最原始的蒙昧人的微薄道德观念和粗野的情感对面相逢了。这是一个绝对而全面的对比。"由此可见，类似《山鬼》所描写的"奇遇"，以及《山鬼》所揭示的文明人与原始人之间那种"绝对而全面的对比"，在世界上并非没有发生过。

艺术容许虚构，它并不要求必须描写生活中实在发生的事情，而要求必须描写生活中可能发生的事情。艺术描写的对象不必是生活中实际存在的，而必须是生活中可能存在的。这是艺术创造的最基本规律，《山鬼》也恪守着这个千古不移的虚构的规律。盛和煜并非玩世不恭。

二

当然，可能性不等于真实性，问题还在《山鬼》所描写的"奇遇"是否可信。一方面是杜若子、高阳、田遣、申巫这些原始人的思想、行为是否可信，另一方面是屈原进入原始部落以后的思想、行为是否可信。这就取决于艺术家用什么观点和态度，去对待全剧以艺术的方式展开的两种文化和两种思维方式的冲突。

从《山鬼》所提供的舞台形象来看，屈原进入的原始部落，已经越过原始社会的蒙昧阶段，处于野蛮阶段的中后期。人类文明的曙光隐约在望。剧作描写了杜若子婚前的性自由，"抢婚"的习俗，以及杜若子婚后与田遣幽会，所承受的严酷处罚。它们一再反映出来，这个原始部落奉行的是留有伙婚制残余的偶婚制。人类的婚姻制度再向前迈进一步，就是屈原所习惯的一夫一妻的专偶制了。剧作还描写了部落首领高阳的战败被俘，以及他的归顺另一部落。屈原对高阳的"变节"愤怒不已。可是，部落成员却不认为高阳有什么可耻的行为，并且把代表权力的青铜钺再次献给归来的高阳。因为在民族、国家尚未出现的氏族社会，国家观念、民族观念、忠君爱国的思想，对原始人来说，既不可能在他们的意识中占有任何地位，更不可能使他们由此产生任何情感的波动。《山鬼》中还出现了这样的场面：高阳处罚幽会的杜若子和田遣，要由申巫占卜，以蛇的游动方向所显示的大神意旨，来决定人的生死。这是原始人思维中占统治地位的思维方式，有的西方人类学家称之为"原逻辑思维"。这种思维不是对客观实在的逻辑反映，它往往伴随着原始人坚信的来自神秘世界的神秘因素。盛和煜在题材的开掘、冲突的设置、形象的塑造上超越了传统，但他没有随心所欲。他开辟了题材的新领域，但又在这个新领域的制约中，开展了颇为独特的冲突，塑造了颇为独特的人物。总之，《山鬼》中出现的杜若子、高阳、田遣、申巫，他们的思想和行为，大体上是符

《山鬼》剧照

合野蛮时代氏族社会的文化状况和思维方式的。正如摩尔根在《古代社会》中指出的，象杜若子、高阳、田遣、申巫这样的原始人，他们“无疑是高尚而又纯洁地生活在他们的具有法律力量的习俗之中”。这样的描写是可信的，它贯穿着历史主义的观点和态度。

历史主义不等于客观主义；艺术形象渗透着创造者的感情，艺术中的历史主义更不等于客观主义。盛和煜也以十倍的钟爱，描写了《山鬼》中的原始人。特别是杜若子，艺术家对她那种无遮无掩的真挚感情的颂扬，不仅浸透了整个形象，也点燃了这个形象的生命之火。屈原曾在《九歌·山鬼》中吟唱：“山中人兮芳杜若”，以香草比喻山鬼。盛和煜给自己的女主人公命名为杜若子，他对这个原始部落少女的礼赞是很显然的。杜若子毫不犹疑地割下自己的肉，给屈原做药引；杜若子对田遣那种置生死于度外的恋情；杜若子认为屈原就是田遣以后，对屈原的忘我追求：它们带着原始人的野性和蒙昧，然而，感情永远那么真诚，那么朴实无华。杜若子就象一块未经人工琢磨的水晶。无怪乎屈原在以为自己将死之前，可以冲破伦理之大防，对杜若子坦然表白：“我爱你本性纯朴”，“我爱你丽质天然”，把杜若子比做“一轮明月出深山”。

不过，原始人可以歌颂吗？特别在文化名人如屈原先生的对比下，歌颂杜若子的带有野性的真挚感情，是否意味着主张历史的倒退？迷茫中只有求教于经典著作。恩格斯果然在《家庭·私有制和国家的起源》中说过这样的话：“个体婚制在历史上决不是作为男女之间的和好而出现的”，“它是作为女性被男性奴役，作为整个史前时代所未有的两性冲突的宣告而出现”。他又说：“个体婚制是一个伟大的历史的进步”，“同时也是相对的退步”。对恩格斯的话，可以从对立统一的关系去理解：如果就人类的婚姻制度来说，奴隶社会的一夫一妻的专偶制（个体婚制），对于原始社会的带有伙婚制残余的偶婚制，自然是“伟大的历史的进步”；如果就男女之间的关系来说，与私有制同时出现的专偶制，它所暴露的男性对女性的奴役，对于原始社会偶婚制所显示的男女平等，的确“也是相对的退步”。历史本来是复杂的，恩格斯的睿智，就在于他看到“伟大的历史的进步”中所包含的“相对的退步”。有了恩格斯的支持，我想，《山鬼》歌颂的反映了男女平等的杜若子的真挚感情，应该是无可非议的。相反，我倒觉得《山鬼》对这种历史的复杂性反映得还不够。比如说，奴隶社会的帝王世袭制度，较之原始社会对氏族首领的民主选举，不也是“伟大的历史的进步”中的“相对的退步”吗！《山鬼》没有接触这一点，是使人感到多少有些遗憾的。这也许是对艺术家的过苛要求了。

三

《山鬼》是否歪曲了屈原？在这个问题上有过争议。有人劝作者：“不就是一个名字吗?将屈原换成别的什么人得了。”盛和煜表示：“如果将屈原的名字换掉，那么我的冲动，我的灵感，我的艺术创造的快乐和悲伤，都将随先生而去了。”他的固执看来有些道理。楚文化是中国文化的重要组成部分，而只有屈原才足以代表那种把理想主义和浪漫主义完美结合在一起的楚文化。因此，屈原进入原始部落，从而激发的两种文化和两种思维方式的冲突，涵盖才能更深、更广，也才能引起更多的思考。然而，问题也随之产生。在这种戏曲舞台上前所未见的，两种文化和两种思维方式的冲突中，究竟应该怎样把握屈原的形象呢？屈原面对原始氏族社会的生活、制度、习俗，他不理解，他困惑，他做出一些格格不入的反应，是很自然的。关键仍在以什么观点和态度，来对待屈原的这些思想和行为。讽刺它，嘲笑它，那真有些非历史主义了。毫无疑问，历史主义也必须灌注于屈原形象的塑造。值得高兴的是，在《山鬼》中，它已经艺术地体现为对屈原形象的悲剧性把握。这离不开作者从历史生活和现实生活获得的那些触动自己心灵的感受，它们汇集成一股无以名状的悲剧性感受，深深寄寓在屈原的形象之中。盛和煜说：《山鬼》中的屈原，“是两千年来中国传统文化、道德力量的化身，或是中国知识分子集体生存心理、悲剧心态的凝聚”。一切都十分清楚了，《山鬼》中的屈原，不只是历史上的屈原，他还超越历史，凝聚着两千年来中国知识分子的悲剧心态。

“美人在何方？”离开故里的屈原在寻找回答。美人似乎在那“日出而作，日入而息”的有上古气象的地方。可是，一旦深入原始部落，屈原发现，气象并不那么“丽日辉煌”。三闾大夫那些足以代表楚文化的思想和行为，竟然成为不切合实际的超前意识，竟然成为无法实现的美好空想。祭廪君时，被作为牺牲的屈原，高歌一曲“九霄任翱翔”，真是浮想联翩，气魄宏伟。扮廪君的杜若子不由得摘下面具，为之长叹：“唉，你先生说话何等的有气势，为么子做起事来却总是缩手缩脚的呢？”问题当然不在屈原的言行不符，而在灿烂的楚文化与不发达的氏族社会文化，理想主义、浪漫主义交织着的文明思维与稚拙、蒙昧混杂着的原始思维，差距太大了。它们之间横亘着一条简直无法逾越的鸿沟。“魂断巫峰难为续，江天寥廓何处觅美人。”经历了充满喜怒哀乐“奇遇”的屈原，终于不得不离开这块有上古气象的地方，再去寻找他心目中的令人神往的“山鬼”。高阳的部落虽不是楚怀王的郢都，屈原仍然陷于这样的境遇：现实的迷乱，理想的失落。这本质上不是喜剧性的，而是悲剧性的。“路漫漫其修远兮，吾将上下而求索。”屈原的精神，很重要的一点是悲剧性的求索精神。这是对理想的求索，对真理的求索。也恰恰在这一点上，可以沟通古今，在情感上引起中国历代知识分子的共鸣。《山鬼》拓展了屈原的悲剧性求索精神，熔铸进中国知识分子的悲剧心态，我以为是值得重视的。这是把历史主义的态度化作了现实主义的精神。不过，它更偏重于对典型心理的捕捉，而不是大家习见的典型人物的塑造。

《山鬼》演出后，引起人们的共鸣，也引起人们的争议，还引起人们对它的冲突和主题的探讨。在我看来，最值得珍贵的是人们的共鸣。它将促使作者写出第二个、第三个“山鬼”，它将促进中国知识分子的积极反思，它也许会成为推动民族、国家前进的一股力量。

1988年9月25日

《山鬼》导演断想

陶先露

屈原作为封建社会的士大夫阶层的知识分子，长期受传统文化的熏陶，形成了一整套固有的观念与规范，他希望用自己的理想去治理社会。所以，当他报国无门而来到高阳部落时，见到以杜若子为代表的原始部落充满了神奇的生命力，以为找到了有上古气象的理想之国，从而唤起他要营造一个“无偷盗，衣食足”的尧舜之世的信心。然而部落里一系列的习俗与观念与他的规范格格不入。他以“君子善其身”为信条约束自己，拒绝杜若子的求爱，反被高阳误解为“当面来羞辱”而遭致“祭廪君”的惩罚；他当首领后，力图改变残酷的惩罚制度，对偷红薯的人施行“仁治”，却以小偷在他的教化中又偷去他的权力象征——爷钺而告失败；他嘲笑村民们的愚昧盲从却遭整个部落的驱逐……这一系列事实，表现了以屈原为代表的封建士大夫的道德伦理观念与部落民俗之间的不可调和与无法理解沟通的矛盾冲突，这是贯穿全剧的主要冲突之一。

其二，杜若子与田遣真挚的恋情唤起了屈原对爱情的渴求与反思。他爱杜的美貌又嫌其无才无德，爱她的真挚又恨其残酷，想爱她又恐违背自己的信条而不敢爱，对自己实行禁锢，对杜若子的追求一再拒绝之。最后，当他终于以为杜若子是他唯一的知音，准备携她“待快意雄风，扶摇直上九重天庭”之时，杜若子却因他的一再犹豫不决而远离了他。这一件事以及他对部落充满了信心而部落却因愚昧而使他失望等一系列事实所引起的内心冲突也始终贯穿全剧。

综上所述，由于两种文化的撞击所带来的理想与现实之间的不可调和的矛盾是全剧冲突的核心——即人生所面临的困惑这样一个主题。

理想虽然高尚，若脱离现实则苍白无力，现实虽然充满生命力却永远存在着这样或那样的缺憾，哪个更接近真理？——一个二律背反的命题。

屈原毕生追索理想而“九死不悔”。他具有伟大的人格，但他充满理想却缺少对现实的理解。屈原对杜若子、高阳、申巫及众乡民的若即若离的关系反映了两种文化的不断渗透，最后却终于决裂，这是必然结局。屈原被驱逐了，他的理想失败了，但谁能说这里没留下屈原的一些什么？屈原的心中没留下这里的一些什么？……失落，强烈的失落感，不仅屈原有，爱过他的杜若子有，败归而重又做首领的高阳也有。这是两种文化撞击后所重新排列组合的心理结构。两种文化孰是孰非？——又一个二律背反。

二律背反是康德提出的一个哲学命题。“二律背反”就是矛盾对立的意思。“马列主义认为二律背反这一概念是自然界与人类历史的辩证法在人的思想中的反映。”人物理性认识包括理想是通过概念来进行的。任何概念总是凝固的，僵硬的，它们只能部分地、抽象地、片面地反映和把握客观现实。只有以实践为基础，在概念与其他概念不断联系、过渡、推移和转化过程中，不断扬弃这种片面性、凝固性，才能生动地、全面地、具体地反映客观世界，才能获得对客观世界的正确认识，使主观认识符合于客观实际即获得真理。所谓人生的困惑不应是历史发展的阻力，而应是历史发展的动力，《山鬼》的主题思想是否就蕴含其中？

（《剧海》1988年第2期）

音乐：个性的追求

王湘强

初读《山鬼》虽从中得到一种强烈的创作欲望，但颇感有一些莫名其妙的难度。那么，在音乐唱腔上把握住剧种风格似乎显得有一种特殊的意义。

作为曲牌体的湘剧高腔，既长于叙事亦能抒情；既有高雅、古朴之韵律，又带有山野乡音之风采。我想，《山鬼》的音乐可以用高腔音调的基础，加以变通，并糅巫腔、山歌小调于其中，在整体上创造出一个原始、古朴又略带一些怪诞的戏剧氛围，模拟出一种富有楚风韵味的乐诗来。

为此，我在收集素材的时候，除了高腔各类曲牌以外，还采听了一些其他音乐资料，把它吸收进来，用以增强《山鬼》的音乐个性。如根据剧中祭廪君和奠阵亡将士等戏剧情节的需要，我采集了流传于民间的一些祭祀音乐，把冲锣、做道场的招魂腔与高腔的〔哭皇天〕音调糅合起来，谱成了“吾神打一望”、“屈原的肉是酸酸的呀”、“手持刀剑披着犀牛皮”等唱段。

这些唱段，在处理上采取高腔一唱众和的演唱形式，但有时要求演唱者区别于正常的演唱发声，用一种带有嘶喊的味道去体现。不强调旋律美感，着重表现情绪，借以谋求剧中需要的那种远古社会的古朴、粗野和略带神奇、怪诞的戏剧气氛。

上述一些来自民间的音乐素材和乐曲的变通采用，对《山鬼》的音乐个性起到了某种程度的强化作用。

为使其个性更加鲜明，在进行创作的具体手法上，我避开传统戏曲的曲牌套用法，也未采用明显的主题发展，而是在人物之间即屈原与山鬼部落群两个方面，造成音乐整体印象的对比。因此设计屈原的唱腔时，首先涂沫上一层“原汁高腔的底彩”。屈原的主要唱段都具有浓烈的“原汁高腔”韵味，颇有一种典雅的风采，又比较高亢、豪放。这样做能较好地表现屈原这个胸怀磊落的古代诗人的气质，同时，也与杜若子那种带有山野气味的唱腔及山鬼部落中“跳大神”、“抢婚”、“祭廪君”等场面的唱腔音乐形成了较为鲜明的色彩对比。再加上打击乐器的运用也着意刻画了“祭廪君”的粗豪、怪诞和“抢婚”时山鬼部落的民俗情趣及原始风貌，将屈原与杜若子及其山鬼部落不同的文明程度体现在音乐的色彩和韵律之差异上，用以构成全剧的音乐整体，再辅之以其他环境、气氛音乐的描写，以图实现对《山鬼》音乐个性的追求，使它的色调更丰满些、多样些，对拓展湘剧高腔的表现能量，有意作了大胆的尝试。

（《剧海》1988年第2期）

湘剧《山鬼》的真实性

陈健秋

作者在卷首明白无误地提示，这出戏写的是屈原先生的一段奇遇。这段奇遇自然是无可稽考、无典可据的，所以粗一看去，很容易归于荒诞一流。在强调主体意识和突破被长期曲解的反映论罗网的今日，在呼唤从再现走向表现的今日，得出以上结论，也是很自然的。然而……

然而一经捉摸，一经看过舞台演出，一股引起人们一咏三叹的实在感的清风却徐徐扑面而来。这种实在感是什么？该是那剧中所透露的人生况味和社会学内涵。因为它并没有多少个人的自我表现的需要和非功利的、或是某种情绪的宣泄。我把这种实在感就看成艺术的真实性。

首先，屈原的这段奇遇在和我们所知的历史的屈原的实际遭遇之间是可以有某种可寻的联系的。特别是他曾去现在湘西少数民族地区的行踪和他的诗歌，也是这个奇遇可提供的注脚。这里并不存在为屈原翻案和有意标新立异杜撰另一个屈原的打算。但说假借、寄托却是可以的，虽不是影射和比附。屈原作为士大夫和知识阶层，他的悲剧不仅反映了那个特定的时代和社会的必然，也反映了他自身局限的必然，而后者往往更带直接性和具体性。要不，他怎么抛下芸芸众生而朝汨罗江一跃！

《山鬼》所体现出来的真实性，还在于剧作家不仅对民族文化心理、民族历史进行了他独有的严肃思考，我们更可推而广之到对人类社会的理想和现实这对永恒的矛盾的联想以及对当前现实生活忧虑所产生的共振。这是这部作品鲜明的时代特征和真实感之所在。这种真实远远超出对生活表层的模仿和再现，不象大多数新编历史剧那样，囿于对历史事件和人物的评价和思辨，也没有在善恶忠奸、道德说教上绕圈子，更没有以历史为现实生活提供直接现成的借鉴。中国历史上不少道德治国论者，他们自身道德之完美旁人尚无诟言，但他们的种种规范却在“群氓”的实用主义面前显得十分单薄和无能为力。且看《山鬼》中一段对白是怎样说的：

屈原：“让人看见，成何体统！”

杜若子：“体统？体统是个什么东西？”

屈原：“这……咳，体统不是东西。”

杜若子：“不是东西，管它做么子？”

饱学的知识分子屈原到此时竟无言对答。

历史现象告诉我们，古往今来的革新派和道德治国论者之根本不同之处，在于他们不把精神放在最重要的位置，而是着眼于生产关系的调整和生产力的发展。生活在20世纪80年代的中国人之大幸，就是承认知识是生产力。但实际生活中我们却往往看到，这些掌握先进生产力的知识分子在社会生活、政治生活的现实中，却显得那么手足无措。因袭的重负不仅来自客观社会和民族历史，不也来自他们自己被熏染已久的价值观念和道德观念么？许多被这山阴道上的现实生活所捉弄的改革家的困惑的自嘲，盖源于此。从这个屈原身上，我们仿佛看到我们自己的折射。把他作为几千年中国知识分子的缩影也未尝不可。所以，这个屈原形象的真实性，更带有生活与历史的本质特征。

《山鬼》的真实性还得益于剧作家所运用的传统编剧法和所找寻到的恰当的形式感。在叙述方式上，讲的是一人一事，有头有尾的一个完整的故事。所以也是讲究凝集、概括的。在时空处理上，它完全按生活流程顺序展示，所以又是顺畅的、自然的。但它又不属于“佳构剧”那种天衣无缝的奇巧编织，而是在貌似漫不经心的“编造”中透露作家的机敏与诸谑。这二者的结合便产生一种贴切、可信、可感的审美效果。这种以调侃的但又靠近生活的口气所说的一个极其严肃又颇有几分深奥的哲理故事，早已脱尽书斋气、经院气；更没有那种打哑谜似的故作艰深的晦涩说教。在这里，思考与欣赏、理念与形象得到了同步和统一。如果说这个戏对所有的观众都毫无审美阻隔，也就不成其为这个戏了。但它的好处就在于它让人们一看之后是在似懂非懂之间。从非懂走向似懂，是需要费点心思的。但这二者都可适应“看热闹”与“看门道”者的要求。之所以有热闹可看，之所以似懂，一是因为它注重戏剧性和剧场性，二是它在细节上、语言上都是一清二楚的。剧作家的聪明和过人之处，还在于他清醒地看到当前一种把形式当成一切，形式更新当成观念更新的唯一准则的偏颇，而没有趋时媚俗地去玩形式。在这方面的老实使得人们确立一种对真实性的信任感。在语言上，它既保留了古代诗歌的朴拙和典雅，又掺和了现代汉语和方言俚语，没有那种常见的酸腐。造型设计和音乐编配，在再现远古生活那种质朴、粗犷、鲜明和体现本剧种的地方色彩上，都有力地帮助了观众对文学剧本的接受和理解。同样，文学本又为导、表演及造型及音乐的发挥与创造提供了天地。值得一提的是，湘剧高腔的与口语的契合和苍凉舒展的曲调，都便于“宣叙”和“咏叹”，因此，音乐选用高腔曲牌也为这出戏增添了许多魅力。

读了剧本，看了演出之后，每一回想，便陷于一种难以自己的激动之中。我想，这大概不仅是为盛和煜个人的成就而喜悦，也许我从中看到的是一种戏剧现状的突破，一种新的文化现象展现。它对戏剧创作，特别是对戏曲创作的影响也许我一时难以说清和难以估量。也许是出于偏爱，我在写这篇文字时，还忘了为求全面而着意去挑点骨头。那就免俗了吧。

（《剧本》1987年11月号）

在鸟瞰历史的视角下面

——《山鬼》体裁议

黄厚明

艺术的天空广阔而自由。然而当这天空里忽忽飘来一片绚丽奇异的云彩时，人们又不免为之目眩而惊诧。湘剧《山鬼》中的屈原先生竟是如此不同于历史上的屈原，伟大的爱国诗人在这里变成多少有些冬烘的理想主义者，终至让人予以“可笑可叹，可悲可怜”的评价而怏怏离去。于是疑虑与争执相随而起，能不能这样写屈原便成为论争的焦点。

评价一出戏不能以史学逻辑为出发点，不要离开戏剧审美范畴谈问题。我们应该首先明了《山鬼》人物的美学维度以及由此而来的风格体裁。如果我们从历史真实与艺术虚构之间的距离有限性来立论，把该剧看成现实主义历史剧，那么自然会得出否定该剧的结论。问题在于，《山鬼》并不是历史剧，而是一种假历史人物外衣的哲理寓言剧。剧本中的屈原不是一般意义上的历史人物，而是带有封建宗法社会伦理型文化背景的理想家形象，并由此带来了他与实际生活中人的本质要求的冲突。于是，剧本便获得了一种鸟瞰历史的视角，取得了表现复杂内涵的优越形式。

这种借历史人物、历史故事外衣的哲理寓言剧并不发轫于今日。莎士比亚的《安东尼与克莉奥佩屈拉》就很难说是那位罗马领袖与埃及女王的真实历史。直到现代，加谬的《卡利古拉》及迪伦马特的《罗莫罗斯大帝》等作品，已使这种假历史人物行为而实际宣示对现实的严肃哲学思考的戏剧，成为诸多戏剧体裁中很重要的一种。同样，中国戏曲的《捉放曹》之类，与其说是表现历史，不如说是表现某种伦理哲学。

将历史人物非历史化，赋予他们某种寓言型规定情境，从而在更广阔的角度上展开其文化、哲学及心理冲突的戏剧形式，首先使人物产生了另一种美学层次上的陌生化，带给观众习惯上的非认同性，使之不得不思考这种非同寻常的人物处理方法后边的内涵。即以《山鬼》为例，我们在这群奇特人物身上看到了两种文化、两种价值观念及理想与现实、道德与人性间的冲突。这些冲突不以某段历史的终结而终结，它们本身是现实的。其次，这样一种人物处理格局，使人物本身的内涵丰富起来，带来主题的多层次性。我们很难几句话概括出《山鬼》的主题，却在看这戏的瞬刻间明白了许多道理。所以《山鬼》在创作方法上给我们提供了一本现代戏剧启示录。从广义角度上讲，它表明现代戏剧应在反映生活的基础上广泛开拓人物塑造方法，并确立随之而来的不拘成格的戏剧体裁。从狭义角度上讲，它标志着历史人物非历史化的哲理剧，作为一种在更大层面上反映我们民族文化心理真实的有效手段，已经开始出现。更具体到戏剧理论界及广大作者来说，它作为一种对象性戏剧体裁，在它和人们的能动意识之间仍然是一种经验联系，没有上升为理论，也没有作为一种审美逻辑为更多人接受，所以才出现“屈原能这样写么”的疑虑。我们应该借《山鬼》的出现及随之而来的论争，好好总结探讨，为我们的戏曲改革多增添一种很有生命力的戏剧样式。为此，我们应感谢《山鬼》的创作者，因为他们成功的探索为我们带来了极有益的启迪。

（《剧本》1987年11月号）

这是屈原吗？

视 见

请设想一下：一个锦衣华服蒙满灰尘，歪戴帽子，拄着长剑步履蹒跚，形容憔悴，失魂落魄的人闯上台来开口便唱“思美人兮走八荒……”这个人是谁呢？他竟然是屈原！这位屈原如此亮相之后接下来又介入了一场颇具西南少数民族风情的抢亲活动。他居然拉开唐·吉诃德的架势，手持长剑杀进抢亲者的队伍。人家当他是疯子，轻轻给了他一下就把他打昏过去，作为他大煞风景的代价。然而他刚苏醒过来还要挣扎着找人家拼命……随后这位屈原又目睹一位原始社会的“第三者”田遣与杜若子之间一段标准婚外恋式的疯狂造爱，弄得这位屈原心旌摇动，只有干咽口水的份。但是当部落首领高阳慷慨地把美人杜若子借给他受用三日时，心里馋得很的屈原又唯恐走火入魔迷了本性，踌躇不前了。后来，杜若子将一片真情奉献给他，要与他私奔，他却成了可耻的告密者，出卖了杜若子。一个偶然的机会将屈原推上部落首领的宝座，但是满怀政治抱负的屈原这时才显出来原来是个一窍不通的大草包。不用说，他终于被所有人认为是疯子、白痴，从部落里赶了出去完事。通过这一连串行为观众不禁要问，难道这是屈原吗？这分明是一个虚伪透顶，敢欲不敢求，出卖灵魂的伪君子；一个道貌岸然，只尚空谈不识时务的糊涂虫。屈原难道就是这样一个迂腐、愚昧、愚蠢到了极点的家伙吗？也许有人会说，你写你的屈原，我写我的屈原，有多少作者，就有多少屈原。但屈原毕竟只有一个，你的也好，我的也好，他只能是历史上的那一个。

剧名为《山鬼》，作者显然是取了《山鬼》一诗中的某些情节、意境来发挥、创造的。屈原在许多诗篇里都描写了爱情，但大多反映了热烈的追求终归于失败的主题。《山鬼》亦不例外，表露出诗人的不幸遭遇和绝望情绪。山鬼不肯相信被遗弃的事实，从种种方面寻找解释，对负心的爱人不肯放弃最后的信任与希望，流露着无限缠绵悱恻的深情。这种情绪曲折地反映了屈原对祖国执着的爱与从丑恶的现实中挣脱出来的希望之间的矛盾心情。在剧本《山鬼》中，杜若子和屈原的形象似乎分别由诗中山鬼和那位没露面的“负心人”演绎变化而成，但是通过这两个人物的感情纠葛，作者却把立意引到有关婚姻、情爱等问题的价值观念上面去了，并且在一系列情节中把屈原置于可悲、可怜、可笑的境地。这对原诗和屈原的形象实在是一种曲解。众所周知，屈原是个伟大的爱国者，他从青年时代起就有远大的抱负。但政治的腐败，祖国的灭亡使他在极其苦闷、极端绝望的心情下投江自杀了。作者在剧本《山鬼》中设计了让屈原在阴错阳差中执掌大权的情节，但大权在握的屈原却把个部落整得一塌糊涂，原来他的那一套治国治人的妙论不过是不堪一试的假把戏。这种暗示，对屈原的爱国精神是极不公正的讽刺。在这部戏中，屈原一上台就置身于部落民之中，他好象外星人刚踏上地球，对一切都瞠目结舌，满脑袋是惊叹号。楚国的祖先是被夏禹压迫到江汉流域的苗族，他们开化较迟，长期以来被中原各国称为蛮夷。在当今世界上，人们仍然在某些隐蔽的角落里陆续发现完全处于原始状态的部落，那末在公元前3、4百年的楚国，这类尚未开化的部落就不仅仅存在于人迹罕至的地方，它大概是一种相当普遍的存在。屈原对那些部落的情况自然是十分了解的，以至他的一些作品就取材于这类生活。因此，如按作者副标题所说这部戏是“屈原先生的一次奇遇”就不太妥当了：如果是奇遇，那主人公可能是张原、李原或别的什么先生，唯独不是屈原；如果是屈原，恐怕就算不上是什么奇遇了。

（《剧本》1987年11月号）

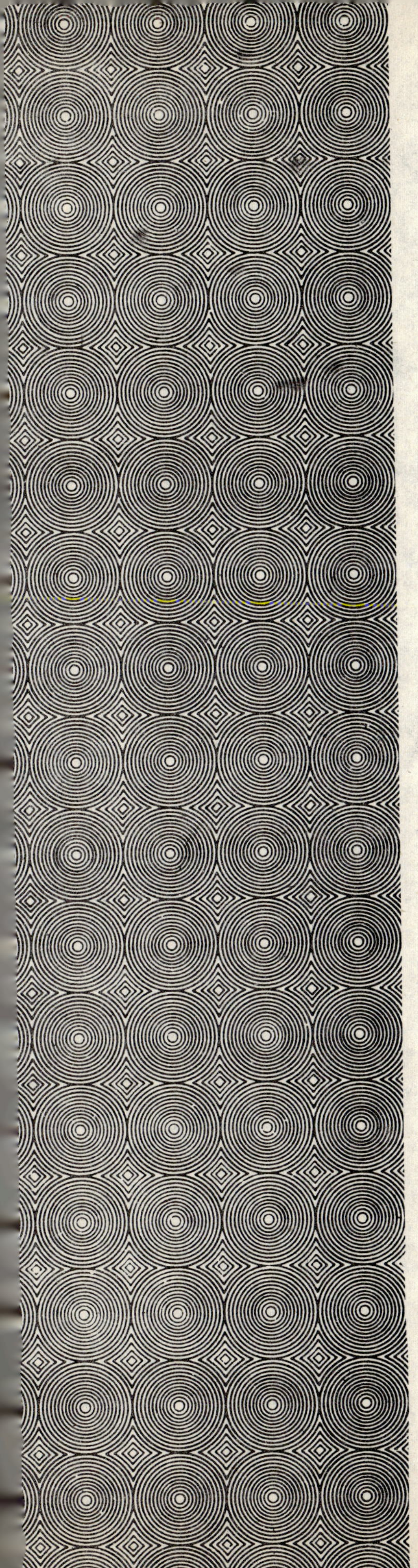

专题

浅山平畴野花密

——“柳琴戏在枣庄”漫述

恰恰·张

在灿若百花的中国戏曲中，有一枝情越榴火香重幽兰的野花，这便是柳琴戏。

柳琴戏，不比京昆等剧种古老悠长，处身正统，如牡丹般有富贵之气；也不比当代新崛起的剧种，如盆栽娇娜玲珑，得到更多的人工培育。她植根乡野，生命中有一股野性的顽强，不论在怎样恶劣的气候下，在何等贫瘠的土壤中，都开花结实，馨香四溢，流布于总人口约8千万之众的鲁苏皖豫4省毗邻地区。

她的老家在鲁南。这里的群众把她叫做“拉魂腔”，言其剧目声腔与表演之美，足可把人的魂儿拉走，可见其艺术魅力之强了。1954年华东地区首届戏曲会演大会上，一曲《喝面叶》艺惊四座，赢得了戏曲界的推重，显示着她的存在。然而她只有乳名“拉魂腔”，或“拉后腔”（即指其唱腔落句中最后一字的拖腔与翻高）等等，还没有一个正规的统一的“学名”。参加这次盛会的各路专家们一番商讨，遂以她的主要伴奏乐器形似一片柳叶而将她定名为“柳琴戏”。这种用以伴奏的弹拨乐器便是柳叶琴了。

柳琴戏源于民间、兴于民间。由于封建宗法观念的作祟，建国前几乎没有留下任何文字记载，使我们现在考察其源流及发展时便难以寻到切实的依据。建国后大规模的“戏改”工作，在整理传统剧目中，老艺人们口述身授，多少牵涉到这个剧种的形成历史与流变情况。今人在不断地努力蒐求、研究中，特别是近几年史志工作的开展，给本剧种史的研究提供了一定条件，有了一定进展。虽然至今仍有许多问题、疑点有待廓清，但大致可以理出一条脉络。

中国民族戏曲的审美特征其本质内涵是一致的，不同的是艺术表象上的差异，很大程度又在声腔方面。柳琴戏的声腔系统形成与衍变，其过程比较曲折。柳琴戏的传统唱腔既非“曲牌体”，也不是完整的“板腔体”。虽然它有“慢板”、“慢二行板”、“快二行板”、“垛板”、“炸板”、“五字紧”等板式，它也有上下乐句的自由运用与组合方式，并随时吸收融汇民歌小调，甚至人民群众生活劳动的声腔、号子（如耕地赶牛、妇女哭丧等），所以剧种声腔充满“杂色”。但它却又牢牢地保持着自己的个性，除了尾音拖腔翻高8度外，还有“停腔”、“里腔”、“含腔”、“喝乌腔”（又称“喝大腔”）、“哈弦”、“叶里藏花”、“哭皮”、“四句腔”、“撂崖子”（分“单崖子”与“双崖子”，即“独龙过江”与“双崖头”）等属于自己的单用曲调与唱法；专用板式则有“起腔带板”、“连板起”（俗称“连毛辫”）、“调板”、“垛板”、“紧板”、“闸板”等。建国后音乐工作者与老艺人结合在唱腔整理改革中做出很大成绩，特别是出于大量排演现代戏的需要，注重了音乐形象的塑造，在表现人物个性和内心情感等方面，唱腔更为细腻、丰富；同时改编、创作了大量伴奏曲，如“喜临门”、“鸳鸯戏水”、“会佳期”、“传情曲”、“迎春曲”、“娃娃令”、“慢板大过门”等，相沿袭用，久之成了新的曲牌。

柳琴戏起于民间说唱，发展成一个剧种，艺人们总是自觉或不自觉地采取兼容并蓄的原则，吸收姊妹艺术的营养，更多地与当地的民歌、民乐交融，因而使大体一致的声腔在不同的流布地区出现些小差异，这便成了“路”。习惯说法有“北路”、“中路”、“南路”之别。其实各“路”既没有根本特质的不同，也没有严格清楚的地域划分。“路”，大抵可看作是艺人们演出活动走向所形成“流派”的前身。向南一路到皖北扎根，另出一枝，独立门户，称为“泗州戏”。有研究者指出，东行连云港、淮阴等的“淮海戏”也是从柳琴戏母体分离而出的。向西呢，也许遇到了河南梆子（豫剧）的强大遏制，未成“西路”，只在永城一带留下少数剧团，仍是柳琴戏。

北路与中路的界限就更模糊了，使人几至怀疑，若非人为的称谓，有无划分立“路”的必要。这两“路”地跨两省，泛指地区是滕县（今滕州市）、峄县（今枣庄市峄城区）、临沂、苍山、郯城县（均为临沂地区）与徐州市周围。徐州为鲁南到苏北的重镇，地处要冲，交通便利，人文荟萃，商贾云集，历史上便是兵家必争之地。行政区划今虽属江苏省，但从民俗文化考察，更与鲁南大体认同。大凡起自民间的剧种，要想得到社会的确认，要想进一步扩大自己的影响，当然也有经济收入的考虑，必当向城镇挺进，而较之县城，徐州便是首府了。建国前后当时最大最活跃的拉魂腔“卜家班”（即滕县柳琴剧团前身），即是在鲁南县城立足稳实后，南取徐州造成影响，中经蚌埠直发上海的。

上述各“路”，在柳琴戏“正名”之前，各有名称，“拉魂腔”是主干。以早期北、中两路为例，其形成前身，大约有如下述。

北路：从锣鼓铳子到拉后腔。

从“打乓乓”到拉后腔。

从花鼓到拉后腔。

从肘鼓子（周姑子）到拉后腔。

中路：从三句半到拉后腔。

从肘鼓子到拉后腔。

（余略。或有同处）

其中，肘鼓子一说多为诸家采用。周贻白先生在《中国戏曲史纲要》中称：“巫娘腔即姑娘腔，李玉的《麒麟阁·反牢》及《霓虹关》（昆曲）中，皆有姑娘腔的唱调。或谓今之柳琴戏，亦名周姑子，即为此声腔的遗声。”

肘鼓子，演唱者头戴彩球，身穿百褶裙，一手执鼓，另手不时击之，哗哗作响，唱腔不“撂崖子”，尾音亦不翻高。它的进入鲁南，当在清道光年间，由流浪艺人自青州传入。锣鼓铳子是一种民间演唱，艺人扎包头，戴髯口，不着莽靠，声腔高昂粗犷，尾音不拖，伴奏乐器有锣鼓钹镲，不用弦乐。

这里值得一提的是滕州市方志工作者近期在滕州（原滕县）东郭镇苏楼村发现一批资料，引出一条线索。该村雍正年间出了两个秀才，文秀才叫苏金某，武秀才名苏金门。二人曾应乡试不第，遂淡泊功名。然其家资殷富，酷爱戏曲，便自组家乐演出，以排遣自娱。所招佃农，非能唱者不取。文秀才还自撰剧本《老少换》、《郭大姐算卦》、《张梅英赶考》、《捆被套》等多种，由佣工排演，身临指导。有时佃农下坡劳作，也得口吐唱词。每年秋，苏家总种40、50亩地荞麦，专留给来苏楼搭班的艺人充食。春节前后，各地艺人来此集结献艺，从初一到十五络绎不绝，达旦通宵，简直犹如现代的会演了。

据苏氏族谱查，苏家自苏金门起，中历苏千一、苏炳元到苏友刚。苏友刚生活在嘉咸间。1987年4月，史志工作者在这里发现了苏友刚自制的第一把柳叶琴，其构造与现在大致相同，惟腹腔略扁平（见附照）。这是目前发现的最早的柳叶琴，可视为其原始型。这就是

古柳叶琴（正面、反面）　李峰摄

说，锣鼓铳子有了弦乐伴奏，至晚在这时已衍变为拉后腔了。苏家班除苏友刚还有王清、徐四等。民间流传有“王清、徐四、苏友刚，峄县坡里吃得香”的口谚。“吃得香”即“吃得开”或“打得响”的意思，均为当地俗语。他们不独到峄县，还曾过沂州、郯城，南行至灵璧、泗州、宿县一带演出。这个班的王三货郎之妻，是北路拉后腔最早的女演员(距今140余年)。这一时期及稍后，活跃在鲁南地区的班社还有“安家班”（安德友）、“高家班”（高二、八戒）、“华家班”（华继云、华继方等），他们的足迹南至蚌埠、淮南、大通，北至泰安、济南，西至济宁，东过沂州一带。

北路拉后腔最重要的班社，当属卜家班。它虽晚些，但影响却大。由著名老艺人卜端品于1912年领班主演。它上承高家班，下至建国后改建为四平剧社，成为今滕州市柳琴剧团的基础。

卜家班领班兼主演卜端品（1889——1968）人称“不拉门”，意思是：遇有卜的演出，万人空巷，村村家家都闭门锁户去看戏，足见其影响之深广，后遂以此为艺名。他的代表剧目有《拦马》、《打干棒》等。《拦马》与京剧《挡马》故事大致相同，但卜端品更多地吸取了民间文学的养分，以说唱见长，具有浓烈的地方生活特色。卜家班的其他重要演员还有卜玉萍（其女）、相瑞先（现在江苏省柳琴剧团）、金妮（刘家祥）、银妮（石印喜）、钟文银、王兆兴等。他们常到江苏、安徽等地演出传艺，有的人落地生根，成了当地剧团的主要演员，对促进柳琴戏的传播与交流，做出了贡献。

柳琴戏经过百余年的发展与积累，已有剧目200余种。这些剧目有不少是从其他剧种中直接移植，或改头换面的。与京昆等大剧种对比，可以看出一个十分有趣的现象，某一剧目，题材、人物到了这里，被涂上了浓重的平民意识、农民意识的色彩，如睢尧臣的散曲《高祖还乡》、前述《拦马》可见一斑。地方小戏、民间说唱，兼容并蓄，可塑性可变性很大，大

而化之，升而善之，月累年积，尔后成型。真正属于自身传统的剧目，数十种而已。且更多的是艺人的口头创作、即兴发挥。这些剧目，艺人们概括出“东西回龙二五反，点兵四告大花园”为“看家戏”。即《东回龙》、《西回龙》、《二反》、《五反》、《四告》、《大点兵》、《大花园》，还可以加上《大隔帘》、《小隔帘》、《小书馆》、《老少换》等。建国后经过整理改编经常演出的传统剧目则有《喝面叶》、《拦马》、《灵堂花烛》、《张郎与丁香》、《状元打更》、《小厨房》等。

由于它与曲艺同处下层，作为一个剧种，形成初期，因着条件的不足，或自娱，或谋生，演出形式实在与曲艺无差，从独角演唱到二人对演（称为“对子戏”）以至三四人不限。至今有一种以这个剧种曲调演唱的，叫做“柳琴书”（以区别于“戏”），曲目剧目也交融混杂。某些剧目原本仍保留着第三人称的叙事部分，是为讲唱文学的痕迹。再发展到“七忙八不忙”阶段（即7、8个演职员），上场是演员，下场当乐手等，由赶集庙会打地摊到登上舞台。这诸方面影响着它的剧目表演形成了以“三小”（小生、小旦、小丑）为主体的特点。表演质朴、细腻、传神，尤以表现农民、一般市民的文化心态见长。即使偶有历史人物、王公卿相、士儒贤哲、权门富绅、义侠大盗、名媛闺秀、青年才俊等等，也无不折射着农民的文化心理。

长期的艺术实践，也创造积累了本剧种独到的表演形式与身段。如压花场、百马大战、燕子拔泥、白鹤亮翅、苏秦背剑等，特技老龟脱壳（头顶碗卷席）、窟窿拔蛇（顶碗钻席）、顶杠、顶灯等。由于初期人少的局限，不得不一人演多角，当场换装。专而熟，熟生巧，以至有机地融汇于演出整体中，不断完善，竟如川剧之变脸，成为一绝，叫做“抹（mǒ）帽子戏”，其典型代表剧目，便是《七妆》。遗憾的是，至今几近失传，现有的演员差可拟似，难能达到其先辈们那种炉火纯青的地步。

柳琴戏的脚色行当大致如常，但它有自己的称谓。如：

小头，即闺门旦、花旦。

二头，即青衣。兼演花旦时，又称为“二脚梁子”。

老头，即老旦。

跟娘旦，即娃娃旦。

褐婆子，即彩旦。

大生，即老生或须生。

勾脚，即丑、老丑、小丑、文丑、武丑等。

其他如小生、武生、花脸、红头等，均如常。这些称谓，在现代、特别是中青年演员中也大都不用，成了历史。

中华人民共和国建立后，进行了大规模的戏曲改革工作，柳琴戏同样在剧团建制、剧目建设、舞台置装等方面有了长足的发展，艺术水平、演员素质也相应有了明显提高。首先是许多民间社团在此消彼长的过程中，优化组合，在新的文艺政策的指导下，组织逐步健全，阵容趋向整齐；剧团排练上演剧目整个艺术生产的环节，也逐步规正、完善。鲁南苏北最具影响的卜家班这时已有固定演职员40余人，行当齐全，分工明细，软硬场面伴奏专职。改建后称四平剧社，选举了正副社长。剧团管理领导由班主制转到民选社长制。1953年在戏改工作的推动下，剧团正式纳入地方事业建制，归属各级政府领导，如在群众剧团基础上成立的峄县柳琴剧团（1960年建立枣庄市，遂改名为枣庄市柳琴剧团）、以四平剧社（新建剧团）为主体组建的滕县柳琴剧团（今为滕州市柳琴剧团）以及临沂柳琴剧团、江苏省柳琴剧团（驻徐州市）等。从柳琴戏母体分离出的泗州戏，也在安徽地市纷纷建团立制。传统剧目得到整理改编，推陈出新，还试演现代戏。1954年滕县新建剧团即排演了现代戏《小二黑结婚》、《小女婿》等。省地的戏曲会演，唱片灌制，电台录音，都扩大了柳琴戏的影响，激发了演员的艺术追求，也使他们的思想、精神面貌发生了深刻的变化。

如果说戏曲改革工作起始在管理机制、传统剧目整理等方面，那么随后一大批新文艺工作者（剧作家、导演、作曲家等）的参与、结合，说是开了柳琴戏的新生面，艺术上有了飞跃，似不过分。这些具备相当文化水平艺术修养的新文艺工作者，把现当代的艺术及信息带到一个地方剧中，象似打开一扇窗户，视野因之开阔，心胸为之豁亮。1956年，滕县柳琴剧团以新改编的《王龙爬城》与《宝瓮》参加山东省第二届戏曲会演，双双获奖，并灌制唱片，广为发行。卜端品、刘长春等4名演员荣获嘉奖，受到很大鼓舞。剧团建设加快，新生力量迅速成长，为排演现代戏提供了非常有利的条件。该剧团先后排演了《红霞》、《红姐妹》、《红色的种子》、《血泪荡》、《琼花》、《三代人》等，深受观众欢迎，闯出了一条新路。1964年编演了现代戏《新风曲》（姚奇、华敬武、张悟、张拙编剧），在山东省现代戏会演中，颇获好评。枣庄市柳琴剧团则带去《天轮滚滚》（吴保祥、赵安宪编剧）。这是一部反映煤矿生活的现代剧目，煤炭工人第一次走上戏剧舞台，理所当然地得到这个煤城观众的喜爱，在这次会演中也引起戏剧界注目。这些新创作剧目的生产，使柳琴戏在导表演、音乐、舞美诸方面有所创造。这个50年代只能走乡串镇赶集应市的地方小戏，令人刮目相看，堂而皇之地迈入大中城市，在富丽的大剧院舞台上，争得一席之地了。

然而好景不长，十年动乱不已，剧苑一派肃凄。“八花”开后百花杀，剧团斗批散，艺员向“京”转。枣庄市柳琴剧团于1970年撤销，让位于新建的京剧团，滕县柳琴剧团也与豫剧团合并为文工团。演员们改学京剧样板、歌舞。临沂、徐州等团建制虽在，也名存实亡了。

虽然柳琴戏遭到如此摧残，但她是一枝野花，生长在山涧乡野，生命力顽强。在鲁南这片土地上，作为柳琴戏的根灵，柳叶琴声依然连绵不绝于耳。众多的业余剧团以宣传队的形式出现，虽然演不了“样板戏”，也不敢演传统戏，但她可以清唱、对唱，回复到她婴儿时期；虽然需要应时点缀或者“顺”几段“语录”，但气候稍有松动时，也有一些戏剧活动在顽强挣扎。

新时期十年，国运勃兴，文化复苏，枣庄市群众文化活动应运而起，乡镇“文化中心”迭次建立，各个艺术门类均奋力争先。在这样的文化氛围里，柳琴戏如木逢春，久旱得雨。在她生发的故土沃壤里，荡漾着一片生机。枣庄市相继新组或重建了台儿庄区柳琴剧团、齐村区（今山亭区）柳琴剧团，加上滕县（今滕州市）柳琴剧团和此后恢复的市柳琴剧团，在3百万人口的市区内，已有专业柳琴剧团4个，业余的则计有数十了。

经历了十年禁锢之后，传统戏恢复上演，潮水般漫卷舞台，久违的观众如逢旧雨，确也掀起一阵波澜。然而这其中也自然隐伏着演出质量不是求精而为应急的泛滥之患。枣庄市宣传文化主管部门与戏剧研究单位对此有清醒的认识，经过分析研究，把重点放到抓创作促整顿、促提高上，以期戏剧的健康繁荣。张晶（执笔）、姚奇、王牧天、王中创作了《瑞云》（取材于《聊斋志异》的同名篇），由滕县柳琴剧团排演，参加山东省庆祝建国30周年献礼演出（1979），泉城舞台连连爆满，曲终誉起，盛况空前，荣获创作及演出奖（不分等级）。1980年枣庄市举行新创作剧目会演，柳琴戏获奖剧目就有6个，它们是：《三春柳》（张晶编剧）、《风雨路上》（王中编剧）、《麦花飘香》（王中、孔祥光编剧），由滕县柳琴剧团演出；《法场救夫》（吕传诚改编），由台儿庄区柳琴剧团演出；《追仙草》（张嘉骅编剧）、《劝婆婆》（王善民编剧），由齐村区柳琴剧团演出。其中5个是现代戏。柳琴戏这个年轻的剧种，对行当与程式的遵循并不拘泥，这是所有年轻的地方戏演出现代戏的天然优

《山乡锣鼓》　　杨传义摄

势。滕县柳琴剧团排演现代剧目积累了较为丰富的经验，鉴于此，也为了艺术改革的探索，由张晶（执笔）、王中、孔祥光创作了现代戏《山乡锣鼓》（见附照），由杜非执导。此剧以社镇“文化中心”的建设过程写农民在致富之后对文化生活的渴求，反映了他们思想精神面貌的深刻变化。滕县柳琴剧团在山东省首届“戏剧月”（1982）中一举夺得优秀剧本奖、导演奖、表演奖、音乐奖、舞美奖等多项奖励。青年演员王传玲以纯熟的演技、对人物形象细腻传神的表现和融合现代各家之长的唱腔，荣获优秀演员奖。

特别应当提出的是，此剧演出使用了“歌队”。“歌队”由8名男女青年“且歌且舞，是群众角色，又兼换景，巧妙地连接各场、贯通全剧；歌队所唱，兼有叙事、状物、述情、评点之作用，时在戏内、时在戏外，沟通台上台下、演员观众”。（《山乡锣鼓·作者赘语》，下同）作者借鉴中国古典戏曲中如唐戏的“和歌”、明清传奇的“副末开场”、“勾队”、“放队”，以及古希腊戏剧的“歌队”，创造性地运用在国内舞台上还是第一次。它使柳琴戏音乐发生变化。歌队唱腔在保持柳琴特色的前提下，注意了风格化、形象化；舞美则是“整体的写意性与局部的写实相结合，如齐白石泼墨荷叶上落一只工细的蜻蜓，须纹毕现的群虾在一片空白中栩栩欲动；写意性给观众以想象，为演员的表演提供最大空间，局部细节的写实是调动这种思想的媒触条件”。这样内容与形式的协调统一，使人耳目一新，得到戏剧界推重。1984年台儿庄区柳琴剧团排演了《三星高照》（朱伟编剧，马玉导演）。这是继《天轮滚滚》之后，又一表现当代煤炭工人生活的剧目，它获得煤炭部首届“乌金奖”的剧目三等奖。

封闭一旦打开，一切趋向多元，文艺首当其冲。戏剧“滑坡”，出现危机。造成这种境况的原因极其复杂，柳琴戏不会例外。“振兴柳琴”的呼号由此喊起。徐州市、枣庄市、临沂地区、淮阴市、宿州地区、蚌埠市、连云港市、永城县四省八市（区、县）的文化主管部门会商，共同发起组织“柳琴·泗州戏艺术节”。

《匡衡进京》 杨传义摄

首届于1986年11月5日至12月在徐州市举行。有7个剧团演出新编创的6个剧目，盛会空前。滕县柳琴剧团与复建不久的枣庄市柳琴剧团联合演出了邵明思创作的《匡衡进京》（文学指导张晶，艺术顾问王杰，见附照），使匡衡这位乡前贤的形象在柳琴戏舞台上站起。匡衡出身寒微，幼时凿壁偷光刻苦自学，终于有成。《汉书》所记较为简约，本地却有很多传说。墓地尚存北宋时所立墓碑。作者正是抓取了这些素材，使本剧增添了浓郁的民间文学色彩，透露出强烈的平民意识。枣庄市文化局十分重视这一乡土文化之作，直接领导，精心组织。青年演员赵恒诚出色地刻画了匡衡从贫苦少年到青年达官的鲜明形象，在“苏鲁豫皖首届柳琴·泗州戏剧节”上大展异彩，夺得总分第一；在山东省第三届“戏剧月”中，荣获优秀剧本奖和演出、舞美、音乐、导演等多项奖励；青年演员王传玲再次显示了她的才华，连获优秀演员奖。这次艺术节还组织了老艺人专场示范演出，对于研究传统、推动革新都是甚有裨益的。老戏剧家马少波亲临盛会，即席赋诗，《戏剧报》主编游默宣读了中国剧协的贺词，《剧本》月刊副主编范溶以及4省的有关剧作家、剧评家、戏曲史家等出席大会，给予指导，为本届“柳琴·泗州艺术节”增添了光彩。

所有这一声腔系统涉及的市、地、县文化主管部门及戏剧创作研究单位共同商定成立“柳琴·泗州戏研究会”，以便在艺术节闭幕后，负责联络交流本剧种的研究工作。艺术节期间召开了成立大会暨首次学术讨论会，协商产生了领导机构。会上宣读了19篇论文。研究会决定编辑出版《柳琴戏艺术志》，会后讨论了此书的编写纲目。大家还商定，艺术节每3年举行一次，同时举行“柳琴·泗州戏研究会”年会。第二届将于1989年在枣庄市举行，由枣庄市文化局承办。

也许这类活动会给处于整体危机下的柳琴戏以转机和生机。联合主办的各地区各有关单位决心坚持下去，长期不懈。将要承办“鲁苏皖豫第二届（1989）柳琴·泗州戏艺术节”的枣庄市文化局、枣庄市戏剧家协会也在积极努力，认真准备。

潮涨潮落，风高浪险。古老的戏曲在种种新潮冲击下，面临难关。前途如何，众口不一。但有一点可以肯定，痛苦的蜕变将使它获得新生。从总体上说，戏曲作为传统文化的一支奇葩，是必须而且也能够获得新生的。若仅就一个剧种看，则难免被淘汰的厄运。那么，年轻的柳琴戏呢？也许正因为她年轻，承受能力、适应能力、自我蜕变能力更强一些、更快一些（她的成长发展道路证明着这一点）。尽可能止住“滑坡”，缩短“低谷”谷底徘徊的途程，回升上来，我们为着这一目的正在付出坚韧不拔的努力。

从“华蕾”到蔡氏兄弟影视有限公司

诸葛驷

1980年10月，文艺界出现了一件令人吃惊的新鲜事，这就是蔡安安、蔡元元兄弟俩在北京首创了一家民办性质的集体所有制影业公司。当时美国、香港的新闻媒介曾作了报导。由于各种原因，当时取名“华蕾”的影业公司一直未能开花结果，然而创办者提出的经营原则：自主经营、独立核算、国家征税、自负盈亏却是符合了改革的潮流。

1983年春，蔡氏兄弟闯入南方经济特区。他俩向有关部门建议在深圳特区成立民办影视公司，但由于某种原因未能实现。在协助当地筹建了一个时期的电视台工作之后，蔡氏兄弟转到了珠海特区。兄弟俩自掏路费18次闯进珠海，终于在有关方面合作支持下，成立了一个中外合资的文化企业——时代艺术中心。

1985年初春，蔡氏兄弟按照原先创业的宗旨，办起了一个民办的集体所有制的文化企业——珠海特区影视文化中心。这个文化企业是真正白手起家的。蔡氏兄弟虽是60年代分别毕业于中央戏剧学院和电影学院的有才学的青年，但到了80年代，月工资也不过100元出头，不可能有什么个人储蓄。在他俩下了不依赖国家“大锅饭”的决心之后，个人赖以生活的工资被停掉了。在没有政府投资一个钱、没有向国家要一间办公室和一件起码的设备的条件下，他俩完全自力更生，办起了一个新型的影视制作公司。在极为艰苦的情况下，蔡氏兄弟组班拍摄了珠海的第一部电视片《南海明珠》，录制了第一部电视剧《家乡的榕树》，并和内蒙古电视台等单位合作制作了第一部电视连续剧《啼笑姻缘》。3 年多来，蔡氏兄弟自家独立拍摄和与人合作拍摄录制了25部（集）电视剧、电视片和一部电影纪录片。其中的《南海明珠》、《家乡的榕树》在全国获奖。

1989年初，蔡氏兄弟移居澳门，在澳门注册了蔡氏兄弟影视有限公司，拍摄了他们的第一部电影故事片《夜盗珍妃墓》。这也是澳门有史以来自己的影视公司制作的第一部故事片。

蔡氏兄弟想办一个民办的、高效率的影视制片公司的愿望，虽然经过了8年多的长期奋斗，到了澳门才得以实现，但他们仍感到很欣慰。他俩说："在世上要办成一两件事本是不容易的，何况澳门也是中国的土地，终将回到祖国的怀抱。我们的愿望不仍然是在生养自己的中国实现了么？"

蔡氏兄弟是著名表演艺术家蔡松龄的儿子。蔡松龄在《红旗谱》中扮演的严志和同患难之交朱老忠一起，盼望他们的两个儿子在南方创出一番事业，但终成泡影。现实生活中，蔡氏兄弟却以顽强的毅力，在南方创出了一番事业。

蔡元元在故宫现场执导电影《夜盗珍妃墓》的拍摄

蔡元元在西陵执导拍摄《夜盗珍妃墓》珍妃下葬的场面

蔡安安（中）代表澳门蔡氏兄弟影视公司与天山电影制片厂张昆山厂长签订合作协议

蔡安安、蔡元元在故宫实景拍摄电影《夜盗珍妃墓》

漫瀚剧·漫瀚剧团·《丰州滩传奇》

包头市漫瀚剧团和《丰州滩传奇》

包头市漫瀚剧团的前身最早是包头市民间歌剧团。该团原为二人台艺人组建的民艺剧团，1956年改为民间歌剧团。有影响的剧目有《探病》、《方四姐》等。1964年，《邻居》、《探郎》等剧目曾赴京作汇报演出。1982年改建为包头市地方戏实验剧团。1986年改建为包头市漫瀚剧团。剧团现任团长为关益全。

《丰州滩传奇》是漫瀚剧创建的第一个大型新编历史剧。编剧李野、王宝舜、姜言富、郭长歧。艺术指导石磊。导演果然、张景亮。编曲张春溪、陈怀智。舞美设计丁裕民。剧本创作从1980年开始，十二易其稿，先后发表于包头的《剧稿》和自治区的《北国影剧》，并在首届全国少数民族剧作评奖中获银奖。该剧先后在北京和内蒙古西部各盟市演出90余场。饰演三娘子的张凤莲原为晋剧演员，扮相清秀，唱腔圆满，演技娴熟，赴京演出深受专家赞赏，是一位很有前途的舞台新秀。扮演阿拉坦的刘永胜、扮演锦娘的陈青等也都是深受观众喜爱的漫瀚剧演员。

（洪　澄）

漫瀚剧简介

漫瀚剧是以二人台为母体的一个新的地方戏曲剧种。

二人台是在内蒙古西部地区蒙汉两族民间音乐舞蹈基础上产生的一种演唱艺术。百余年来，它广泛流传于以土默川为中心的内蒙古西部地区以及同这一地区毗邻的山西、河北等省的部分地区。解放前的二人台，基本上还是一种化装演唱艺术，但已开始了向戏曲的演变。解放后，在党和政府的关怀下，二人台艺术更有了很大发展，各地对二人台艺术的改革发展进行了多方面的探索和实践。1982年，自治区和包头市两级文化部门先后召开了二人台艺术改革座谈会。两个座谈会都提出了在二人台艺术的基础上创建新剧种的任务。自治区文化厅还提出了“振兴二人台，创建新剧种”的口号。同年秋，包头市人民政府决定将原包头市民间歌剧团（二人台剧团）改建为包头市地方戏实验剧团，主要担负试创新剧种的任务。该团建立后，对新剧种的创建提出了“博采众家之长，化为自身血肉，保持发扬个性，开拓自家道路”的二十四字原则。经过两年的实践之后，又把自己的体会概括为4句，即“剧本是基础，音乐是关键，唱腔是中心，演员是决定条件”。该团学习、借鉴吉林在二人转基础上创建吉剧的成功经验，组织音乐骨干，在科学地分析研究二人台传统唱腔的基础上，探索新剧种声腔建设的道路。通过艰辛的劳动，初步设计了“口调”、“楼调”等声腔系统和五类十种板式的基本轮廓。并将这个既继承了二人台风格，又初具戏曲音乐规范的声腔体系应用于一批实验剧目。《丰州滩传奇》就是其中的重点。其后，文化厅报经有关领导部门同意，将这个新剧种命名为漫瀚剧。“漫瀚”为蒙语，意为“沙原”。当地有一种深为蒙汉两族人民喜爱的“漫瀚调”。二人台艺术本来就是蒙汉两族人民长期友好共处，两族民间艺术长期交流、融合和渗透的产物，它的音乐更吸收了大量的蒙古族音乐和“漫瀚调”。用“漫瀚”二字为新剧种用名，是有意义的。

1986年初春，应文化部邀请，漫瀚剧《丰州滩传奇》晋京作了汇报演出，获得中央领导、文艺界专家和首都观众的广泛好评，漫瀚剧这个新剧种，也获得了肯定的评价。同年9月，在包头召开了漫瀚剧学术讨论会，对漫瀚剧的艺术建设进行了热烈的讨论。会议期间，自治区有关党政领导和文化厅领导到会，宣布将实验剧团改为内蒙古包头市漫瀚剧团。

继《丰州滩传奇》之后，漫瀚剧团又排演了新编历史剧《北国情》、现代戏《三十三岁的女经理》等新剧目。目前，正在排练《拔都汗》。

（李　野）

《丰州滩传奇》与漫瀚剧的创立

包头市文化局局长　梁立东

漫瀚剧——这朵植根于内蒙古沃土的山丹丹花，为祖国戏曲艺术增添了新色，开拓了民族戏曲艺术的新路。

在传统的土壤上再生

漫瀚剧是以二人台艺术为母体的一个新的地方戏曲剧种，是蒙汉两族文化艺术长期融合的结晶。二人台有百余年历史。在蒙汉两族人民的共同培植下，二人台已开始向戏曲演变。解放以后，二人台有了较大的提高，在满足人民群众文化生活方面，起了不可低估的作用。然而，任何一种艺术形式的发展都必须适应时代的潮流，勤奋探索，大胆创新，才能发扬光大，永葆青春。我们包头的艺术工作者，坚持改革创新，欣然接受自治区的建议，立志在二人台的基础上创建一个较完备、较成熟的新的地方戏曲剧种。在探索和实践中，《丰》剧的剧作者锲而不舍，精益求精，十二易其稿，累计近50万字。音乐工作者通力合作，对90多首二人台曲子进行了分析综合，终于创造出以板式变化为主、兼用专曲的一套符合戏曲音乐规范的声腔体系。新剧种的创建之路充满艰辛，创业者的精神确实是可贵的。

民族题材的新立意

《丰州滩传奇》是一部反映民族关系、歌颂民族团结的新编历史剧。值得赞许的是作品立意新、角度新。剧作者怀着强烈的社会责任感，抓住历史冲突的火花，沿着时代发展的轨迹，揭示出当代人民的心声，较为深刻地体现了华夏兄弟民族之间休戚相关、平等相依、渴求团结统一的本质。

《丰》剧再现了400年前我国明代丰州滩的历史画面，颂扬了蒙汉两族人民之间的深情厚谊，塑造了宗金（三娘子）、阿拉坦、鲍崇德等不顾个人安危、不计个人恩怨、主张民族修好、舍生忘死的英雄群像。《丰》剧在区内外演出，各族人民看了都感到喜悦和振奋，取得了较为理想的社会效果。《丰》剧的创作演出成功，使我们得到这样的启示：反映民族关系的戏，一是要站在整个中华民族的历史高度，将各兄弟民族作为一个整体；二是要把各民族放在一个平等的位置之上。

新的美学观念的尝试

《丰》剧的艺术价值在于它较好地继承并丰富发展了二人台艺术的表现手段，保持了鲜明的地方和民族特点，并且十分注意新剧种的时代性，出新、求美。

这首先体现在典型人物、民族心理、民族思想感情的深入挖掘和适度的把握上。作品细致入微地展示了宗金维护民族团结的民族情，又写了她与绣娘的手足情，与养父额尔敦的父女情，还写了与阿拉坦汗独具个性的恋情。通过一系列结构严谨的戏剧冲突，将这位巾帼英雄形象塑造得气壮山河，人物的民族气质与内涵表现得淋漓尽致。

《丰》剧成功的关键，在于它已具备了强烈的地方和民族色彩的音乐唱腔，这是继承二人台音乐精髓、按新剧种音乐规范设计的。有“口调”、“楼调”等声腔体系，设计了五类十种板式，还借鉴了歌剧的合唱、伴唱、对唱，川剧的帮唱，京剧的打击乐和西洋伴奏等手段，并适当吸收了蒙古族音乐的旋律，使用了蒙古族乐器马头琴，以拓展音乐形象的表现力。

以《丰》剧为代表的漫瀚剧，虽说起点较高，跨步较大，但毕竟还只是个不满3周岁的弱小婴儿，在前进的路上还会遭到很多坎坷，跌跤子是不可避免的。愿这朵草原山花得到更多的知音浇水、施肥，让它在塞北的大地上吐艳争芳。

二场：阿拉坦和三娘子　　摄影　王书墉

愿我神州金瓯整　愿我兄弟不相欺（节录）

李　野

三场：三娘子学刺绣　　　　摄影：王书墉

《丰州滩传奇》的中心人物是三娘子。这个人物该不该歌颂？这是个曾经有争议，也许至今还有争议的问题。

三娘子，名宗金，是明代土默特部阿拉坦汗的第三位夫人。她毕生致力于蒙古民族的昌盛，热诚地维护祖国的统一和蒙汉两族的和睦友好。综观她一生的历史，应当承认她是蒙古民族的好女儿，是中华民族的好女儿。然而，对她也有不同的评价，对她也有指责。对她的指责，大致有几下几点。

一、有的史料记载，宗金是阿拉坦的外孙女，以外孙女婚配外祖父，故为指责者所不齿。实际上，对宗金的出身，史料记载并不一致。有些蒙文史料说她是新疆蒙古人，民间则盛传她是鄂尔多斯乌审部人氏。我觉得，蒙文史料应当更可靠些。二、由于她曾历配三夫，因此觉得她的“作风不好”。我认为，对这类问题的评价，不能离开特定的时代背景和历史环境。不同的时代、地域，有不同的风习和道德标准。昭君不是也曾历配二夫吗？三娘子的几次婚姻，都有特定的政治因素，也都不是出于她本人的意愿。所以，不能据此对她的品质、作风作出否定的评价。三、指责她“亲汉”。她协助阿拉坦汗与明廷议和，息刀兵，开马市，在200年的战乱之后，开创了两族友好的新局面。阿拉坦死后，在她执掌土默特部大权的数十年中，一直坚持拥护大明中央政府、维护蒙汉友好的政策。对“亲汉”要作具体分析。三娘子推行的蒙汉和好通商政策，完全符合中华民族的利益，也符合蒙古族人民的利益。三娘子的“亲汉”还表现在对先进的中原文化的倾慕。她喜爱绚丽的汉家衣饰，喜爱内地先进的技术、工艺。她力主开马市、通贸易；她大力延揽汉家工匠，建城镇，办农业。她很有几分俄罗斯的彼得大帝的气度，敢于打开通向先进文明的窗口，引进兄弟民族的先进文明。这也是有利于蒙古民族的进步与繁荣的。

这儿我要顺便说一下，当时蒙汉两族的关系，乃是一个国内问题。《明史》把“鞑靼”引入“外国”，那是完全错误的。所谓“鞑靼”，指的就是元代蒙古族的后裔。他们的祖先曾经统治整个中国近一百年，他们当然是中国人而不是“外国人”。元亡之后，他们散居今内蒙古、青海、新疆等地。他们所居之地包括土默特部所居的丰州滩，自古以来便是中国的领土，而绝非“外国”。因此，当时三娘子拥护明廷，维护“大明一统江山”，就是拥护祖国统一；主张蒙汉修好，就是维护民族团结，而绝不是什么对蒙古民族的“背叛”。

总之，阿拉坦和三娘子与明廷议和，停止战乱，贡马互市，力求和睦升平，对蒙汉两族人民有利，对丰州滩地区休养生息、发展生产力有利。从历史唯物主义的观点来看，应予肯定。这是我们创作这个剧本的一个根本出发点。

愿我神州金瓯整，愿我兄弟不相欺。

写历史，要立足于现代；写过去，要立足于今天。维护祖国的统一，坚持民族平等，加强民族团结，这就是我们这个剧本总的主题。

历史剧不同于历史。历史剧允许虚构，但不能违反基本的历史真实。我们这个剧本，大的构架都是依据史实的，但大量的细节却是虚构的。我赞成郭启宏同志“写人史剧”的主张，所以我们在细节的选择上努力使之有利于人物的塑造。但限于水平，人物还写得不那么令人满意。

（节录稿略有改动）

开在沙丘上的山丹丹
——内蒙古漫瀚剧诞生记

易 凯

春节刚过，瑞雪初降，包头市地方戏实验剧团在京公演了漫瀚剧《丰州滩传奇》，将这朵刚刚绽开的山丹丹献给了首都观众。

一百多年前，生活在阴山脚下土默川上的蒙汉两族人民，用智慧和汗水共同创造了二人台这一独特的艺术形式。那高亢炽热、委婉深沉的歌声，那风趣生动、幽默诙谐的语言，那活泼粗犷、花样繁多的舞姿，曾抒发了土默川人多少欢乐和悲伤，寄托了他们多少希望和理想。然而在反动势力摧残下，这朵塞外奇葩奄奄一息，濒临灭绝。

解放后，在党的关怀下，二人台恢复了生机。1964年，自治区集中二人台优秀艺人组团进京汇报演出，震动京华，风靡长城内外。人们开始酝酿如何从二人台中发展出新剧种。然而，“十年动乱”却使这美好的愿望成为泡影。

党的十一届三中全会以后，内蒙古发生了历史性的变化。随着经济大发展，人们开始将目光投注到文化事业上来。特别是当吉林省成功地完成了二人转到吉剧的转变后，土默川人再也不能平静下来了，一个创建新剧种的课题就历史地提了出来。

1980年，包头市率先打响了攻关的前哨战，一场围绕着二人台是走地方戏曲还是民间歌舞剧道路的讨论在《包头日报》上开展起来。在热烈、民主的气氛中，创建新剧种的蓝图逐渐清晰起来了。

1982年，自治区和包头市先后召开了二人台艺术改革座谈会。在集思广益的基础上，自治区文化厅明确提出“振兴二人台，创建新剧种”的口号。一个专事新剧种实验工作的艺术团体——包头市地方戏实验剧团成立了。他们本着“博采众家之长，化为自身血肉，保持发扬个性，开拓自家道路”的原则，对新剧种的音乐、剧目、表演开始了艰苦的探索工作。

音乐是一个剧种得以存在的根本标志。为了解决唱腔问题，他们一连40天不分昼夜地泡在二人台90多首曲子里分析综合，终于创造出以板式变化为主，兼用专曲的一套初步完整的声腔体系。

为了迎接新剧种，剧目工作者把目光投向了土默川历史上的风风雨雨。经过五载时光，十二易其稿，完成了描写明代为蒙汉团结、维护祖国统一大业作出杰出贡献的蒙古族女英雄三娘子形象的大型剧本《丰州滩传奇》。

为了提高新剧种演出质量，他们在力所能及的范围内，集中了一批艺术骨干，其中不少人心甘情愿地放弃了自己在其他剧种中已取得的成就，一切从零开始，从头训练。

在戏曲不景气的挑战面前，在社会上一些艺术团体“向钱看”的浪潮冲击面前，他们的这种不打个人名利小算盘，全心全意，竭诚尽智地为发扬民族文化而拼搏的精神，是多么难能可贵。正是在这种精神的催化下，漫瀚剧破土出芽了。它虽然还显得幼小稚嫩，需要改进提高，但它那浓郁的民族风格和地方色彩，已经显示出勃勃生机。这朵扎根在沙丘中的山丹丹，将开出绚丽多姿的花朵来。

文艺界对漫瀚剧《丰洲滩传奇》的评论（摘录）

中国剧协副主席刘厚生：漫瀚剧的出世，是中国现代戏曲史的一个重要事件。它是一项艺术实践，但也具有相当重要的理论意义。

《丰州滩传奇》作为漫瀚剧的第一台大戏，基本上是成功的，但是也还存在着若干文学上艺术上的欠缺。

著名作家黄宗江：演出相当完整，剧本、导演构思和舞美等都有独特的光彩。

这个戏的“戏外戏”……多是说出来的。还需要进一步考虑什么放在戏内来表现，什么放在戏外来表现。

老戏剧家、中国少数民族戏剧学会会长李超：从漫瀚剧的崛起，到剧种名称的提出，以及这个剧种开创的第一个戏，都是非常有意义的。我看是在沙丘上开出了美丽的花朵。

著名戏剧评论家曲六乙：写民族团结的戏过去也有过，为什么这一个如此受欢迎呢？……我看了演出团在记者招待会上的发言稿，文章写得很好。它提出了两点：一点是写少数民族应从中华民族是一个整体出发；另一点是要从民族平等出发……这个戏确实体现了这两个观点。三娘子就不仅是从汉族这个角度而且也从少数民族的角度主动和中央政权团结。这就让人感到两个民族是平等的。这确实很突出，是个重大突破。

中国京剧院院长、剧作家吕瑞明：这个戏的舞美很好，导演也比较突出，舞台调度非常简练、明快……音乐也很好。美中不足的是，这个戏的音乐基调不是太突出的，感到新歌剧的味道比较浓了些。

老戏剧家张东川：很吸引人，给人很好的享受，《丰》剧演得相当精采。

作为一个剧种，保持音乐基调很重要，要让人一听就是这个剧种。

老戏剧家晏甬：对这个剧种，我代表我个人，承认它！

这个戏的曲调节奏上都是中节奏的。慢的很少，出不来，快的也没有……再一个，没有重点唱段。

著名导演李紫贵：在全国戏剧不景气的情况下，又看到了一个新诞生的剧种，特别高兴。

在表演上，还可以吸收一些蒙古族舞蹈的特点。黄台吉这个人物，给我的印象很深，虽然着墨不多，但很有性格，豪爽，粗犷，打败了就承认，几个动作就把他立起来了。

著名剧作家王肯：这个戏，是内蒙同志的心血结晶。有领导的心血，有同行的心血。

同吉剧对比，你们头一戏选择得很好……一下子就啃了个硬头货……这么短的时间搞到这种程度是非常不容易的。

蒙汉团结是重大题材。在剧本的写法上，特别在唱词上也有新的探索……关于剧本，看前几场比较顺溜，后边有点推不上去。

文化部艺术局戏剧处负责人李庆成：漫瀚剧《丰州滩传奇》是成功的，是一出用蒙汉两族人民共同喜爱的艺术形式表现蒙汉两族人民团结的好戏。

青年演员张凤莲，文武双全，唱做俱佳，实在是难能可贵……我特别喜欢第二场戏，环环相扣，层层递进，几个人物的性格都得到了比较鲜明的表现。

（关　星）

在低谷中求生存闯出路

——福建省话剧院88年回顾

福建省话剧院艺委会

几年来，处在戏剧艺术低谷中的我们，困惑忧闷，焦虑不安。剧院一批有志于话剧事业的人不甘沉沦，悲壮地坚守着自己的阵地，为振兴话剧事业奉献心血。

88年伊始，剧院面临危难局面。我们在逆境里求生存，于夹缝中闯出路，演出244场，超额74场，做了新的探索和苦斗。

我院实验剧团苦苦寻觅出路，首先推出自创的戏剧样式——中学语文课本剧。早在86年，他们就和中学语文老师拟订过一套课本剧的构想。88年春，由李又子、陈永森和曹永祥等策划，在院长程天琦等的支持和老一辈艺术家叶洪威、陈子南等的指导下，聘请福建师大李万钧教授任文学顾问、福建师大附中陈端坤老师任选编顾问，集结实验剧团一批志同道合者组成创作集体，排出了课本中的《雷雨》、《威尼斯商人》等剧本片断，戏剧小说《项链》、《范进中举》、《变色龙》、《警察与赞美诗》，鲁迅作品综合剧《好梦》及化装朗诵《赤壁怀古》、《小桔灯》等，送戏进校，在福州地区演出70余场，在校园里刮起一股课本剧的旋风。

儿童剧团演出《麻达与凤凰》剧照　　摄影　王东军

“感谢话剧院的演员还记得我们！”广大师声热烈欢迎和肯定课本剧的演出。有的学校没有礼堂，花钱在操场搭台迎接演出；有的冒雨列队步行到较远的别校礼堂看戏；有的原不让紧张复课迎考的毕业班观剧，看到良好效果，要求为他们演出专场；有的学校还组织学生登台与我们联合演出。藏匿在课文中的熟悉的人物鲜活地展现在学生面前，演出效果异常强烈。一位语文教师评论：“课本剧这个语文教学与表演艺术结合孕育的小精灵，闯进教学领域，使学生尝到从文字激发想象到再现直观形象的创造快感。”

课本剧上演后产生了极大的社会影响。各报社和电台纷纷报导评介。中央人民广播电台多次播放专题

《话剧新花》。新华社以《课本剧受到中学生欢迎》为题发了专电。我们在中国话剧研究会北京第二届年会上向全国同行介绍后，引起普遍关注和兴趣，许多省市话剧院团立即向我们索取剧本，列入他们89年演出计划。这些课本剧经过精选参加88年省属剧团创作汇演，受到赞赏，获得演出奖。其中《好梦》一剧作者陈端坤获编剧奖，李又子与陈永森获导演奖，曹永祥、温毓军、柯嘉等获演员奖。省文化厅给予1万元重奖。

我们通过课本剧在艺术生产方面作了探索改革。演出形式要灵活多样，走出剧场，送戏上门；演出内容要掌握文化市场信息，产销对路；演出对象要抓准，缩小观众范围，把焦点对准以青年学生为主体的文化知识阶层。

我们不仅在困境中找到一条可靠稳妥的生路，而且在为争取培养未来的话剧观众进行启蒙拓荒。同学们说："过去话剧似乎离我们十分遥远，看后有似曾相识一见如故的感觉。"我们正在下一代观众的心田播下希望的种子。

为在新的更高层次上寻求出路，我们下半年又进行了一次全院性的艺术实验。集中实验剧团和儿童剧团的实力，排演了风格独特质量较高的创作剧目《寡妇村的故事》（本院莫吉东编剧）。为开拓剧院艺术视野，更新戏剧观念，我们特意北上邀请在探索戏剧方面独具一格卓有建树的著名导演王贵来院执导。我们与王贵融汇在充溢着自由和游戏精神的演剧空间，进入一个既陌生新鲜又激动不已的新天地，完成了一次成功的合作。

这个反映我省沿海渔村女人们苦守去台丈夫近40年的悲惨命运的无场次话剧公演后，引起良好反响，震动了福建剧坛。剧中的"望海"、"祭望夫台"，"千手观音"，"杀鸡"、"红手套"，"精灵做爱"、"游神"及"探戈"等有深刻内涵的流动群体造型场面，给观众留下强烈印象。该剧大胆突破性意识禁区艺术地表现寡妇们性心理的躁动和困顿，引起不同观点的尖锐争论，但得到绝大多数观众的认可肯定。

《寡》剧于12月参加省属剧团创作汇演，受到来自全国各地和省内的专家和代表们的好评。他们认为：《寡》剧"汇语言、音乐、舞蹈、戏曲和雕塑于一体，溶现实主义和表现主义于一炉，自由运用舞台时空，调动观众丰富想象，得到审美的满足"。"反映海峡两岸情思的题材，放在汉文化的大背景下，超越了历史，以大写意的笔法，表现了人本潜在意识的内涵，产生征服人心的艺术力量"。在汇演中《寡》剧获得了唯一的优秀演出奖，莫吉东获编剧奖，王贵获荣誉导演奖，陈子南、程天琦和伊路获舞美设计奖，马明华和林宏恩获灯光设计奖，扮演主要角色的中青年演员胡小玲、温毓军、杨亚琼、王明华和柯嘉获演员奖，达到了出好戏出人材的预期目标。

王蒙部长在福州观看该剧后约见我院领导和主创人员，给予热情鼓励："这个戏很有希望，非常有希望，有自己的特色，也很感人，有潜力。明喜暗悲，寓喜于悲，是个悲喜剧的形式。这个戏取得的成绩是好的。"同时也提出了中肯的意见。

引进优秀艺术家来院交流合作，是提高剧院艺术质量的一条有效途径。在排戏期间，院内呈现好久不见的热情高涨的创作氛围，冲击了我们传统的审美定势，对我院编、导、演和舞美设计的戏剧观和美学追求是一次拓展和突破，将对我院今后艺术创作的全方位开放产生深远影响。

在困境中长期坚守演出阵地的我院儿童剧团88年也同时作出优异成绩。《快乐的汉斯》剧组为方便学生看戏，开着"大篷车"，送戏巡回于各县市校园，演员与小观众直接交流，气氛活跃。《出海的小船》演出场次破最高记录，至88年底已达334场。他们还与企业联姻，排演了音乐歌舞话剧《相逢不是在梦中》，为扩大观众面和锻炼演员表演技巧做了大胆尝试。全年共演出160场，为完成全院的演出场次做了突出的贡献。充满青春朝气的儿童剧团演员们在现任团长卢建麟的组织下，长年累月不辞劳苦在全省各地为少年儿童演出，建团7年来已演出1200多场，小观众达百万人次，曾被评为"省少年儿童工作先进集体"。

88年的艰难苦斗，得到社会的肯定和欢迎，我们欣慰地感到话剧院存在的价值。我们深深体会到不管困难多大，首要的是精神状态不能垮，只有抛弃无所作为的依赖和悲观情绪，狠抓创作和演出，才能在艺术生产上出成效，也才能使剧院有活力和凝聚力。

锦州市京剧团

孟繁琳

锦州市京剧团初建于1950年，原名为辽西省京剧院。1954年正式定名为锦州市京剧团。剧团人员由原中国人民解放军沈阳空军政治部国剧队、辽北军区文工团京剧小组、东北军区胜利国剧队京剧艺术骨干和少量流动京剧艺人以及锦州地方京剧班社演职人员组成。

1950年建院伊始，辽西省文化处即派孙颖超、郭明飞等人到团工作。孙颖超编、排新编历史故事京剧《逼上梁山》、《廉颇与蔺相如》、《黄巢》等新型剧目，首开辽西戏曲导演排戏之风。同时，还组建了戏曲改进会、导演组和创作组（包括音乐创作和舞台美术设计），把艺术创作和艺术生产引入了正轨。之后，该团陆续编写、移植和排演了《李逵负荆》、《摩云山》、《九件衣》、《水泊梁山》、《云罗山》、《铁拳》、《美人计》、《荆轲刺秦王》、《李闯王》、《洞庭英雄》、《青山英烈》、《石健羽与窦尔敦》、《烽火儿女》等一大批剧目。自1950年至1959年前后，编排了《黄继光》等近30部现代戏。由孙颖超、孙韶军编剧，孙颖超、王佐川导演的《李逵负荆》，于1953年参加东北大区戏曲会演时，博得了一致好评；李逵扮演者王奎升获大区优秀表演奖，王林扮演者王佐川和满堂娇扮演者刘岚云获表演奖。同年该剧又获辽西省剧本二等奖。1954年，由孙韶军编剧、黄金璧导演的《闹地府》参加了辽宁省戏曲会演，此剧以独特的艺术构思和精巧的翻打技巧获集体二等奖，悟空扮演者张春亭获表演奖。

该团1955年开始上山下乡，开辟了农村演出阵地，他们也是在全国较早下乡演出的剧团之一。为方便群众和保证演出质量，剧团研制了流动舞台及汽灯、帷幕和简易布景。农民听不懂“上口字”便改变唱念方法，有些剧情不易明了，就在演出前宣讲内容。还把村中好人好事编成小节目于幕间演唱。由于剧团坚持“四求”即“纪律求严、艺术求新、关系求亲、形式求活”受到农村群众的热烈欢迎。有时野台子演出，观众逾万。有些一生不知京剧为何物的偏远山区农民，追随剧团走5、6个台口看戏。剧团所到之处，农民接朋请友，杀猪宰羊，欢腾热闹，胜似过年。1959年该团评为省、市先进单位。1960年，全国群英会介绍了他们的成绩和经验：坚持上山下乡，为农民演出场次多；坚持自负盈亏，经济收入多；创编新剧目，演出现代戏多。因而被命名为全国红旗单位。

剧团获得这一荣誉后，王宗邕、黄金璧、王佐川等剧团领导认真总结经验，制定了“坚持创作，坚持创新；面向农村，在普及中提高；面向城市，在提高中普及”的治团方案。在整理排演传统剧目的同时，下力组织创排新剧目，力图在内容上求新，在形式上求精求美。集体创作的《闹龙宫》1960年参加辽宁省会演时，以独特的风姿夺得表演奖。薛中凡、靳小仲、李珊、孙颖超根据同名话剧改编的《雷锋》连演百场之余。薛中凡根据同名戏曲移植的《社长的女儿》，以其清新的面目，引起了东北三省文艺工作者的兴趣。主演齐秀云、智秀林尝试了大小嗓结合的演唱方法。音乐设计韩桂升、赵菊扬根据剧情需要，唱腔中糅以民歌旋律，创造了新“民歌导板”、“西皮流畅板”、新“汉调”和“二六”等曲调。靳小仲（兼导演）、李珊、王功桓编写的现代戏《夜探葵花岛》则以新奇的舞蹈、别致的翻打而蜚声东北。

“文革”中剧团饱受摧残，“红旗”变为“黑旗”，屡遭批判。部分人员被调省编入样板戏学习班。其余人员重新组建队伍，排演了《沙家浜》、《红灯记》等剧目，编演的《烽火山村》、《红莲》、《红缨歌》、《草原红鹰》曾分别参加省市会演。粉碎“四人帮”后，调省人员重返剧团，陆续排演和编演了《三打祝家庄》、《秦香莲》、《宝莲灯》、《盘丝洞》、《解忧公主》、《麻疯女》、《狸猫换太子》、《封神榜》、《呼延庆打擂》等，其中张凤林改编、薛中凡导演的《麻疯女》获市首届艺术节改编奖。

1983年，剧团受文化部委派赴墨西哥、秘鲁、委内瑞拉、厄瓜多尔等拉美5国21个城市进行访问演出，受到国际友人欢迎。墨西哥外交部长看戏后说：“你们的演出很成功，中国京剧把歌唱、舞蹈同武术结合起来，真了不起。今晚演出证明，京剧有很高的艺术水平，在世界上享有很高的声誉是当之无愧的。”委内瑞拉总理赞扬说：“我们非常荣幸能在首都接待中国锦州京剧团，我们非常喜爱欣赏京剧，你们瞧观众情绪多高。”在离开墨西哥回国前，接待京剧团的一位司机激动地说：“你们要飞了，我要流泪。”他还说：“我过去接触过很多外国团体，从来没有看到象你们这样好的团体。你们懂礼貌，守纪律，没架子，平易近人，还劳动，我和你们相处在一起，是莫大的幸福。”他同大家挨个拥抱，然后开车在机场前环路鸣笛绕了一圈，才致意告别而去。他代表了拉丁美洲5国人民对中国人民的深厚感情。锦州京剧团为祖国赢得了荣誉。

然而，在国内随着戏剧“危机”的出现，这个京剧团也没有躲过“危机”的阴影。国外出访和南方演出归来，要在市内汇报演出，广告发了7天，戏票只卖了4张。剧团陷入了困境。这时上级领导重新组建了剧团的领导班子，任命杨显武为团长，刘树元为书记，哈稚蓉为副团长。提出要“出人出戏走正路，图存图荣争一流”。可是，剧团穷困已极，帐面上只有80元钱。

面对如此窘迫之境，新班子成员没有沮丧，他们认定了“发愁不如发奋”的道理，建立了一系列的规章制度，书记刘树元和团长们做了大量的思想工作。注意调整人们的心态，并响亮地提出“团兴我兴，团荣我荣”的口号。还为10对长年不合作的“冤家”解开了疙瘩。强化了全团演职员的使命感和进取心。然而，“危机”的阴影没有就此消散，它还时时困扰在人们的心头，困扰着受命于危难之中的新班子。危机

锦州京剧团领导班子研究工作

右起：哈稚蓉、钟秀兰、刘树元、杨显武、陈伟光

阎　峰摄

可以转化为生机，但必须寻求“转化”的契机和支撑点。新班子清醒地认识到“图存图荣”首先是“图存”，存之不在，荣之何求！作为一个艺术表演团体，其产品就是剧目。经过几番研究、几番谋划，他们决定排演现代戏《悔恨》。有些好心人提醒，现在是多演多赔，少演少赔，不演不赔。新班子认为不一定，就看你是否摸准了这种艺术商品通向大多数观众心灵的渠道。《悔恨》在排演过程中力求通俗易懂，乐队里加入了架子鼓、电子琴，并以当时人们最为熟悉的流行歌曲变奏为序曲和间奏曲，舞台美术方面运用了现代声光、场景。正式演出一炮打响，带来了社会效益和经济效益的双重喜悦。演出超百场，收入近5万，受到了上级部门的奖励。接着，他们深入到群众之中，细心揣摩和寻找现代观众尤其是青年观众的审美热点。他们感到音乐会对于青年观众具有独特的魅力和难以匹敌的吸引力。他们给京剧这一古老艺术改换上活泼灵动的姿态，独出心裁地搞了一台京味十足的“音乐会”。内容包括了京剧艺术形式中的“跳判儿”的群舞《吉祥如意》、翻打、剑舞、京剧清唱、京剧联唱等。那些从来与京剧无缘的青年观众被引逗得高兴不止：哈，京剧这玩艺儿还真有点意思啊！结果一连演出几十场，由市内演到省内外。不到一年，演出260场，收入12万8千元，获得巨大的经济效益，也为京剧艺术做了些普及工作。但他们并不以此为满足，搞“副业”是为了养活“正业”，只有这样才能逐渐摆脱“危机”的纠缠，迎来“生机”的曙光。接着他们带着精心排练的剧目应邀到外地演出，一方面在提高艺术质量上下功夫，另一方面尽力压缩队伍，节省开支，又取得了较好的经济效益。他们还大胆地尝试了班底制组台演出活动，先后请齐啸云、马长礼、李慧芳、宋长荣等艺术家到锦组台合作演出，使得剧团提高了演出水平，演员开阔了眼界，也增加了收入。这一作法得到了文化部有关领导的重视和肯定。“图存”的基石已经牢固，他们又开始踏上“图荣”的阶梯。作为艺术表演团体，“荣”的基础是好演员，“荣”的象征是好剧目。为“出人出戏”，他们采取了如下措施：一、选送8名尖子演员分别以走出去、请进来多种形式拜名师学艺，努力提高表演素质，为排新戏作好艺术上的准备。二、投资3万元购进美国全套音响设备，为排新戏作好物质上的准备。三、与锦州的金城造纸厂、新生开关厂组成文企联合体。厂团互通有无，剧团负责工厂宣传队的辅导工作和必要的慰问演出；工厂对剧团给予一定的经济资助，使艺术生产有了可靠的后盾。

功夫不负有心人，1986年辽宁省举办京、评剧中青年演员大奖赛，该团演员李玉棠、陈鹿萍名列全省优秀表演奖前一、二名，陈秋艳、姜大光获表演奖。1988年，他们全力以赴排演石颖编写的《契丹太子》，为提高艺术质量，特聘中国戏曲学院导演系主任金桐执导（哈稚蓉为副导演），又聘请北京和省内著名音乐设计、舞美设计和舞蹈设计共同参加二度创作。他们自觉地把此举放在振兴京剧的大背景之中，对《契丹太子》进行了有益的探索和创新，取得了较大的成绩，获锦州第二届艺术节解放杯。同年，该团应邀晋京演出，引起较大反响。在中南海警备局礼堂演出时，宋

任穷、廖汉生、倪志福和文化部副部长王济夫等领导给予热情的鼓励和肯定。中央电视台于新闻节目中予以播放。《人民日报》等中央和北京8家报刊和省市多家报刊发表了评介文章，对李玉棠、黄幼鹏、陈鹿萍、姚撼岳、张世英、于庆祥、唐玉芝、郭洪斌、陈云飞等演员给予热情鼓励和肯定，对剧目予以较高评价。

人们可能要问：同是京剧这一剧种，同样处在不景气大气候下，为什么锦州京剧团能有这样生机勃勃的景象？除了前面介绍过的多种条件如编、导、舞、音、演5方面的较强阵容，还有一个关键就是她有一个富于牺牲精神、吃苦耐劳、团结合作的领导班子。1987年表演艺术家李慧芳在合作演出总结会上对京剧团的演职员们说："你们太幸福啦，有这样好的一个领导班子。"是的，他们从不计较个人得失，时刻以团为家，一心扑在剧团工作上。"宁可自己吃亏，荣誉不贪，便宜不占。"这是剧团领导的座右铭。研究出国访问演出名单，他们互让互推。三位业务领导都受过专业教育，都有20—30年艺龄，职称评定时却自报自评三级，不争高级职称，免得挤掉应当评上高级职称的演职员。在许多事情上，他们都为剧团演职员作出了榜样。剧团演员赞扬剧团领导班子安排和配备科学，有凝聚力。人们评价这个领导班子有三个特点：一是具有献身服务精神；二是精通业务，属内行领导不是外行领导；三，有着比较精明的头脑和善于进行科学管理的能力。他们带领着有39年光荣历史的锦州市京剧团，继续奋进在开拓、创新的道路上，为振兴京剧作出努力。他们在前进过程中清醒地认识到他们的坚强后盾是剧团的全体演职员。该团的主要演员队伍里有：王奎升、黄金璧、刘雪艳、周素英、刘岚云、姚撼岳、赵菊扬、靳小昆、刘会刚、范鸣焕、王佐川、尹效元、张雅臣、张春亭、靳小仲、汤乐华、吕克飞，王来春、智秀林、齐秀云，张世英、王富友、侯素芹、沈玉芳等。他们是剧团的雄厚基础。没有他们在艺术上的不断创造，就没有锦州京剧团的今天。近年来，中青年演员相继崛起，其中李玉棠、黄幼鹏、陈鹿萍及青年演员陈云飞等已成为该团主力。观众从他们的表演里，再一次看到锦州京剧团的未来。

《打神告庙》

李玉棠饰焦桂英

花开卅年色正浓

——长春评剧院简介

郭　咏

长春评剧院的前身是长春市评剧团，始建于1952年。30多年来，剧院终始如一地贯彻执行党的文艺方针、政策，一贯遵循"传统戏、新编历史剧和现代戏"三并举的方针，排演了300多出新老剧目，造就了一批又一批艺术人才，为繁荣和发展评剧事业作出了应有的贡献。

建国伊始，欣逢评剧之花蓓蕾初绽，《小女婿》、《小二黑结婚》、《小姑贤》等"三小"剧目风靡春城，那时的代表性演员筱王金香的芳名不胫而走，传遍关东，评剧艺术之根，深深扎在春城这块坚实的土地上。

之后，剧团不断吸收新鲜血液，张桂霞、王曼苓、张晓雯、鲜凤霞、郭贵臣、杨兆明、何中天等一批优秀演员相继活跃在舞台上，演出了众多的他们各自拥有的代表性剧目，如《女教师》、《秦香莲》、《花木兰》、《江风记》、《穆桂英挂帅》、《半把剪刀》、《武则天》、《花打朝》、《红色的种子》、《山村姐妹》、《节振国》、《山乡风云》、《焦裕禄》、《杜鹃山》、《南方烈火》、《奴隶新生》等等，赢得了广大观众的喜爱和欢迎。其中王曼苓以其超凡脱俗的

《美神》张大辫（中）由郑桂芳扮演

表演和圆润甜美的唱腔独占鳌头，声名远播。她的一曲“密建游宫”，红遍大江南北，饮誉长城内外；另有《社长的女儿》和《琼花》等剧目演出也相当出色，一时大有敢与京、津、沈媲美之势——长春市评剧团正处于她的黄金时代。

十年浩劫，“四害为祸”，剧坛一片凄冷萧条，长春市评剧团也在蹉跎岁月中挣扎……

春雷一声，云开日出。在党的十一届三中全会的雨露滋润下，评剧艺术又焕发青春，出现了中兴景象。

重演《小女婿》，观众排队争购戏票；上演《花打朝》、《奇冤义胆》，剧场内座无虚席，连满几百场。先后陆续排演了《金沙江畔》、《杜十娘》、《不准出生的人》、《彩云归》、《公主与奴隶》、《喜成亲》、《红杏出墙》、《血手印》、《白莲花》、《三女除霸》、《血书情》、《胡图断案》、《秦香莲后传》、《人面桃花》、《牧羊圈》、《牢狱产子》、《刘伶醉酒》、《美神》、《百花公主》、《契丹魂》等一批大型剧目和折子戏。

一批后起之秀也开始崭露头角，成为长春评剧舞台上最活跃、最有实力的骨干。“花派”传人、被誉为“小花淑兰”的郑桂芳相继主演了《蒌花嫂》、《花打朝》、《秦香莲后传》、《美神》等剧。表演洒脱泼辣，唱腔高亢甜脆，塑造了不少栩栩如生的艺术形象，第一个荣获省级“优秀演员”称号。一曲“刘伶”闻名遐迩的小生演员周连生以清新味浓的演唱，4次摘取表演一等奖的桂冠，并在全国评剧广播大选赛中名列前4名，居男生之首。独辟蹊径，为丑角争得荣誉的刘立明，继屡演不衰的《奇冤义胆》之后，又排演了《徐九经升官记》、《屠夫状元》等以丑角挑梁的剧目，深受观众青睐。青年新秀赵丹红在《公主与奴隶》、《三女除霸》、《契丹魂》等戏中出色地扮演了主角，荣获省、市汇演表演一等奖。

除此，还有杨月琴、张丹、陈丽妹、黄玉双、梁凤茹、张玉华、鞠树华、王庆军、麻自新、李松年、姜建东等中青年演员，她（他）们的基本功扎实，技艺娴熟，极尽绿叶扶花之功。

总之，这支不可多得的评剧队伍，无论是一般的营业性演出，还是参加各类调演和汇演，都能够以其精益求精的演出质量、认真严肃的演出作风、特色鲜明的演出风格给观众以美的艺术享受，取得较好的成绩。

为了充分发挥表演艺术家们的积极性，在省内外以及在首都评剧舞台上展露他们的艺术才能；也是为了增强竞争意识，促使大家在竞争中互相切蹉，交流艺术经验，彼此协助，互相提高，剧院分成两个演出团。两团的演出阵容都是可观的。以王曼苓为领衔的一团和以郑桂芳为领衔的二团，都进行过多次巡回演出，扩大了影响，也锻炼了队伍。她们曾3次晋京演出，引起了北京各界的瞩目。

第一次是在1983年。王曼苓以她的代表剧目《密建游宫》亮相，在首届梅花奖评比中获奖。专家们予以很高评价。认为她的唱有新派韵味，又有自己婉转悠扬的特点，很有抒情性；表演雍容大度，身手不凡，注重人物内心刻画。第二次是在1987年演出现代戏《美神》。编导杨廷玉和宋强充满创新意识的巧妙构思和处理手法，使全剧喜剧色彩鲜明，饶有情趣。扮演主人公张大辫的郑桂芳以生动自然的表演和“花”味醇厚的唱腔，成功地塑造了一个敢于冲破旧俗、勇于追求开拓的山村新人形象，得到了观众特别是内行及专家的首肯和赞扬。在京演出期间，被邀到中南海礼堂为中央领导作汇报演出。第三次是在1988年，《契丹魂》（李学忠编导）剧组应邀参加首届中国戏剧节。这出新编历史剧场面壮观，气势恢宏，具有强烈的关东风味和特色，为演员提供了任意驰骋的广阔天地。赵丹红和周连生扮演的萧太后和韩德让唱念做舞完美和谐，人物形象鲜明生动。专家们认为是好戏，有很强的感染力，气派、阵容为评剧界所不多见。该剧也被邀请到中南海礼堂演出。

在改革年代，在戏剧演出不景气的情况下，剧院大胆改革管理体制，实行了“小包干”责任制，将全年演出任务分包给两个演出团，规定超额奖励，亏损自负。由于引进了竞争机制，大大激发了广大演职人员的工作热情和积极性，两个团分别把最好的戏送到全省各地及辽宁、黑龙江、河南、天津、北京等地。演出二团还组织了轻音乐演出团以满足观众多方面的

长春评剧院首届院领导成员
院长（中）辛锡庆
副院长兼导演（左）宋强
书记（右）赵恩世

需求。1988年全年演出接近300场，收入达13万余元，演出场次和收入都比未搞小包干的1987年增长3倍，获得经济效益、社会效益双丰收。

承包后，许多原来得不到演出机会的演员也能经常参加演出，艺术上得到锻炼、长进。演出二团的现代戏《罪人》已上演了211场，每天平均演两场。这样，演员就得设置A B组，车凤茹、徐桂芬、高玉萍等演员都有了用武之地，展示了自己的艺术才能。巡回演出也为培养人才、发现人才创造了条件，演出中青年演员王柏鹏等崭露头角，显示出了自己的艺术实力。

30多年来，这株生长在北国春城大地上的评剧之花，经过一场暴风雨之后，花色愈浓，花香更烈，呈现出一派盎然生机和活力。培育这株评剧之花的人，除活跃在舞台上的两三代演员外，还有诸多默默无闻、辛勤耕耘的幕后英雄。

首先是评剧院历届领导，他们为繁荣发展评剧事业呕心沥血，兢兢业业，无私地奉献出青春年华和聪明才智。其中有不少人离岗不下岗，时刻关怀着剧院的前途和建设，经常出谋献策。没有历届团领导承前继后，勤奋工作，哪里会有剧院的蓬勃景象？应该永远记住他们的名字。他们是：辛锡庆、宋强、赵恩世、关国瑞、董文、杜文彬（老一辈评剧演员）、张炬辉、李映、刘光炬、班耀林、李树谷、佟谦、左玉山、李文农、徐艺、何秉精、吕长警、张晓雯、王曼苓。

中顾委常委王平等观看演出《契丹魂》后接见演员

剧院的编剧、导演、音乐和舞美工作者是创造性发展与提高评剧艺术的中坚力量。在这块土壤上，他们尽心竭力，精益求精，勇于创造，善于革新，用汗水、心血浇灌出一台台绚丽多姿、艺术完美的传统剧目和现代戏，获得过好评或各种奖励。沈瑞苓编剧的《女教师》，荣获东北地区第一届戏曲、音乐、舞蹈、美术观摩演出创作奖。张国荣编剧的《公主与奴隶》荣获“长春戏剧百花会”创作一等奖。李学忠编剧的《契丹魂》参加首届中国戏剧节演出，获得很高评价。导演宋强出身于京剧世家，自幼学艺，受过专门培训，具有创新意识和探索精神，所导《山菊秀子》、《巴山秀才》、《美神》等剧，均以不拘一格的鲜明特点而被称道和获奖。金玉霞是演员出身的导演，经验丰富，思想开放，执导了《杜十娘》、《借妻》、《公主与奴隶》等戏，其中《公主与奴隶》获导演一等奖。导演杨海亭执导了20多部戏，以调度灵活、节奏明快见长。音乐工作者史林、王殿楼分别为40—50个剧目进行创腔、谱曲、配器等工作，几次获得作曲一、二、三等奖。舞美设计向森、张福春实践经验丰富，设计新颖大胆，所设计的《密建游宫》、《美神》等都具有很高的欣赏价值，为剧目的完美作了有力烘托。青年舞美工作者马晋也能独挡一面，曾为《罪人》等几部大型剧目设计，获得好评。

在现有的基础上，剧院将在进行体制改革的同时，一方面致力于剧目建设和培养人才，用高质量的好戏争取观众，为振兴戏剧事业尽力；另一方面搞好第三产业，解决以文养文，在改革大潮中破浪扬帆。

张謇与南通戏曲事业

杨谷中

张謇创办的中国第一所新型的戏曲学校和第一流的剧场，于1919年在“江淮之委海之端”的南通诞生。近代中国戏曲史上的这次创举，没有产生在当时戏曲活动比较集中的大城市，却孕育于地处江淮东南一隅的县城，并非偶然。张謇创办南通伶工学社，建更俗剧场和梅欧阁，有着历史原因和主客观诸多因素。在当时的历史条件下，要办这样的事业，首先要具有革新者的卓见、创业者的勇气，特别是要对该项事业非常重视和理解。其次是必须有经济实力。而改革家、实业家、教育家张謇恰恰具备这几方面的条件。由张謇来作这几项事业的首创者，也许是一种历史的必然吧！

张謇，状元公，字季直，号啬庵，清咸丰三年（1853年）生于江苏南通县一个富裕农民兼小商的家庭。青年时代，曾为平息朝鲜内乱显示其过人的才智。41岁时，又“大魁天下”。显然，他完全可以在封建仕途上飞黄腾达。然而，他却出人意料地抛弃了这条“黄金之路”。在那内政腐败、外患频仍、面临亡国之危的年月里，忧国忧民、寻求救国之道的张謇以“实业为母、教育为父”为理论支柱和铭言，在办实业、办教育的艰辛道路上，度过了他的后半生。从光绪二十一年（1895年）筹办南通大生纱厂开始，他先后创办了一系列工业、交通、垦牧、水利事业。从光绪二十八年（1902年）创办中国第一所师范学校开始，他用工厂利润兴办起一系列文化、教育、公益事业。例如，在地方上兴修起一系列水利工程，创办我国第一所博物馆——南通博物苑。尤其难能可贵的是，在人们还只把演员称作“戏子”，对戏曲还存在各种偏见的年代，他却以自己的远见卓识，兴办起戏曲事业。

当年伶工学社6年间的经费，共花了7－8万余元，更俗剧场的建筑费，是7万元。当时要拿这笔不小的款项办这两件事，是有着积极的宗旨和理想的。张謇在1918年给梅兰芳的一封信中说：“世界文明相见之幕方开，不自度量，欲广我国于世界，而以一县为之嚆矢；致于改良社会，文字不及戏曲之捷；提倡美术工艺，不及戏曲之便。”在另外的信中则讲：“改良社会措手之处，以戏剧为近，欲从事于此已有年。”他在《更俗剧场缘起》中开宗明义写道：“教育以通俗为最普及，通俗教育以戏剧为易观感。”他把戏曲看成是教育事业的一部分，效果也最快最深，可见兴办戏曲事业，改革戏曲，是在他拯救中国的整体计划之中的。这就是他愿化巨款兴办戏曲事业的道理所在吧！他早在1915年，或更早一些时候，就在筹划办戏曲事业了。但是，他首先要办最重要的实业和教育，只有在他办了实业和教育，能够腾出手来，又能拿出这笔巨款，才是办戏曲事业“水到渠成”之时。因此，创办伶工学社和更俗剧场时已经是1919年，他已经66岁了。

要通过戏曲补助教育之不足，首先要养成一批改革戏曲之人才，因此仍需从办戏曲教育入手。1916年他在给梅兰芳的信中说：“兹南通地方拟建戏园。鄙意则先须养成正当艺术人才，特开生面。都中年轻而习艺者，较多之他处。假如养成30人，就曾学戏之子弟中，择其聪慧而安祥者，合为一班，即在都中，加以训练，延聘一二人为之监督，岁由南通给费以资之。……其事是否易于组合，若何组织之法，吾友与奉卿

（指王凤卿）诸君能为其事否？一切茫然，希晤奉卿、妙香（指姜妙香）时，讨论研究，见示端要。”从这封信看，要办第一流之戏校，培养第一流之人才，并由第一流的艺术家主其事，是他的主旨。

留学日本期间参加“春柳社”的欧阳予倩回国后转到京剧，并成为南派花旦的第一流演员。当时南通警察局长杨微生向张謇介绍了欧阳予倩的情况。张謇早闻其名，又听说是世家子弟，立即派薛秉初赴沪，约请欧阳至通，一方面作短期演出，同时进行洽谈。欧阳欣然应命，随带查天影（小生）等少数邦角在南通西公园剧场演了4天戏，并进行了商谈。他二人在改良戏剧、培养人才、建设先进的剧场等方面，意见都很相似。欧阳回忆说：“回沪后，我写了一封信给张季直，把我想办戏剧学校的计划告诉他。他回信一切同意，并说托熊秉三在北京招了一批学生。”张謇1919年给梅兰芳的信中说：“肯商吾友以为难，诚信吾友之不我欺也。置尊而觉，终不可已。近得欧阳予倩书，愿为我助。予倩文理事理皆已有得：意度识解，亦不凡俗，可任此事。”张謇既然“如获至宝”般地觅得这样一位办学的名人，立即以“超乎寻常”的速度，开始了他已筹划了4年之久的事业。欧阳接到回复后，于7月间即偕张謇派出的薛秉初、黄玉斌由上海直赴北京，甄别后，招收了30名学生由黄玉斌送回南通，欧阳则与薛从北京出发，经朝鲜东渡日本，在日本考察了东京帝国剧场等地方，三度访问东京各舞台之顾问小山内氏。与此同时，张已命徐海萍暂借南公园布置校舍，筹建伶工学社。欧阳从日本回到南通后，随即在南通招考第二批学生，又录取30名，并从上海招聘大批教职员。9月中旬，南通伶工学社正式开学。从5月初商至学社开学前后仅用了3个月的时间。更俗剧场的筹建工作与之同步进行。根据日本、上海、北京各大剧场的特点，并参考了原西公园剧场的经验，由工程师孙支厦设计，欧阳亲自参加并最后审定图纸，上海邬松记承办营建，坐椅由上海求新铁厂承办。1919年夏开工兴建，日夜不停，于1919年11月1日重阳节举行了落成开幕典礼，前后仅用了4个月左右的时间。伶工学社之新校舍亦于1920年2月动工修建，至同年7月份落成。

在南通城南望仙桥畔武圣殿原址上兴建起来的伶工学社，展现了当年戏曲界第一学府的风采，为戏曲教育事业树起了一块新的里程碑。学社占地近16亩，设有小剧场，共有60余间校舍。由张謇亲任董事长，张孝若任社长，梅兰芳任名誉社长，欧阳予倩任主任，实由欧阳主其事。开办费2万元，年费1万2千元，均由张謇筹措。伶生的一切费用全由学社供给。校徽图案——五线谱上加毛笔、钢笔各一支，象征着张氏与欧阳融贯中西革新旧戏曲之主旨。开学之始，欧阳明确宣布：伶社是“为社会效力之艺术团体；不是私家歌僮养习所”，“要造就改革戏剧的演员；不是科班”。伶社学生除了接受最好的专业训练，还能得到最佳的全面的文化教育。欧阳说：“我把一切科班的方法打破，完全照学校的组织，用另一种方法教授学生。”伶工学社以近代教学方式区别于旧有的科班。

教师多由从上海聘请的专家或有较高水平的人担任。其中有昆曲名宿薛瑶卿、陈灿亭、吕小卿、周恩庆等。先后教授京剧的有赵玉珊、程君谋、冯子和、芙蓉草、苗胜春、水上飘等名家。梅兰芳还为伶社介绍文萫寿传授老旦艺术。其他文化教师有春柳社创始人吴我尊，有沈冰血、施北沧、徐半梅、宋痴萍、刘质平、梁绍文、梁致中、徐海萍等，他们都是当时文学、话剧（有的兼京剧）、音乐、舞蹈等各方面的专家或学者。学社还特别设了舞蹈班、西乐班和军乐队。西乐班后来迁往上海教学，又请陆露沙与日本人西提参加教授。张謇亲自为学生讲授修身课，并批阅学生的书法习作，对书法成绩突出的学生亲自指点。欧阳除教授京剧、话剧，还讲艺术概论、中国戏曲之源流，以及莎士比亚、易卜生、托尔斯泰、菊池宽等国外文艺家之历史及艺术。张謇、欧阳予倩还亲自过问国文教材，使学生们能学到《文字源流》、《古文观止》、《左传选编》、《虞初新志》、《唐诗·宋词》和《儒林外史》等。学社为学生购置了上课用的钢琴、风琴，还备有大留声机一架和京昆名家唱片200余张，供学生课外研究用，还准备了《新青年》、《新潮》、《建设》等许多杂志和新小说，作为学生的课外读物。

伶社虽是京剧专科，却规定以昆剧作为基础课。学生先以昆剧开蒙，然后再学京剧。这是开拓者们为了使学生能全面掌握戏曲艺术基础的一条新路。他们还尽可能地给学生观摩名家的演出，给予更丰富的艺术营养，让学生与名演员配戏，从实践中学习。梅兰芳3次至南通，都有伶工学生为他配戏。

伶社的学制是5年，毕业后服务2年，另给补贴费。第一期学生共70余人，后来几年逐步淘汰或辍学者约30余人，又陆续进一些人，先后入社的共90余人。伶社毕业的学生平均每人会唱昆曲20多出，皮黄戏30多出，此外4部合唱唱得很好，舞蹈的基本步法也都学会。多数学生的文化水平都有提高，有些人还有一手好毛笔字。

伶社后期又介绍了少数学生去北京拜名师深造。如李斐叔拜梅兰芳为师，戴衍万拜王瑶卿为师，葛次江拜姜妙香为师，赵志秋拜冯子和为师。文武丑汪家惠也由专任老师传授。后进伶社的林秋雯曾先后从万盏灯、芙蓉草、王瑶卿学艺。欧阳还教授了葛次江、顾曼庄不少红楼戏。

学生学会的昆曲剧目有：《上寿》、《赐福》、《回营》、《打围》、《琴挑》、《偷诗》、《佳期·拷红》、《问病》、《折柳》、《阳关》、《学堂》、《小宴》、《惊变》、《赏荷》、《思凡·下山》、《昭君出塞》、《定情·赐盒》、《扫秦》、《石秀探庄》、《蜈蚣岭》、《金山寺》、《访普》、《藏舟》等；学会的京剧剧目有：《三岔口》、《黛玉葬花》、《摔玉请罪》、《四郎探母》、《捉放曹》、《二进宫》、《文昭关》、《南阳关》、《打渔杀家》、《李陵碑》、《武家坡》、《吊金龟》、《金雁桥》、《一箭仇》、《五花洞》、《人面桃花》、《贵妃醉酒》、《岳家庄》、《打花鼓》、《辕门斩子》、《斩黄袍》、《白良关》、《泗洲城》、《虹霓关》、《界牌关》、《彩楼配》、《黄天荡》、《汾河湾》、《黄鹤楼》、《玉堂春》、《孝义节》、《黑风帕》、《蟠桃会》、《摇钱树》、《鸿鸾禧》、《八义图》、《太君辞朝》、《定军山》、《空城计》、《洪羊洞》、《花田错》、《探寒窑》、《麻姑上寿》、《十字坡》、《二龙山》、《盘丝洞》等；排演的其他剧（节）目有话剧《赤子之心》（欧阳与学生同台演出）、歌舞剧《快乐之儿童》（特聘上海徐璧城女士任舞蹈设计）、音乐会专场演出（西乐队）。

伶工学生后来成为全国知名的演员有葛次江、林秋雯等。葛次江长期追随欧阳，后为周信芳左右手，拍摄过许多无声电影，是我国最早的两栖演员之一。所演本行小生，风度儒雅，当时除姜妙香、俞振飞、叶盛兰，可谓“无出其右”者。在周信芳新编剧中饰演的一些新型反角，如张邦昌、洪承畴等，当时在沪上称为一绝。为抗日战争进行了大量宣传演出。1949年冬参加中国人民解放军十兵团京剧团，后转地方，担任过福建省京剧团副团长、福建省政协常委。林秋雯拜王瑶卿为师，是王瑶卿最喜爱的学生之一。长期与马连良、谭富英、荀慧生、程砚秋等同台合作。“脍炙人口”的荀派名剧《红娘》为其于1946年第一次带到南方，在上海、南通演出后轰动江左，南方各名旦竞相传演，几年间“红娘”热传遍大江南北。据云当年北京先有林秋雯，后有张君秋。此外，现知名字的伶工学生还有：李斐叔、赵志秋、汪家惠、顾曼庄、姚雪涛、张玉昆、张琬云、裁永康、陈洪生、陈瑾、李东升、金钟声、魏传丁、周善同、于翼、李竹修、查振亚、严毓清、戴衍万、葛湘、金鹏飞、李振武、墨如玉、徐宗祥、倪正祥等。

革新戏剧的实验基地，通俗教育的良好课堂——这是创业者们创建“更俗”的善良愿望。更俗剧场坐落在城西南桃坞路西端，为一座马蹄形的高大建筑，主楼连接梅欧阁，表门大楼，四合院的演员宿舍，连同停车场，占地面积达数十亩。这座现代化的剧场，空气流畅，音响效果极佳，舞台设备完善，当时其他剧场难与比美。马蹄形的建筑，使观众厅呈半圆状，纵深只有20多排座位，横向最宽处一排可坐40余人。舞台底部有十数只特大号砂缸，帮助发音的共鸣。观众不管坐在什么方位和角度，其听觉和视觉都能达到较佳效果。欧阳自己曾讲：“剧场很拢音，在楼上、楼下最后一排都听得很清楚。而且比上海的大舞台、第一台、天蟾之类的舞台都适用。”观众厅原准备3层，只用了2层，形成了高大的空间。剧场可容1500位观众，当时只安装了1200座位，使观众感到整个剧场宽松而舒畅。舞台的面积当时也是最大的，台上可以开汽车表演，还可临时安上小水池行小船。舞台上空有横向天桥3道，台底有3条纵向通道，“上天入地”都可表演。舞台设备齐全：请当时沪上最有名的布景画师陆砚耕、裘翼为等画有家庭、花园、宫廷、水府、天宫等全景片50余幅，几道天桥之间吊得密密层层；水景、火景、雨景等活动布景和风声、雨声、雷声等效果工具应有尽有；特请湖南技师唐师伏精制了各种面具和“彩头”。

剧场制订了前无先例的、合乎精神文明要求的制度。有些方面直至80年代的今天还适用。开幕第一天，以隆重的开幕仪式，替代了带有迷信色彩的“破台”旧规，显示出改革者的一种信念。前后台管理制度之先进，秩序之良好，在国中属首创，开良好风气之先。凭票入场，对号入座，在今天看来早成惯例，可在当时却是新鲜事。看戏的不得携带婴孩入场，占座儿童须买票，这在当时很难办到，但更俗实行了。新规则规定场内不得随地吐痰，不得吃瓜子。欧阳想出了贯彻的好办法。由两名童子身穿上镶“敬请诸君勿吃瓜子”字样的红背心，在过道中往来行走，使人注目。如有吃瓜子的乱抛瓜子壳，就随时用手持的精美小畚箕和小扫帚扫干净，使其不好意思再吃。遇有随地吐痰的，即用干净毛巾随时擦去，使其感到难为情。这种办法在当时起了很好的作用。对新制度的创立，改革者们始终没有忘记宣传的重要性和以身作则的必要性。宣传前台管理制度的《更俗剧场规约》、《更俗剧场特别紧要广告》于剧场开幕前连续刊登于报纸宣传10多天。剧场开幕后，张謇又亲自具名撰写《更俗剧场缘起》，《张謇告城区父老昨日一日之观念》等文章在报纸上刊登多日。作为董事长的张謇，从来都是凭票入场，依排号入座，带头执行各项规定。欧阳亲手拟定的后台演出规约，是旧的“十大班规”中所没有的。首先取消了“催戏”这一职务。其它还包括不许带酒上台；不许随地吐痰；后台人员都有一定的座位，不得高声喧哗；不得撩门帘看戏；不许乱涂墙壁；不用真刀真枪；台上不饮茶；台上不给跪垫；排戏不许迟到早退等等。以上多数对准旧的不良习惯开刀的创新条规，可以想象得到不经过坚持不懈的努力以至斗争，是很难办得到的。任何人都无例外地执行，这是很重要的一点。如梅兰芳首次登台于更俗，就向他提出了三条：一、演戏时，不准人拥挤在后台观看；二、在台上不可喝茶；三、不可抛掷垫子。梅先生对此是很赞同的。前台经理无意中撩了一下门帘，欧阳毫不客气地罚了他。欧阳自己也不例外，违犯了自罚。对故意破坏规则的人，欧阳绝不迁就，他说：“如果我们的重要演员不肯改他的下流脾气，一定要破坏大家遵守的规则，我们宁愿牺牲这个演员。”

革新者们特别注意了通俗教育的主要课程即演出内容这一点。《20年来之南通》一书中关于更俗演出记述：“旧剧则选其有益于世道人心者，如淫滥无稽之作俱在所摈，与津沪诸地迥然不同”，“新剧间有之”。据徐海萍回忆：“每天除演出京剧外，逐日总有一出话剧，都是春柳社的名剧。”“继而参演上海新舞台派的西装戏。”其实从开幕第一天的演出剧目就展示了创业者的这种意志。作为南派首席花旦，并在通城广大观众中早负厚望的欧阳予倩，这一天并没有演出他的拿手京剧，而是以自己新编的五幕话剧《玉润珠圆》作为压轴大戏，奉献给广大观众。这也奠定了更俗剧场前几年以京、昆、话三剧种同台争艳的新格局，在我国众多的大型剧场中独树一帜。

据不完全统计，欧阳在南通除上演传统剧目外，编演的新剧目不下七八十出之多。当然是京剧最多。那时更俗能演话剧的演员有吴我尊、徐半梅、沈冰血、宋痴萍等名家，苗胜春、张月庭、芙蓉草、郑佩秋、查天影、包慧生等京剧演员也都愿意演话剧和时装新戏。昆曲也占有相当比重。梅兰芳第一次到南通大半演的是昆曲。张謇对梅兰芳讲：“中国的戏剧，尤其是昆曲，不但文学一部分有价值，传统的优秀演技，也极应该把它发扬光大，这是我的意见，你们的责任了。”可见张謇本人对昆曲不仅重视，而且是颇有研究的。所以那段时间到南通的昆曲名宿不在少数，如伶工教师薛瑶卿（欧阳的昆曲老师）、克秀山、王焕章，连袁世凯之子袁寒云也到南通演过他的昆曲佳作。

戏曲内容与表演的改进由欧阳负责，张謇也偶尔参与。新剧剧本《麻衣案》、《一念之差》等，张都参加审定。对演员吐字念白有错讹欠通之处，也加以指正。如查天影在《人面桃花》中饰演崔护，有一句道白念做：“名落孙山之外。”张謇对查讲：崔护名落孙山，何必再加“之外”二字，使剧中人更感到痛苦，未免画蛇添足了。张謇认为南通乃文化名城，在某些方面文字欠通贻笑大方。鉴于此，他以“花无草”为由劝芙蓉草用原名赵桐珊，以绰号不宜作名劝小三麻子用原名李吉来，还为伶工学生李金章改名斐叔，取“斐然成章”之意，又为葛淮更名次江，取“淮次于江”之意。

具有历史意义的梅欧阁是张謇的精心创作，虽然只是20多平米的一方之地，影响却及于海内外。此阁设于更俗剧场门厅的楼上，其构建是经过创作者深思熟虑的，还在更俗剧场兴建期间已列入计划之中。在梅兰芳到南通之前，此阁早已布置就绪。梅兰芳在《舞台生活40年》中有这样一段记述：“欧阳先生又陪我到更俗剧场参观。前台经理薛秉初招待我们先到一间客厅待茶。我刚跨进去，抬头就看见高高悬挂着一块横匾，是‘梅欧阁’三个大字。笔法遒劲，气势雄健，一望而知是学的翁松禅老人，这是张四先生的手笔。旁边还挂了一副对子：‘南派北派会通处，宛陵庐陵今古人’，也是张四先生自撰自书的。他是借用梅圣俞（宛陵）、欧阳修（庐陵）两位古人的籍贯来暗切我跟欧阳先生的。薛经理指着横匾对我们说：‘这间屋子四先生说是为了纪念你们两位的艺术而设的。’我听完了顿时觉得惶恐万状。我那时年纪还轻，艺术上有什么成就可以纪念的呢。这是他有意用这种方法来鼓励后辈，要我们为艺术而奋斗。我这30年来始终站在自己的岗位上，认真苦干，受我的几位朋友的影响是很大的。”从这段记述，我们固然看到梅先生“虚怀若谷”的态度；也看到了作为长者的张季直先生的良苦用心对艺术大师们所产生的鼓舞力量。一位是北派魁首，一位是南派泰斗，一南一北两位艺术大师同演于一台，用梅欧阁来纪念这一盛事，二者均足以载入史册。这件事是张謇感到快慰的。当时邀请了不少名流为此阁赋诗，自己每夜看了戏都能得诗一首，专门出版了《梅欧阁诗集》，又亲自为之作序。更值得一提的是，张謇之所以设“梅欧阁”还有其更深一层的用意。张孝若在《张季直传记》中说：“我父生平，向来主张无论那一种职业和结合，凡优秀人才，应该站在一起，合作起来，谋求整个的改进利益，共治中国。”“中国的戏剧界，向来分的派别很多，你倾我轧，各不相下。我父认定中国艺术方面，总得优秀分子集合起来协力改进，方能昌明。所以我父对梅兰芳、欧阳予倩的各树一帜，都觉有调和联合，共图中国戏剧改良，光明艺术之必要；所以他在南通新剧场内建了一个‘梅欧阁’。”梅欧二位艺术大师没有辜负长者的期望，他们在南通的几次同台，合作得是那样融洽。

梅欧同台于江东，佳话美谈遍传，又有设备优良齐全、制度管理先进的剧场，再加张謇在全国的声望，一时间吸引了我国许多著名的艺术家，自1919到1926年计有姚玉芙、王凤卿、姜妙香、朱素云、李寿山、李东来、王焕章、王惠芳、郭仲衡、金仲仁、罗小宝、董俊峰、克秀山、程砚秋、薛兰芬、盖叫天、董吉瑞、樊春楼、小翠花、潘月樵、夏月珊、夏月润、时慧宝、余叔岩、王长林、杨小楼、刘砚亭、郝寿臣、吴彩霞、鲍吉祥、谭富英、双处、文蓉寿、刘奎童、沙香玉、水上飘、五阵风、万盏灯、冯子和、陈小穆、王桂卿、林树森、王益芳、张德六、王兰芳、王云芳、小孟七、刘奎官、刘五立、梁一鸣、赵君甫、赛三胜、刘赋昆、德君茹等70多位著名演员到南通演出，如欧阳所说，“真可谓极一时之盛”。名家聚会各献技艺，使南通剧坛呈现出五彩缤纷、百花争艳的繁荣景象，吸引了上海不少观众渡江观剧。

张謇为了配合新剧场的通俗教育，专门出版了《公园日报》作为戏剧的专业报纸。该报日出 4 开版 1 张，特聘吴我尊为主编，专门撰稿人有欧阳予倩、徐半梅、沈冰血、宋痴萍、施北沧、徐海萍等，除刊登更俗剧场每日演出的剧目外，还宣传戏剧之改良、剧场的文明制度，介绍新戏剧、新文艺，连载剧本等等。这是张謇进行通俗教育的一个组成部分。

此外，更俗还办了一些公益事业，如救火会。剧场建造之始，就列入了计划之中。会址在演员宿舍前，专有房屋 3 间，购置救火车两部及各种新式救火用具。武行演员是救火会会员的中坚分子。会员都要进行专门训练。由欧阳予倩、查天影先后担任会长。救火会不仅为剧场同时也为市内火警效力。这是把艺人与社会公益事业联系起来的一种品德教育的手段。如上海伶联会分会和梨园公墓。更俗剧场设有上海伶界联合会南通分会，更俗的艺人大部分是会员。会员按所得包银交纳会费五厘。“伶联”可以介绍会员搭班。会员子弟可以免费进“榛苓学校”读书。老年人可获得救济或进养老院养老。由老艺人彭春芳与徐海萍发起，通过义演所得，在剧场之南的蔡家坝旁购得土地 3 亩，建立了梨园公墓。先后葬有男女大小30余口。这些，对帮助演员关心集体事业，该是一种有益的活动。

更俗剧场的创建和活动为近代中国戏剧史特别是戏曲史谱写下光辉的一页，如果说当时繁荣的戏曲活动象辰星般的闪耀，那么更俗剧场则是升起的一颗“新星”，在祖国东南放射出耀眼的光芒。

在把演员称作“戏子”的年代，张謇这位有影响的实业家、教育家不同凡俗，不知与多少演员结下了深厚的友谊。欧阳予倩在南通 3 年，张謇以上宾相待。1919年时他与著名小生朱素云已经有30年的交往。民国初年他与梅兰芳就结为忘年之交。从民国元年开始，他几乎每年都有赠梅家人或梅剧团的诗章。对梅兰芳他不仅关心其发展和成长，以“专学一艺一事”相勉，而且关心到他的归宿。张謇在民国七年给梅兰芳的信中说：“岁月不居，英华易歇，亦愿于艺术之余，留心经济，俾有归宿。”梅兰芳三到南通，他均以上宾礼遇，如举行隆重的欢迎会，安排梅兰芳住在自己的别墅——濠南别业，赠送由著名刺绣艺术家余沈寿女士设计、女工传习所师生日夜赶制的绣满梅花的“守旧”，设宴亲自送行。在与梅兰芳的通信中他从不忘向王凤卿、姜妙香、姚玉芙这些老友问好。对齐如山他尊为世兄。他与昆曲界的名宿也有着很深的交往。梅兰芳就是在濠南别业张家的宴会上第一次幸遇闻名南北的度曲专家俞粟庐先生的。昆曲泰斗王欣甫先生也是张謇的老友。

张謇的字是相当宝贵的珍品，然而对于演员向他求诗索字，却毫不吝啬。谭鑫培之子小培，女伶琴雪芳、琴秋芳，马连良之妹秀英以及徐又铮等都曾向他求诗索字。张孝若记述说：“那几年国内有名的角色固然都到过南通，就是稍为有名或还没有名的都要来唱一回。大家对于包银多少放在第二层，总是要求我父亲做一二首诗写在扇子上，或者写一副对联，以为无上光宠。我父也总不拂人意，叫他们如愿以偿。”如果把他生平写给演员的诗章归集起来，可以专成一本诗集。

张謇与戏剧家的交往贵在相知。《张季子九录》收录有他对梅巧伶、梅兰芳祖孙二人的评语。民国九年他在《与浣华笺椟跋》中讲：“与浣华交际可观而数也，浣华温润缜敏，饶识事理，不甚措意家人生记，而能任人。其于世间可喻之物，则赤水之珠，瑶华之玉。”张謇是以学者对学者或长者对晚辈的同等身份来对待戏剧家们的，他能成为梅兰芳等人的良师益友并非偶然。

张謇博学多才，研究的面很广，对文艺学术亦有相当的研究。写有《玄琴说为林怡庵作》和与朝鲜友人金沧江论舞笔谈。很关心梅对舞蹈的研究和创造发展。对京剧的研究和评论也有相当见地，所撰《观梅郎三剧之商榷》对《别姬》、《盗盒》、《洛神》三剧的唱腔、手眼、肢体的表演、剑术等都有评述和建议，评《洛神》一剧尤为详尽。张謇对事业、企业之管理才能同样表现在对艺术事业的管理上。他的《海通如泰合习乐舞议》是一篇精细的文艺事业管理计划。其中对各县生童的名额分配和开支及其伸缩范围、集合地点都有详细规定和支出数字。特别对延聘湖南浏阳乐舞师3人教习3个月的束脩多少，每仆从一人的工资若干，由浏阳至汉口、汉口至南通的水陆交通川支共需之费用数，以及学毕以后的酬谢等等，计算得详尽明白。民国十二年，梅兰芳准备赴美国演出，特向张謇请教，张謇为他制订了一计划。不仅列有"为一国之名则助多效大"、"须能代表一国之美艺"、"须知何剧合欧美人观念心理"、"下装须大方合于上流，化装须优美"等重要注意事项，而且关于同行人选择、剧目等级和安排、乐器、时间、人数、通常服式、资料、用资等都有详细说明。从这里我们固然看到了张謇所订计划之细致详尽，更看到了他从国家利益出发，放眼世界的胸怀。

张謇对艺术家们的知遇和了解、在艺术上的修养和诸多才能是他能在南通创办起戏曲事业，使南通一度群英荟萃的重要原因之一。

然而，张謇在南通创办的戏剧事业并不顺利。伶工学社开办3年后，欧阳予倩带着不愉快的心情离去了。1926年9月，也就是张謇谢世后的一个月，伶工学社停办了。同样，更俗剧场也因其不能达到"更俗"之原意而易名南通剧场。也就是说，这两件具有划时代意义的事业只延续了8个年头。其原因何在？若干年来，人们说法不一。不妨寻根求源，探索一下，也许能够找到一些具体原因，从中得到一些教益。

看来，欧阳办伶工学社的方针和方法遭到不少人的反对，这是事实。特别是两个关键性的人物竭力持反对态度，影响很大。一是欧阳自己带来的搭档、助手、演小生的查天影。他毕业于苏州师范，颇有才华，到南通后任后台管事。一是更俗剧场经理薛秉初，他曾陪同欧阳去北京招生，又同赴日本考察剧场。欧阳说："从伶社开学之日起，天影、秉初从未踏进过伶社的大门。"二人反感如此。欧阳对认为伶社教戏的时间少、国文及其它文化课占的时间太多的说法持完全相反的意见。对"人家科班3个月可以出戏，伶社几时可以看到戏"的质问，欧阳答以"科班是'火逼花开'的办法。若要办科班，找欧阳予倩是大错误"。特别是伶社教学生西洋唱歌和跳舞，又组建了一个西洋管弦乐的班，并把该班设到上海去请专家教课。这些都是查、薛二位与欧阳分歧之处。矛盾的尖锐程度甚至发展到另组一个科班的行动。由薛秉初拿出大部分的钱，查天影抽出若干，后台许多人除担任义务教授，景况好的人还捐出若干薪俸，他们到上海招了几十名略为学过戏的孩子，只等开学。吴我尊把情况告知欧阳后，他去问张孝若，孝若不置可否地笑着说："他们简直要跟你比赛了，哈哈哈！"直至欧阳当着薛秉初的面问张謇，张认为无并存两个组织之必要，在他的干预下，才取消了这一计划。天影一气之下，准备带着全班重要角色去上海，使南通解体，因秉初不愿这样做，才作罢。

薛秉初与欧阳分歧之处，还在于更俗剧场的演出剧目。薛认为欧阳作为头牌，演的话剧时装新戏太多了，影响了剧场的营业。他二位特别在伶社与更俗谁属谁的问题上争论更为激烈。欧阳有这样一段记述："我主张剧场归伶工学社运用，以巩固伶工学社；秉初主张伶工学社附属更俗剧场。我主张逐渐由伶工学生主持更俗剧场；而秉初却主张多请角色多卖钱，伶工学生只能受雇。……我的主张没有变更，秉初也决不肯让步，再加上旁人的挑拨，以致渐趋于破裂。"

还有一件事是欧阳始料未及的。欧阳作为头牌，适当增加薪水是应当的。而他为了表示不是为钱而是为了戏剧改良事业，在更俗3年从未增加过包银；在伶社每月100元的薪金从未拿过，自己还垫出了7、8千元。这本是件好事，岂知头牌不长包银，其他任何角色都不能增加收入，弄得后台多数人对他产生不满情绪。所以在送别欧阳时，有一个人毫不客气地对他讲："象你这样，必至于众叛亲离。人家跟着你，谁不想捞几个外水？"看来，欧阳在南通3年，理解他、支持他的人越来越少了。

以上情况，固然使我们看到保守思想与革新意志的尖锐对阵及保守势力之顽固程度，但我们似乎也感觉到欧阳当时有两点疏忽之处：一是没有注意团结骨干，团结大多数；二是"欲速则不达"这条哲理似乎未意识到。至于教西洋唱歌和跳舞，办交响乐队，欧阳在后来的回忆中也感到有些不切实际，那样硬干，是可以不必的。欧阳为什么要这样办，是与他一直想通过京剧改成中国式的歌剧这一指导思想分不开的。他之所以有这种思想，田汉有过这样的分析："由于受了五四运动中全盘西化的影响，予倩对传统的戏曲剧本文学，有虚无主义倾向，过度贬低甚至予以否定，未免过激。"又说："在当时环境、形势下有此主张，也是可以理解的。"当然，我们应充分肯定欧阳在那个时候就认定戏曲必须改革，以开拓者的勇气，敢于拓荒，进行果敢的实践，这无疑为我们树立了先驱者的榜样，在当时那样的社会碰到这样那样的阻力，也是不奇怪的。

关于欧阳与张謇父子办校的意见不合的说法，直至现在还未找到比较具体的材料。看来在欧阳率伶工学生赴武汉演出期间，张謇因经费不足，未与欧阳商量，把设在上海的西乐班停办一事，有点引起欧阳的意见。另一方面也不能不考虑到，有那么多人反对欧阳的作法，张謇受到这些意见的影响，是有可能的。不过，从另一段文字记载看，在革新戏剧这一点上，张氏父子与欧阳的主张又是相当一致的。张孝若在《张季直传记》中有这样一段记述："我父认为改良社会，要从各方各事下手。……想到戏剧一层，在社会号召力量最大，感化的习惯也最快最深。但是中国的旧戏剧，第一剧本太坏，不是提倡神怪，就是海淫诲盗，虽然也有若干忠孝节义的戏，但是失了时代性，对于社会没有多大良好影响，第二是戏院建筑，大都十分简陋，里面的管理也十分的坏，……我父亲就想到着手改良一切。……办理的人，又非专家内行不可，于是邀了欧阳予倩君到南通……欧阳办理，不能算不尽心力，然而最初的希望没有能达到，实在因为这件事很难办。"从这段文字看，似乎张氏父子对欧阳是肯定的，并且也认定这种事很难办。尤其对旧戏的看法，好象也有一种虚无主义的影响。

不容忽视的另一重要原因，也是起着决定作用的客观因素，即在经济上遇到了极端的困难。第一次世界大战结束后，帝国主义重新开始了对中国的经济侵略，使中国的民族工商业陷入了严重的困境。日本纱厂的产品大量倾销，再加驻江浙的齐卢军阀混战，使伶工学社赖以支持的大生纱厂在内外夹攻下不但不能给予经济上的帮助，连自身也负债累累，到1923年，已为上海银行团所共管。当时独立支持苏州昆曲传习所的上海实业家穆藕初也因同样的原因不能再给昆曲传习所以支持。帝国主义的经济侵略，不仅摧残了中国的民族工业，其影响已经波及到各个领域。在经济上伶工学社办到第3年，已渐渐不敷了。欧阳当时带伶工学生赴武汉演出，就带有解决经费困难之意。1923年端午节剧场封箱后，伶社经费无着，张謇拨了200元向上海胜洋公司租影片放映于更俗剧场，冀得利润充伶社经费。奈余额有限，映一月即停。本来以生养校之原旨无法实行。张在无款可拨的情况下，又设法拿出500元。从这两次的拨款情况看，张謇面临的经济困境可想而知。徐海萍在回忆中写道："不久，更俗剧场已非地方公办，每期招商承办，常演本戏，名伶绝迹。"

胡适之为《南通张季直先生传记》所作的序言中写道："张季直先生在近代中国史上是一个很伟大的失败的英雄，……他独力开辟了无数新路，做了30年的开路先锋……而影响及于全国。终于因为他开辟的路子太多，担负的事业过于伟大，他不得不抱着许多未完成的志愿而死。"刘厚生在《张謇传记》中写道："张謇一生似乎是一个结束2千年封建旧思想，最最殿后，而值得注意的一个大人物。同时亦是走向新社会，热心为社会服务的一个先驱者。"张謇作为从封建仕途中走出来的实业家、教育家，在那样的时代，以他自己独有的见解，不惜花巨资兴办前人未曾作过的戏曲创新事业，说他也是一位戏曲事业家和戏曲艺术的革新家是毫不为过的。而他与欧阳予倩在艰难的的实践中坚韧不拔地进行改革创新，给我们留下了拓荒者的足迹，既有成功的经验供我们今人借鉴，也有失败的教训给人们以启示，从这一意义上讲，应该说是给戏曲事业留下了一笔宝贵的财富。

附录一：《更俗剧场规约》

更俗剧场者，南通之地方剧场也。为邑中第一娱乐机关。虽不敢以通俗教育自诩，要之感动与慰藉参半，寓针砭于谈笑之中。天职所在，未敢多让。中国之有地方剧场，自南通始。必有以模范他邑。执事人等及编演诸员，自当兢兢业业，慎免从事。而促其进步，助其改良者，惟观客诸公是赖。谨布规约，伏祈省览：

一、本剧场有一千二百张椅子，极为舒服，无论正厅包厢，每位编列处数，在东边者为单号，在西边者为双号。于进门外悬牌指明，裨易辨晓。贵客如欲购东边下场门坐位者，请购单号；欲购上场门坐位者，请购双号。预先定坐，亦请说明。

一、凡坐位一经卖满，不再添椅。一使空气流通，一使观客便于出入。

一、凡经预定之座以先后为次，后来者不得争夺。茶房案目亦不得让先来者让出，以敷衍后来之主顾。

一、预定坐位，请付定洋，或由熟识之案目负责。一经定好，不得临时退悔。

一、本剧场力求清洁，瓜子、食物、果品等，不在座中兜卖。另有饮食店，以供观众休息。果皮瓜核，幸勿弃掷地下。

一、座中除中国小帽外，敬祈脱帽，以免妨碍视线。

一、戏剧精妙之处不在锣鼓丝弦之嘈杂，而在言语表情之周密。言语表情周密处，即体贴人情细微处。敢请静听勿哗，俾全神味。

（前排左起）薛秉初、欧阳予倩、姜妙香、朱素云、姚玉芙、梅兰芳、张謇、张孝若、南通县长卢鸿钧、镇守史、刘烈卿

（后排左起）张謇、吕鹿笙等，其中还有俞粟庐等1919年合影

南通市图书馆供稿

一、拍手叫好，原所以鼓舞演者兴采。惟请勿作怪声及吹口哨，致扰他客静听。

一、本剧场对于旧剧场及舞台之习惯不善者，务求逐渐改革。旧戏剧本亦当随时加以删订。幸观众诸公不以遗传之法则相责难。

一、加官废除。临时点戏及颠倒戏码，恕不应命。贵客如欲烦戏，请先期通知。

一、本剧场执事人等及茶房案目，均有制服。贵客如有交涉，或寄存物件，请认明号数及徽章，俾免紊乱。

一、本剧场茶房案目，无论对于何等观客，均须待遇恭谨。若有傲慢不周之处，请贵客通知帐房，即行究罚。

更俗剧场谨布

（原载民国八年十月二十日《公园日报》）

附录二：《更俗剧场特别紧要广告》

一、本剧场为保重婴儿卫生起见，6岁以下不予买票观剧。盖此项婴儿无观剧知识，且锣鼓喧闹恐之脑筋震荡，于身体至为无益。至6岁以上，概收半票。

二、向来戏馆俗例之戏阶之外，有所谓手中小帐有之，非特浮费，且收时扰乱来宾安宁，兹一概免取。

三、本剧场休息室内，附售果饵，以便来宾购取。

附则：内售咖啡、红茶、可可茶，及各式洋点，各式洋酒、荷兰水、水果、上等香烟、雪茄等等，一应俱全。

四、本剧场为优待来宾起见，随票附赠《公园日报》一份。

五、本剧场顾名思义，事事改良。如加官及穿红衣送客等例俗，概行免去。每日夜剧终时，当悬“本日（夜）戏毕”之牌。来宾幸注意及此。

本剧场敬布

（原载民国八年十一月三日《公园日报》）

附录三：《更俗剧场缘起》

教育以通俗为最普及，通俗教育以戏剧为易观感。他不具论，即如南通自去年设立剧场以来，里巷之间，除学校以外之一般童儒，多有临风学歌，求肖所聆之曲。且侈述剧情中之喜笑怒骂，恣为笑乐者。夫教育既求及于普通社会，而普通社会之人，职务余闲，求消遣娱乐之地，多以剧场为趋的。剧场实善恶观感之一动机也。欧美人于戏剧之改良，犹我往古优孟登场，以讽刺为劝惩之用，观剧者不仅辨其文野之风焉。今欲引普通社会游戏之趋的于高尚，因而发其劝惩之观感，则戏剧不当沿伪习陋，其作用须求合于通俗之教育。故愚兄弟有更俗剧场之发起。今幸诸君同观落成，爰还缘起如此。

退翁
啬

（原载民国八年十一月二十七日《公园日报》）

注：退翁即张謇之兄

戏曲艺术进入大学课程

闻 起

时至今日，古老的戏曲艺术能否摆脱自身的困境，继往开来，得以振兴，将取决于它能不能赢得新的一代观众，特别是其中的青年知识分子与青年学生的喜爱。这既是戏曲艺术生存发展之需要，也是对年轻一代进行丰富多采的美育之需要。

世上并没有什么天生的戏曲迷，对任何一种艺术样式的欣赏要求都不可能是先验的。因此，欲求年轻一代的观众爱看戏曲，首先必须让他们有机会逐渐地了解戏曲，在熟悉的过程中萌发并增进感情。

出于以上所说的宗旨，经国家教委批准，由中国戏剧家协会、中国昆剧研究会、北京大学中文系等单位联合主办了首届“北京大学戏曲艺术讲习班”，于1987年11月20日在北京大学电教大楼开课，历时4周，到12月15日结业。在学员当中，既有来自全国的高等院校文科专业的教师、研究生和学生，也有部分广播电台和电视台的文艺编辑、记者，以及一些文艺研究部门的专业工作者、业务干部，50余人济济一堂，为戏曲艺术进入大学共闯一条新路。

为了办好这一讲习班，筹办单位早在一年多前，即邀请了一批著名的戏曲专家及戏曲理论工作者，经过多次的商讨，编写出一套《中国传统戏曲艺术系列讲座》教材，共分3个单元19讲。第一单元6讲，讲授有关戏曲历史、戏曲形态、戏曲文学、戏曲美学几个方面的课题；第二单元6讲，主要讲述戏曲的表演艺术，包括它的综合性、虚拟性的基本特征，程式与行当同角色创造的关系，戏曲表演与观众欣赏，戏曲舞台美术的特色等课题；第三单元7讲，集中讲解戏曲音乐的曲牌联套体制和板式变化体制，戏曲的声乐艺术及其乐队，以及有关民间小戏的课题。从第一讲（《戏曲艺术的成就及其在中国文化史上的地位》）到最后一讲（《戏曲的现状和前途》）形成了一个比较完整的系列，其讲授的内容，大体上已经涵盖了戏曲艺术的各个组合部分。这套《讲座》教材，即此次讲习班的课程内容，各讲的撰稿人亦即授课人，在他们之中，既有张庚等老一辈的著名戏曲理论家，也有一批修养有素、各具专长的中青年学者。此外，还邀请了著名美学家王朝闻，戏曲理论批评家刘厚生、俞琳，戏曲表演艺术家叶少兰、胡芝风，以及美国夏威夷大学戏剧系副教授魏莉莎到讲习班做专题报告。

由于本次办班的目的，乃在将戏曲艺术引入大学课程进行尝试，招生对象主要是瞄准大学文科院校的师生，他们的特点是文化知识层次较高，而对戏曲艺术一般却知之不多，也缺乏观摩欣赏的机会，因此在课题设置和讲授的方法上，必须区别于大学文科讲戏曲只讲作家作品的那种局限，把戏曲作为具有鲜明民族风格的一种舞台艺术介绍给学员，这是讲习班教学的基本特色。

为此，参与这套《讲座》教材的撰稿人，都十分重视理论性、知识性和欣赏性三者的统一。在讲授方法上，则力求寓理论性于知识性和欣赏性之中，从艺术欣赏的视角，将学员导入满园春色的戏曲境界。在讲解戏曲的专业知识时，要能够浅出深入，使之明白易懂而又有相当的理论高度，既勾勒了戏曲艺术的整体面貌，又不能太专、太细。总之，务使理论表述与舞台演出的具体例证结合起来，让学员在接受戏曲知识的过程中，也能直观地、形象地感受戏曲的艺术美及其诸多方面的形式特点。

运用现代化的录音、录相手段，讲授古老的传统戏曲艺术，使讲课内容更为生动形象，更加易于理解，这是讲习班苦心追求的教学效果。为这一实验的成功，中国艺术研究院资料馆录音录相室通力协作，提供了大量珍贵的音、相资料，配合各课题讲授内容的具体需要，重新进行了一番制作。这一辅助教学的有力方式，已经成为讲习班授课内容中不可缺少的有机部分。除此而外，为强化教学效果，进一步丰富学习的活动，在课外还观摩了70多出优秀传统剧目及少数探索性剧目的戏曲录相和演出，并组织学员专程赴天津参观天津戏剧博物馆，考察了1907年建于天津广东会馆内的古戏楼。凡此所述，又构成本次讲习班的一大特色，受到学员普遍的欢迎和肯定。

在座谈学习感受的一次会上，北大中文系的一位老师就发表了这样的看法：过去的古代文学课，只讲戏曲文学，不讲戏曲艺术；只介绍作家作品，很少联系戏曲演出的状况，通过这次讲习班的学习，使我们对戏曲艺术的各个综合部分，戏曲艺术的美学原理以及戏曲艺术的历史和现状，都有了一个全面的了解。我们将把这次学到的知识融入古代文学课的教学之中，以便提高教学的质量。我们还建议能将戏曲艺术课引入北大，作为全校性的选修课程之一。有位中文系的同学认为，现在有种误解，仿佛大学生只喜欢洋的东西，对民族文化不能接受。其实，关键是我们接触戏曲艺术太少，如果象这样的讲习班能多办一些，多有一些戏曲剧团来学校演出，大学生是会欢迎民族戏曲的，而且会通过戏曲的艺术感染力增加对民族文化的认识，从而增强民族自豪感。来自大专院校的学员，表示回校后要尽力争取开设戏曲艺术课，在学生中加强民族传统文化的教育，要把戏曲艺术课作为美育教育和爱国主义教育的一个内容。

结业式上，国家教委艺术教育委员会委员武兆令对这次讲习班的成功表示了祝贺。她还透露了如下信息：通过调查研究，国家教委艺术教育委员会已经拟出了在大专院校开设艺术课的意见和计划，不久即将作为国家教委的文件下发各校。最后，由阿甲、赵寻等为学员颁发了结业证书。

为了巩固这次讲习班的成果，为大学开设“戏曲艺术课”提供教材，授课人在这次教学实践的基础上，于1988年对讲稿进行了整理加工，编成《中国传统戏曲艺术》一书。该书聘请林默涵、张庚、阿甲、王朝闻、刘厚生组成顾问组，由柳以真任主编，阿甲写了《戏曲艺术的最高美学要求》的序言，交由江苏人民出版社出版。

对安徽黄梅戏现状的初步调查与思考

吴元骥

《中国文化报》1986年9月底曾经刊登了一篇对戏曲现状的调查报告，提到当前北京人喜尚的剧种中，黄梅戏以亲切饱满的抒情曲调，真实清新的生活气息而居首位。时隔一年，第一届中国艺术节上，我省黄梅戏演唱会却使北京观众感到忧虑，3位族居北京在新闻界工作的安徽人，把他们对黄梅戏“爱得深来忧也深”的特殊感情，写成了《为振兴黄梅戏进一言》，去年底在《安徽日报》头版刊登，指出了黄梅戏在发展中存在的严重问题，引起我省文艺界的震动。可是还不到10天，湖北省组织了黄冈地区黄梅戏演出团赴京演出，他们的《银锁怨》和《于老四与张二女》由于对黄梅戏艺术进行了改革创新，使之更能适应当代观众的审美要求，得到了首都观众与专家的好评，闯出了一条新路，掀起了一个浪头。为此，今年1月30日《中国文化报》头版刊登了题为《把黄梅戏请回老家来》的文章。面对严峻的现实，强大的对手，安徽怎么办？是眼红手热，努力创新，还是恍如隔世，麻木不仁？为促进黄梅戏艺术进一步繁荣，通过初步调查，将见到、听到和想到的罗列几条，供分析研究。

一 光荣的过去

黄梅戏源于湖北黄梅县的“采茶调”，乾隆后期传入我省，渐演变成“府腔”（安庆府），也称“怀腔”。辛亥革命前后黄梅戏扎根潜山、怀宁、桐城一带，后又南下安庆，和安庆方言相结合，吸收了民歌、说唱及青阳腔、徽剧的音乐和表演艺术，成为当今喜闻乐见的黄梅戏。建国后，在我省各级政府重视和关怀下，于1953年4月组建了省黄梅戏剧团，健全了安庆地、市和县级黄梅戏剧团。

回忆过去，我们大概可以用“记忆犹新”来形容。《天仙配》、《女驸马》、《夫妻观灯》、《打猪草》，从朝鲜战场慰问到全国20多个省、市、自治区的演出，严凤英、王少舫和他们的伴伙们在1954年华东区第一届戏曲观摩演出大会上一举成名，成为举世瞩目的黄梅戏表演艺术家。从此，黄梅戏逐渐流传港台，成了不少人爱国思乡的一个心理寄托，形成黄梅戏的一个高潮，确是盛况空前。尽管有人提点意见，可字里行间仍透露出了热烘烘的暖流。即使在三年困难时期，黄梅戏只要演出阵容过得去，剧场售票处排的队并不比食品铺前短，甚至有人拿5元、10元一张高价票（是当时票价的10倍、20倍）硬往剧场大门挤，情况确实令人振奋。

1981年，安徽省黄梅戏剧团赴港演出后，又掀起了第二次黄梅戏热。联合国在曼谷召开的人口会议上放了岳西县黄梅戏剧团录制的《抢新郎》；黄梅戏唱段打进流行歌曲行列；英国女王在生日点唱黄梅戏；

1985年至1987年，黄梅戏电视连续剧《郑小娇》、《七仙女与董永》、《女驸马》在《大众电视》金鹰奖评比时连中三元，蝉联戏曲连续剧金鹰奖；这3部电视剧全长719分钟，应美国苹果电视台的要求，去年8月中在美国公开播出，增进了美国人民和海外侨胞对我国的了解；1986年，4部黄梅戏艺术片《朱门玉碎》、《母老虎上轿》、《香魂》、《孟姜女》由4家电影制片厂同时开拍；安庆市黄梅戏剧团又出访日本，还参加香港“中国地方戏曲展”；黄梅戏《无事生非》选场参加为英国女王伊丽莎白访华举行的演出；黄梅戏《七仙女与董永》、《天之娇女》、《血冤》的录像带畅销国外……每条新闻都能引起当事人的无比激动，其余波还真能震动周围的同志。

80年代新人辈出。青年演员马兰荣获第四届“梅花奖”、第六届大众电视最佳女主角金鹰奖。1985年全国黄梅戏中青年演员广播大奖赛时，她和我省的陈小芳、黄新德、吴琼、韩再芬、潘启才、刘红、丁同、江丽娜、刘广慧囊括了十佳演员。宣布那天，台上台下，场内场外，无不欢欣雀跃，都为黄梅戏艺术后继有人而感到慰藉。

但同样的事实是，80年代中期后，突出的好作品在逐年减少，尤其是近一年来富有激情和感染力的力作确实不如以前，外部现象看到的是热乎乎的一片，但从内部结构看却给人一种冷冰冰的感觉，冷和热同样灼手，因为写作周期和排演、上演、得到观众承认的周期要比外部现象引起变化的周期长得多，复杂得多。究竟怎么回事？也请看一些数字和事实。

二　严峻的现状

1、管理经营方面：安徽省原有黄梅戏剧团37个，现35个；其他省原有19个，现存17个。从演出看，安徽省黄梅戏剧院1985年演出510场，1986年演出168场，1987年只演出72场（其中只一个折子参加文艺综合场也统计为1场）。而地市级或县级剧团的演出场次更少，从1987年看，安庆市黄梅戏一团只27场，望江“县黄”仅17场，霍邱“县黄”16场，南陵“县黄”14场，芜湖“市黄”13场，马鞍山“市黄”11场，石台“县黄”10场，贵池“县黄”9场，东至“县黄”8场，黄山“市黄”7场，铜陵“县黄”4场，黟“县黄”3场，枞阳“县黄”2场，而定远“县黄”1986、1987两年仅为第一届安徽省艺术节演出一个小戏3场。再以合肥市省、市剧场1987年4月至1988年6月这15个月的演出为例：共接待143个演出单位进行营业性演出，其中戏剧仅13个，而黄梅戏仅一个剧团演出一个剧目和一台演唱会。

这些数字已足够说明黄梅戏的供销比例失调，演出经营不善，有才能的经营管理人员奇缺。在改革开放的大好形势下，农村传统的生产方式首先得到改变，大量剩余劳动力转向工业或第三产业；城市改革的深入和商品经济的成长，又冲击了原有的秩序和价值观念，带来了不同阶层和社会集团的利益再分配。原有的文化事业是通过政府指令性的计划，有组织的流通，直接间接拨款带来繁荣的，一旦在改革开放向纵深发展时，体制、布局和管理方面的弊端日益暴露，不可避免地导致了专业艺术表演团体的低效率。伴随的又是文化法制不健全，整体文化素质较低，艺术人才匮乏，传统道德观念和固有的封闭式经营，使改革开放后日益活跃起来的艺术生产力和传统管理产生了矛盾，而原有的艺术生产关系又没有在新形势下理顺，加上分配的不合理，造成了文艺界内部诸多矛盾。其外部现象是多演多赔钱，少演少赔钱，不演也赔钱的不正常局面。内部却在等待着结构的变化和重新组合。在这种等待变迁的特殊情况下，文艺界又偏偏缺少企业家和经营家，其结果不是在各种会议上互相埋怨发牢骚，便是选择不适当的剧目，在不适当的地点演出，上座率极低，演出收入远远不够演出开支，只好少演停演。由于群众对文化生活的需求又十分迫切，尤其是富裕起来的农民更要求参与文艺创作和演出，专业剧团不演或少演，民间职业半职业剧团便应运而生，以高于专业剧团10倍、20倍、30倍的增长速度在发展。皖省注册的民间职业剧团有464个，业余剧团是2598个，是专业剧团的30倍。双方竞争刚刚开始，便已动摇了专业剧团的“军心”。

2、演出内容方面：据1987年30个专业黄梅戏剧团全年演出统计，共演出大小现代戏13个，除《家庭公案》全年演出29场外，绝大部分都在5场以下。新编历史剧和传统戏共97个，第一届省艺术节获奖剧目《布衣青天》15场，《乌有国王》12场，《公主与皇帝》11场，《杨玉洁》10场，《阴阳案》4场，《幸福村的婆娘们》3场，《儿女恩仇》3场，《无事生非》也只几场，其余的参赛剧目不少是赛完就结束了。演出不上座，送票组织观众，观众又不买账，中途溜号。我们能用“世风日下，人心不古”来指责观众，或者埋怨电影电视把戏剧观众争夺过去吗？不能。因为一方面电影自身面临了困境，要保持年收入总金额，只能靠提高票价来掩盖上座下降；另一方面30倍于专业剧团的自负盈亏的民间职业和业余剧团不仅生存了下来，而且还在不断更新发展。因此，原因必须从内部来寻找。

在温饱问题未解决时，人的需要是低层次的，愿望是单一的，比较容易满足。当温饱问题基本解决后，人的需求结构呈多样化，并从低层次向高层次发展。尽管黄梅戏在努力调整，但是还来不及全面适应形势发展和思想观念、审美情趣的变化，这必然引起观众对戏剧艺术的冷淡。远在中央对“四五”运动作出正式决定以前，话剧《于无声处》就已经移植成黄梅戏，已超越时代的脉搏跳动在城乡舞台上，能不引起观众共震共鸣而轰动吗？但我们现在演出的有些现代戏，生活面窄，主题不够深刻，创新探索精神不强，甚至怕接触生活矛盾。一些故事单线发展、叙事节奏缓慢、作品观念古板的传统戏，亦已在城市失去了观众，而且农村观众也在缩小，如风靡50年代的《天仙配》，1987年安徽省30个黄梅戏剧团只有5个团共演出51场，我们熟悉的《罗帕记》仅3个团共演出20场。观众反而愿意看不入典传的娱乐戏，如宿松“县黄”演出的《半夜夫妻》，1987年仅一个团就演出89场。与其说观众不理解我们的舞台演出和塑造的艺术形象，毋宁说这就是我们少数人在选择提供艺术作品时缺乏周密思考的悲哀。如果我们一味组织创作和演出以进北京和进中南海为最终目的的戏剧，就必然会忘了戏剧只有在观众中才能存在的简单道理。因此，热衷于花大钱组织艺术上的“贡品”，忘了要投放文化市场，作为特殊的艺术商品去流通，就会形成这些艺术“贡品”与当今人们心态的极不一致。在人们变得越来越务实时，他们关心的社会不正之风长期得不到纠正，失落感和不安全感上升了，他们关心物价问题，菜篮子问题，子女上学找工作、结婚申请找房子等等都要走后门和请客送礼的问题，关心自费留学、经商赚钱、彩电冰箱、职称评定等问题，一些不能影响他们基本生活稳定的因素，就象戏剧艺术不能反映他们关心的问题一样，必然退居到极其次要的地位。有时他们去看一场劲歌狂舞太空霹雳，反而能将积压起来的劳累和情绪，在一定限度内合法“发泄”，起到了某种心理平衡的作用，这便是最近15个月合肥各剧场演出的143个剧团中黄梅戏只有一个团一个剧目和一场演唱会的奥秘所在，这143：1就象高压锅的安全阀一样，可以起到一种社会“安全阀”的作用。

3、演员方面：文化部副部长英若诚同志最近指出：“艺术团体改革的最终成果是出人出戏。”历年来安徽省确实培养出一批又一批中青年演员，他们在国内的知名度较高，尖子演员不少，尤其是最近评定职称，黄梅戏的一、二级演员较多，正是他们和周围的同志们使黄梅戏艺术不断繁荣发展的。但我们也要看到另一面，从全省近1200个专业黄梅戏演员来分析，结构上突出的问题是行当不全，比例失调，女演员的自然数字和整体素质高于男演员，且旦角过剩，生角难求，虽然不能夸张地说这是“阴盛阳衰”，但缺少小生演员确实使很多剧团受到限制，连实力最强的“安徽省黄”也是如此，若此问题得不到解决，潜在的危机总有一天会爆发。

黄梅戏演员虽不存在青黄不接的问题，而且不少青年演员早已成名，但从其个人素质看，参差不齐，其共同的特点是个人会的正本戏太少，舞台实践的机会不多，还不能理解继承和创新的有机联系，在理解剧情塑造人物时模仿多于创造。有些同志为了适应竞争需要，能独辟蹊径，另树一派，确是黄梅戏演员的“勇敢分子”；但也有为了急于求成，总想外出“走穴”单干，甚至职称评定后不愿应聘演出。影视音响的冲击，小分队的诱惑，湖北、江西的高薪聘用，加上安徽省黄梅戏院、团的物质条件较差，内部矛盾较多，致使部分演职人员不安心原职工作，有联系去深圳、海南的，有联系去北京和准备考戏剧院校的，也有忧虑“双轨制”后自己的出路而想弃艺从商的，加上复杂的人际关系，同行间有意无意的挤压，就连“安徽省黄”才评上尖子演员或中、高级职称的一些同志都想换一个环境，因他们知名度较高，便备受欢迎，已出现几个地方同时发来征调函。人才的必然流通，猛烈地冲击着安徽的院团建设。要么是高姿态让自己花大力气培养出来的一代新秀辐射出去，利用兄弟省市的经济优势同自己竞赛；要么是采取有效措施，象黄土高原制止水土流失一样，调整文艺政策，让他们发挥才能，繁荣安徽的黄梅戏舞台，二者必择其一。当前，解决这个问题已到刻不容缓的地步了。

4、经费和设备：和商品经济同时到来的，是钱的“升值”和权的“贬值”，艺术想超越于权和钱之外而独立存在，似已不再可能。发工资要钱，各种名目繁多的补贴要钱，没有钱，排不了新戏，演不了旧戏。一切热门的戏剧审美观点一旦接触到钱，必然回归到“票房收入”的老话而重新估价自己。有人开玩笑地说，“安徽省黄”请到了姓钱的当院长，不愁没钱。我们就以“安徽省黄”作分析，就知其他34个黄梅戏剧团的现状。

“安徽省黄”现有在职人员208人，离退休人员16人，共224人。省文化厅拨给剧院的全年包干经费为26.8万元，平均每人每年为1196.42元，这点经费尚不够养家活口，怎能够谈探索创新，发展事业？按国家规定，每月必须开支：

在职职工工资　　　　19124.20元，

离退休人员工资　　　　1993.14元

离休干部车公里补贴	55 元
遗属生活费	47.50 元
洗理、书报费	1792 元
独生子女补助费	150 元
医药费（平均 3 元/ 人）	672 元
医药费超支	2000 元
护理工资	330 元
奖金（15元/ 人）	3120 元
菜篮子费	2240 元
肉贴、糖贴	672 元
办公费	350 元
房租水电超支	700 元

以上合计，每月开支29325.84元，全年合计为351910.08元，与包干经费相比，尚缺83910.08元。这些开支还不包括长期住院病人每年近 6 万元的医药费，职工困难补助，探亲者路费，上下班交通费，练功服、鞋及卫生垃圾费，单身职工伙食补贴费等等。姓钱的院长解决不了剧院钱的问题，地、市、县级剧团可想而知，尽管有“官办”的庇护，也摆脱不了经济压力的困扰和忧虑。我们要甩掉闭眼待毙消极等待状态，就必须以钱制钱，发展艺术再生产。但是简陋的设备又给我们带来了不小的困难。我们还拿“安徽省黄”为例。全院仅有3间办公室，一个资料室，一个排练场。排练场的舞台连副台在一起仅120平方米。由于没有库房，布景、道具、灯光等器材只好堆放在全团仅有的空场地——140平方米的排练场观众席，排戏呢，再花钱租场地。原有的一套演出器材和设备，本来已“超龄服役”，但为了发挥“余热”，只能以其低劣的性能来追求现代化的音响艺术效果。还来不及想到更新换代，又因建院分团而一分为二，只能在不配套的状况下和观众见面。“工欲善其事，必先利其器”，我们不是设备万能论者，但也不能排斥设备的作用。

5、外部竞争：影、视、音响既和我们争夺观众，又帮助我们培养演员，提高知名度，利还是大于弊的。但来自兄弟省、地同剧种的挑战，却不能等闲视之。1984年，湖北省委书记关广富同志多次指示省文化厅要抓黄梅戏，省文化厅负责人曾五下鄂东，在黄梅、英山、罗田、蕲春等县，在作了深入调查研究的基础上，提出“把黄梅戏请回娘家”的口号；1985年，湖北省政府对重点黄梅戏剧团每年增拨专款10万元；1986年，黄冈地区成立了黄梅戏研究会，并开办了黄梅戏学校，首批招收27名学生，聘请安徽“省黄”两位老师前往教学；同年，湖北省文化厅在武汉举办了首届黄梅戏节，出现英山县的《银锁怨》、黄梅县的《于老四与张二女》，省委书记关广富同志一抓到底，于1988年元月初赴京演出大获成功。这里必须冷静指出，第一届中国艺术节上，安徽黄梅戏演唱会无形中失去的观众舆论，正好湖北得到了，是因为同情弱者的国民心理，还是包含了其他因素？反正这一微妙的历史性变化已经形成，要和安徽竞争，要“把黄梅戏接回娘家”。可惜，时至今日，还不能震动安徽所有的同志，只能说明这些同志在改革年代缺乏竞争意识。如果安徽再不下决心，利用明年第二届中国艺术节的大好时机，显示其艺术优势，进行艺术竞争，湖北省决不是只想聘用安徽几位行家，拉走安徽几个演员，而是要把整个剧种的优越地位，从安徽搬迁到湖北，届时，还能再弹安徽的“两黄”(黄山、黄梅戏）吗？

三 艰 难 的 未 来

邓小平同志在1978年底党的十一届三中全会预备会议上指出：“如果现在再不实行改革，我们的现代化事业和社会主义事业就会被葬送。”黄梅戏艺术如果再不下大力气繁荣发展，必然会象世纪初那样，会重新寻找能自我发展的气候和土壤。

中共安徽省委副书记徐乐义同志两年前就指出，“要抓黄梅戏的系统工程”。现在，我对此提出几点参考性意见：

1、人才的培养。当前，社会热点是改革开放，改革的热点是经济，而经济上改革开放的主要做法是将计划经济转化为社会主义有计划的商品经济。上层建筑要为经济基础服务，因此，文化艺术作为思想意识领域的一个部分，一定要建立在社会主义商品经济的基础上，并为它服务。我们要将黄梅戏投放文化市场，去进行艺术竞争，最重要最迫切的是需要造就一批有才能、有胆略、开放性的艺术经营和管理人员，更新当前一些竞争意识较弱、思想闭锁的同志，可考虑请经济管理学院代设艺术经营系，也可由“安徽艺校”升格后先办艺术经营系。这些同志，必须有为繁荣艺术作出自我牺牲的思想准备，在“贡品”和商品的夹缝中求发展，靠政府“输血”不是办法，靠降低艺术品格去赚钱不是目的，要在竞争中建立独立的品性自立于社会。

安徽的经济比较落后，上层建筑能不能飞跃？农业上各种经济承包责任制就首先产生在安徽，因为走了符合经济规律的路，所以又带动了城市改革。因此，只要能找到符合艺术规律的途径，艺术同样能创作出精品而飞跃。为此，“安徽艺校”必然要升格，成为艺术学院或某大学的艺术分院，加强师资力量，在培养艺术经营家的同时，注意编、导、作曲、舞美等各类艺术人才的培养，安徽黄梅戏学校也要更新教育内容，以培养尖子演员和素质良好的乐队为目标。这里要特别注意，继承传统不是目的，目的是为了发展，因此一定要在入学之初就注入创新意识和竞争意识，不要象1987年扫过地球的哈雷彗星那样，要过74年再与地球重见。

2、加速体制改革。我们过去的管理体制是和计划经济的体制相适应的，正如国务委员李铁映同志所说："基本上把文化排斥在商品之外，对精神生产与社会生产的关系在体制上没有解决好。"所以，剧团属事业单位，没有经营、创作的自主权，连使用包干经费中的某一部分，也要先打报告得到上级主管部门的批准。束缚剧团艺术生产力的结果，是群众需要文化生活而又满足不了，批准上演的剧目群众又不愿看，不可避免地出现前面所讲的"多演多赔，少演少赔，不演也赔"的局面。这种尖锐的矛盾，只有通过体制改革，对剧团实行"双轨制"才能解决。为此，建议以安徽"省黄"作改革试点，剧院分成两个团，一个团结合排演创作剧目，以完成指令性演出为主，演职员工任职期间的工资以行当和工种制定，在150——200元之间，并可随时按物价调整比率浮动，其他补贴也一切从优，省厅筹资配备较为现代化的先进设备。但演职员工每年必须考核一次，一年一聘，不适合者可自由流通。以完成出访、排演艺术节参赛剧目、各种节日及招待演出等任务为主。另一个团投放文化市场，享有组织演出、剧目选择、人员聘用、工资浮动等自主权，寻求在竞争机制中自我完善和发展的途径。地、市、县级剧团，可参照"省黄"办法，并按中办发〔1985〕20号《关于艺术表演团体的改革意见》文件精神统一规划，调整布局。

3、繁荣艺术创作。文化部今年的工作要点中提到，要各地"珍重人民情，振兴家乡戏"。目前，黄梅戏管理体制的改革还跟不上表演艺术生产力的发展。英若诚副部长在解释表演艺术生产力时指出，"主要指剧、节目的数量和质量以及满足人民需要和观众的欢迎程度"。剧团体改成果要由社会和群众来检验，其方式主要是通过创作和演出剧、节目，因此，生产出高质量、有影响、符合群众多层次需求的艺术作品，应该是黄梅戏系统工程的重要内容之一。

由于安徽参加全国性剧本评比和艺术竞争好几年都处于空白状态，因此一些创作人员有些泄气。但是调整了创作管理机构，最近又经过层层发动，明确了为建国40周年、第二届中国艺术节、十一届三中全会召开10周年和第二届安徽省艺术节而齐心协力，拿出一批力作时，创作热情又有了回升。这种微妙变化引起的心理差距所产生的效应和后果不可忽视，它是产生好作品的内部动力。安徽省剧目室招聘的10位室外中青年创作员，创新意识很强，他们计划构思的5个黄梅戏剧目中，现代戏有3个。改革开放后出现的大好形势给创作人员提供了良好的素材。面对此种人才辈出，冲突难以估计，谁也没有经历过的局面，要写出与时代同步，和人民同心的作品，急需解决作者、编辑、导演甚至创作管理人员认真深入生活的问题，因为改革者的思绪，企业家的苦恼，决不能在办公室想当然，而我们的同志往往习惯于有感于一点一线后，将其放大拉长而成戏，这样的舞台艺术形象往往是缺少生命力的。

创作新剧目，只是丰富上演剧目的一种手段，但不是唯一手段。因此，对广泛流传于民间、深得观众欢迎的传统戏进行改造，也是必不可少的工作。最近，田玉莲等同志对《小辞店》进行净化和加工，并以戏为中心，组织安庆地区和安庆市的演员共同演出，取得了较好的效果。对优秀传统戏（包括折子戏）进行深加工，从剧目内容到表演形式进行出新，既满足了老一代观众的需要，又符合新观众的欣赏习惯，这是剧团更新和丰富保留剧目的好办法。还必须提出的是历年来为参加各种艺术竞赛而上演的新剧目中，有些是修改多次的力作，但目前上演的不多，如1984年第一届戏剧节中选拔到合肥进行复演的11个剧目中，有5台是黄梅戏，其首演剧团在1987年中均未演出过一场，全省35个黄梅戏剧团，只4个团演出《母老虎上轿》21场，一个团演出《借官记》、一个团演出《审婿招婿》，均只十几场。因此，完善和不断演出这些已产生良好影响的剧目，应和抓创作剧目一样，必须花大力气，湖北省的《银锁怨》和《于老四与张二女》就是这样产生的。

4、竞争中出人才。为了能在竞争中增强演员的艺术表演能力，在竞赛时增加演员的知名度，最近，锡剧、柳琴（泗州戏）、扬剧都已在本剧种内进行演员大奖赛，越剧和豫剧即将进行。中央人民广播电台曾举办全国黄梅戏中青年演员广播大奖赛，要不要举办全国黄梅戏中青年演员电视大奖赛也应提到议事日程上来。为了争取主动，显示优势，并通过竞赛选拔人才，建议由安徽省文化厅艺术处、省电视台和安庆市文化局抽出专人，迅速筹备。大奖赛以演员拿手戏或优秀选场和唱段为主，面向全国有专业黄梅戏剧团的兄弟省，明年4、5月间在安庆举行，决赛场应请中央电视台实况转播。待条件成熟，还可以集资筹备全国黄梅戏剧节，利用竞争心理，促进艺术发展，只要时机得当，其声势及影响一定会更大。

5、扭弱为强。导演和舞台美术（包括灯光、服装、化装、道具）是黄梅戏繁荣发展的薄弱环节，目前，不少剧团和剧目的二度创作均请省外的同志参加，这是提高艺术水平的一个方面；另一方面，安徽“省艺校”开办相应的大专班后，也必须针对安徽内部情况聘请专家教授来讲学，广泛吸收，以利提高。导演学会和舞美学会也要多开展一些有针对性的学术讨论。

6、调整和建立必要的文化设施，也应是系统工程中不可忽视的一环。产、供、销如果缺少销售场所，必然产品积压；剧团没有自己的剧场，其产品也无法流通。前面提到连“省黄”仅有排练场的观众席还堆放了演出器材，花钱租剧场演出又没有经济力量，只能少演或不演，在当前观众减少时，剧团自建小型多样的剧场，是发展中的必然趋势。因此，应将“省黄”排练厅改建为能容纳约500名观众的小剧场，这是加强黄梅戏流通、争取观众的理想场地，也是安徽省展览艺术精品的一个场地。

总之，在振兴黄梅戏过程中，不付出任何代价，或只许成功不许失败，或只发牢骚不想办法，都是不行的，每个人都要承担一定的责任。从历史的眼光看，黄梅戏在她形成的初级阶段时，舒展潜力，清新动人，竞争能力极强，在80年代得到更大的发展。但是，成功的同时，也伴随着少数人产生喜滋滋的自我优越感，这是繁荣发展中的一个危险信号，如不及时制止，将会成为发展的阻力，一旦停滞不前，强大的竞争对手就会超越，优势就会转移。只有探索前进，标新立异，才能使“里巷之曲”余音绕梁，再显身手。

（《黄梅戏艺术》1988年第4期）

中国蛙实验剧团

李　雷

北京市一个由青年戏剧爱好者组成的非职业性的话剧表演团体。该团成立于1987年8月，当时以《犀牛》剧组的名义开展活动。同年9月，《犀牛》在海淀剧院上演时，剧团始正式定名为中国蛙实验剧团。《犀牛》是该团公演的第一个剧目，也是首届中国艺术节期间唯一由民间团体演出的剧目。同年11月，蛙实验剧团作为第一个受到中央戏剧学院邀请的业余剧社，在戏剧学院实验剧场演出了《犀牛》。1988年6月，由瑞士文化基金会赞助，蛙实验剧团把瑞士音乐剧《士兵的故事》首次搬上中国舞台。对于这次中、瑞两国间通过民间渠道进行的艺术交流，中央电视台的英语新闻节目和《中国文化报》、《星洲日报》等中外报刊均进行了采访和报道。

蛙实验剧团的主要演职人员大都是来自首都各高等院校的在校生和毕业生。导演牟森，1986年从北京师范大学中文系毕业后到西藏话剧团任编导，在学校时曾组织过“未来人剧团”，导演过《课堂作文》、《伊尔库茨克的故事》，1987年春回京后开始组建蛙实验剧团。作为该团的发起人和组织者，他不仅是导演，也是演出人和设计人，负责从选择剧本、确定演员到舞台设计直至采购、票务等所有演出事项。担任蛙实验剧团舞美工作的华庆、张大力都是中央工艺美院的毕业生，他们和牟森一样，也是辞去公职的自由职业者。他们先后分别承担了《犀牛》和《士兵的故事》的布景、服装的设计和制作，张大力还在《犀牛》一剧中扮演过角色。在蛙实验剧团演出的两个戏中均担任重要角色的李雷、孟京辉分别毕业于北京师范大学和北京师范学院。李雷在学校时曾导演过根据鲁迅原作改编的象征主义诗剧《过客》，还在京剧《柜中缘》、《豆汁记》等剧目中扮演过丑角，在中央电视台的专栏节目中做过主持人。孟京辉曾编导过话剧《在地平线那边》和《西厢狂想曲》，还在电视剧《张骞晖》中饰男主角。蛙实验剧团中两个以表演艺术为专业的演员是范永亮（中国戏曲学院毕业，北京京剧院五团演员）、李清（北京舞蹈学院编导系学生）。参加蛙实验剧团演出的主要演职人员还有中央民族乐团创作员胡忠祎（《犀牛》作曲）、北京舞蹈学院编导系学生文慧（《士兵的故事》编舞）、中央音乐学院指挥系研究生吕嘉（《士兵的故事》指挥）、中央戏剧学院舞美系进修生秦玉山、中国戏曲学院舞美系毕业生蒋樾、何飞（《士兵的故事》、《犀牛》灯光设计）、李忠实、马涛（《士兵的故事》绘景），以及中央音乐学院室内乐队和北京大学、北京第二外国语学院的学生等。

蛙实验剧团的演出风格接近于表现主义。舞台设计采用中性布景，服装、化装亦较抽象化。但在表演技巧、舞台调度等方面仍可看出现实主义的印迹。与目前一般职业话剧表演团体不同，蛙实验剧团在剧目选择、剧本处理、排演计划上有较大的自由度和机动性。但是，由于剧团尚无固定的经济来源，主要演职人员只能在排演期间临时召集和聘任，无法通过有计划的培训使演职人员的专业素质和整体水平得到改善和提高，因此要达到演出的完整性、统一性仍有困难。同时，该团也缺乏稳定的剧目建设和演出规划。

山东淄博市五音剧团

石一言

山东省五音剧团是我国地方剧种五音戏唯一的专业演出团体，始建于1952年。30多年来，该团拥有上百个演出剧目，拥有五音戏表演艺术家邓洪山（艺名鲜樱桃）及一大批老、中、青年演员，所演传统剧目《王小赶脚》、《拐磨子》、《王二姐思夫》、《亲家婆顶嘴》等在山东家喻户晓。该团具有相当演出水平，在市内、省内和全国各地巡回演出均受到欢迎，多次参加省及华东会演并获奖。1960年，剧团奉文化部之调，带着新编聊斋戏《胭脂》(根据蒲松龄的《聊斋志异》改编）及传统戏《王小赶脚》等剧目进京汇报演出，周恩来、朱德、邓小平、李先念等党和国家领导人观看了演出，并给以热情鼓励。1984年，该团创作演出的大型现代戏《豆花飘香》参加山东省第二届戏剧月演出获7项8个奖。1985年1月，《豆花飘香》进京演出，受到首都广大观众的喜爱。后到中南海演出，中央领导亲切接见并鼓励了全体演职员。首都戏剧界的专家、艺术家举行座谈会，对《豆花飘香》浓郁的乡土气息、清新的艺术风格、真实感人的表演和优美抒情的唱腔予以高度评价，对80多岁高龄仍能登台演出的邓洪山先生和豆花的扮演者青年演员霍俊萍逼真的表演赞叹不已。同年，五音剧团由首都载誉而归后，在山东省剧协等单位举办的“邓洪山舞台生活75周年座谈会”上，成立了由专家、演员、编剧、导演、音乐、舞美设计等人员组成的群众性组织五音戏研究会。研究会搜集复制资料，挖掘整理剧目卓有成效。1988年该团率经过整顿精简的演出队伍，带着曾在山东省第三届戏剧月上获演出、演员、编导、音乐等项大奖的现代戏《石臼泉》、古装戏《换魂计》再一次晋京演出，受到中央领导、文化部和中国戏剧家协会的热情欢迎与接待。首都戏剧理论家称赞《换魂计》是中国的荒诞剧，称赞《石臼泉》中鲁丫的扮演者霍俊萍的出色演技。霍俊萍荣获了第五届戏剧梅花奖，显示出五音剧团后继有人的蓬勃发展前景。

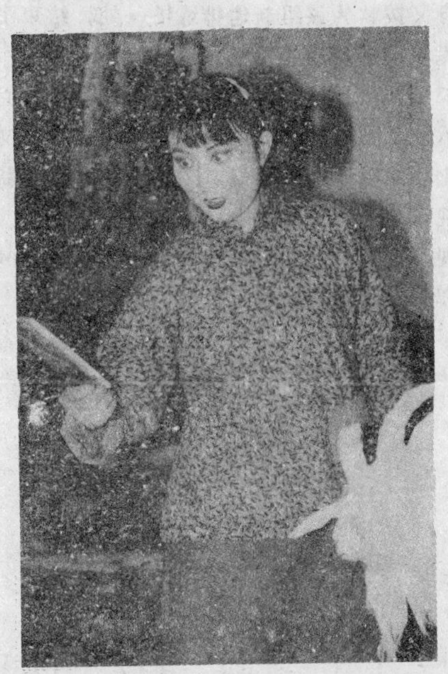

《石臼泉》“鲁丫杀羊”一场，霍俊萍饰鲁丫

淄博市五音剧团团长霍俊萍

五音戏具有鲜明的地方特色，无论传统剧目还是新编剧目大都反映农村的民间生活，唱词平易近人，通俗易懂，有着“一嘟噜一穗喜得人掉泪”的特点；曲调主要有悠板、二不应（二板）、鸡刨爪（快板）、散板等，唱起来悠扬缠绵，委婉细腻，有阴柔美的特征，且旦角戏较多，表演又富有乡村妇女的生活特色，

故有“拴老婆橛子”之称。

30多年来，尤其是党的十一届三中全会后，剧团在改革开放的形势下发展很快。剧团本着出戏出人走正路的原则，坚持深入农村演出，一日也没离开养育这朵小花的土壤。在党和政府的关怀下，剧团从小到大，不断成长。现拥有办公楼一栋，宿舍楼一栋，大卡车、大客车各一部及全套较好的舞台演出设备，1985年淄博市政府又拨款为该团新建排练场一处，结束了剧团在旧仓库里编排新戏的历史。

1983年剧团开始试行经济承包。1988年4月霍俊萍挑头承包了剧团演出队。她建立了精干懂行又富有强烈事业心的领导小组，规定了奖勤罚懒满负荷工作的22条规章制度，从根本上杜绝了舞台上笑场、误场、误景的现象。35人组成的演出队11个月演出210场戏，收入达13万元，创五音戏历史较好水平。

青年演员霍俊萍以她勤奋的工作精神受到省、市各级领导的表彰。1989年3月山东省剧协、戏剧理论家联谊会组织有关专家30余人观看了她的专场演出，就其取得的艺术成就进行了广泛热烈的研讨；山东《戏剧丛刊》刊登了这次研讨会的发言摘要20余篇，在振兴地方剧种、发展戏剧事业上取得很大影响。

30多年来，淄博市五音剧团主要领导人有：邓洪山、阎喜凤、赵云生、段成佑、耿卫东、王会新、霍俊萍、王大宏等。主要演员：邓洪山（鲜樱桃）、明洪钧、邓吉祥（小樱桃）、邓吉利（红樱桃）、张兆兰、柴玲华、谭庆娟、李长华、贾修业、霍俊萍、薛爱芹、耿卫东、胡考诚、傅惠英、许红、王荣花、王德位、刘爱芹、曹培菊、崔星明、苏坤龙、马润书、赵延喜、王希都等。

该团现任团长霍俊萍，党支部书记王大宏，党支部副书记郭伟臣，副团长傅惠英，导演王敦正。1989年7月特聘淄博市戏剧创作室巩武威为名誉团员，指导剧团的艺术生产。

部分省（市、自治区）推荐剧目

戏　　曲

甘棠夫人（京剧）

戴英录、何明敏编剧

中国京剧院演出

春秋时期，曾在晋国备受羞辱的鲁王还国，其胞妹施孝叔大夫之妻甘棠夫人随同众臣迎接。晋国将军郤犨恃强凌弱，强索鲁国山川舆图，并夺甘棠为妻。甘棠为国分忧，带着身孕忍泪别夫。郤犨骄横震主，晋王故意让到晋国索还舆图的施孝叔与甘棠相会于郤犨面前，使郤犨妒火中烧。甘棠助施孝叔携图归国，郤犨发觉，欲害甘棠。

晋国朝廷生变，郤犨被杀。甘棠母子被迫殉葬，得长鱼矫救助，才得死里逃生，重返鲁国。不料又遭鲁国君臣嘲讽，施孝叔将亲子误作仇人逆种，扔下河去，酿成惨剧。

（宇）

调寇审潘（京剧）

范钧宏根据传统剧目《清官册》改编

中国京剧院演出

北宋时，寇准奉旨调京审理国戚潘洪私通辽邦陷害边关大将杨继业父子一案，却受到来自宋皇和潘妃的牵掣和阻挠。潘洪气焰嚣张，逍遥法外。寇准义愤填膺，悟出“以荒唐对荒唐”的对策，假设阴曹，诱潘洪招供。在事实面前，正义终得伸张。

（宇）

香港行（京剧）

齐致翔（执笔）、张之雄、赵其昌、钟鸿编剧

中国京剧院青年团演出

80年代初春，长期受批判、尚未完全落实政策、性格怪异的知识分子李一夫应香港朋友之邀，赴港讲学。抵港下机后，他突然提出先不讲学，而要向英国专利局申请他的汉字笔形编码法专利权（当时我国尚未实施专利法）。此举如一石击水，引起层层波澜。各式各样的人在李一夫争取个人专利这件事上，表现出不同的态度，有的明争暗斗，有的竭力阻挠，有的设法玉成。当多数人灵魂受到震颤，感情得以升华，决意帮李一夫获得理应属于他的专利时，李一夫想到的却是要争得另一项早应到手的“专利”。

（宇）

少年天子（曲剧）

王宝亘、张宏文编剧

北京市曲剧团演出

顺治十一年，福临皇第二次大婚，在宫中与皇十一弟襄亲王福晋董鄂氏——乌云珠相遇，顿生爱慕之心。襄亲王因此自裁。乌云珠被召入宫后，支持福临禁圈地、任汉官、吸收汉文化等措施，深得福临宠爱。谨贵人、康妃出自妒恨，合谋害死乌云珠所生四皇子。孝庄皇太后召宗室议审谋害四皇子案，谨贵人承当一切罪责，被处死。福临决心立乌云珠为后，简亲王暗聚宗室，密谋对策。病入膏肓的乌云珠以死平息了一触即发的内乱，维护了清初的一统局面。

（宇）

探母吟（京剧）

安平、刘益民编剧

天津市京剧团演出

滞留台湾的京剧名票李金鹏误以为在大陆的妻子杨婉云已死，遂与高山族姑娘黄阿敏再婚。同时收养好友邓孝萱的弃婴丹丹。18年后，邓孝萱骤然而至，带来杨婉云不久前在大陆录制的新唱片。李金鹏陷入既愧对青梅竹马的发妻婉云、又怕负疚贤慧、多情的黄阿敏的矛盾中。思乡情深的李金鹏在杨婉云的邀请下，重返阔别40载的家乡，与杨婉云聚首在当年分手的票房旧址。往事历历，不堪回首。老妇苍翁联袂演唱《四郎探母》，抒发深藏胸中的别情离绪。

（光俊）

金翅大鹏（京剧）

张世麟根据古典小说《西游记》改编

天津市京剧三团演出

在如来佛佛光上护法的神鸟大鹏不甘餐素苦行，偷下凡尘寻求快

乐，在狮陀岭降服金花仙子，占领狮陀洞，自立为洞主。得知往西天取经的唐僧师徒即将途经狮陀岭，遂变幻成樵夫，企图诱使唐僧就范。孙悟空识破，但不敌大鹏。唐僧师徒设计，将唐僧变成八戒，八戒变成唐僧。大鹏误将变幻成唐僧的八戒掳进洞中，搭入蒸笼，欲食其肉。八戒现原形逃出洞门，追上师父。大鹏赶来又将师徒掳入洞中。孙悟空到西天求如来相助。如来率众佛收回大鹏。唐僧师徒继续奔赴西天。

（光俊）

钟离春（老调）

谢美生编剧

河北省保定地区老调一团

春秋战国时，齐王出外打猎马惊，采桑女钟离春降马救齐王，名相晏婴作媒，齐王与钟离春成婚。秦、晋等11国联兵攻齐，钟离春挂帅退敌兵。奸臣张松引来鲁国美女夏艳春，齐王封艳春为贵妃，还要释放艳春的哥哥返回11国军营，钟离春与晏婴劝谏被贬。11国联军再度攻齐，齐国无人应敌，晏婴上殿保举钟离春。钟离春要齐王牵马坠蹬才肯挂帅印。齐王无奈，只好应允。钟离春打败11国联军，齐王又洋洋得意。钟离春看透齐王反复之心，辞宫廷别父老飘然而去。

（晓田）

陆文龙（河北梆子，又名《浸血黄花》）

姬君超根据传统戏《八大锤》、《断臂说书》等改编

河北省梆子剧院一团演出

宋徽宗时，金兵攻破潞安州，宋将陆登夫妇双双殉难，其子陆文龙尚在襁褓中，被金兀术掳去收为义子。10余年后，金兵再度攻宋，屡战不捷，兀术召来义子陆文龙助战，节节获胜。宋军医官王佐为劝降陆文龙自断左臂，诡称被宋帅岳飞所伤，投入金营诈降。他借说书向陆文龙挑明其身世，又经陆文龙乳母琬娘作证，陆文龙愤而出走。王佐行刺金兀术未遂，反被杀害。陆文龙来到尸横遍野的战场，把一朵朵浸血黄花安放在宋金两国阵亡将士的身上。

（晓田）

两地家书（上党梆子，获山西省1988年振兴上党梆子调演剧本奖等）

张宝祥编剧

山西省晋城市上党梆子青年团演出

前汉才女卓文君冲破封建桎梏与司马相如结合。司马相如在朝做官忘记当初爱情誓约，贪羡蔑陵女艳如桃李。卓文君频寄书信，不得回音，却等来司马相如再娶的暗示。司马相如奉旨出巡，路经临邛，文君痛斥司马相如的无义。司马相如痛悔跪地，表示只要夫人回心转意，天大之事也应承。文君说：我也要娶一位“小丈夫”。众人惊愕。

（陈维光）

风流父子（碗碗腔，获中国戏曲现代戏研究会第七届年会演出剧目奖）

梁正平、田喻亮、梁正川、霍锁昌根据王东满同名小说改编

山西省孝义县碗碗腔剧团演出

鳏居多年的豆腐专业户张得寿萌生了对寡妇徐双巧的爱情。张得寿的大儿子大乖也爱上了徐双巧的女儿秀妮。二儿子二乖和儿媳柳梅担心娶了后娘会失掉掌握财权的优势，大乖嫌父子俩娶母女俩名声不好听，他们坚决反对父亲的婚事，还专门请长辈出面阻止。徐双巧受不了村里人的非议，欲寻短见；张得寿在重重压力下也要打退堂鼓。秀妮通情达理，说服大乖支持父母的婚事，再加上邻里老来福从中周旋，众人幡然醒悟，为父子与母女双双举办婚礼。

（陈维光）

两个女人和一个男人（眉户戏，获中国戏曲现代戏第七届年会演出剧目奖）

小上根据郑义小说《老井》改编

山西省临汾地区眉户剧团演出

贫困、干旱的山村，青年旺泉与被迫来到山区的城市姑娘巧英相爱，但旺泉在封建势力的压制下，违心地做了寡妇喜凤的上门丈夫。喜凤盼望有个幸福家庭，却因巧英的存在始终得不到旺泉的爱，被病魔夺去了生命。巧英有理想，忠于爱情，愿为山村奉献自己的才智，打井找水，反被加上“女人下井，人亡井崩”的罪名。她想到外地去开拓自己的生活道路，又得不到旺泉的理解。旺泉爱巧英但不敢同她结合；爱家乡却无力改变家乡的落后面貌。

（陈维光）

风流寡妇（评剧，获第四届全国优秀剧本奖）

董振波根据王宗汉中篇小说《桃花运》改编

沈阳评剧院二团演出

万柳镇养鸡专业户吴秋香是远近闻名的风流寡妇。16年前，为半麻袋黄豆，父亲用绳子绑着把她“嫁”给了又老又丑的齐老蔫。齐老蔫趁她生病占有了她，生了一个

女儿。几经波折后，二人还是离了婚。吴秋香成了万元户。物质生活的富裕未能使她获得精神上的满足，决心找一个与自己心相通意相随的丈夫。结果事与愿违，世俗观念给予她一连串的打击。但她没有绝望，她把产业给了前夫齐老蔫，带着女儿离别了生她养她的万柳镇。她要把自己的路走到底。

（董振波）

康熙大帝 （京剧）

卜维义编剧

沈阳京剧院一团演出

康熙二十二年（1683年），明朝遗臣刘国轩固守台湾。康熙任命汉人施琅为主将，满人岳尔铎为副将，以收土重在收心的谋略收复了台湾。刘国轩在大兵压境，将士厌战情况下不得不降清，自己则准备轰轰烈烈地死在康熙面前。岳尔铎为排斥汉人，在康熙劝降刘国轩时毒死降将龙三，嫁祸刘国轩和施琅。施琅冒死闯宫，揭露真象，又经佟贵妃借歌舞婉转秉明民族团结的大义，康熙处罚了岳尔铎，赦免刘国轩，赢得满汉臣民的共同拥戴。

（郭晓香）

爱新觉罗·多尔衮

（评剧，又名《亘古一王》）

周永太（张楫）编剧

吉林省白城市评剧团演出

1643年，清太宗皇太极崩，一场皇位之争展开。睿亲王多尔衮受皇后庄妃之劝，拥立庄妃幼子福临登基，自为摄政王，稳定了局势。多尔衮趁关内李自成击溃明王朝之机，挟兵入关，一举夺下明朝江山。正当多尔衮拥兵自重，欲登基自立时，庄妃将多尔衮侄媳赐与他为妃，借嫔妃互妬，毒杀多尔衮。

（晓田）

曹操与杨修 （京剧，获全国京剧新剧目汇演优秀剧目奖）

陈亚先编剧

上海京剧院演出

曹操赤壁兵败，招贤纳士，授杨修以仓曹主薄。杨修举荐孔文岱为主薄从事。孔文岱被人诬告通敌。曹操因其父孔融被自己所杀，认定孔文岱乃联敌灭曹以报杀父之仇，挥剑杀孔，谎称患有“夜梦杀人”症。杨修趁为孔文岱守灵之夜，诡请曹夫人倩娘为曹操添衣，试探曹操。曹操无奈，杀倩娘以证“夜梦杀人”之症，同时把养女配与杨修为妻，以示爱才。曹操攻西川不利，诸葛亮送藏谜诗，杨修趁解谜之机劝曹收兵，加深了曹操的疑忌。曹操传“鸡肋”，杨修看出其退军之意，私下为之安排。曹操闻情大怒，以乱军之名要斩杨修。杨修从容揭出曹操必杀自己的原因就死。曹军兵败斜谷，曹操再令“招贤”。

（晓田）

潘月樵传奇 （京剧，获全国京剧新剧目汇演优秀剧目奖）

刘梦德、程惟湘、梁大成、罗通明、王涌石编剧

上海京剧院演出

辛亥革命前夕，京剧名艺人潘月樵组织一批艺人在上海新舞台演出新剧。为救哑童小强子，潘月樵与警方结怨，被判罚停演10天。进步报刊纷纷揭露此事。上海道台刘燕翼为缓和局势，借唱堂会之名，让潘月樵恢复上演。潘月樵演唱中痛斥清末鸦片害国的腐朽现状，又惹怒了官绅土豪们。纷争之时，传来辛亥革命的消息，潘月樵趁机脱身。在名妓花凤仙保护下，潘月樵躲过巡警搜捕，二人结拜兄妹。与潘月樵有八拜之交的同盟会负责人陈英士策划光复上海的起义，潘月樵和梨园众艺人慨然响应。他们利用道台刘燕翼寻花问柳的照片，迫使刘燕翼扶持革命党，并乔装改扮到法租界银行取出清政府所拨20万枪炮款用作革命经费。光复上海的起义开始，众梨园艺人在潘月樵率领下剪掉辫子，投入战斗，攻下道台衙门和江南制造总局。

（晓田）

问君能有几多愁

（越剧，获越剧折子戏宝灵杯三新奖优秀演出奖、导演奖、优秀演员奖、配演奖）

薛允璜编剧

上海越剧一团演出

南唐国主李煜不谙政事，喜爱诗文词曲。国后娥皇染病，小姨娥妹进宫探望，李煜深慕娥妹活泼聪明，约她夜半相会，娥妹手提金缕鞋赴约。娥皇因此病势转沉，又加皇太子遇祸身亡，娥皇悲痛而逝。宋太祖赵匡胤趁机派使臣议婚，迫李煜娶宋长公主继国后。李煜不从，谎称已立国后。在紧急关头，娥妹假扮国后，瞒过宋使，结果弄假成真，娥妹真成了南唐国后。赵匡胤以拒婚为由攻打南唐。南唐城破国亡，李煜、娥妹自尽未遂，做了宋朝的阶下囚。李煜囚汴京，以词曲寄托思国之情惹来祸端。赵匡胤命娥妹进宫为其吟唱，侍宴伴驾。娥妹受辱，李煜怨悔交加，饮鸩身亡，娥妹也随之饮鸩而死。李煜临终，写下千古绝唱：“问君能有几多愁，恰似一江春水向东流”。

（岑幼山）

花轿错 （闽剧）

郑文金编剧

福建省闽剧实验剧团演出

秀才高珏迎娶温柔贤淑之媚娘，商人李贾迎娶天真泼辣之虎英，两家花轿同至观音桥头。传说花轿同期而至，先过桥者生男，后过桥者生女。为争过桥，两顶花轿并排而停，争吵不休。洞房花烛夜，高珏揭开盖头，大吃一惊，才知慌乱之中抬错花轿。高珏连夜赶至李家，谁知李贾、媚娘已于糊涂中成了夫妻。高珏不依，状告宁安县。知县责高珏诬告，屈打成招。高珏再告海宁府。海宁府将虎英判还李贾，媚娘判还高珏。岂料媚娘已怀李家骨肉，高珏急称自己只为争理，不为争人，知府坚持判还原配。回归路上，媚娘要死，虎英要走，高珏方悟争来道理却害人害己，只得听凭众人再次抬错花轿。

（陈翘）

唐太宗逸事 （高甲戏）

许一纬编剧

泉州市高甲戏剧团演出

大唐盛世之秋，唐太宗选美建宫，谏议大夫郑士林呈《盛世君王鉴》，触怒天颜被斩，朝野上下寒心。唐太宗为安抚群臣，封郑士林之女郑玉茗为公主师。才貌兼备的郑玉茗为太宗垂爱，太宗令武卫将军陆放向郑玉茗示意，方知陆放与郑玉茗自幼青梅竹马，并有婚约。太宗遂将陆放净身为宦，升任内宫总监，册封郑玉茗为贵妃。郑玉茗引刃自刎，太宗警醒。

（陈翘）

金兰曲 （莆仙戏）

姚清水编剧

莆田县莆仙戏二团演出

河南士绅金尚达临终之前，将寡妻凝月、少子绍箕委托义弟程子瑞照料，程难辞金兰之情。金绍箕放荡不羁，纵欲无度。凝月孤寂无奈，春情荡漾。程子瑞弃发妻，逐绍箕，娶寡妇作名义夫妻。金绍箕被逐之后发奋攻书，一朝出仕，回乡欲报程子瑞夺家之仇，始知程子瑞之举是为激自己上进，且与凝月有夫妻之名，无夫妻之实。程之发妻王桂贞流浪至金家，方知程之所为皆出金兰之情，对他仍一往情深，然旋即病故。凝月亦在对绍箕剖白真相后，自尽而亡。

（陈翘）

神马赋 （莆仙戏）

郑怀兴编剧

仙游县鲤声剧团演出

古代，一位镇守边关久战沙场的老将军朱大猛带着一匹铜马和马夫哑奴解甲归田，给死气沉沉的山庄带来一股强烈的冲击波，引起了极大的骚动。其儿媳李芳娘本来与染上祖先遗毒、丧失生殖能力的丈夫朱玉宗相敬如宾，安于过毫无生气的生活。可是，当她与铜马接触后，竟然梦与马神交合。于是，一个新生命在两种力量的生死搏斗中，在急雷闪电狂风暴雨中诞生了。

（陈翘）

司文郎 （豫剧，获河南省第二届戏剧大赛演出银牌奖、优秀剧本奖等）

孙月霞编剧

河南省豫剧二团演出

宋九郎因科场弊端三世落榜而亡，阎罗王为息其怨，第四世令其投生女胎，以避科场。转世的胡小妹长大后，才貌双全，替兄赴考。考场中胡小妹的前世之魂宋九郎暗助穷书生王子平。王子平虽然卷列榜首，却名落孙山，原来号称清廉的主考方大人窥破胡小妹为女扮男装，欲纳小妹为妾，将无才无德的小妹之兄胡金点了状元。科考又生弊端，宋九郎冤魂闯入地狱与阎罗王论理。经判官点拨，宋九郎以一柄王羲之镇纸玉尺贿赂阎君，换得“司文郎”官牌，于是推翻前判，将状元冠戴在王子平头上。当王子平知悉宋九郎以贿治贿的情形后，慨然弃掉状元冠，归隐山林。

（晓田）

母女怨 （豫剧，获河南省第二届戏剧大赛演出铜牌奖，优秀剧本奖等）

张文修、陈世庆编剧

开封市通许县豫剧团演出

县卫生局长李香兰参加副县长竞选。为达到当选目的，她让亲生女儿吴惠娴喝下掺入安眠药的麦乳精，供新到任县委书记的儿子董小扬奸淫。惠娴痛不欲生，决意和男友彭方分手。彭方母亲患病住院，听说惠娴要与儿子分手，十分痛苦，不能谅解惠娴。惠娴有苦难诉，投河自尽。这时，传来彭方在前线阵亡的消息，彭母和投河未成的惠娴又受到新的打击。惠娴痛斥将当选为县长的母亲的劣行。县委董书记查明李香兰和自己儿子的卑劣行径，责令李香兰停职检查并将儿子送法院依法惩处。

（杜政远）

归来的情哥（豫剧，获河南省第二届戏剧大赛演出铜牌奖，优秀剧本奖等）

姚金城编剧

河南省豫剧三团演出

秋富无钱置聘礼，含恨与恋人枣花分手出走。5年后，秋富拎着钱箱回乡办事业，枣花与被迫所嫁的男人离了婚，当了秋富的助手。秋富与枣花一直彼此相爱，城市姑娘费燕燕也追求秋富。秋富因搞不法生意与枣花产生分歧，又在这时向费燕燕求婚，致使枣花决定创业自立。秋富终于经商失败，秋富娘为此气恨身亡，费燕燕也离开了秋富。枣花以自己的公司为秋富作经济担保，使秋富免了刑事追究。枣花要聘秋富与自己同办罐头厂，但秋富又重新出走。他要按照自己的愿望"堂堂正正地回来"。

（牛学武）

依依桃叶情（豫剧，获河南省第二届戏剧大赛铜牌奖，优秀剧本奖等）

张宇瑞（执笔）、张金玉编剧

焦作市豫剧团演出

红柳村桃叶的丈夫在法卡山前线为国捐躯，为免使年老多病的婆母悲伤，桃叶强忍悲痛隐瞒此事。在办罐头厂的过程中，桃叶同农民企业家罗万宝同甘共苦，建立了真挚的感情。对桃叶与罗万宝的关系，村里议论纷纷，桃叶婆母也不谅解，罗万宝被迫出走，罐头厂濒临倒闭。当人们得知桃叶丈夫牺牲，误解消除的时候，满怀悲愤的桃叶离开了红柳村。

（牛学武）

膏药章（京剧，获全国京剧新剧目汇演优秀剧目奖）

余笑予、谢鲁、彭志淦编剧

湖北省京剧团演出

年轻寡妇被洋神甫和族公逼得撞碑自尽，膏药章把她带到客店治疗。县衙捕快到客店抓"革命党"，却抓走了寡妇和膏药章。洋神甫、族公与县官勾结，以"风化案"逼膏药章罚银750两，使膏药章倾家荡产。侠士大师兄请膏药章到狱中去为"革命党"治伤，膏药章不愿背叛皇上，拒绝前往，大师兄割下洋神甫、族公两颗人头，用诬陷之计把膏药章弄进死囚牢房。寡妇误以为膏药章为保护她而杀了神甫、族公，到狱中探望致谢，并劝膏药章医治"革命党"。膏药章治愈了"革命党"，"革命党"与大师兄撮合他与寡妇成亲。不等"革命党"人劫狱，清政府先杀犯人，膏药章与寡妇在法场成婚拜堂。"革命党"暴动惊散法场，县官逃跑时杀害寡妇，膏药章愤而割下辫子要参加"革命党"。革命党对他说："你是好人"，"回家去吧"。膏药章抱着刚成为"娘子"的寡妇尸身，茫然走去。

（晓田）

洪荒大裂变（京剧）

彭志淦、欧阳明编剧

武汉市京剧团青年实验团演出

大禹率众治理洪水，屡次失败。大禹为整肃治洪队伍杀防风氏，又与水神共工氏和巫龙拼死搏斗。神女瑶姬助大禹剑斩巫龙，巫龙化为巫山。大禹在妻子身边打破水罐、猛醒"水往低处流"的道理，联合各部改"堵"为"疏"。神女给他一柄神斧，他化作毛熊力劈巫山。妻子女娇见状惊变，化作青石。大禹弃斧向青石要儿子，青石生出禹子——启。神女助禹治水不成，遂在巫山一带化作神女峰。大禹被天网罩住，治水失败。大禹挣出天网，继续率众炼斧劈山，送水东流，被奉为神。

（晓田）

风暴过洞庭（花鼓戏，1987年获湖南省首届"洞庭之秋"艺术节一等奖，1988年获湖南省优秀创作剧目百场演出纪念奖）

赵凤凯编剧

沅江县花鼓戏剧团演出

两名民警乘船押送三名罪犯去监狱途中，在一场自然界的大风暴之后，又一场风暴在人与人之间激烈展开：有女犯对民警的引诱，有民警与罪犯的搏斗，有民警对罪犯的挽救，有罪犯对民警的援助。心灵间的剧烈碰撞，坚贞爱情的苦苦追寻，真挚善良的凛凛正气，妒忌卑劣的阴暗心理，构成人性与野性、正义与邪恶的大较量，凝成爱与恨、生与死的大搏斗。（赵凤凯）

独钓寒江雪（桂剧）

吴源信（茗之）编剧

柳州市桂剧团演出

唐礼部员外郎柳宗元因参预新政，被贬为柳州刺史。在柳州，柳宗元救了乡绅王翔的逃奴雅丹，为此王翔与他结怨，借庙会筹捐银两建学馆之机，设下"人牲宴"，要将雅丹当众屠戮祭祀。柳宗元身为朝廷命官，难违把奴婢看作私人财产的大唐律令，只得眼看雅丹死去。面对大唐律令和乡绅们的仇视，柳宗元毅然发布释放奴隶的文告。在飞雪寒江中，柳宗元抱病独钓，吟诗自哀。

（晓田）

瓦氏夫人 （壮剧）

张淳、宋安群、谢国权编剧

广西壮剧团、南宁供电局文艺队联合演出

明朝嘉靖年间，朝政腐败，倭寇猖獗。广西田州壮人土官妇瓦氏夫人应诏，率俍兵6千开赴江浙抗倭，立下卓著战功。然而，朝廷贪官弄权，俍兵断粮，功臣张经蒙冤受难，瓦氏侄儿覃匡从仓库里抢出军粮却被钦差赵文华迫死。瓦氏夫人率英勇善战的俍兵拼死抗倭，救了百姓，却得罪了朝廷，含愤班师。

（晓田）

钱南园 （滇剧，获云南省第二届滇东北戏剧节创作一等奖、演出一等奖）

王之墀编剧

昆明市滇剧团演出

清代乾隆末叶，宠臣和珅专权，官场中贪污腐化，肆无忌惮。江南道监察御史钱南园不顾自身安危，上疏弹劾和珅私党山东巡抚国泰贪污国库帑银。乾隆命和珅率左都御史刘墉及钱南园往山东察勘。和珅先是通风报信，命国泰借银填库，为察勘设置障碍；继而行贿拉拢钱南园。钱南园不为权势、利弊所动，经过艰险曲折的查证，终于使国泰贪污巨额帑银一案大白于天下。国泰伏法后，钱南园再次弹劾和珅罪行，由于乾隆的姑息养奸，和珅反而禄位高升。钱南园罗列和珅20余款罪状，准备嘉庆即位时参倒和珅，不幸为和珅发现，被毒死于军机处任所。

（史滇文）

华清池 （川剧）

陈明星根据吴因易长篇小说《天宝狂飙》部分章节创编

四川省绵阳市川剧团演出

唐朝开元年间，边关范阳城外，郡王安禄山逼迫工匠赶造九龙汤池，伺机图谋反叛。此时，唐玄宗和杨贵妃沉浸在一片歌舞升平之中。玄宗不听佐相李适之等的劝谏，还将前来京城朝贺他60寿辰的安禄山收为义子。华清池莲花汤内，安禄山趁皇上受惊昏厥之机，侮辱了杨贵妃。杨贵妃为了保全自己名声，敢怒不敢言，而玄宗反以忠孝两全之名重赏安禄山。佐相李适之以死相劝，玄宗刚愎自用，拒不纳谏，斩了忠臣。太子供奉李泌与东宫太子李亨设计除奸不成，安禄山愈加得宠。正当玄宗与贵妃在华清池嬉戏作乐之时，安禄山大兵压境，包围了长安，玄宗方悟自己养痈遗患，只得带着贵妃仓皇出逃。

（林彤）

夕照祁山 （川剧）

魏明伦编剧

四川省自贡市川剧团演出

蜀汉，诸葛亮六出祁山，大将魏延重献“奇袭子午道”之策。诸葛亮举棋未定，恰风闻童谣，疑魏延有“反骨”，遂否决魏延之策，并亲往魏延别墅探测虚实。时值魏与宠妾魅娘酒醉牢骚，诸葛亮佯醉诱魏畅吐心曲。魏延直言陈述诸葛亮之弱点，并语犯后主阿斗。诸葛亮却认魏有异志，欲除之，又念魏半生功劳，遂决定令魏死于战场，既除隐患，又保全魏之名声。不料此计未成，反促魏更生芥蒂。魅娘趁机劝魏倒戈自立。魏延忠心蜀汉，忍痛杀妾。诸葛亮深信魏将反蜀，毅然书写密杀令。诸葛亮逝世，魏延悲恸万分，马岱却照诸葛亮密令杀死魏延。蜀国终于灭亡。

（魏明伦）

税官下乡 （豫剧）

高洪斌编剧

石河子市豫剧团演出

新城税务所接到有关小贩华义洲（外号滑泥鳅）倒卖假货的揭发，年青税官杨正风利用假日下乡调查，巧遇华义洲兜售假货，跟踪追至恋人彩霞家。彩霞母亲开小卖部，想通过在税务部门工作的未来女婿为自己开绿灯减税，并想为彩霞的家乡二舅滑泥鳅开脱。面对这难过的人情关，杨正风和刘彩霞暗订巧计，教育了私心严重的彩霞母亲，批评处理了狡诈的华义洲。（宇）

左宗棠归剑 （豫剧）

郭培中、高洪斌编剧

石河子市豫剧团演出

1867年，清陕甘总督左宗棠攻破陕北回民义军最后据点金积堡，得珍贵古剑，喜作军令剑。8年后，左为督办新疆军务之钦差大臣，西征平叛阿古柏侵略者。是时，原金积堡血战突围的回民义军首领之婿哈增福为实现岳父遗言，报仇雪耻，尾随左军进疆，并诈降左军作为响导，伺机杀左夺剑。后历觅剑、求剑、扬剑、谋剑，夺剑不成，杀机败露。哈增福自认必死无疑。然左宗棠通过数年征战，已悟出欲光复新疆，拒敌于国门之外，需广收各族民心，作为胜利之本，在三军前祭“剑”，真诚承认过去错杀无辜之罪，将“死囚”哈增福提升为宣抚副使，庄重归“剑”。1880年，左宗棠马拉桐棺，出关征讨，终全歼阿古柏匪徒，迫使沙俄签订了“中俄伊犁条约”，归还伊犁九城，光复了新疆。

（宇）

话　　剧

火神与秋女

（小剧场话剧，原名《那个夏天里的故事》）

苏雷编剧

中国青年艺术剧院演出

井下挖煤工褚大华在一次事故中舍己救人，失去了双腿。他熬不过肉体和精神的痛苦，想一死了之。在挚友王立雄、吕晓刚的帮助下，他拣起了幼年喜爱的根雕艺术，成了远近闻名的艺术家。为照顾他生活，吕晓刚找来了一个叫秋妹的小保姆。秋妹十分同情褚大华，大华也被秋妹的勤劳善良所感动，相互产生了感情，但都含而不露。同时王立雄也爱上了秋妹。秋妹是个身遭不幸和逃出来的有夫之妇，她压制了自己的感情，告别了可敬可爱的大哥哥，跟随比她年龄大得多而且没有爱情的丈夫回转家乡。

（王怀之）

天下第一楼　（话剧）

何冀平编剧

北京人民艺术剧院演出

民国初年，京师老字号烤鸭店“福聚德”传至第三代。两位少掌柜不喜经营，大少爷迷恋京戏，二少爷酷爱练武。老掌柜和伙计们兢兢业业挣来的钱，被二位少爷流水花去，眼看“福聚德”一天不如一天。老掌柜气恼两个儿子不成器，临终前将店业托给外姓人卢孟实。

精明干练而出身贫寒的卢孟实想干出一番事业，与世道争不平。3年后，他顶着亏空，给“福聚德”盖起了大楼，并与其相好玉邹巧施“空城计”骗退了逼债的众客户，又用“激将法”让两位少东家全然不问店事。10年后，“福聚德”名声大噪。正当卢孟实思谋扩大店业修盖过街楼时，两位少东家突然提出收回经营权。卢孟实怆然离店。行前，他托玉邹给“福聚德”送上一幅楹联：好一座危楼谁是主人谁是客？只三间老屋时宜明月时宜风。

（宇）

寡妇·光棍

（无场次话剧）

田甬编剧

河北省话剧院演出

光棍杜三懒散好赌，邻居秀嫂借钱给他还清赌债，并要他用帮工抵偿借款，改变闲散恶习。秀嫂丈夫在修水库时身亡，支书郑仁是个鳏夫，多次向秀嫂求爱均遭拒绝。郑仁情急，深夜去找秀嫂，秀嫂无奈，躲进杜三家，引得流言纷纷。秀嫂忍受心中苦楚，耐心帮助杜三转变，并替他与以前的恋人晓美牵线，但晓美鄙弃杜三，誓不回头。杜三再次赌博，为还赌债，竟偷窃秀嫂钱物。秀嫂告诉杜三：他所窃的钱是丈夫因公死亡的抚恤金。杜三为秀嫂的宽容和自己的恶行而震惊。从此杜三真的改变了。他以自己的勤劳帮助秀嫂走致富之路。年终，秀嫂把收入的大半分给杜三，杜三不收，他情愿为秀嫂帮工一辈子。秀嫂屋里有了一个堂堂正正的男人。

（晓田）

秦始皇　（话剧）

张大凯编剧

辽宁人民艺术剧院演出

秦王嬴政13岁承袭王位，22岁加冕带剑亲理朝政。亲政前夕，其弟长安君成蟜在樊于期配合下，起兵造反，声言嬴政不是先王后裔，而是当朝相国吕不韦之子。嬴政怒杀成蟜，樊于期逃往燕国。翌年，嬴政赴故都雍州举行加冕大典，驻跸蕲年宫。嫪毐与赵后阴谋作乱，欲以鸩酒毒杀秦王。事发，嫪毐败走，秦王遂将鸩酒赐予生父吕不韦，贬生母赵后于雍州冷宫。内乱未已，外患又生。燕太子丹联合六国力量攻秦，并派遣高渐离通过胡姬谋杀秦王，未遂，又派荆轲行刺。秦王嬴政灭六国，统一中原，建立了中国第一个中央集权的封建帝国，称始皇。

（郭晓香）

特殊夏令营

（无场次儿童剧，获中国儿童戏剧研究会颁发“30多年来，把身心献给孩子们”奖状及奖杯）

胡景芳编剧

辽宁儿童艺术剧院演出

教育家老爷爷在北方森林里举办了一个特殊的夏令营。入营这天，老爷爷乔装病倒在路边。山山和田天受家长影响，不予理睬。而辛歌和杨立立助人为乐，受到老爷爷的奖励——给他们一封藏有“珍宝图”地址的信。山山和田天逼着肖丽去偷那封信，偷信时被发现。杨立立了解到肖丽没有父母，寄居在舅妈家，很同情她，给她一张假的“珍宝图”，结果山山和田天按图误入了危险的森林。杨立立受爷爷批评后，一人闯进森林救他们。山山和田天遇到了“狗熊”，杨立立等人用“醉马果”将“狗熊”醉倒。“狗熊”也是老爷爷装扮的。为教育贪恋钱财的家长泰司机，田天又装扮成狗熊追逐泰司机。泰司机用钱引诱儿子山山开枪打熊，山山说：“你被狗熊吃了，钱不就都归我啦。”泰司机这才意识到自己是不合格的爸爸。经过种种测验，孩子们都认识到自身的不足，从而找到人生最宝贵的“珍宝”是奉献而不是索取。

（郭晓香）

爱情变奏曲

（话剧，获吉林首届长白山文艺奖、戏剧文学飞虎奖）

刘派编剧

吉林省吉林市话剧团演出

爱情的力量，使大林经受住一次次考验，终于感动了女友小娟。公园里，二人憧憬着美好的未来，两颗激动的心弹奏出和谐的旋律。结婚，使爱的旋律开始变奏。小娟为小家庭的理想化、现代化做着坚定不移的努力，而大林在许多方面似乎都不太适应。小娟注重细微而又实在的生活，大林则寄情于随意奔放的吟诗和遐想。婚姻生活的一次次矛盾，取代了婚前的恋爱考验。大林、小娟为之惶惑。终于，感情裂痕出现了。猜疑扰乱了爱情的旋律，爱情的心弦从此开始了不和谐的变奏。

（晓田）

我一点也不快活

（寓言剧）

任德耀根据刘厚明童话《魔鬼面壳》改编

中国福利会儿童艺术剧院演出

“灰灰”是只年轻美丽的猴子。一次猴群狂欢庆贺樱桃节时，“灰灰”落入陷井，被猎人捕获，卖给了耍猴人“老窝瓜”。耍了3年猴把戏，“老窝瓜”渐渐理解到“灰灰”向往山里的心思，终于解开锁链，让“灰灰”回归山林。“灰灰”戴着耍把戏的“红毛魔鬼”面具回到山林，吓散了猴群。但他扔掉面具后，往日伙伴们竟不相认，甚至在首领“力力”指使下群起殴打、驱逐他。面对此情此境，“灰灰”百思不解。当猴群追赶“灰灰”要把他置于死地时，“灰灰”偶然拾到曾被扔掉的“魔鬼”面具重新戴上，顿时，张牙舞爪的猴群被慑服，并拜倒在“灰灰”脚下。“灰灰”从此靠着面具饱享群猴贡奉。群猴做了他的奴仆，他也变成面具的奴隶。“灰灰”活着一点也不快活。

（晓田）

寡妇村的故事

（话剧）

莫吉东编剧

福建省话剧院演出

一个小小的渔村，国民党溃退台湾时，抓走了村里几乎全部男性青壮年，留下一个女儿国。年复一年，望夫台上红烛摇泪，思念成灰。女人们等了近40年。终于有一天，她们有的等到了消息，有的见到了亲人。可她们为这一天付出了多么沉重的代价！

（陈翘）

水上吉卜赛

（话剧，获河南省第二届戏剧大赛演出银牌奖，优秀剧本奖等）

张健莹、李利宏根据魏世祥同名小说改编

河南省话剧团演出

黄河滩上有一群以打渔打雁为生的雁庄人，被诗人称为水上吉卜赛，浪漫而又挚情的三三就是其中的一员。诗人石令宇来到黄河滩体验生活，三三被他的诗和仪表所迷，想进城读书，但世代旧俗不允许，石令宇也被迫离去。三三不得不与一直爱着她的罗四辈结婚。三三动雁枪，闯雁阵，破了祖传的规矩；又为揭开“黄河夜叉”的真实面貌向农大毕业生耿乡长请教科学知识；为证实自己不是“冤魂附身”而不能孕，她与过往采购员露水一度，怀了孕。雁庄人终于慢慢向城市靠拢，向新生活靠拢了，然而三三却在一场为争取生存的械斗中伤了有孕之身。她带着渴望，裹在心爱的小红帆里又随船队走了。

（晓田）

搭积木（话剧，又名《两性的困惑》）

沈虹光编剧

湖北省话剧团演出

毛毛的父母不和。妈妈出走了两个月，但人们都瞒着毛毛，哄他说妈妈出差去了。妈妈又回到家里，爸爸不肯原谅她。生活的重负、事业的挫折、感情的不融洽，使他们产生裂隙，而社会压力和对孩子的责任感，又使他们感到彼此需要。一夜争吵并没有解开双方的心病，但毛毛却认真地对他们说："我什么都知道。"原来争吵都被孩子听到了。

（晓田）

五月早晨的丹麦王子（小剧场话剧，又名《今天星期七》）

陈健秋编剧

湖南省话剧团演出

精神病医生白文涛在一个上午的生活中经历了种种心理历程。他被琐屑的日常生活负担和不公正的竞争所困扰而又无可奈何。他想抗争、想报复而因自己的善良、怯懦又缺乏勇气。因为无法摆脱这种矛盾，他成了自己的病人。最后，他用自杀来折磨一直照顾他但又对他缺乏理解的妻子。虽然这一切只不过是一场梦，但主人公很难分辨这究竟是梦还是实际生活的再现。

（陈健秋）

跳蚤（童话剧）

加力根据叶君健童话《商人》改编

四川人民艺术剧院演出

欧洲中世纪后期，某国一个偏僻的山村。山乡少年亚培尔蒂为帮助乡亲们解决生活困难，和小伙伴们一起砍掉了镇上一棵名贵的檀香树，准备运到一个很远的新兴城市去销售。贪婪的镇长和商人萨拉尼奥本想两人私下将檀香树卖掉分赃，却不料扑了个空。亚培尔蒂用自己的聪明、机智，巧妙地躲过了他们的盘查。几天后，亚培尔蒂和好友大个子一起带着三袋檀香木，来到海滨新兴城市的一家客店住下。狡猾的老板利用亚培尔蒂的诚实、善良，用卑劣手段骗得他的信任，同意用三袋檀香木换取老板的一篮子货物。这时，商人胖子、瘦子、独眼龙也趁机对亚培尔蒂敲诈勒索。亚培尔蒂终于看清了这些商人是无孔不入的吸人血的跳蚤。他在法庭上用自己的智慧保住了檀香木，并使那些跳蚤商人们受到了应有的惩罚。经过挫折的亚培尔蒂变得更加聪明、勇敢了。

（林彤）

阿克苏，你好！（喜剧）

魏苏荣编剧

阿克苏地区文工二团话剧队演出

1985年，阿克苏市容混乱，路窄车挤，市民怨声载道，一群青年提出扩修街道，得到地委支持。个体户丁五湖觉危及个人利益竭力反对，大集体"南北旅社"经理杨二凤也寸步不让。后在地委号召下，克难修路。3年后，市区道平路宽，旧貌换新颜。

首演于1988年11月3日。

（剧团）

西尔买买提是个机灵的孩子（话剧）

洛甫县文工团根据《乌尔里卡——艾木拉江》长诗及有关传说改编

洛甫县文工团演出

秦玛青国王侯夏赫在梦中见到"布里布里古雅"神鸟，醒后授命三个儿子去找神鸟。三人来到一个三岔路口，三条标着"去了可以回来"、"去了也许可以回来"和"去了不能回来"三个不同的标志。大王子奴尔冬选了"去了可以回来"的路，二王子艾斯开尔选了"也许可以回来"的路，小王子艾木拉江向"不能回来"之路前进。艾木拉江经历了艰难险阻，遇到了迪宛国公主乌尔里卡、乌尔泽派拉姊妹俩，在乌尔里卡的帮助下，终于得到了神鸟。艾木拉江告别乌尔里卡，来到三岔路口等候两个哥哥。两个哥哥为夺取神鸟，设计剜去艾木拉江的双目，将他投入枯井中。艾木拉江被商队救出，点燃乌尔里卡赠给他的羽毛，乌尔里卡出现在他面前，他的双目也恢复了光明，双双回到夏赫父王身边。两个卑鄙无耻的哥哥被投入狱中，艾木拉江和乌尔里卡成为眷属。

（宇）

歌　剧

公寓·13（音乐剧，1986年获湖南省歌、话剧观摩演出剧本、演出、导演、舞台美术设计奖和全国部分省市歌剧交流演出创作奖、优秀演出奖，1988年获首届中国戏剧节优秀演出奖）

舒柯、冯之编剧

湖南省郴州地区歌舞剧团演出

乡下姑娘鸽子去某大城市寻访曾在她家乡蹲点的许志高，向他赠送一只象征着乡亲们友谊的信鸽。她来到第13栋公寓，因忘了具体单元、房号，打听了一夜没能找到要找的人，最后只得露宿街头。清晨，人们发现她露宿街头时，曾经帮助她的、拒绝她的、自我封闭的、只管自己作乐不管别人闲事的人都引起了不安和深思。

（冯之）

小巷歌声（轻歌剧，1986年获湖南省歌、话剧观摩演出奖和全国部分省市歌剧交流演出创作奖、优秀演出奖，1988年获湖南省文化厅优秀创作剧目百场演出纪念奖）

杨梁斌编剧

株洲市歌舞剧团演出

杨酩、谷小琴等一群男女青年为追求高层次的精神生活，自发地组织起小巷乐团。他们不断地克服自身的弱点，冲破街道主任汪大伯等人的偏见与阻挠，以坚持不懈的努力和热情，终于赢得了人们的信任和理解，同时也找到了自身的价值和位置。

（黄书田）

日月神组曲（轻歌剧）

蒋绮霞编剧

桂林市歌舞剧团演出

美丽的秀城在改革开放中受到商品经济的强烈冲击。秀城的一群青年人走着不同的路，寻找各自的人生价值。他们期待、思索、寻觅、拼搏，有欢笑，有悲愁，有成功，也有失落。生活是一条永不停息的长河，没有开始也没有结束。

（桂歌）

咫尺天涯（歌剧）

王志、高平根据汪钺同名电影文学剧本改编。

甘肃省歌舞团演出

台湾退役军官宋启仁于中秋之夜望月伤怀，思念在大陆的妻子，借着酒意，在退役官兵联谊会上发了怨言，险遭拘捕，幸为一同乡警官相救。宋启仁为躲当局通缉，隐姓埋名，遁迹山林。他女儿宋圆圆在已成为南洋巨商的叔叔宋启智帮助下，带着母亲的重托和自己的热望，改名宋昕，以宋启智女儿的身份去台北观光，冀求寻到日夜思念的父亲。然而，虽与父亲意外相会，却终因人为的阻梗几度相逢而未能相认，更凭添了多少眼泪和怨恨！老夫妻仍然隔海遥望。

（李迟）

有盼（鄂尔多斯地方歌剧）

石笑、富强、张发编剧

伊克昭盟达拉特旗乌兰牧骑演出

石匠村青年王有盼高考落榜，进城做生意时从一个专业户那里学会种蘑菇的技术。回乡后有盼冲破重重阻力发展蘑菇生产，使贫瘠闭塞的石匠村出现了生机，但是他的爱情和婚姻却未能挣脱传统势力的桎梏。

（萌妍）

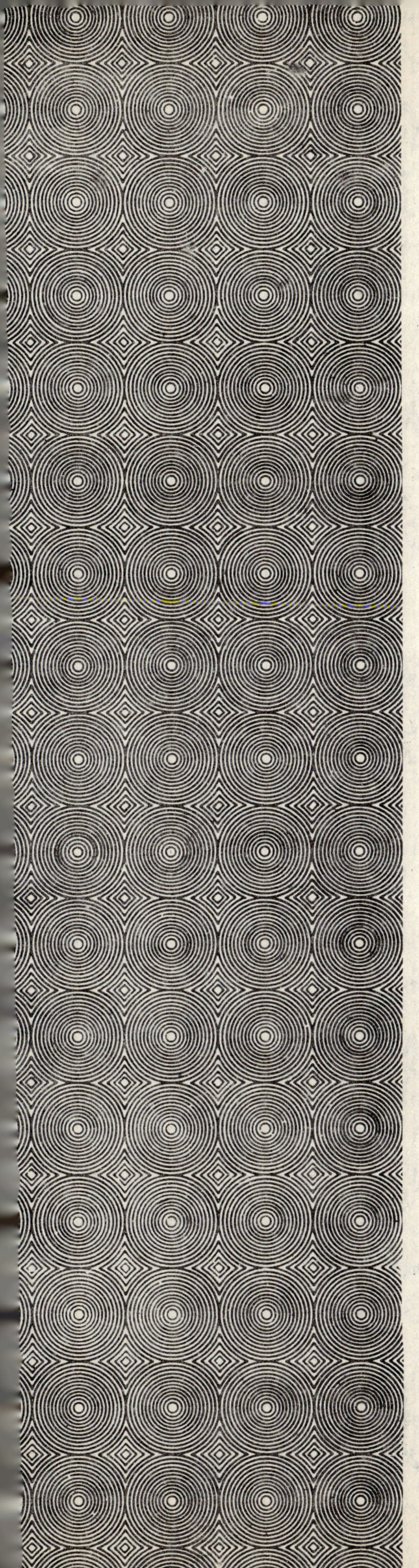

戏剧论著介绍

《清代燕都梨园史料正续编》

近人张次溪先生编纂成书的《清代燕都梨园史料》及其续编，自30年代中期先后出版问世以来，获得了海内外治戏曲史的学者专家、戏曲界从业人员以及读书界的肯定和欢迎。然而半个世纪过去了，由于种种社会历史的原因，此书一直未能再版发行，学人如今已难窥其全貌。在目前学术性书刊处于困境之际，中国戏剧出版社对此书进行了标点、断句、分段，重新排印出版，实为功在艺林之举。

这部卷帙宏大的《史料》，收录的著述，计正编38种，续编13种，共51种之多。全书以吴长元的《燕兰小谱》为首选，以编纂者张次溪本人的《燕归来簃随笔》殿后；各种著述成书的时代，则自乾隆年间起，直至民国初年止，跨度长达200多年。在此一时期之内，举凡以北京地区为中心的戏曲演出活动、各个著名班社之盛衰沿革、历代名优之生平传略，以及有关梨园的轶闻掌故、金石文物，大体上都得到了翔实的记述，“综菊部之珍闻，垂艺苑之故实”，可谓其言不虚。对此书，赵景深先生也曾作了高度评估。他说，这本书是“戏曲史和演剧史上的一个极有价值的贡献”，可供“研究从昆曲到皮黄的变迁之用”。近几年来，作为国家科研重点项目的《中国戏曲志》，其各省和自治区的分卷已经陆续上马，进行修撰；与此同时，一些戏曲剧种史的编写工作也列入日程之中，都迫切需要清代花部戏曲在全国各地兴盛发展的史料，此书的适时出版，更可以说是雪中送炭。

《史料》集成的各书，其史料价值虽然高低不等，但一般来说，均系作者目见耳闻，从亲身经历中得来的第一手材料。其中如《燕兰小谱》、《日下看花记》、《燕台鸿爪集》、《金台残泪记》、《辛壬癸甲录》、《法婴秘笈》、《菊部群英》、《鞠部丛谈》、《旧剧丛谈》等书之记述，已经把乾隆、嘉庆、道光、咸丰、同治、光绪、宣统各朝以迄民国初年北京梨园史（在一定程度上也可以说是京剧艺术发展史）的面貌勾勒出来了。同时，对于各个历史发展阶段具有代表性的表演艺术家，如魏长生、程长庚、谭鑫培、梅兰芳、刘喜奎等大师的为人为艺，也都有相当详尽的生动记述。正如顾颉刚先生在序言中所说的，“网罗赅备如此书者，犹未一觏”，这并非溢美，是完全符合实际的。《史料》中收入的著述，有一些乃是张次溪先生早年踏破铁鞋，遍访书肆，于“冷摊搜觅”所得的收获。

至于《史料》的具体内容，据王芷章先生的归纳，可以分为三项：一是“自雍正以来，燕都梨园中的名辈，其姓字十之八九，可以据此书考出”；二是“我们可以知道，在那一个时期所盛行的都是什么戏，及其演进的变化如何”；三是“我们可以确知某一个伶人是某一个时代的人”。中国戏剧出版社编辑部在为此书所写的《出版前言》中，对全书内容更进一步作了如下的概括：“有的纯为记述优伶的身世际遇；有的则兼及对其艺事的品评咏赞；有的在介绍班社组织和艺人师承关系的同时，也涉及到了表演艺术的风格和流派；有的记载了那个时期流行的剧目，并谈到一些声腔剧种的流变、融会及其相互影响；有的在抒写艺人生活的浮沉悲欢之际，多少也反映出当时的人情世态和社会现实。”这样来看，此书虽然题名为“史料”，但又决非只是事实杂陈的一种资料汇编。

由于大部分著述的作者都是一些仕途蹭蹬、功名无望的封建文人，他们从名利场的角逐退而进入风月场中，无非为了寄情声色，炫弄才情，以麻痹或者发泄其无可奈何的失落感，所谓“燕台鸿爪”、“金台残泪”，就集中透露了此种共有的特殊心态。他们与梨园艺人常有一种“同是天涯沦落人”的认同意识，在同情他和她们的身世命运之际，也有着对自身落寞的怜惜与哀叹。从这一点来说，可以认为他们是以平等之心对待艺人，并同他们交往的。然而，他们毕竟又是些不幸身逢末世的封建文人，有许多没落情绪和低级趣味，或狎弄童伶，或吹捧坤角，以无聊为风雅，把肉麻当有趣，这一类庸俗的描写与渲染，在今天来看，自然是应当加以抛弃的糟粕了。由此而言，这一部清代燕都的梨园史，同时也是有关清代封建文人、遗老遗少的某种心态史，它除了有其作为戏曲史料的价值之外，还有一种可供社会学史研究的参考价值。

《史料》中之著述，不少是以诗、词、歌、赋形式来表达其内容的。史料性与文学性的结合，更增加了此书的可读性。其中如易顺鼎《哭庵赏菊诗》、为梅兰芳而作的《万古愁曲》和《梅魂歌》及《读樊山〈后数斗血歌〉作后歌》，情感浓郁，文采斑斓，不失为诗歌中之佳品。又如《燕归来簃随笔》中辑录了刘喜奎自作的《见志诗》和她悲愤控诉旧社会恶势力对她迫害的自白书，都是感人肺腑的华章。此外，有关罗瘿公与梅兰芳、程砚秋之交谊的那些叙述，也是书中颇为引人注目的部分。

闻　起

《关汉卿研究资料汇考》

关汉卿是中国的伟大戏剧家，也是世界文学艺术史上的名人。他一生创作了60多部杂剧，其中如《窦娥冤》等不少作品都已成为彪炳千古的艺术瑰宝。其作品的数量之大、质量之高，不仅在元代杂剧作家中独占鳌头，就是后代戏剧作家也罕有其匹。然而，由于封建社会对戏剧家的歧视，这样一位伟大的艺术家不仅没有一部完整的传记留下来，就是有关他的一些史料，也多是些断简残篇、片言只语，散见于各种著作；其作品也散失大半。因此，自本世纪50年代以来，对关汉卿的研究虽曾得到相当重视，却也往往由于资料不全，难以深入；或由于学者们所占有的资料不同而导致各执一端，无法得出科学的结论。

青年学者王钢有鉴于此，从24岁起就开始潜心搜集有关关汉卿各方面的资料。他说：“在方法论浪潮冲击着研究领域每一个角落的今天，搞资料考据，或许是壮夫不为的。但我认为……离开了艰苦细致的资料积累和考证工作，而侈谈宏观研究和方法论改革，是不科学也是不明智的。……我热爱这项工作，并相信它的意义和价值。”（见本书《前言》）他以顽强的毅力克服了残疾所带来的不便，奔波于京、沪、鲁、豫等地的各大图书馆和学术机关，埋首于浩如烟海的故纸堆中，历时数年，不仅搜集到了数万字的各种原始资料，而且精心地对其进行分析、研究，逐条详加笺校注释和考证论述，终于写成这样一部20余万字的学术著作。其资料的全面、完备，研究的细致、深入，治学的严谨、缜密，是十分难能可贵的。在“关学”研究领域里，“汇考”达到了一个新的水平。

《关汉卿研究资料汇考》（中国戏剧出版社出版）“以求全为目标，凡涉述、评，无论巨细，尽所见而录之”（见本书《凡例》）。全书分为上、下两编。上编“史料辑考”包括“略传”、“交友”、“杂录”、“评论”及“其它”；下编“著述考”包括“杂剧”（上、下）、“散曲”、“存疑及备考”。凡清末以前见于诸家著作之有关关汉卿生平、交友、评价及其作品的种种文字，几乎包罗殆尽。上编共收史料条目131条；下编共收各类作品条目110条。上编各条目之下，分别列有校、笺、考；下编各条目之下，则分别列有“著录”（或“收录”）、“版本”、“关目”、“本事源流”（或“本事”）、“考”、“附录”等项。

除条目本身的资料价值外，在各条所附的笺释、考辨等项目中，也都引述了大量具有相当价值的各类史料。例如上编“杂录”章中有“元夏庭芝《青楼集·珠帘秀传》”一条，除收录了该传全文外，还在近2000字的“校”“笺”及近3000字的“考”中，引用介绍了大量有关珠帘秀的原始材料，包括珠帘秀与关汉卿、王恽、胡祗遹、卢挚、黎正卿等人相互赠答的诗词曲文等。这就大大扩充了本书容纳的“信息量”。

作者引用的各种资料并非简单地罗列、堆砌，而是很有章法地、逻辑清楚地组织成必要的“点阵”，从而完整地显示出某事、某人的轮廓、面貌，使读者能够窥其“全貌”。上述“珠帘秀传”一条，通过各种资料的介绍，让读者较全面地掌握了珠帘秀其人其事——而且是在她所生活的社会环境中，在她与周围人的交往中得到了一幅“全息影像”，使读者对于关汉卿与珠帘秀关系的认识，有了准确把握的基础。而这，对于关汉卿研究来说，是很重要的一个方面。又如下编"杂剧"（上）中《感天动地窦娥冤》一条，除"著录"、"版本"两项各列了十目之外，在"本事源流"项下引述了《淮南子》、《说苑》、《搜神记》、《后汉书》、《晋书》、《孝子传》、《宋史》、《白恪神道碑铭》、《元史》等多种著作的资料10余条共2600余字，以证"此剧关目及人物等，当出汉卿虚构，然深受前代民间传说'东海孝妇'影响，并糅合以当时社会新闻"之论断；又在"考"项下介绍了元曲中引此剧为典的《魔合罗》、《青衫泪》、《救孝子》等剧原文，在"附录"项下介绍了胡应璘、杨柔胜、孟称舜、吕天成、焦循、王国维等人评介该剧的文字。这样，就为"关学"研究者系统地提供了一套关于《窦娥冤》剧的全面材料。

关汉卿研究中至今还有许多非常"初步"的问题尚未得出结论，例如关汉卿的生卒年、关汉卿是"太医院户"还是"太医院尹"、《西厢记》究竟与关汉卿有些什么关系等。对所有这些问题，"汇考"一律"凭事实说话"，而不是主观地先下断语，再"剪裁"资料来加以"证明"。例如关于《西厢记》作者问题，本节从元钟嗣成《录鬼簿》起，直到清王国维、刘世珩等，几乎全是介绍各种议论的原文，只在最后用几百字加以归纳，分析了各种论点的源流和可信性，认为"定论未可轻下"，保持了科学的客观态度。而对于有些问题，作者则依据大量事实，得出明确的结论。例如关于"太医院尹"与"太医院户"问题，先介绍了不同观点各自的根据，又以一系列具体材料证明其为"院尹"之可信，明确取"院尹"一说。这对于澄清事实是很有益处的。作者对于"关学"研究中所有存疑的问题均不回避，而是竭力围绕这些问题去搜集大量资料，以供研究者采择。这正是作者严肃学风的体现。

丘　岳

《潘之恒曲话》

在明代万历（1573—1620年）将近半个世纪的长时期中，新兴的昆山腔逐渐取得曲坛霸主的地位，传奇剧本创作和红氍毹上的演出活动，呈现出蓬勃兴旺的景象。潘之恒（1556—1622年）生当其时，躬逢其盛，既是这一昆曲繁荣期的目击者和狂热的观众，同时又是积极参与的一位戏曲活动家和戏曲理论批评家。

潘之恒出生在徽州一个豪富的家庭，父祖两代都喜欢同当时一些著名的文人士大夫交游。他一生沉潜于戏曲与诗文之中，"以文名交天下士"（汤显祖对他的评语）；同时醉心风月，浪迹江湖，与艺人们莫逆相投。他的诗写得并不很好，可是对昆曲的表演艺术却独具只眼，极有鉴赏力。他曾多次主持过"曲宴"，并热心为那些有造诣、有成就的男女艺人撰写小传，所谓"品胜、品艳、品艺、品剧"，这使得他名扬曲苑梨园，获得了"姬之董狐"的美誉。

潘之恒一生著述甚丰，除有《涉江集》、《漪游草》等多种诗集，还有考察、记述黄山的专著《黄海》，此外就是那些率意描写"侑兕觥、志马鬣、里巷可传之事"的文章，后来编辑成《亘史》、《鸾啸小品》两书付梓行世。那许多有关戏曲的记述文字，便收在这两部文集之中。这些文章，大体上可以分为两类：一类是作者对昆曲源流发展的见解以及他听曲观剧的心得体会，从中反映着他特有的戏曲观念和批评理论的原则与方法；另一类就是名姬小传，其中有许多是驰誉南北，以演唱昆山腔、弋阳腔、海盐腔及北曲擅名的男女艺人。这是继元代夏庭芝的《青楼集》之后，有关明代嘉靖、隆庆、万历三朝戏曲演员最为丰富的传记材料。

然而令人遗憾的是，象这样宝贵的戏曲史料，由于它只是散见在《亘史》和《鸾啸小品》之中的部分内容，而自清以来，这两种著作迄未再版，现在仅存的两三部又珍藏在图书馆，十分难得见到，因此一直沉埋在故纸堆中。为使其能为今人所用，汪效倚不辞辛劳，积数年功夫，从极难查找阅读的《亘史》和《鸾啸小品》两书中，将有关戏曲的部分进行辑录、选编、校注，厘分为上、中、下三编。上编收录潘之恒对于戏曲的理论见解，涉及戏曲音乐唱腔和表演艺术等诸多方面的内容；中编是他为著名戏曲演员所写的传记；下编是从他著作中摘选出来的与戏曲有关的诗歌作品。另外在附录部分，缀以潘之恒本人的传记材料，以及辑注者汪效倚撰写的《潘之恒年表》。全书约计20万字，定名为《潘之恒曲话》，作为中国戏剧出版社《古典戏曲论著译注丛书》之一种问世，以满足海内外学人之需求。

中国戏曲史上一个基本的事实，是理论批评大大落后于创作实践的发展水平，尤其是表演艺术的理论，更加显得贫弱。造成此种不正常状况的原因，一是由于戏曲史上艺人的社会地位卑贱低微，普遍丧失了接受文化教育的权利；一是由于一般封建文人并不将戏曲的表演艺术视作一种学问，因此也就不愿意主动帮助演员们总结自己的演唱经验，并使之上升到理论高度。有志于此并能有所发现、有所建树的文人，在李笠翁之前，要数潘之恒了。

潘之恒是汤显祖在南京期间订交的朋友。后来，汤显祖还为潘之恒的父母撰写过《有明处士潘仲公暨配吴孺人合葬志铭》。潘之恒曾在病中5次观摩《牡丹亭》的演出，并写出了《情痴》那样一篇堪为临川知己的好文章。他在文中写道："能痴者而后能情，能情者而后能写其情。杜（丽娘）之情痴而幻；柳（梦梅）之情痴而荡。一以梦为真，一以生为真。惟其情真，而幻荡将何所不至矣！"他从对文学剧本这一深刻的理解出发，评论了扮演男女主人公的两位演员精到的表演艺术，认为她们"各具情痴"，扮演杜丽娘的演员，能将"情隐于幻，登场字字寻幻，而终离幻"；扮演柳梦梅的演员，则"情荡于扬，临局步步思扬，而未能扬"。为什么要这样来体验角色并把握人物性格的舞台体现呢？就因杜丽娘恰处于"伤情之极，而忽值钟情之梦"；而柳梦梅则是在"失意之时，忽逢得意之会，虽一生如意，莫有过于此者"。因之，这对于他们共同体味到的那个梦幻而言，"虽父母不之信，天下莫之信，而两人之自信尤真也"。这些真切的见解，精辟的分析，既抓住戏曲表演之真谛，又能从如何具体表现杜、柳二人的个性形象来加以阐明，对演员创造角色来说，就非常具有诱导性和启发的作用，并且至今仍然有其不可忽视的价值和意义。

曲话或剧话之于戏曲，有如诗话之于诗、词话之于词，是我国古典戏曲、古典诗词理论表述的一种特殊文体形式。然而，由于戏曲曾遭受到封建正统文人的鄙薄和歧视，历来就难以进入正统文艺之林，故曲话之作，能以专著出现者甚少，大都如同零珠碎玉，散见于某些文人的文集和笔记之中，查阅非常不便。希望在《李笠翁曲话》、《潘之恒曲话》之后，将来还能有《汤显祖曲话》、《李卓吾曲话》一类辑注本继续问世。

闻　起

《戏剧理论文集》

陈瘦竹先生是我国老一辈戏剧理论家，自1940年受聘到"国立戏剧专科学校"执教，至今近50年致力于戏剧理论研究。他的《现代戏剧家散论》和《论悲剧与喜剧》先后于1978年和1983年结集出版。这部近40万字的《戏剧理论文集》，又于1988年由中国戏剧出版社推出问世。

《欧美喜剧管理概述》一文是全集的领衔之作。作者以恢宏的视野和笔力，历述古希腊到本世纪80年代，50余位学者、作家有关喜剧的观点，并且逐一予以评点。柏拉图、黑格尔等人的哲学观点，车尔尼雪夫斯基、苏珊·朗格等人的美学观点，佛洛伊德等人的心理学观点，达尔文等人的生理学观点，以及但丁、皮蓝德娄等人的创作论观点，所有这些，或引自中译本，或引自外文原著。阅读范围的浩繁，研究领域的广泛，且是耄耋之年在"高度放大镜"下完成的，读毕不禁令人肃然起敬。这篇概述的学术价值在于它的系统性，读者不仅由此掌握了喜剧理论的发展脉络，而且由此领悟了各家学说应有的历史地位。它与《论悲剧与喜剧》一书中《当代欧美悲剧理论述评》一文形同姊妹篇，为学术界的悲喜剧研究提供了系统的材料和有深刻见解的述评。《文集》的其他文章还有对莫里哀的喜剧及其喜剧理论、王尔德的唯美主义理论和他的喜剧、霍顿的独幕喜剧、佛洛伊德及其心理分析学派的悲喜剧理论的介绍和评论。如此宏伟的欧美悲喜剧理论研究，使我们深感陈先生的深厚功力。

通过早年讲授"剧本选读"、"戏剧批评"课，陈先生养成了自己的理论联系实际、理论贴近作品的研究特点。《文集》收入的《关于当代欧洲《谈"反戏剧"思潮》、荒诞戏剧的衰落及其在我国的影响》、《〈论戏剧观〉读后》一组文章，在具有独到见解的分析、批判中，使我们认识了荒诞派"反戏剧"思潮兴起和衰落的社会原因和艺术原因，以及传统戏剧观念所显示的艺术规律的合理性。《象征主义戏剧和现实生活》一文，以对梅特林克思想和艺术发展的揭示，阐明了这位象征主义大师从神秘世界终于走向现实世界的创作历程。《文集》还以《谈剧本的开头》、《谈戏剧冲突》、《读剧一得》等一组文章，探讨了剧作技巧问题。这些文章或者站在书斋读剧角度，或者站在严肃的理论角度，论述了剧本需要“竖起来看”、“看剧本时如同看演出一样”等戏剧文学创作的特殊性质。

《文集》继《现代剧作家散论》之余绪，再以7篇专论，对郭沫若、田汉、曹禺、丁西林4位现代剧作家给予评价。作者曾与这些剧作家共同经历了饱和着血与火的人世沧桑，体味了民间疾苦和民族沉沦的耻辱，因此，作者深切感受到这批名篇巨著自一诞生，便给社会带来的强大震撼。这种震撼大大超出艺术的原有作用力，又确确实实是由艺术作品所造成的。这体现于郭沫若历史剧作的崇高悲剧精神。郭沫若继承、发展了我国戏曲的英雄悲剧传统，早在20年代就歌颂了历史上“三个叛逆的女性”——卓文君、王昭君、聂莹为争取个性解放以及反抗帝王权威和强暴势力的战斗精神。作者还赞扬郭沫若的历史剧能以历史唯物主义观点来解释历史事实，并且在剧中表现出革命浪漫主义诗人的个性，使他笔下的悲剧英雄具有崇高、雄伟的美，非常振奋人心。对曹禺的剧作，作者认为它们之所以具有世界声誉，关键不在于西方文学的影响，而在于描写了民族生活，表现了民族性格，从而具有民族特色。在对这4位剧作家的7篇评论文章中，作者旁征博引，以西方的作家作品及生存时代背景与之对比，指出了他们在创作上的特色及成就。

《文集》充分显示了作者对西方戏剧和中国现代话剧的认识与把握，而《异曲同工》一篇却另辟蹊径，转向对中国古典名剧汤显祖的《牡丹亭》和英国莎士比亚名剧《罗密欧与朱丽叶》的比较研究。从东西方两位剧作家的生存时代，到作品情节所反映的内容，以及作品的艺术技巧，用四维空间线索串联起来，体现了作者对比较学方法的谙熟。

《文集》积累着陈先生呕心沥血的辛劳，也包含着陈夫人沈蔚德先生的心血和甘苦。附录收进她研究汤显祖“临川四梦”（《梦中之情，何必非真》）、田汉前期剧作（《在明灯的照耀下》）、曹禺的《蜕变》（《难以忘却的纪念》）等3篇文章。沈先生与陈先生结合半个多世纪，已逾金婚，而伉俪情深。陈先生在“后记”中为此感慨不已，他说：在他被剥夺人格的“那时候我只有一个亲人，一个朋友，这人就是沈蔚德”。在事业上，从《现代剧作家散论》起，二人“有时合作撰写，有时各自执笔”，连续3部书都是合著的。附录的《〈春雷〉重版前记》一文，陈先生回顾了曾给过自己知识和信心的陈源（西滢）老师，叙述他的治学态度和爱国表现，表示了对他的敬意以及对他在异邦辞世的哀痛。《文集》在纵论古今中外之余，透出一片真情。《文集》不仅为我们留下了老一辈的理论建树，还留下了老一辈历经沧桑后对人间真挚情感的珍视。它们都值得我们咀嚼、深思。

田志平　沈　梅

《论莎士比亚四大悲剧》

在世界文学史上，莎士比亚戏剧是光芒万丈的星座，而莎学研究也早已形成世界性的洪流。中国的莎学研究虽然起步较晚，数十年来经几代学者努力，也已做出了可贵的贡献。孙家琇先生是我国首屈一指的莎学专家。她早年留学欧美，研习莎剧和英国文学。其后数十年，不断钻研与讲授莎剧。近来，孙先生集数十年研究心得，出版了《论莎士比亚四大悲剧》（中国戏剧出版社，1988年5月出版）一书。

《论莎士比亚四大悲剧》共收专论6篇，并附有英国莎学专家肯尼斯·缪尔介绍四大悲剧素材的译文4篇，共29万字。该书论述了四大悲剧的社会历史意义和价值、莎士比亚悲剧艺术与时代精神的关系以及对戏剧传统的推陈出新、四大悲剧各自的思想内容和艺术技巧，对悲剧的人物形象进行了全面深入的分析，特别是评述了莎士比亚对于人的内心世界的开掘和展示。此外，还有对各派莎学理论观点的评价、关于我国当代剧作者向莎士比亚学习借鉴的建议，以及读者、观众和莎剧关系的阐述等。论述是在充分剖析作品、掌握莎学诸家理论成果的基础上进行的。丰富的材料引述与精深的理论分析互相交融，为读者提供了激发思考和审美感受的丰富天地。

作者对莎氏悲剧的时代精神作了深入细致的研究。《论〈哈姆雷特〉》一文探讨了《哈姆雷特》是“时代的缩影和简史”的意义和价值。文章指出，该剧借丹麦历史故事深刻反映了中世纪末期欧洲和英国封建专制下的黑暗现实。正象哈姆雷特悲叹的那样，“丹麦是一所监狱”，全世界也是“了不起的一大所，里面有许多禁闭室、监房、暗牢”。黑暗专制下人对人的凶残，使人禁不住感到世界末日要到了！而当文艺复兴的曙光刚刚给人们带来一阵快乐和希望时，“黑铁时代”也随之来临，血腥的资本主义原始积累使社会变为可怕的罪恶渊薮，人文主义理想成为画饼，人们的心头又聚起愁苦的阴云，失望与彷徨造成了社会性的“忧郁症”。哈姆雷特的失望和忧郁，正是那个时代社会心理的写照。《〈奥瑟罗〉艺术分析》论证了该剧同整个时代的转变——从“地理大发现”到文艺复兴末期，约百余年的历史中大量事态以及人与社会的深刻变化紧密相联。文中谈到：恩格斯称这一时期为“资产阶级的漫游骑士的时代”，“有自己的浪漫事迹和爱情的幻想”。在这个时代里，尽管实质上的买卖婚姻还不能消除，但爱情的结合已然变成一种新的理想或做人的权利。《奥瑟罗》曲折地反映了“浪漫事迹”，但更着重写了爱情理想，和这种理想以及理想人物最终被美好事物的死敌——新旧社会黑暗势力与非道德的极端个人主义思潮所扼杀。《奥瑟罗》不仅着力表现了资本主义新时代的“浪漫”开端，并且重点揭示了原始积累猖獗之下人心演变的可怕后果，从而使悲剧获得了极为深远的警世意义。

书中用大量篇幅分析了四大悲剧的结构特点和艺术技巧。《〈李尔王〉的几个方面》中专设一章探讨《李尔王》的结构特点：《李尔王》的开场“说明”不同于其他悲剧开头的细致介绍，而是照直地引入人物行动，这样就减少叙述成分，降低故事性，有助于突出主人公的暴戾荒谬和悲剧性行动与悲剧命运；运用强烈的场景使场面升华到悲剧诗的情景。李尔和葛罗斯特的悲惨经历构成了贯穿全剧的双重故事线索，使全剧规模异常宏伟；而人物的内在行动——特别是李尔的全部内心演变过程，在人物命运每况愈下直至死亡的同时，展现出人物心灵逐步向上的轨迹，朝着自责、同情人和看清人事的智慧升华，这就使得外表看来似乎松散的戏剧结构，骨子里获得了有机性，形成一种双重的戏剧审美感。在其他各篇中，作者对《哈姆雷特》脍炙人口的开场，戏剧性对比，拖延复仇和“唇枪舌剑”的双重行动，著名的“独白”，以及“戏中戏”的运用；对《奥瑟罗》里边苔丝德梦娜首次出场的光彩，奥瑟罗上场前由众说纷纭构成的形象铺垫，伊阿古上场之始即明显暴露出的怨恨情绪；对《麦克白斯》中3个女巫的出现，浓厚的悲剧氛围的形成，和全剧的语言特点，一一做了详尽的分析。

结构和技巧是为戏剧内容服务的，而戏剧人物的形象意义正是戏剧内容的核心成分。书中对哈姆雷特、苔丝德梦娜、奥瑟罗、伊阿古、李尔、麦克白斯夫妇等众多人物进行了全面的形象认识和深刻的内心剖析。《论〈麦克白斯〉》一文详尽分析了麦克白斯作为悲剧主人公的难题，他的形象代表性和人物心理行动的蜕变，人物面临女巫预言的诱惑、宗教心理的压力和杀人前后的矛盾、痛苦与恐惧。经过作者的剖析，每一个人物的形象特点和心理特征被清晰地区别出来。

书中充分肯定莎士比亚运用种种结构和技巧“展现和强调全剧的主要方面与母题”的艺术功力，赞誉莎士比亚既学习传统又推陈出新的创作精神。《论〈哈姆雷特〉》一文中，作者列举“鬼魂”、“装疯”、“戏中戏”、“延宕”和“杀人流血”等情节手法在传统复仇剧和《哈姆雷特》中的不同运用，认为莎士比亚不仅使传统手法变得十分自然、生动，而且使之体现出丰富的思想内涵和典型意义，给复仇剧体裁注入了真正的生命。作者希望我国剧作家能够借鉴这类继承与创造的艺术经验。

伴随理论阐述，作者介绍、评价了许多西方莎学理论家的论述和观点。《西方评论者对〈奥瑟罗〉的评论概述》一文，集中引述、评论了历代莎学论者对《奥瑟罗》的不同看法，介绍了多种研究角度，探讨它们的来源和价值。作者对于西方有价值的莎学成果持尊重态度，但力求通过自己的感受以艺术与现实的关系为着眼点，坚持把人物命运和作品价值放到社会历史的宏大背景中进行观照的研究方法，反对理论研究中各色各样的“主观随意性”倾向，强调“时代——作家——作品；作家——作品——读者（或观众）这两个同样重要的三边关系”。广博的引述，严谨的论证，既有欣赏赞美，又有批判，为读者对莎剧的感受和莎学理论的思考提供了借鉴。

孙家琇先生喻之为“高山深海”的莎士比亚四大悲剧，一向是莎学研究的重点。尽管集数十年积累，孙先生仍在前言中谦称自己的研究成果不过是“管窥蠡测”，殷切希望自己的研究能够对学术界起一个抛砖引玉的作用。

田志平　沈　梅

《导演的自我超越》

新时期10年话剧舞台，造就了一批有创见、有鲜明艺术个性的导演。在他们身上，体现了中国话剧继承和开拓的历史足迹。深受戏剧界称道的南胡（胡伟民）北林（林兆华），是其中的佼佼者。10年来，胡伟民活跃在舞台上，以辛勤的劳动、勇于探索的精神为观众奉献了众多脍炙人口的剧目，丰富着演出形式，改变着舞台面貌。

胡伟民的《导演的自我超越》（1988年由中国戏剧出版社出版）记载着他10年舞台导演的经验，抒发了他对当代中国话剧的诸多理论思考。这本书的价值在于，这既是胡伟民的实践和思考，又带着鲜明的时代印记，对今天和明天的读者都会有所启示。

“开放的戏剧”标题下的11篇文章，是胡伟民对开放的戏剧、多元化舞台格局的呼唤。其中涉及的问题很多，如写实戏剧与写意戏剧、生活幻觉和假定性，民族化和现代化，艺术的哲理性等等，其中不乏真知灼见。他认为“现代生活的节奏变了，现代生活的观念变了，现代人的思维方式变了”，因而戏剧从观念到方法、从内容到形式必须随之而变。怎么变？出路何在？他提出要“东张西望”，“向东看，从东方戏剧，尤其是从祖国古典戏剧遗产中吸收养料；也向西看，对世界各国的戏剧流派进行研究分析，从中择取对自己有用的东西”；他主张导演要“得意忘形”，要“无法无天”，敢于突破固有的方法，不断超越自我，去追求新的手法，新的意境。他认为现代戏剧应当具有哲学品格，应当向往开放空间，应当开掘深层心理，应当打破常规，勇于标新立异。

如果说，这些带着鲜活实践色彩的理论探讨，能给我们留下强烈印象的话，那么在“10年探索的甘苦”这一栏里的14篇文章，则是对他理论思考的实践检验，读来自然会有更具体更真切的感受。

胡伟民是一位样样来得的导演，10年间他既排话剧，又涉足戏曲舞台，还排滑稽戏。上海青年话剧团是他的基地，然而他忽儿去广西排桂剧《泥马泪》，忽而去四川排川剧《红楼惊梦》。至于和白先勇合作，在广州排《游园惊梦》，更留下一番佳话。1986年首届莎士比亚戏剧节上，有他排的两台戏：话剧《安东尼与克莉奥佩特拉》和越剧《第十二夜》。另外，象《秦王李世民》、《红房间·白房间·黑房间》，都名响一时。照余秋雨的说法：“胡伟民的舞台有多大的边沿？实在很难度量。从题材到剧种，演出风格到舞台方式，他的选择都很庞杂”。但“正当纽约的专栏作家评他导演的莎士比亚戏剧‘辉煌’的时候，上海街道的市民观众也正看完他导演的滑稽戏和地方戏，连称‘服贴’”。

这14篇文章是他排戏的记载和总结。记载里包括他的追求、追求中的甘与苦；总结里包括他的成和败、得与失。剧目不同，追求各异，甘苦有别；但一篇有一篇的体会，一篇有一篇的心得，读来既有味道，又能启人思考，还可以从中把握10年来戏剧舞台走向的基本轮廓。想了解胡伟民的导演艺术，想了解新时期戏剧的变化，读一读这些文章，必有所获。

“同时代人的创造”是胡伟民对同代导演艺术实践的评说；“过去的足迹”则是胡伟民对坎坷经历的回顾以及他艺术思想发展的概貌。从这些文章里，不仅可以了解胡伟民走过的人生道路，也能了解他之所以勇于探索、勇于创新的道理。比方他为什么乐于涉足戏曲，就因为在1957年打成右派后，一度放逐北大荒，又一度在扬州的戏曲剧团。不平凡的生活经历，养成他放达的性格；和戏曲的机缘，让他从民族戏剧的宝库中汲取了丰富的营养。

还必须提到书中童道明写的序和余秋雨写的《胡伟民印象》这两篇很有分量、很有见地的文章。《序》对胡伟民的导演超越意识作了充分肯定，而《胡伟民印象》则是理论家对胡伟民其人其艺的全面评价。

据胡伟民自己说，在大学时期他一度想搞文学创作，可见他形象思维很有优势，文字功底也好。余秋雨也认为，胡伟民写的理论文章并不逊于理论工作者。从这本《导演的自我超越》可以证明这一点。文章思想活跃，思路敏捷，而且很有气势。应该说这是这本书值得肯定的另一特色。

胡伟民正当盛年。几十年前的政治风雨捶炼了他，10年来的艺术探索充实了他，毫无疑问，人们可以期待他步子迈得更大些，期待他为艰难处境中的话剧作出更大的贡献。

肖　逸

#《笑与喜剧美学》

《笑与喜剧美学》(佴荣本著、中国戏剧出版社出版）是我国第一部研究笑与喜剧理论的专著 书中研究的喜剧已不仅是戏剧体裁的喜剧，而是作为审美范畴的喜剧，包括现实生活和艺术作品中存在的一切喜剧审美现象 由于本书详尽地论述了笑与喜剧的一般规律、以及笑与喜剧的创造，因此本书对于文艺创作中喜剧理论的研究及具体艺术实践都是有益的

历史上许多著名美学家对笑与喜剧都曾作过有价值的探索，如柏拉图、亚里斯多德、霍布士、康德、黑格尔、别林斯基、车尔尼雪夫斯基、柏格森等，他们都分别研究了喜剧的本质，喜剧的审美心理等，但他们由于各自的局限，未能对笑与喜剧的理论作出科学的、全面的解释。佴荣本充分吸取他们的研究成果，在一些专题上，进行了有意义的探求。

佴荣本在书的“引言”中指出：西方美学史上有关喜剧美学的研究，大体可分为两条基本路线，一条侧重于对笑与喜剧美学作审美主体的心理研究，另一条则侧重于对笑与喜剧作审美客体社会的界定。他说：“笑与喜剧是一种复杂的审美形态。只从主体心理方面，或只从客体社会方面，都难以科学地解释笑与喜剧的本质特征。我们试从主客体的关系中去寻求，主体包括审美主体、创作主体，客体包括审美客体、创作客体。……主客体喜剧审美关系的形成、激活、效应是我们研究笑与喜剧的基础。”他又指出：“美学史上两种笑与喜剧研究的途径和区别，不是绝对的，具体情况很复杂 例如，在同一研究者身上，两种研究方法并非始终泾渭分明，而是常常相互交叉。”因此，他认为：“主体心理研究与客体社会研究都为我们进一步研究喜剧提供了极可贵的借鉴之处 许多论述是相当机智深刻的，任何简单的否定或形而上学地以唯物、唯心两大阵营成败定取舍都是错误 ”不简单地用唯物、唯心两大阵营来划定，显示了他一切从实际出发，进行具体的剖析，十分慎重、细致的研究态度，这确是难能可贵的 他力求能历史地、辩证地从整体去把握笑与喜剧的本质特征；力求以马克思主义的基本原理为指导，进一步探索笑与喜剧的秘密 我国著名戏剧理论家陈瘦竹先生在“序”中称赞这本书“即使个别论点难免尚有值得斟酌之处，就整体而言，根基深厚，在批判继承的同时，勤于开拓，而使笑与喜剧美学研究前进一大步”。

从主客体对立统一的关系去研究笑与喜剧美学则是贯穿本书的主线。在“喜剧性笑的基础”这一章里，他十分精采地论述了喜剧性笑发生时的主客观活动过程：喜剧性笑产生是审美主客体之间双向活动的有机统一。主客体的活动关系在社会历史实践中形成、发展。客体对象的喜剧的特征在于某种特殊的不谐调状态。这种不谐调有“不一致”——通过表现对象自身的某种性格、行为的不一致形成喜剧性，“误会”——通过以真为假，以假为真等误会而造成喜剧性，“倒置”——互换人物位置、倒置人物的意志而造成喜剧性等等。喜剧心理结构的形式是喜剧接受主体心理变量的核心，主体的认识能力是主客体喜剧结构对应关系激活的关键。在笑的发生过程中，喜剧审美的接受心理还受到多种复杂因素的作用，其中包括受到历史文化因素的影响、主体的需要与动机的影响、主体的情绪与心境的影响、主体态度和价值观念的影响。

因此，他认为，只有当主客体之间喜剧对应关系一旦因主体受客体的刺激而激活，才能产生笑。他还指出，笑虽是主客体双向运动的结果，但笑不等于是整个喜剧审美过程的终结。笑也可以反作用于主体的心理状态，笑也可直接反作用于喜剧对象。作者对审美主客体之间双向活动的分析充满了辩证法。

作者还论述了笑与喜剧的创造，包括喜剧创作主体的审美心理、喜剧形象与形象的喜剧性、喜剧与丑、喜剧与悲剧的交融，喜剧的语言，喜剧的风格等 在论述笑与喜剧的创造中，作者联系古今中外的艺术实践，提出了许多有价值的论点。这些论点都是来自于创作实际，对创作又有较强的针对性和指导意义从实践出发，紧密联系实践，并能

切实指导实践，不搞空洞的论述，这是这本美学研究著作的另一个突出的优点。

本书第六章写得尤其精采，对喜剧创作主体在接受、加工、传达自然形态的喜剧性活动过程中的审美心理特征作了详尽而透彻的论述。他提出创作主体要“善于感知隐藏着的喜剧性”，为了要感知隐藏着的高级喜剧性，就要以其自身与时代社会脉搏共振的心灵去把握对象的喜剧性灵魂。要立体地审视人的喜剧性灵魂，善于辩证地感知对象外在形态与内在喜剧性灵魂的真实关系；善于把握对象意识与潜意识活动过程中的喜剧因素；善于审察民族的历史文化与喜剧性灵魂的关系。他在这章中还提出喜剧创作主体应具有审美情感的达观性的问题，即喜剧创作主体无论在怎样的审美情境下都应保持豁达的心态，微笑对待这个世界。他提出要“微笑着对待生活”，要“以笑传情”，创作主体必须将丰富复杂的情感隐涵在笑的表情与形态中，必须形成优越的喜剧审美定势，强化、显化喜剧审美意象。还提出想象思维的非逻辑性问题，即包括表象运动的非逻辑性，情感活动的非逻辑性等。这些论点对喜剧创作都有较重要的意义。限于篇幅，作者对这些问题未能充分展开论述。

朱以中

《比较戏剧论文集》

不少前辈学者，运用比较研究的方法，对中国戏曲作了深入探讨，开拓了中国戏曲研究途径。远的如王国维、许地山，近的有焦菊隐、黄佐临、张庚等诸位先生。他们虽然没有正面提出“比较戏剧”这个名词，但所作的研究工作，无不涉及比较戏剧。从世界范围进行中西戏剧比较研究，已经引起当代中西学者的普遍关注，夏写时、陆润棠主编的《比较戏剧论文集》汇集了中国和华裔学者在这方面的研究成果。

论文集收有20多位作者的论文，这些作者包括颇负盛名的老专家，近年在研究工作中成果显著的中年学者和年轻的研究工作者，还有台湾、香港从事中西戏剧研究的专家、学者及在美国从事比较戏剧研究的华裔教授、学者。他们从不同的角度，对中国戏剧与西方戏剧作了颇有见地的比较研究，不同程度地表现出他们的学识和功力。论文内容涉及宏观比较研究、影响比较研究、平行研究、戏剧与非戏剧比较研究等方面。在“宏观比较研究”方面的文章中，山东大学中文系教授牟世金的《中西戏剧艺术共同规律初探》、中国剧协副主席刘厚生的《关于东方戏剧的几点认识》、上海戏剧学院副研究员夏写时的《论中国演剧观的形成——兼论中西演剧观的主要差异》、上海戏剧学院教授胡妙胜的《中国传统戏曲舞台与现代西方舞台设计》等文章，多侧面地、宏观地从中国戏剧与西方戏剧差异比较中，分析了它们各自的特色及优劣。

影响比较研究和平行比较研究的文章十分丰富，涉及广泛，包括中西戏剧作品相互影响的研究，中西戏剧家相互影响的研究，中西戏剧理论、导演、表演体系相互影响或比较研究。这组文章有美国伊利诺大学比较文学博士、哥伦比亚大学副教授于漪的《浅说中西戏剧传统之交融》，中山大学教授黄天骥《“旦”、“末”与外来文化》，杭州大学教授徐朔方《汤显祖与利玛窦》、《汤显祖和莎士比亚》，台湾高雄师范学院英语系教授夏安民《尤金·奥尼尔的道家哲学观》，美国密芝根大学比较文学博士、香港中文大学英文系讲师陆润棠《中国现代戏剧所受之西方影响》，美国斯坦福大学教授刘若愚《伊丽莎白时代的戏剧与元杂剧》，台湾艺术学院戏剧学院院长姚一苇《元杂剧中之悲剧观初探》，台湾师范大学英文系教授陈祖文《〈哈姆雷特〉和〈蝴蝶梦〉》，美国加州大学圣地亚哥分校比较文学博士、香港中文大学英文系高级讲师周英雄《懵教官与李尔王》等。

戏剧与非戏剧比较研究一组文章中，有戏剧与社会学、小说与戏剧等比较研究。这类比较研究文章，不仅是可取的，而且扩大了比较戏剧的研究范围。

论文集以探索性的姿态站在读者面前，如主编者所指出，它只是“初步勾画出比较戏剧现状的轮廓”，“提出了若干重要问题”去让人思考和深入地探索。如何使中西比较戏剧研究超越目前的一般比较，如何用一套实用的理论和方法进行比较戏剧的研究，从而确立中西比较戏剧的地位，还有许多研究课题需要去完成。要改变比较戏剧是比较文学的“骥尾”的状态，扩大比较戏剧的研究范畴是十分重要的。戏剧“具有表演艺术之特性,人为之因素非常重要，涉及演员表演角色，演员、角色、作者、导演与现场观众之各种层次之关系，以及整体性表演体系、演剧观和舞台美术的表达”，这些涉及剧场方面的研究，已经超越了一般文学或中西比较文学研究范围，需要有一套更适当可行的方法。中国戏剧“本身就是一个小世界”，除了中国戏剧同外国戏剧的比较之外，也要重视中国戏剧的内向比较。努力创造出内向比较研究的成果来，这将是对建立中国比较戏剧学科的贡献。

比较戏剧，在中国还是一个很幼稚的学科,应该有更多的理论家、研究者去攻占这个阵地。

荆 海

《从愤怒到超然》

二次大战后，社会主义思潮得到了广泛传播。在这种思潮的影响下，工人阶级中一部分青年人，对社会的不正义和阶级的不平等感到愤慨，他们与上流社会及其文化联系产生了断裂，于是便出现了50年代所谓的“愤怒青年”。这种现象在文学上的表现，便是“反英雄”文学的兴起。小说方面有威廉•库柏、金斯利·艾米斯、约翰·西托利、约翰·韦恩等；戏剧上崛起的，便是约翰·奥斯本、约翰·阿登及哈罗德·品特。

理查·劳的《从愤怒到超然》对这个时期兴起的约翰·奥斯本、约翰·阿登及哈罗德·品特这3位剧作家作了专论性评述，使我们对50至60年代的英国剧坛有了一个比较全面的了解。

在论述约翰·奥斯本的专论中，作者指出奥斯本借《愤怒的回顾》的剧中人物吉米·波特这个出身工人的青年之口，对环境、社会和生活嬉笑怒骂，表达了年青一代对工党和福利社会的不满与幻灭。这出戏给奥斯本带来了极大的声誉，一举成名后接连创作了《喜剧演员》、《乔治·狄龙的墓志铭》、《保罗·斯基利的世界》、《路德》、《难以接受的证据》、《苏伊士运河之西》等剧作。作者认为，奥斯本虽然才华横溢，但却一直未能纳入规范，因此其剧作虽有戏剧性，但却结构松散。他最成功的，是塑造那种“演员类型”的人物及写出长篇大论的台词。作者还指出，奥斯本借“愤怒”而功成名就后，其题材便产生了变化，从愤怒转向了对荣誉、地位、金钱和权力的关注，最后便如其《超然度外之感》一剧那样，变得“超然度外”了。从愤怒走向超然，这是否便是奥斯本戏剧生涯的结束，这个问题作者留给读者去思考了。

阿登创作了《巴比伦矿泉》、《象猪一样生活》、《穆斯格雷夫中士之舞》、《好政府的事业》、《幸福处所》、《济贫院的驴子》、《强者之岛》等剧作。对阿登这些剧作，作者认为，其题材大多涉及社会问题并带有政治色彩，特别是与玛格丽塔·达西结婚后的作品，受妻子激进左倾思想的影响，政治色彩更浓；表现技巧方面，具有诗与散文的结合的特点，因受贝托尔特·布莱希特的影响，剧中又夹有民谣与歌唱，富有“间离”效果。另外，阿登对剧中人物无论好坏，均持同情态度，而剧中的题旨，则让观众自己去发现。总的说来，阿登戏剧的走向和奥斯本适成对照，不是从愤怒走向超然，而是从超然走向愤怒，政治色彩越来越浓。

对于哈罗德·品特，作者认为，其崛起使不少人对他寄予厚望，认为他有可能成为英国的“第二个莎士比亚”。品特是以“威胁性喜剧”而著称的。这类剧作多以房间为背景并以此象征着安全，威胁则来自于外部世界。房间的安全感由于素不相识的人的闯入或出现而被完全破坏，使棲身于公寓或地下室的人头上立刻罩上乌云。品特巩固了在剧坛的地位后，剧作便转向了对人物心理的分析与研究，越来越注重人格的描写，表现了他对人格的本性及其存在均无法形成任何可靠观念的看法；剧中人物则越来越多地陷入了对过去的回忆。在台词的运用上，品特的剧作多日常性谈话，语言平淡简洁，看似重复却含蓄并富深意。作者对品特的评论，涉及的剧作有《房间》、《生日晚会》、《送菜升降机》、《茶会》、《看房人》、《往昔》、《归家》等。

《从愤怒到超然》对上述这3位剧作家的剖析富有见地，但却忽略了同时代崛起的阿诺德·韦斯克，这不能不说是这本论述50至60年代英国戏剧的专论的不足。

武　文

《艺术管理与剧院管理》

我国解放以来，艺术和剧院的管理体制是，演员的工资、剧院的演出与管理费用等由国家全包，票房收入无论盈亏，剧院和剧团均无须负责，演出剧目的选择则须经上级同意方可。这种体制，造成机构庞大、冗员多、人才积压、苦乐不均、演出萎缩、演员成材困难、难于进行戏剧实验等弊病。欧美的有关体制，与我们有着很大差异。国家对艺术的扶持，有国家级和地方级的各级艺术委员会，对艺术给以一定的资助，但不是一包到底。《艺术管理与剧院管理》是全面论述英美两国艺术管理与剧院管理的一本专著，对我国戏剧艺术和剧院体制改革是一本有益的参考书。

全书分为两个部分，一是“艺术管理”，二是“剧院管理”。“艺术管理”部分，主要阐述“艺术管理者”的性质、作用与任务：这种管理者既非专制政权的代理人，又非旨在追求最大利润的商人，而是一种“社会代理人”。这种管理，是连结艺术家、政府有关部门及观众的桥梁，又是上述三方与剧院之间的润滑剂，就实际问题寻求最为令人满意的解决办法。这一部分对艺术家、观众以及剧院地点的选择与设计、各级艺术委员会、票房、筹措资金等均有专章论述。这一部分的另一特色，就是提出了很多实例，引导读者自己去得出最好的解决办法。而很多这些问题，是我们过去所忽视或至今尚未引起注意的。

“剧院管理”部分，介绍了剧院与剧团的类型及剧院建制的各种有关部门。这一部分的重点，主要论述剧院（或剧团）的资金来源，包括向当局筹措、向工业界和私人寻求资助、组织演出、商定合同等。这对我们颇有借鉴与启发意义。“信息和形象”、“卖座”两章，前者与剧院和剧团有关，介绍如何通过各种宣传手段如广播、电视、报刊、小册子、海报等，在公众中树立起良好的形象，以争取到尽可能多的观众；后者论述售票，谈及如何因对象和情况的不同而采取多种多样的售票办法，如预订系列票、戏迷票、优待票、电话订票、座位不编号等，以促进人们的购票欲，从而把尽可能多的票推销出去；另外在票价上也可因情况不同而有所不同。这部分对于剧院如何搞“副业收入”、剧院的内务管理等方面的论述，对我们也是有参考价值的。

《艺术管理与剧院管理》是一部注重解决实际问题的著作，具有实用价值。

武　文

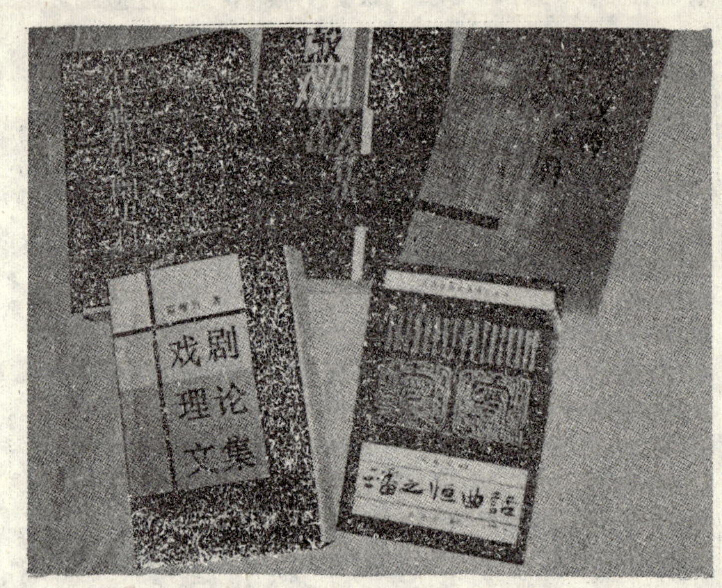

《清代燕都梨园史料正续编》
《比较戏剧论文集》
《关汉卿研究资料汇考》
《戏剧理论文集》
《潘之恒曲话》

《导演的自我超越》
《从愤怒到超然》
《笑与喜剧美学》
《艺术管理与剧院管理》
《论莎士比亚四大悲剧》

戏剧院校剧院剧团

山西省雁北地区文化艺术学校

校长 刘振宇

山西省雁北地区文化艺术学校正式建校于1956年，是一所综合性中等专业艺术学校。前身是晋北北路梆子青年演员培训班。该校先后易名为山西省艺术学校雁北分校、雁北地区戏曲学校，1986年改为雁北地区文化艺术学校。历年开设北路梆子科6届、中路梆子科2届、歌舞科3届、音乐科4届、戏曲音乐科5届、戏曲导演科1届、综合科1届、道情科1届、舞台美术科2届、美术科3届、85年以来增设音乐师范科3届，87年增设美术师范科1届，88年增设文物科1届。历届毕业生共600人。全校现有教职工131人，学生315人。校部下设教务处（下设各专业教研组）、行政处（下设各职能科室和校办工厂）、学生处、保卫处、办公室。校长刘振宇，副校长郝瑞峰、张国才、唐富成。任博文、刘茂峥、贾伯生、郭巧云、高文昌等先后在校担任领导工作。李定官（算盘红）、杜占元、李文奎、丁义、贾桂仙、王义、丁宝春、孙秀英、吕福元、张美花、刘春启、李元贞等一批有一定艺术造诣的老艺人在校任教。教师队伍中还有王占芳、傅勋瑞、薛淑珍、解久成、马增千、王汉华等一批新文艺工作者。学校有高级讲师7名，讲师31名。建校以来，曾先后请刘元彤、贾桂林、王玉山（水上漂）华实秋、周成贵、丁跃丑、田桂兰、张美琴、杨胜朋等著名导演、演员讲学。

北路梆子是山西省晋北地区主要剧种，山西省四大梆子之一，流行于晋北、内蒙、张家口等地。解放前，由于历史上的多种原因，濒于灭绝。解放后，山西省委、晋北地委和各级文化领导机关大力支持，实行了一系列抢救措施，恢复了以贾桂林、董福、高玉贵、哑八百、高三贵为主要演员的晋北地区北路梆子剧团，随后内蒙、大同市先后建立了6个北路梆子剧团，晋北北路梆子有了较大发展。晋北北路梆子青年演员训练班就是在这个基础上于1956年建立的。1960年第一批北路梆子学员毕业，张美花、吴天凤、段根昌、翟效安等成为解放后第一代北路梆子青年演员。1960年正式成立的山西省戏曲学校雁北分校、开设7年制北路梆子专业，学生于1965年毕业。文革时期，学校被撤销，成立了雁北地区北路梆子剧团。1972年恢复建制，重新开设了北路梆子科，但由于动乱未止，学制只有4年，学生学业也受到很大影响，毕业后留在剧团的不多。1976年北路梆子科招收33名学生，由于教学质量较高，成才率也高。该班毕业生留校成立了实习团，在1982年山西省中青年演员汇演中，主演《断桥》的张彩萍获最佳青年演员奖，贾翠平获二等青年演员奖；主演《扈家庄》的李中秋获最佳青年演员奖，武卫获二等青年演员奖；主演《打神告庙》的安改英获一等青年演员奖；主演《杀四门》的李岗获一等青年演员奖；主演《芦花河》的高翠平获一等青年演员奖，冯天兰获二等青年演员奖；主演《表花》的庞美丽获一等青年演员奖。历届学生中，还有张桂荣获山西省中年演员汇演一等奖，曲能申、刘建良获山西省中年演员汇演二等奖。他们先后为邓小平等中央领导演出。

76届学员李中秋在《扈家庄》中饰扈三娘

魏润平、王云曾获山西省青年演员汇演二等奖。

1978年开设了4年制道情科。道情是晋北地区主要地方小剧种，有浓郁的地方特色和深厚的群众基础，流行于山西北部、内蒙、陕西一带。为了继承和发展这一地方剧种，在教学中采取教学与实践相结合，对道情剧种音乐在表现能力与今天时代不相适应的方面作了全面分析研究，并进行了大胆的试验、改革和创新。在研究、实验用正反转调解决男女同腔同调的探索方面，在尝试、借鉴板腔体的乱弹手法进行唱腔音乐改革方面，在乐队建制及伴奏方法方面，都作了有益的探索。剧目建设上采取和梆子戏剧目分家，改变过去道情团搬梆子戏安家的弊病，有选择地将道情优秀传统剧目列入教学剧目，并适当引进适合本剧种特色的剧目。如向蒲剧著名表演艺术家王秀兰学习了《杀狗》、《烤火》、《拾玉镯》，移植《打神告庙》、《捣坟》，还选择了《珍妃泪》、《孟丽君》、《杨三姐告状》等能发挥本剧种特色的剧目。道情剧种老艺人曹丕富和学校教员合作，在继承和发展道情戏曲遗产的基础上进行创新，培养了一批道情剧人才。

学校除培养北路梆子、道情剧种的演员外，还在1972年、1975年先后开设歌舞科、音乐科，1981年开设戏曲导演科，1978年、1981年先后开设舞台美术科，培养各类人才。

30多年来，在戏曲艺术教育的科学化、系统化、规范化方面，学校作了探索。首先是全面贯彻党的文艺方针和教育方针，坚持德、智、体全面发展，坚持开设马列主义、毛泽东思想基本理论课，党史课，艺术概论课，坚持开展精神文明建设和道德品质教育，使师生逐步树立马克思主义的世界观、人生观、艺术观和审美观，培养学生具有爱国主义、共产主义思想，自觉为人民服务，为社会主义四化建设服务。同时，坚持按教学大纲，控制文化课与专业课的比例，保证文化课教学。文化课设有语文、数学、历史、地理。为了加强学生管理，充分调动学生学习的积极性，扭转学生重专业轻政治、重业务轻文化和基础理论的倾向，学校从1981年制定并试行了适合戏曲学校管理的学分制，改学生全助学金制为助学金加奖学金制度。为了逐步改变戏曲教学长期存在的口传心授的教学方法，学校逐步推行教材教学，并在教学方法上进行了一系列根本性的改革：逐步推行以剧目教学为主，剧目排练实行半教半导的方法，开设表导演理论课，培养学生具有创造角色的能力。身训教学在继承戏曲形体训练传统程式的基础上，大胆吸收消化舞蹈、体操中的素质训练，逐步探讨声乐训练与戏曲唱念训练的结合。在戏曲教学训练中体现传统戏、新编历史戏、现代戏三并举的方针，培养学生塑造各类角色的能力，逐年积累了一些优秀的教学剧目和保留剧目。1970、1980年中国艺术研究院先后录制了学校的地方小戏耍孩儿《捣坟》和优秀保留剧目《杀宫》。学校毕业的学员，分布在全区各艺术单位，不少人都已成为各艺术团体骨干，有的走上了领导岗位。教师们通过教学实践，编写了一批适合中等戏曲专业学校的教材，华实秋编写的22个门类的教材近50万字。1987年张铁中与地区音协武艺民共同研制的电子击琴参加了中央文化部举办的新发明研制乐器汇报演出。学校以具有地方特色的北路梆子、中路梆子、道情、耍孩、二人台、罗罗腔等剧目在首都向中央有关领导汇报演出获得好评，并获文化部奖状。

学校多年来一直是全省艺术中专学校的先进单位，曾先后获省文化厅“育才有方”金字匾和省政府授予的“教书育人先进集体”奖。

刘振宇

1988年12月

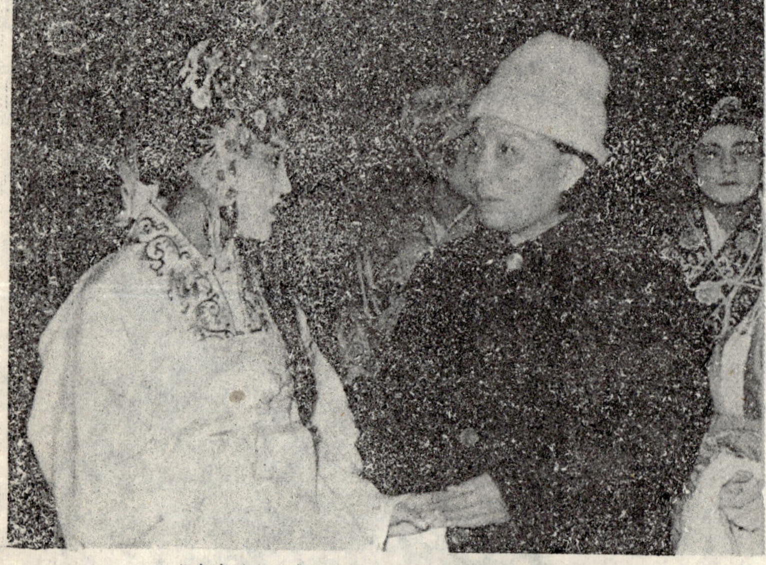

著名表演艺术家贾桂林祝贺76届学员张彩萍演出成功

山东省戏曲学校

山东省戏曲学校于1960年春建校。建校之前，山东省艺术人材的培养，采用举办各类“训练班”、“讲习班”、“辅导班”的形式，对在职的戏曲工作者进行培训。1960年初，山东省文化局先后抽调王敏和李琳等负责进行建校筹备工作，于同年3月4日经山东省人民委员会批准正式建立山东省戏曲学校，校址在长清县。学校从省直属京剧团、吕剧团、梆子剧团、柳子剧团中抽调了有丰富经验的演员陶龙春、邢双玉、臧美倩、田春岳、张玲、张梅、李明军、杨少山等任教。18名梆子剧团的学员同时转入学校。同年6月，招收了第一批学生。同年秋天，经省委宣传部批准，任命王敏为校长，任副校长的先后有李云、白玉昆、关丽卿、孟丽君、周亚川、张道林，李琳任教务主任。学校设京剧、吕剧、梆子、柳子等4个专业科及教务处、总务处、办公室。当时全校教职工总数60余人。1961年学校迁至济南，校部暂设在山东剧院。1962年秋，迁至济南市文化东路34号至今。

“文革”前各专业科的招生情况：京剧科1960年演员专业50人，音乐专业20人；1963年演员专业40人，音乐专业18人；1965年演员专业30人，音乐专业15人。演员专业学制分别为4年、6年、7年，音乐专业学制分别为3年、5年、6年。吕剧科1960年演员专业40人，音乐专业20人；1964年演员专业20人。梆子科1960年演员专业30人，音乐专业16人；1963年演员专业30人；1964年音乐专业28人；1965年演员专业22人。演员专业学制5年，音乐专业4年。柳子科1960年演员专业25人，音乐专业15人。各科转行的学生组建了舞美科，前后共培养学生20余人。舞蹈科1965年设在学校的省歌舞团舞蹈班，有学员30人，学制3年。

“文革”前，教职工总人数为124人。其中京剧教师有袁金凯、孟丽君、白玉昆、关丽卿、周亚川、徐俊华、陶龙春、陈月楼、刘友林、徐俊芳、韩少山、韩玉春、雷振东、曲学海、王幼亭、王元清、穆静贤、孟丽蓉、姜振、张素妍、王承林、宋玉蕴、马晨华、杨寿山、双异华、刘碧、王锡恩、刘鼎伍、洪德佑、于长志、孙少军、刘振奎、曹光辉、王月亮、高明华、邢双玉、刘培刚、曹同凯、徐建洲、栾盘石、陈辉臣、刘丹荣、程宗寿、徐兆祥、张锦千、陈迎雪、郭清臣等。梆子科教师有田翠花、宋玉山、丁现文、李翠喜、开甲银、田春岳、刘凤竹等。吕剧教师有靳慧新、吴涛、臧美倩、张玲、袁来欣、宋学文、高鉴等。舞蹈教师有刘志军、陈大强、冯坚行、程伟达、周维娥等。“文革”后，在校任教的有尚长麟、张金良、王俊英、唐世辛、孟喜平、姬永周、周文林、邢玉民、周婉华、姜源、赵继斗、周燕铭、王长清、肖行仁、鲍启兴、李文娟、李三福、赵建新、刘云飞、陈加林、戴笑、佟友权、蒋正钧、王晓梅、陈心婉、陈有今、阎世杰、张星田等。

应邀在校授课或讲学的著名戏曲表演艺术家和有名望的老艺人有尚小云、方荣翔、费玉策、吴俊良、张春秋、尚长春、谭世英、张永路、魏连芳、陈永玲、高培秋、徐泽民、贾贤英、于善民、刘玉朋、刘桂荣、刘桂花、刘君秋、张玉芝、王桂玲等。

1971年，原山东省戏曲学校撤销，由戏校、电影学校、艺术学校三校合并成立山东省“五七”艺校，设音乐、美术、京剧、舞蹈4科。京剧科招收七一级演员专业50人，乐队14人；七二级演员专业18人，乐队14人；七三级演员专业16人，乐队14人；七七级演员专业大班8人，小班55人；七八级京剧音乐25人；八零级演员专业8人。

1980年6月3日经山东省人民政府批准，恢复山东省戏曲学校。

尚长麟、王长清教学生《霸王别姬》

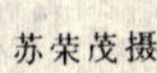

苏荣茂摄

1981年1月5日、成立筹备小组、组长王敏、副组长尚长麟。1982年宣布尚长麟为校长、周世昌、袁金凯、陈茂林、鞠环震为副校长，孟丽君为顾问、并成立学术委员会。1984年10月9日任命殷宝忠为校长、鲍启兴、朱诸平、刘凤竹为副校长。学校规模500人。

戏校恢复后招生：京剧科八一级演员专业20人（学制4年）、乐队23人（学制5年）；八四级职工中专班55人（学制3年）；八五级演员专业49人（学制7年）；八六级音乐专业23人（学制5年）。舞美科八一级16名（学制3年）；八六级23人（学制4年）。舞蹈科八一级24名（学制6年）；八四级职工进修班18名（学制1年）；八五级22人；八七级22人（为省歌舞剧院定向培养）。曲艺科八一级24名（学制3年）。吕剧科八四级演员35名（学制6年）；八五级音乐30人（学制5年）。梆子科八七级演员专业35人（为省柳子剧团定向培养）。杂技班八八级演员专业35人（为省杂技团定向培养）。

1984年根据教学改革的精神，成立了"教学实验队"，并参加了山东省首届戏曲教学剧目汇报演出大会，获得"蓓蕾奖"一等奖4名、二等奖12名、演出奖2个。1988年省第二届艺术中专学校会演，获一等奖14名、二等奖13名、三等奖11名、集体奖5个."指导教师奖"33名、"园丁奖"21名。首次职称改革后、聘任高级讲师40人、讲师84人。

徐俊华教学生《长坂坡》

苏荣茂摄

山东省戏曲学校建校以来，遵循党的教育方针，根据德、智、体全面发展的培养目标进行教学。在课程设置上，除专业课之外，还设语文、地理、算术、历史、体育、卫生常识课。学校重视对学生进行社会主义的思想政治教育，强调"教戏教人"，培养学生的思想道德情操，选择思想内容健康，又有一定教育意义的剧目进行教学，对有害于学生身心健康的戏坚决不教，以保证教学质量和演出效果。多年来所选择的传统教学剧目，初级阶段有《二进宫》、《上天台》、《贺后骂殿》、《罗成叫关》、《望儿楼》、《斩雄信》等，中级阶段有《清风亭》、《问樵闹府》、《打棍出箱》、《挑滑车》、《雅观楼》、《奇双会》、《穆柯寨》、《贵妃醉酒》、《秋江》、《药茶计》等，高级阶段有《龙凤呈祥》、《群借华》、《四进士》、《空城计》、《雁荡山》、《白蛇传》、《昭君出塞》、《对花枪》、《周仁献嫂》等。在教学中坚持全面发展因材施教，普遍培养重点提高的教育方针，执行"三并举"的原则，立足基础，由浅入深，循序渐进，采用口传心授与启发式相结合的方法。在初级阶段，要求教师方法得当，高标准严要求，一招一式，一字一腔都要合乎标准化、规范化，为今后学习打下良好的基础。在中级阶段，除对学生的全面技术素质继续巩固提高外，加强对技巧的熟练掌握与运用。在剧目上增加唱、做并重的教学剧目。通过"双轨"或"三轨"的教学方式使学生"吃饱吃好"。在高级阶段，强调对剧目的理解与表现、突出对人物形象的理解与刻画，适当安排一些流派剧目或大戏进行教学，进一步提高专业技能，确定专业定向，加强学生的密切配合与相互学习。在现代戏教学中，以传统打基础，逐步安排现代戏教学；启发式与口传心授相结合；教师教戏导演合成；增加表演课；选择合适的教师，聘请名师指导；增加音乐伴奏副课（开设线谱、乐理、和声、合奏、唱腔创作等课程）。京剧现代戏教学剧目有《红灯记》叙家史一折、《红嫂》熬鸡汤一折、《奇袭白虎团》侦察一折和《红苗新风》（本校创作剧目）。学校在"文革"前就演出了移植现代戏剧目《前沿人家》，并参加了华东戏曲汇演。

自建校以来学校培养了近千名京、吕、梆、柳、舞美、舞蹈、曲艺毕业生，他们遍布全省的戏曲单位，在江西、大连、武汉及部队文艺团体也有毕业生。其中不少学生已成为较知名的演员，如王宇、魏慧丽、宋昌林、郭跃进、王晓燕、杨志刚、于世芬、李素云、周龙、兰春萍、程淑萍、陈芃芃、马厚信、赵兰英、常兆玉、张贵元、陈义道。其中参加出国访问演出的有10多人。在校学生随省京剧团出访日本、新加坡的有3人。学校还深入到工厂、农村、学校、部队进行实习演出和会演，既提高了学生的业务能力，也使他们得到了思想锻炼。1983年为省电视台录制了部分传统剧目。

1986年5月8日文化部部长王蒙到校视察，并题词"为了戏曲事业的未来"。

近年来学校接待了美、英、法、日、捷、朝等20余个国家以及联合国的人士到校参观访问，学校的演出给他们留下了深刻的印象。

学校供稿

1988年12月

陕西省艺术学校

原校长
史 雷

陕西省艺术学校原名陕西省戏曲学校，1978年6月4日经陕西省委批准建立，前身为陕西省艺术学院戏曲系，1985年12月更名为陕西省艺术学校。校址在西安市南郊。史雷、梁彦肖、张作棠为首任副校长。1983年任命史雷为校长，张作棠、马兰鱼、郑天勋为副校长，后又任命施经伦为副校长。1985年任命高鹏为校长，张作棠、马兰鱼、郑天勋、施经伦为副校长。1988年任命薛增禄为校长，刘荣为常务副校长，张作棠、马兰鱼为副校长，施经伦、郑天勋、尹伊为调研员，赵元介为顾问。

学校设戏曲、歌剧、舞蹈、舞美等专业。学制分7年制和4年制两种。7年制招收11至13周岁小学毕业生。4年制招收17至19周岁初中毕业生或同等学力者。此外还举办各种短训班。为了培养合格的艺术人才，学校对学生进行德、智、体、美、劳全面教育。开设的课程政治课有《青少年修养》、《共产主义道德概论》、《法律常识》、《辩证唯物主义常识》、《中共党史》、《科学社会主义常识》、《中国革命和建设的基本问题》、《马克思主义基础》等；文艺史论课有《文艺理论基础》、《戏剧概论》、《戏曲发展史》、《歌剧简史》、《剧本分析》、《中外美术史》、《中外舞台美术史》等；文化课有《语文》、《数学》、《文学作品选读》、《生理卫生》、《中国历史》、《世界历史》、《中外地理常识》、《英语》等；戏曲表演专业课有《唱念》、《学戏排戏》、《腿功》、《毯子功》、《把子功》、《身段》、《曲牌击乐常识》、《基本乐科》、《戏曲表演常识》、《秦腔语音》、《化装》等；戏曲音乐伴奏专业课有《器乐主课》、《器乐副修》、《基本乐科》、《合奏》、《音乐欣赏》、《排戏》、《作曲常识》、《秦腔音乐分析》等；歌剧表演专业课有《声乐》、《形体》、《表演》、《语音台词》、《重唱、合唱》、《基本乐科》、《钢琴》、《音乐欣赏》、《化装》等；舞台美术专业课有《静物素描写生》、《人物写生》、《色彩、风景写生》、《中国画》、《布景设计》、《模型制作》、《工艺、广告、新材料》、《戏曲服装道具》、《造型灯光》、《电影、电视美术》等。此外还设有《体育》等课程。在教学方法上，实行计划教学。坚持由浅入深、循序渐进、普遍培养、因材施教等教学原则。提倡启发式教学，废止打骂学生的现象。实行教学与艺术实践相结合。多年来排演的传统剧目有《游西湖》、《赵氏孤儿》、《窦娥冤》、《游龟山》、《四进士》、《姊妹易嫁》，折子戏《打镇台》、《白逼宫》、《烙碗计》、《放饭》、《杀惜》、《黄鹤楼》、《坐窑》、《二进宫》、《三上轿》、《吊孝》、《斩秦英》、《赶坡》、《挂画》、《战冀州》、《双锁山》、《杀宫》、《庭训》、《挡马》、《拾玉镯》、《戏妖》、《双下山》、《庚娘杀仇》、《断桥》、《雁荡山》、《杀狗》、《火烧裴元庆》、《杀驿》、《打神告庙》、《柜中缘》、《教学》、《打沙锅》、《三对面》、《赔情》、《打焦赞》、《三岔口》、《八大锤》、《伐子都》、《打柴劝弟》等。

目前共有教职工165人。其中高级讲师20人、讲师43人。此外还聘请省内外有关专家、教授以及著名表演艺术家到校讲学。十年来共招收学生310名。1980年招收7年制戏曲专业学生118名。分别编为秦腔表演、音乐伴奏3个教学班；1984年招收4年制变过嗓的具有初中以上文化程度的秦腔表演专业生24名；1987年招收秦腔表演专业定向分配生30名、歌剧专业生10名、舞美专业生12名；1988年招收秦腔表演专业生30名、音乐伴奏专业生21名。计划1985年至1989年为青海培训平弦演员35名，1986年至1990年为新疆培养秦腔演员30名。目前已有124名毕业生先后走上工作岗位，其中35人次在西安市、陕西省电台、西北五省举办的“石榴花”、“公主杯”、“西凤杯”、“咸阳杯”等秦腔青年演员比赛中获奖。先后举办秦腔导演、作曲、旦角表演、省秦腔优秀演员进修班5期，与西北大学联合举办2年制大专编剧班1期，共培训在职人员181人。这些学员，经过培训回剧团后大都成为专业骨干，有的还担任了剧团的领导职务。1987年5月份，学校主办了以陕西、河南、河北、甘肃、天津、北京、山西七省市戏（艺）校为成员的梆子腔艺术教育研究会第三届年会，并在西安、山西举行了联合实习演出，同时进行艺术经验交流，促进教学改革。

潘 哲

1988年12月

山西临汾蒲剧院

剧院创始人邓 焰

山西临汾蒲剧院始建于1959年8月，由山西省蒲剧学社、山西省实验蒲剧院、山西省大众蒲剧团、山西人民蒲剧团和晋南专区人民蒲剧团、晋南专区民声蒲剧团逐渐衍变而成。建院时名为晋南蒲剧院，由邓焰任院长，赵乙、墨遗萍任副院长。1966年“文革”开始，人员四散。1980年4月，经临汾地委批准，恢复原晋南蒲剧院建制，更名为山西临汾蒲剧院。剧院现由赵乙任院长，卫连科、韩刚、张庆奎、李安华任副院长。下设创作室、研究室、资料室、行政办公室和《蒲剧艺术》编辑部。《蒲剧艺术》于1980年创刊，主编杜波，副主编张峰、任重远，1984年起公开发行。院内有两个团：临汾蒲剧院蒲剧团、临汾蒲剧院青年蒲剧团。两个团有各自的编剧、导演、作曲、舞美设计、教师等专门人员。由院团两级组成院委会。剧院以研究蒲剧发展史、研究总结蒲剧剧目、表演艺术，并进行艺术创作、培养艺术人才为宗旨。

蒲剧具有鲜明的地方色彩、强烈的人民性和现实主义的优良传统。元代一批有名望的戏剧家如关汉卿、郑光祖等祖籍平阳（晋南），对蒲剧的发展有着深刻的影响。蒲剧流传于山西、河南、陕西、甘肃、宁夏、青海、新疆、内蒙、河北等地。解放后蒲剧事业有了飞速发展。从1949年起到1959年的10年里，蒲剧队伍仅晋南便由解放前的几个破烂班子，发展到近30个艺术团体，从事蒲剧艺术的工作人员由300多人发展到3000多人。1951年晋南戏剧协会的建立和1959年山西晋南蒲剧院的建立，为蒲剧艺术的继承与革新奠定了良好基础。

二十多年来，剧院在党的“双百”方针和“三并举”方针的指导下，有步骤地对传统剧目进行了发掘整理，同时改编和创作了大量群众喜闻乐见的优秀剧目。在发掘蒲剧剧目的基础上，对蒲剧的150多个重点剧目进行了整理与改编，其中由《归宗图》改编的《薛刚反朝》久演不衰。根据关汉卿名著改编的《窦娥冤》，由长春电影制片厂拍成彩色戏曲片。《三家店》、《墙头马上》、《意中缘》、新编历史剧《白沟河》、《港口驿》、现代戏《蛟河浪》、《结亲记》等都成为观众喜闻乐见的保留剧目。整理、改编、创作的剧目中，《薛刚反朝》、《杀驿》被选入《中国传统剧目选》；《阳河摘印》、《三家店》、《意中缘》、《石佛口》、《燕燕》等被选入《中国地方戏曲集成》山西省卷；《麟骨床》、《薛刚反朝》等34个剧本由山西人民出版社出版；为建国30周年献礼改编的《麟骨床》获得了中央文化部的剧本创作二等奖和演出二等奖，20多个兄弟剧种移植上演；新编历史剧《洛阳宫》、《斩上官》、《神医恨》分别获得了山西省1982年剧本创作二、三等奖；新编历史故事剧《烟花泪》由北京电影制片厂搬上银幕。

表演艺术的创新提高，使蒲剧的影响越来越广泛。1957年蒲剧赴京演出团的演出受到首都人民和戏剧界的赞扬。1958年被邀参加北京纪念世界文化名人戏剧家关汉卿的活动，演出了关汉卿的剧作《燕燕》。1959年赴福建前线慰问演出，返省途中为党中央在沪召开的“上海会议”演出《杀驿》、《卖水》等剧目，受到好评。1963年晋南蒲剧院青年剧团赴京演出了《白沟河》、《港口驿》，受到周总理和郭沫若、田汉、吴晗、翦伯赞等专家们的赞赏。

剧院非常注意对青年演员的培养。1960年建立了晋南青年蒲剧团。1980年蒲剧院建制恢复，在建院的

阎逢春演《徐策跑城》　顾　棣摄

同时建立了临汾蒲剧院青年剧团。由于抓紧对青年演员的培养，1982山西戏曲青年演员调演中有5人获山西省戏曲最佳青年演员奖，8人获一级优秀青年演员奖，14人获二级优秀青年演员奖。为了提高青年演员素质，剧院和地区文化局于1982年10月举办了蒲剧青年演员培训班，在此基础上组成了“山西省蒲州梆子青年演出团”，任跟心、郭泽民、崔彩彩、雷俊生、窦爱香、薛三勤、郭玲等一批优秀青年演员脱颖而出。次年，该团赴成都、重庆、武汉和北京演出，誉满川鄂，艺震京都。任跟心、郭泽民、崔彩彩的表演受到首都观众的赞赏。《戏剧报》、《戏剧论丛》为他们组织了专场推荐演出。任跟心、郭泽民获首届《戏剧报》梅花奖。1985年青年剧团参加全国戏曲观摩演出，演出了小戏《挂画》，任跟心获主演一等奖，赵乙获小戏导演奖，乐队获小戏伴奏奖，剧组获演出集体奖。为此，山西省人民政府特授予任跟心“青年表演艺术家”称号。剧院对青年艺术干部的培养也非常重视，选送他们到中国艺术研究院进修深造。选送培养已初见成效，郭江的《范进中举》在京演出颇有影响。剧院自建院以来荟萃了一批蒲剧编、导、表演、音乐、舞美方面的艺术人才，如一级编剧杜波，一级导演赵乙、韩刚，一级作曲张峰，一级美术师白星，一级演员张庆奎、筱爱娜、王天明、杨翠花、任跟心、郭泽民，二级编剧刘浩，二级导演李安华、张巧凤、王庚吉、白麦浪、张秀云，二级作曲吴鸣，二级鼓师李森等。他们在继承、革新、发展蒲剧艺术上，在培养新的一代艺术人才上，付出了大量的心血，为推动蒲剧艺术的发展做出了突出的贡献。现任院长、著名导演赵乙，早在五十年代就致力于蒲剧艺术的改革，精通蒲剧音乐和表导演，并特别重视对青年演员、青年干部的培养。所编导的剧目有《三打祝家庄》、《白毛女》、《刘胡兰》、《拾玉镯》、《结亲记》、《挂画》、《烤火》、《麟骨床》、《白沟河》、《意中缘》、《杀驿》等。在蒲剧界享有很高的声誉。前副院长、剧作家墨遗萍（1982年病故）生前致力于剧本创作和蒲剧史的研究，著有《蒲剧史魂》和剧作《乞巧图》、《正气图》、《是谁之罪》、《白袍将》等。韩刚编导的戏有《涧水东流》、《结亲记》、《女儿的心愿》以及新编和改编的历史剧《白沟河》、《花马剑》、《女绑子》等。杜波除主编刊物《蒲剧艺术》外，创作和改编的剧目有《白沟河》、《岳云》、《献嫂记》、《意中缘》和现代戏《中条山的春天》、《花开满山红》、《状元的婚事》等，与赵乙、李安华合作编写《麟骨床》，与谢添等合作改编《烟花泪》，并著有《蒲剧剧目辞典》、《王秀兰舞台艺术初探》。作曲张峰著有《蒲剧唱腔结构初探》、《蒲剧音乐》（与康希圣合作）、《蒲州梆子简史》，并为《薛刚反朝》、《窦娥冤》、《麟骨床》、《烟花泪》等剧目编曲。此外还有白星、潘尧黄及一批中青年艺术干部在舞美、艺术研究、资料汇集、发展蒲剧艺术上倾注了自己的心血。剧院演员阵容在剧界颇有影响，老一辈中有五大名演员之一的著名花旦王秀兰，善演喜剧和悲剧，饰多情女子和巾帼英雄兼长，创造了心地善良的白素贞、多情的孙玉姣、机智多谋的梅英、有识有胆的红娘、不为富贵所淫的燕燕、具有反抗精神的敫桂英和窦娥，以及现代戏《罗汉钱》中的小芹、《红灯记》中的李铁梅等众多艺术形象。目前虽近花甲，仍在蒲苑为培养年轻一代辛勤耕耘。阎逢春（“文革”中含冤去世）、张庆奎（艺名十三红）都是蒲剧名须生，善用蒲剧特技塑造人物，有深厚的功底，各自成派。阎逢春塑造的人物性格鲜明，表演节奏明快、强烈、洗练，感情充沛，富有创造性，著名京剧表演艺术家周信芳、程砚秋等十分推崇。张庆奎则重唱，唱腔刚柔相济、柔中有刚，缠绵婉转，很受观众欢迎。杨虎山（1977年病故）为蒲剧名二净，主演的《九江口》、《赠绨袍》等戏赢得很高声誉。蒲剧著名文武小生筱月来（已故），在群众中颇有影响。曹洪文、王天明、杨翠花、田迎春等都是很受群众欢迎的中年演员。

王秀兰演《窦娥冤》中窦娥　　杜　波供稿

杜　波

1988年10月

沈 阳 京 剧 院

东北文协平剧工作团

首任团长张东川

沈阳京剧院是由辽宁京剧团和沈阳市京剧团合并组成的。辽宁京剧团的前身是东北文协平剧工作团，1948年7月1日在哈尔滨成立，归东北文协领导，张东川、李纶先后任团长。同年11月初，剧团由哈尔滨市迁到沈阳。1950年1月改名东北京剧实验剧团，宗旨是改革旧戏和实验演出。1951年9月改名东北戏曲研究院京剧实验剧团，李纶首任院长兼京剧团长，后由晏甬接任院长，张守维任副院长。1954年10月东北行政区撤销，剧团随之改组更名为辽宁戏曲剧院京剧团。1957年改名辽宁京剧团。沈阳市京剧团是1953年3月正式成立的国营剧团，隶属沈阳市文化局，团长先后由吕福寿、曲瑞琦担任。该团有著名武生演员黄云鹏、著名青衣男旦吕慧君（已故）、著名老生演员唐韵笙。唐韵笙导演、主演了新编近代历史剧《还我台湾》。1958年由唐韵笙担任团长，剧团举行了“久不上演剧目展览”，上演了“唐派”名剧《二子乘舟》、《好鹤失政》、《闹朝扑犬》等，还由唐韵笙、杨逸民改编·唐韵笙导演、主演了现代戏《白毛女》、《詹天佑》。1959年11月11日，辽宁京剧团与沈阳市京剧团合并，组建沈阳京剧院，赵天林任院长，王君扬、赵平、唐韵笙任副院长。剧院现设一、二团和少艺班。全院编制原为300余人（其中演员190余人，乐队40余人，舞美30余人，行政30余人，学员47人），现缩编为200人。

建国以后，从延安到东北的革命文艺干部，参加并直接领导了东北文化界，所以建国初期很快就形成了东北戏曲大发展的局面。剧团在“推陈出新”的方针指导下，“改制、改人、改戏”卓有成效。一批有影响的剧目相继问世，新编剧目有《九件衣》、《美人计》、《洞庭英雄》、《水泊梁山》、《梁山伯与祝英台》、《雁荡山》、《反徐州》、《陈州粜米》等，在东北地区起了很好的示范作用。新编历史剧《美人计》由徐菊华编剧，徐菊华、诸世芬导演，是解放初期首演的剧目。在艺术处理上为突出人物性格，对京剧行当进行了大胆突破；在表演程式上也有所革新，使唱、念、做、打更接近生活。《雁荡山》由徐菊华编导，是一出把京剧传统武打技巧溶于一炉的古典舞剧。全剧不用念白、唱词，全用舞蹈、武打动作及音乐伴奏表现剧情。1952年，该剧参加第一届全国戏曲观摩演出大会，获演出一等奖，张世麟获表演二等奖。周总理在大会闭幕式上说：“东北演出的《雁荡山》为京剧武戏创作开辟了一条道路。”在这次会演中，尹月樵获表演三等奖（《梁山伯与祝英台》），赵荣琛获表演二等奖（《荒山泪》），秦友梅和徐菊华分别获大会奖状。1953年在沈阳举行的东北区戏剧、音乐、舞蹈观摩演出大会中，京剧《反徐州》（晏甬、徐菊华改编，徐菊华、关大有导演）获作品奖，管韵华、张小贤、焦麟昆获优秀表演奖，王美君、范成玉、田奎庆、关大有获表演奖。演出《断桥》的演员赵荣琛、秦友梅、诸世芬分别获优秀表演奖。1959年辽宁省戏剧会演中，《海瑞背纤》（徐菊华、杨元勋、保希文编剧，徐菊华、诸世芬导演）获剧本奖，尹月樵获优秀表演奖；近代历史剧《詹天佑》（编剧刘颖华，导演唐韵笙）获演出奖，

《海瑞背纤》

尹月樵饰海瑞

戴明贺摄

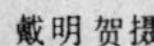

《雁荡山》 黄云鹏饰 孟海公　　　　戴明贺摄

唐韵笙获优秀表演奖。1963年举行沈阳市戏剧会演，参加演出的剧目有《桥隆飙》（杨逸民编剧、李麟童、关大有导演）、《佘太君斩子》（杨逸民、关大有改编，关大有、李麟童导演）、《港口驿》（郭墟移植，集体导演）、《双玉婵》（关大有移植并导演），秦友梅、尹月樵、张小贤、管韵华、李麟童、赵世璞、杨元咏分别获优秀表演奖。1965年举行东北区京剧现代戏会演，参加演出的剧目有《红石钟声》（集体改编、徐菊华导演）、《插旗》（集体编剧，黄云鹏、黄汉臣导演），杨元勋、范成玉、张小贤、韩玉凤、丁振春、杨梅舫分别获优秀表演奖。1981年举行沈阳市戏剧会演，《白莲花》（仲克、杨逸民、丁刃、刘亚明改编，常鸣贵、景长生、汤小梅导演）获演出奖、剧本奖，吴彦华、王斌获表演奖。

剧团经常上工矿，下农村，还参加了一些重要社会活动和出国演出。1950年为访问苏联归来的毛主席、周总理演出《美人计》。1953年部分演员参加第二届赴朝慰问团，去朝鲜前线为中朝指战员演出。1954年《雁荡山》剧组参加东北歌舞团去德意志民主共和国访问演出。1955年，该剧组20余人与中国京剧院组成中国艺术团，先后赴法国、英国、比利时、荷兰、瑞士、意大利、南斯拉夫、捷克斯洛伐克、匈牙利等欧洲九国访问演出，使中国古典艺术获得了国际声誉。1956年部分演员参加了中央慰问团赴四川彝族地区慰问演出。1959年部分演员参加东北三省慰问团赴福建前线岛屿慰问演出。1960年在中南海演出《海瑞背纤》。1982年4月在人民大会堂演出《锁麟囊》和《虹桥赠珠》。1988年夏，赴新加坡参加艺术节，演出了《白蛇传》、《虹桥赠珠》、《青石山》、《大闹天宫》等传统剧。此外，还到北京、上海、天津、济南、武汉、青岛、成都、福州、秦皇岛、哈尔滨、长春、呼和浩特等地演出。在长期的各类演出中，培养和提高了演员的艺术素质。

剧院的发展历史，大体可分三个阶段。1959年至1966年期间排演了大量剧目，属于正规化的演出阶段，也是剧院演出比较活跃的时期。在长期的艺术实践中，涌现了一些艺术造诣精深的编、导、演人员，如编导徐菊华（已故），有“南麒、北马、关外唐”之誉的著名演员唐韵笙（已故），宗法“梅派”的著名旦角秦友梅，著名武生黄云鹏，以及管韵华、焦麟昆、尹月樵、诸世芬、张小贤、吕香君、李春元、李麟童、赵世璞、关大有、吕东明、王美君、林艳蓉、常鸣贵、汤小梅等，此外还有曾在剧院工作过的著名演员赵荣琛、张世麟、武帼英（已故）、任玉砚、高少亭、梁庆云、尚明珠等。

1966年至1976年十年动乱期间，多数演职员被送往农村，艺术活动基本上处于停滞状态。

1978年5月至今。1978年5月恢复沈阳京剧院建制。十一届三中全会后，逐步落实各项政策，京剧院得以振兴。在此期间重新排演了保留剧目《美人计》、《雁荡山》、《海瑞背纤》、《金钱豹》、《古城会》以及《红梅阁》、《白蛇传》、《十五贯》、《秦香莲》、《苦媒人》和现代戏《白莲花》等，博得广大观众的好评。在演出中，一些中年演员日臻成熟，如在《红梅阁》中饰李慧娘的汤小梅，在《白蛇传》中饰白娘子的王丽芳，在《空城计》中饰诸葛亮的王斌，在《古城会》中饰关羽的汪庆元，在《汉宫惊魂》中饰刘秀的顾景荣，在《秦香莲》中饰秦香莲的韩玉凤，在《野猪林》中饰林冲的汪玉麟等。青年演员吴彦华、徐俊、李静文、朱强、张薇等也崭露头角。

剧院为了提高艺术人员素质，进行了智力投资。选送中年导演李季明去上海戏剧学院戏曲导演班学习，选送青年武旦吴彦华、李静文先后去北京、云南拜著名表演艺术家为师。李季明毕业回院后，参加了大型新编历史剧《康熙大帝》的导演工作，又聘请上海戏剧学院教授陈加林为该剧总导演，1987年上演后，获得观众好评。李静文在1988年全国青年演员戏曲调演中获优秀表演奖。

杨兆峰

1988年12月

江苏省柳琴剧团

1953年，徐州市文化主管部门根据当时柳琴戏各班社情况，组建了徐州市柳琴剧团一团、二团。1956年合并成立徐州市柳琴实验剧团，并举办“徐州戏曲青年训练班”，以该班学员组成徐州市柳琴实验剧团青年演出队。同年，徐州市文化主管部门又派新文艺工作者参加剧团，分别担任编剧、导演、音乐设计、美术设计等工作。在此基础上，经江苏省文化局决定，于1958年7月正式成立江苏省柳琴剧团。

1962年，徐州市戏曲学校柳琴班毕业生分配到团，成立了江苏省柳琴剧团第二演出队。1964年，剧团进行整顿，两个演出队合并。“文革”中，剧团被迫停演。1970年后，剧团调回徐州市，由徐州市戏校代培的学员毕业回团，剧团又组成两个演出队。1984年，根据中央文化部“关于艺术表演团体的建设和改革方案”，剧团试行团长负责制，建立了演职员代表会议制，两个演出队合并为一个演出团，成立了艺术生产委员会（下设戏曲研究组、剧目生产组和信息组）。剧团先后由相瑞先、马良书、陈再仁、孙柏桦、杨德勋等任正副团长。1987年底实行党支部领导下的团长负责制，支部书记李凡民，副书记陈再仁，副团长黄奕。下设艺术、行政两个办公室。业务人员有编剧杜庆桓、导演张敬森，音乐设计孙柏桦、蔡佩华、黄奕，舞美设计代秀庭，主要演员厉仁清（调徐州艺校任教）、王平均（退休），现有姚秀云、张小侠、张彩霞、朱树龙。为了搞活剧团经济，1988年4月剧团又组建了徐州市轻音乐团，由孔新华任团长，并办起了化妆照像馆、台球室、舞厅。剧团现有人数84人，比1984年缩减$\frac{1}{5}$。

柳琴戏是流行于苏、鲁、豫、皖交界处的地方小戏。解放前群众称它为“拉魂腔”，言其唱腔优美动听，可以勾人魂魄。又因女腔中有一种尾声翻高七度的拖腔，故又称“拉后腔”。解放后，为了统一剧种名称，1953年由徐州市文化处处长辛原根据其主要伴奏乐器柳叶琴定名为柳琴戏。柳琴戏是由民间说唱音乐发展起来的一种板腔体戏曲，说唱性较强，具有浓郁的乡土气息。唱腔属于高腔音乐范畴，“拉腔”极有艺术特色。传统剧目近200个。解放前，柳琴戏的上演剧目很少有剧本，多是“幕表”戏。解放后，在党的“百花齐放、推陈出新”方针指导下，通过新文艺工作者与艺人的共同努力，改变了“幕表制”的“说戏”方式，实行了新的导演制度。

剧团建立以后，演出了许多剧目，促进了柳琴艺术的发展。1951年剧团自己编演的《洞房认父》、《穷人恨》、《枪毙孙秃子》，在汇报演出中获徐州市给予的荣誉奖。1953年一团、二团移植演出的《罗汉钱》、《小女婿》获徐州专区、徐州市首届戏曲会演演员奖、音乐奖、演出奖。1954年剧团参加六省一市在上海举办的“华东区戏曲观摩演出大会”，演出宋词根据柳琴戏传统剧目改编的《喝面叶》，获剧本奖、演员二等奖；演出《密建游宫》、《拦马》，获演员一、二、三等奖。1956年主要演员厉仁清等根据柳琴戏传统剧目改编的古装戏《顶相》参加徐州专区、徐州市戏曲会演，获剧本奖、音乐奖、演员奖、演出奖。1957年4月，剧团参加江苏省第一届戏曲会演，演出宋词根据柳琴戏传统剧目《太行山》改编的《状元打更》，获演员一、二、三等奖，荣誉奖和音乐奖。1958年江苏省戏曲现代戏会演，剧团演出李大任创作的现代戏《婆媳争砖》，获剧本奖、演出奖。同年，李大任编写的现代戏《花香万家》获徐州市戏曲会演剧本奖。1959年江苏省戏曲调演，剧团演出李大任根据柳琴戏传统剧目《大上寿》改编的古装喜剧《灵堂花烛》，受江苏省委奖励。1972年，徐州地区、徐州市举行现代戏会演，剧团演出李大任创作的现代戏《追谷种》，获演员奖、剧本奖、舞台美术奖、音乐奖。1978年，江苏省举行粉碎“四人帮”后第一次戏曲会演，剧团排演的由李大任创作的现代戏《小燕和大燕》被评为优秀剧目。1979年12月，《小燕和大燕》参加文化部举办的建国30周年献礼演出，获创作二等奖、演出二等奖。1980年，对越自卫反击战中，剧团随中央慰问团赴广西国境线为部队演出《小燕和大燕》。1981年《小燕和大燕》由江苏电影制片厂拍成彩色影片。1982年，剧团排演的周珉根据小说改编的现代戏《宝山相亲》参加徐州市现代戏会演，获创作奖、导演奖、演员奖、音乐奖。1986年，剧团参加在徐州举行的首届柳琴戏剧节，杜庆桓创作的新编古装柳琴戏《三赐御匾》获演出金杯奖、优秀剧本奖、优秀导演奖、优秀音乐设计奖、优秀舞美设计奖、优秀演员奖、演员奖、伴奏奖、灯光奖、道具奖、字幕奖。同年，剧团参加江苏省新创作剧目观摩演出，由宋词创作的现代戏《瓜棚风月》获优秀演出奖、剧本奖、导演奖、音乐设计奖、舞美设计奖、绘景奖、字幕奖、优秀演员奖和演员一、二等奖。1988年10月，徐州市举办首届艺术节，江苏省柳琴剧团和邳县柳琴剧团联合排演了王圣华创作的现代戏《梅雨情》，获剧本一等奖、演出一等奖、灯光一等奖、道具一等奖、字幕一等奖、导演二等奖、音乐设计二等奖、舞美设计二等奖及演员一、二、三等奖。与《梅雨情》同时创作演出的《徐州八景》获作曲二等奖。此外，建国以来，剧团演出的还有整理剧目《书馆会》、《搬兵娶将》等，移植剧目《十五贯》、《搜书院》、《双玉蝉》、《花为媒》、《春草闯堂》、《白蛇传》、《杨三姐告状》、《徐九经升官记》、《程咬金招亲》、《汉宫怨》、《天之骄女》、《鸳鸯杯》等，自编、移植现代戏《刘胡兰》、《江姐》、《红旗谱》、《耕耘序曲》、《迎春花》、《女飞行员》、《红色宣传员》、《向阳商店》、《龙马精神》、《向阳岭》、《桃园新篇》、《儿女传奇》、《杨玉洁》等。

剧团历任领导都很重视柳琴戏的研究和对人才的培养。“文化大革命”以前，曾收集了大量的传统剧目剧本，发掘整理了不少唱腔音乐资料和伴奏曲谱。1980年重建柳琴戏唱腔研究室。1981年整理编印了《柳琴戏唱腔选集》。1986年“苏鲁豫皖柳琴·泗州戏研究会”成立，剧团被吸收为团体会员，有12人被选为常务理事。在培养人才方面，1971年剧团招收学员30名，1978年又招收学员40名，请徐州戏校代培，1978年、1981年、1983年分别选送一些中青年到南京艺术学院、上海音乐学院、江苏省戏校进行器乐、作曲、导演方面的进修，目前这批力量已在各自的业务岗位上显露才华。

蔡佩华 1988年12月

江苏省锡剧团

江苏省锡剧团成立于1953年2月，由原苏南文联锡剧实验剧团和苏南文工团(部分新文艺工作者)合并组成。苏南文联锡剧实验剧团原名先声锡剧团。1951年苏南文联先后派郭向安、费克、高野夫等去该团进行改革，并从苏南文工团调进知名演员姚澄、何枫和新音乐工作者郑桦等。

建团初期，调入知名演员王兰英、沈佩华、张玲娣等。1954年初夏，又将无锡县锡剧团（原上海红星锡剧团）并入，随团并入的主要演员有王汉清、刘鸿儒、王媛媛等，同时调出部分人员支援江阴、溧水等地的锡剧团。

剧团现有154人，其中编剧2人，导演2人，演员54人，乐队30人，舞美队29人。设有团部、行政办公室、编导组、演员队、乐队、舞美工作队。先后由程茹辛、何枫、汤立一、李乐观、朱军、徐佩珩、吴宝山、吴岫明、马轶群、许应、郑桦、姚澄、顾树屏、蒋昌涌、汪人达等任团长、副团长，现任团长李乐观，副团长顾树屏、蒋昌涌、汪人达。

30余年来，江苏省锡剧团认真贯彻执行“百花齐放、推陈出新”的方针，在剧目创作和演出上，坚持传统戏、新编历史剧和现代戏三并举。艺术方面致力于保持和发扬锡剧浓郁的江南地方色彩和农民艺术的特色，整理、演出的传统生活小戏，仍然以农民的观点、农民的语言和从民歌基础上逐步戏剧化的唱腔，来反映农村生活，深受江南人民喜爱。在此基础上，学习了京剧、昆剧的舞蹈、身段，吸取了电影、话剧表演艺术的长处，丰富了表现手段，提高了表演艺术水平。

30余年来，剧团先后整理、改编的传统剧目有《双推磨》、《庵堂相会》、《拔兰花》、《秋香送茶》等生活小戏，《珍珠塔》、《双珠凤》、《红楼梦》、《三看御妹》、《嫦娥奔月》、《合珠记》、《救风尘》、《玲珑女》、《寻儿记》、《孟姜女》、《玉蜻蜓》等古装戏；新编历史剧有《天国怒火》(即《力世仇》)、《三夫人》、《秦淮曲》等；移植、改编其他剧种的优秀剧目有越剧《梁山伯与祝英台》、《白蛇传》和《庵堂认母》，沪剧《罗汉钱》，粤剧《搜书院》，昆剧《十五贯》，湘剧《三女抢板》(即《生死牌》)，京剧《金玉奴》、《女巡按》（京剧原名《谢瑶环》)、《红嫂》、《沙家浜》以及新歌剧《刘胡兰》、《江姐》等。剧团创作、演出的现代戏有《走上新路》、《红色的种子》，以及根据黎汝清同名小说改编的《海岛女民兵》等。

剧团在演出过程中，不断扩大服务对象。原来以农民和工人为主，从50年代开始，吸引了一大批青年学生、知识分子和干部等新观众。演出地区，从以太湖流域为主，扩展到东起海边，南达浙江省杭、嘉、湖等吴语区，以及西起南京、北抵苏北盐城以南等非吴语区，并远及安徽省的马鞍山等地，还前往北京、上海、山东、湖北、湖南、广东、深圳、福建、江西等省、市演出，进行艺术交流。1954年9月，在北京为全国第一届人民代表大会演出《双推磨》等一台传统小戏。同年10月，《双推磨》、《庵堂相会》、《走上新路》等剧参加华东戏曲观摩会演，分别获得优秀演出奖、剧本奖、导演奖、音乐改革奖、舞台美术设计奖；姚澄、王兰英、沈佩华获得演员一等奖，王汉清、何枫、徐风、费兴生获得演员二等奖，谭君卿、刘鸿儒、王媛媛、张玲娣获得演员三等奖或奖状。是年冬，《双推磨》由上海电影制片厂拍摄为戏曲舞台纪录片，黄佐临任该片导演。1956年夏，《庵堂相会》和从越剧移植过来的《庵堂认母》由上海天马电影制片厂拍摄成戏曲艺术片，前者由俞仲英导演，后者由杨小仲导演。1958年创作、演出的《红色的种子》，在北京演出。是年，为纪念关汉卿改编、演出了《救风尘》。1959年10月，剧团参加“支边青年慰问团”去新疆进行慰问演出。1960年初夏，去福建前线慰问演出。1961年10月上旬《拔兰花》、《送花楼会》、《三访桑园》、《嫁媳》、《合珠记》、《搜庵》、《狮子楼》、《跌雪》等折子戏，参加江苏省举办的锡剧流派会演。同年10月下旬，剧团组织主要演员，会同无锡、常州、苏州等地著名演员梅兰珍、王彬彬、汪韵芝、杨企雯、吴稚童、薛静珍、张稚乐等，组成“锡剧著名演员巡回演出团”，在南京、镇江、常州、无锡、苏州等地联合演出了《珍珠塔》、《孟丽君》。1963年夏、秋，上海电影制片厂与香港凤凰影业公司联合拍摄了《双珠凤》，由舒适导演。

剧团有一批有影响的业务骨干：俞介君，编剧，代表作品有《双推磨》、《双珠凤》、《救风尘》、《三看御妹》等。叶至诚，编剧，代表作品有《走上新路》、《海岛女民兵》（集体创作）、《拔兰花》（与俞介君、姚澄合作）。季彦辉，编剧，代表作品有《小过关》（《孟姜女》中一折）、《玉蜻蜓》（与田夫合作编导）、《玲珑女》（与谢鸣等合作）、《天国怒火》等。许应，导演，导演的剧目有《走上新路》、《珍珠塔》、《红楼梦》（与田夫合作）、《嫦娥奔月》、《拔兰花》、《海岛女民兵》、《三夫人》等。田夫，导演，导演过《双推磨》（与季彦辉合作）、《三看御妹》、《救风尘》、《红色的种子》（与季彦辉合作）。郑桦，作曲，先后改编、创作〔四句头老簧调〕、〔簧调流水板〕、〔铃铃调男腔〕，发展〔大陆调〕各种板式〔南方调〕、〔陈调〕、〔金陵塔〕、〔绣荷包〕、〔无锡山歌〕等。程茹辛，作曲，改编〔洪发调〕、〔媒婆调〕，设计《走上新路》、《荆钗记》、《红楼梦》（与郑桦合作）等中的音乐。姚澄，演员，擅演旦角，有时也反串小生，塑造了《梁山伯与祝英台》中的祝英台、《拔兰花》中的王凤霞、《罗汉钱》中的小飞娥、《走上新路》中的李瑞珍、《红色的种子》中的华小凤、《江姐》中的江姐，以及《红楼梦》中的贾宝玉、《双珠凤》中的文必正等人物形象。王兰英，演员（旦），塑造了《双推磨》中的苏小娥，《珍珠塔》中的陈翠娥、《玉蜻蜓》中的申大娘、《三访桑园》中的王兰英、《红色的种子》中的张素贞以及嫦娥、孟丽君、薛宝钗等人物形象。沈佩华，演员（旦），塑造了《红楼梦》中的林黛玉、《救风尘》中的赵盼儿、《三看御妹》中的刘金定、《庵堂相会》中的金秀英、《小过关》中的孟姜女、《红嫂》中的红嫂等人物形象。王汉清，演员（生），戏路较广，塑造的人物有《走上新路》中的刘炳根、《天国怒火》中的李秀成、《嫦娥奔月》中的后羿、《狮子楼》中的武松、《十五贯》中的况钟、《三访桑园》中的何文秀、《跌雪》中的方卿（文戏武演）等人物形象。刘鸿儒，演员（生），塑造了《三看御妹》中的封加进、《救风尘》中的周舍、《红楼梦》中的贾琏、《水泼大红袍》中的卢廷义、《红色的种子》中的钱福昌、《江姐》中的沈养斋、《海岛女民兵》中的海匪刘阿太等人物形象。倪同芳，演员，塑造的形象有《沙家浜》中的阿庆嫂、《海岛女民兵》中的海霞、《玲珑女》中的李翠英、《刘胡兰》中的刘胡兰，以及孟姜女等。知名演员还有何枫、王媛媛、张玲娣、谭君卿、费兴生、郑永德、徐风，中青年演员还有杨继忠、蒋昌涌、王根兴、王菊英。在丰富锡剧音乐的表现力方面，已故作曲费克改编了〔新大陆板〕，〔新簧调〕（男腔），叶林改编了〔新迷魂调〕等。此外，老编剧谢鸣，编导何鹤，音乐设计人员吴忠良、冯石明、叶传卿，舞美设计人员周日新、陈润康、陈文君、芮金富，技导李雪芳等，都有一定造诣。业务骨干中，被评为一级职称的有：演员姚澄、王兰英、沈佩华，编剧俞介君，作曲郑桦。二级职称的有：演员倪同芳、王根兴、张志强、周树林，导演汪人达、王锡春，作曲吴忠良、冯石明，舞美设计周日新、陈正礼、陈文君，乐师冯璜、蔡炳兴、叶传卿。

30余年来，剧团注意培养接班人。50年代中期，招收了杨继忠、蒋昌涌、张志强、许洪芳等一批青年学员。60年代初，由无锡市锡剧团学馆调入王根兴、岳浩生（丑）、严慧芬、虞纪英等青年演员和由江苏省戏剧学校调入倪同芳、王菊英、李秋芬等一批学员，组成了青年锡剧团，由王媛媛、王翠凤、郑永德、徐风、李雪芳等进行培训。这批解放后培养的演员，连同“文化大革命”后由江苏省戏剧学校先后毕业分配的周树林、薛燕等，正接替第一代演员，逐步成长起来，活跃在当前的锡剧舞台上。

郑　桦　1988年11月

江西省宜春地区采茶剧团

剧团领导人

宜春地区采茶剧团原名宜春专区地方剧团，成立于1959年12月27日，由全区各县剧团抽调的优秀演员、乐手及有关工作人员组成。“文化大革命”中，宜春专区地方剧团与专区京剧团、专区歌舞话剧团、工人剧场合并为红色文艺工作团。1972年夏恢复建制，更名为宜春地区采茶剧团。剧团成立以来，先后由胡然、兰国祥、翟玉龙、孟松卿、郭秋痕、孙玉兰、吴品文任团长，吴其多、黎花英、熊文辉、方锡庆、黄自强、刘如南、聂明高任副团长。

剧团现设办公室、艺术室、行政股、演出股和演员队、乐队、舞台工作队。全团在编人员57人，计导演2人、音乐设计1人、舞美设计1人，演员29人、演奏员12人、后台工作人员8人、其他工作人员4人。现任团长吴品文、副团长刘如南。主要业务骨干有导演赵日祥，副导演刘如南，作曲陆有勤，美术设计杨曙泰，演员夏太咏、薛年根、刘如南、黄银泉、黄安安、夏旭平、郑菊英、程双燕、兰光炎、刘世棉、肖建新、兰芬等。

宜春地区采茶剧团的采茶戏属高安采茶戏剧种。高安采茶戏是在民间灯彩戏的基础上发展衍变，吸收其他兄弟剧种的养分，到清末民初逐渐形成的一个具有独特风格的年轻剧种。解放前没有专业班社，仅民间艺人在农闲时节组成三脚班在农村集镇及附近县城演唱，剧目多是反映劳动人民生活的小戏，如《孙成打酒》、《四九看妹》、《补背褡》、《花鼓过关》、《瞧相》、《张三卖肉》、《卖花线》等。其艺术特色是语言诙谐风趣，富有生活情趣；唱腔旋律优美，节奏欢快，具有浓厚的乡土气息；表演轻松活泼，喜剧效果强烈。解放后，宜春地区各县相继出现了专业采茶剧团，使高安采茶戏得以迅速发展。

宜春地区采茶剧团建团后，贯彻“推陈出新”的方针，继承高安采茶戏直接反映现实生活的优良传统，以创作、演出现代戏为主，深入农村、厂矿为工农演出。60年代初创作演出的《打鱼》曾获江西省第一届青年演员会演优秀演出奖。1964年创作演出的《小保管上任》在华东区现代戏曲会演中获得高度评价，并于1965年3月赴京汇报演出，同年5月由上海天马电影制片厂拍成电影。1981年创作演出的《喜鹊闹梅》获江西省戏曲现代戏会演一等奖，同年底赴京参加全国戏曲现代戏调演，受到文化部嘉奖。1986年创作演出的《唧噹嚓》在江西省首届“玉茗花”戏剧节中获创作一等奖、演出一等奖。与此同时，剧团还注重挖掘和继承本剧种的优秀传统剧目。1979年整理改编的《孙成打酒》赴京参加建国30周年献礼演出，获得创作一等奖、演出二等奖，深受首都艺术界赞誉。20多年来，剧团还有计划地学习、移植其他兄弟剧种的优秀剧目，编写了一批大型现代戏，如《焦裕禄之歌》、《兵临城下》、《溪水清清》、《万水千山》、《西安事变》、《霓虹灯下的哨兵》、《雷雨》等。

宜春地区采茶剧团在抓好剧目建设的同时，注意抓好设施建设和队伍建设。1979年建起了能容纳1400多观众的采茶剧院。1982年和1985年先后建起两幢5层30户的演员宿舍。为了造就训练有素的接班人，1975年起办起了宜春地区采茶班，先后抽调多名有丰富舞台经验的老演员任教，如著名高安采茶戏演员吴其多、黎花英等。为了加强管理，采茶剧院于1984年与采茶剧团分开，独立为宜春地区艺术剧院。1983年采茶班与采茶剧团分开，独立为江西省文艺学校宜春地区分校。

《孙成打酒》

剧团供稿　1988年11月

安徽省黄梅戏剧院

剧团创始人之一余耘

安徽省黄梅戏剧院是安徽省文化局（厅）创建并直接领导的地方戏表演团体。1953年4月成立于合肥市，原名安徽省黄梅戏剧团，1987年3月改制建院，下辖一团、二团两个演出实体。院部设创作室、行政办公室、艺术资料室、教学辅导组。建团之初，人员来自三个方面：原省文工团的干部、导演、音乐工作者、青年演员；安庆市及安庆地区若干县黄梅戏剧团的部分主要演员、伴奏员；安庆地区业余黄梅戏剧团的演员。由于有一批有志于戏曲事业的知识分子与有丰富表演艺术经验的艺人相结合，相互学习，协同创造，为建设一个新型地方戏表演团体奠定了坚实的基础。

剧院现有演职人员198人，计创作室10人（含编剧、导演、作曲、美术设计），演员93人，音乐伴奏47人，舞台工作人员29人，行政人员19人。剧院负责人由省文化局(厅)任命，先后由闵人、吕波、蓝天、赵夫征、田瑛、高昆担任团长。现任院长为钱振源，副院长任培基、汪琪、蒋广萍。蒋广萍兼任一团团长，汪琪兼任二团团长。由于“文化大革命”的破坏以及其他原因，剧院的业务骨干变动较大。著名黄梅戏表演艺术家严凤英惨遭迫害含冤而死。著名黄梅戏表演艺术家王少舫、潘璟琍病故。著名老艺人丁永泉、胡遐龄、张云风、潘泽海相继逝世。主要创作人员中编剧陆洪非、丁式平，作曲时白林、王文治，导演李力平、乔志良等也陆续调职或离退休。目前主要业务干部有编导王冠亚，编剧陈望久，导演孙怀仁，作曲方绍墀、潘汉明，舞台美术设计戴维祥、孙立嵩、周艺鸣，演员马兰、黄新德、吴琼、黄宗毅、陈小芳、俞士伟、陈小成、梅伟慈、吴亚玲、张辉、杨俊、黄厚生等。

黄梅戏（旧称黄梅调）是长期活跃于安徽省安庆地区农村的地方戏曲。建国前因备受摧残而奄奄一息。建国后由于党和政府的关怀、扶植，以及黄梅戏艺术工作者的创造性劳动，恢复了生机。建国初黄梅戏仅剩3个专业剧团，现已发展为分布6个省、拥有50多个专业剧团的新兴剧种。安徽省黄梅戏剧院为促进这朵蓬勃发展的艺苑新花作出了贡献。剧院积极贯彻“推陈出新”的方针，从创建之初便强调向传统艺术学习，同时鼓励业务干部勇于创新、走改革的道路。在艺术实践中做到既珍视黄梅戏富有浓郁生活气息和地方风韵的优良传统，发挥黄梅戏语言清新易懂、唱腔优美流畅、表演质朴真实等长处，又勇于借鉴其他艺术形式及兄弟剧种的优秀成就，以丰富自身的艺术表现力。据此原则改编排演的《打猪草》、《夫妻观灯》、《天仙配》、《女驸马》、《罗帕记》等传统戏成为广为流传、生命力较强的保留剧目。剧院坚持“推陈出新”，坚持发挥知识分子的作用，使剧目建设在新时期中取得新的成绩。自十一届三中全会召开以来，先后改编排演了众多剧目，其中《龙女》、《风尘女画家》、《无事生非》等均取得很好的艺术效果，产生较广泛的影响。剧院在移植上演兄弟剧种的优秀剧目时，也注意在艺术形式上力求保持本剧种的特色，其中《春香传》、《打金枝》、《碧玉簪》、《刘三姐》、《红楼梦》、《春草闯堂》、《哑女告状》等剧均多次上演，受到观众的欢迎。剧院也重视现代戏的排演，建团以来所排现代戏占排演总数约一半，其中较有影响的有《党的女儿》、《江姐》、《红色宣传员》、《年青的一代》、《军民一家》、《风尘女画家》等。

剧目建设的成就促进了演出的繁荣。历年来除在本省市、县演出外，还应邀到全国各地作巡回演出，足迹遍及21个省、（市、自治区）；先后7次赴京汇报演出。1953年10月参加第三次全国人民赴朝慰问团，为中国人民志愿军和朝鲜军民演出。1981年12月赴香港演出，赢得香港观众赞誉和文化部的表扬。1983年、1984年、1986年先后赴大庆油田、华北油田、大港油田为石油工人演出。1987年精选黄梅戏优秀唱段编创

严凤英、王少舫主演《天仙配》

了大型歌舞《黄梅戏演唱会》,赴北京参加首届中国艺术节，演出获得成功。1988年选派演员二人携若干黄梅戏唱段及歌舞参加安徽艺术团赴西德、瑞士演出。

剧团演出的剧目引起社会的普遍重视。自1955年起先后拍摄了8部黄梅戏艺术影片,计为《天仙配》(上海电影制片厂摄制)、《夫妻观灯》(中国新闻电影制片厂摄制)、《春香闹学》(安徽电影制片厂摄制)、《女驸马》(上海海燕电影制片厂摄制)、《牛郎织女》(上海海燕电影制片厂与香港大鹏影业公司联合摄制)、《槐荫记》(上海天马电影制片厂与香港繁华影业公司联合摄制)、《龙女》(上海电影制片厂摄制)、《孟姜女》(中国新闻电影制片厂摄制)；还应邀选派演员在《红霞万朵》(珠江电影制片厂摄制)和《母老虎上轿》(长春电影制片厂摄制)两部影片中担任主角。此外、自80年代以来还拍摄了《狐女婴宁》、《这家没男人》、《西厢记》、《劈棺的女人》等 9 部共 27 集黄梅戏电视连续剧、应邀选派演员在电视连续剧《严凤英》中担任主角，还录制了《凤灵》、《严凤英》、《汉宫秋》等 6 部黄梅戏广播连续剧。黄梅戏艺术与影视艺术相结合，既为丰富人民文化生活作出贡献，也扩大了黄梅戏的影响，丰富了自身艺术表现力。

历年来剧院的剧目和个人在大行政区及全国性各种评奖活动中曾有12项29人次获奖，其中《天仙配》获1954年华东区戏曲观摩演出大会优秀演出奖、音乐演出奖、剧本一等奖、导演奖，严凤英、王少舫获演员一等奖，同时,剧团演出的《夫妻观灯》获演出奖，《打猪草》获剧本奖；电影《天仙配》获文化部颁发的1949年——1955年优秀影片奖；《无事生非》获文化部颁发的专项嘉奖；《这家没男人》获第三届全国戏曲电视剧评奖之多集电视剧一等奖，《西厢记》获同项评奖之三等奖和《大众电视》“金鹰奖”之创新奖；演员马兰获第四届《戏剧报》“梅花奖”，第六届《大众电视》“金鹰奖”最佳女主角奖和第八届电视“飞天奖”优秀女主角奖。

剧院努力将自己的艺术作品与实践经验贡献于人民和全剧种的同行、除向兄弟剧团供应各种资料外，历年来出版了《天仙配》、《打猪草》、《夫妻观灯》、《打豆腐》、《春香闹学》、《砂子岗》、《女驸马》、《罗帕记》、《牛郎织女》、《龙女》、《党的女儿》等剧本、电影文学剧本、还编辑出版了《黄梅戏新腔选集》两集及《黄梅戏锣鼓》等专集、灌制了唱片和盒式录音带数十种向国内外发行。

35 年来，剧院先后培训了许多届学员、还从专业黄梅戏艺术学校的毕业生中不断选拔青年演员充实剧团、大胆起用他们担任舞台剧和电影电视剧的主角，在实践中，取得很好的艺术效果并使其艺术水平得到提高、逐步走向成熟、赢得了观众的信任。

丁式平　1988年12月

马兰、黄新德主演《龙女》

福建省梨园戏实验剧团

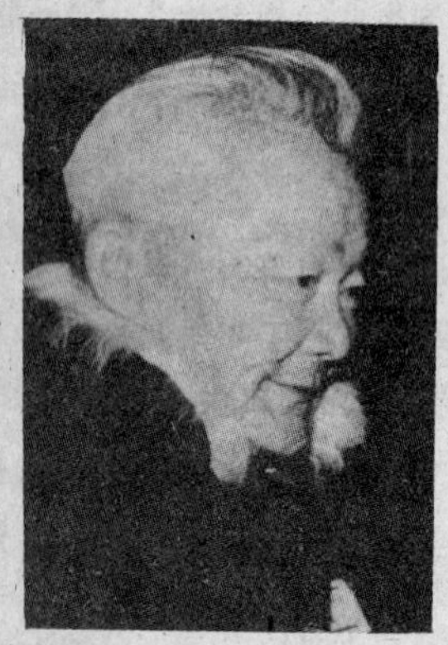

首任团长　蔡尤本

福建省梨园戏实验剧团的前身是福建省闽南戏实验剧团。1951年冬，晋江县文化馆将分散在民间的部分大、小梨园戏艺人组织起来，成立晋江县大梨园实验剧团，由名鼓师林时枨任剧团管委会主任。1952年冬，全团参加在泉州举办的福建省第二期戏曲改革学习班。1953年3月21日，中央文化部批准福建省文化事业管理局的报告，将晋江县大梨园实验剧团与晋江专区文工队合并，建立福建省闽南戏实验剧团。这是新文艺工作者与民间艺人结合的实验性省属剧团，团址设在泉州市。1958年4月，经省文化局批准，改称为福建省梨园戏剧团。5月，又将剧团更名为福建省梨园戏实验剧团，为福建省戏曲研究所重点剧团之一。先后担任剧团领导的有：团长蔡尤本，副团长许炳基、程其毅、钟天骥、王爱群、傅孙梗。

"文革"中，剧团被迫解散，艺人流散，团长蔡尤本，剧作家林任生，表演艺术家林玉花，名老艺人姚望铭、许志仁、叶恢景、李清河、李华担、陈德碗、陈家荐、林迪建等在艰危处境中逝世。1971年4月，部分演职员组成晋江地区文艺宣传队。1982年春，重新组建晋江地区梨园戏剧团。先后担任团长的有连远辉、曾金铮、王爱群、副团长有蔡娅治、张文辉等。1982年省艺校梨园班毕业生30余名分配到团。1984年6月剧团调整班子，任命张文辉为团长，苏彦硕、王仁杰、蔡娅治为副团长。团部下设艺术工作室、艺术档案室、办公室和舞美制作室，并分设两个演出队。剧团编制数为120人，主要业务骨干有一级导演吴捷秋、二级导演苏彦硕，二级编剧王仁杰、尤世赞，二级作曲李文章，二级舞美设计许长欣、施培植，二级演员苏乌水、蔡娅治、吴明森、王胜利、曾静萍，以及中级艺术人员编剧陈君平，作曲汪照安、吴启仁，舞美设计苏兆平、王文钦，演员许天相、吴幼青、林赋赋、黄雪娥、黄炳铜、龚万里、吴艺华、戴冰冰、江丽丽、陈美娜、纪国平、郭玉凤、黄晓萍、洪如望、李红，演奏员陈济民、许宝彬等。

剧团建立后，重点整理、加工、排演传统名剧《陈三五娘》、《吕蒙正》等剧。《陈三五娘》由小梨园名师蔡尤本口授，把原来的22折戏整理压缩为一个晚上的演出剧目。1954年11月，以《陈三五娘》及折戏《入窑》(《吕蒙正》之一折)参加华东区戏曲观摩会演大会，《陈三五娘》获剧本一等奖、优秀演出奖、导演奖、音乐演出奖、舞台美术奖，演员苏乌水、蔡自强、苏鸥、林玉花获演员一等奖，鼓师林时枨获乐师奖，奖状获得者有李茗钳、施教恩；《入窑》获剧本二等奖、演出奖，许韦美获演员二等奖。梨园戏这一古老优秀剧种，从此跨出闽南方言区，呈现在全国戏曲界面前。1955年6月剧团赴京汇报演出《陈三五娘》、《吕蒙正》、《朱文太平钱》、《桃花搭渡》、《唐二别妻》等，其中《陈三五娘·睇灯》一折去中南海怀仁堂演出。演出得到首都戏曲文学界的重视，对梨园戏能保留、发掘、整理、演出宋元南戏孤本《朱文太平钱》尤为珍视。自1955年起，剧团先后几次进行巡回演出，到过天津、济南、南京、杭州、汕头、广州、衡阳、长沙、南昌、苏州、无锡、上海、深圳、柳州、醴陵等大、中城市。1956年11月上海电影制片厂天马厂将《陈三五娘》拍摄为彩色戏曲艺术片。同年12月5日，文化部公布全国第一批受奖戏曲剧目，《陈三五娘》获剧本奖。1958年4月剧团除整理上演传统剧目《董永与七仙女》、《朱弁冷山记》，还创作、改编《捡牛粪》、《杨梅岭》、《婆媳俩》、《红色种子》、《两个女红军》、《赤叶河》等现代戏，其中《捡牛粪》、《婆媳俩》等参加8月份省第二届戏曲现代戏剧目汇报演出大会，获得好评。1959年6月，剧团再次赴京汇报演出《高文举》、《朱弁冷山记》、《大保奏》、《昭君出塞》、《十朋猜》、《摘花》等剧目，全国文联召开座谈会对梨园戏和《朱弁冷山记》加以赞誉。是年11月，中国新闻社与香港华文影片公司联合，拍摄以青年演员为主的小梨园传统名剧《胭脂记》。1962

年4月《昭君出塞》参加了广交会演出。

1972年剧团重新组建后，先后恢复上演了传统剧目《陈三五娘》、《苏秦还乡记》、《李亚仙》、《王魁负桂英》、《吕蒙正》、《寄子别传》、《高文举》、《岳霖争忠记》、《红叶宝剑》等，并积极创作上演现代戏《燕南飞》、《端嫂》、《分家》、《东风万里》、《寒梅曲》以及新编历史剧《刺桐舟》等。其中《李亚仙》上演近千场，深受国内外观众好评，是传统剧目推陈出新的又一成果。《燕南飞》、《端嫂》、《分家》、《东风万里》、《红叶宝剑》等参加省调演、汇演，其中《燕南飞》获剧本二等奖，《红叶宝剑》获演出三等奖，演员许燕鸿、龚万里、王胜利、陈美娜获演员奖。1983年剧团青年演员参加省青年演员比赛，获1枚金质奖章、5枚银质奖章、5枚铜质奖章，是全省剧团中得奖最多的单位。1984年9月，由王仁杰根据同名小说创作的现代戏《枫林晚》，参加福建省庆祝建国35周年现代戏调演，获优秀演出奖，导演苏彦石（执行）、吴明森、许天相获导演奖，许长欣获舞美设计奖，杨双智获场景音乐奖，苏北平、徐家瑞获灯光设计奖，陈美娜、吴明森、龚万里获演员奖。1987年，王仁杰创作的新编梨园戏《节妇吟》参加福建省第十七届戏剧展演，获剧本一等奖，苏彦石获优秀导演奖，李文章获音乐奖，苏北平获灯光设计奖，曾静萍获优秀演员奖，黄炳铜获演员奖，龚万里获幕后演员奖。同年，该剧目获福建省首届“水仙花”剧本奖和1986—1987年全国优秀剧本奖，并于1988年11月被选调参加首届中国戏剧节演出。1987年福建省首届“水仙花”演员奖评比中，曾静萍获最佳女演员奖，吴艺华、戴冰冰获演员奖。1985年12月底，应中央文化部邀请，剧团第三次晋京，演出剧目有传统剧《李亚仙》，现代戏《枫林晚》，传统折戏《朱文太平钱》、《玉真行》、《摘花》、《冷温亭》等，《李亚仙》先后进中南海怀仁堂和人民大会堂演出，传统折子戏由《戏剧报》向首都文艺界作推荐演出。86年元旦，为中国残疾人福利基金会义演一场。文化部艺术局于86年1月3日发文对剧团予以表彰，指出，剧团“牢牢把握改革的目的在于进一步解放艺术生产力”，“在传统剧目整理改编和创作演出现代题材剧目，以及出人出戏方面取得了成绩”。

1980年9月，组成以卢令和为团长，郑国权为副团长，王爱群、苏乌水为艺术指导，钟天骥为秘书长的福建梨园戏剧团，赴香港新光戏院公演《李亚仙》、《陈三五娘》、《苏秦还乡记》等，深受港澳同胞及东南亚华侨、台湾同胞的好评。1985年9月，与泉州南音乐团联合组成以高世煜为团长的中国南音艺术团赴日本东京参加亚洲民族艺术节，演出节目有南音乐舞《踢球》《三千两金》等，得到了与会各国代表和日本观众的赞赏。1986年10月，应菲律宾文化中心等31个社团的邀请，组成以许在全为团长，庄文彬为副团长，张文辉为秘书长，苏彦硕为艺术总监，吴捷秋、洪本仁为艺术指导的中国福建梨园戏实验剧团，赴菲律宾公演《李亚仙》、《陈三五娘》、《苏秦》、《苏英》、《高文举》等传统及移植剧目15台，演出30余场，场场爆满。高拉顺·亚谨诺总统特致贺词。剧团除出访外，还多次接待来访的外国专家学者及文化团体和留学生，其中有美国伊里诺斯大学的杰克·麦肯齐教授，戏剧理论家理查·谢克纳教授，日本作曲家团伊久磨先生和芬中、法中友协和波兰文化代表团等。

剧团一贯重视对青年演员的培养、训练。1956年秋，经省文化局批准创办福建省梨园戏演员训练班。由团长蔡尤本亲自执教，并聘请小梨园、上路、下南三流派名老艺人陈家荐、林迪建、蔡维恭、陈德碗、李清河、李小戆、李华担、叶恢景、许志仁、姚望铭、林时枨、何淑敏、姚苏秦等为教师，配备新文艺工作者许炳基、杜文珍等协助安排教学，先后招收了5个班近百名学员。1958年由苏彦硕任班主任。训练班除以戏教戏外，并分行培养和分流派进行教学。训练班“文革”中被撤销，1982年恢复并入福建艺校泉州分班。训练班先后造就的新秀有蔡清萍、黄雪娥、吴明森、许天相、吴幼青、林赋赋、郑志欣、王胜利、黄炳铜、纪国平、郭玉凤、龚万里、曾静萍、吴艺华、戴冰冰、江丽丽、黄晓萍、洪如望、李红等，培养的鼓师和演奏员有陈济民、吴桂兰、林家枢等，他们是当今梨团戏演出阵容的中坚。

《陈三五娘》

剧团供稿 苏彦石撰写

1988年11月

山东省梆子剧团

（山东省艺术服务中心）

刘桂荣、刘君秋演《打金枝》

山东省梆子剧团成立于1958年6月。其前身是有130多年历史的大兴班。该班于1948年归冀鲁豫边区五专署领导，定名为“新光剧社”。1949年8月二、五专署合并时，新光剧社随迁菏泽，改名为“菏泽专署人民剧社”。当时剧社有山东梆子老艺人张富云、段树森、马九成、李秀俊，主演刘兆伦、刘翠仲、张德俊、王桂云、宋贵福、崔云芳等。1950年以后又调进著名演员刘玉朋、刘君秋、刘桂荣、杨梅兰等。鲁西南、苏北一带的观众称该团为“三刘”（指刘玉朋、刘君秋、刘桂荣）剧团。山东省梆子剧团成立后，又先后调进知名演员窦朝荣、卢胜奎、袁福全、庞洪德，鼓师开瑞宝等。“文化大革命”中，山东省梆子剧团被迫下放泰安地区。1974年迁回济南重归省文化厅领导。

剧团现有演职员135人，其中团部5人、演员队57人、乐队31人、舞美队19人、编导组3人、行政组20人。先后任团长、副团长的有高守安、窦朝荣、王其德、李怀仁、刘玉朋、宋贵福、周士昌、田春岳、郝西林、林治国等。主要业务骨干有编剧胡沁、孙月霞；演员刘玉朋、刘君秋、刘桂荣，还有中、青年业务骨干庞洪德、徐凤琴、游遂英、王东红、张贵元、米玉华、张宗信、王秀芝、程涛等。

山东梆子是山东地区广为流传的古老剧种之一。剧目丰富，题材广泛，经山东省戏曲研究室记录整理的传统剧目就有440多出。表演粗犷豪迈，唱腔慷慨激昂，音乐优美动听，有专用的曲牌和锣鼓经，富有浓郁的地方色彩。过去经常上演的剧目有“四大征”，即《姚刚征南》、《樊梨花征西》、《雷振海征北》、《穆桂英征东》，还有《打金枝》、《骂殿》、《曹庄杀妻》、《牧羊圈》、《江东战船》、《宇宙锋》，以及以《杨家将》、《水浒传》为题材的诸多剧目。

解放后，在党的“百花齐放、推陈出新”的方针指引下，创作和整理改编了一大批优秀剧目，丰富和发展了山东梆子这一古老剧种。有不少剧目和演员分别参加了华东区和省的戏曲观摩演出大会，取得了较好的成绩。1954年整理改编的传统剧目《两狼山》、《黄牛分家》、《哭剑》参加山东省第一届戏曲观摩演出大会，获演出奖，窦朝荣、刘玉朋、刘君秋、刘桂荣等获演员奖。同年参加华东区会演，《两狼山》获剧本二等奖、演出奖，《黄牛分家》获演出奖，窦朝荣获演员一等奖，刘玉朋、刘君秋、刘桂荣获演员二等奖，王廷臣获演员三等奖，张玉枝获乐师奖。1956年参加山东省第二届戏曲观摩演出大会，现代戏《万紫千红》获剧本二等奖、演出二等奖、音乐改革奖、舞台美术奖；古装戏《拴娃娃》获剧本三等奖，刘君秋、刘桂荣、杨梅兰获演员一等奖，刘兆伦、刘翠仲获演员二等奖，田春阁获乐师奖。1960年7月晋京汇报演出《墙头记》、《万家香》、《玉虎坠》、《打胡林》、《双枪缘》、《黄牛分家》、《两狼山》等剧目，受到中央领导和首都文艺界重视。1979年《墙头记》由山东电视台摄制成彩色电视片。1980年山东省举行省直剧团青年演员会演，青年演员程涛、张贵元、游遂英获演员一等奖，徐凤琴获演员二等奖，陈贻道、谢香素、王金玲获演员三等奖，刘桂荣、刘玉花、陈有坤获教师辅导奖。1981年《墙头记》由中央新闻电影制片厂拍成电影。1982年剧团新创作的《程咬金招亲》、《唐太宗释囚》两个历史剧参加山东省第一届“戏剧演出月”活动，《程咬金招亲》获优秀剧本奖、音乐演出奖、导演奖。1984年新创作的《画龙点睛》参加山东省第二届“戏剧演出月”活动，获剧本荣誉奖，导演奖，优秀舞美、灯光、音乐设计奖和服装设计奖、乐队伴奏奖，庞洪德获优秀演员奖，张贵元、王秀芝、朱响玲、米玉华、张宗信获演员奖，毕雨生、随振环获音乐设计奖。1984年《程咬金招亲》（编剧胡沁）、《画龙点睛》（编剧孙月霞）获1982年—1983年全国戏曲、话剧、歌剧优秀剧本奖。1985年《程咬金招亲》参加文化部举办的全国戏曲观摩演出，获大戏演出、导演三等奖，青年演员王金玲、刘风雪获主角二等奖，张贵元获配角一等奖。多年来，剧团在刊物上发表了《打胡林》、《鸳鸯衫》、《万家香》、《铁马宏图》、《反长安》、《花打朝》、《前沿人家》等剧本。剧团还移植了一些兄弟剧种的优秀剧目，主要有现代戏《红色种子》、《战鼓催春》、《东风解冻》、《红灯记》、《杜鹃山》、《丰收之后》、《龙马精神》等，历史剧《劈山救母》、《杨乃武与小白菜》、《盘夫索夫》、《生死牌》、《铡阁老》、《香罗帕》等。

几十年来，剧团曾多次参加全国和山东省组织的新年春节慰问团，慰问中国人民解放军和战斗在第一线的广大工人。

1986年，山东省委对省、地、县剧团进行了全面改革，撤销了一大批专业文艺团体，山东省文化厅将山东省梆子剧团改建为山东省艺术服务中心，艺术中心下设一室四科，即办公室、行政科、戏剧辅导科、音乐科、艺术服务科。其主要任务是对全省各地、县文艺专业团体和各大厂矿、农村业余宣传队进行辅导。艺术中心成立后曾向菏泽戏校，济宁、邹县、东平等梆子剧团派出部分主要演员和音乐伴奏人员，为他们排出了一批优秀剧目，取得了较好效果。

田春岳　1988年11月

安阳市豫剧团

团长崔兰田　　杨安民摄

安阳市豫剧团重建于1985年2月。1951年著名豫剧演员崔兰田带领民营西安兰光剧社巡回演出至河南，在安阳市落户，成立安阳市人民豫剧团。1956年改为国营安阳市豫剧团。1959年扩建为安阳市豫剧院，下分两个演出团。1963年撤销安阳市豫剧院，改为安阳市豫剧一团、二团。1970年两团并入安阳市文工团，改为安阳市文工团豫剧队。1975年恢复安阳市豫剧一团、二团建制。1985年剧团进行体制改革，保留一团、撤销二团，建立安阳市豫剧团。张宝英被聘任为安阳市豫剧团承包团长，崔兰田任名誉团长，毕定良、邢宝俊、杨奇、焦连先后担任副团长。30余年间，崔兰田先后任团长、院长。王士杰、程三群、张维彬、芦士元、崔少奎、崔兰玉、辛玉兰、王秀真、马娟英、许靖藩、陶民、杜清良、靳朝富等先后担任团长、副团长和队长。目前全团有演职人员77人（其中高级艺术职务人员3人，中级艺术职务人员13人），计演员40人，音乐设计、伴奏员20人，舞美设计、制作和前后台工作人员10人，行政管理和勤杂人员7人。领衔主演张宝英，主要演员有张晓霞、王秀梅、杨少龙、李平生等。

安阳市豫剧团以崔（兰田）派艺术风格著称。崔兰田为豫剧五大名旦之一。其“浑厚深沉、含蓄蕴藉”的演唱特色在豫剧界独树一帜。其演唱具有一种内在的感染力，情真、情重、情深、情切、情动于衷，并有高超的演唱技巧。由于她成功地演出了许多感人至深的悲剧，如被誉为崔派四大悲剧的《桃花庵》、《三上轿》、《秦香莲》、《卖苗郎》和悲剧色彩很浓的《二度梅》、《秦雪梅吊孝》、《陈三两爬堂》等剧目，有“著名悲剧演员”、“豫剧悲剧美的创造者”之称。她在艺术上善于广采博收，不仅得到前辈名须生周海水和名旦张庆官等人的真传亲授，而且虚心吸取同辈名流陈素真、常香玉、赵义庭等人

张宝英、崔少奎演《卖苗郎》

杨安民摄

之长，同时广泛吸收京剧、评剧、秦腔、河北梆子、河南曲剧、话剧、电影等姊妹剧种和艺术门类的丰富滋养。解放后，在同新文艺工作者合作中，潜心学习戏曲理论和音乐知识，提高艺术素养，对多年演出的传统剧目进行加工整理，并排演了《小女婿》、《桃李同春》、《走上新路》、《红色的种子》、《李双双》等现代戏和《双蝴蝶》、《白蛇传》、《张羽煮海》、《劈山救母》、《屈原》等古装新戏。在崔兰田的艺术生涯中，先后得到戏剧家田汉、梅兰芳、马少波、尚小云、白云生等人的指教。

张宝英擅演青衣、闺门旦，为崔派传人。张宝英较好地继承了崔兰田的演唱特色，同时吸收其他名家的演唱经验加以融会贯通，形成了自己的演唱风格。30余年来，她成功地塑造了李慧娘(《红梅记》)、韩英(《洪湖赤卫队》)、阿庆嫂(《芦荡火种》)、赵艳容(《宇宙锋》)、秦香莲(电影《包青天》和新编古装戏《秦香莲后传》)、银屏公主(《三哭殿》)、柳迎春(《卖苗郎》)、英姬(《英姬夫人》)等许多栩栩如生的艺术形象。她的演唱音质朴实，音色明朗、甜美，音高不炸，音低不压，真假声运用自如，在熟悉地掌握传统发声方法的基础上，适度地吸收西洋发声技巧和美声唱法。1987年在四省十四市豫剧中青年演员广播大赛中获得一等奖。1988年全国首届豫剧中青年演员电视大奖赛中获得“最佳演员”称号。是继五大名旦之后当今豫剧界中年表演艺术家之一。

著名戏曲导演高连山毕业于中央戏剧学院导演系，长期与崔兰田、张宝英合作，崔兰田、张宝英主演的大部分传统戏和现代戏的剧本整理、改编和导演工作都由他担任，对这个流派剧团的艺术建设和人材培养，作出了贡献。

剧团在党的“双百”方针指引下，一方面对传统剧目从剧本到唱腔、表演进行加工提高，一方面积极排演现代戏。在河南省历届戏剧会演中，传统戏《铡美案》、《三上轿》、《对花枪》获一等奖和演出奖，崔兰田、渠永杰获演员一等奖，孙得胜获伴奏一等奖，辛玉兰、王香芳、宋保筠、魏进福获演员二等奖，杜天照获伴奏二等奖，崔少奎、辛玉祥、武云龙获优秀演员奖。已故主要演员王秀真获山东省戏曲会演一等奖。崔小田、张晓霞获河南省首届青年演员会演一等奖。由高连山整理和导演的崔派名剧《桃花庵》于1980年参加河南省豫剧流派汇演，崔兰田和她的胞妹崔兰玉、徒弟张宝英、郭惠兰参加演出，获得好评。由崔兰田、崔兰玉、张宝英主演的，经过进一步整理重排的崔派代表剧目《对花枪》于1979年参加河南省庆祝建国30周年献礼演出，获荣誉奖。剧团和商丘地区豫剧团、开封市豫剧团合排的《包青天》(即《秦香莲》，崔兰田任艺术顾问，张宝英饰秦香莲、崔少奎饰王延龄)由河南省演出公司和香港金马影业公司联合拍摄成艺术影片。《桃花庵》、《对花枪》、《陈三两爬堂》和《下河东》、《三上轿》、《王熙凤与尤二姐》、《徐九经升官记》等戏由中央电视台和河南电视台录相搬上屏幕。几十年来，剧团在现代戏方面取得的成绩，使崔派艺术更加绚丽多采。30多年中排演现代戏70多个，其中有《小女婿》、《血泪仇》、《桃李同春》、《走上新路》、《红色的种子》、《朝阳沟》、《李双双》、《洪湖赤卫队》、《芦荡火种》、《红灯记》、《山乡风云》、《四川白毛女》、《南海长城》、《海沿前线》、《把一切献给党》、《红珊瑚》、《杜鹃山》、《智取威虎山》、《于无声处》、《救救她》、《母与子》、《海峡两岸》、《春姐秋妹》等不同题材的优秀剧目。1985年以来，加工重排了《卖苗郎》，新排了《秦香莲后传》、《唐宫娇女》、《皇帝告状》、《英姬夫人》等新编古装戏和重新改编的崔派名剧《二度梅》。其中《秦香莲后传》在1985年举行的河南省首届戏剧大赛中获演出优秀奖，张宝英获表演一等奖。

长期以来，剧团深入工矿、农村、部队，并巡回演出于全国20多个省市。1954年参加全国人民慰问团，到部队营房、医院慰问演出。1959年参加河南省慰问团，到青海草原上为河南支边青年和藏族同胞演唱。1988年应邀到深圳特区演出。剧团曾5次晋京演出，党和国家领导人曾观看了《对花枪》、《桃花庵》、《陈三两爬堂》、《秦香莲》、《花打朝》和《李双双》等剧目。1987年应中央顾问委员会和国务院的邀请晋中南海汇报演出。

毕定良　杨奇

1988年11月

湖南祁剧团

湖南祁剧团的前身系湖南省祁剧院。1960年，以湖南省祁剧艺术代表团为基础，吸收邵阳祁剧团全部人员，组建成湖南省祁剧院，不久又将武冈县利民祁剧团并入。院址设在邵阳市，由中共邵阳地委和邵阳专员公署代管。1961年，武冈县利民祁剧团除留下部分优秀演员外，又撤回原地。1963年剧院迁至长沙，由省文化局直接领导。当时，又从全省各地抽调了部分优秀祁剧演员和乐手。1968年，剧院大部分人员下放新宁县劳动锻炼。1970年剧院被撤销，成立邵阳地区文工团祁剧队。1974年改为邵阳地区祁剧团。1984年改名为湖南祁剧团。

剧院初建时，杜嘉瑞任院长，毛海军、谢美仙、贺丰玉、杨玉武先后任副院长。较有影响的业务人员有：刘回春，编剧。郭品文，演员（小生），创祁剧小生花腔，善用假嗓，声音激越清晰，表演细腻朴实，善于抒发人物的内在感情，以演《黄鹤楼》、《三气周瑜》、《斩黄袍》、《金龙探监》、《桂枝写状》等戏中的文武小生著称。邓汉葵，演员（花脸），在继承前辈艺人优秀传统的基础上，形成自己的表演风格，唱腔刚劲，塑造的人物有《牛皋毁旨》中牛皋，《马刚打闸》中马刚，《乌鸦口》中哑巴等。唐福耀，演员（生角），文武兼备，唱腔清淡雅致，柔中寓刚，韵味浓厚，主演的《空城计》、《金沙滩》、《李白傲考》、《打笼开箱》等戏很受观众欢迎。名老艺人如廖锦彩（老旦）、邹镇喜（生角）、罗柱铃（花脸）、唐可华（小花脸）、郑语滨（生角）、吕淑贞（旦角）等均已亡故。尚健在的有：谢美仙（旦角），对高腔戏有一定的造诣，唱腔委婉缠绵、柔美亲切，表演细腻深沉，富有内在

谢美仙、何少连、王求喜演出《昭君出塞》

感情，所演《昭君出塞》的王昭君，获湖南省第二届戏曲会演一等演员奖。何少连（小生），能演能导，文武兼备，其紫金冠戏《白门楼》、《黄鹤楼》、《三气周瑜》以及《绣楼赠塔》、《拜月记》等均获好评。黄尚初，琴师，有较丰富的实践经验，擅长操琴和编曲，搜集整理祁剧音乐资料，为继承发展祁剧音乐做出一定贡献。此外，周美仁（生角）、刘秋红（旦角）、陈巧林（花脸）、王求喜（武生）、花中美（刀马旦）等有影响的演员和鼓师周铁生、琴师蒋菊元等均已离开舞台。

剧团现任团长为钟志忠，副团长为仇荣华、赵培基。团部设办公室、业务股、艺委会。全团共79人，计编剧1人、导演2人、编曲1人、舞美设计1人、演员35人、演奏员16人、舞台工作者15人、其他工作者8人。已获二级技术职称的10人、三级技术职称的27人、四级技术职称的23人。现有的主要业务骨干有编剧曾莺、导演刘锡林、仇荣华，舞美设计倪湘林，编曲赵培基，中年演员罗文通、李远钧、李文芳、王利彪、严利文、戴丽云、金琼珍、仇荣华、宋纪元。

祁剧是湖南的地方大戏之一，明代已盛行，流行于本省邵阳、零陵、衡阳、郴州、怀化、娄底等地区以及广西、广东、江西、福建、贵州等部分地区。有传统剧目900多个。包括高、昆、弹三大声腔，以弹腔为主，共有1000多支曲牌。祁剧的高音战鼓、硬弓祁胡，高亢激越。表演粗犷豪放，朴实健美，丰姿多彩，具有浓厚的山野气息和地方色彩。

自剧院成立以来，坚持走继承、发展、革新的道路。50年代和60年代，一些有经验的老艺人和新文艺工作者合作，选择一些思想内容健康又有表演艺术特色的传统剧目进行整理改编，出现了一批思想性和艺术性都有较高水平的优秀剧目，如《昭君出塞》、《牛皋毁旨》、《闹严府》、《醉打山门》等。其中《昭君出塞》系1955年由祁剧名旦一枝梅（即肖琼英）师傅所挖掘，经过整理加工成为优秀剧目，参加省第二届戏曲会演，剧本、导演、演出均获一等奖，并先后三次赴北京汇报演出，受到中央领导和首都戏剧界的赞誉。剧院在加工整理传统戏的同时，注意现代戏的创作演出。蒋桂荪等根据革命烈士黄公略的生平事迹创作的《不朽的战士》（后改名为《黄公略》），1959年赴京汇报演出，受到好评。1965年，范舟等根据王愿坚短篇小说《粮食的故事》改编的《送粮》，参加1965年中南区现代戏观摩演出获得奖励，并由珠江电影制片厂拍摄成彩色戏曲艺术片，后又赴北京汇报演出。剧院从兄弟剧种移植的优秀剧目，如《拜月记》、《谢瑶环》、《断桥》等戏，特别是移植的《芦荡火种》、《江姐》、《琼花》、《杜鹃山》等现代戏，注意发挥本剧种的唱腔音乐和表演特色，很得观众喜爱。

粉碎“四人帮”后，特别是党的十一届三中全会以后，剧团的面貌发生了很大的变化。艺术生产和演出质量都得到较快的发展和提高。1979年剧团组织力量对《黄公略》进一步加工修改，更名为《嘉义枪声》，参加全省专业剧团创作节目调演，获二等演出奖、音乐设计奖、舞美设计奖，宋纪元、王利彪、罗文通、李远钧、仇荣华获二等演员奖。1980年，曾莺根据传统戏《对金钱》改编的《访贤记》，思想内容和表演艺术都有所创新，将一个重视和选用人材的严肃主题，通过喜剧形式表现出来，获1980年全省专业剧团巡回演出戏剧季二等演出奖，由省电视台实况录相播放，省电台录音播放，有数十个专业兄弟剧团移植。1984年加工整理的传统戏《杨七郎打擂》参加省会建国35周年演出活动，反映较好。1986年，曾莺、李远钧整理改编的《化子骂相》以及传统戏《醉打山门》由省电视台拍成电视艺术片播放。

剧团供稿　曾　莺执笔

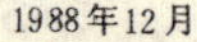

1988年12月

仇荣华、李远钧、罗文通、易炜辉演出《访贤记》

广西壮族自治区彩调剧团

广西彩调剧团成立于1956年11月1日，主要成员来自原省文艺干校彩调班。1960年冬，该团与广西歌舞团合并为广西民间歌舞剧团。1963年元月又重新恢复广西彩调剧团。自1966年来，剧团从广西戏曲学校一、二两期彩调毕业班中吸收了一批人员，招收了一批学员随团培训。现在全团演职员共101人。计编导5人，音乐设计3人，舞美设计3人，演员43人，乐队成员25人，舞美制作10人，行政、资料室人员12人。其中有5人为中国戏剧家协会会员，13人获高级艺术职称。

剧团历任领导有宋德祥、陶汽霖、段哲夫、张凤鸣、江波。剧团顾问、导演江波，艺术指导杨爱民、傅锦华。教师有著名彩调老艺人吴老年、谢济舟、张桂姝、俸画眉、文大荐等。主要演员有傅锦华、唐继、马若云、韦洁晶、王玉珍、杨爱民、罗亮、陈文德、黄秀红、梁友森、张敏成、邓启祥、蒋健雄等。主要青年演员有马定强、王阳桂、周瑾、邓碧欢、邓珍珍、杨步云、郭家驯、李建华等。主要音乐人员有戴海平、赵晓明、沈桂芳、覃洪禄、郑兆威、钟泽骐、张光雄、王西林、谢辉耀等。主要舞美人员有龙若林、黄玉珍、陈军、李鸥华、劳冠能、曾志雄等。团内设艺委会、团部办公室，下设创编导演组、两个演员队、乐队、舞美队、行政组和资料室。现任团长左庆权，副团长韦洁晶、马定强、包俊能。

彩调有500余出传统剧目，中、小型戏多系民间传说和家庭伦理故事，反映劳动人民生产、生活、爱情和揭露封建社会统治阶级贪婪、愚昧的喜、闹剧；大型戏是从《今古奇观》、《法戒录》、《聊斋志异》等小说改编的正剧和少数悲剧。表演以载歌载舞见长，最富有特色的是“三小戏”。丑角的矮步（扭矮桩）运用较广，风格也较突出。音乐曲调是民歌、小调和山歌发展形成的联曲体。唱腔有板、腔、调三大类，共440余首，大多夹有“哪嗬嗨”“嘟哩嘟当”等衬词，故彩调有“嗬嗨戏”之称。广西彩调剧团历来重视继承和发展本剧种的艺术风格。剧团上演改编、整理的传统剧目大型戏有《二女争夫》、《隔河看亲》、《换子记》等，中、小型戏有《王三打鸟》、《龙女与汉鹏》、《地保贪财》、《假报喜》、《阿三戏公爷》、《双打店》等。

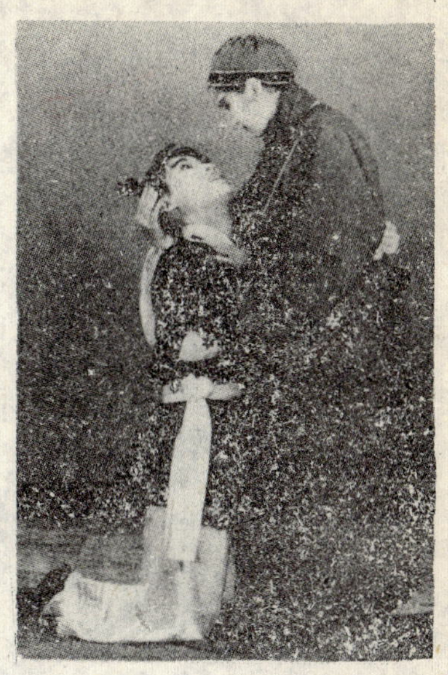

傅锦华、唐继演《换子记》

其中《二女争夫》为老艺人谢志舟口述，改编后首演于1958年，先后演出数百场。剧本发表于《影剧艺术》，收《彩调传统剧目选》。区内外众多剧团上演该剧，广东一些粤剧团亦移植上演。

剧团在上演整理传统剧目的同时，注意创作、改编以及移植兄弟剧种的优秀剧目。如新创作的儿童剧《三朵小红花》、民族风情剧《雅丽与勇腊》、《抢亲》等，分别获得中央、中南、本区文化主管部门的奖励。移植、改编的剧目《李双双》、《三里湾》、《未婚寡妇》、《爱情的审判》、《弹吉他的姑娘》等均受观众青睐。30多年来的艺术实践，已形成自己的艺术风格，培养了一批有一定水平的编剧、导演、表演、作曲和舞美设计等各类人才。

30多年来，剧团除经常去农村为广大农民演出外，还赴全国各地和国外演出。1960年，全团演员参加“广西《刘三姐》演出团”，赴北京、天津、呼和浩特、哈尔滨、上海、福州、厦门、南昌、太原、郑州、广州、武汉、深圳等24个省、市、自治区的城市巡回演出近500场。1965年，苏秋妹、杨爱民等主演的

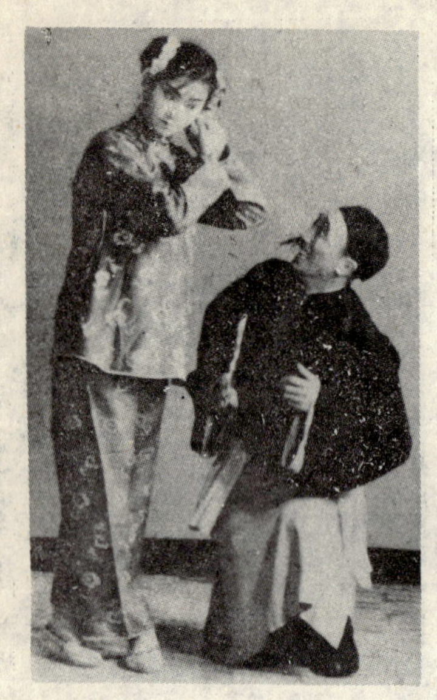

杨爱民、王玉珍演《地保贪财》

现代儿童剧《三朵小红花》参加中南现代戏会演，被评为优秀剧目。接着赴京汇报演出，毛泽东、周恩来、朱德、邓小平等中央首长接见了演职员。同年冬，该剧由北京电影制片厂拍摄成彩色艺术片。1978年剧团演职员均参加以傅锦华为主演的彩色艺术片《刘三姐》的拍摄。1980年10月，主要演员、乐手参加“中国广西《刘三姐》演出团”赴香港、新加坡访问演出。1987年，剧团与柳州锌品厂建立经济文化联合体，剧团多次为该厂及有关厂、矿作慰问演出。

广西彩调剧团还负有辅导和研究任务。桂林、柳州、河池、南宁四地区和宜山、柳城、鹿寨、防城等县先后举办彩调训练班，剧团均派出有经验的演员、编导前往授课。1983年10月自治区戏曲学校增设4年制彩调班，团里抽调富有经验的演员、乐手担任专职和兼职教员。此外，剧团曾协助自治区戏剧研究室收集彩调传统剧目，编印成《彩调传统剧目故事梗概》（上、下集）、《彩调传统剧目汇编》（共4集）和《彩调传统剧目选》（共3集）。剧团创编人员还发表了《调子曲集》、《彩调音乐》、《彩调传统唱腔一百首》、《彩调舞蹈身段》、《彩调传统小戏选》、《彩调丛刊》（1至6集和单行本）等编著和《彩调——民间的一朵鲜花》等文章。近年来在参加编撰《中国戏曲志·广西卷》及拍摄电视剧、录音、录相等方面亦取得可喜的成就。

江 波 杨爱民

1988年12月

云南省大理白族自治州白剧团

云南省大理白族自治州白剧团成立于1961年11月，在原大理市吹吹腔剧团的基础上并抽调大理州歌舞团的部分演员、演奏员组建而成，是白剧历史上第一个专业剧团。建团初期，曾先后聘请了8位有不同艺术造诣的白剧老艺人执教，其中大本曲南腔代表艺人杨汉、云龙吹吹腔艺人李春芳和白族唢呐艺人杨学仲成为剧团的正式成员。白剧团第一任团长为苏丹，之后，先后由李晴海（白族）、白兴弟、董汉贤（白族）、张继成（白族）、赵建华（白族）、叶新涛、陈致德（白族）、李琼芬任正副团长。

“文化大革命”期间剧团一度被撤销。1978年6月恢复建制。现任团长赵建华，副团长叶新涛、陈致德、李琼芬，艺术顾问董汉贤。目前全团共计62人（白族42人，汉族14人，回族2人，彝族4人），其中演员队24人，乐队20人，行政舞美9人。团部下设艺术创作室，成员计5人（编剧1人，导演1人，作曲1人，编舞2人）。

在长期的艺术实践中，剧团已成长起来一批白剧艺术骨干，其中较突出的有编剧赵建华、陈兴德，导演李琼芬，作曲张绍奎（白族）、李洋（彝族），鼓师陈致德，演员董汉贤、叶新涛、杨永忠（白族）、马永康（回族）、陈钟玉（白族）。剧团队伍不断发展，1984年以来，从云南省艺术学校毕业分配到剧团的白族演员、演奏员及舞台美术人员计6人，1987年又招了男女学员计20人。

白剧是流行于云南省大理白族自治州境内的一个民族剧种，原名吹吹腔。解放以来，吸收了白族曲艺大本曲的曲调加以丰富，至1961年始定名为白剧。白剧唱词基本上是白族韵文“山花体”格式。唱腔、曲牌十分丰富，仅唱腔就有四、五十种。吹吹腔唱腔高亢豪放，大本

《红色三弦》

曲唱腔旋律优美，委婉动听，长于演叙、抒情。白剧的主要伴奏乐器为唢呐、三弦，用唢呐伴奏的吹吹腔，唢呐伴奏一般只在唱腔结尾处出现，变化复杂，夸张而富有表现力，实际起帮腔作用。白剧行当以丑、旦两行做工最为丰厚，表演节奏鲜明，规律严谨，保留了较古朴的面貌。白剧团成立以来，上演过经过整理的具有代表性的传统剧目《血汗衫》、《柳荫记》，折子戏《窦尼下科》和《崔文瑞砍柴》等；演出过根据白族民间故事改编的剧目《杜朝选》、《上关花》和现代戏《红色三弦》、《苍山红梅》、《赶三月街》等，以及根据白族著名的神话改编的神话故事剧《望夫云》。在新编的剧目中，注意保持白剧的浓郁风格，吸取白族民间的习俗、风情和民族民间的曲调加以溶化，丰富了白剧的艺术魅力和表现力。在现代戏中，除保持白剧唱做的长处，还注意生活气息和民族风格。白剧团还创作演出了现代戏《蝶泉儿女》、历史故事剧《苍山会盟》和传说故事剧《白洁夫人》。此外，剧团也经常移植上演其他剧种的优秀剧目，如《朝阳沟》、《江姐》、《皇陵恨》、《墙头记》等，这些剧目由于群众喜爱，也成为剧团的保留剧目。

26年来，白剧团认真执行党的民族政策，“百花齐放、推陈出新”和传统戏、新编历史剧、现代戏三并举的方针，在艺术的继承与革新和剧目的整理、创作上，做出了一定的成绩，曾三次赴北京汇报演出。1964年底，现代戏《红色三弦》继参加云南省及西南区戏剧会演后赴京汇报，又应邀在长沙、贵阳等地巡回公演。1975年春，现代戏《苍山红梅》赴京汇报演出。1980年11月，神话故事剧《望夫云》赴京汇报公演，又在成都作了较长时间的公演。该剧获1980—1981年全国话剧、戏曲、歌剧优秀剧本奖。白剧团三次赴京，都受到中央领导和国家民委领导的关怀，受到首都观众和文艺界、戏剧界专家们的赞誉。这些剧目被中央和各地电视台、电台等录相、录音和灌制成唱片。

白剧团建团以来，长期坚持深入基层，深入农村和山区演出，特别是深入白族聚居的县、区、乡演出，深受白族人民和各族人民的热爱和欢迎，曾被誉为“活跃在农村文化战线上的一支轻骑兵”。1981年至今连续8年，剧团在春节期间深入广大农村、山区，为群众演出，和群众一起欢度春节，受到群众的称赞和爱戴。

大理州白剧团既是演出单位，又负有一定的研究任务，负责记录、搜集、整理、保存剧种源流、剧目、音乐、表演等各方面材料。建团以来，采用“走出去，请进来”的方法搜集、记录流传在民间的白剧剧目手抄本（吹吹腔剧目和大本曲曲本）计160余种、唱腔50余种、唢呐曲牌90种、打击乐谱（唱腔中的打板、曲牌中的套打）数十种、白剧脸谱100多幅，配合有关部门，已完成编纂《白剧志》的工作。

剧团供稿

1988年11月

《望夫云》

扬州市木偶剧团

扬州市木偶剧团原系扬州地区木偶剧团。剧团诞生在素有华东木偶之乡之称的原扬州地区泰兴县。1954年春，由流散的100多家木偶小戏班整顿、合并为10个木偶戏班，于1957年在泰兴县文教局登记。后经调整、提高、合并组成泰兴县木偶京剧一团、泰兴县木偶京剧二团。泰兴县木偶京剧一团以光明木偶剧团为主，与同兴、大众木偶剧团的部分演员组成，团长苏文忠，副团长何登云。泰兴县木偶京剧二团以新生木偶剧团为主，与合兴、复兴、群艺、德胜、同复等木偶剧团的部分演员组成，团长刘三保，副团长张高峰。1968年秋两团合并，组成泰兴县木偶京剧团，团长周凯夫。1973年迁扬州，改称扬州地区木偶剧团，1983年随市管县新体制建立，改称扬州市木偶剧团。现任团长唐宝林，副团长马明生、薛家余。全团97人，计演出队33人，艺术室2人，舞美组11人，乐队10人，办公室4人，附属工厂（声光电器厂）32人和招待所5人。另有退休老艺人23人。

建团以来，剧团注意培养人才。从1962年至今，招收和培训学员121名，其中留团的50多名，成为剧团各艺术部门的主要骨干力量。为逐步提高演职员的文化水平和艺术素质，近年来，剧团选送去省和外地艺术院校、艺术团体进修多人，并注意在职人员的文化知识的普及教育和文化程度的提高。剧团业务骨干编剧、导演有常骥良，由他根据锡剧本改编上演的《嫦娥奔月》1981年获全国木偶皮影戏观摩演出大会演出奖；操纵、配音演员有马宏俊、薛玉良、华美霞、薛家余、颜育、陈阿庆、肖学民、祝留根、张宏亮、吴金凤、许虹、王芸等；舞美制作有殷大宁、朱林、贾小奎、封宝义、王震宇、孙艳霞、于俊生、陈伟等；音乐创作有施凤鸣、沈业民、刘晓国等。

剧团着重传统艺术的继承和发展。在操纵表演上既有木偶的夸张，又有比真人还要惟妙、细致的表演，逐步形成了自己的艺术风格。老艺人马宏骏、薛玉良操纵表演平稳、刚劲，形神兼备。二级操纵演员华美霞专功花旦，善于刻画人物性格，在《嫦娥奔月》中，能运用木偶嘴眼的闭合、头颈的微转、身体的颤抖、步法的起伏和各种水袖动作，展现出嫦娥的不同心境。音乐创作早期以老徽调为基础，后来全面运用了京剧唱腔。为赋于新的时代感，又吸收了地方戏曲和优秀民歌的曲调。《嫦娥奔月》一剧糅合了京、昆、歌等曲调，效果良好，博得了国内外观众的好评。木偶造型在坚持继承传统的基础上，运用写实和夸张相结合的手法，细腻地塑造各种人物形象。虽以戏曲形象为模式，但不拘泥于脸谱化的造型，着重刻画人物性格，即使反面人物也摆脱妖丑魔陋的陈规，造型拙而不蠢、有着明显的人物特征。如白骨精和嫦娥的造型，同样要讲究匀称，有美感，前者采用地方戏曲重彩化装的手法，加深眉眼之间的色彩，使其带有妖气；后者采用淡彩化装的手法，使其清秀、开朗、俊美中透出

《嫦娥奔月》　　王红军摄

仙气。服装、布景的设计，吸收国画中勾金重彩的技法，着重体现古朴、典雅的艺术特色。

剧团1975年和1981年两次赴京参加全国木偶、皮影观摩演出大会。1975年参加会演的剧目有《我乘火车过大桥》、《小虎卖瓜》、《看女儿》、《小小银球传友谊》、《我心中的歌儿献给解放军》、《车技》、《狮子舞》、《打虎上山》等。1981年参加会演的剧目是《嫦娥奔月》。该剧由常骥良改编、导演，沈利群作曲，殷大宁、封宝义、王震宇等木偶造型设计，李瑞祥舞美设计，应日隆灯光设计，李茂莲、郑平舞蹈设计，获演出奖。1981年春，剧团参加了在扬州召开的部分省、市木偶皮影艺术编导座谈会，会上演出了《嫦娥奔月》。1985年《嫦娥奔月》和《孙悟空三打白骨精》由江苏电视台拍成电视。中央电视台和省电视台多次播放。1987年《嫦娥奔月》选场参加了第一届中国艺术节主会场的演出。在京期间应文化部外联局之邀，在中国儿童少年活动中心为部分驻华使节、夫人和孩子们进行专场演出。同年剧团杖头木偶表演艺术被中央新闻纪录电影制片厂选中，摄入《中国木偶艺术》专题影片。此部影片向世界150多个国家发行，介绍我国的木偶艺术。

1984年7月，剧团应日本国传统艺能中坪株式会社的邀请，由中国对外演出公司派遣，组成以扬州市文化局局长王福祥为团长、聂洪余为秘书长的一行25人，赴日55天，先后在东京、横滨、厚木、奈良、名古屋、大阪、京都、唐津等34个城市，演出52场，观众达 42000 余人次，受到日本各界人士和旅日侨胞的一致好评。访日期间，与日本木偶艺术界进行了艺术交流。

剧团的少年儿童服务小分队，1982年被评为省级“为少年儿童服务先进集体”，该队所演幼儿木偶剧《金鸡冠的公鸡》（郑平、邵光玲改编，沈业民作曲）获1984年全国幼儿木偶录相评比二等奖和省录相评比一等奖。1988年国际“六一”儿童节，小分队应南京市首届少年儿童艺术博览会的邀请，赴南京10天，演出43场，有39所幼儿园和小学观看了演出，小观众达10000余名。在改革的形势下，剧团演出队于1982年实行经济责任制的承包，同时开发后方第三产业。在文化事业经费没有增加的情况下，剧团靠自身的力量养活自己，培训学员，发展艺术，并使23名退休艺人老有所养。剧团紧紧把握住戏曲受到电视、流行歌舞冲击的文艺市场信息，把以往“成人为主、兼顾儿童”的演出方式，转变为“儿童为主、兼顾成人”的演出方式；改变坐在剧场等观众，而委派专人到学校去组织观众，收到了一定的效益。同时，将少年儿童服务小分队分组成两个演出队，赶排校园剧，为少年儿童送戏上门。尤其在很少有少儿艺术活动的县城演出，倍受欢迎。1988年暑假以来演出150余场，小朋友观众达56000人次。学校老师们反映强烈，认为这种踩着三轮车送戏上门的演出形式，既配合了课堂教育，又活跃了校园的文化生活，也解除了老师带孩子去剧场看戏的烦恼。

剧团平时演出活动在县城、农村集镇之间。经常上演的剧目有《嫦娥奔月》、《火焰山》、《孙悟空三打白骨精》、《白蛇传》、《猪八戒出世》（焦锋改编，施凤鸣、沈业民作曲，封宝义木偶造型设计，朱林舞美设计，王震宇服装设计）。少儿节目有《聪明的兔子》、《小羊敲门》、《曹冲称象》、《刚刚和强强》、《淘气的小0蛋》、《东郭先生》、《小小七品芝麻官》、《金猴除妖》等。上演的剧目还有现代戏《海防前哨》、《杨根思》、《智取威虎山》、《沙家浜》、《奇袭白虎团》、《红灯记》、《红色娘子军》、《木偶歌舞》和传统剧目《追鱼》、《宝莲灯》、《摸花轿》、《徐策跑城》、《定军山》、《走麦城》、《金钱豹》等。

《三打白骨精》中白骨精造型

王红军 摄

郑荣生

1988年11月

吉林省延边朝鲜族自治州话剧团

吉林省延边朝鲜族自治州话剧团是全国唯一用朝鲜族语言演出的话剧团。剧团于1956年1月31日，由原延边文工团话剧队和原延吉县（今龙井市）文工队合并建成。建团初期，全团仅有演职员30人。目前，全团编制97人，实有人员114人，全部都是朝鲜族。其中编剧、导演、演员、舞美等业务人员近80人，行政20人。经1987年评定技术职称，有一级导演1人、一级演员1人，二级导演、演员、舞美人员共12人、三级演员、舞美人员共50人。历年来先后担任剧团领导的有朴泳一、许东活、赵明根、金万锡、金光洙、全得柱、南承哲等。现任领导为李景波、李东哲。

延边的朝鲜族不仅能歌善舞，还十分喜爱话剧艺术。在党的民族政策光辉照耀下，在延边各族人民的热情支持下，在话剧艺术工作者的共同努力下，30余年来，剧团演出了近百个自编、翻译、移植的话剧和曲艺节目。为此，延边话剧团在延边朝鲜族自治州，乃至吉林省内的文化艺术界都享有较高的声誉。

延边地区既是农业区又是半山区，剧团的服务对象主要是农民。30余年来，剧团始终坚持上山下乡送戏上门，在剧团全部演出场次6000余场（平均每年在200场以上）中，农村或山村演出占60%多。自1980年以来，剧团连续9年获得省、州文艺团体“上山下乡送戏上门先进集体”的光荣称号。

“文化大革命”前，剧团较有影响的自编剧目有《长白之子》、《广阔天地》、《红线》、《为了一个普通工人》等；翻译上演国内有影响的剧目《万水千山》、《红旗谱》、《红岩》、《雷雨》、《霓虹灯下的哨兵》、《雷锋》、《年轻的一代》等；翻译上演外国有影响的剧目《春香传》、《沈清传》、《渔人之家》、《伊万·克尔贝》等。其中，反映延边各族人民在中国共产党领导下英勇抗日斗争史诗的《长白之子》，深受广大朝鲜族群众的欢迎，先后演出400余场。朝鲜古典名剧《春香传》参加1956年全国话剧观摩演出大会，获得一定的荣誉。

十年动乱时期，剧团被解散。1973年，在延边各族人民，尤其是在朝鲜族人民的强烈要求和坚决支持下，剧团的建制得以恢复。粉碎“四人帮”，特别是在党的十一届三中全会以后，延边话剧团的演出场次和剧目质量都获得新的很大的突破，呈现出欣欣向荣的局面。近十年来，演出中较有影响的自编剧目有《春到海蓝江》、《城市十农民＝？》、《再见吧，梅花鹿》、《青春小夜曲》、《爱情变奏曲》、《小伙子与的士小姐》等；翻译国内有影响的剧目有《于无声处》、《枫叶红了的时候》、《唐人街上的传说》、《真情假意》、《寻找男子汉》等。其中，《春到海蓝江》1981年被评选为全省创作剧目一等奖、1982年被文化部调到北京演出，

许东活、洪春植演《长白之子》　　马松竹摄

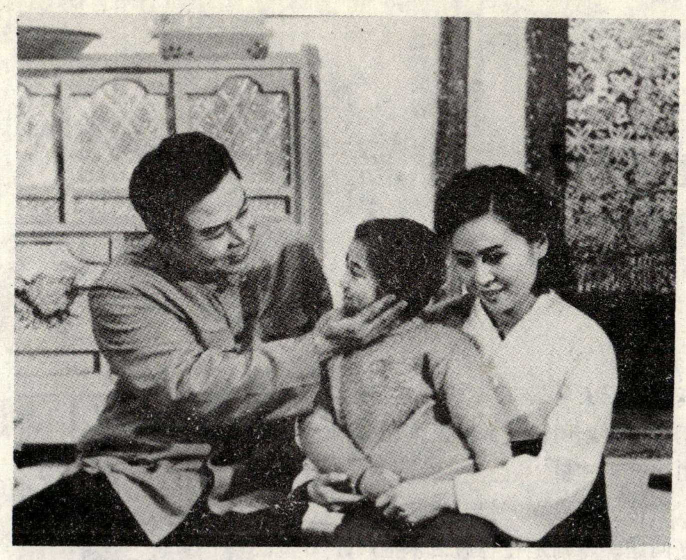

金允俊、高松姬演《春到海蓝江》　　马松竹摄

同年又被长春电影制片厂改编成电影搬上银幕（改名为《初春》）。另外，《再见吧，梅花鹿》参加首届东北三省话剧观摩演出，受到一定的好评。

在长时期的艺术实践中，延边话剧团造就了一些具有一定艺术造诣，并取得一定艺术成就的导演、编剧、舞美设计，如许东活、元株森、黄凤龙、崔静渊、南承哲等；也涌现出一批颇为成熟的老、中年演员和崭露头角的新秀，其中有在《长白之子》中扮演抗联战士朴哲和在《沈清传》中扮演沈盲人的许东活，在《长白之子》中扮演日军头目和在电影《不该发生的故事》中扮演老农会的许昌锡，在《春香传》中扮演艺妓月梅和在《雷雨》中扮演侍萍的郑仁德，在《红旗谱》中扮演冯兰池和在《红岩》中扮演徐鹏飞的李永根，在《广阔天地》中扮演青年育种家和在电影《初春》中扮演姜哲宇的李东范，在《沈清传》中扮演沈清和在《长白之子》中扮演凤女的廉清子，在《春到海蓝江》和电影《初春》中扮演寡妇玉顺的高松姬等。此外，中年导演李东哲、灯光设计郑基镐，效果设计李连善，演员韩成厚、洪春植、郭贞姬、李明姬、崔今顺、全静子等，均为延边的朝鲜族话剧事业作出了贡献。

剧团在艺术实践中坚持"以我为主"的原则，坚持浪漫主义和现实主义相结合的表现方法。近年来，又在喜剧和话剧演出中的载歌载舞、声情并茂方面作了大胆的革新和尝试，收到了较好的效果和热烈的反响。剧团已形成了以浓郁的民族特色和强烈的生活气息为特色的艺术风格。

从十一届三中全会以来，剧团进行了体制改革的尝试，在加强经营管理上狠下功夫，坚持提高艺术质量，坚持经济效益和社会效益并驾齐驱，坚持发挥剧团艺术委员会的作用，使其在选择、审定剧目等重大业务活动中行使充分的权力。为了防止和改变演员队伍的老化和青黄不接，在省、州有关部门和中央戏剧学院的积极支持下，剧团于1984年招收了21名高中毕业生、组成朝鲜族班、进中央戏剧学院表演系学习。经过四年时间的系统学习和正规训练、目前已全部毕业分配回剧团。毕业伊始演出的《结婚》等外国剧目，以及以他们为主演出的《爱情变奏曲》，显示出身手不凡的扎实功底和良好素质，受到人们的注目和欢迎。

陈雪鸿　1988年12月

许东活、廉清子演《沈清传》　　马松竹摄

福建省话剧院

福建省话剧院原为福建省话剧团。它的前身是抗日战争时期的胶东军区国防剧团二队，1948年改建为华东军区文工二团随军南下福建。福建解放后，又在福州招收一批青年学生和戏剧工作者，改称福建省文工团。团长胡德风。1952年以文工团戏剧队为基础正式成立福建省话剧团，团长卢令和。1955年至1985年间，先后任团长、副团长的有于江、王琨生、张翠芝、林希望、王光见、骆英、毕绪文、王冶等。1985年改为福建省话剧院，院长洪本仁，副院长苍振环。下设实验剧团、儿童剧团和舞台美术部。现任院长程天琦，副院长李又子、张本纲。实验剧团团长章苏国，儿童剧团团长卢建麟。

第一任团长卢令和

话剧团成立之初，面临着许多新问题。特别是在普通话未推广，方言又复杂的福建，还存在着如何打开话剧的局面、培养话剧基本观众的问题。建团初期演出的第一个大型话剧《40年的愿望》，在这一方面迈出了可喜的第一步。1954年剧团排演了朱一震、陈侣白创作的《种桔的人们》，邀请上海戏剧学院朱端钧教授担任导演，剧中男女主角分别由张培田、王敏担任。该剧参加华东区首次话剧观摩演出，获演出奖。这时从部队文工团转业一批演员充实剧团，排演了曹禺的名剧《家》、《雷雨》等优秀剧目，演出水平显著提高，受到广大观众的欢迎。1956年第一届全国话剧会演剧团演出了由王军、张荣杰编剧，王琨生导演的《海滨激战》，获大会演出二等奖、导演三等奖，王敏获演员二等奖，徐盈秋、孙西岳、张培田获演员三等奖。这次空前规模的全国话剧会演，使全团开阔了眼界，增强了信心。剧团领导为剧团的业务建设，一面派出业务骨干到中央戏剧学院和上海戏剧学院进修；另一面通过多排多演，加强实践，提高艺术水平。在1956年至1961年间，排演了近30出话剧。王琨生导演的《万水千山》、叶洪威导演的《革命一家》、《孔雀胆》及《同志，你走错了路》等戏，都深受观众欢迎。这一时期，剧团已拥有一批在观众中颇有影响的演员，如徐盈秋、王敏、张培田和孙西岳等。1959年上海人民艺术剧院支援了一部分业务力量到福建省话剧团。60年代初，中央戏剧学院、上海戏剧学院、福建省艺术学院表演系又分配一批毕业生到剧团，扩大了演员阵容，充实了剧团的业务实力，从一个演员队发展为两个演员队，排演了《红岩》、《霓虹灯下的哨兵》、《吝啬鬼》、《桃花扇》、《渔人之家》和《年青一代》等戏，演员二队（以省艺术学院毕业生为主体）还演出了一些福州方言话剧，如《结婚进行曲》、《啼笑姻缘》等，为本省戏剧园地增添了一支新葩。1963年，剧团排演了本省江文、陈曙、丁叶、芗人创作的《龙江颂》，由王琨生、向增、叶洪威担任导演，王冶主演。该剧参加华东话剧会演，

陈玫、涂岚演出

《泪血樱花》

得到文艺界的好评，并作为会演的优秀剧目选调北京演出，获文化部颁发的创作奖和演出奖，还进中南海演出。

文化大革命期间，剧团撤销。粉碎“四人帮”后，剧团建制恢复。1976年底，复排《万水千山》，演出场场爆满，盛况空前。以后演出的《霓虹灯下的哨兵》、《于无声处》、《不准出生的人》等，上座率都很高。1978年剧团又成立了方言话剧队，再度上演方言话剧《啼笑姻缘》，还演出了《没法说》、《太平间的笑声》等戏。在抓好上演剧目演出质量的同时，剧团十分重视抓好本团的创作。1979年排演了剧团编剧陈健与外单位的郑锡同合作编写的话剧《泪血樱花》，由向增导演、陈玫主演。演出得到广大观众的赞扬，并赴京参加建国30周年献礼演出，获文化部颁发的创作奖和演出奖。1980年排演了剧团编剧邹维之创作的话剧《初春》，由叶洪威导演，陈玫、徐盈秋主演。该剧获1981年全国优秀剧本奖。1982年文化部将该剧调京演出，受到各界的好评，并进中南海汇报演出。《初春》还在福建省创作剧目中获剧本创作一等奖、演出一等奖、导演奖，演员徐盈秋、陈玫、涂岚、张培田、俞经嫦、曲美莲等获演员奖。1982年，剧团编剧唐江卫创作、黄家斌导演、胡小玲主演的儿童剧《麻达与凤凰》，徐应源、蔡怀玉创作、黄家斌导演，林桦主演的《小花马戏团》录相，参加全国儿童剧（南方片）观摩演出大会，《麻达与凤凰》获大会创作奖和演出奖，《小花马戏团》获演出奖。

剧团1981年成立儿童剧队后，曾先后演出了《麻达与凤凰》、《小花马戏团》、《出海的小船》、《好伙伴之歌》、《小侦察》、《在海边》和《快乐的汉斯》等儿童剧。儿童剧队主要在福建各地为少年儿童演出，并两次出省到上海、江西、江苏、浙江等地演出，所到之处都受到孩子们的热烈欢迎。迄今为止共演出1300多场，观看演出的少年儿童达百万人次。1983年儿童剧队被福建省评为“省少年儿童工作先进集体”。

剧院目前编制120人，计编剧3人，导演4人，演员50人，舞美38人，行政人员25人。老一代的演员因年纪和身体原因大都已先后退出舞台。现在活跃在舞台上的基本是70年代陆续吸收的青年演员，他们正在茁壮成长，有些已成为话剧舞台上的新秀。如在1983年全省青年演员比赛中获得金牌奖、又在1987年获得省首届水仙花奖的胡小玲、温毓军、何堂堂等，都已在观众中享有一定的声誉。1987年剧院又办起两年制的话剧表演班培养演员。

30多年来，福建省话剧院恪守现实主义创作方法，追求浓厚的生活气息和真实感人的表演风格，同时也在表演、导演和舞台美术等方面进行了一些探索，为繁荣福建的话剧艺术做出了应有的贡献。近年来，尽管出现话剧上座不景气的现象，但剧院的演职人员仍坚守话剧阵地，为话剧的振兴在辛勤耕耘，每年演出200余场，并创作演出了《天使·魔鬼》、《宋氏三姐妹》、《编外敢死队》、儿童剧《出海的小船》和《在海边》等优秀剧目。有的参加省戏剧会演获得奖励。特别是1988年实验剧团编演的中学语文课本剧，受到广大中学师生的热烈欢迎。课本剧的演出，不仅为中学语文教学服务，而且为话剧开辟了新的阵地。更重要的是普及了话剧，培养了新一代的话剧观众。最近剧院邀请著名话剧导演王贵执导本院莫吉东创作的《寡妇村的故事》参加1988年福建省省属剧团创作会演，引起文艺界的关注。

话剧院将以改革的精神，摆脱困境，为开创话剧新局面而奋斗！

剧院艺术室

1988年12月

王治、黄家斌演《龙江颂》

广东话剧院

华南话剧团团长史进

广东话剧院原为广东话剧团，1984年改为剧院建制。前身是华南话剧团，1953年全国文工团整编时由华南文工团戏剧部、华南人民艺术学院人民剧团戏剧部第一届毕业生、青年文工团、广州市文工团等单位整编组成。1957年全国行政区调整，取消华南话剧团名称，分为广州话剧团和广东话剧团，后又合为广东话剧团。1984年改为广东话剧院。剧院目前编制是172人，其中编剧4人，导演6人，演员67人，舞美设计5人，舞台技术人员54人，行政人员26人。历任院（团）领导及正副院、团长的有史进、马孟平、海风、游波、郭云英、乔毅、王守一、周思明、杨晓冬、周游、郑红、林兆明、周瀛、许宏盛等。现任院长许宏盛，副院长周瀛、严国常，艺术顾问乔毅、潘予、王守一、周游，艺术指导张悦楷、林兆明、姚锡娟。院部下设实验剧团、喜剧团、儿童剧团、艺术室、艺术发展中心等。

剧团初期，领导人及业务骨干多是从抗日战争开始从事抗敌演剧工作的。一部分是大西南地区和广东地区的抗敌演剧四队、五队、七队的成员，后撤退到香港，组成中国歌舞剧艺社，在南洋和港、澳地区从事进步演剧活动，他们是华南文工团戏剧队的骨干。另一部分是广州的锋社、艺协（中共广东省地下党领导）、蓝白等剧团的成员，这一部分撤退到香港，成立中原剧艺社，解放后，部分成员成为华南人民艺术学院人民剧团主要骨干。上述老剧人中，主要业务骨干有史进、海风、马孟平、郭云英、乔毅、游波、周思明、王守一、潘予、李文治、徐光珍、林岚、沙基、张申怡、张中、周围、张碧夫、简滨、林青而、庞峨、邵立人、吴岐、胡荣、卓文彬、林青、马珊等。

从文工团整编为专业话剧团后，为适应广东地区的特殊情况，设普通话和广州方言两个演出队。

普通话演出队大部分骨干有较长期的演剧经验。为提高艺术质量，走向专业化、正规化的剧场演出，不断进行总结、探索与追求。首次演出的剧目是《尤利乌斯·伏契克》。由于它的思想性、艺术性和演出的完整性都达到一定的水平，受到观众的欢迎和好评。以后又排演了《家》、《桃花扇》、《一仆二主》、《大雷雨》、《日出》、《甲午海战》以及童话剧《灰姑娘》等剧目，先后在省内和杭州、上海等地巡回演出；同时也从全国各地和本省剧作家创作的现代题材剧目中选演了《平凡的创造》、《西望长安》、《同甘共苦》、《新局长到来之前》、《红岩》、《年青一代》、《霓虹灯下的哨兵》、《红色风暴》、《千万不要忘记》、《千锤百炼》等剧目。《平凡的创造》是本省作家创作的一部工业题材的戏，参加第一届全国话剧观摩演出获导演、演出、舞台制作等奖励，一些演员也得到了演员奖。

方言演出队的主要成员有较长时间用方言演剧的历史，建国后确立的努力方向是：逐步建立具有广东地方特点的剧场艺术，使话剧这一外来的艺术形式更有成效地为群众服务。方言演出队坚持上演反映当前人民斗争生活题材的剧目，到工厂、农村巡回演出。选演的剧目在语言翻译、人物造型、舞台美术、生活风貌等每个环节上尽可能顾及广东地方特点。多年来演出的剧目有《妇女代表》、《夫妻之间》、《幸福》、《海滨激战》、《革命一家》、《刘介梅》、《把一切献给党》、《七十二家房客》、《全家福》、《夺印》、《年青一代》、《迎春花》等。同时演出团内外剧作家创作反映广东人民现实斗争生活的剧目，有《出路》、《喜沐东风》、《山乡恩仇记》、《珠江风雷》等十多个。《珠江风雷》是在深入生活，广泛听取农民群众意见后成功地搬上舞台的。该剧受到广泛赞扬和欢迎，并被选派赴京汇报演出。1960年演出队改名农村演出队。排练场搬到了农村祠堂、晒谷坪，演出地点绝大部分在公社、大队，还随时创作一些小型节目在墟镇街头、田间、村边演出。方言演出队1960年、1963年先后被评为广东省文化局先进集体、广东省直属机关先进单位和广东省文教战线社会主义建设先进单位。

十年动乱，剧团停止活动。粉碎“四人帮”后，全团两个演出队上演了《万水千山》、《八一风暴》、《枫叶红了的时候》、《丹心谱》、《于无声处》、《彼岸》、《救救她》、《泪血樱花》、《一双绣花鞋》、《深夜静悄悄》、《迟开的花朵》、《魂牵万里月》、《白奴》、《出租的新娘》、《又一春》、《糊涂爷娘》、《可口可笑》、《哥仨和媳妇们》、《绝对信号》、《真情假意》、《阿混新传》等剧目；还恢复上演了《七十二家房客》、《最后一幕》、《红岩》、《一仆二主》等剧目。本团本省剧作者创作、和省外剧作者合作创作的剧目数量和质量日渐增多和成熟。《春暖人心》参加国庆30周年献礼演出，获创作三等奖、演出三等奖。为纪念广州起义50周年创作的《广州惊雷》获1987年广东省戏剧创作一等奖。以东江纵队传奇英雄短枪队长刘黑仔事迹为题材的《过江龙》获1981年广东省专业戏剧调演二等奖。《恨海奇光》获广东省戏剧创作优秀奖。《里里外外》、《小红军与大俘虏》、《银光倩影》分别获广东省1982年—1983年专业剧本一、二、三等奖。《小红军和大俘虏》参加全国首次儿童剧观摩演出，获优秀演出奖和创作奖。为纪念东江纵队成立40周年纪念创作上演的《港九传奇》获广州市创作剧目二等奖。此外，还有《追蔵》、《羊城24小时》等创作剧目。这阶段，不少演员除舞台演出外，还参加电影、电视剧的拍摄、配音，参加广播剧的演播节目，如主要演员姚锡娟、简肇强等为《排球女将》、《霍元甲》、《海蒂》、《血疑》等译制片配音，张悦楷演播《水浒》、《杨家将》故事，林兆明演播《西游记》等长篇故事。

为适应形势发展需要和结合体制改革工作，在建团36周年之际改为剧院建制。40年代的老剧人有的已调离剧团，有的已离休、退休。50年代主要来自中央戏剧学院、上海戏剧学院（包括派去学习的）、华南人民文艺学院戏剧部的毕业生以及广东戏剧学校和剧团自己先后三次培训的演员，艺术上已日趋成熟，成为剧院当今的业务骨干，他们有演员张悦楷、林兆明、吴克、蔡传兴、简肇强、姚锡娟、李邦禹，编剧谭仪元、许宏盛，导演周瀛、梁咏等。

原普通话演出队改编为实验剧团，以演出现代题材剧目为主，并有选择地演出古今中外优秀剧目，在导、表演艺术和舞台美术方面，力求新的探索和革新，为话剧的现代化和民族化进行实验性演出。建团后第一个剧目是反映深圳特区建设者开荒牛精神面貌的《特区人》，参加国庆35周年广东省艺术节演出获优秀剧目奖。同时将莎士比亚四大悲剧之一的《奥赛罗》搬上中国话剧舞台。原方言演出队改编为喜剧团，致力于喜剧艺术的探索，排演《阿混新传》和一批短剧，到市、县及工矿巡回演出，很受群众欢迎。儿童剧团专为培养儿童和青少年话剧观众和话剧艺术接班人服务。首演的剧目是日本神话剧《神镐》。

经过体制改革后的广东话剧院，还上演了创作剧目《急流》、《三姐妹》、《爱情迪斯科》、《少年的心》及《寻找男子汉》、《大森林里的小故事》等大小剧目20多个，有的剧目在参加广东省艺术节、中国艺术节演出和赴北京、香港等地演出时获奖和受到观众较高的评价。同时，还拍摄、译配了多部电影、电视剧，其中有电视连续剧《香港地恩仇记》，译配的电视剧有《命运》、《海瑞》、《李尔王》、《茶花女》等，在广东和全国均有一定影响。

张悦楷、林青而、蔡传兴演出《山乡恩仇记》

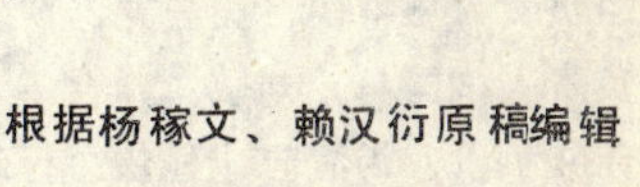

根据杨稼文、赖汉衍原稿编辑

1988年12月

新 疆 话 剧 团

新疆话剧团是在原新疆军区文工团戏剧队的基础上建立的，原名新疆维吾尔自治区话剧团，于1956年8月20日正式成立。建团初期，分维族演出队和汉族演出队。1957年4月，维族演出队组建新团，成立新疆歌舞剧团；汉族演出队与自治区电影演员训练班、中国青年艺术剧院等支援新疆的部分成员重新组合。1962年底，新疆维吾尔自治区话剧团与新疆歌舞剧团合并，成立新疆歌舞话剧院，话剧团称新疆歌舞话剧院话剧二团。1973年剧院撤销，改名新疆话剧团。

新疆话剧团是在新疆文化厅领导下的一个全民所有制的话剧表演团体。团址设在乌鲁木齐市。建团伊始，王华轶为演出队负责人，后由郗良银、丁一石、季阳、尹茅塞（兼）、任自安、周西煜（已故）、常尊九、蒋达、刘家琪、刘国昌、张起敏、王成文、石泓、任侠、炼德才、王德奎、孙道全、薛忠杰先后任团长、副团长。团部下设行政办公室、编导组、演员队、舞台美术工作队。剧团现有人数102人，计编剧4人，导演4人，演员40人，舞台美术设计及制作人员、后台工作人员31人，其他人员23人。编导组负责人王华轶、吴云龙，演员队负责人刘国昌、刘敏，舞台美术工作队负责人汤清武、任侠，行政办公室负责人张东维、周绪汉。1988年底，剧团试行公开招标聘任团长，炼德才中标出任团长，又经炼德才提名聘任王德奎、孙道全、薛忠杰为副团长。

32年来，剧团在剧目建设上，着力表现新疆各族人民在党的阳光哺育下开发新疆、建设新疆的斗争事迹和生活风貌，共演出多幕剧69个、独幕剧42个，其他小型节目20多个。其中剧团创作的多幕剧有《步步跟着毛主席》（自治区庆祝建国十周年献礼剧目）、《奥依古丽》、《林基路》（1980年获自治区戏剧创作二等奖）、《冰山上的来客》（根据同名电影改编）、《华夏之子》、《金瓯记》、《焦裕禄》，独幕剧有《火焰山前红旗飘》、《一浪破一浪》、《红色友谊》（以上3个小戏1958年参加西北五省戏剧调演受到好评，其中《火焰山前红旗飘》已出版发行），儿童剧有《老虎和熊的故事》（获1980—1981年文化部、中国剧协优秀剧本奖，1982年全国儿童剧调演优秀创作奖、演出奖）、《友谊的百灵鸟》（获1982年全国儿童剧调演演出奖）。团外作家创作的剧目有《红旗牧歌》（徐坦等作）、《塞外风云》（王玉胡作、陈村改编）、《火焰山的怒吼》（包尔汉作）、《冰峰飞渡》（王化中作）、《扬帆万里》（陆天明作），其余上演的多是选自全国反映现实生活和革命历史题材的剧目及“五四”以来的优秀剧目，如《海

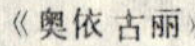

《奥依古丽》

滨激战》、《三星高照》、《西望长安》、《全家福》、《夺印》、《年青的一代》、《青春之歌》、《为了61个阶级弟兄》、《花开遍地万户香》、《特别代号》（原名《8.26前夜》）、《象他那样生活》、《北大荒人》、《不平静的海滨》、《枫叶红了的时候》、《丹心谱》、《泪血樱花》、《于无声处》、《可口可笑》、《三换新郎》、《哥仨和媳妇们》、《白莲花传奇》、《真情假意》、《救救她》、《霓虹灯下的哨兵》、《丰收之后》、《祝你健康》（原名《千万不要忘记》）、《香港大亨》、《深夜静悄悄》、《刘胡兰》（话剧、歌剧）、《野火春风斗古城》、《红旗谱》、《革命的一家》、《刘顺清》、《粮食》、《米》、《卧虎镇》、《八一风暴》、《万水千山》、《曙光》、《卖马计》、《学犁记》、《日出》、《雷雨》、《放下你的鞭子》、《双婚记》，还有外国戏《绞刑架下的报告》、《友与敌》、《丝绣花巾》，历史剧《甲午海战》等。

上述剧目中，《步步跟着毛主席》（原编导曹起志、陈书斋，1960年《剧本》月刊发表时署名集体创作、陈村执笔，后来又由季阳等执导）1960年赴京演出，获得很高评价，并被安排在怀仁堂演出。当时有5个以上的兄弟省市的话剧表演团体排演这个戏。这是剧团自成立以来在国内影响较大的剧目。其他有影响的剧目还有话剧《奥依古丽》、儿童剧《老虎和熊的故事》、《友谊的百灵鸟》等。《奥依古丽》（欧琳作剧）是新疆话剧舞台上反映哈萨克牧民生活的主要剧目之一，具有浓郁的民族特色。欧琳根据同一题材还创作了电影《天山红花》。《老虎和熊的故事》和《友谊的百灵鸟》是赵清和曹起志合作创编的，表现了多民族地区少年儿童的生活，深受小观众们的喜爱。这两个剧目在1981年内，下工矿和偏远农村、农场演出达435场。当年，儿童剧的演出占全团演出的71.9%。

剧团培养、造就了一批艺术创作的骨干力量：陈书斋，编剧，自治区有影响的剧作者之一。创作的主要剧目有《步步跟着毛主席》（与曹起志合作）、《林基路》（与王嵘合作）、《金瓯记》，独幕剧《节日》等，导演过《特别代号》、《双婚记》、《红色友谊》等剧目。尚久骖、吴云龙（满族），编剧，合作创作过《战油田》、《华夏之子》、《绿色波斯坦》、《长犄角的石头》、《丝绸路上的红氍毹》等剧目。《战油田》在1965年西北地区话剧调演中获得好评并被调京演出，演出情况在自治区成立10周年展览会上展出。赵清，编剧，长期从事演员工作，先后在话剧《春风吹到诺敏河》、《家》、《雷雨》、《西望长安》中担任主要角色，1980年开始写戏，主要作品有儿童剧《友谊的百灵鸟》、《老虎和熊的故事》、《小羊咪咪叫》，编导过儿童电视片《小朋友走路要当心》。王华轶，导演，有近30年表导演经验，导演过《万水千山》、《海滨激战》、《青春之歌》、《霓虹灯下的哨兵》、《冰山上的来客》、《丰收之后》、《枫叶红了的时候》、《香港大亨》、《救救她》、《真情假意》、《丝绣花巾》、《十五的月亮》、《初恋时，我们不懂爱情》等30多个话

《步步跟着毛主席》

剧，曾在《甲午海战》、《绞刑架下的报告》等戏中和电影《天山歌声》里扮演主要角色，改编剧目有话剧《冰山上的来客》等。刘志一，导演，抗日战争即从事戏剧活动，中国青年艺术剧院成立时期的成员之一，在许多剧目中扮演过重要角色，导演过《妇女代表》、《新局长到来之前》、《三个战友》等剧。1960年到新疆工作，担任专职导演，导演的主要剧目有《红旗谱》、《祝你健康》、《战油田》、《奥依古丽》、《曙光》、《白莲花传奇》、《于无声处》、《择婿认亲》等，创作过《一锅饭》等小戏。李世发，导演，导演过《八一风暴》、《丹心谱》、《深夜静悄悄》、《泪血樱花》、《三换新郎》、《哥仨和媳妇们》。王成文，导演，曾在新疆歌剧团担任主要导演，先后导演过维语歌剧《红灯记》、《货郎与小姐》，维语话剧《公正舆论》、《一仆二主》等剧目。1984年9月，调入新疆话剧团担任团长。导演的剧目有《小羊咪咪叫》、《长犄角的石头》、《戏剧歌舞》、《丝绸路上的红氍毹》（与刘国昌合导）等。李仲子，舞美设计，设计的主要作品有话剧《八一风暴》、《林基路》、《白莲花传奇》，电影《远方星火》、《两代人》、《沙砾》等。炼德才，舞美设计，设计的主要作品有话剧《深夜静悄悄》、《枫叶红了的时候》、《泪血樱花》、《丹心谱》等。石泓，舞美设计，与他人合作设计的主要作品有《霜天晓角》、《左邻右舍》、《撩开你的面纱》，单独设计的主要作品有《培尔·金特》、《老虎和熊的故事》（曾参加全国舞台美术展览）等。孙燕，演员，创造的人物形象有《步步跟着毛主席》中的阿衣希汗，《泪血樱花》中的樱枝，《8.26前夜》中朱辉等。仲瑞图，演员，在《日出》中扮福生，《丹心谱》中扮庄济生，《霓虹灯下的哨兵》中扮鲁大成等。左伦，演员，创造的人物有《日出》中的李石清、《卧虎镇》中的冯老四等。刘学良，演员，创造的人物有《祝你健康》中的丁有宽、《霓虹灯下的哨兵》中的洪满堂等。上述演员均已去世。在现有演员中，姜淑英曾扮演《革命一家》中的母亲、《祝你健康》中的姚母、《于无声处》中的刘秀英等角色，并在电影《两代人》中担任主演；赵桂良曾扮演《日出》中的胡四、《西望长安》中的栗万成、《八一风暴》中的魏其元、《万水千山》中的罗顺成等角色；刘敏曾扮演《日出》中的陈白露、《雷雨》中的繁漪、《白莲花传奇》中的白莲花等角色，并在电影《天山歌声》中担任主演；阎玉琪曾扮演《甲午海战》中的丁汝昌、《卧虎镇》中的周伏龙、《香港大亨》中的胡老板等角色。他们是新疆话剧界的著名演员，在观众中享有较高声誉。有一定影响的演员还有赵大愚、段景新、于维宁、秦凡君、刘国昌、王德奎、吴寿鹏、邢作敏、杨文玲、张海敏、景昕、靳忠等。近年来参加导演工作的还有刘国昌、桑宗忠、戈弋、赵桂良等。

此外，曾为剧团艺术建设作出贡献、目前已经离团的有编剧欧琳、陆茂林、陈村、王更一；导演曹起志；舞美设计及舞台工作者张体仁、王基鄂、杨尧龙、冯晓明；演员贾志杰、郭允泰、谷毓英、吴骐、刘瑾、贾学宏、徐文彬、柳营等。

在1959年、1972年、1976年，先后招收了三批学员。1964年、1965年，中央戏剧学院输送了一批表、导演和舞美毕业生，通过培训和实践，有的已成长为业务骨干。1983年前后，又选派部分青年到中央戏剧学院和上海戏剧学院进行深造。1985年新疆艺术学校分配来的一批演员，也已成为剧团近年的骨干力量。

新疆话剧团是一支战斗在祖国西北边疆的重要话剧队伍，长期以来，坚持为人民服务、为社会主义服务、为各族人民服务的方针，业务人员不断深入农村、牧区、厂矿、部队、学校和边防哨所，在那里生活、学习、创作和演出，一直和各族人民保持着密切的联系。为支援西藏地区的文化建设，1965年和1970年，剧团曾两次派出文化工作队赴阿里进行慰问演出和帮助工作。

剧团供稿

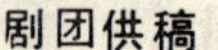

1988年11月

《老虎和熊的故事》

中国人民解放军

海军政治部话剧团

（海军政治部电视剧制作中心）

海军政治部话剧团是中国人民解放军海军政治部直属专业话剧团，组建于1959年底。

剧团前身为海政文工团话剧队，成员先后来自第一野战军十二兵团文工团、第三野战军三十五军文工团、第二野战军十军和十一军文工团以及西南军区后勤政治部文工团等。其中有经历过抗日战争和解放战争的部队文艺工作者和解放前在国统区进行演剧活动的戏剧工作者及戏剧专科学校的学生。解放战争期间，他们在东北、华东、中南、西南等地区及入关、渡江南下的进军征途上演出过《白毛女》、《血泪仇》、《三世仇》、《李闯王》、《裁缝之死》、《教师之家》等剧目。新中国诞生后，成立了海政文工团及东海、南海、北海舰队文工团，都设有话剧队，1950年在上海演出《保尔·柯察金》，在青岛演出《美国之音》，在大连演出《思想问题》、《钢铁战士》等剧目。1953年话剧队被撤销建制，仅在海政文工团中保留少数业务骨干。同年，创作演出了第一出描写海防斗争生活的三幕话剧《出海》。1956年创作演出了大型话剧《海上长城》（单文编剧兼导演）。1958年各舰队文工团话剧业务骨干调入海政，恢复话剧队建制。同年，参加福建前线“8.23”战地演出，《解放军报》以“飘扬在南海上的一面红旗”为题，进行了专题报导。1959年创作独幕话剧《一件小事》参加全军第二届文艺会演，获表演奖。话剧队时期负责人先后为单文、鹏岚。

周恩来总理、陈毅副总理观看《甲午海战》后与邓世昌的扮演者郑宪忠亲切握手　　新华社记者摄

1959年12月29日海政文工团话

剧队扩建为海政话剧团，张风一任团长，雷凤鸣任副团长。三中全会后王洪武任团长。1981年又由张风一任团长。1983年陶浩任团长。1960年10月改编演出了七场历史剧《甲午海战》，执笔朱祖贻、李恍，导演张风一，舞台设计方寸，主要演员郭宪忠、姚思诚、魏良炎、龚英礼、罗正培、杨昭、沈绍基、徐本佑等。演出受到文史界、戏剧界热情赞誉。该剧连续演出360多场，在东海、黄海、渤海地区部队及京、津、沪、宁巡回演出9个月之久，并被国内许多剧种移植和上演。1964年4月，创作演出了七场话剧《海防线上》，编剧林荫梧、朱祖贻、单文、李恍，导演张风一，舞台设计王瑞庭、方寸，主要演员姚思诚、魏良炎、田丁、戴金凤、贾文华、周祖同等。剧本上演后被移植为京剧、越剧，同年获解放军总政治部授予的优秀话剧创作奖。1965年2月，创作演出了七场话剧《赤道战鼓》，编剧李恍、张风一、林荫梧、朱祖贻，导演张风一，舞台设计王瑞庭、张嘉勋、方寸，主要演员魏良炎、王夫棠、卢稼影、陶浩、贾文华、郭宪忠、姚思诚、田丁、费民华等。该剧连续演出300场，曾经多次专场为国宾和外宾演出。许多兄弟单位上演和移植。剧本被译成英、法文出版。同年获解放军总政治部授予的优秀剧作奖。1966年2月，创作、演出了七场话剧《夜海战歌》，编剧林荫梧、张风一、朱祖贻、李恍，导演张风一，舞台设计方寸、王瑞庭、张嘉勋，主要演员周祖同、魏良炎、贾文华、王夫棠、陶浩、陈静、石静等。上述4个剧目都得到周恩来、刘少奇、朱德等老一辈革命家的关怀，多次垂询，提出了极为重要的宝贵意见。这一时期是海政话剧团兴旺发达时期，艺术上渐趋成熟，并逐步形成自己的热情奔放、色彩浓郁的风格。

十年内乱时期，海政话剧团象其他兄弟团队一样遭到较为严重的破坏。粉碎"四人帮"之后，才得以复苏。

1977年5月，创作演出了七场话剧《惊涛万里》。编剧林荫梧、朱祖贻、李恍、魏良炎、刘蠡，导演王洪武、姚思诚、魏良炎、田丁，舞台设计方寸、陈新全、张嘉勋，主要演员邱英三、陶浩、魏良炎、郭宪忠、郭宏等。同年8月参加全军第四届文艺会演，获解放军总政治部授予的优秀作品奖和演出奖。1979年创作、演出了四场话剧《为了祖国》，编剧周振天，导演魏良炎，舞台设计方寸，主要演员陶浩、谢兰、王同乐、周祖同、赵敏芬、陈静、李晓路等。当年参加国庆30周年会演，获创作三等奖，演出二等奖，舞台设计获海政授予的设计创作奖。该剧亦被兄弟剧团搬上舞台演出。同年创作、演出四幕话剧《山是青青花是红》，编剧李恍，导演姚思诚，舞台设计王瑞庭，主要演员卢稼影、郭宏、戴金凤、李鹏、李乃光、邱惠琴等，获海政授予的创作二等奖和舞台设计创作奖。1981年9月将周振天创作的五场话剧《耕海播情》搬上舞台（演出本名为《新的航程》），艺术指导张风一，导演李威、魏良炎，舞台设计方寸、张嘉勋、倪圣同、郑晓峰，主要演员郭宪忠、邱英三、王世贵、张卫国、李晓路、刘通生、王尔利、姜若瑾等，获海政授予的创作演出奖。1982年创作、演出五幕历史剧《郑和下西洋》，编剧朱祖贻（执笔）、张风一、林荫梧、李恍，导演张风一，舞台设计王瑞庭、郑晓峰、倪圣同，主要演员王夫棠、姚思诚、魏良炎、郭宪忠、田丁、陶浩、邱英三、吴金华、谢兰、方卉、石静、芮丽蓉等。1984年创作演出话剧《天涯海角人》，编剧钱公乐、敖德焕，导演田丁，舞台设计方寸，主要演员邱英三、赵敏芬、卢稼影等。1985年创作演出多场次话剧《硝烟散去之后》，编剧李恍，导演魏良炎、周祖同，舞台设计郑晓峰，主要演员鲍落临、赵敏芬、李鹏等。同年又创作、演出多场次话剧《天边有群男子汉》，编剧周振天，导演雷羽，舞台设计方寸，主要演员刘通生、张卫国、申彬彬、刘文虎、

《夜海战歌》　　邵士祖摄

邱惠琴、安小良、李云英等 此外还创作、演出了《旋涡》、《打是亲》、《姜太公钓鱼》、《谢谢，再见》、《难忘的航行》、《百里众相随》等30多个大中小型剧目，并演出过兄弟单位剧目《霓虹灯下的哨兵》、《枫树湾》、《年青的一代》、《于无声处》、《报童》、《火热的心》等。

几十年来，剧团坚持为部队服务、为基层服务的宗旨，足迹遍及万里海疆，码头、岛屿、甲板、场站都曾是演出的场地，赢得广大指战员的欢迎和好评

剧团恪守现实主义的创作方法，并广泛吸收各种艺术流派的营养，

周恩来总理观看《赤道战鼓》后和全体演职员合影

邵华相摄

剧目建设坚持以海军题材为主，艺术上形成了热情奔放、深沉凝重的海味风格，培养了一支卓有成效的戏剧文学创作队伍 在中国戏剧家协会第四次全国代表大会上，剧作家李恍、周振天当选为中国戏剧家协会理事 剧团在几十年的艺术实践中培养、锻炼了一批为观众熟悉的演员，同时也培养了一支有实践经验的舞台美术和技术管理队伍，如灯光设计宋宝珍、张琦、郑国培、齐义兴，音响效果张福田、冯臣林，化装造型王伟、王雅文，服装设计马光灿，技术管理张金刚、由占魁、慕香玉、梁云山等

为适应海军点多、线长、高度分散的陆勤部队和高度集中的舰艇部队的特点，剧团从1983年起开始电视剧的摄制工作，摄制了《信》、《小电脑》、《夕照青晖》、《淡淡的一笑》、《海的浪漫》、《燕山夜话新说》等10多部电视剧，同时剧团成员还参加了《高山下的花环》、《向警予》、《诸葛亮》、《秋海棠》、《曹雪芹》、《啼笑姻缘》等几十部电视剧的创作、摄制工作 此外剧团成员还涉足电影，前后有几十人参加《猎字99》、《蓝鲸紧急出动》、《16号病房》、《田野又是青纱帐》、《南昌起义》、《四渡赤水》、《破袭战》、《瀚海潮》、《天涯并不遥远》、《敬礼我的教官》、《海神》、《奸细》等10多部影片的创作与摄制工作

1986年根据海军党委命令，海政话剧团撤销编制 1988年6月14日根据海军党委命令，在原海政话剧团骨干人员基础上成立海政电视剧制作中心，承担摄制电视文艺节目和排演话剧任务 在排演话剧时，仍保留海政话剧团的名称 现任海政电视剧制作中心主任周振天，政治委员蔡福兴

海军政治部电视
剧制作中心供稿

1988年12月

内蒙古自治区民族剧团

剧团创始人
珠兰其其格

内蒙古民族剧团于1957年4月19日在自治区首府呼和浩特市正式成立。始建时命名为内蒙古民族实验剧团，1960年易名内蒙古民族歌剧团，1961年改称内蒙古实验歌剧团，1973年改为内蒙古歌剧团，1979年10月又改为内蒙古自治区民族剧团，沿用至今。内蒙古自治区民族剧团是自治区唯一使用民族语言表演民族戏剧的艺术团体。剧团始建时由珠兰其其格和耶拉担任领导，全团20余人。这株民族戏剧艺术之苗，经历30余年，已成长为一支艺术队伍。现在全团演职员170余人，包括蒙古族、汉族、满族、达斡尔族、鄂温克族等民族。剧团历届领导有：珠兰其其格、耶拉、孟和、阿日鲧、达林太、任世明、乌日娜、巴音孟和、美丽其格、格日乐图等。现任团长扎木苏，副团长包丕忠。团部下设歌剧队、话剧队、乐队、舞台美术队、艺术研究室、艺术档案资料室、政工科、办公室等机构。

建团以来，剧团始终坚持党的“文艺为人民服务，为社会主义服务”的方向和“百花齐放，推陈出新”的方针。除了排演大、中型歌剧、话剧外，还经常以说书、笑可（相声）、表演唱、独幕歌剧、独幕话剧、民族音乐等多种艺术形式，为广大牧区、农村、城镇、边防部队进行巡回演出，颇受广大观众的欢迎和称赞。30多年来，剧团足迹遍布全区每个角落，通过深入牧区，从民族民间艺人那里挖掘、整理、改编、创作了大量作品，演出后在区内外产生了一定的影响。如蒙语歌剧《达那巴拉》、《拐棍》、《嘎达梅林》、《草原烽火》、《国境线上》，蒙语话剧《金鹰》、《巴图桑一家》，表演唱《慰问袋》、《学文化》、《赛乌素沟畔》等，都是具有民族特色的优秀剧（节）目，被列为剧团的保留剧（节）目。

30余年来，剧团演出了100多台蒙、汉语歌剧、话剧。仅在十一届三中全会以后，就演出了大小型歌剧11台，话剧13台。如大型蒙语歌剧《草原曙光》、《乌云其其格》、《莉玛》、《选女婿》和独幕剧《家乡的早晨》、《原来是你》、《巴拉根仓》等。其中7个剧目获演出奖，5个剧目获全区首届和第二届文艺创作萨日娜奖。歌剧《家乡的早晨》在全区现代题材戏剧评比中获优秀创作奖。

长期的艺术实践，造就了一批卓有成就的艺术骨干，如著名作曲家美丽其格，电影演员恩和森、朝鲁、依若呼、格日乐，以及服装设计家塔娜。同时还为兄弟艺术团体输送了一批艺术人才，如女中音歌唱家德德玛、马头琴演奏家齐·宝力高、电影导演广播道尔吉等。

十年改革以来，剧团为提高自身的艺术素质和技术水平，聘请了兄弟省、市有造诣的专家、教授到团讲学辅导，并有计划地输送一些具有培养前途的青年演员，到中央音乐学院、上海戏剧学院等高等艺术学院学习深造。1982年，剧团从全区选拔了27名蒙、汉兼通的学员，到上海戏剧学院学习话剧表演艺术。他们已于1986年结业回团，并将毕业作品《黑骏马》、《奥赛罗》、《仲夏夜之梦》等话剧搬上了呼和浩特市舞台，向全市人民做了汇报演出，受到自治区党委的重视和各界观众的好评。1986年，剧团又挑选一批青年歌手，送中央音乐学院学习声乐和歌剧表演艺术，学期三年。

剧团决心在挖掘、继承、发扬民族传统的基础上，借鉴兄弟剧种之长，不断完善自己，培植独具风采的艺术之花。

剧团供稿　　1988年12月

《草原曙光》

湖北省歌剧团

湖北省歌剧团于1952年9月5日在武昌正式成立。第一任团长许伯然，副团长黄振、魏开泰。现任正副团长张敬安、胡刚、罗光厚。剧团初名湖北省地方歌剧团。建团时的方针是“在湖北楚剧、花鼓戏的基础上，发展湖北地方新歌剧”。后因“地方歌剧团”的名称和方针不利于歌剧艺术事业的发展，于1956年改称湖北省实验歌剧团，方针为“在湖北楚剧、花鼓戏和民间艺术的基础上，探索、创造反映现代生活题材为主的、具有民族风格、地方特色的民族新歌剧艺术”。“文革”期间，剧团被强行撤销，1970年与湖北民间歌舞团合并为湖北省歌舞剧团。粉碎“四人帮”后，恢复原湖北省实验歌剧团的编制，1978年改名为湖北省歌剧团。目前全团有181人，其中演员56人、乐队55人，舞台美术工作者17人、编剧、导演、作曲17人，其他36人。

建团以来，剧团坚持向民族、民间艺术传统学习，并借鉴、吸取西洋歌剧之长，探索民族新歌剧艺术的表现方法。剧作队伍长年深入农村生活，搜集、整理了大量的湖北天沔、五峰、鄂西民歌，长阳山歌以及潜江花鼓戏等民间音乐，积累了歌剧音乐创作素材和资料。30多年来共创作、改编、移植大小剧目140多个，先后参加了3部影片和20多部电视剧的编剧、作曲及演出工作。

1953年，剧团上演了由喻洪斌、张忠慧（执笔）根据同名沪剧演出本及赵树理小说《登记》改编的《罗汉钱》（张敬安、王易编曲，陈金鹏导演，王易指挥）。该剧是剧团成立后首创的大型地方新歌剧。音乐有浓郁的楚剧味，整体上又体现出歌剧“音乐与戏剧相结合”的特点，乐队则采用声部基本齐全的民族乐队，形成了与传统戏曲音乐大为不同的歌剧音乐新特点。《罗汉钱》演出400余场，是开创湖北地方新歌剧有代表性的成果，在湖北地区引起了强烈反响。1956年湖北省第一届戏剧汇演中，获剧本、音乐、表演、舞美、演出等六项奖，湖北人民出版社出版了剧本、唱腔音乐的单行本，中国唱片社灌制了选段唱片。1959年，剧团创作、演出的歌剧《洪湖赤卫队》作为建国10周年的献礼剧目在首都演出后，引起很大反响，受到各界人士的高度评价。该剧曾两次进中南海怀仁堂向中央首长汇报演出，并在中南海怀仁堂举行了《洪》剧演出百场纪念活动。《洪湖赤卫队》是剧团的永久性保留剧目，先后共演出750余场，创造了剧团上演的最高记录，奠定了湖北省歌剧团在中国歌剧史上的地位。1961年，该剧摄制成彩色歌剧艺术片，获得首届《大众电影》“百花奖”中最佳音乐奖。同年，湖北省歌剧团被评为全国文教系统先进单位。

粉碎“四人帮”后，剧团创作、演出了革命历史歌剧《红绫》。1978年，为台湾回归和祖国的和平统一，创作、演出了歌剧《乡思泪》、《红豆相思》。1979年，改编、演出了张敬安、周慧华、贺志怀、杨思雄根据郑锡同、陈建的同名话剧改编的抒情歌剧《泪血樱花》（赵慧娟、贺志怀、张敬安作曲，张丙勋配器，王秀峰指挥，钱峰导演），在文学和音乐上都作了大胆的探索，连续上演130多场，受到广大群众和日本友人的好评，成为剧团的保留剧目，中央电视台作为建国30周年的献礼节目向全国播放，中国唱片社将全剧灌制唱片发行。1980年，改编、演出了《唐人街上的传说》。1981年，为纪念辛亥革命70周年，创作、演出了歌剧《剑胆琴心》。1982年，演出根据小说《爱的葬礼》改编的传奇性古装歌剧《桃花飘零去》。同年，又改编、演出了《三接新娘》。1984年，根据同名小说改编、演出

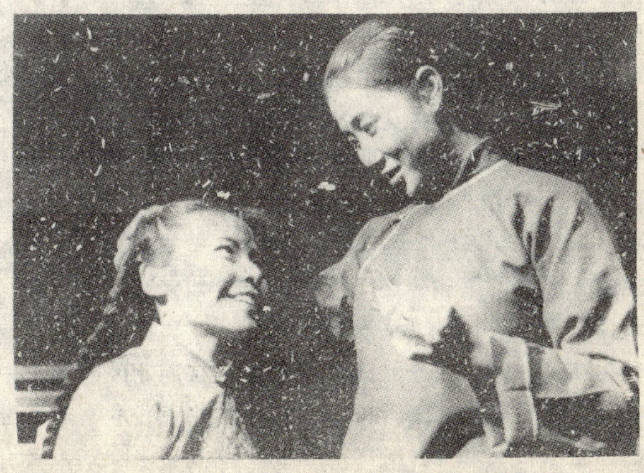

刘淑琪、彭洪钧主演《罗汉钱》

了《人生》。

多年来，在频繁的创作、演出的艺术实践中，剧团造就了一些有才华的作曲家、剧作家，相继培养出四代歌剧演员，有抗日战争时期新四军五师楚剧队的战士，有解放初期的文工团员，有本团招收、培训的演员，有从艺术院校选纳的毕业生。其中对歌剧事业和剧团建设作出成绩和贡献的有：张敬安，著名歌剧作曲家、剧作家，多年来着力探索民族新歌剧音乐的结构及其表现手段，与人合作收集整理出版了《楚剧、花鼓戏曲调集》，参加编剧和作曲的歌剧有《罗汉钱》、《一个志愿军的未婚妻》、《洪湖赤卫队》、《泪血樱花》、《人生》等10多部作品。著名歌剧《洪湖赤卫队》是他的代表作。欧阳谦叔，著名歌剧作曲家，与张敬安同为《洪湖赤卫队》的作曲者，还参加了《金黛莱》、《高山流水》、《红绫》等数部歌剧的作曲工作。贺志怀，作曲，发表歌曲近百首，其中半数以上灌制了唱片，《什么是美》（与陶克合作）、《香溪谣》等30首曾分别获中央、省、市的创作奖。《什么是美》被联合国教科文组织编入国际歌曲教材，并由法国“音乐之春”灌制唱片。歌剧《泪血樱花》音乐作者之一。所执笔创作的《葛洲坝交响大合唱》获1983年湖北省第二届“琴台音乐会”优秀创作奖。为广播剧《向警予》配乐作曲获音乐创作奖。熊敏学，作曲，其创作歌曲《伟大的祖国》是国歌征集3首预选歌曲之一，并且是1980年向全国推荐的13首优秀歌曲之一。所创作的交响乐《求索》获湖北省第二届“琴台音乐会”创作奖。为电视剧《洁白的手帕》配乐作曲获音乐创作奖。是歌剧《乡思泪》、《红豆相思》、《人生》等剧目的主要作曲者。周慧华，演员出身的剧作家，参加创作和改编的歌剧有《泪血樱花》、《桃花飘零去》、《人生》等。杨会召，导演，《洪湖赤卫队》、《一个志愿军的未婚妻》、《高山流水》、《赶会》、《补皮鞋》、《报童》等剧的导演，参加编剧兼导演的歌剧有《乡思泪》、《红豆相思》等。钱峰，导演，导演过《泪血樱花》、《剑胆琴心》、《三接新娘》等剧目。王玉珍，著名歌剧表演艺术家，1956年演出的《刘海砍樵》、《赶会》，获湖北省首届戏剧会演表演奖。在《洪湖赤卫队》中成功地塑造了韩英的形象。1964年随中国艺术家代表团出访日本及港澳等地。1980年调中国音乐学院民歌研究室工作。夏奎斌，演员，在《洪湖赤卫队》中塑造了赤卫队长刘闯的形象，《江姐》中塑造了沈养斋的形象，擅于运用戏曲的表演手段。曾导演过歌剧《红绫》、《唐人街上的传说》、《桃花飘零去》、《人生》等剧目，在电视剧《望富》中扮演望富。李述贞，演员，1956年在《游湖联姻》中扮演白娘子，获湖北省首届戏剧会演表演奖。在歌剧《一个志愿军的未婚妻》、《江姐》等10多个剧目和故事片《亲人》中扮演主角，出色地刻画了江姐等人物的形象。刘淑琪，演员，在《罗汉钱》中成功地塑造了女主角小飞娥的形象，获湖北省首届戏剧会演表演奖。在《洪湖赤卫队》中扮演韩英的母亲。付凌，演员，在《金黛莱》、《红霞》中扮演主角，在《洪湖赤卫队》中扮演秋菊姑娘。李祝华，青年演员，在《杜鹃山》、《红绫》、《唐人街上的传说》、《红豆相思》、《泪血樱花》等剧目中扮演主角。1981年获湖北青年演员独唱比赛二等奖。刘家宜，女高音，擅长演唱各种不同风格的民歌，《龙船调》等20多首湖北民歌均由中国唱片社灌制唱片。在歌剧《人生》中扮演女主角刘巧珍。刘人琪，男中音，所演唱

王玉珍、夏奎斌主演《洪湖赤卫队》

的湖北民歌《放排》等深受观众欢迎。1981年获湖北省青年演员独唱比赛一等奖。1983年参加湖北省第二届“琴台音乐会”获优秀表演奖。芦向荣，青年演员，在《三接新娘》、《人生》中担任主要角色。1983年参加湖北省第二届“琴台音乐会”获表演奖。张德平，1988年获全国青年歌手大奖赛“银孔雀杯”奖。此外，还有诗人瞿钢，作曲家王易、赵慧娟，指挥王秀峰，演员陈金鹏，舞美设计朱肖月，乐队演奏沈建军、杨仲谦、梁金跃、骆子冈、武道生、韦戎图、乐元生、虞柳青、沈国先、关木生。

剧团历年获奖剧目除上述提到的，还有地方新歌剧《夺佃》（1952年获首届中南地区戏剧会演创作奖、演出奖）、地方新歌剧《赶会》（1956年获湖北省首届戏剧会演音乐奖、表演奖）、地方古装歌剧《游湖联姻》（1956年获湖北省首届戏剧会演音乐创作奖、表演奖）。

30多年里，剧团除在本省公演、巡回演出于国内20多个省、市、自治区，并赴国外和港澳演出，还于1953年和1959年赴朝为中国人民志愿军、朝鲜军民作慰问演出和赴福建前线作慰问演出。

剧团艺术室供稿　1988年12月

少数民族戏剧

少数民族戏剧日志

［1月］

△产生于8世纪的古代维吾尔大型回鹘文佛教剧本《弥勒会见记》（一）由新疆人民出版社印刷出版。它包括序章和前四章的汉译文、原文转写、原文照片以及汉文前言（《〈弥勒会见记〉研究》）和考释。研究整理：伊斯拉菲尔·玉素甫、多鲁坤·阚拜尔、阿不都克由木·霍加。

△河北省承德话剧团应香港十六届艺术节邀请，于香港大会堂演出孙德民所作的《懿贵妃》；应香港联艺娱乐有限公司邀请，于香港北角新光戏院演出同一作者创作的《班禅东行》。

［1月25日］

内蒙古自治区鄂尔多斯歌舞团在首都民族文化宫演出民族舞剧《森吉德玛》。文学剧本：冯峰；总导演：扎那；分场编导：扎那、道尔吉、哈拉金；作曲：王竹林、桑洁、玛希；舞美设计：郑越洋（特邀）、刘玉华；指挥：魏家稔（特邀）、查干、伊平。演员赵霞、巴达玛饰森吉德玛，郭明利、李庆军饰布日固德，苏建军、牛双喜饰小王爷。

［3月］

《中国少数民族戏剧丛书·云南卷》出版。编入滇剧、白剧、彝剧、傣剧、壮剧、彝族舞剧、傣族歌舞剧和景颇族儿童剧各一个，并附5篇文章。

［4月］

《中国少数民族戏剧丛书·新疆卷（上）》出版。反映维吾尔、哈萨克等民族历史与现实生活的剧本儿童剧3个，话剧2个，歌剧4个，并附8篇文章。

［4月29日—5月6日］

首届白剧艺术研讨会在云南省大理白族自治州召开。

［5月23—30日］

中国少数民族戏剧学会湖南分会在湖南湘西苗族、土家族自治州的吉首和大庸举办省第一届少数民族题材戏剧创作笔会。讨论的15个剧本中有：吴建伟（苗）的《少女的构思》、宋声锦（土家）的《搭奶

戏剧起源研讨会开幕式，李肖冰主持，自治区文化厅长买买提·祖龙致词

傩艺术研讨会，中国傩戏学研究会会长曲六乙在会上讲话

夫人》、张子伟的《夜皇梦》、杨正兴（侗）、吴文通的《沾泪的花侗帕》等。会议期间展出了罗元明的《黛雅与那卡》、张子伟的《金鼓》等。

［5月26—30日］

云南、贵州、四川三省在贵州安顺市联合召开云贵川戏曲源流、沿革研讨会。出席会议的有三省从事戏曲史志编纂工作的负责人与特邀的广西壮族自治区的代表共50多人。与会代表宣读的论文对壮族、白族、彝族、侗族、布依族等民族戏，傩戏、地戏和花灯等剧种的源流、沿革进行了探索和论述。

［6月1日］

中央戏剧学院为吉林延边朝鲜族自治州培养的第一批22名朝鲜族话剧表演专业人才毕业。毕业前于4月举行了毕业公演，在北京和延边用汉、朝两种语言演出日本名剧《结婚》、苏联名剧《列兵们》和美国名剧《地狱之火》。

［6月］

中国戏曲学院附中贵州(民族）班在北京民族文化宫剧场举行结业公演，演出4场京剧传统折子戏。该班原系贵州省铜仁京剧团学员班，有35名学员，平均年龄16岁，来自土家、侗、汉等8个民族。

［7月］

贵州省黔西南布依族、苗族自治州布依戏调演在册亨举行。

［7月7—15日］

云南第二届滇东北戏剧节举行，演出了曲剧《血恋》、歌舞剧《泪碑》和《滇族女奴》等。

［7月21—25日］

内蒙古自治区蒙古剧观摩研讨会在通辽召开。会上演出了科尔沁蒙古剧《安代传奇》，放映了《晨曦》、《选女婿》、《乌仁都西之歌》和“蒙古博”（蒙古萨满)、“好得格沁”等录相资料。会议结束时，自治区文化厅领导正式宣布，我国又一新的少数民族戏剧剧种——“科尔沁蒙古剧”诞生。

［8月］

中国少数民族文化艺术基金会成立。名誉会长乌兰夫、韦国清、班禅额尔德尼·确吉坚赞、阿沛·阿旺晋美、赛福鼎·艾则孜、杨静仁、爱新觉罗·溥杰、司马义·艾买提、王蒙、高占祥，会长丁峤，副会长关鹤童、方初善、郭洁。中国少数民族戏剧学会会长、副会长李超、牟耕、吴俊学亦任基金会副会长。

［9月15—19日］

中国戏剧起源讨论会在新疆乌鲁木齐市举行。会上集中讨论了产生于8世纪的古代西域戏剧文献《弥勒会见记》的演变历程及其在中国戏剧史和维吾尔族戏剧史上的重要地位。中央和5省（市、自治区）15个大学、研究机构、出版社共40多位学者专家参加了会议。

［9月］

△新疆青少年出版社出版了李肖冰的戏剧论文集《维吾尔戏剧审美思考》。

△首届云南民族艺术节举行，演出了彝族舞剧《咪依鲁》和《双叩门》《荞花又开》《蔑独尼闹店》《两家人》等。

［10月］

贵州省黔东南侗族、苗族自治

州侗戏观摩演出会在从江举行。

［11月］

锦州京剧团应邀晋京演出新编历史故事剧《契丹太子》。此剧为9月初锦州市第二届艺术节获奖剧目。编剧石颖，导演金桐（特邀），副导演哈稚蓉，指挥李枫，唱腔设计孙敬民（特邀）、王立元，舞美设计于绍非（特邀）、赵之健，舞蹈设计庞志阳（特邀）、胡华，舞蹈教练王文启（特邀）、侯淑琴。陈鹿萍饰述律平，于清祥饰耶律倍，李玉棠饰高云云，黄幼鹏饰耶律德光。

［11月10—19日］

《中国戏曲志·四川省卷》审稿会在成都举行。会上审定了四川藏剧志。

［11月20—29日］

《中国戏曲志·云南省卷》审稿会在昆明举行。会上审定了白剧、傣剧、壮剧、彝剧、佤族清剧等部分。

［11月25—27日］

贵州省傩艺术形态展在贵阳市展出。展览分实物、图片、资料等5个部分：1.傩的源流。2.傩的戏剧艺术形态，包括彝、布依、土家、仡佬、侗、汉等民族的傩舞、傩戏以及面具数百面。3.傩与现代艺术。4.傩的艺术延伸，包括雕刻、剪纸、腊染、刺绣、绘画、泥塑等。5.傩仪（只对研究者开放）。展览工作委员会主任委员王恒富，副主任委员邓正良、谢霖。

［11月25—28日］

傩戏研讨会在贵阳市召开。会上成立了中国傩戏学研究会。全国16个省、市、自治区的傩文化、傩戏研究者近百人参加了成立大会，并参观了“贵州傩艺术形态展”展览。研究会名誉会长张庚。顾问丁峤、黄颖、郭汉城、刘厚生、冯其庸、李超、叶开源、常征、王恒富、杨长槐。会长曲六乙，副会长苏国荣、王兆乾、顾乐真。正副秘书长和办公室负责人为邓正良、李春熹、周一良、张玉龙、潘朝霖、皇甫重庆。

［11月27—12月15日］

首届中国戏剧节期间，长春评剧院演出了新编历史剧《契丹魂》。编导李学忠，编曲、指挥史林，舞美设计白森。赵丹红饰萧太后，周连生饰韩德让，张丹饰齐王妃，孟文玉饰隆绪，金立新饰百合。

［12月2—4日］

贵州省文联、贵州安顺地区文联举办的安顺地戏研讨会在安顺市召开。省内外40多学者、专家参加。会议成立了地戏研究会筹备小组，成员有沈福馨、潘朝霖、徐新建、谢霖、帅学剑等。

［12月3—4日］

满族戏剧和舞蹈研讨会在河北承德举行。会上集中讨论了根据《尼山萨满》改编的满族剧。中国少数民族戏剧学会曲六乙、张扬、谭志湘等人参加讨论。

［12月中旬］

云南首届“云岭”戏剧创作奖揭晓。反映少数民族改革题材剧本现代京剧《火神》、话剧《苗家女》、壮剧《岔河涨水》、白剧《苍洱人家》、白剧《玉春河畔》获奖。

（《中国戏剧年鉴》编辑部）

贵州傩艺术形态展开幕，省文化厅长王恒富致开幕词

《中国少数民族戏剧丛书》

谭志湘

编辑《中国少数民族戏剧丛书》，这是一项浩繁的工程，但又是一项很重要很有意义的工程。我国是个多民族的国家，各民族有不同的生活习俗、宗教信仰，乃至语言文字，不少民族还拥有自己的民族剧种，这就形成了少数民族戏剧的丰富性、生动性、独特性。如何从丰富多彩的少数民族戏剧中选取最优秀的，最有特色的，最具有代表性的剧目汇编出版，这确实是个不小的难题。中国少数民族戏剧学会同有关省、市、自治区文化主管部门或戏剧研究部门，于1985年即着手这项工程，由曲六乙任主编，由各地区各部门从事少数民族工作者和少数民族戏剧工作者组成编委会，统一由中国戏剧出版社出版。《丛书》广西卷和贵州卷（上卷）已于1987年问世，1988年云南卷和新疆卷（上卷）也出版了。四川卷、湖南卷、青海卷将于1989年国庆节前出版。其他各省、自治区卷也在酝酿或编选过程中。

解放后，由于民族政策的贯彻和“百花齐放”等文艺方针的实施，少数民族戏剧创作引起作家的重视，不少作家把他们的笔伸向这片还未及充分开发耕耘的沃土，因此少数民族戏剧得以充分发展。十一届三中全会以后，随着经济上开放搞活，少数民族生活也频添了丰富的新内容，加之对文艺创作中极左思潮的批判，使作家获得了更大的创作自由，少数民族戏剧创作再次呈现出色彩缤纷的繁荣景象。与此同时，中国少数民族戏剧学会成立，学会会同文化部民文司、国家民委文化司、中国戏剧家协会等有关部门举办了第一届全国少数民族题材戏剧评奖，少数民族剧种录相观摩和少数民族戏剧作家讲习班等一系列活动，既做了培育佳花的工作，也是对少数民族戏剧的大检阅，少数民族戏剧的繁荣，使《丛书》的编辑成为可能。《丛书》收入的剧本以十一届三中全会后的创作为主，部分作品如贵州卷的《秦娘美》、《奢香夫人》诞生的时间虽然较早，但近期又做了较大的加工提高。

充分反映少数民族生活的丰富多彩和少数民族戏剧创作的繁荣是《丛书》的一大特点。虽然各卷收入的剧目数量有限，可以说是挂一漏万，但却反映了少数民族创作蓬勃发展的真实面貌。从形式上看，有大戏，有小戏，有话剧、戏曲，还有歌剧、舞剧、歌舞剧、广播剧、儿童剧等，特别要提出的，在戏曲中涌现出数量相当可观的少数民族剧种创作和少数民族作家，如壮剧《金花银花》三个作家中有两位是壮族，末伦剧《女儿媒》、侗戏《丁郎龙女》的作者分别为壮族和侗族，此外话剧《南洋富翁》、《血腥年代》、《燕子山的风暴》、《枪与镯》，侗族歌剧《琵琶情》，壮族歌剧《边陲碧玉》，歌剧《萨里哈——萨曼》、《复仇》、《艾里甫与赛乃姆》、《母与子》等也都出自少数民族作家之手。从题材讲有反映历史上少数民族英雄伟人事迹的作品，有描写伟大历史事件的和根据民间传说改编的作品，也有反映现实生活的作品，还有一类就是移植剧目，例如收入新疆卷的《母与子》，就是把同名淮剧维族化后搬上少数民族戏剧舞台的，这种再创作理应予以肯定，因此也收入了《丛书》。

作品具有较高的艺术性和审美价值是这部《丛书》的又一特点。

少数民族戏剧自有它独特的艺术魅力。翻开《丛书》会使人产生如见珠玉，熠熠闪光之感。独特的民族性格、民族心理，丰富多彩、生动质朴的戏剧语言，色彩纷呈的生活，构成了少数民族戏剧独特的审美，给人以耳目一新之感。壮剧《金花银花》和滇剧《关山碧血》是参加1985年文化部举办的全国戏曲观摩演出剧目，曾获演出二等奖、创作二等奖以及主演、配演、化装、灯光、服装造型等多项奖励，毫无愧色地跻身于全国优秀剧目之列。《金花银花》送别一场戏可以说是戏剧舞台上罕见的艺术处理手法。“送别”是戏曲中常见的场面，古典名著《西厢记》一曲“碧云天，黄花地……”尽写离情别绪，《梁祝·十八相送》一场，一个明比暗喻，一个不解其意，你说东他道西，构成多少有情有趣的好戏。《金花银花》却别开生面，以淳朴的乡土气息和强烈的民族特色取胜，把壮家特有的拦路送歌组织进戏剧之中，且歌且舞，红火热闹。一曲“嫁夫不好妹受欺，灶边吃饭妹受气……”就象汉族的闹洞房一样，充满幽默感。没有离愁别绪的渲染，没有缠绵的依依之情，但从戏谑的歌声中，从欢快的舞蹈中感受到淳朴深厚的乡情，祝福之词，惜别之意也尽在其中了。这一送别场面别具色彩，具有一种质朴脱俗的美。

从这部《丛书》我们还看到少数民族戏剧创作已从仅只注重故事的完整性和情节的曲折性上升到注重人物塑造阶段，这是少数民族戏剧走向成熟的标志。黔剧《奢香夫人》集中笔墨塑造了一位致力于民族团结的少数民族领袖奢香。作品虽然描写了她从无端受辱，怒冲冲欲兴复仇之师，到冷静下来，察虚实，辨真伪，息干戈，修和好的过程，但着重展现的是人物的心理历程，既有强烈的民族自尊，又有非同一般的智慧、气度、襟怀，从而构成这一人物特有的气质。此戏于1979年进京，参加文化部举办的庆祝建国30周年献礼演出并获一等奖。

《丛书》献给读者的是一束束开放于荒原雪野、瀚海边塞、深山老林的花朵，虽然有的还未尽脱幼稚之气，粗陋之处也在所难免，但它毕竟构成了五颜六色、富有独特风姿和具有不同芳香的花圃。

维吾尔戏剧世界的探索

——读《维吾尔戏剧审美思考》

曲六乙

在地理位置上，处于古代丝绸之路要衢的维吾尔族，是个得天独厚的民族。在文化交流上，处于各种古代文化汇流点的维吾尔戏剧文化，幸运得很，是一种具有历史开放性而又富于民族特征的戏剧文化。在中国戏剧史上，不论古代还是现代，维吾尔戏剧都具有非常重要的特殊地位和历史价值。而这在建国前并不为人所知。建国以来，新疆各族戏剧史论工作者做了不少评介工作，这促进了维吾尔和其他民族，特别是汉族之间戏剧文化的交流，也增强了民族之间的了解和团结。而新疆青少年出版社于1988年出版的《维吾尔戏剧审美思考》，却是评论维吾尔戏剧的第一部专论。这本不到10万字的小册子，虽然在量上是薄薄的，但在质上它所承载的丰富内容却是厚重的。

作者李肖冰去年在乌鲁木齐市召开的戏剧起源研讨会上我认识了她。当时我只知道她是新疆自治区文联文艺理论研究室的负责人。最近读了她这本小册子和徐晓钟写的代序《你爱维吾尔戏剧，你爱维吾尔》，才算对她有了进一步的了解。

1951年秋，当时只有17岁的瘦弱、矮小的李肖冰同其他毕业生一起，坐着大卡车兴奋地奔向新疆。在途中的悲惨车祸中，她幸免于难，但却逃不过1957年给她带来的灾难，荒漠的农场成了她的“家”。

逆境可以使人颓唐、消沉，也可以使人奋发、坚强。当时只有23岁的李肖冰，在令人难以置信的逆境中经过顽强的奋斗而坚强起来。正是在这种特殊的境遇中，她爱上了新疆这个“家”，也爱上了维吾尔族和她的迷人的戏剧艺术。她把自己的青春献给了维吾尔戏剧事业。经过艰苦的探索，她终于接近了自己为之奋斗的目标：揭示深奥、迷人的维吾尔戏剧的内蕴。如今，这本小册子，就是她历经37年之久的考试答卷。这份难得的答卷实际是一把开启维吾尔戏剧大门的钥匙。她引导读者进入历史悠久、独具异采的维吾尔族戏剧世界。

在《诗、乐、舞、戏融于一炉》中，作者着意探索作为综合艺术的维吾尔戏剧样式的多种构成因素。她认为，维吾尔戏剧善于在保持本民族特征和奇异的传统风格中，做到诗意美和抒情性的结合；善于运用诗、歌、舞诸艺术手段，把叙事与抒情巧妙地融入人物形象的精神世界，并编制成浓重的浪漫主义情调。她所探讨的维吾尔戏剧的艺术形态，在我看来，实际也是包括我国戏曲艺术在内的东方戏剧的基本形态。研究维吾尔戏剧在东方戏剧庞大体系中的地位；求索它在东方戏剧庞大体系形成中的历史作用，它在联结印度梵剧和我国中原地区古典戏剧的桥梁作用，这个重要的科研工程，时至今日，不能不列入日程上了。

书中最精采的当属《维吾尔戏剧审美思考》。维吾尔戏剧以它独特的民族色彩、浓郁的美学风韵、深邃的思想内涵并闪烁着本民族智慧之光而蜚声于世。对于这样丰富并且多少具有些神秘、浪漫色彩的戏剧世界，仅从一般社会学的角度进行探索是远远不够的。如果说在前一篇论文中，作者主要是从艺术形态学的角度进行审视，那末在这篇论文中，则主要是从艺术生态学的角度，对它进行美学上的审视。

艺术生态学首先要求把审视对象放在大文化系统环境中进行具体的分析研究。这符合作者这样一种开放性艺术信念：“戏剧艺术是全人类的精神财富，它在发展过程中，往往突破时代、国籍和每个民族的界限，它才具有一种更为普遍的生命力。”

50年代在新疆哈密佛庙遗址中发掘出的大型古回鹘文剧本《弥勒会见记》，据多鲁坤·阚拜尔等三位维族专家的考证，这个源于印度梵剧的古代维吾尔佛教剧本，产生于公元8世纪。它的面世把中国以传世剧本为标志的戏剧史，足足推前了400年。作者认为它“融汇了远古先民对当时社会，对大自然极其丰富的想象力，并集中佛教艺术的精华，印度文化，中原文化与本民族地区文化为一体，形成独特的风格”。作者还对它的史诗型的开放式艺术结构，对用物化了的审美意象来完成的人物心理世界的把握，以及对上自天堂，下至地狱，天体宇宙无所不包的恢宏内容和绚丽多姿的宗教神秘色彩，都做了比较确切的评价。

作者认为，维吾尔戏剧史大体上可以用代表性剧目划分出四个阶段。8世纪的《会见记》代表了它的诞生与萌芽。300年后的《福乐智慧》是11世纪喀喇汗王朝时期的艺术瑰宝。这部维吾尔民族文化史上具有重大历史价值的传世之作是长诗还是戏剧，至今在学术界仍有争论。肖冰认为它是一部哲理性的诗剧。这似乎还缺乏足够的历史依据，我本人也有保留意见。但她对这部作品的艺术评价我是同意的。这部作品的产生，标志着维吾尔文化史上漠北时期的结束。它是维吾尔族由信仰佛教渐次转向信仰伊斯兰教的时代的艺术宠儿。作品中四个抽象而生动的各具哲理意味的人物形象，体现出一种“诗与哲学的融合构成的人类智慧之光”。

在维吾尔现代戏剧的花坛里，作者对《艾里甫与赛乃姆》寄予了最大的热情。它象维吾尔族的一颗艺术明珠，映照在天山南北的天穹，在半个世纪的演出活动中，征服了多少观众！肖冰探讨了它是怎样地组合多种艺术手段，运用荡人心魄的“木卡姆”民族乐曲，构成抒情性的审美主体，从而展示出一个民族的心灵的升腾。

从20世纪30年代初开始的维吾尔现代戏剧，是维吾尔戏剧史上的一个光辉时代。先是间接受到边界外苏联先进戏剧的良好影响，后来又直接受到中国共产党派到新疆的沈雁冰、赵丹、于村、徐韬等作家、戏剧家的帮助，新疆戏剧活动获得蓬勃发展。其中，维吾尔现代戏剧的先驱者祖农·哈迪尔在戏剧创作方面显示了巨大的艺术才能。肖冰在《维吾尔戏剧的开拓者》里，热情地评价了他的戏剧创作道路和对发展维吾尔现代戏剧所做的杰出贡献。在他的众多作品中，肖冰以较多的篇幅对他的代表作《蕴倩姆》进行了全面的评价。

或许是由于女性的特殊敏感性，肖冰在《民族意识的觉醒》中，对维吾尔代表性剧作中女主人公的形象塑造，进行了系统的分析。赛乃姆、蕴倩姆、《倩牡丹》中的古丽罕以及《谁的事难办》中的热娜等女性，都各有自己的性格。肖冰在分析了这些女主人公形象的审美内涵和社会意义之后提出，维吾尔戏剧从不把男女青年争取婚姻自由的斗争看作孤立的偶然的事件加以描写，而是把妇女解放与民族解放、妇女意识与民族精神融为一体。在可诅咒的旧社会，生活在最底层的“妇女对择偶权的争取，是一种历史的必然，而且是一种历史的进步”。在肖冰看来，艺术中反映的妇女问题，“既是一个历史性的问题，也是一个世界性问题，在人类历史长河中，妇女在社会生活中的处境、地位、心态等等，是社会发展水平和文明程度的重要标志”。

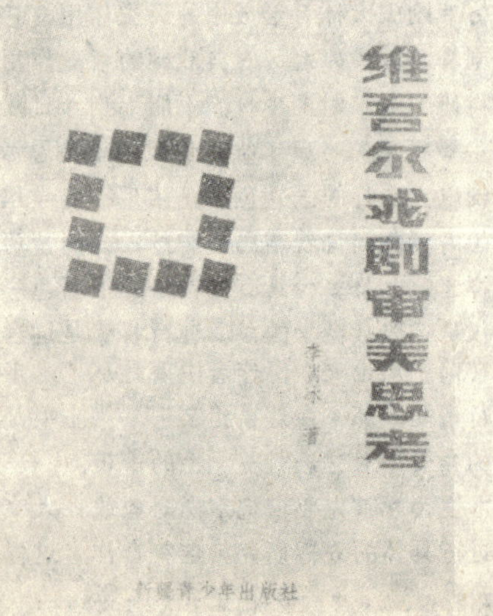

维吾尔戏剧审美思考

新疆青少年出版社

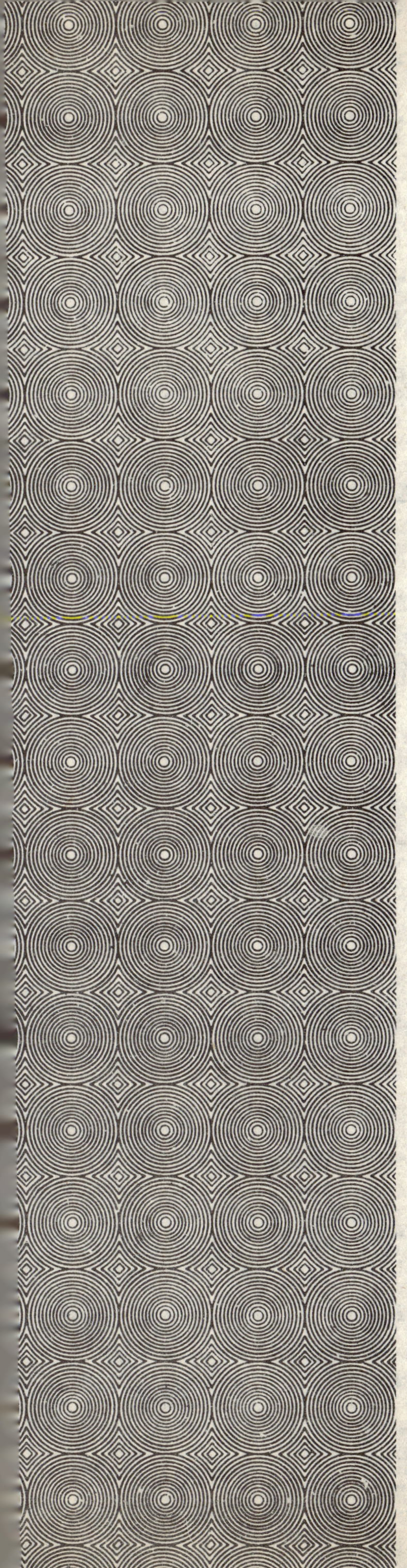

逝世人物

1988年逝世的戏剧家

周正鸿

周正鸿，1932年12月生，男。编导。中国戏剧家协会福建分会会员、中国舞蹈家协会福建分会会员。1956年在北京电影学院导演系学习电影戏剧编导，后调入龙岩地区汉剧团任编导。曾编导数十个汉剧剧目，代表剧目有闽西汉剧现代戏《鬼恋》，获福建省第四届戏曲现代戏汇演剧本创作三等奖。1月3日在龙岩病折

马彦祥

马彦祥，1907年生。著名戏剧理论家、教育家、活动家、导演、剧作家，中国艺术研究院研究员。1925年入复旦大学中文系，并从著名戏剧家洪深攻读戏剧。毕业后从事进步戏剧活动和教育工作。抗日战争时期积极参加抗日宣传，先后参加救亡演剧队、国民政府军委政治部三厅、西南行营政治部三组工作。1948年由北京抵石家庄，参加戏曲改革工作。新中国成立后历任文化部戏曲改进局、艺术事业管理局副局长、中国艺术研究院顾问、文化部顾问等职。一生奋斗在戏剧战线，编写、导演、演出过《女店主》、《怒吼吧！中国》、《雷雨》、《日出》、《芦沟桥》、《国家至上》、《国贼汪精卫》和京剧《柳荫记》、《三座山》、《武则天》、《逼上梁山》等各类戏剧作品40余部。撰写了《戏剧概论》、《戏剧讲座》、《秦腔考》、《二簧考原》、《地方戏演技溯源》、《论地方剧》等著作和论文。编辑过《戏剧》、《戏剧电影周刊》、《戏剧时代》、《抗战戏剧》、《新戏曲》等刊物以及《益世报》、《新民报》副刊和《大众戏曲丛刊》、《中国戏曲理论丛书》等书籍。参与并领导了《中国大百科全书戏曲·曲艺》卷的编纂工作。1月8日在北京病逝。

孟凡启

孟凡启，1932年4月生，男。演员。从事部队文艺工作40多年，历任山东鲁中南军区政治部文工团、山东军区政治部文工团团员，南京军区政治部前线话剧团演员。曾在《杀鸡》(饰老郭)、《年青一代》(饰肖继业)、《淮海大战》(饰邱清泉)、苏联话剧《密特朗巴什》(饰卡洛申)、《天堂里来的士兵》(饰周根头)、电视剧《两根灯草》(饰严贡生)等几十出戏中扮演了40多个不同类型的角色。1月12日在南京病逝。

周传瑛

周传瑛，原名根荣，1912年6月30日生，历任二、三、四届中国文联委员、中国戏剧家协会理事、文化部振兴昆剧指导委员会副主任、中国剧协浙江分会名誉主席，浙江昆剧团名誉团长。9岁入苏州昆剧传习所学小生。先后为新乐府、仙霓社、国风苏剧团主演、兼作编剧、导演、教师。参与苏剧的创立工作。解放后培育了自世字辈开始的一批批昆曲接班人。1956年参加《十五贯》整理小组，为戏曲改革和昆曲新

生作出重大贡献。专擅昆生（后亦兼老生），有“三子（褶子、翎子、扇子）唯传瑛”之誉。代表剧目有《长生殿》（饰唐明皇）、《太白醉写》（饰李太白）、《牡丹亭》（饰柳梦梅）、《西楼记》（饰于淑夜）、《连环记》（饰吕布）、《西厢记》（饰张君瑞）等。尤以扮演《十五贯》中的况钟享誉海内外。创作改编和导演的剧目有《光荣人家》、《孔雀胆》、《牡丹亭》、《长生殿》、《西园记》等。著作有由他口述、洛地整理的《昆剧生涯60年》一书。2月16日在杭州病逝。

赵剑秋

赵剑秋，1916年3月生。山东艺术学院原副院长、中国戏剧家协会理事、山东省文联委员、中国剧协山东分会副主席。长期从事山东省戏曲战线的组织领导工作，对推动戏曲改革、挖掘地方戏曲遗产、组织戏曲创作做了大量卓有成效的工作。1954年，亲自搜集、整理、修改审定吕剧《李二嫂改嫁》、《光明大道》、《两狼山》、《王定保借当》等一批吕剧、五音戏、茂腔、柳子戏传统剧目，参加华东地区戏曲观摩演出大会获多项奖励。1954年和1956年分别组织了山东省第一、二届戏曲观摩大会。在他的积极组织、指导、参与下，出现了柳子戏《孙安动本》、山东梆子《墙头记》、吕剧《姐妹易嫁》、京剧《奇袭白虎团》等一批优秀或较好的剧目。《孙安动本》的主要改编者。2月29日在济南病逝。

周企何

周企何，1911年生，男。川剧表演艺术家。中国戏剧家协会会员，四川省文联委员，中国戏剧家协会四川分会理事。历任成都市川剧院副院长，四川省川剧院副院长、顾问兼艺术委员会副主任，四川省川剧研究所副所长，中国文化交流中心四川分会理事等职。8岁从艺，14岁加入著名川剧班社“三庆会”。初习小生，后改丑角，从艺70年，为川剧一代名丑。周恩来总理生前曾以“含蓄幽默”四字赞誉其表演艺术。在川剧舞台上塑造了一大批令人难忘的艺术形象，主要剧目有《秋江》(饰老艄翁)、《杜十娘》(饰孙福)、《迎贤店》(饰店婆)。1952年第一届全国戏曲观摩会演获演员一等奖。主要著作有《周企何舞台艺术》。1月14日在成都病逝。

傅德威

傅德威，原名克为，1916年9月生，男。中国戏曲学院教授，京剧表演艺术家、教育家。毕业于中华戏曲专科学校。以长靠武生见长，尤擅武生勾脸戏，代表剧目有《挑滑车》、《战滁州》、《青石山》、《状元印》、《金沙滩》、《铁笼山》、《四平山》、《金钱豹》、《艳阳楼》等。青年时代起就开始从事戏曲教学工作，平生积教龄50余年，培养了众多武生人才。1987年获中国戏曲学院授予的荣誉奖状。3月2日在北京病逝。

潘金清

潘金清，1918年12月生，男。司鼓。中国戏剧家协会福建分会会员。1939年起，先后在西门班、赛天然等戏班司鼓，1950年参加福清和平闽剧团工作，毕生从事司鼓艺术。3月10日于福清县病逝。

宋继亭

宋继亭，1905年生，男。京剧演员，中国戏曲学校（院）老生教师。出生梨园家庭，自幼学艺，专工老生，多年在谭富英、梅兰芳班社搭班献艺。同时任戏曲教师，课徒授艺。解放后致力戏曲教育事业。弟子有著名京剧老生演员谭元寿、胡少安（现在台湾）等。3月23日在北京病逝。

朱明琦

朱明琦，1927年10月10日生，男。武汉市评剧团二级编导。中国

戏剧家协会会员。毕业于国立剧专和中央戏剧学院。毕业后先在中南文艺学院工作，后任武汉市评剧团编剧、导演、艺术室主任。创作、改编、整理有《唐知县审诰命》、《鞭打张士贵》、《玉美人告状》、《红嫂》、《枫叶红了的时候》等38个剧目。导演《红嫂》、《枫叶红了的时候》、《兵临城下》、《杜十娘》等数十个剧目。其中1980年创作、导演的《牧羊仙子》获创作二等奖、演出一等奖，1982年创作的《伏剑》获创作三等奖、演出二等奖。3月26日在武汉病逝

吴　琛

吴琛，1912年10月生，男。导演。历任华东戏曲研究院艺术室主任，上海越剧院艺术指导、副院长、艺术顾问。30年代投身话剧艺术，曾编导过话剧《李秀成殉国》、《钗头凤》、《寒夜曲》、《甜姐儿》、《魂断蓝桥》和演出过话剧《夜上海》。编写过《则天皇帝》、《天国风云》、《十一郎》等剧，其中《十一郎》是越剧男女合演的成功剧作，并为上海越剧院优秀代表剧目《祥林嫂》、《西厢记》、《红楼梦》的编导之一。支持并指导过《三月春潮》、《鲁迅在广州》等新剧目的创作、排演。5月4日在上海病逝

王正堃

王正堃，1927年10月25日生，男。京剧武生演员。中国戏剧家协会会员。1938年进上海戏剧学校正字科班学艺。1953年参加苏北大众京剧团（后改为江苏省京剧团、院）历任江苏省京剧院二团团长，院艺术顾问。以演武净见长，代表剧目有《挑滑车》、《长坂坡》、《钟馗嫁妹》、《九江口》等。1954年演出《铁笼山》获华东戏曲会演表演二等奖，1957年主演《火判》获江苏省戏曲汇演表演一等奖，并于1959年维也纳“第七届世界青年与学生联欢节”演出此剧。5月7日在南京病逝

李　桦

李桦，原名李文祥，1934年2月生，男。中央实验话剧院编剧。中国戏剧家协会会员，中国戏剧文学学会会员。曾在河南艺校、中央戏剧学院学习，先在河南省话剧团任演员，后任中央实验话剧团演员、编剧。先后在《黑奴恨》、《夺印》、《火焰山的怒吼》、《叶尔绍夫兄弟》等剧中担任角色。首创对口剧艺术形式，创作了《贫农忆亲人》、《一块银元》、《怀念周总理》等剧目。还创作有广播剧《败坏了哈德堡的人》，话剧、电影剧本《被控告的人》，电影剧本《朱德与史沫特莱》。与人合作写有《灿烂的阳光》、《鉴真东渡》（曾获文化部剧本创作奖）。5月10日在北京病逝

许炳基

许炳基，1923年10月生，导演。福建艺术学校教员。中国戏剧家协会会员。解放前即从事导演工作，导演的剧目有《谁先到重庆》、《塞上风云》、《水乡吟》、《桃花扇》等。1950年后参加导演和导演了闽南方言歌剧《赤叶河》、泉州木偶《水漫金山》、方言歌剧《莲花落》，以及梨园戏《陈三五娘》、《高文举》、《苏秦》、《李亚仙》、《枫林晚》等。《水漫金山》参加在罗马尼亚举办的木偶比赛获银质奖。《莲花落》参加1982年福建省歌剧舞剧调演，获导演奖。1979年任木偶戏《火焰山》的艺术指导，尝试舞台革新及提线、掌中、杖头木偶与人“四结合”的表演，该剧参加建国35周年调演，获演出奖。5月26日在泉州病逝

张耀民

张耀民，1930年生，男。剧作家。中国戏剧家协会理事，中国文联委员，西藏文联常务副主席。长

期担任西藏自治区秦剧团领导及编剧。十一届三中全会后主要担任自治区文化局、文联的领导工作。创作剧目有现代戏《血泪控诉》、《斗鬼记》，其中《血泪控诉》1959年曾进京于怀仁堂演出。改编剧目有《擅道济》等。6月2日于西安病逝。

陈盛泰

陈盛泰，1910年生，男。京剧演员，中国戏曲学校小生教师。出身梨园世家，幼入富连成社科班学艺，专工小生。出科后曾与荀慧生、谭富英、马连良、李世芳、毛世来合作演出于京、津、沪、宁各地。1951年进入中国京剧院，1954年调中国戏曲学校任教。6月13日在北京病逝。

徐桂芳

徐桂芳，1912年12月3日生，男。上海淮剧团老旦演员。中国戏剧家协会上海分会会员。11岁学唱香火戏，14岁学唱淮剧，50年代起成为淮剧名老旦。代表剧目有《秦雪梅教子》（饰秦雪梅）、《探寒窑》（饰夫人）、《岳母刺字》（饰岳母）、《大禹治水》（饰禹母）、《索礼抗君》（饰佘太君）、《牙痕记》（饰李氏）。1960年评为全国先进工作者，出席全国文教群英会。6月23日在上海病逝。

焦晓春

焦晓春，1935年生，女。秦腔演员，陕西兴平人民剧团主演。7岁进宜春剧社学艺，有“神童坤伶”之誉。50年代初即跻身陕西省秦腔名演员之列，以女扮男装饰演须生而独擅胜场。所演《辕门斩子》（饰杨延昭）、《三娘教子》（饰薛保），分别获1956年陕西省第一届戏剧观摩演出演员一等奖和1960年陕西省戏曲青年演员会演演员奖。演出的代表剧目还有《葫芦峪》（饰诸葛亮）、《黄鹤楼》（饰周瑜）、《周仁回府》（饰周仁）、《血泪仇》（饰王仁厚）、《小刀会》（饰刘立州）等。6月27日在兴平县病逝。

丁是娥

丁是娥，原名潘咏华，1923年11月生，女。沪剧表演艺术家。中国文联委员、中国戏剧家协会常务理事、中国戏曲现代戏研究会主席团成员、中国剧协上海分会副主席、上海沪剧院名誉院长。9岁拜丁婉娥为师。解放后，与解洪元一起建立集体所有制的上艺沪剧团，与石筱英、邵滨孙、筱爱琴的中光沪剧团合并后建立人民沪剧团。创立独树一帜的“丁派”唱腔，成为沪剧界最负盛名的演员之一。演出的《罗汉钱》（饰小飞娥）《金黛莱》（饰金黛莱）分别获第一届全国戏曲会演演员一等奖和华东戏曲会演演员一等奖。代表剧目还有《风流女窃》、《乡宦世家》、《压寨妇人》、《小二黑结婚》、《白毛女》、《赛金花》、《龙须沟》、《雷雨》、《家》、《董小婉》、《鸡毛飞上天》、《芦荡火种》、《甲午海战》、《蝴蝶夫人》、《被唾弃的人》，以及电视剧《屋檐下的白玉兰》等。自述整理出版的著作有《展开艺术的翅膀》。6月28日在上海病逝。

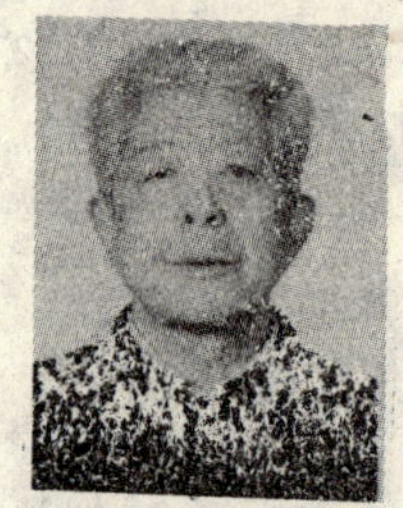

阎凤楼

阎凤楼，1920年1月生。中国戏剧家协会天津分会理事。长期从事戏曲剧团的领导工作，先后担任天津市河北梆子剧团团长、河北梆子剧院副院长兼小百花剧团团长、天津市戏剧学校副校长等职，为河北梆子艺术的发展、队伍的建设、人才的培养做出过突出贡献。7月8日在天津病逝。

邓式钟

邓式钟，1919年11月23日生，男。武汉市楚剧团一级编剧。早年从业新闻。解放后任专业编剧，先后在中南文化部文艺处、武汉市文化局、武汉市楚剧团工作。生前整理、改编、创作了大量剧本，出版发表的有24种，代表作中楚剧《葛

麻》（整理）、传统戏《乌金记》（改编）、现代戏《刘介梅》（创作），分别在中央和省内获奖。参加《中国地方戏曲集成·湖北卷》、《楚剧小丛书》、《湖北戏曲丛书》（1—5卷）等书的编辑工作，在报刊上发表一些戏剧评论。7月9日在武汉病逝。

叶龙章

叶龙章，字文甫，1906年8月27日生，男。戏曲教育家，北京市东城区政协委员。出身于梨园世家，其父叶春善是北京著名科班“喜连成”（后改富连成社）的创始人。7岁入富连成社习艺，工文武老生。1935年接任富连成社社长，培养了世、元、韵、庆四科学生近300人，为弘扬和发展京剧艺术作出重要贡献。主持编排了《昆仑剑侠传》、《金瓶女》、《娟娟》、《十二红》、《混元盒》、《普天乐》等剧目。撰有《喜（富）连成科班的始末》、《清朝同、光名伶“十三绝”画像简介》、《戏园》、《北京戏院考》，分别收载《文史资料选编》（第7辑）、《文史集萃》（第2集）、《京剧谈往录》、《北京往事谈》、美国旧金山出版的《源流》月刊等书刊。7月12日在北京病逝。

陈大灩

陈大灩，1910年10月生，男。京剧演员。从事京剧60年，长于老生，兼任编剧、导演、教学和理论研究工作。主要作品有《窃符救赵》、《铸剑》（获1953年华东戏曲会演剧本奖、演出奖和演员一等奖）、《孙安动本》、《卧薪尝胆》、《金玉姬》（现代剧），改编《搜孤救孤》（获浙江省第二届戏剧节特别奖），新编历史剧《方腊颂》等。演出代表剧目有《战太平》、《失空斩》、《击鼓骂曹》、《搜孤救孤》、《定军山》、《四郎探母》、《文昭关》等。出版过传统余派剧本、曲谱《四郎探母》、《战太平》、《搜孤救孤》等。7月18日在杭州病逝。

王尚信

王尚信，1931年2月生，男。中国青年艺术剧院一级演员。50年代考入中国青年艺术剧院，一度在志愿军后勤政治部文工团工作。演过大小40多个剧目，代表剧目有《激流勇进》（饰王厂长）、《豹子湾战斗》（饰团长）、《曙光》（饰贺龙）、《权与法》（饰罗书记）、《刘胡兰》（饰石村长）、《保尔·柯察金》（饰朱赫来）、《三代人》（饰李玉和）、《李双双》（饰喜旺）。参加拍摄的新片有《燎原》（饰雷焕觉）、《南征北战》（饰师长）、《佩剑将军》（饰贺坚）、《飞来的仙鹤》（饰贺凤翥）、《北京政变》（饰冯玉祥），电视剧有《高山下的花环》（饰雷军长）等。7月26日在北京病逝。

陈宗熟

陈宗熟，1916年4月生，男。高甲戏名老艺人，厦门市金莲升高甲剧团原副团长。中国戏剧家协会会员、中国剧协福建分会第二届常务理事。11岁从艺，塑造过各种不同风格的艺术形象，并将提线木偶表演艺术运用于高甲丑角，在闽南高甲戏中表演自成一派。代表剧目有《五通报》（饰五通）、《审陈三》（饰李公）、《桃花搭渡》（饰渡伯，获1954年华东戏曲会演及福建省戏曲观摩演出大会演员三等奖）、《连升三级》（饰冯庸）、《扫秦》（饰疯僧）等。发掘并口述、整理的传统剧目有《审陈三》、《益春告御状》、连台本戏《五虎平西》、《粉妆楼》。8月8日在磁灶镇草山头村病逝。

李仲枢

李仲枢，1915年11月生，男。福建省京剧团演员。中国戏剧家协会会员。出身艺人家庭，1925年从艺，1950年参加中国人民解放军31军文工团京剧团（鹭艺京剧团）任

艺委会主任、导演。擅长武行，主演并排练了《江汉渔歌》(饰觉俊生)、《闯王进京》（饰闯王）、《红娘子》（饰李岩）、《黑旗颂》（饰刘黑塔），传统剧《长坂坡》（饰赵云）、《挑滑车》（饰高宠）、《武松》（饰武松）。1956年调福建省京剧团任艺委会常务副主任，1958年调福建省京剧学校筹备组，历任教员组长、教务主任，后因病退休。8月11日在福州病逝。

徐传华

徐传华，1906年生，男。连城木偶剧团团长，中国戏剧家协会会员，中国剧协福建分会第二届常务理事。12岁随父学艺，18岁入祖传的木偶戏班“老福星”任主演。编演的代表剧目有《大名府》、《水漫金山》、《八仙过海》等。1954年参加福建省第二届地方戏曲会演和华东地区首届戏曲会演获一等奖和特等艺术表演奖。1956年参加“中国木偶艺术交流访问团”出访苏联等国获银质奖。8月27日在连城病逝。

金开芳

金开芳，1902年12月生，男。评剧表演艺术家、戏曲教育家。辽

宁省戏剧学校名誉校长、辽宁省文联副主席、中国戏剧家协会辽宁分会副主席、沈阳评剧院名誉院长。评剧奠基人之一。10岁开始学戏。少年时代与成兆才等人创建第一个评剧班社——“警世戏社”。17岁与成兆才、月明珠合作首演了《杨三姐告状》。一生共演出100多出戏，其中《朱买臣休妻》（饰崔氏）、《花为媒》（饰张五可）等戏中人物的塑造及演唱方法进行了改革创新。1952年全国戏曲会演，饰演《小女婿》中罗寡妇获表演奖。1957年后致力戏曲教育，历任辽宁省戏曲学校副处长、名誉校长，培养韩少云等评剧艺术接班人300余名。8月28日在沈阳病逝。

熊少云

熊少云，1922年11月生。黄梅戏名老艺人、小生演员。自幼喜爱黄梅调，20岁从师方根喜。长期流动演出于青阳、贵池、石台等地。黄梅戏男演员中难得的金嗓子。1952年为青阳县大众黄梅戏剧团团长。1953年离团支援安徽省黄梅戏剧团的筹建，成为该团首批演员中唯一来自江南的艺人。曾在《荔枝缘》、《打金枝》、《捆被套》、《审椅子》、《砂子岗》等剧中担任主角。1956年参加传统剧《告粮官》的演出，获安徽省第一届戏曲观摩演出大会演员三等奖。1958年和1959年分别参加安徽电影制片厂、上海海燕电影制片厂黄梅戏戏曲片《春香闹学》（饰男主角王金荣）、《女驸马》（饰冯益民）的拍摄。9月8日在合肥病逝。

黄沙

黄沙，1919年3月生，男。上海越剧院主要导演。当过十几年团长，导演过30多个剧目，所导演的《梁山伯与祝英台》、《西厢记》分别获第一届全国戏曲会演演出奖和华东地区戏曲会演导演奖。导演的剧目还有《碧玉簪》、《追鱼》、《盘夫索夫》、《彩楼记》以及现代剧《父子争先》、《争儿记》、《三月春潮》、《忠魂曲》等。主要著作有《导演〈梁山伯与祝英台〉随笔》。9月9日在上海病逝。

裘福灿

裘福灿，1910年生，男。越剧导演。中国戏剧家协会福建分会会员。18岁从艺。1949年参加福建永安县群乐剧团（后改为长汀越剧团）。所导代表剧目有《胡必松》、《孟姜女》、《苏皇后征北海》、《兄

弟从军》、《孟丽君》等。9月11日在长汀病逝。

吴南山

吴南山，1925年7月19日生，男。昆明市儿童艺术剧团团长，一级演员。中国戏剧家协会会员，中国剧协云南分会理事，中国电视艺术家协会云南分会副主席，中国儿童剧研究会理事，昆明市戏剧家协会主席、文联副主席。1938年从事戏剧工作，先后在厦门儿童救亡剧团、新中国剧社、昆明军区国防话剧团、昆明市花灯剧团、昆明市青年话剧团等单位工作。在数十个剧目中担任主角或重要角色，代表剧目有《复活》、《家》、《雷雨》、《白毛女》、《李闯王》、《红旗歌》、《战线南移》、《同甘共苦》、《东进序曲》、《悭吝人》、《红岩》、《丹心谱》等。导演过《哥俩好》、《胆剑篇》、《悭吝人》、《雷锋》等剧。参加拍摄的电影有《勐垅沙》、《山间铃响马帮来》等，电视剧有《郑和下西洋》等。9月23日在昆明病逝。

蔡友本

蔡友本，1919年生，男。福建仙游鲤声剧团演奏员。中国戏剧家协会福建分会会员，中国音乐家协会福建分会会员。曾从师莆仙戏名吹手习唢呐、笛管（即筚篥）吹奏技艺。抗战期间参加仙游模范乐剧队（仙游抗敌演剧队），后在仙游等地教习“十音”、“八乐”等莆仙地方音乐。1954年加入鲤声剧团。在莆仙戏唱腔改革中作出过一定贡献。9月29日在仙游病逝。

彭福娥

彭福娥，原名贾月娥，1915年生，女。湘剧演员，原长沙市湘剧二团团长。中国戏剧家协会会员，湖南省文联委员。8岁进长沙市湘剧福禄坤班学艺，拜名艺人彭凤姣为师，改姓彭。初学跷子旦，后改习做工花旦，擅长大脚婆戏，如《背娃》、《杀舟》、《烤火》、《活捉》、《闹营》、《挂帅》等，尤以“三骂”（骂鸡、骂灶、骂菜）和《老汉驼妻》堪称绝活。10月2日于长沙病逝。

陈革彦

陈革彦，1924年5月生，男。中国戏剧家协会会员，中国戏剧出版社编辑、副编审。毕业于华西大学文学院。自50年代始分别在人民日报社、人民文学出版社、中国戏剧出版社任校对、编辑。经手编辑的图书有莆仙戏《春草闯堂》，田汉、许幸之、陈白尘的话剧《阿Q正传》，张庚的《秧歌剧选》，顾仲彝的《编剧理论与技巧》以及《夏衍研究资料》、《陈大悲研究资料》、《中国早期话剧剧本选》等200多种，做了大量校改、订正、增补工作。其中，发现、推荐、编辑出版的陈仁鉴的《春草闯堂》获建国30周年献礼演出创作、演出一等奖。10月13日在北京病逝。

李桂云

李桂云，1910年2月6日生，女。河北梆子表演艺术家。中国戏剧家协会理事，中国剧协北京分会副主席，北京市河北梆子剧团团长、顾问。1920年从师学艺，1927年加入“奎德社”，1950年组建“丹声社”（后改为新中华河北梆子剧团、北京市河北梆子剧团）。1952年全国戏剧观摩演出大会以《蝴蝶杯》获演员一等奖，1954年获北京戏曲观摩演出大会演员一等奖。演出的代表剧目还有《三娘教子》、《荣三贵》、《西湖主》、《自由宝鉴》、《渔光曲》、《茶花女》、《少奶奶的扇子》、《武松与潘金莲》（与盖叫天合演）、《陈妙常》、《柳荫记》、《柜中缘》、《秦香莲》等。10月14日在北京病逝。

筱桂花

筱桂花，1908年11月生，女。评剧表演艺术家，一级演员。评剧第一代女演员，工青衣、花旦，后期转老旦。30年代与李金顺、白玉霜、刘翠霞被誉为评剧“四大名旦”，为评剧史上“奉天落子”时期主要

代表人物。20、30年代首创演出的《昭君出塞》、《孟姜女哭长城》、《义烈奇冤》、《庚娘传》、《血泪碑》等，成为流行的评剧传统剧目。60年来塑造了数以百计的、生动的古今妇女形象，并创造出高亢明快、激昂慷慨的演唱风格。10月19日在四平病逝。

张骏声

张骏声，1924年12月生，男。浙江越剧院艺术指导、一级导演。中国戏剧家协会会员，浙江省文化厅艺术委员会委员，中国剧协浙江分会常务理事，中国戏曲现代戏研究会理事，浙江省导演学会副会长。1941年参加革命文艺活动，先后在铁血剧团抗敌演剧五队、四队任演员。解放后在浙江省军区文工团、浙江省话剧团、浙江电影制片厂、浙江越剧二团等处任队长、导演、团长等。多年来在导演艺术上做出了成绩。获奖剧目有《闪光的爱》（获浙江省现代剧调演导演奖）、《五女拜寿》（拍成戏曲片后，获1984年优秀戏曲片金鸡奖和文化部优秀影片奖）、《金殿拒婚》（获1985年浙江省第二届戏剧节导演奖）。致力于越剧现代戏男女合演，代表剧目除《闪光的爱》，还有《战斗的青春》、《江姐》、《半篮花生》、《强者之歌》等。11月5日在杭州病逝。

薛再平

薛再平，1921年12月生，男。甘肃省秦剧团导演。中国戏剧家协会会员。曾任甘肃省秦腔剧团艺委会主任。1931年入平乐社科班学艺，工青衣。代表剧目有《五典坡》、《秦香莲》、《三娘教子》。50年代从事戏曲导演，执导的剧目有《李秀成》、《枫洛池》、《善士亭》、《江姐》。11月16日在兰州病逝。

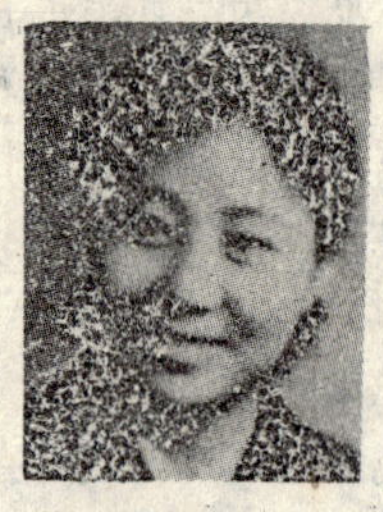

潘璟琍

潘璟琍，1936年11月生，女。安徽省黄梅戏剧院演员。中国戏剧家协会会员，中国剧协安徽分会理事，安徽省黄梅戏剧团副团长。主演过《天仙配》、《女驸马》、《党的女儿》、《江姐》、《红楼梦》、《白蛇传》、《梁山伯与祝英台》、《春香传》、《宝莲灯》、《夫妻观灯》等大小数十个剧目；主演或参加过电影《天仙配》、《女驸马》、《春香闹学》的拍摄。1954年获华东区戏曲观摩演出大会演员一等奖。11月23日在合肥病逝。（丁式平）

陈剑霞

陈剑霞，原名陈亚萍，别称“小将军”，1922年6月生，女。湘剧名演员，原长沙市湘剧团副团长。中国戏剧家协会会员，中国剧协湖南分会理事，长沙市文联副主席。8岁学艺，从师黄益政、言明星、杨申才、罗元德、吴绍芝。抗日战争时期曾参加湘剧抗敌宣传队，从事抗日爱国救亡活动。代表剧目有《打猎·回书》、《摸鱼闹江》、《长坂坡》、《拦江夺斗》、《磐河桥》、《林冲》、《南冠草》等。1952年演出《打猎·回书》（饰咬脐郎）获第一届全国戏曲观摩演出二等演员奖。11月24日在长沙病逝。

刘静沅

刘静沅，1911年生，男。戏曲史家、戏剧教育家，安徽艺术学校教授。中国戏剧家协会会员，中国剧协安徽分会二届理事，中国戏曲学会理事，《中国大百科全书戏曲卷》编委·《中国戏曲志》编委。毕业于北平大学艺术学院戏剧系。长期从事戏剧导演、戏曲研究和戏剧教学工作。主要论著有《中国戏曲》、《中国古代戏曲史》、《京剧艺术发展史》。创作作品有《追悔》、《枭声》、《海潮红》、《血印碑》（京剧）等。导演过《北京人》、《伪君子》、《第二梦》等十几个剧目。12月6日在合肥病逝。

资料

1988年部分剧院、团演出新剧目概况

说　明

一、本概况根据103个剧院、团（向238个剧院、团征集，其中26个剧院、团当年无新剧目）提供的1988年上演的新剧目汇编。

二、按戏曲、话剧、歌剧、木偶皮影剧顺序排列。各类中剧院、团按行政区划顺序排列。戏曲类中两个剧团以上的剧种排在前（顺序：京剧、评剧、河北梆子、越剧、沪剧、扬剧、淮剧、豫剧、粤剧、其他）。

三、剧目前有＊者为现代戏；剧目后有（小）为小品或小戏，有（折）为折子戏。

戏　曲

剧名	编剧	导演	音乐设计	舞美设计	主要演员	起演日期	场次
【中国京剧院】							
＊香港行	齐致翔（执笔） 张之雄　赵其昌 钟　鸿	总导演　王一达 导　演　孙元意 孙桂元	张建民　张　复 吴汝俊　费玉平 贾　宇	郭大有 李文培 张希娥	陈　俊　陈淑芳 徐美玲　刘琢瑜	12·11	
甘棠夫人	戴英禄　何明镜	任凤坡　史燕生	作曲　张建民 费玉平 创腔　费玉明 万瑞兴	马德恩 张希娥	张曼玲　刘学钦 寇春华　袁国林	11·9	
调寇审潘	范钧宏根据传统剧《清官册》整理改编	曹韵清	邹功甫	郭大有	冯志孝　马名骏	3·10	
【北京京剧院】							
一匹布	汪曾祺改编	蒋元荣	郑文祥		岳惠玲　马增寿 朱锦华	4月	10
哑女告状	陆　翱改编	李韵秋	张延培	石翠婷	孙毓敏　方志成	2月	8
＊风雪送鸭人	陆　翱	李元春　李韵秋	张茂启	石翠婷	刘建元　赵安敏 李韵秋	11月	5
白猿醉八仙	吴一平	吴一平	吴乐常　吴汝俊	刘金玲	张四全　李玉芙	1月	3
一捧雪	汪曾祺改编	迟金声	马长礼　赵　旭	傅学斌	杜振杰	1月	15
千金一笑	张晓晨根据梅兰芳演出本整理	徐元珊	吴　迎　吴文疆	刘金玲	李玉芙　李宏图 徐佩玲	4月	6
太真外传·仙会	袁韵宜根据梅兰芳演出本改编	徐元珊	姜凤山　裴世长	刘金玲	梅葆玖　黄十骧	4月	5

剧名	编剧	导演	音乐设计	舞美设计	主要演员	起演日期	场次
晨钟惊梦（折）	邹忆青　戴英禄根据《杜十娘》中“沉江”改编	徐玉川	关雅浓	傅学斌	王蓉蓉　鲍泽民	11月	9
哭坟	王新纪根据山西北路梆子移植改编	石宏图	任枫	傅学斌	李宏图	11月	7
断指奇案	李桂珍根据河南豫剧改编	于世文	索天靖		赵世璞	12月	4
【天津市京剧团】							
探母吟	安平　刘益民	黄振山 艺术指导　方沉	王世明（特邀） 杨乃彭　王少奎	王大光	杨乃彭　邓沐玮 张风云　高淑芳	12·19	4
【天津市京剧三团】							
龙潭鲍骆	冯连仲改编	冯连仲　于洪民			张幼麟　胡小毛 张正春	1·10	10
西施	季砚农改编	季砚农			李经文　武广江 孙元喜	1·8	2
沉香扇	张振宇改编	赵万鹏	王泽	陈永义	刘明珠　孙元喜 茹绍祥	10·13	5
【江苏省京剧院】							
红菱艳	冯玉琤	石玉昆	汪人立　吴小平	徐克斌	黄孝慈　魏承武 詹国治		9
【福建省京剧团】							
小五义（一集）	毛宗伟　李幼斌	李幼斌	朱祝鑫　陈子清	张建林 陈大鸣	阮学东　张宝贵 张沁萍　徐春燕	5·20	15
小五义（二集）	李幼斌　毛宗伟 林金钦	李幼斌	朱祝鑫　陈子清	陈大鸣 张建林	谷恩东　丁正勇 张沁萍　徐丽莉	8·10	7
金瓶缘	姚颖华　郭云涛	郭云涛	唐凤岗		姜淑云　许昆彤 席鸣良	11·10	5
围城记	景惠生根据方朝晖同名潮剧改编	景惠生	朱绍玉	朱基元	景惠生　刘作玉 唐效良	12·5	
【武汉市京剧团】							
洪荒大裂变（原名《大禹治水》）	彭志淦　欧阳明	欧阳明	李连璧 配器　付江宁	张凯	何澍　刘薇	12·1	4
【贵阳市京剧团】							
明月清风	李世同	总导演　夏淳 陈少卿　韩贵林	曾建宏 唱腔　陈少卿	朱士场	曹剑文　侯丹梅 孙浩烈　张新	10月	20

剧　名	编　剧	导　演	音乐设计	舞美设计	主要演员	起演日期	场次
【云南省京剧院】							
明魂剑	贾喜林	赵慧聪	唐绍全	马敏昆	邢美珠	7月	2
图腾祭	李振民	姜家俊　张　京 李振民	道玉书	李张群	董汝南　贺　杰 姜俊林　杨建光	8·3	4
【陕西省京剧团】							
秦川小吃	左文麟	钮承华　左文麟	李效正	郑回芳	张丽波　钮承华	5月	8
【青海省京剧团】							
儿童戏曲专场						5月	103
自相矛盾（小）	朱绍玉　田信农	赵丽芸　杨海东	朱绍玉	吕建民	杨海东　田信农		
迟　到（小）	吴汝彪		朱绍玉	吕建民	吴汝彪　胡伏潮		
懒汉与鸡蛋（小）	朱绍玉	张　斌　朱绍玉	朱绍玉	吕建民	张　斌　杨汝江		
龟兔赛跑（小）	吴汝彪等	齐树章	朱绍玉	吕建民	王　萍　胡伏潮		
【宁夏回族自治区京剧团】							
*银龙破雾	肖维章　赵孟祥 汪野航　丁　跃	殷元和	王惠生　姜国权 李韵章	徐　岩 孙九伦	李业德　梁加乐 王　燕　李　鸣	11·24	2
闹龙宫	苏玉飞　赵鸣飞 整理	赵鸣飞		孙九伦	任国庆　谭少英 张　明　李彭真	6月	百余场
门神改行	赵孟祥	李韵章	姜国权		谭少英　茹少魁 张元志　陈　颖	2月	
如此发财	刘连伦　靳　芳	连　伦			赵桂英　钱振义 梁嘉禾　张东生	9月	
【中国评剧院】							
花　魂	张宏文根据《姐妹花魂》部分情节改编	李梓森　张连喜	刘润祥　李　玲 郝银荣　杨　杰 张生京	陈　华 程乃昺 戴德全	高　闯　齐建波	9·27	
龙虎奇冤	刘敏庚	李忆兰 张维域（执导）	赵甲申　黄兆龙 陈金声	张续龄	李忆兰　付加祥	9·23	
离宫怨	仇英俊（执笔） 王冬青	黄雅妮	刘庆棠　李梓厚 刘德士　张怀智 刘彦群	张续龄 赵　侃	谷文月　李金明 刘淑萍	5·24	
【天津评剧院】							
武大郎招亲	李汉云	吴传海	曹金声		江　辉　李秀清	9·18	3
【沈阳评剧院】							
马寡妇开店	蔡大礼整理	蔡大礼	唱腔整理 李清明		宫　静　欧阳菊笙 于　玲　郭　跃	4月	25

剧名	编剧	导演	音乐设计	舞美设计	主要演员	起演日期	场次
一个少女千百个追求者	李维鲁 流鹰 王龙彦移植	李维鲁	万源 戈鸣	孙浩元	冯玉萍 孟奇峰 杨龙双 郭跃	8月	56
红楼梦	徐固若改编	杨晓彦	王其珩 何世钦 陈锦生	孙浩元	宋丽 田静阳 刘珍 柏坤	12月	12
【黑龙江省评剧院】							
鸳鸯戏水	北星根据同名豫剧整理	呼勋卿	金戈	关天	碧燕玲 唐学靖 崔鲁囡 赵明辉	1月	28
【哈尔滨市评剧院】							
风流小狐仙	刘连城	周一仆 刘连城	凡今航	许瑞祥	赵三凤 李儒林 侯君辉	6月	
【北京市河北梆子剧团】							
玉兔下凡	郭九龙根据《西游记》改编	张福延	张复（特邀）	高伯龙	李二娥 丁立树 王庭俊 陈桂兰	9·3	22
孟姜女	朱行言	刘斌	朱维英	高伯龙	陈晓芬 殷新泉 白义新	12·8	10
花田八错	陈友旺整理	刘方正			王淑惠 殷新泉 王庭俊	2·9	9
【天津市河北梆子剧院】							
鸾英与凤姑	李相心根据《珊瑚》改编	李相心 刘俊英	白欢龙 刘俊英 黄景荣 孟凡柱 赵守仁		刘俊英 王光 黄景荣 毛丽英	12月	18
【河北省河北梆子一团】							
陆氏英雄	姬君超改编	郭景春 姬君超	姬君超		裴艳玲 裴小玲 张志远 李志萍	12·17	4
【上海越剧院】							
张春郎削发	章之平根据李志浦同名原著移植	张少祥	苏进邹	顾大良 丁宝弟	应国英 钱丽亚 吴天芳 王金萍	2·17	16
梨香院	沈去疾	吴琛 孙虹江 刘觉	顾振遐	顾大良 苏石风	陈颖 章瑞虹 方亚芬 徐玉萍	4·10	7
状元打更	韩义、江上清改编	童薇薇	苏进邹	杨楚之	赵志刚 孙智君 张国华 史济华	5·5	22
风雨大观园	徐进 沈去疾	朱铿 孙虹江	刘如曾	杨楚之	方亚芬 黄慧 张咏梅 郁利群	6·27	8
问君能有几多愁	薛允璜	胡越	李修	崔可迪	陈琦 胡佩娣	8·6	20

剧名	编剧	导演	音乐设计	舞美设计	主要演员	起演日期	场次
劈山救母	吴兆芬根据徐进、弘英同名剧和上海越剧院60年代演出本改编	张少祥	苏进邹	苏石风	金采风 曹银娣 张桂凤 吕瑞英	5·7	8
七叶花	陈少春 陈除 吴兆芬（执笔）	孙虹江	罗继良	谢同妙 吴卫国	张咏梅 章瑞虹 章海灵 黄慧	10·20	3
【南京市越剧团】							
侯门之女	陈秋桐 计大为 吕一平（执笔）	熊国栋	王水庚	张海豹 盛晓鹰	张静 陶琪 竺小招	3·10	14
金殿猜谜（折）	谢光宁	王庆昌 陈露依	谢小华	张海豹 余辉	沈美娟 华洁	1·8	10
【上海沪剧院】							
·心有千千结	宋之华、彭炳麟根据琼瑶同名小说改编	杨观复	万智卿 汝金山	商嘉民 沈希宇	孙徐春 倪幸佳 汪华忠	1月	42
红伶冤	何俊 张东平	周中庸	奚根虎	石炯 徐坚	马莉莉 陆敬业	2月	98
返魂香	屠棠整理	王育	吴正奎 杨妙康 吴斌	姜云峰 侯维昌 王惠思	徐伯涛 王珊妹 吴素秋	4月	54
杨乃武与小白菜	余树人 宗华 张幸之	杨观复	万智卿	赵天益 姜云峰	茅善玉 徐俊 邵滨孙 陈瑜	7月	30
庵堂相会	文牧	王兴仁	朱介生 奚根虎	商嘉民 潘根才	茅善玉 徐俊 邵滨孙 李仲英	7月	15
·雷雨	宗华	蓝流	万智卿	石炯	邵滨孙 马莉莉 张清 孙徐春	7月	9
筱丹桂之死	蒋允璜 李莉	严忠	汝金山	商嘉民	吕贤丽 华雯 李建华	10月	37
【上海市长宁沪剧团】							
一夜风流	罗国贤 张东平	高雪君	奚耿虎	王峻	吴梅影 陈光荣	1·25	
贵族夫人	白沉 蔡国表	蔡国表	奚耿虎	莫少江	陈苏萍 吴梅影	10·1	
【江苏省扬剧团】							
·牛仔女皇	袁振奇、陈锋、石增祥根据张士敏同名小说改编	周特生	陈大琦 曹声 戈弘 冯成杰 何炬	周洛 方之樾	徐秀芳 缪勇 杨晓苇 侯长荣	3月	7

剧名	编剧	导演	音乐设计	舞美设计	主要演员	起演日期	场次
朱笔血泪	石来鸿、金震耕 石增祥、袁振奇 根据庄稼同名小说改编	范继信	陈大琦 何炬 冯成杰 戈弘 曹声	原文兵	杨国柱 朱余兰 吴惠明 耿典夫	3月	9
【扬州市扬剧团】							
·上访专业户(又名《皮九辣子》)	刘鹏春	邱龙泉 周寿泉	戈弘	徐克斌	姜俊峰 汪琴 李开敏	9·28	35
【江苏省淮海剧团】							
真假驸马	罗怀臻	杨同时	朱培銮	上海越剧院	吴成元 李守瑛	9·26	15
皇帝与村姑	苏鄂生根据叶宝定、张登海越剧本《康王告状》整理	薛友宾	皇甫启林	刘梦红	苗爱华 张忠阳	9·18	20
莲花庵	廖寿儒根据淮海戏同名传统剧目整理改编	杨云发 朱桂洲	王安顺	刘俊	朱春霞 王保萃 徐万维	9·23	24
【江苏省淮剧团】							
·人生在世	何亚雩 董辉	夏鹰	戴玉升 张维俊	杨亚典 曹流 陈志虎	梁国英 凌顺武 高春林	11·5	16
【河南省豫剧二团】							
司文郎	孙月霞	葛圭章 朱玉霜	王予生	柯中奇	王红丽 高红旗 李文彬 王清海	7·27	55
千古自风流	胡广爱	董广欣	张一千	郭有振	贾廷聚 卢玉琴	8·21	28
【河南省豫剧三团】							
·归来的情哥	姚金城	陈新理	朱超伦 梁思晖	郭有镇	田敏 张平 张月婷 李书奇	7·17	16
·二等公民	牛冠力 李殿臣	马琳	马进贵(特邀) 朱超伦 李仲党	郭有镇	柳兰芳 宋玉玲 郭健民 芦兰香	10·24	12
【郑州市豫剧团】							
彝陵之战	郭瑞千根据《三国演义》改编	梁士英	周律	芦伟生 刘金刚	王希玲 郭应先 王宽 王星山	8月	20
老包打碴	孟华根据《下陈州》改编	张克林	耿玉卿	刘金刚	刘风鸣 郭应先 路艳菊 王建银	5月	20

剧名	编剧	导演	音乐设计	舞美设计	主要演员	起演日期	场次
假太子与真公主	郭瑞千根据越剧《琼浆玉露》移植	韩菁华	耿玉卿	刘金刚	王希玲 路艳菊 王宽 马兰	11月	20
【广州粤剧团】							
宝鼎明珠	秦中英	文少非 陈少梅	音乐唱腔设计 黄继谋 赵仕强 击乐设计 陈昌	谢伯雄	郭凤女 许玉麟 谭启昌 崔玉梅	2·21	10
阴阳扇底蝶双飞	秦太英	陈小莎	唱腔、配器、音乐设计 卜灿荣 击乐设计 苏志雄	潘璠	钟康琪 梁淑卿 白玉童 李自强	11·16	5
八宝与狄青	秦中英根据广东潮剧院本《八宝与狄青》、粤剧传统戏《双阳公主追夫》改编	陈少梅	音乐设计 丘永基 击乐设计 陈焯荣	林飞	倪惠英 罗伟华 谭志基 叶碧云	4·29	5
【广东省湛江粤剧团】							
悦城龙母	何锡洪 黎树权 李悦强	谈笑风 杜德威	杨业	霍璜基	孔雀屏 凌飞 李雪冰 温玉		45
秦香莲后传	邓柄元改编	冯杏元	欧永畴 陈小锐 李德甫	霍璜基	孔雀屏 黄伟坤 凌飞 朱婉慈		47
公主喜脉惹风波	陈自强根据花鼓戏改编	孔雀屏 黄远明	陈小锐 李德甫	霍璜基	孔雀屏 温玉 张华 李雪冰		28
马娘娘	孔雀屏、潘亦安、李生根据扬剧改编	孔雀屏 程洁铿	邓柄光	霍璜基	孔雀屏 黄伟坤 凌飞 张华		46
雷劈顺母桥	何锡洪 潘亦安	白芸生	杨业	霍璜基	孔雀屏 张华 黄伟坤		37
【北京市曲剧团】							
•婚恋面面观	石林 臧里	特邀总导演 郦子柏	李吉宏 王凤朝	岑宝山	许娣 张绍荣 朱明月 秦世臣	10·24	44
少年天子	王宝亘 张宏文	余笑予（特邀）	戴颐生 李吉宏 胡海林 刘文江	魏礼颖	佟仲琪 朱明月 许娣 耿首春	5·24	8
【河北省保定地区老调剧团】							
钟离春	谢美生	蒋兴国 关连生	陈生 赵宝元	张立措	毛素欣 张锦花 王增顺 杨吉松	10月	20
九曲盘龙珠	移植	本团导演组	本团音乐组	本团舞美组	孙丽华 刘亚欣 杜振中 藏万祥	11月	20

剧名	编剧	导演	音乐设计	舞美设计	主要演员	起演日期	场次
【山西省晋剧院青年团】							
六月雪（原名《窦娥冤》）	纪 丁改编	孙 昌 杨巧文	刘和仁	马步远	栗桂莲 杨爱莲	1月	45
钟 馗	根据河北梆子移植	张万根 鲍云鹏	吴新民 岳永明	裴希敏	张 智 郑 强	1月	45
【山西临猗眉户剧团】							
•唢呐泪	高建宏 王俊杰 郭启龙	苏加栋 郭高计	樊银海	梁克勤 王宗甲	李英杰 郭高计 张俊芳 阎惠芳	9月	
•山 风	郭启龙 刘 武	王 斌 范 林	韩长荣	王宗甲 梁克勤	姚巧玲 昝来保 王国栋 陈仙草	9月	
【上海昆剧团】							
占花魁	唐葆祥根据同名传奇改编	沈 斌	辛清华 胡鹏飞	刘福升	岳美缇 张静娴	11·5	3
【无锡市锡剧团】							
•今天谁结婚（原名《月圆今宵》）	江二郎	蒋维国（特邀）	梅瑞坤	刘国才（特邀）指导 杨亚典 设计 蒋正心	小王彬彬 袁梦娅 周向红 陈国兴	3月	
骗 婚 记	王茂龙	夏 鹰	章德瑜		华金瑞 谢志英 潘佩琼 过之红	7月	
•杏 花 吟	朱抗美 张魁雄 华金瑞	曹祖庚	音 乐 顾于非 唱 腔 梅瑞坤	杨亚典 李 政	袁梦娅 小王彬彬 华金瑞 倪艺琳	11月	
【苏州市滑稽剧团】							
•赤脚外交官	轻 羽	雷国华	许祖荫	李承元	杜家奇 叶霞珍 顾 芗 张 毅	8月	50
•店堂里的笑声	褚 铭（执笔） 陈继尔	王辉荃	许祖荫	吴继涛	章伟刚 顾 芗 郑进生	12月	
【江苏省柳琴剧团】							
•杨玉洁	魏启平	张敬森	蔡佩华	代秀庭	张小侠 姚秀云	2月	57
•梅雨情	王圣华	张敬森	蔡佩华 阎昌海	代秀庭	刘大敬 李兴亚 王连斌 孟 浩	9月	31
【浙江绍剧院一团】							
斩 经 堂	十三龄童改编	十三龄童	阮 波		十三龄童 胡惠云 施大乔 张丙泉	9月	
紫金鸳鸯	葛纪忠改编	丁少人	周庆云 张海江	何颂民	钱小宝 胡惠云 陆春根 顾全荣	10月	

剧名	编剧	导演	音乐设计	舞美设计	主要演员	起演日期	场次
【浙江省宁波市甬剧团】							
穷秀才的婚事	王信厚	应礼德	戴纬 李微	张咪康	杨柳汀 王坚 杨佳玲 石松雪	10月	35
【浙江婺剧团】							
•千家万户	根据顾颂恩同名越剧移植	徐勤纳	诸葛智萍	叶慧龙	张爱莲 陈小红 吴东晓 柏红	10月	32
画龙点睛	根据孙月霞同名吕剧本移植	王方中 王跃丰	楼敦传 诸葛智生	王维阳	朱元昊 刘志宏 童志刚 王跃丰	10月	34
【合肥市庐剧团】							
牛二宝经商记	陈海萍根据同名发表本移植	尹建明	何合浓	王茂乔	戚玉生 孙小妹 花业辅	3月	2
张飞栽树（小）	杨刚	程功恩	何合浓	吕.萍	花业辅 郭义云 徐伟为 马骏	9•30	2
•拔河（小）	李浩	杨宏锐		吕萍	戚玉生 王礼福 黄冰 张梅	9•30	2
十二寡妇做生意（小）	章阳	周天柱	何合浓	吕萍	张承胜 张家坤 彭泽南 孙小妹	9•30	2
•顾此失彼（小）	远平	龚维毅	王柏龄	吕萍	高少华 程萍 唐小莉	9•30	2
【蚌埠市泗州戏剧团】							
《走娘家》汇串（原名《走娘家》）	葛广效	李枝平	金保栋		李云 毕云超 周斌 杨青	1月	5
•风流女店主	郭春棠（特约）	李枝平	金保栋	马晓帆	霍雨勤 周斌 霍军 毕云超	2月	6
金箫引凤	黄敬坤	李枝平	金保栋 王金启	王倩	霍雨勤 毕云超 王素英 李云	12月	
【安徽省徽剧团】							
哭剑饮恨（折）	程励耘整理改编	汪静仙 宋养俭 程励耘	项艾		张敏	9月	5
女审（折）	李泰山整理改编	宋养俭 汪静仙 程励耘	谢林义		罗丽萍	9月	5
打神告庙（折）	崔凤凌改编	崔凤凌	赵荫湖		李小红	9月	5
失子惊疯（折）	崔凤凌改编	崔凤凌	谢林义		朱秀娟	9月	5
赵睿收赋（折）	程励耘根据川剧本改编	宋养俭 程励耘 汪静仙	谢林义		李龙兵 谷化民	9月	4
双下山（折）	李泰山根据婺剧本改编	许友升	江金顺		许友升 丁青妩	9月	4

剧名	编剧	导演	音乐设计	舞美设计	主要演员	起演日期	场次
告御状(折)	曹书礼整理改编	艺术指导曹书礼	曹书礼整理		徐念	9月	4
【福建仙游鲤声剧团】							
造桥记	郑怀兴	苏光荣 周如典	谢宝燊 林太崇	徐鸿海	薛向东 陈启星 黄亦林	9月	11
神马赋	郑怀兴	朱石凤	谢宝燊 林太崇 郑牡丹 程兆桐	薛国平	王少瑗 连向石 郑剑飞 陈启星	12月	5
【福建省闽剧实验剧团】							
驸马削发	张哲基根据潮剧《张春郎削发》改编	潘新建	陈新国 黄曼琳	刘子崇	陈则平 林瑛	2·17	32
珠瑕记	江世庸根据传统剧目《金石缘》整理改编	陈小言	叶永平	谢庆森	李少华 林聪中 游月琴 林锦芳	4·19	24
西湖公主	张哲基根据同名豫剧《西湖公主》移植	李扬辉	叶永平 黄曼琳	谢庆森 林祖仁	陈则平 曾斌 朱善根	10·4	11
花轿错	郑文金	蔡怀玉 李扬辉	陈新国	谢庆森	林聪中 林瑛 李少华 杨木铨	12·20	6
【福建省梨园戏实验剧团】							
张春郎削发	施培植根据潮剧本改编	庄长江(执导) 吴明森 许天相	王爱群	许长欣	洪如望 吴明森 林少凌 许天相	1·10	49
乞丐国舅	尤春成根据婺剧本改编	吴明森 郑志欣	傅温书	徐建宁	尤春成 林少凌 李红 罗玲玲	4·16	34
五品夫人	施培植根据李登朝原著改编	苏彦石	傅温书	许长欣	陈美娜 龚万里 魏少辉 李辉逸	9·23	10
康王告状	尤春成改编	林付付	汪照安	徐建龙	林聪晓 江丽丽 许燕鸿		11
春江月	陈君平改编	王胜利	吴启仁	许长欣 徐建龙	林聪晓 曾静萍 黄永芬		11
苏秦还乡记	庄长江 尤世钻	庄长江 苏彦石	李文章整理	许长欣	林聪晓 曾静萍 黄炳铜 许燕鸿		14
连理生韩奇(《韩国华》一折)	陈君平改编	庄长江 姚苏秦	吴启仁	许长欣	黄晓萍 黄炳铜 吴艺华 林聪晓		19
真假贵妃(《寻妃记》一折)	陈君平改编	苏彦石	李文章 汪照安	许长欣	吴艺华 郑小梅 黄炳铜		14
煎石计(《煎石记》一折)	施培植、陈君平改编	林付付	汪照安	徐建龙	吴艺华 林聪晓 陈雪虹 林付付		8

剧名	编剧	导演	音乐设计	舞美设计	主要演员	起演日期	场次
【江西省宜春地区采茶剧团】							
状元洲	木公	夏太咏 郑菊英（技导）	陆有勤	杨署太	夏旭平　黄银泉	2月	4
借乌纱	根据安徽省汇演剧目移植	赵日祥	马金林	杨署太	姚文直　肖建新	1月	11
【山东省莱芜梆子剧团】							
*回娘家	张立华	张克学	张克学　刘桂厚		张克学		2
*石榴红	张立华	于洪新　魏玉升 张克学	刘桂厚	曹春义	李桂英　魏玉升		4
【山东省吕剧团】							
娶婆婆	王润民	王世元	栾胜利	吴立成	李岱江　吴萍 常兆玉　祝德英	8·16	9
【河南省曲剧团】							
陈三两出家	张同春	张秀岩	潘永长	范友信	张新芳　刘青 买建国　秦芳欣	8月	20
【武汉市楚剧团】							
打豆腐（小）	何亚平根据本团传统戏改编	鲁昌明	叶继岚整理		吴志伟　孟瑞虹	6·24	12
佛门状元	武纵	荣明祥	朱彬	郑启中	宋涛　涂崇华 贺才昶　孙昌喜	12·26	2
*困惑（原名《搭积木》）	木禾根据沈虹光话剧本改编	鲁昌明	周淑莲		张光明　吴波 王世英　占必庆	12·30	2
杨柳传奇（上）	陈艰演出本 整理　严昌明	熊剑啸　李汉吕	易佑庄　张家农 胡鑫	郑启中 蒋国华	周泽浩　王险峰 朱全芳　宋幼民	12·31	2
【湖南省长沙市湘剧团】							
青蛇传	市湘剧团创作组根据河南同名剧整理改编	曾金贵　黄国强	王守信　李冬林	许维楚	陈玉莲　屈小罗 曹汝龙　刘国华	9月	2
回窑	廖建华根据同名折子戏整理	廖建华	李冬林		曹汝龙　陈玉莲	9月	2
老汉驮妻	曾金贵根据同名折子戏整理	曾金贵			曹力平	9月	5
双下山	黄国强根据同名折子戏整理	黄国强	邓名扬		俞小玲　伍仁斌	9月	3
访白袍	曾金贵根据同名折子戏整理	曾金贵			曾金贵　罗志勇	9月	2

剧名	编剧	导演	音乐设计	舞美设计	主要演员	起演日期	场次
思凡	根据同名折子戏整理		许宪光		邓亚军	9月	2
烤火	李奂章根据《少华山》单折整理改编	曾金贵	邓名扬	许维楚	黄跃华　舒建国	9月	2
乾隆皇帝下江南（上、下）	移植上海京剧院同名京剧	黄国强	王守信	许维楚	曹汝龙　邓亚石 伍仁斌　黄铁双	2月	65
【湖南祁剧团】							
风流债	仇荣华　李远钧 曾莺	仇荣华	黄尚初　赵培基	倪湘林	刘文波　仇荣华 申桂桃　朱咪咪	1·16	5
·狗村残月（又名《蛤蟆精传奇》）	陈冠雄根据唐谊练小说《狗村志异》改编	刘锡林　仇荣华 唐国球	赵培基	倪湘林	宛玉剑　朱咪咪 贺冬梅　王汉余	12·23	3
【广东潮剧院】							
银锁怨	沈湘渠根据同名黄梅戏移植	黄瑞英　陈鸿飞	陈登谋	谢美池	郑健英　陈丽玉 钟怡坤　陈光耀	2月	5
巧姻缘	林树棠根据广原同名剧本改编	郭楠	陈浩忠	谢美池	柯立正　廖文少 刘小丽　陈运龙	9月	13
梅花簪	林劭贤、王菲根据张亚同名剧本移植	叶清发	李廷波　蔡瑞藩	黄精秋	吴玲儿　詹少君 陈学希　黄盛展	8月	8
武则天	陈鸿岳根据田汉同名京剧改编	黄瑞英　陈鸿飞	李廷波	管善裕	孙小华　张长城 陈秦梦　郑小霞	8月	10
【广西壮剧团】							
·梦的衣裳	谢国权根据琼瑶小说改编	麻振欧	李果成	卢英能	李福林　黄力勤 潘小波　阳莹珍	1·2	3
瓦氏夫人	张淳　宋安群 谢国权	马冀（执行） 张淳	里果	夏旭	马若云　卢小敏 韦启智　李福林	12·1	10
【四川省自贡市川剧团】							
夕照祁山	魏明伦	王世荣	廖忠荣	王典源	杨先才　陈述根	3月	22
【贵州省黔剧团】							
·梦的衣裳	李朝虎根据琼瑶小说改编的同名上海滑稽剧本移植	吴家林	李启明	陶定政	杨露　苏文才 余重骏　徐乃云	7月	4

剧名	编剧	导演	音乐设计	舞美设计	主要演员	起演日期	场次
【云南省大理州白剧团】							
*男妇女主任	赵建华根据河北大厂评剧团同名评剧移植	李琼芬　肖　朴	杨可用	张寿培	赵先志　王文娟 李泽新　杨益琨	2月	11
*竹林拾子	李洋根据同名歌剧整理改编	杨永忠	李　洋	张寿培	李泽新　严学花	5月	2
上关花	黑明星	李琼芬	唱腔记谱 董汉贤 杨可用　段润藻	杨月明 张寿培	赵先志　赵文生 陈钟玉	5月	2
白洁夫人	薛子言　张继成 和汉中	张树勇　王晓玲 董汉贤　李琼芬	张绍奎　杨可用 李　洋	张寿培 杨月明 方世雄 董学玲	马永康　杨永忠 叶新涛		5
【云南省花灯剧团】							
二女争夫	谢济舟口述，江波、黄勇刹、龚志枫移植	马飞才	聂秀敏	陈永康	张琼华　叶玉华 李宗伟	2月	13
*鸳鸯湖	刘运枯　尚　仁	于娥荪　童光阳 张兆祥	朱　植　聂思聪 石凯林	胡晓丹（特邀）	童光阳　董　佳 张兆祥　黄宣弘	9月	4
闹花灯（小戏集锦）	鲁凝、王旦东、孙晋昆整理	黄仁信　熊常惠 王树基　孙晋昆	陈　源　尹　钊 张一弓　聂思聪	胡晓丹 陈永康	张琼华　卫　东 马玉洁　李爱荒	9月	6
【西安市秦腔一团】							
贵妃东渡	杨　晨	陈尚华（执导） 杨惠珍（特邀） 董　珣　许有江	张森伶　原　民	李　健	广雪琴　赵　虹 刘芳文　彭　梅	2月	30
【甘肃省陇剧团】							
国恩家庆	谢　宠	马　力	陈明山　贾忠国 史英杰	王永德	彭惠琴　孙菊兰 熊　平　常志发	1·29	6
【西宁市秦剧团】							
*倒淌的河	李　振	韩振育	冯　琳	王海明	李剑佟　雍新义 顾秋林　张晓桃	7·1	5
滑水衙门糊涂官	郝昭庆	宁来成		方　群	同　超　张延太 姚　娣　刘　鹏	7·26	5

戏剧院、团计66个（京剧12个、评剧5个、河北梆子3个、越剧2个、沪剧2个、扬剧2个、淮剧2个、豫剧3个、粤剧2个、其他剧种33个），上演创作、改编、移植的新剧目共179个。

北方昆曲剧院、河北省承德话剧团、河北省河北梆子剧院二团、浙江昆剧团、浙江越剧院三团、安徽省黄梅剧团、山东省京剧院、湖南省湘剧院、湖南省溆浦县辰河戏剧团、成都市川剧院三团、四川省实验川剧院（一、二团）1988年度无新剧目。

话　剧

剧名	编剧	导演	舞美设计	主要演员	起演日期	场次
【北京人民艺术剧院】						
太平湖	苏叔阳	林兆华	黄清泽　方堃林	于是之　林连昆	1·28	26
背碑人	刘锦云	田冲　刘静荣	韩西宇　宋垠	吕齐　仇晓光	2·17	17
天下第一楼	何冀平	夏淳　顾威	黄清泽　方堃林　鄢修民　冯钦	谭宗尧　李大千　林连昆	6·12	101
哗变	〔美〕赫尔曼·沃克　英若诚译	〔美〕查尔顿·赫斯顿	周一莎　霍焰	任宝贤　肖鹏　朱旭	10·18	25
【中国青年艺术剧院】						
·火神与秋女	苏雷	张奇虹	赵家培	宋洁　张秋歌　许正廷　王楠	5月	
·天狼星	卫中	高惠彬	徐启光	户彬　佟凡　陈希光　刘金山	7月	
浴血美人	〔法〕克洛德·普兰　董纯、沈大力译	王晓鹰	赵家培	赵肖男　徐金增　陈世温　陈强	12·31	
【中国儿童艺术剧院】						
豆蔻镇的居民和强盗	〔挪威〕T·埃格纳　叶君健译	廖向红　艺术指导　徐晓钟	苗培如	邓小光　刘淑敏　大力　齐杰	10月	
【天津人民艺术剧院】						
莫斯科的傍晚	〔苏〕亚历山大·伽利	王泉　孙冰	张燕生	张孝禹　严斐　石葳　陈敬福	1月	19
·离异	王磊、沙惟根据吴若增同名小说改编	王磊　艺术指导　沙惟	高喆民	李起厚　张媛媛　周建荣　屠美玲	6月	10
《情与法》法制系列剧（《神灵救生丸》《开荒户》《考核》《她幸福吗》）	王甘生　尹舒坤　李玉清　冯艳玲	孙冰	张燕生	王继世　贾德美　毕万昆　李玉清	6月	13
欲望号街车	〔美〕田纳西·威廉斯	〔英〕迈克·阿尔弗莱兹	朱彰	常汝言　吕毅　储安莉　王世文	10月	15
【河北省话剧院】						
·寡妇·光棍	田甬（部分情节撷取小说《僻乡女人》）	董丽华	孟增吾	范艳华　李文跃	2·2	5

剧　名	编　剧	导　演	舞美设计	主要演员	起　演 日　期	场次
•桃花湾的娘儿们	孟繁元根据映泉同名小说改编	方　瑞	郑庆华	张黎明　王心丽	1·22	7
•幽灵在黎明前聚会	李秀峰	宋英杰	龚礼铭	赵志君　李文跃 杨燕春	12·12	12
【内蒙古话剧团】						
安徒生童话剧 《丑小鸭》 《皇帝的新装》 《海的女儿》	巴　图	巴　图	浩　特	袁力坚　杜爱根 李英超　康洪雷	5月	71
•悔（独）	汤　捷	汤　捷	浩　特	谷　子　李建平 刘　雁　李　瑛	8月	5
•我得保双份（独）	张启顺	谷　子	浩　特	谷　子　许正莉 靳若刚　武崇仁	6月	8
【辽宁人民艺术剧院】						
•荒原与人	李龙云	王　贵	周立友	宋国锋　张　颖 邴继德　刘少华	4·21	9
【辽宁儿童艺术剧院】						
•特殊夏令营	胡景芳	王文清　贾　贞 艺术顾问　朱漪 廖玮（特约）	苗培如　刘弼源 特约　温百儒	李舒燕　李　放 齐淑菊　谢丽秋	3·28	216
【延边话剧团】						
•再见吧姑娘们	韩元国	全得柱	南承哲	韩石峰	5·10	30
•爱情浪漫曲	李光珠	全得柱	韩东彦	朴松姬	9·14	
•结　婚	〔日〕桥田寿贺子	金乃千　唐爱梅	秦学惠	南宫信淑	6·10	4
【哈尔滨儿童艺术剧院】						
•失去的童年	邵宏大　高峻山	孙建光	陈　力	贾占红　黑静环 石　磊　郭建华	5·30	141
【中国福利会儿童艺术剧院】						
•我一点也不快活	任德耀根据刘厚明的小说《魔鬼的面壳》创作	任德耀　顾帼一	胡冠时　施良骥	曹克明　殷超斌 姚培华　宋汉培	12·21	9
【江苏省话剧团】						
•这个女人是非多	王立信	王　风	王绍康	陈　琳　马昌钰 陈志仁	3月	4

剧名	编剧	导演	舞美设计	主要演员	起演日期	场次
*天上飞的鸭子（与南京市话剧团联合演出）	赵家捷	郝刚	马长山	李长清 高英 朱茵 吴志远	2月	55
天边外	〔美〕奥尼尔	熊国栋	王绍康	施京明 张九妹 卞涛	6·3	5
琼斯皇	〔美〕奥尼尔	冯昌年 文学顾问 刘海平 造型编导 苏时进	王正飏	蔡伟 姜江 李青青	6·6	9
【南京市话剧团】						
*天上飞的鸭子	赵家捷	郝刚	马长山	李长清 高英 吴志远 朱茵	2月	43
审婚（短剧）	罗马尼亚作家	汤纪颖 李建平	唐建新	贾涛 于东江 姚俊孚 张燕燕	10月	6
【浙江话剧团】						
明天飞	天高 钱永明 虞哲杰	钱永明	熊延平	陈珂 白文利 徐力 戴菊芳	5·23	105
课本剧 范进中举	童汀苗根据《儒林外史》第三回改编	戈辉	谢宇	常学仁 戈辉 刘群 屠锦苓	11·16	50
变色龙	胡小惠根据契诃夫同名小说改编	胡小惠	谢宇	邱瑞麟 吕忠堂 李承铨	11·16	43
皇帝的新装	佳季根据安徒生同名童话改编	刘明仁 宋迎秋	谢宇	戈辉 刘明仁 李承铨 王灿	11·16	58
最好的顾客	赵美成根据法国作家亨特·罗亚同名小说改编	宋迎秋 刘明仁	谢宇	宋迎秋 刘明仁	11·16	11
纪念刘和珍君	童汀苗根据鲁迅杂文改编	夏仲廉	谢宇	张维国 屠锦苓 薛淑杰 宋迎秋	11·16	28
警察和赞美诗	赵松龄根据欧·亨利同名小说改编	赵松龄	谢宇	许广庆 刘群 常学仁 周美琪	11·16	51
【福建省话剧院】						
中学语文课本剧 变色龙（小）	黄家斌根据初中语文第四册契诃夫同名小说改编	黄家斌	陈子南 唐皖闽	章苏国 杨翔 单晓枫 王明华		70
范进中举（小）	朱淮根据初中语文第五册中吴敬梓同名小说改编	朱淮 陈永森	陈子南 唐皖闽	吴琼 柯嘉 温毓军 郑贞衍		70

剧名	编剧	导演	舞美设计	主要演员	起演日期	场次
卖蟹（小）	柯嘉根据初中语文中王润滋的同名小说改编	柯　嘉	陈子南　唐皖闽	黄劲松　曹永祥　齐忠坤		70
项链（小）	陈端坤根据高中语文第四册中莫泊桑同名小说改编	李又子	陈子南　唐皖闽	胡小玲　单小枫　王明华　李又子		70
警察与赞美诗（小）	钮心慈、古榕根据高中语文第六册中欧·亨利的同名小说改编	钮心慈　陈永森	陈子南　唐皖闽	柯　嘉　杨亚琼　黄劲松　单小枫		70
好　梦（小）	陈端坤	李又子　陈永森	陈子南　唐皖闽	李又子　李　晶　曹永祥　齐忠坤		70
雷雨（第二场）	曹　禺	李又子	陈子南　唐皖闽	章苏国　王明华		70
威尼斯商人（第四幕）	〔英〕莎士比亚	陈永森	陈子南　唐皖闽	曹永祥　胡小玲　温毓军　柯　嘉		70
*寡妇村的故事	莫吉东	王　贵	陈子南　程天琦　伊　路	胡小玲　温毓军　杨亚琼　王明华	12月	5
【河南省话剧团】						
水上吉卜赛	张建莹、李利宏根据魏世祥同名系列小说改编	佟守泽　李利宏（执导）	洪兰航	魏德华　贾林青　吴广林　沈保平	8·23	9
【武汉话剧院】						
微型话剧晚会						
小站上	詹致茹	张春来	朱一琦	张　镜　鄢继烈		63
征　婚	常小行　郭铁珊	郭铁珊	朱一琦	詹致茹　郭铁珊　郭小东		63
开张大急	周　勇	王缓之　周　勇	朱一琦	张　镜　马启厚		63
十字路口	忽红叶	郭铁珊	朱一琦	马启厚		63
无云之雨	詹致茹　树　梅	张春来	朱一琦	郭　桦　王缓之　马秀敏　付绍业		63
自食其果	周锦堂	朱广琪	朱一琦	周锦堂　曾琼琼		63
白　狼	丁一三	边兰星	刘　复	吴　冕　高　原		12
罪恶的心	〔美〕柏丝·享莱	〔美〕罗伯特·斯坎南	刘　复	谷　欣　李晋峰　张　镜		11
【湖南省话剧团】						
今天星期七（原名《五月早晨的丹麦王子》）	陈健秋	关沅滋	黄　庭	廖炳炎　徐卜秦　董志远	11·3	7

剧名	编剧	导演	舞美设计	主要演员	起演日期	场次
【广西壮族自治区话剧团】						
*请帖(小)	车声夔 黎琳	黎琳		褚家设 王威	9·27	34
*战火中的山茶花(小)	黄红杨 刘昌筑	徐峻泰	王猛	郑小宁 栗颖	9·27	34
【四川人民艺术剧院】						
跳蚤	加力根据叶君健童话《商人》改编	左季谷 艺术指导 杨树声	王成根	李薇 武晓眉 杜江宁 曹建	10·8	41
【陕西人民艺术剧院】						
情祭	汪遵熹 曹东安	汪遵熹	张继文	张欣 李琦 罗民帜 温谦	6·25	18
【甘肃省话剧团】						
*回归(原名《迟暮之年》)	〔苏〕A·伽林 沙金译	王小琮	张元竹	刘刃 李绍琴 彭军 孙芳惠	1月	33
*女老板秘史	张思聪	任庆和 成珊	布景设计 姜波 指导 杨前 续振耘 赵加兴	李霞 康爱石 常贵顺	2月	27
【宁夏话剧团】						
*这样的庄稼人	刘文惠	韦岐琴	李江天	孙宁 王敏 付亚南 黄德勇	1·5	80
*宝贝蛋和男子汉	王湛	王德龙 艺术指导 罗英(特邀)	舞美设计顾问 周正(特邀) 灯光设计顾问 齐因侯(特邀) 设计 李江天	石亚军 马柏红 汤雪声 马梅	4·4	63
【新疆话剧团】						
热瓦甫与小伊克(原名《月琴与小老虎》)	加力 李莲	赵桂良	炼德才 殷照祥	杨文玲 靳忠 郭成 李江	11月	3
【总政话剧团】						
*吞(小)	王寿仁	王寿仁		许德山	7·18	20
*卖鞋(小)	周立国 阎去秋	周立国		周立国	7·18	3
*议价(小)	许德山	许德山		许德山	7·18	20
【北京军区政治部战友话剧团】						
*山脉	李冬青 孟冰 成星 翟迎春	林兆华 周传一	刘杏林 吴颀	梁斌 付英 陈征 全解放		20

剧　名	编　剧	导　演	舞美设计	主要演员	起　演 日　期	场次
喜剧小品 专场晚会		周传一　刘佩奇 陈　征　梁　斌	吴　顾			134
【中国人民解放军沈阳军区话剧团】						
*夸爸爸(小)	王承友	吕　冰		于百军　刘　艺	6月	52
*情（小）	马　明　林华春	吕　冰		林华春　宋承敏 马　明	6月	52
*幼儿园轶 事（小）	杨景林	吕　冰		颜秀华　杨　光 靳宏健	6月	28
*优生咨询(小)	杨景林	袁　平		杨景林　于百军	6月	28
*相逢在前 线(小)	黄　宏　李新华	李新华　吕　冰		栾淑梅　张世会	9月	35
【全总文工团话剧团】						
所有人反 对所有人	〔法〕阿达莫夫	勒内·卢瓦荣	赵世铸	陈　旭　夏和平 车　玲　高俊霞	7·1	4
动物园的故事	〔美〕爱德 华·奥尔比	娄迺鸣	赵世铸	陈　旭　胡亚西	1月	30
求　婚	〔俄〕契诃夫	雷药珠	赵世铸	李　威　李大庄 李志刚	1月	30
蠢　货	〔俄〕契诃夫	李　丁（特邀）	赵世铸	李丽娜　张光正 张金龙	1月	30
伊尔库茨 克的故事	〔苏〕阿 尔布卓夫	娄迺鸣	赵世铸	李小键　鲍海鸣 马文忠　张以清	1月	30

话剧院、团计28个，共上演创作、改编的新剧目85个。

长春话剧院、安徽省话剧院、重庆市话剧团、西安话剧院、青海省话剧团、广州军区战士话剧团、西藏话剧团、煤矿文工团1988年无新剧目。

歌　剧

剧　名	编　剧	作　曲	指　挥	导　演	舞　美 设　计	主要演员	起　演 日　期	场 次
【中央歌剧院】								
安魂曲 (清唱剧)		〔意〕威尔弟	〔芬兰〕 列夫· 塞格斯 坦姆			张国敏　吴晓路 苗　青　王　蕾	5·29	4

剧名	编剧	作曲	指挥	导演	舞美设计	主要演员	起演日期	场次
【上海歌剧院】								
·雁儿在林梢（音乐剧）	李远度、刘志康根据台湾作家琼瑶的同名小说改编	叶纯之（特邀）	林友声 黄佩勒	茅君瑶	崔可迪（特邀）	岳彩富 唐群 江晓星 江燕燕	2·10	9
托斯卡	〔意〕裘塞佩·贾科萨根据法国剧作家萨尔杜路易基·伊和卡的同名剧本写成	〔意〕贾科谟·普契尼	黄佩勒	张远文	李也甘 郑彭寿	黄葆慧 施鸿鄂 顾欣 丁羔	4·25	6
鲸油（独，音乐剧）	〔美〕比埃特丽丝·劳弗尔根据尤金·奥尼尔的话剧改编，王树元译配	〔美〕比埃特丽丝·劳弗尔	张国勇	叶野	俞恒华（布景）	顾欣 何琴 毛惟钰 岳彩富	6·12	1
西厢记	侯启平（台湾）编剧、黄莹（台湾）作词	屈文中（香港作曲家）	姚笛	张远文	李也甘（布景）	范宇文（台湾） 顾欣 陈小群 杨清	11·6	9
【哈尔滨歌剧院】								
仰天长啸	郁文	肖白	肖白 刘克纪	郭小南 陈万才	周本义 韩生	吴培文 齐燕 陈晓枫	1·25	

歌剧院、团计3个，共上演创作、改编的新剧目6个。

中国歌剧舞剧院、辽宁歌剧院、江苏省歌舞剧院歌剧团、重庆市歌剧团、新疆歌剧团、总政歌剧团1988年无新剧目。

木偶

剧名	编剧	造型制作	导演	主要演员	起演日期	场次
【中国木偶艺术剧团】						
龙鼓舞	周荻	张世华 郭进泉	周荻	何玉琴 许正利 吴健合	9·10	40
猴子乐手	王莉萍	张世华	许正利	何玉琴 孙福灵 张跃荷 刘兰英	9·26	60 60
【上海木偶剧团】						
三脚猫（小）	钟晓婷	胡江	邵鹏飞	吴英	9·28	128

剧　名	编　剧	造型制作	导　演	主要演员	起演日期	场次
虎娃长大了(小)	钟晓婷	胡　江	邵鹏飞	武静兰	9·28	128
回来吧耳朵(小)	钟晓婷	胡　江	邵鹏飞	姚关根	9·28	128
怎么看不见了(小)	钟晓婷	胡　江	邵鹏飞	周伟澄	9·28	128
【泉州木偶剧团】						
青春梦（小）	黄锡钧	黄奕缺	黄奕缺　黄锡钧	黄奕缺	5月	
钟馗醉酒（小）	黄锡钧	黄奕缺	黄奕缺　黄锡钧	黄奕缺	5月	
驯猴（小）	黄锡钧	黄奕缺	黄奕缺　黄锡钧	黄奕缺	5月	
八戒招亲	黄锡钧	本团制作室	黄锡钧	林文荣　尤优雅　顾玉珠	12月	
张羽煮海	黄锡钧根据传统剧目改编	本团制作室	黄锡钧	顾玉珠　王建生　尤优雅	12月	
陈州粜米	黄锡钧根据同名戏曲改编	本团制作室	黄锡钧	黄振发　林文荣　王建生	12月	
孙庞斗智	黄少龙根据传统剧目改编	本团制作室	黄少龙	王建生　李妙卖　林文荣	12月	
三打白骨精	黄少龙根据同名绍剧改编	本团制作室	黄少龙	魏萍华　林文荣　李妙卖	12月	
【湖南省木偶皮影艺术剧团】						
小羊过桥（皮影、小）	满维禄、常才智根据幼儿语言教材改编	舞美设计　满维禄　舞美制作　陈新湘	常才智	周丽娜　周金秀	4·25	90
【广东省木偶剧团】						
长　绸　舞	崔克勤（编舞）	陈志强	崔克勤	崔克勤	3·24	8
OK的士高	崔克勤（编舞）	万兆元　曾繁邦	崔克勤	沙汉强　何伟超　崔克勤　邓碧莹	10·29	25
红薯变黑炭	曹婉娴		曹婉娴	莫淑美	3月	97
木偶群星会济公	何　洛		佐　唐	张广有　胡作华　何伟超　李　强	10·29	30
自相矛盾	岑　依	叶世友	岑　依	谭衍昌　郑琼珠	10·29	28
人偶济公同欢乐	陈志强	陈志强	陈志强	张广有　李家诚（配音）	10·29	3
二龙戏珠	黄福州	曾凡邦	黄福州	黄福州　李　强　何伟超　沙汉强	10·29	30
胡先生落网	岑　依	马柏明	岑　依	张远明　谭衍昌　陈少颜　郑琼珠	10·29	21
人偶亚克西	崔克勤　区淑兰	叶世友	崔克勤　区淑兰	陈安丽　莫淑美	10·29	21
森林中的联欢会	区淑兰	叶世友　叶寿春	区淑兰	陈安丽　郑琼珠　莫淑美　陈少颜	10·29	22

剧名	编剧	造型制作	导演	主要演员	起演日期	场次
小公鸡找老师	曹婉娴	曹婉娴	曹婉娴	郑琼珠 梁瑞萍 陈安丽 张远明	10·29	27
淘气的小毛猴	曹婉娴	曹婉娴	曹婉娴	陈少颜 张远明 莫淑美	10·29	22
奇怪的比赛	曹婉娴	曹婉娴	曹婉娴	谭衍昌	10·29	22
陷井里的狼	岑 依	张永锵	区淑兰	郑琼珠 陈安丽	6·1	149
小猫钓鱼	岑 依	张永锵	区淑兰	梁瑞萍 区淑兰	6·1	143
【成都市木偶剧团】						
小八戒换脑袋	王 敏	王 敏	王 敏 谢洒梅	谢洒梅 关 英 常 媛	2·5	39
半半的童话	王 敏	王 敏	王 敏 谢洒梅	谢乃梅 关 英 常 媛	2·5	38
王七学道	王敏根据聊斋改编	王 敏	王 敏 谢洒梅	杨露群 方登华	2·14	12
活捉王魁	陈一平根据川剧移植	曾凡金 李明栋	李正发	李正发 梁开通	6·22	18

木偶、皮影剧团6个，计上演创作、改编剧目34个。

唐山市皮影剧团1988年无新剧目。

（本刊汇辑）

1988年刊物发表剧本目录

说 明

一、本目录自公开发表的戏剧和部分文学、文艺刊物中辑出。

二、本目录按刊物期号排列，同一期号按行政区划顺序排列。

三、分类：话剧、哑剧、戏曲、歌剧、儿童剧、广播剧、外国剧本。

话 剧

背碑人（多场次话剧）

锦 云 《剧本》1月号

新 居

梁秉堃 《新剧本》第1期

扎龙屯（四幕话剧）

郝国忱 《戏剧文学》第1期

江　祭
　　邵宏大　《剧作家》第1期
人和自己的影子（五幕话剧）
　　方洪友　《上海艺术家》第1期
岔路口（大型话剧）
　　陈其行　《影剧新作》第1期
回　流（现代哲理剧）
　　曹苇舫　《影剧新作》第1期
女兵支队（自由结构式话剧）
　　陈伦元　《影剧新作》第1期
回　声（无场次话剧）
　　代　路　《戏剧丛刊》第1期
白天　黑夜　早晨（音乐剧）
　　荣　羽　《南粤剧作》第1期
黑色的石头（两幕话剧）
　　杨利民　《剧本》2月号
高高的公鸡树（无场次话剧）
　　李延伦　《新剧本》第2期
耶稣·孔子·披头士列侬
　　沙叶新　《十月》第2期
女娲的传说（神话抒情探索剧）
　　杨　涛　《电视与戏剧》第2期
欲望的旅程（无场次话剧）
　　梁国伟　《剧作家》第2期
月　祭（现代神话剧）
　　李　容　贺子壮　余　云　吴保和　《上海艺术家》第2期
人约黄昏后
　　邵钧林　《戏文》第2期
假如花是红的（多场次话剧）
　　李炳今　《戏剧丛刊》第2期
两家全家照（方言韵白话剧）
　　陈正鹏　《四川戏剧》第2期
黄金街欲望（三幕八场话剧）
　　郑　负　《剧本》3月号
走出死谷（无场次话剧）
　　陈欲航　王延松　《剧本》3月号
花丛中的婚礼
　　何云春　《新剧本》第3期
博物馆之夜
　　欧阳逸冰　《新剧本》第3期
天下第一楼
　　何冀平　《十月》第3期
肉体和灵魂的对话（现代生活多场景话剧）
　　李雨岷　《电视与戏剧》第3期
绿色基因（无场次话剧）
　　殷习华　《剧作家》第3期
赶时髦经理和几个女人的故事（通俗喜剧）
　　许长军　《剧作家》第3期
骚动的舞台（大型音乐话剧）
　　项　枚　《福建戏剧》第3期
桑树坪纪事（中国现代西部戏剧）
　　陈子度　杨　健　朱晓平　《剧本》4月号
眼科医生的盲点（无场次话剧）
　　张志新　《戏剧文学》第4期
蛾（大写意小说剧）
　　车连滨　《剧作家》第4期
丁门三代（无场次话剧）
　　刘　峻　《安徽新戏》第4期
征婚浪漫曲
　　严光炎　俞景陆　《影剧新作》第4期
红尘梦　（戏谑剧）
　　王长安　《影剧新作》第4期
天日昭昭（选场）阴谋·殉难
　　舒　湮　《影剧新作》第4期
吕家大院（无场次话剧）
　　张洪春　《戏剧丛刊》第4期
弄　潮（大型话剧）
　　陈　风　《剧本》5月号
行星启事（无场次话剧）
　　一　东　《剧本》5月号
冥　城
　　高行健　《新剧本》第5期
妈妈，您也曾年轻
　　张莉莉　《新剧本》第5期
决战淮海（多幕话剧）
　　所云平　刘　星　王朝柱　《解放军文艺》第5期
爱情街（两幕话剧）
　　孔凡晶　《剧作家》第5期
婚丧喜事（四幕喜剧）
　　蒋良琛　《上海艺术家》第5、6期
冒险家的乐园（多场次喜剧）
　　周正行　《上海艺术家》第5、6期
水上吉卜赛
　　张健莹　李利宏　《河南戏剧》第5期
幽灵在黎明前聚会（大型话剧）
　　李秀峰　《剧本》6月号
搭积木（无场次话剧）
　　沈虹光　《剧本》6月号

山　脉

李冬青　孟　冰　成　星　翟迎春　《新剧本》第6期

复苏之家

马步秋　《新剧本》第6期

被忘却的人们（八幕话剧）

金　勋（朝鲜族）　《戏剧文学》第6期

梦也悄悄（无场次话剧）

马纯夫　《剧作家》第6期

时装街

张　献　《收获》第6期

早　晨（六幕话剧）

于景习华　《戏剧丛刊》第6期

血　沉（无场次话剧）

林齐筱坪　《影剧艺术》第6期

人间喜剧（宇宙流话剧）

夏坚勇　《剧本》7月号

天上飞的鸭子——傅尔的故事之二（无场次喜剧）

赵家捷　《剧影月报》7月号

赤脚外交官（悲喜滑稽剧）

轻　羽　《剧本》8月号

躁　音（大型话剧）

邱苏滨　《戏剧文学》第8期

喧闹的夏天（都市即景剧）

李　蔚　《剧本》9月号

老风流镇（四幕话剧）

马中骏　《剧本》10月号

碾玉观音（三幕话剧）

姚一苇　《戏剧文学》第10期

寡妇村的故事（四幕话剧）

莫吉东　《剧本》11月号

五月早晨的丹麦王子（无场次话剧）

陈健秋　《剧本》11月号

人杰鬼雄

邓海南　乔　良　《剧影月报》11月号

文天祥与忽必烈（大型历史悲剧）

温大勇　宝尔夫（蒙古族）《剧本》12月号

哑　剧

众生相（组合哑剧）

陈健秋　杜长裕　张志德　周小秋　吴仲谋　《剧海》第1期

戏　曲

草莽劫（新编历史京剧）

齐致翔　张之雄　《剧本》1月号

桃花女（大型现代戏曲）

天　一　《剧本》1月号

哭笑不得（多场次喜剧）

石　林　《新剧本》第1期

阿桂相亲记

郑怀兴　《新剧本》第1期

瘸腿书记下山（现代喜剧,《瘸腿书记上山》续篇）

白　良　《大舞台》第1期

订婚宴

周喜俊　《大舞台》第1期

富贵图（整理改编传统戏）

曲润海　《戏友》第1期

青萍剑（九场大型蒲剧）

郭汉城　寒　声　《蒲剧艺术》第1期

和盟血（十场京剧）

李长荣　李宝柱　《剧作家》第1期

木棉花开了（无场次戏曲）

王　鸿　《上海艺术家》第1期

明月何时圆（大型现代越剧）

杨东标　《戏文》第1期

水月庵韵事（越剧）

方元魏峨　《戏文》第1期

布衣青天（大型古代黄梅戏）

刘达刚　《安徽新戏》第1期

风流姐妹（大型现代戏曲）

吴朝友　《安徽新戏》第1期

故　人（山歌戏）

秋　平　《福建戏剧》第1期

阿三打铁（赣南采茶戏）

罗　旋　《影剧新作》第1期

濛濛海市（探索性戏曲）

张　彭　王其德　《戏剧丛刊》第1期

母女怨（现代戏曲）

张文修　陈世庆　《河南戏剧》第1期

“陈士美”开酒店（现代戏曲）

尼　尼　《河南戏剧》第1期

睢阳恨（新编历史剧）

蒉振东　《河南戏剧》第1期

寡妇门前（大型现代豫剧）

张锡荣　《地方戏艺术》第1期

桃李争（大型湘剧现代戏）

聂如良 《剧海》第1期

寒衣谜（新编汉剧）

丘丹青 《南粤剧作》第1期

春 怨（现代川剧）

李争鸣 陈光忠 《四川戏剧》第1期

寻寻觅觅（现代戏曲）

李光信 《云南戏剧》第1期

半个娘娘（意象豫剧）

孟 华 《剧本》2月号

深宫怨（新编历史故事剧）

李 莉 《剧本》2月号

恩爱之间

王 勇 《新剧本》第2期

罗敷女传奇（新编古代戏）

张觉非 冯 锋 《大舞台》第2期

蜘蛛梦

柴国柱 《大舞台》第2期

风流父子

梁镇平 田瑜亮 梁镇川 霍锁昌 《戏友》第2期

铜雀遗恨

郭 江 《蒲剧艺术》第2期

包公追魂（荒唐戏曲剧本）

单联全 《电视与戏剧》第2期

荷花女（新编神话舞蹈评剧）

孟繁琳 徐培成 刘树先 《电视与戏剧》第2期

老林深处（大型现代吉剧）

李玉符 张维连 《戏剧文学》第2期

活 寡（现代戏曲）

继孔（执笔）继春 《剧作家》第2期

桃花梦（新编古装传奇剧）

戚天法（执笔）陆仁协 《上海艺术家》第2期

铁头巡检（七场新编古装扬剧）

陈 肯 《剧影月报》2月号

月亮湖（新编民间传奇剧）

包朝赞 《戏文》第2期

私 奔（七场现代戏曲）

聂新森 （安徽新戏》第2期

灯花与鼓郎（花鼓灯歌舞剧）

陈兹传 《安徽新戏》第2期

棠棣冤（莆仙戏新编古代戏）

迟 放 《福建戏剧》第2期

楝树坡（现代曲剧）

苏国庆 《河南戏剧》第2期

鹏落秦宫（古装豫剧）

张 纯 《河南戏剧》第2期

杨六郎造酒（古装戏曲）

屈江北 郭进拴 王小法 《河南戏剧》第2期

女儿国（古装神话剧）

崔承海（执笔） 张宗荣 《地方戏艺术》第2期

谁来当新娘（五场现代戏曲）

朱 凡 《地方戏艺术》第2期

血溅庆功楼（新编古代戏）

张发泉 张建立 《地方戏艺术》第2期

风箫怨（新编历史故事剧）

萧高适 《剧海》第2期

益 春（七场潮剧）

饶宗栻 《南粤剧作》第2期

南唐李后主（七场粤剧）

陈自强 王凡石 《南粤剧作》第2期

绝域行（六场粤剧）

李 泽 《南粤剧作》第2期

大生意（新编列国故事川剧·高腔）

倪国桢 《四川戏剧》第2期

三七姑娘（五场壮剧）

何朴清 《云南戏剧》第2期

总是故乡情（六场花灯剧）

刘诗仁 《云南戏剧》第2期

小贩 小官 小教师

陈正庆 田井制 《当代戏剧》第2期

康熙大帝（大型新编历史京剧）

卜维义 《剧本》3月号

风流寡妇（多场次现代评剧）

董振波 《剧本》3月号

活 鬼

谭 愫 《新剧本》第3期

宋宫异史

郭启宏 《新剧本》第3期

死心眼插足记 （现代评剧）

马玉章 《大舞台》第3期

齐宫外史（新编历史故事剧）

梁 波 《戏友》第3期

好德格沁（蒙古族传统戏曲）

额尔德尼 苏日图 孟 和整理 《北国影剧》第3、4期

红桧树

孙代芳　溪　流　《剧作家》第3期

文侯赠箧（一幕四场新编历史剧）

方家驷　《上海艺术家》第3期

潘金莲（昆剧）

刘广发　《上海艺术家》第3期

华丽缘（七场古装越剧）

吴兆芬　《上海艺术家》第3期

醉公主（八场神话越剧）

王云根　《戏文》第3期

第一号种子（五场现代黄梅戏）

余　铜　《安徽新戏》第3期

杨排风择婿（大型古代戏曲）

李　琳　《安徽新戏》第3期

萧　岘（新编古代戏曲）

尹洪波　《安徽新戏》第3期

情　祸（四场戏曲）

孟令河　《戏剧丛刊》第3期

北国王子（古装豫剧）

师建林　《河南戏剧》第3期

君臣情（七场新编历史剧）

刘本清　王子平　卢　斌　《河南戏剧》第3期

归来的情哥（大型现代豫剧）

姚金成　《地方戏艺术》第3期

兰亭会（古代传奇故事剧）

阎宗培　胡雪松　杜　艳（执笔）　《地方戏艺术》第3期

石郎与龙女（八场神话剧）

李木生　曾　伟　《地方戏艺术》第3期

花落雁归来（六场现代戏曲）

金　式　《剧海》第3期

王金龙（七场潮剧）

陈创义　林升民　卢志坚　《南粤剧作》第3期

百里桥（七场潮剧）

陈　光　陈诗源　林　光　《南粤剧作》第3期

山寨传奇（新编故事川剧）

梁阿[illegible]　《四川戏剧》第3期

杨梅红了的时候（八场彝剧）

朱　柄　《云南戏剧》第3期

鱼鸭鸳鸯（五场花灯剧）

任　侃　《云南戏剧》第3期

闪扁担巧遇桃花女（六场花灯剧）

黄自权　《云南戏剧》第3期

焚佛记

谭照文　《当代戏剧》第3期

田姐与庄周（新编川剧·弹戏）

徐　棻　胡成德　《剧本》4月号

孟姜女

朱行言　《新剧本》第4期

司文郎

孙月霞　《新剧本》第4期

两地家书（新编无场次古代戏）

张宝祥　《戏友》第4期

两个女人和一个男人/（大型眉户现代戏）

小　上　《戏友》第4期

于成龙（八场晋剧）

王若东　刘乃顺　《戏友》第4期

易水寒（河北梆子）

孙鸿鹄　《大舞台》第4期

猫与鼠（现代戏曲实验剧目）

方　辰　《大舞台》第4期

清风亭

张秀云（改编）《蒲剧艺术》第4期

山这边，海那边（辽南影调戏）

刘永峥　《电视与戏剧》第4期

四喜发财（评剧）

侯志平　《剧作家》第4期

上访专业户——皮九辣子（无场次方言现代剧）

刘鹏春　《上海艺术家》第4期

千金乞丐（八场古代扬剧）

刘葆之　汪　琴　《剧影月报》4月号

桃花湾的娘儿们

郑一文　戴贤章　陈更新　《戏文》第4期

憨痴传奇

尤文贵　《戏文》第4期

一品宰相（大型古代戏曲）

柳　夏　《安徽新戏》第4期

节妇吟（梨园戏）

王仁杰　《福建戏剧》第4期

狗咬吕洞宾（六场戏曲）

吕宗斌　《戏剧丛刊》第4期

大地的回声（现代戏曲）

刘育州　《河南戏剧》第4期

红薯泥传奇（古装戏曲）

杜政远　《河南戏剧》第4期

追女记（现代戏曲）

范春兴　屈鹏翔　《河南戏剧》第4期

无船水也流（大型现代戏）

杨克祥　孙徐春　《剧海》第4期

万里一清（新编采茶戏）

李英群　吴达明　《南粤剧作》第 4 期

喂！渡船（现代采茶戏）

荣　羽　《南粤剧作》第 4 期

“555”变奏曲（现代采茶戏）

郭福平　《南粤剧作》第 4 期

割官头（四川藏戏）

蓝文品　《四川戏剧》第 4 期

乌蒙星火（八场花灯剧）

吴沛民　赵楚玮　张光邦　罗士祥　《云南戏剧》第 4 期

杜秋娘（八场滇剧）

张世庆　黄　冶　《云南戏剧》第 4 期

黑虎鞭（新编古代剧）

李志鹏　《当代戏剧》第 4 期

郑八怪联亲（新编历史传奇剧）

芦　干　《剧本》5 月号

唐伯虎落第

顾锡东　姚博初　《新剧本》第 5 期

女儿国（九场京剧）

晓　雄　《新剧本》第 5 期

私生活（无场次大型现代戏曲）

赵德平　《大舞台》第 5 期

模特歌舞队（八场戏曲歌舞剧）

姚其巩　《大舞台》第 5 期

杏花重开（七场现代吉剧）

王秀侠　《戏剧文学》第 5 期

小舞场　大舞台（评剧）

王长波　张明媛　炜　炷　《剧作家》第 5 期

慈禧春怨（评剧）

董向华　《剧作家》第 5 期

手铐打开以后（六场戏曲）

杜　艳　《上海艺术家》第 5、6 期

冒官记（新编传统喜剧）

王茂龙　《上海艺术家》第 5、6 期

商鞅变法（新编大型京剧）

王杰夫　《戏文》第 5 期

乐奴传（昆剧）

陆谦之　方家骥　《戏文》第 5 期

中秋月缺（大型现代戏曲）

谢樵森　《安徽新戏》第 5 期

辞官记（大型古代戏曲）

程久钰　《安徽新戏》第 5 期

渗水崖（大型现代戏曲）

王晓峰　张德平　《安徽新戏》第 5 期

珍珠衫（莆仙戏）

柯如宽　林景赋　《福建戏剧》第 5 期

冤孽姻缘（七场戏曲）

张存德　吕　佩　《戏剧丛刊》第 5 期

柳荫闲话（大型现代戏曲）

张　彭　琦　乙　《戏剧丛刊》第 5 期

藏不住的白纱巾（六场现代豫剧）

陈解民　《河南戏剧》第 5 期

蟋蟀奇谭（新编七场古装豫剧）

陈秋凌　《河南戏剧》第 5 期

千古一丐（新编古装戏）

郭细毛　《剧海》第 5、6 期

邓幺姑（近代大型川剧）

冯慧云　巴　雅　《四川戏剧》第 5 期

蒙顶茶仙（民间神话故事川剧）

陈　鹰（执笔）　周崇理　《四川戏剧》第 5 期

借纱帽（新编相声川剧）

陈维明　《四川戏剧》第 5 期

无名河恋歌（八场花灯剧）

李世勤　《云南戏剧》第 5 期

喋血帝宫（七场戏曲）

王胜华　《云南戏剧》第 5 期

板桥轶事（新编历史故事剧）

刘继鹏　《当代戏剧》第 5 期

三十五年荒唐梦（现代戏曲）

林　秀　山　泉　《新剧本》第 6 期

寡妇成家

邱春瑞　《新剧本》第 6 期

夕照祁山——诸葛亮与魏延的故事（演义川剧）

魏明伦　《新剧本》第 6 期

钟离春（新编历史故事剧）

谢美生　《大舞台》第 6 期

把你的新娘借给我（大型无场次现代喜剧）

曹树新　熙　艳　王华之　《大舞台》第 6 期

天下第一官（七场戏曲）

舒　翔　《剧影月报》6 月号

玉扇传奇（六场大型戏曲）

诸葛教　《戏文》第 6 期

风流误

陈正国　《戏文》第 6 期

龙床梦（古代大型戏曲）

汪广润　王修林　《安徽新戏》第 6 期

醉醒九龙楼（大型现代戏曲）

何　修　《安徽新戏》第 6 期

唐太宗逸事（新编历史剧）

许一纬　《福建戏剧》第 6 期

儿大不由爹（现代豫剧）
李殿臣 《河南戏剧》第 6 期
依依桃叶情（现代豫剧）
张宇瑞 张金玉 《河南戏剧》第 6 期
桃园恨（现代戏曲）
姬小马 《河南戏剧》第 6 期
寒江独钓（无场次戏曲）
茗 之 《影剧艺术》第 6 期
兴安儿女（八场戏曲）
陶景玉 《戏剧文学》第 7 期
柳青娘（新编传奇剧）
南 国 《剧本》8 月号
侯门之女（新编七场越剧）
陈秋彤 吕一平（执笔） 计大为 《剧影月报》8 月号
箭 仇（新编历史故事剧）
刘承杰 《剧本》9 月号
五色土（七场现代戏曲）
阮义华 刘鹏春 胡小元 《剧影月报》9 月号
窦怀贞（新编历史讽刺剧）
路志纯 《剧本》10月号
多情的“小和尚”（大型滑稽戏）
张宇清 《剧影月报》10月号
赛金花（无场次京剧）
杜家福 《剧本》11月号
青梅记（新编古代传奇琼剧）
李 放 周斗光 《剧本》12月号
爱新觉罗·多尔衮（新编八场历史剧）
张 楫 《戏剧文学》第12期
大内精英（新编清装戏曲）
舒 畅 《剧影月报》12月号

歌 剧

有 盼（鄂尔多斯地方戏）
石 笑 富 强 张 发 《北国影剧》第1、2期
倾国恨（四幕八场新编历史歌剧）
丁汉稼 《剧影月报》1 月号
翠湖春晓（八场现代歌剧）
徐 演 《云南戏剧》第 1 期
天上有颗冥王星
刘忠诚 《影剧新作》第 2 期
枣花峪（六场歌剧）
张希武 郑胜琨 《戏剧丛刊》第 2 期
深山无名花（六场歌剧）
唐 琼 冯 之 《剧海》第 2 期
玉女潭（七场歌剧）
王孝先 《戏友》第 3 期
荒 魂（大型现代剧本）
周 粟 章 骥 《戏文》第 3 期
盈盈一水（多场次抒情歌剧）
李建华 《戏剧丛刊》第 3 期
小巷歌声（通俗音乐喜剧）
杨梁斌 《剧海》第 3 期
新婚礼葬（现代抒情悲剧）
苏位东 阮义华 火 焰 《剧本》4 月号
血红的太阳（大型歌剧）
曹宪成 《剧海》第 4 期
喜！怒！哀！乐！
蒋绮霞 《影剧艺术》第 4 期
糊涂酒店（山歌剧）
廖 武 《剧本》6 月号
黑 妹（通俗歌舞剧）
王宜浩 《剧作家》第 6 期
史禄传奇（八场歌剧）
杨 波 张定一 《影剧艺术》第 6 期
阴山下（大型歌剧）
康志勇（执笔） 焦炳琨 《剧本》7 月号
说不清的是爱情（大型轻歌剧）
万 捷 《戏剧文学》第 8 期

儿童剧

双枪小李虎（历史题材儿童剧）
马少波 《剧本》1 月号
金色的时光（童话剧）
松颂美 《南粤剧作》第 1 期
森林里的裁决（寓言儿童歌舞剧）
张忠舞 《大舞台》第 3 期
今天我值勤（儿童剧）
张力慧 《戏剧丛刊》第 3 期
好伙伴之歌（新型儿童剧）
任德耀 宋捷文 胡玲苏 《四川戏剧》第 4 期
神游太空（儿童科幻剧）
刘明厚 《上海艺术家》第 5 、6 期
让世界更美好（儿童歌舞剧）
魏文祥 《戏剧丛刊》第 5 期
大幕，大幕快拉开（四场儿童剧）
李南山 《剧本》8 月号

广播剧

喇叭、棋招、预见性

郑旭东 娇崇兴（执笔）《剧本》2月号

外国戏剧

小野猪（两幕话剧）

〔苏〕B·罗佐夫 白嗣宏译 《外国戏剧》第1期

最后一个来访者（二幕话剧）

〔苏〕弗·多佐尔采夫 李钧学译 《苏联文学》第1期

被埋葬的孩子

〔美〕萨·谢泼德 苏红军译 《外国文艺》第1期

石 棺

〔苏〕弗·古巴廖夫 崔永昌译 《当代外国文学》第1期

莫尔丹之谜

〔瑞士〕R·潘慧 王晓峰译 《外国戏剧》第2期

小野猪（两幕正剧）

〔苏〕维·罗佐夫 陈宝辰译 《戏剧文学》第2期

命运的捉弄

〔苏〕埃·布拉金斯基 埃·梁赞诺夫 李元达译 《剧作家》第2期

马可百万

〔美〕尤金·奥尼尔 刘海平 漆园译 《当代外国文学》第2期

大戏法（三幕寓言剧）

〔意〕艾杜阿尔多·德·菲立波 金志平译《外国戏剧》第3期

布列斯特和约（二幕话剧）

〔苏〕米海依尔·沙特罗夫 王燎译 《剧作家》第3期

中国湖南省（话剧）

〔日〕久保荣 〔日〕久保麻纱译 孙维善校 《新剧本》第4期

篱（两幕话剧）

〔美〕奥古斯特·威尔逊 孙静渊译 《外国戏剧》第4期

继续前进……前进……前进！

〔苏〕沙特罗夫 邱榆若译 《俄苏文学》第4、5期

浴血美人

〔法〕克·普兰 董纯 沈大力译 《世界文学》第6期

翻 译

〔爱尔兰〕布赖恩·弗里尔 袁鹤年译 《外国文学》第6期

前进、前进、前进！

〔苏〕米哈伊尔·沙特洛夫 卢惠译 《剧作家》第6期

附：剧本收录范围：

《剧本》、《外国戏剧》、《新剧本》、《大舞台》、《戏友》、《蒲剧艺术》、《北国影剧》、《电视与戏剧》、《戏剧文学》、《剧作家》、《上海艺术家》、《剧影月报》、《戏文》、《安徽新戏》、《福建戏剧》、《影剧新作》、《戏剧丛刊》、《河南戏剧》、《地方戏艺术》、《剧海》、《南粤剧作》、《影剧艺术》、《四川戏剧》、《戏剧与电影》、《云南戏剧》、《当代戏剧》。

《十月》、《收获》、《苏联文学》、《外国文学》、《世界文学》、《外国文艺》、《俄苏文学》、《当代外国文学》、《解放军文艺》。

（戴秋生辑）

1988年戏剧新书目录

理论·评论

戏剧——综合的美学工程
戴 平著
上海人民出版社 1988年1月

蒋士铨剧作研究
熊澄宇著
中国戏剧出版社 1988年2月

孔尚任与桃花扇（古典文学丛书）
洪柏昭著
广东人民出版社 1988年4月

漫话幽默（喜剧美学丛书）
陈孝英 王树昌著
新疆人民出版社 1988年4月

审美心理与编剧技巧
陈德溥著
中国戏剧出版社 1988年4月

戏剧理论文集
陈瘦竹著
中国戏剧出版社 1988年5月

戏曲艺术时空论
马 也著
中国戏剧出版社 1988年5月

导演的自我超越
胡伟民著
中国戏剧出版社 1988年6月

粤剧艺术论
郭秉箴著
中国戏剧出版社 1988年6月

对一种现代戏剧的追求
高行健著
中国戏剧出版社 1988年8月

潘之恒曲话（古典戏曲论著译注丛书）
（明）潘之恒原著 汪效倚辑注
中国戏剧出版社 1988年8月

比较戏剧论文集
夏写时 陆润棠编
中国戏剧出版社 1988年12月

传·回忆录·文集

陈伯华舞台艺术（表演艺术丛书）
陈伯华口述
邓家琪 黄 靖整理
上海文艺出版社 1988年2月

焦菊隐文集（第四卷）
《焦菊隐文集》编辑委员会编
文化艺术出版社 1988年2月

写家春秋——老舍（作家艺术家文学传记丛书）
郎 云 苏 雷著
北岳文艺出版社 1988年2月

筱白玉霜传（戏剧家传记丛书）
张 慧 曹其敏著
中国戏剧出版社 1988年3月

焦菊隐文集（第二卷）
《焦菊隐文集》编辑委员会编
文化艺术出版社 1988年4月

史·史料

关汉卿研究资料汇考（中国戏曲史料丛书）
王 钢辑考
中国戏剧出版社 1988年4月

柳子戏简史（中国戏曲剧种史丛书）
纪根垠著
中国戏剧出版社 1988年4月

京剧谈往录续编
中国人民政治协商会议北京市委员会文史资料研究委员会编
北京出版社 1988年6月

工具书·读物及其他

王景愚与哑剧艺术
王景愚著
中国戏剧出版社 1988年1月

京剧100题
徐城北著
人民日报出版社 1988年3月

剧团管理
郁仁民 陆汉文 刘名桢等编著
华东师范大学出版社
1988年4月

广播京剧唱腔选（1）
北京人民广播电台文艺部主编
王瑞年 张胤德整理、编辑
中国戏剧出版社 1988年5月

广播京剧唱腔选（2）
北京人民广播电台文艺部主编
张胤德编辑
中国戏剧出版社 1988年5月

古代戏剧赏介辞典（元曲卷）
王志武编著
陕西人民出版社 1988年5月

沪剧音乐简述
朱介生 徐音萍编著
上海音乐出版社 1988年5月

怎样演唱黄梅戏
祁明聪 齐克斌编著
安徽文艺出版社 1988年5月

幕前幕后集
陈仕元著
中国戏剧出版社 1988年9月

话剧ABC（文化生活丛书）
傅成兰著
宝文堂书店 1988年10月

朗诵艺术

赵　兵　王　群著

中国戏剧出版社　1988年12月

作　品

·综合·

内蒙古戏剧剧本选（内蒙古当代文学丛书）

（收歌剧《血案》、话剧《包钢人》、京剧《草原小姐妹》等12个剧本）

内蒙古当代文学丛书编委会编

内蒙古人民出版社

1988年1月

面对彩色的世界

（收话剧《面对彩色的世界》、现代豫剧《死刑令》、传统曲剧《阎家滩》等6个剧本）

中国戏剧家协会河南分会编

荆　华　刘育洲主编

黄河文艺出版社　1988年2月

中国少数民族戏剧丛书·新疆卷(上)

中国戏剧家协会新疆分会、新疆维吾尔自治区艺术研究所编

中国戏剧出版社　1988年4月

广东案

（收新编民间故事剧《青峰山传奇》、话剧《这里四面环山》、汉剧《广东案》、山歌剧《张蛤蟆外传》、神话木偶剧《鹿回头传奇》）

中国戏剧家协会广东分会编

中国戏剧出版社　1988年6月

·戏曲·

宋元四大戏文读本

（收《荆钗记》、《白兔记》、《拜月亭》、《杀狗记》）

俞为民校点

江苏古籍出版社　1988年2月

1984—1985获奖剧本集（戏曲）

（收莆仙戏《秋风辞》、楚剧《狱卒平冤》、花鼓戏《喜脉案》、京剧《大明魂》、丝弦《瘸脚书记上山》、莆仙戏《鸭子丑小传》）

中国戏剧出版社　1988年3月

豫剧表演艺术家崔兰田演出剧目选（河南戏剧丛书）

《河南戏剧》编辑部编

中国文联出版公司

1988年4月

冬青树（古代戏曲丛书）

（清）蒋士铨著　邵海清校注

上海古籍出版社　1988年6月

豫剧表演艺术家张宝英演出剧目选（河南戏剧丛书）

《河南戏剧》编辑部编

中国文联出版公司

1988年6月

王云根戏曲集

（收《乌纱梦》、《卖画郎》、《醉公主》、《初相会》、《坐勿牢》、《巧妹妹》）

中国戏剧出版社　1988年11月

·话剧·

白峰溪剧作选（当代剧作家创作丛书）

（收《明月初照人》、《风雨故人来》、《不知秋思在谁家》）

中国戏剧出版社　1988年10月

外　国　戏　剧

论　著

契诃夫传

龙　飞　孔延庚著

南开大学出版社　1988年4月

论莎士比亚四大悲剧

孙家琇著

中国戏剧出版社　1988年5月

尤金·奥尼尔评论集

龙文佩编

上海外语教育出版社

1988年5月

译　著

莎士比亚戏剧精解

李梦桃　程锡麟　林必果译

四川大学出版社　1988年3月

阿瑟·密勒论戏剧（外国戏剧研究资料丛书）

〔美〕阿瑟·密勒著　郭继德等译

文化艺术出版社　1988年6月

蓓蒂·戴维丝传

〔美〕蓓蒂·黛维丝　威特尼·斯泰坦合著　周国珍译

中国戏剧出版社　1988年6月

尤金·奥尼尔传——坎坷一生

〔美〕克罗斯韦尔·饱恩著

陈渊译

浙江文艺出版社　1988年7月

从愤怒到超然

〔英〕理查德·劳著

刘明正　钱　申等译

中国戏剧出版社　1988年8月

空的空间（外国戏剧理论丛书）

〔英〕彼得·布鲁克著

中国戏剧出版社　1988年8月

艺术管理与剧院管理

〔英〕约翰·皮克　弗朗西斯·里德著

甄悦等译

中国戏剧出版社　1988年9月

作　品

外国当代剧作选（1）

（收奥尼尔《送冰的人来了》、《进入黑夜的漫长旅程》、《休伊》、《诗人的气质》　《月照不幸人》）

中国戏剧出版社　1988年11月

（林　琳汇辑）

1988年戏剧文章选目

一、本目录系公开发行的部分报刊戏剧文章选目。

二、收录范围：戏剧刊物14种，综合性文艺、理论刊物11种，学报15种，报纸4种。

三、分类：总类、戏剧理论（综合—戏曲—话剧—歌剧—皮影木偶）、戏剧评论（综合—戏曲—话剧—歌剧—皮影木偶)、表导演艺术(综合—戏曲—话剧）、舞台美术、戏剧音乐、戏剧教育、剧院剧团、戏剧工作者、戏剧史（综合—戏曲—话剧）、中国戏剧与世界戏剧、外国戏剧(包括译著）

四、排列：

1.刊物按刊期编排、报纸按月、日编排；

2.报刊顺序为：戏剧刊物——文艺、理论刊物、学报——报纸；

3.同期刊物、同月同日报纸按国务院规定的中华人民共和国行政区划顺序编排。

总　类

话剧将走出低谷
——记英若诚副部长与几位戏剧界人士的对话
凌　申　《戏剧报》1期

高占祥副部长与京剧界人士对话
陈慧敏记录整理　《戏剧报》2期

开拓、建设、战斗
——贺张庚同志从事戏剧活动55周年
《戏剧评论》1期

“新一代批评群体”对戏剧批评的冲击
陈萌萌　《影剧新作》1期

戏剧评论的危机
范道桂　《云南戏剧》1期

可否对新时期戏剧作些逆向研究
——一种批评方法的尝试
黄丽华　《剧影月报》3月号

小剧场小剧团小剧本
——关于戏剧改革的一种设想
冯思德　《大舞台》2期

戏剧革新刍议
童汀苗　《戏文》2期

艺术生产的商品化和大众化
陈煜奎　《福建戏剧》2期

坚持艺术改革，注重基础建设
张　越　《福建戏剧》2期

为恢复戏剧威信而努力
——关于戏剧危机的思考
杨胜宝　《河南戏剧》2期

我见青山多妩媚，料青山见我应如是
——读《永久的军功章》
封筱梅　《当代戏剧》2期

1988年全省艺术创作会议开幕词
李联明　《福建戏剧》3期

认识全局，解放思想，明确目标，繁荣创作
——1988年全省艺术创作会议的引言
柯子铭　《福建戏剧》3期

危机：编导者的困惑
唐建国　《上海戏剧》4期

国情是决定戏剧命运的根本条件
姚昌民　《戏文》4期

愿“天下谁人不识君”
——1987年《安徽新戏》评说
段　伟　《安徽新戏》4期

戏剧改革与改革戏剧
汤师尧　《剧海》4期

从经济角度看“戏剧危机”
尹小铭《戏剧与电影》8期

“戏剧危机”与文化尴尬
关　戈　《戏剧》秋季号

出国商业性演出初探
袁惠国　《戏剧艺术》3期

我们是戏剧事业的搭桥铺路工
宫尚达 《剧本》10期
老舍和中国传统戏曲改革
〔苏〕兹·尤·阿布德拉赫曼诺娃 刘小湘译 《安徽新戏》5期
戏剧，突破口在哪儿
丁海鹏 《大舞台》5期
欣赏、创作、评论
张鹏 《戏剧丛刊》5期
香港演剧界的新起点
钟景辉 《戏剧艺术》4期
台湾戏剧近况述评
林君 《戏剧艺术》4期
有气无力：戏剧批评的一种困境
任仲伦 《上海戏剧》6期
六十年间硕果存
——怀念马彦祥同志
马少波 《戏曲研究》27期
两岸同胞共谱《西厢曲》
——记大陆与台湾艺术家合演歌剧《西厢记》
刘志康 《人民日报》11月11日
我在"鲁艺"所学到的
张庚 《光明日报》11月27日
整合：戏剧走出危机的进路
陈继会 《文艺报》12月3日
振兴话剧断想
黄佐临 《人民日报》12月10日

戏剧理论

〔综合〕

人·大自然·命运·戏剧文学
——《洒满月光的荒原》创作余墨
李龙云 《剧本》1月号
略论喜剧艺术的荒诞形态
佴荣本 《戏剧文学》1期
现代主义戏剧的挑战
贾志刚 《电视与戏剧》1期
时代·人际关系·哲理
——论从总体上把握生活把握世界
田子馥 《戏剧文学》2期
错觉与戏剧工程
黄维若 《剧作家》1期
浅论戏剧艺术的"思考大于欣赏"
李岩 《剧作家》1期
观众的审美特性与戏剧的个性品格
张志国 《剧作家》1期
重要的是树立《大作意识》
赵莱静 《上海戏剧》1期
树立鲜明独立的文化品格
花建 《上海戏剧》1期
观念还要继续开放
吴光耀 《上海戏剧》1期
创新与民族心理结构
张德林 《上海戏剧》1期
戏剧不能没有文学
刘崇义 《上海戏剧》1期
艺术需要整体的发展
邹平 《上海戏剧》1期
大作：需要与可能
徐俊西 《上海戏剧》1期
听觉戏剧的陶醉
袁国英 《上海戏剧》1期
对深入生活的再认识
奚文平 《戏文》1期
当代戏剧意识审视
孙文辉 《剧海》1期
浅谈戏剧艺术对青少年审美心理的塑造
谢皲 《剧海》1期
戏剧的卑屈和失落
郭铁成 《文艺报》2月27日
"审美戏剧"与戏剧审美
邓牛顿 《戏剧报》3期
振兴戏剧的美学思考
高占文 《剧本》3月号
戏剧现实主义新论
张先 《戏剧》春季号
戏剧理论的一个重要命题
谭霈生 《戏剧》春季号
深层心理的直观
——论表现主义戏剧
王静 《戏剧》春季号
在人本体与戏剧本体之间
——关于"戏剧情境"的思索
郑梅 《戏剧》春季号
从接受的角度看戏剧情境的价值
舒张 《戏剧》春季号
"戏剧情境"中西说
罗萌 《戏剧》春季号

比较戏剧之我观
夏写时等 《戏剧》春季号
戏剧审美距离浅论
高化铭 《戏剧文学》3期
戏剧形象系统的历史演变
——兼论戏剧形式、形象、内容的关系
董子竹 《戏剧艺术》1期
戏剧发生诸论
叶长海 《戏剧艺术》1期
悲剧——解脱的艺术
朱国庆 《戏剧艺术》1期
对戏剧的文化学透视
顾晓鸣 《艺术百家》1期
为"改编"正名
晓 雄 《大舞台》2期
断想:"大作意识"与人的透视
任仲伦 《上海戏剧》2期
拓展"大作意识"构建戏剧观众学
蓝 凡 《上海戏剧》2期
导演是关键
朱小如 《上海戏剧》2期
戏剧的两难境界
叶长海 《上海戏剧》2期
大作：评介原则和产生条件
刘 擎 《上海戏剧》2期
颤动的人情体验
李 岭 《上海戏剧》2期
后现代文化与戏剧的选择
沈月明 《上海戏剧》2期
论喜剧手段（中）
陈孝英 《上海艺术家》2期
悲剧新论
尹 鸿 《安徽新戏》2期
戏剧一、二度创作纵横谈
陈 雷 《福建戏剧》2期
从整体上进行艺术把握
赵 捷 《福建戏剧》2期
历史真实与艺术真实关系的再思考
魏 建 《戏剧丛刊》2期
审美意象的美学内涵
李 悦 《剧海》2期
新观众、新浪潮、新观念
李 坚 《四川戏剧》2期
西南地区第二届（1987年）戏剧理论研讨会综述
刘斯奇 《戏剧与电影》2期

论多元化戏剧时代的创新意识
陈彤彦 《云南戏剧》2期
戏剧主体性失落之我见
宋存学 《戏剧评论》2期
论戏曲舞台空间结构
孙蓓君 《文艺研究》2期
论喜剧笑的心理功能
潘智彪 《文艺研究》2期
难得人生真体验
廖全京 《戏剧与电影》4期
建设戏剧的生态环境
高 鉴 《文艺报》4月9日
戏剧美的巡礼
——读王朝闻《论戏剧》
张 刚 《文艺报》4月16日
"思维模式"琐议
高 波 《戏剧与电影》5期
故事框架与叙述模式
——"戏剧的叙述结构"之一
林克欢 《剧本》6月号
现代意识与戏剧发展
羽 军 《剧本》6月号
戏剧美学的困境
——"言、象、意"及"得意忘象"源变考
王清辉 《戏剧》夏季号
戏剧本质浅析
——与谭霈生老师商榷
涤 非 《戏剧》夏季号
漫谈戏剧节奏
陈果卿 《戏曲艺术》2期
情境是我们认识人自身的戏剧形式
谭霈生 《新剧本》3期
为什么戏剧本质应归结为"情境说"？
黄 波 《新剧本》3期
再谈建立新型的戏剧与观众的关系
王延松 《戏剧评论》3期
困惑中的反思
——《新剧本》艺术魅力讨论会有感
钱祖惠 《戏剧评论》3期
戏剧：在电视挑战的面前
田本相 《文艺研究》3期
剧场性的强化及其意义
洪兆惠 《电视与戏剧》3期
荣格心理学与写戏
梁秉堃 《电视与戏剧》3期

戏剧：现代人的超越方式

王延松等　《艺术广角》3 期

戏剧观念与走向

谭霈生　《剧作家》3 期

有关戏剧的几个问题

王育生　《剧作家》3 期

剧评家的“大作意识”

淳于衍　《上海戏剧》3 期

形式、对话、突破

——关于《大作意识》的感想

魏　威　《上海戏剧》3 期

别了，大作时代

冯　凭　《上海戏剧》3 期

戏剧舞台时空和虚拟表演的哲学基础

蓝　凡　《上海戏剧》3 期

论喜剧手段（下）

陈孝英　《上海艺术家》3 期

笑的组合剧本的诞生

赵庚林　《剧影月报》6 月号

思维指向和戏剧语言技巧

张宏梁　《艺术百家》2 期

悲喜剧

周始元　《艺术百家》2 期

短笛无腔信口吹

——缩进去和伸出来：一个值得重视的剧场艺术现象

汪齐邦　《戏文》3 期

谈喜剧中的误会、巧合手法

范华群　《福建戏剧》3 期

戏剧社会适应性漫议

聂宏刚　《戏剧丛刊》3 期

群众审美要求与戏剧艺术规律

——从戏剧界的产销见面的洽谈会说起

王世德　《戏剧丛刊》3 期

雅俗共赏：戏剧审美的理想境界

江学恭　《地方戏艺术》2 期

关于戏剧发展趋向的思考

金汉川　《剧海》3 期

略话戏剧创作主体的悖论

李　阳　《戏剧与电影》6 期

叙述者——“戏剧的叙述结构”之二

林克欢　《剧本》7 月号

理论的误区

——对近两年戏剧理论的反思

孙　葳　《文艺报》7 月23日

“不连续”的连续——“戏剧的叙述结构”之三

林克欢　《剧本》8 月号

艺术魅力与旷世之作

马　也　《新剧本》4 期

魅力来自艺术本身

张　先　《新剧本》4 期

难得糊涂

——略谈艺术魅力的模糊性

刘　弗　《新剧本》4 期

体制改革与观念更新

——关于戏剧的商品属性并经营原则说

杨志烈　《戏剧评论》4 期

整合与超越：“完全的戏剧”再论

陈继会《艺术广角》4 期

开拓现代民族戏剧

杜清源　《戏剧文学》8 期

戏剧本体论纲

谭霈生　《剧作家》4 、5 期

求新的探索与历史的反思

倪似舟　《剧作家》4 期

流动的审美观和变形的戏剧

马颖华　《上海戏剧》4 期

戏剧的仪式功能

洪兆惠　《上海戏剧》4 期

把焦点对准改革中的人物

吴乾浩　《安徽新戏》4 期

当代戏剧走向管窥

鲁　戈　《安徽新戏》4 期

漫谈比较戏剧

夏写时　《福建戏剧》4 期

对改革事件的观照和对人物心态的透视

——谈改革题材戏剧创作问题

黎　方　《云南戏剧》4 期

关于戏剧创作的反思

金　重　《云南戏剧》4 期

剧苑纵横观

彭先玺　《新疆艺术》4 期

新时期舞台喜剧艺术三题

陈孝英　《剧本》9 月号

说“喜剧情境”

周国雄　《剧本》9 月号

笑是喜剧的灵魂

夏　也　秋　风　《剧本》9 月号

多声部与复调——“戏剧的叙述结构”之四

林克欢　《剧本》9 月号

保持健康、自由的心态

周传家　《剧本》9月号

戏剧美学研究的深入与困惑

——记全国戏剧美学研讨会

李春熹　《剧本》9月号

戏剧：人类生命的一种存在方式

廖全京　《戏剧》秋季号

评“熵与悲剧衰亡论”

陈瘦竹　《戏剧》秋季号

戏剧时代层面的美学思考

王耕夫　《戏剧文学》9期

面对人生的苦难

——关于“人”的遐想

张　先　《戏剧文学》9期

回到亚里斯多德

——亚里斯多德的戏剧批评

张未民　《戏剧文学》9期

新时期的戏剧美学思潮

王永敬　《艺术百家》3期

论“淡化性剧作”

邵桂兰　《艺术百家》3期

舞台指示功能的新内涵

俞景珞　《剧本》10月号

适应多样与艺术魅力

周传家　《新剧本》5期

学术讨论适应当代观众的审美要求

——戏剧与当代审美要求研讨会纪要

路应昆　《戏剧评论》5期

戏剧作为人的救渡方式

洪兆惠　《艺术广角》5期

论戏剧构思的独特视点

马　风　《剧作家》5期

滑稽三论

范华群　《上海艺术家》5—6期

虽淡而知浓

——“淡化情节”浅析

王宗泽　《戏文》5期

想得深说得俏

——喜剧语言漫谈

赵山柘　《安徽新戏》5期

谈谈戏剧美学的属性

于　晗　《戏剧与电影》10期

改编不是月亮

——观念的错位与个性的张扬

潘志兴　《戏剧与电影》10期

试论舞台戏剧观众资源的开发

李瑞岐　《当代戏剧》5期

“我们去寻找生命的湖”

——对当前戏剧现状的一些思考

戈　弋　《新疆艺术》5期

论戏剧中的人物组合形象

黄维若　《剧本》11月号

戏剧小品的出发点

陈　峙　《剧本》11月号

小品——扩大了的瞬间

曹其敬　《剧本》11月号

“深入生活”与戏剧创作

——对现实与艺术关系的再认识

陈　雷　《戏剧文学》11期

新古典主义：理性和自然

张未民　《戏剧文学》11期

人的心灵感觉

——艺术特征论

孙玉华　《戏剧》冬季号

在情境中把握人的生命活动

杨利民　《戏剧》冬季号

论“陌生化”在戏剧现代化进程中的美学意义

罗远书　《新剧本》6期

中国现存原始演剧形态美学特征初探

余秋雨　《戏曲研究》27期

论戏剧情境类型的发展变化

孙　红　《戏剧艺术》4期

关于喜剧性冲突

陈华中　《艺术百家》4期

戏剧探索与艺术思维

陆　炜　《艺术百家》4期

我的戏剧质量观

罗　诚　《戏文》6期

猫鼠为何同流

——演出市场透视之一

奋　若　《福建戏剧》6期

舞台指示功能的新内涵

俞景珞　《福建戏剧》6期

关于演出形式的开拓

项　枚　《福建戏剧》6期

艺术探索与理论探索

龚和德　《戏剧丛刊》6期

美学的规范性方法初探

安达甄　《新疆艺术》6期

悲喜剧理论探索

赵康太　《南京大学学报》4期

〔戏曲〕

传神史剧论

郭启宏 《剧本》1月号

张庚的道德文章

曹 禺 《戏剧报》2期

要开掘深层意蕴

吴毓华 《新剧本》1期

要确实是戏曲的"现代戏"

张 真 《新剧本》1期

戏曲艺术的发展史上决不会出现"造剧女娲"

——与孟繁树同志商榷

石 磊 《戏剧评论》1期

也谈新剧的产生和变革

祖荣祺 《戏剧评论》1期

要紧密联系实际

和宝堂 《戏剧评论》1期

"当代戏曲"刍论

方 辰 《大舞台》1期

戏曲因何陷入危机而难于自拔

尹丕杰 《大舞台》1期

在涅槃中新生——关于戏曲改革的思考

欧阳君 《电视与戏剧》1期

试谈二人转的属性

张 林 《剧作家》1期

论锡剧艺术语言规范化

凌再男 《上海戏剧》1期

民族戏曲前景展望

于质彬 《剧影月报》2月号

越剧改革的几点刍论

赵子建 《戏文》1期

戏曲面临着历史性的转折

孟繁树 《影剧新作》1期

整编传统剧，注意"情"与"艺"

庞秀明 《粤剧研究》1期

开放与戏曲艺术的发展

——在中国戏曲现代戏研究会第六届年会上的讲话

英若诚 《四川戏剧》1期

社会主义初级阶段戏曲发展的几个问题

——张庚同志在中国戏曲现代戏研究会第六届年会上的讲话

《四川戏剧》1期

面对时代的声声呼唤

——中国戏曲现代戏研究会第六届年会述评

荔 园 《四川戏剧》1期

现代戏曲创作与戏曲艺术特征

邓小秋 《四川戏剧》1期

戏曲剧本创作中的形象思维

刘玉来 《四川戏剧》1期

与时代同步，与人民同心

——中国戏曲现代戏研究会第六届年会综述

周企旭 《戏剧与电影》1期

新时期新编历史剧的审美追求

——关于史剧的哲学渗透的思考

宁宗一 《文艺报》2月13日

生活——艺术美的源泉

——从京剧《会审》所想到的

张秀莲等 《戏曲艺术》1期

振兴·突破·反思

章力挥 高义龙 《戏友》1期

把戏曲的综合治理推向新阶段

鲁克义 《戏友》1期

争中见让

王朝闻 《戏友》1期

论新时期新编历史剧的审美追求

宁宗一 《戏友》1期

现代戏曲的崛起

孟繁树 《戏剧艺术》1期

现代戏曲形式美宏观一瞥

陈维仁 《艺术百家》1期

昆剧价值的再认识——保存与创新的对话

顾笃璜 《艺术百家》1期

昆剧的属性——关于"阳春白雪"、"士大夫艺术"问题

丁修询 《艺术百家》1期

戏曲振兴的标准

王志超 《艺术百家》1期

黄梅戏流行唱段给我们的启示

张名玉 《黄梅戏艺术》1期

飞天与安琪尔——中国戏曲艺术原理（一、二、三）

蓝 凡 《地方戏艺术》1、3、4期

也谈中国戏曲中的民族问题

——兼与郭汉城、章诒和二先生商榷

白崇人（回族） 《民族艺术》1期

要重新认识戏曲现代戏吗？

钱湖海 《新剧本》2期

戏曲现代戏的走向

钟 韬 《戏剧评论》2期

京剧现代戏与程式

关士杰 《戏剧评论》2期

探索真理百家争鸣

——戏曲现状与趋势研讨会综述

徐 刚 《戏剧评论》2期

基础观念与整体结构——中国古典戏曲结构的基本原则

李 晓 《文艺研究》2期

呼唤戏曲的未来

晓 征 《大舞台》2期

吉剧发展战略研讨：

1. 让吉剧之树常青

2. 研究发展战略，振兴吉剧事业

3. 大有希望的事业

4. 分析现状，反思历史，迎接未来——“吉剧发展战略研讨会”侧记

本刊编辑部 谷长春 刘淑明 李 政

《戏剧文学》4期

越剧多样化的一次探索

袁哲飞 胡黎明 《戏文》2期

寓教于情 寓乐于情

——试谈戏曲创作中的感情描写

天 方 《戏文》2期

加强戏曲创作中的群众意识

林 种 《福建戏剧》2期

变化与发展是戏曲的生命线

孟繁树 《影剧新作》2期

现状、潮流、未来——参加一次戏曲研讨会的漫想

黄文锡 《影剧新作》2期

面对1987年的流水账——振兴川剧现状试析

王小遂 《四川戏剧》2期

尖子人才的造就与振兴川剧

杨泽新 《四川戏剧》2期

十点不足与五点需要——关于戏曲现代戏现状与发展之思考

王蕴明 《四川戏剧》2期

戏曲线性节奏的形态组合

姜永泰 《四川戏剧》2期

论作为戏曲组织结构的程式化（戏曲艺术控制论系列论文之六）

潘新宁 《四川戏剧》2期

强化戏曲文化的变革意识

齐建华 《当代戏剧》2期

对戏曲危机的一些思考

杨磊明 《当代戏剧》2期

对古典戏曲理论中主情说的评判

蔡钟翔《中国人民大学学报》2期

意蕴：新编史剧的历史深度和反思力度

宁宗一 《剧本》5月号

我这样想（在吉剧发展战略讨论会上的发言）

王 肯 《戏剧文学》5期

戏剧与历史的缠绕

——戏曲历史化倾向的文化探索

郑传寅 《戏剧文学》5期

中国戏曲艺术的美学神韵

杜家福 《戏剧》夏季号

戏曲革新与创作突破

汪 培 《戏曲艺术》2期

谈戏曲舞台对现代戏剧本创作的要求

黄宗池等 《戏曲艺术》2期

圆的艺术，艺术的圆——戏曲审美特征初探

顾乐真等 《戏曲艺术》2期

张庚戏剧理论的特点、历史地位与张庚学派

王蕴明 《戏曲艺术》2期

张庚戏剧理论所显示的心理情感特征

周传家 《戏曲艺术》2期

戏曲的魅力产生于形成

万 千 《新剧本》3期

张庚剧诗说与中国戏曲体系

安 葵 《戏曲研究》26辑

从太平洋彼岸带回的焦虑

郑怀兴 《戏曲研究》26辑

戏曲人物画家高马得一夕谈

唐思敏 《戏曲研究》26辑

略述解放后我国藏戏艺术成就

刘志群 《戏曲研究》26辑

摭谈中国戏曲的本质属性

——兼与孟繁树同志商榷

余大洪 《戏剧评论》3期

阿甲戏曲理论初探

李春熹 《文艺研究》3期

反思·阵痛·拓进——戏曲文学创作漫议

姚其巩 《大舞台》3期

吉剧剧目建设的思考

关德富 《戏剧文学》6期

有规划的自由行动

——戏曲美学特征探微

吴乾浩 《戏剧艺术》2期

当代戏曲形态的运动与发展

熊澄宇 《戏剧艺术》2期

论昆剧传统与改革

——读《昆剧价值的再认识有感》

史　朋　《艺术百家》2期

从发展中求生存

——在黄梅戏研究会首届年会上的发言

洪　非　《黄梅戏艺术》2期

戏曲：现状与观众

王文章　《戏剧丛刊》3期

戏曲与科学的纠葛

——由当前某些戏曲理论与实践的情况所想及的

陈幼韩　《地方戏艺术》2期

“花雅之争”的新泛起

——对调演和所谓“调演戏”的思考

石　磊　《地方戏艺术》2期

没有观众就没有戏曲

——祁剧观众现状调查

刘美民　陈初旭　朱世平　《剧海》3期

戏曲独特的形象思维

徐　刚　《剧海》3期

试谈粤剧的“无病呻吟”

何国柱　《粤剧研究》3期

对粤剧危机的探讨

范道生　《粤剧研究》3期

试论香港粤剧潮流

黄鹤鸣　《粤剧研究》3期

论云南民族戏中的传说故事题材

黎　方　《民族艺术》2期

藏戏系统剧种论

刘志群　《民族艺术》2期

川剧青年观众心理类型说

里　程　《四川戏剧》3期

让戏曲走向银幕

周传家　《当代戏剧》3期

戏曲传统、传统戏曲、戏曲形式

常　轩　《戏剧文学》7期

戏曲发展断想

马　也　《文艺报》7月2日

“三并举”概念应该规范化

孟繁树　《文艺报》7月9日

“振兴戏曲”的反思

万　千　《戏剧评论》4期

戏曲表现性的美学原理

钱世明　《戏剧评论》4期

戏曲程式与戏剧观

陈维昭　《电视与戏剧》4期

高层的多元回归

——吉剧艺术发展指向探微

孙喜君　《戏剧文学》8期

谈滑稽戏的“变形”和“荒诞”

冬　苗　《剧影月报》8月号

戏曲辩证发展论

安　葵　《安徽新戏》4期

川剧理论研究与川剧剧种学的建立

吴乾浩　《四川戏剧》4期

藏戏，从高原走向世界

——对藏戏艺术历史价值及其现实意义的认识

张子扬　《戏剧》秋季号

关于“话剧加唱”的对话

吴乾浩　《戏剧》秋季号

戏曲的变形手法一瞥

邓小秋　《戏友》3期

儿要奶饱　苗要肥足——吉剧建设漫议

王兆一　《戏剧文学》9期

京剧——独特的符号系统

张　宁　《戏剧艺术》3期

商品经济·文艺传承和中国戏曲

薛若邻　《戏剧艺术》3期

“剧诗”与“物感”——张庚戏剧美学理论探微

吴乾浩　《艺术百家》3期

试论传统剧目整理改编工作的当代性

仲居善　《艺术百家》3期

戏曲在农村的现状和前景

王唤柳　《黄梅戏艺术》3期

从发展中求生存

洪　非　《黄梅戏艺术》3期

维护戏曲特征和剧种特色

李　坚　《地方戏艺术》3期

也谈戏曲发展的矛盾运动

——同“淡化与强化的矛盾运动”之商榷

陈维仁　《中国戏剧》10期

戏曲艺术的困境

张青野　《戏剧评论》5期

裂变中的雏形——关于现代戏曲的思考

贾志刚　《戏剧评论》5期

加速戏曲剧种的现代化进程（上）

孟繁树　《戏剧评论》5期

“振兴戏曲”批判

罗　航　《戏剧评论》5期

传统戏曲与当代意识

郭　梲　《戏剧评论》5期

戏曲的蜕变

刘诗仁　《戏剧评论》5期

程式与民族性

吴桐祺　《戏剧评论》5期

关于探索剧的思考

李尧坤　《戏剧评论》5期

“戏因文传”与“戏因技存”
——戏曲作品获得长久生命力的两种途径

吴重胥　《戏剧评论》5期

将飞者翼伏　将奋者足跼
——对于吉剧现状的一些思索

沙　冰　《戏剧文学》10期

横向借鉴与“非驴非马”

周　栗　《戏文》5期

戏剧艺术特点的拓展和强化

安　葵　《戏剧丛刊》5、6期

新时期戏曲兴衰辨（一、二）

陈　鹏　《戏剧丛刊》5期

浅论蓝关戏的语言特点

杨学业　《戏剧丛刊》5期

浅谈戏曲唱词的艺术功能

张施民　《当代戏剧》5期

关于戏曲审美原则和道德精神的思考

卜　键　《人民日报》10月25日

戏曲文学的“跛足”
——谈戏曲文学的叙事体制问题

毓　钺　《剧本》11月号

论戏曲艺术的寓言性特征

吴毓华　《戏剧》冬季号

中国古典戏曲梦境描写论要

朱　华　《戏剧》冬季号

谈戏曲艺术与当代意识

劲　芝　《戏曲艺术》4期

戏曲革新的艰难历程

薛若邻　《戏剧评论》6期

对当前戏曲发展问题的若干意见

傅晓航　《戏剧评论》6期

知难而进

刘有宽　《戏剧评论》6期

试谈审美趋向与雅俗共赏

徐　棻　《戏剧评论》6期

观众的选择

杜建华　《戏剧评论》6期

论现代戏曲审美的价值尺度

经百君　《戏剧评论》6期

戏剧与当代要求及两种理论倾向

陈昆峰　《戏剧评论》6期

论戏曲现代戏的存在价值

胡　沙　《戏剧评论》6期

加速戏曲剧种的现代化进程(下)

孟繁树　《戏剧评论》6期

圈子——阵痛中的中国戏曲

钟　星　《戏剧评论》6期

“假定”与“真实”的对应——戏剧情景琐谈

舒　张　《戏剧评论》6期

剧诗说对我写戏的启示

王　肯　《戏曲研究》27辑

剧诗——舞台整体的诗化

马　科　《戏曲研究》27辑

张庚与戏曲文献

吴书荫　《戏曲研究》27辑

张庚的戏曲志理论

刘文峰　《戏曲研究》27辑

张庚戏曲学说的方法论

黄在敏　《戏曲研究》27辑

张庚戏曲研究的三个特色

李大坷　《戏曲研究》27辑

关于戏曲前途趋势的思考

杜家福　《戏曲研究》27辑

戏曲美学特征的新变化

吴乾浩　《文艺研究》6期

方兴未艾的造剧思潮

孟繁树　《文艺研究》6期

达尔文和中国戏曲的进化

曹　随　《大舞台》6期

戏曲形式的民族特色与戏曲改革

王佑民　《大舞台》6期

戏曲市场的喜与忧

王一民　《戏友》4期

滑稽戏的美学特征和审美原则

袁能贤　《戏剧艺术》4期

关于建立“昆剧学”的断想

王永建　《艺术百家》4期

戏曲艺术内容形式矛盾运动

梁山定　《艺术百家》4期

浙派戏剧的新发展

吴乾浩　《戏文》6期

新时期戏曲结构形态的嬗变

熊文祥　《黄梅戏艺术》4期

对安徽黄梅戏现状的初步调查与思考

吴元骧　《黄梅戏艺术》4期

今日戏曲舞蹈表现形式之我见

郑志勇 《黄梅戏艺术》4期

为有源头活水来

——试论黄梅戏艺术的审美特质及其发展走向

黄志强 江汉寿 《黄梅戏艺术》4期

黄梅戏美学折枝

王教礼 《黄梅戏艺术》4期

戏曲诀谚的美学价值

夏 天 《黄梅戏艺术》4期

戏曲文化的深层结构

蓝纪先 《河南戏剧》6期

论戏曲规范性的民族性渊源

刘 琦 《地方戏艺术》4期

戏曲怎样走向未来

何 为 《地方戏艺术》4期

民族戏曲学引论

金 重 《民族艺术》4期

戏曲应从歌舞演人生

张修文 《四川戏剧》6期

还要强调“三并举”

刘仲祥 陈友发 《四川戏剧》6期

新时期戏曲文学的超越

——努力探索人物的文化心态

胡天成 《四川戏剧》6期

戏曲的个性特征是划分戏曲剧种的唯一标准

雷 达 《当代戏剧》6期

建立戏曲与小说交叉关系学刍论

叶 胥 《南京大学学报》4期

〔话剧〕

关于话剧发展的一些实话

邵宏大 《剧本》2月号

社会主义初级阶段理论与当代话剧专题讨论会

田本相等 《戏剧评论》1期

新时期的话剧哲理渗透和易卜生的“讨论”技巧

聂海风 《北国影剧》1—2期

话剧形式革新散记

张葆成 《剧作家》1期

话剧的本性确认和功能发挥

——兼及话剧发展中不同观点的思考

李翔云 《剧作家》1期

一人戏——独特的话剧形式

杨永丽 《上海戏剧》1期

《魔屋》引起的思考

王志秋 《戏剧与电影》2期

对西藏民族话剧发展走向的思考

张 平 《戏剧报》3期

小品，大有作为的艺术

——从广东话剧院获奖小品谈起

葛芸生 《南粤剧作》1期

话剧的现状和“文化派”的崛起

王耕夫 《电视与戏剧》2期

关于话剧现状的思考

谢喜文 《电视与戏剧》2期

新时期吉林话剧的主导走向

华 铭 《戏剧文学》4期

话剧舞台的躁动——兼论一种戏剧品格

钱建平 《上海戏剧》2期

多元化时代感、民族性〔“话剧·时代·观众”专题讨论（三）〕

康洪兴 《文艺报》5月7日

话剧的观念更新与传统的思维习惯

王佩英 《上海戏剧》3期

东西方话剧二题

方 方 《剧海》3期

戏剧正从危机中走出

叶廷芳 《戏剧评论》4期

小剧场艺术魅力初探

张奇虹 《戏剧评论》4期

漫谈日本小剧场戏剧

孙维善 《戏剧评论》4期

拥抱新的舞台女神

蔡体良 《戏剧评论》4期

关于小剧场的一份报告

林兆华 《戏剧评论》4期

话剧的振兴与未来

——在“当代话剧文学学术讨论会”上发言

黎 水 芳 持 《戏剧评论》4期

小剧场实验演出的兴起与演变

徐 翔 《电视与戏剧》4期

艺术探险的“尖头兵”

——高行健的戏剧理论与创作掠影

叶廷芳 《艺术广角》4期

话剧创作中的现实主义问题

田本相 《戏剧丛刊》4期

中国话剧舞台究竟怎么了

李默然 《中国戏剧》9期

思想的失重

——话剧创作隐忧之我见

张健钟 《中国戏剧》9期

人们心目中的话剧

——1988年寒假社会调查报告

王文新 《中国戏剧》9期

小剧场三人谈

王育生 林克欢 林兆华 《中国戏剧》9期

话剧在呻吟

——谈繁茂芜杂的话剧及其感性本体

品新雨 《新剧本》5期

当代话剧主体的觉性、探索和失落

卢 敏 《剧作家》5期

简论"无场次"戏剧

王长安 《戏剧丛刊》5期

话剧现状及前景之我思

代 伐 《电视与戏剧》6期

共同意识的崩溃与当代话剧涅槃

景 迅 《戏剧文学》11期

独幕剧的时间和空间

孙祖平 《戏剧艺术》4期

话剧艺术的痛苦思考

刘庆来 《四川戏剧》6期

〔歌剧、皮影、木偶〕

美声歌剧及其它

白 燕 《中国音乐》1期

我们怎样到达理想的彼岸

——就当代歌剧发展问题向刘经树同志请教

居其宏 《人民音乐》4期

音乐剧：当代文化意识的火山口

——在上海"音乐剧研讨会"上的发言

居其宏 《歌剧艺术》2—3期

现代审美需求和传统审美定势相接通的艺术形式

——音乐剧锥议

方红林 《歌剧艺术》4、5期

发展歌剧的必由之路

刘振球 《歌剧艺术》4、5期

早春丁香语

——关于维吾尔歌剧的谈话

阿灵·阿仆汉 《中国戏剧》9期

"麦西热普"与戏剧

石 泓 《戏剧艺术》4期

漫话青海皮影戏

韩生魁 《民族艺术》2期

独特的艺术

——川北大木偶一瞥

吴应学 《戏剧与电影》4期

论中国影戏的起源

杨祖愈 《戏曲艺术》4期

论幼儿木偶剧的戏剧冲突

陈世明 《福建戏剧》6期

戏剧评论

〔综合〕

改革题材戏剧的一点思考

梁秉堃 《剧本》1月号

白璧指瑕

——从不同视角评《张春郎削发》和歌剧《深宫欲海》

吴乾浩 《艺术广角》1期

回顾、思索、展望

——吉林新时期十年戏剧研讨会

《戏剧文学》1期

回顾与随想

——吉林新时期十年戏剧思考

关德富 《戏剧文学》2期

当代意识：戏剧存活的土壤

——华东六省一市戏剧刊物获奖作品评论

本刊评论员 《影剧新作》1期

"湘军"戏曲的崛起

——首届"洞庭之秋"艺术节部分剧目述评

王亨念 《剧海》1期

努力创作高质量、有影响的作品

易 淮 《南粤剧作》1期

形式的倾斜

——谈吉林新时期十年戏剧之不足

温 愠 《戏剧文学》4期

何处是归程

——新时期戏剧创作回顾

张 先 《剧作家》2期

感触与祝贺〔《曹植》、《黑色的石头》、《欲望的旅程》〕

姬崇恭 《剧作家》2期

才人、文人与戏文

——关于提高剧作质量问题的思考

吴 戈 《戏文》2期

展示地域风貌中的时代精神

——黑龙江近年来戏剧创作述评

刘书彰 《戏剧》夏季号

开始踏上戏剧创作的艰难历程

——黑龙江省戏剧创作中心一年回顾

张　勤　《剧作家》3期

展示改革大潮里的时代精神，挖掘地域文化的人类意识

——对黑龙江近年戏剧创作的反思

舒　张　《剧作家》3期

琐谈地方题材剧目创作

陈历明　《南粤剧作》2期

现代喜剧的悲剧性曲折

——建国后17年喜剧概观

胡星亮　《剧影月报》10月号

海聊“魏明伦现象”、“搭错车现象”和“桑树坪现象”

潘德千　《新剧本》6期

整体的超越和内在的困惑

——探索戏剧透视

周育萍　潘志兴　《艺术广角》6期

回归、探索、重构

——从“危机”谈起

肖　复　《戏剧文学》12期

象征、荒诞与哲理化倾向

——对新时期探索戏剧的评价

胡志毅　《戏剧文学》12期

烟台近年来戏剧创作态势之我见

马　骏　《戏剧丛刊》6期

观众意识复归与超前意识的躁动

——从第二届戏剧大赛看我省现代戏创作动向

肖　遥　《地方戏艺术》4期

现代意识、解放思想及其他

——在“四川省戏剧作品小型讨论会”上的发言

严　肃　《四川戏剧》6期

〔戏曲〕

京剧《古城训弟》的修改

袁世海　《戏剧报》1期

我看《活捉》

陈若曦　《人民日报》1月11日

戏曲舞台上的现代美

——长春评剧院《美神》观后

廖奔等　《文艺报》1月23日

古老幽兰吐清馨

——全国昆剧抢救继承剧目汇演观后

朱家溍　《人民日报》1月26日

观现代黄梅戏《银锁怨》随笔

石　祥　《光明日报》1月29日

《风流寡妇》三人谈

1.《风流寡妇》的现代意义

郭汉城

2.走自己的路

何　为

3.现代意识和现代审美意识的结晶

——谈评剧《风流寡妇》中吴秋香形象塑造

齐致翔　《戏剧报》2期

川剧《四川好人》演出得失刍议

王冬青　《戏剧与电影》2期

评剧《风流寡妇》的再现与表演

沈　尧　《剧本》3月号

戏曲舞台的新追求

廖　奔　《剧本》3月号

川剧《四川好人》

丁扬忠　《戏剧》春季号

令你发笑，让你心酸

——豫剧《石头梦》观后

王世勋　《戏曲艺术》1期

《私情记》小札

——余老四与张二妹琐谈

刘永濂　《黄梅戏艺术》1期

用革新精神创造戏曲艺术形象

——范钧宏戏曲创作的启示

安　葵　《光明日报》3月4日

真正创造者不愿浇铸艺术样板

——魏明伦剧作意义及其他

余秋雨　《人民日报》3月22日

古树新蕊

——婺剧《白蛇传》的启示

黄宗江　《人民日报》3月23日

民族文化精神的恢宏再现

——评京剧《康熙大帝》

孙　浩　《剧本》4月号

郑怀兴的个性

王评章　《新剧本》2期

试论魏明伦剧作的悲剧美

张云初　《戏剧评论》2期

神话复兴与《月祭》

吴保和　《上海艺术家》2期

《山鬼》创作艺术谈：

1.《山鬼》创作心境　盛和煜

2.《山鬼》导演断想　陶先露

3.我呼唤——屈原！王永光

4.我对杜若子的理解　朱　光
5.音乐：个性的追求　王湘强
6.山鬼·九头鸟　　　曾泽强
《剧海》2期

老而弥鲜的嘉陵古葩
——评《川北灯戏》
文　雍等　《四川戏剧》2期

他，作了一个非常荒诞的梦
——魏明伦和他的《潘金莲》
周禄正　《当代戏剧》2期

求索者的足迹
——杨克忍剧作初探
靳世泰等　《当代戏剧》2期

金刚怒目，菩萨低眉
——《山鬼》画外音
盛和煜　《剧本》5月号

“魏明伦现象”——现代意识的戏曲文化现象
——“魏明伦剧作讨论会”纪要
张云初　《剧本》5月号

我看川剧《张大千》
叶浅予　《文艺报》5月14日

论新时期的新编古代戏
孟繁树　《戏剧》夏季号

潮剧《张春郎削发》的艺术魅力
华永建　许实铭　《戏曲艺术》2期

自责的记忆
——魏明伦作品讨论会拾零
江　农　《新剧本》3期

一支招魂曲满台家国情
——评川剧《张大千》
赵　寻　《戏剧评论》3期

热泪频挥谢内江
——看川剧《张大千》后记
蒋健兰　刘乃崇　《戏剧评论》3期

谈曲润海改编的传统剧
李　言　《戏友》2期

郑怀兴剧作论
田涧菁　《福建戏剧》3期

笑声里的艺术求索
——吴国豪现代喜剧创作漫谈
陈毅达　《福建戏剧》3期

南词剧团现代戏创作巡览
景　辉　《福建戏剧》3期

《换魂记》五人谈〔龚曙光、贺立华、谭源材、侯林、陈炎〕
《戏剧丛刊》3期

孟超及其剧作“李慧娘”
——纪念孟超逝世12周年
欣　荣　《戏剧丛刊》3期

中国地方戏曲展的回顾与展望
（港）梁沛锦　《粤剧研究》2期

马樱花红耀云岭
——楚雄州剧作述评
黎　方　《云南戏剧》3期

完善“多元统一”格局的新收获
——近期戏曲优秀剧作试析
吴乾浩　《剧本》8月号

谈马少波剧作中的丑角
钮　骠　《戏剧评论》4期

人生价值的探索
——评王景贤同志的剧作《颠倒乾坤》和《高平关》
胡天成　《福建戏剧》4期

把艺术笔触伸向人物意识的深层
——评历史剧《戒子恨》
郭学信　《戏剧丛刊》4期

试谈黄天霸戏的整理和改编
何　丽　《戏剧丛刊》4期

现代意识在地方戏曲艺术中的觉醒
——湖南观戏记
叶　林　《剧海》4期

关于《包公铁事》的对话
刘建华　赵国蔺　《戏友》3期

关于“魏明伦现象”的对话
张云初　《戏剧文学》9期

跃向更高的审美层次
——论新时期江苏滑稽戏及其嬗变
蒋柏连　《艺术百家》3期

《范进中举》：
1.在传统基础上的创新　傅晓航
2.历史予现实的启迪　陈　牧
3.河北梆子《范进中举》的理论价值　牧　相
4.小说改编中的谋篇立意　吴乾浩
5.对传统戏曲形态的突破　熊澄宇
6.看《范进中举》的料想　宋铁铮
7.戏曲导演构思中的形象塑造　王泰来
《戏剧评论》5期

中国戏曲学会探索性戏曲讨论会综述
孙永和　《戏剧丛刊》5期

谈马少波同志《西厢记》的改编与排练实践

傅雪漪　《戏剧丛刊》5期
试论吴祖光戏曲剧作中的女性形象
宋红兴　《戏曲艺术》4期
地方戏，中国戏曲的希望
——滑稽戏《土裁缝与洋小姐》观后
刘　平　《戏剧评论》6期
《向老三招婿》的喜剧性
沈　尧　《戏剧评论》6期
《向老三招婿》的悲剧意识
关　林　《戏剧评论》6期
表现与再现　继承与创新
金保国　《戏剧评论》6期
自我与角色之间
——扮演向老三的体会
赵东汉　《戏剧评论》6期
难能可贵
胡世均　《戏剧评论》6期
巧妙的喜剧构思
仇英俊　《戏剧评论》6期
戏曲现代审美意向的探寻
艾治国　《戏友》4月
推开一道道沉重的大门
高　江　《戏友》4月
莆仙戏《珍珠衫》印象
——兼与作者论剧
宋光祖　《福建戏剧》6期
贾殿彬戏剧创作的艺术特色
宋文治　《戏剧丛刊》6期
谈少数民族题材戏曲创作
谭志湘　《民族艺术》4期
一首浪漫的梦幻曲
胡耀池　《云南戏剧》6期
湘剧《山鬼》的探索
沈　尧　《人民日报》12月6日
说萧太后
——评剧《契丹魂》观后
曲六乙等　《光明日报》12月23日

〔话剧〕

《扎龙屯》意蔬采挹
纪　众　《戏剧文学》1期
农民文化心理的解剖刀——初读《扎龙屯》
温　愠　《戏剧文学》1期
我心中的印象——《赵羽翔剧作选·序》
王　正　《戏剧文学》1期
《高加索灰阑记》观剧扎记
林克欢　《戏剧文学》1期
东方色彩的“柳树林”——喜看《希望，在那片柳树林》
陈国福　《戏剧与电影》1期
命运，难以索解的永恒之迷——话剧《欲望的旅程》刘玉芬形象分析
马　也　《文艺报》1月2日
魅力来自真实的形象
——评话剧《黑色的石头》
丁海鹏　《文艺报》1月9日
他站在新的起跑线上
——评杨利民的《黑色的石头》
谭霈生　《剧本》2月号
生命的神示和流动的意向
——关于《中国梦》的对话
花　建　《新剧本》1期
怎样评价《中国梦》呢？
艾　文　《新剧本》1期
关于“狗儿爷”
锦　云　《文艺研究》1期
涅槃
林兆华　《文艺研究》1期
看林连昆演狗儿爷
王宏韬　《文艺研究》1期
狗儿爷悲剧的历史内涵
冯其庸　《文艺研究》1期
一曲动人的挽歌
叶廷芳　《文艺研究》1期
《狗儿爷涅槃》在导表演艺术上的突破
王蕴明　《文艺研究》1期
一代农民的终结
林克欢　《文艺研究》1期
我们仍然需要现实主义
田本相　《文艺研究》1期
《狗儿爷涅槃》的结构艺术
吴乾浩　《文艺研究》1期
审美机制的多样统一
康洪兴　《文艺研究》1期
话剧《黑色的石头》
张　先整理　《戏剧》春季号
一个并没完成的历史过渡——话剧《扎龙屯》思想艺术漫评
李　政　《戏剧文学》2期
中国农民主体意识的历史流程——《扎龙屯》散论

张　石　《戏剧文学》2 期

中国话剧真正理解了布莱希特

——新古典主义悲剧《自烹》

曹　磊　《上海戏剧》1 期

还有什么比这种苦涩更可笑

——观《银婚前的离婚》

赵耀民　《上海戏剧》1 期

〔《中国梦》争鸣〕

1.看《中国梦》随想　丁罗男

2."中国梦"的悲剧

——《中国梦》一种倾向的批判　蔡志荣

3.新瓶装劣酒　郭浩波

4."梦"的错位

——观话剧《中国梦》　唐海力等

5.是梦，就不允许人把它当真

——由《中国梦》引起的思考　柳　遐

《上海艺术家》1 期

看《中国梦》有感

荔　力　《福建戏剧》1 期

简单的《中国梦》

道　木　《戏剧与电影》2 期

以深沉的爱赢得观众

——话剧《爱的风采》观后

李希尔　《云南戏剧》1 期

话剧的新突破态势

——新时期话剧研究之一

吴济时　《武汉大学学报》1 期

民族历史的真诚反思

——评话剧《桑树坪纪事》

马　也　《光明日报》2 月12日

悲壮的历史画卷　精美的舞台创作

——首都文艺界座谈话剧《桑树坪纪事》

陆　毅　李　彤　陈　原整理

《人民日报》2 月23日

命运的悲歌

——话剧《桑树坪纪事》观后

丁　涛　《中国文化报》2 月24日

"《搭错车》现象"如是观

——本刊召开音乐歌舞故事剧《搭错车》座谈会纪要

黄维钧　《戏剧报》3 期

西部黄土高原的呼唤

——评话剧《桑树坪纪事》的演出

曲六乙　《戏剧报》3 期

戏剧艺术新的一页

——评话剧《黑色的石头》

丁　涛　《戏剧》春季号

沙叶新戏剧论

余秋雨　《戏剧艺术》1 期

高行健戏剧时空论

黄丽华　《戏剧艺术》1 期

《中国梦》——写意话剧民族化的新界碑

马惠飞　《剧影月报》3 月号

新时期江苏话剧创作回顾（1979—1986）

纂立吾　《艺术百家》1 期

"桑树坪"现象

王　贵　《文艺报》3 月12日

评话剧《桑树坪纪事》

谭霈生　《文艺报》3 月12日

《太平湖》的遗憾

窦晓红　《文艺报》3 月19日

预示了一种新的戏剧形态

——看大型歌舞音乐故事剧《搭错车》

孟繁树　《文艺报》3 月26日

李龙云戏剧作品研讨会纪要

梁　倩整理　《剧本》4 月号

在生命意识的层面上

——从 3 部话剧看现实主义的拓展

廖全景　《剧本》4 月号

从《搭错车》到《走出死谷》

陈欲航　《剧本》4 月号

一个拓荒者的追求

——李龙云戏剧研讨会综述

梁　倩　《新剧本》2 期

新的综合与拓展

刘有宽　《戏剧评论》2 期

《搭错车》和通俗戏剧

王　正　《戏剧评论》2 期

漫话《搭错车》

李　恍　《戏剧评论》2 期

下里巴人的戏剧

——评《搭错车》的演出

胡　沙　《戏剧评论》2 期

为革新者歌

——高行健戏剧研究

许国荣　《戏剧评论》2 期

话剧《蒲公英的故事》研讨会

肖　燦整理　《电视与戏剧》2 期

我的感受

——话剧《黑色的石头》观后

曹　禺　《剧作家》2 期

创业者的美感启示〔《黑色的石头》〕

丁海鹏　《剧作家》2 期

可喜的"北部戏剧"之苏

——《欲望的旅程》和《黑色的石头》观后

陆　毅　《剧作家》2 期

《欲望的旅程》观后

郭珊宝　《剧作家》2 期

美，源于真，贵，在于真

——浅析话剧《欲望的旅程》中刘玉芬形象的塑造

殷　杰　《剧作家》2 期

现代主义影响：矛盾及其发展前景——新时期话剧研究之一

洪忠煌　《戏剧丛刊》2 期

革命军事题材戏剧创作的新丰收

——话剧《决战淮海》座谈会纪要

《人民日报》4 月19日

一段颠簸的心曲流动

——话剧《黑夜过去是早晨》观后

余　林　《文艺报》5 月14日

人生如戏，戏若人生

——记话剧《游园惊梦》在广州演出

唐斯复　《文艺报》5 月14日

我看《火神与秋女》

曹　禺　《人民日报》5 月17日

家家有本"难念的经"

——话剧新作《搭积木》观后

赵　寰　《人民日报》5 月18日

白峰溪剧作论

阿　勇　《剧本》6 月号

明月·风雨·秋思

——浅析白峰溪的"女性三部曲"

张　先　《剧本》6 月号

《桑树坪纪事》座谈会

本刊记者　《戏剧》夏季号

笑声中的追求

——沙叶新话剧艺术片论

陈思和　《新剧本》3 期

生命：在历史长河里闪耀

——李杰新作《古塔街》印象

金钟鸣　《戏剧文学》6 月

狗儿爷——一个内涵丰富的农民形象

孟繁树　《戏剧文学》6 期

它是中国的也是现代的

——复旦大学《游园惊梦》座谈会

陆士青　《上海戏剧》3 期

戏剧艺术的走向

——《桑树坪纪事》一剧对当代戏剧的意义

丁　涛　《光明日报》7 月15日

现实主义的回潮和嬗变

——关于1986、1987年话剧获奖优秀剧本的思考

田本相　《剧本》8 月号

《古塔街》的艺术世界

郭铁城　《剧本》8 月号

从青艺小剧场走出以后

——《火神与秋女》观赏记

夏　叶　《戏剧评论》4 期

创造与困扰

——由《搭错车》现象所引起的自我反思

王延松　《文艺研究》4 期

《荒原与人》王贵风格的新体现

——兼谈当前话剧创作动势

黄莉莉　关　林　《电视与戏剧》4 期

当前话剧创作的新走向

——话剧《桑树坪纪事》的启示

孙玉华　《剧作家》4 期

《中国梦》的形式意义

张　晶　《戏剧丛刊》4 期

铺向明天的路

——简评话剧《遥远的山寨》

伍耀辉　吉狄马加（彝族）　《四川戏剧》4 期

谈白峰溪剧作的艺术特色

康洪兴　《剧本》10月号

站在心灵的土域上

——白峰溪 3 部女性剧作浅见

余　林　《剧本》10月号

《天下第一楼》笔谈：

《天下第一楼》的历史文化意识　曲六乙

《天下第一楼》三题　游　默

谁是主人谁是客人　田　耕

——杂谈话剧《天下第一楼》　吴令华

浓淡宜人见功力

——漫谈《天下第一楼》里的人物　邹　霆

《天下第一楼》的前和后　顾　威

《戏剧评论》5 期

坚持不懈的追求

——所云平剧作论

陈美英　《戏剧评论》5 期

《所有人反对所有的人》带来的信息

王东亮　《戏剧评论》5期

郝国忱话剧创作的基本走向

郭铁城　《戏剧文学》10期

《古塔街》中的原型与母题

——兼及新时期戏剧的文化反省

张兰阁　《戏剧文学》10期

姚一苇历史剧初探

徐　学　《戏剧文学》10期

中国新时期话剧的十年

陆颖华　《北京大学学报》5期

民族人格建构的两难困境

——评话剧《情祭》

董子竹　《中国戏剧》11期

风险中远航〔剧作家赵寰〕

鲁　煤　《剧本》11月号

新时期话剧艺术的形式特征

——看《游园惊梦》所想到的

王洪波　《戏剧文学》11期

痛苦的升华

——话剧《桑树坪纪事》的意义

廖全京　《戏剧与电影》11期

高行健剧作论

户　敏　《戏剧》冬季号

新高度，新问题

——评杨利民剧作《黑色的石头》

窦晓红　《戏剧文学》12期

戏剧不仅作为形式

——从剧作的角度谈《太平湖》

张东钢　《上海戏剧》6期

论新时期话剧对民族文化心理的批判

阿　勇　《艺术百家》4期

传统观念与现实生活的撞击

——评话剧《榆钱树下》

郭学信　郭银慧　《戏剧丛刊》6期

《哗变》的启示

童道明　《人民日报》11月8日

一出耐人寻味的戏《哗变》漫议

田本相　《文艺报》11月19日

谁更危险——兼为基弗辩护〔《哗变》〕

修　芸　《文艺报》11月26日

对人的独特发现与形式的活力

——评话剧《哗变》

谭霈生　《光明日报》12月23日

成功演出后的凝重思考

——北京人艺赴沪公演艺术研讨会纪要

王元化等　《文汇报》12月10日

〔歌剧〕

记四川省歌剧剧本座谈会：艰难跋涉，走出低谷

曲　径　《歌剧艺术》1期

谈民族新歌剧——花儿剧《花海雪冤》

刘苏庆等　《歌剧艺术》1期

《深宫欲海》的歌剧特色

陆　棨　《银屏舞台》1期

变“进口”为“出口”〔中央歌剧院在香港演出《蝴蝶夫人》、《卡门》〕

郑小瑛　《人民音乐》4期

探索与困惑

——有感于“标新立意”的剧作

杨先华　《电视与戏剧》5期

主体意识与戏剧性结构的整体融合

——我观《悲鸣三部曲》

刘光弟　《四川戏剧》3期

回头看那条羊肠小路……

——《仰天长啸》音乐创作杂谈

萧　白　《歌剧艺术》4、5期

民族神韵，激越壮歌

——评歌剧《仰天长啸》音乐的艺术特色

宫　威　《歌剧艺术》4、5期

关于“音乐剧”的断想

——兼评音乐剧《雁儿在林梢》

焦　杰　《人民音乐》9期

‘可恶的易卜生主义者”

——观音乐剧《窈窕淑女》漫笔

周培松　《上海戏剧》6期

从音乐剧的形式美表现肖伯纳的内容美

许容廉　《上海戏剧》6期

话说《窈窕淑女》

方红林　《歌剧艺术》6期

歌剧，应深深植根于民族文化的沃土

——因《深宫欲海》、《原野》而兴思

戈　弘　《人民音乐》12期

〔皮影、木偶〕

童心与童趣

——评皮袋木偶戏《两个猎人》

陈建锡　《福建戏剧》3期

表导演艺术

〔综合〕

在“导演权威”的背后
——试谈导演艺术创作的双重性
汪荡平 《剧海》2期

论导演艺术创作中再现与表现的有机融合
廖向红 《戏剧》夏季号

表演观念、民族、现代化
高惠彬 《戏剧》夏季号

拓展导演艺术的思维空间
康洪兴 《戏剧评论》3期

话剧《桑树坪纪事》导演艺术初探
王 敏 《戏剧评论》3期

谜向何处寻
高惠彬 《戏剧评论》3期

演员创作中呼吸的科学性与艺术性
冯 冰 《戏剧艺术》2期

导演对舞台本体的思考
查丽芳 《四川戏剧》4期

论表演艺术生产与经济规律
赵 方 《戏剧》秋季号

舞台行动探新
吴继成 《戏剧》秋季号

浅论解放演员的天性
张仁里 《戏剧》秋季号

图像——导演与设计
王邦雄 《戏剧艺术》3期

导演学的继承与发展
周特生 《艺术百家》3期

创作角色不须变形
李 阳 《电视与戏剧》5期

角色是戏剧三度合成的整体效应
高师大 《四川戏剧》5期

交流的戏剧空间
——论现代戏剧导演的空间思维
刘志新 《艺术广角》6期

〔戏曲〕

马(连良)派京剧杰出的表演艺术——兼谈戏曲表演的创作
阿 甲 《戏剧报》1期

戏曲聘请话剧导演问题漫议
孟繁树 《人民日报》1月5日

酷肖自师,自成一格
——评傅派越剧演员洪芬飞在《琼浆玉露》中的表演
流 水 《戏剧报》2期

阿甲的重要建树
林默涵 《戏剧报》2期

阿甲老师和话剧演员谈“戏”
夏钧宣 澹台仁慧 《戏剧评论》1期

戏曲导演的整体功能
黄在敏 《大舞台》1期

巧借柳枝相形容——戏曲虚拟表演
蓝 凡 《上海戏剧》1期

不断地实现自我超越——傅全香表演艺术发展轨迹初探
李惠康 《上海艺术家》1期

《牡丹亭·还魂记》导演札记
冯玉铮 《剧影月报》2月号

《还魂记》的美学价值的真实体现——对石小梅的表演赏析
胡芝风 《剧影月报》2月号

明快圆润 绚丽华彩——吕瑞英唱腔艺术初探(二)
伯 强 洪 欣 《戏文》1期

回顾奚派艺术
何 丽 《戏剧丛刊》1期

导演艺术中的观众意识——排演《风流嫂子》
肖运扬 《剧海》1期

寻找自己的艺术形式
——兼谈艺术风格的继承与创新
夏 阳 《四川戏剧》1期

戏曲配角在艺术整体中的美感效应
张发明 《四川戏剧》1期

秦腔丑角
雷振中 《当代戏剧》1期

追求写意戏剧的艺术魅力
——排评剧《风流寡妇》的思考与尝试
刘家荣 《戏剧报》3期

戏曲“取形儿”说浅议
刘玉来 《戏剧》春季号

论京剧舞台上的曹操形象
吴一平 《戏曲艺术》1期

艺林留香(四)
荀令香讲述 钮 隽整理 《戏曲艺术》1期

向流派学什么
吴同宾 《戏曲艺术》1期

昆剧《长生殿》导演札记（上、下）
——兼论戏曲导演的基本规律
沈　斌　《戏曲艺术》1、2期
戏曲表演的神形浅析
黄　平　《戏剧评论》2期
艺术美与心灵美
陈　巅　《戏剧评论》2期
中国戏曲的技艺表演
张生筠　《文艺研究》2期
我谈流派唱腔
金采风　《上海戏剧》2期
“流派”三题
——“傅全香表演艺术研讨会”随感
傅　骏　《戏文》2期
吕剧演唱经验谈
李岱江口述　皇甫大华整理　《戏剧丛刊》2期
“小和尚”成了“金皇后”
——浅谈王凤云唱腔艺术
刘　翠等　《戏剧丛刊》2期
我的回顾
崔兰田　《河南戏剧》2期
哭的艺术
崔兰田　《河南戏剧》2期
庆祝恩师舞台生活50年
张宝英　《河南戏剧》2期
荀派艺术的魅力
孙毓敏　《剧海》2期
再谈戏曲表演特技
尹伯康　《剧海》2期
法由我变，法自我立——谈谈艺术中的“法变”
周企何　《四川戏剧》2期
真象、真魂与变色、变形
冠牛力　《四川戏剧》2期
得意忘象——对艺术形式美的超越
——简谈戏曲表演的美学追求
李　悦　《四川戏剧》2期
冯玉萍的艺术追求
关　村　《戏剧报》5期
川剧花脸的唱法极须改造
何光表　《戏剧报》5期
荀派艺术的两条线、三个对象
张正芳　《戏剧报》6期
一份宝贵的艺术遗产
——读《丑中美——王传淞谈艺录》
汪　培　《戏剧评论》3期
独特的“我、你、他”——二人转表演艺术研究
王　肯　马　力　《戏曲研究》26辑
以独特风格唱出人物的心声
吕瑞英　《上海戏剧》3期
试论范派艺术风格
张璐谨　《戏文》3期
“四功五法”的“法”字探析
——兼谈戏曲的表演法则
夏　天　《黄梅戏艺术》2期
醉汉琼筵风味殊——戏曲演唱美学及其他
宏正段　《黄梅戏艺术》2期
徐汝英对婺剧旦角唱腔的贡献
赵建元　《戏文》3期
戏曲舞台时空和表演形成缘由
蓝　凡　《福建戏剧》6期
演职员职业心理特征浅析
卢文海　《戏剧丛刊》3期
戏曲演员的“晕场”及自控
冯育明　肖红意　《剧海》3期
我演《断桥》
左大玢　《剧海》3期
戏曲做功八诀
杨　非　《四川戏剧》3期
含蓄而富有美的内蕴
——谈川剧演员徐俊朝的人物塑造
林贵祥　《四川戏剧》3期
川剧花脸的戏剧因素
何光表　《四川戏剧》3期
学习运用戏曲舞台时空处理的体会
——兼谈花灯的改革
于娥苏　《云南戏剧》3期
傅全香的艺术魅力
徐　进　《中国戏剧》8期
我为杨宝森先生操琴
黄金陆　《中国戏剧》8期
神满气足、维妙维肖——盖老表演艺术探微
吴乾浩　《戏剧评论》4期
试论裴艳玲在“林冲夜奔”中的现代意识体现
刘式海　《大舞台》4期
心灵之窗——浅谈戏曲眼神
魏克玉　《戏文》4期
“流”而不“派”川剧之幸
羽　军　《四川戏剧》4期
流而不派与派而不流

萧 赛 《四川戏剧》4期
阿盖形象析——《许倩云舞台艺术》之一
黄光新 《四川戏剧》4期
衣钵真传，也要发展
——宋丹菊的表演与她的审美见解
阿 甲 《戏曲艺术》3期
形神兼备——戏曲创造舞台形象的美学追求（上、下）
黄克宝 《戏曲艺术》3、4期
戏曲表演中的均衡规律
李英斌 《戏曲艺术》3期
阿甲与戏曲改革
王一达 《戏曲艺术》3期
戏曲导演刍言
张宝彝 《戏曲艺术》3期
戏曲筋斗的产生与形成（上、中）
顾兆璋 《戏曲艺术》3、4期
阿甲的程式论与接受美学
丁道希 《艺术百家》3期
谈粤剧表演节奏与生活节奏问题
朱 善 《粤剧研究》3期
戏曲演员行为试探
舒康复 《文艺研究》5期
听取新翻杨柳枝
刘厚生 《上海戏剧》5期
身常在舞台，艺贵有创造
袁雪芬 《上海戏剧》5期
清水出芙蓉，天然去雕饰
——谈戚派艺术
史 行 《上海戏剧》5期
戚雅仙的"雅"
钱英郁 《上海戏剧》5期
唱腔里不能有"生面疙瘩"
——吕剧演唱经验谈之四
李岱江 皇甫大华 《戏剧丛刊》5期
流派繁衍春花发
刘兴明 《四川戏剧》5期
川剧流派艺术刍议
欧阳文 《四川戏剧》5期
运用之妙，存乎一心
——评夏庭光在《水牢摸印》中的水发运用
曾祥明 《四川戏剧》5期
戏曲演员行为学试探——戏曲演员艺术创作的动机和目的系统
舒康复 《当代戏剧》5期
开拓！开拓！
——记著名京剧老旦王晶华的艺术创造
刘 亮 《中国戏剧》11期
玉洒程腔万朵梅
——王万梅演程派《教子》欣赏
翁偶虹 《人民日报》11月19日
编剧所希望的
——看傅成兰排戏断想
郭启宏 《中国戏剧》12期
试论京派与海派的"双向逆转"
徐城北 《戏曲研究》27辑
阿甲的导演理论与实践
赵万鹏 《戏曲研究》27辑
刘奎官表演艺术简论
黎 方 《戏曲研究》27辑
川剧《柳荫记》祝英台舞台形象创造
李振玉 许倩云 《戏曲研究》27辑
京剧和它的海派艺术的兴衰继绝
吴石坚 《戏曲艺术》4期
体验与表现的高度统一
——学习阿老戏曲理论与实践一得
陶 雄 《戏曲艺术》4期
建立开放性的戏曲导演思维
李春熹 《文艺研究》6期
打好扎实的基础，流派才能发展
毕春芳 《上海戏剧》6期
赣南采茶戏表演特点初探
徐协和 《戏剧艺术》4期
寻找角色性格对比中的反差
张马力 《戏剧艺术》4期
评红论紫正当春——漫谈川剧艺术的流派
徐公堤 《四川戏剧》6期
呼唤川剧流派
王为相 《四川戏剧》6期
从傅三乾谈川剧流派
香 圃 《四川戏剧》6期
戏曲眼神美管见
刘玉来 《四川戏剧》6期
蓝光临表演艺术的观赏价值
张发明 《四川戏剧》6期
探索戏曲舞台表现上的更大自由
——豫剧《陈世美喊冤》导演札记
罗 云 《戏剧与电影》12期
学习及辅导傣戏表演的体会
申丽珠 《云南戏剧》6期

〔话剧〕

走出《死谷》，我们去寻找生命的潮
——话剧《走出死谷》导演阐述
王延松　《剧本》3月号

排演《哈姆雷特》课堂札记
——焦菊隐导演课之二
刘　坤等整理　《戏剧》春季号

对当前话剧表演艺术发展的思考
张仁里　《戏剧》春季号

垦荒
林兆华　《戏剧》春季号

“表演流派”引发的思考
蒋维国　《戏剧艺术》1期

《红房间·白房间·黑房间》书简
——胡伟民致马中骏
《艺术百家》1期

兼容·综合·开放
——致徐晓钟
田本相　《中国文化报》3月13日

从民族的土壤上展翅
——关于话剧《桑树坪纪事》的对话
徐晓钟　唐斯复　《文汇报》3月29日

在兼容与结合中嬗变（上、下）
——话剧“桑树坪纪事”实验报告
徐晓钟　《戏剧报》4、5期

反思·兼容·综合
——话剧《桑树坪纪事》的探索
徐晓钟　《剧本》4月号

探索的探索
——谈话剧《桑树坪纪事》的艺术
丁扬忠　《戏剧评论》2期

“人”的回归
——略谈话剧舞台的人物创造
蔡体良　《大舞台》2期

表演的张力
——评《桑树坪纪事》中的福林形象
林荫宇　《戏剧报》5期

话剧《桑树坪纪事》导演艺术初探
王　敏　《戏剧评论》3期

焦菊隐排演《哈姆雷特》课堂笔记（下）
刘　堃　张珍玲　王　恒　《戏剧》夏季号

“从自我出发”与“下意识”浅论
周志晓　《戏剧艺术》2期

惊心动魄的戏剧场面
——《桑树坪纪事》“打牛”场面赏析
康洪兴　《电视与戏剧》3期

话剧舞台时空感觉的淡化与模糊及其价值内蕴
于　晗　《四川戏剧》4期

用真诚去拥抱孩子
——《好伙伴之歌》导演札记
胡一飞　《四川戏剧》4期

建造了一座蔚为壮观的戏剧宫殿
——评《桑树坪纪事》的导演艺术
康洪兴　《戏剧》秋季号

无模式的舞台模式
——林兆华导演艺术印象记
杜清源　《文艺研究》5期

导演《特殊夏令营》新探
郝代省　《电视与戏剧》5期

《塞外悲歌》导演札记
周一仆　《剧作家》5期

猜测林兆华
——心理分析训练笔记
马中骏　《中国戏剧》12期

冒险的实验
——《琼斯皇》导演札记
冯昌年　《外国戏剧》4期

我们这一代的选择
——论林兆华创作十年及其他
熊源伟　《戏剧》冬季号

导演《悲悼》的思索
张应湘　《戏剧艺术》4期

一次初成的心理探索与体现
——奥尼尔《追猎》导演手记
蓝　瑛　《戏剧丛刊》6期

论台词修养
刘　欣　《云南戏剧》6期

〔歌剧〕

郭兰英在《白毛女》中的表演艺术
亚　洁　《歌剧艺术》1期

音乐剧《窈窕淑女》导演漫谈
许容廉　《歌剧艺术》6期

舞台美术

我省戏曲布景发展的“悟”和“误”

王　鸿　《河南戏剧》1期

《石头梦》舞美创作点滴

柯仲奇　《河南戏剧》1期

中性结构的无个性倾向（续二）

章抗美　《戏剧》春季号

戏剧服装与设计概述

潘建华　《戏剧艺术》1期

《流星在寻找失去的轨迹》的舞美设计

洪兰航　《地方戏艺术》1期

戏曲现代戏舞台空间的组织

华　山　《福建戏剧》2期

谈谈历史剧服装的设计

赵　玲　《戏剧丛刊》2期

舞台美术整体意识的觉醒

——漫谈“洞庭之秋”艺术节戏曲剧目的舞台美术

谢惠钧　《剧海》2期

没有终止的探索

——在肖像化装方面的体会

孙永和　《当代戏剧》2期

哲理、象征、随意

——评《水中都市》舞台设计

赵英勉　《戏剧》夏季号

戏曲舞台美术历史概况

龚和德　《戏曲研究》26辑

另探舞台美术的虚与实

周俊山　《电视与戏剧》3期

舞台紫外荧光美术之研究

黄　力　《戏剧艺术》2期

试论戏曲布景的趣、情、美

赵桂椿　《地方戏艺术》3期

刍议舞台美术创造工程的“施工员”

张京信　《剧海》3期

论木偶服饰的功能

姜冠文　《剧海》3期

中国戏曲布景的现代选择及流变

余大洪　《四川戏剧》3期

论戏曲舞台美术意境的创造

段　明　《四川戏剧》3期

漫话秦腔脸谱艺术

张志强　《当代戏剧》3期

关于《建筑形象分析》课的写生作业

孙家铨　王锡平　章抗美　《戏剧》秋季号

京剧脸谱图案刍议

刘曾复　《戏曲艺术》3期

传统戏曲脸谱的重新认识及其他

严世善　《戏剧艺术》3期

民族传统·现代审美情趣

——浅析余芳服装设计的艺术特色

草　君　杨小青　《戏文》5期

《爱的风彩》舞台灯光布景艺术

李长明　《云南戏剧》5期

空荡的演出场所

——关于非正规小剧场戏剧空间建设论纲

徐　翔　《戏剧》冬季号

谈中国舞台灯光演变

欧阳山尊　《戏剧》冬季号

舞台灯光的剧场性

——《伊尔库茨克的故事》灯光设计随想

胡耀辉　《戏剧》冬季号

前门外商业“岛”建筑写生

章抗美　《戏剧》冬季号

谈翁偶虹先生对戏曲脸谱的收藏与研究

傅学斌　《戏曲艺术》4期

探索戏曲舞台设计中虚与实的运用

黄　沙　《戏曲研究》27辑

戏剧、空间、结构——舞台设计的美学

胡妙胜　《戏剧艺术》4期

新型的舞台造型语言——幻灯投影

张冬健　《戏剧艺术》4期

现代戏曲舞台美术由“虚”向“实”渐变

傅景和　《安徽新戏》6期

戏剧音乐

从生腔“小悲调”的形式谈淮剧音乐的创新

赵震方　《剧影月报》2月号

豫剧豫东调探源

张家才　《河南戏剧》1期

唱不出光彩死不休

——谈新郑县豫剧团《青蛇传》的音乐创作

赵抱衡　《河南戏剧》1期

湖南花鼓戏音乐的个性特征

洪国权　《剧海》1期

从《论二变义》看湖南戏曲音乐中的偏音

唐纯志　《剧海》1期

挣脱旧观念的束缚

张　侃　《四川戏剧》1期

要注重创造表现
——从《逼侄赴科》的音乐想到的
颜曼秋 《四川戏剧》1期
论"通用腔"
——川剧高腔曲牌音乐统一风格要素之一
蒲亨建 《四川戏剧》1期
浅谈秦腔打击乐
荀朋文 《当代戏剧》1期
论当代戏曲音乐发展的总体趋势
张泽伦 《人民音乐》2期
意雅情浓谱新曲
——谈关雅浓的京剧作曲创作
宋大声等 《戏曲艺术》1期
从奚琴到胡琴家族的启示
寒声 《蒲剧艺术》1期
从山西勾腔谈起（上、下）
流沙 《蒲剧艺术》1、2期
我对"韵味"的认识
倪荷生 《黄梅戏艺术》1期
论戏曲音乐的继承和发展
——兼谈同戏曲音乐"陈旧""落后"论的分歧
许寄秋 《地方戏艺术》1期
谈豫剧打击乐的借鉴和发展
李献民 《地方戏艺术》1期
"一曲多用"与戏曲音乐的艺术个性
王政 《人民音乐》3期
"一曲多用"与戏曲改革
张怀智 《人民音乐》3期
布依戏的主体唱腔
一丁 《中国音乐》1期
要重视戏曲音乐的个性发展
戈弘 《戏剧评论》2期
对川剧高腔音乐综合性的再认识
张永安 《戏剧评论》2期
历史的启迪
——漫议戏曲音乐改革
李子敏 《戏文》2期
寓教于情 寓乐于情
——试谈戏曲创作中的感情描写
天方 《戏文》2期
发挥"杂交优势"——关于戏曲音乐的改革
丁献芝 《福建戏剧》2期
对川剧高腔音乐综合性的再认识
张永安 《四川戏剧》2期
川剧音乐发展的困境
雁翔 《四川戏剧》2期
拓展打击乐的艺术表现力
士心 《四川戏剧》2期
也从"一曲多用"谈起
彭涌 《四川戏剧》2期
秦腔鼓板演奏常识简介
李少波 《当代戏剧》2期
秦腔打击乐常识问答
马凌元 《当代戏剧》2期
白剧《望夫云》的音乐成就
蒋菁 《中央音乐学院学报》2期
试论戏曲音乐传统及其继承
邵锡铭 《大舞台》3期
浅谈戏曲唱腔中过门的出新
刘树汉 《蒲剧艺术》2期
戏曲音乐的美学特征与当代性
述开 《电视与戏剧》3期
非驴非马小议
——兼复方胜利同志
陶锦源 《黄梅戏艺术》2期
黄梅戏唱腔旋律，调式、调性浅谈
王槐堂 《黄梅戏艺术》2期
衬托有力、配合生动——高甲戏丑行音乐特点
王振权 《福建戏剧》3期
尹派放射新光彩
——谈"芳华"新排《红楼梦》的音乐创作
李梅云 《福建戏剧》3期
板式节奏的辩证法
李岱江口述 皇甫大华整理 《戏剧丛刊》3期
简论戏曲音乐的程式性
高鼎铸 《戏剧丛刊》3期
应调整琴师专业在乐队的位置
刘瑜 《四川戏剧》3期
五腔融合，互取所长
——从《真假吕洞宾》谈川剧音乐改革
戴克新 《四川戏剧》3期
珠联璧合，相映生辉
——秦腔《二进宫》唱腔音乐赏析
马骥 《当代戏剧》3期
浅谈京剧锣鼓（一、二、三）
王硕 《中国戏剧》7、8、9期
从评剧音乐的衍变看一个剧种的兴衰
叶志刚 《大舞台》4期
谈谈我的唱腔设计

张桂凤 《上海戏剧》4期

腔是死的，人是活的

李岱江 皇甫大华 《戏剧丛刊》4期

戏曲音乐的振兴与反思

——与许寄秋先生商榷

张泽伦 《河南戏剧》4期

再驳戏曲“危机”、“衰亡”与戏曲音乐“落后论”

——答李宏利同志公开信

许寄秋 《河南戏剧》4期

川剧高腔曲牌音乐基本风格

——浅论区域音列控制整体风格规范

蒲亨建 《四川戏剧》4期

冲出曲牌迷宫

——析〔梭梭岗〕类曲牌结构框架

曾晓鸣 《四川戏剧》4期

明确调式 校正误谱

——从川剧高腔曲牌中角调式谈起

李天鑫 《四川戏剧》4期

秦腔彩调研究

张晋元 《当代戏剧》4期

应注重晋剧唱腔的音域使用

康湘平 《戏友》3期

戏曲音乐创作的多元化

——试论首届艺术节戏曲音乐创作

徐代泉 《安徽新戏》5期

改进唱法，精进唱功

——谈川剧演技艺的继承与发展

何绍成 《四川戏剧》5期

四川民俗与川剧打击乐

钟善祥 《四川戏剧》5期

现代戏曲音乐的走向

汪人元 《文艺研究》6期

京剧“五音联弹”唱腔音乐初探

毛宗骧 《戏剧丛刊》6期

宛北、宛东越调的地域属性

魏天葆 李桂平 《河南戏剧》6期

川剧音乐改革的战略问题

陈祖明 《四川戏剧》6期

突破与思考

——评电视川剧《界树下的奇案》音乐设计

张 侃 《四川戏剧》6期

“知觉乐”里话改革

——外国音乐家谈川剧音乐改革

蒋立芳 《四川戏剧》6期

谈谈陈爱华的唱腔艺术

胡 铀 《云南戏剧》6期

黄梅戏的音乐如何发展

——从样板戏的音乐创作得到的启示

王槐堂 《人民音乐》12期

在“建构”中前进

——对戏曲音乐的建议

杨鸣键 郝玉英 《人民音乐》12期

论卫藏地区的藏戏音乐

户 光 《中央音乐学院学报》4期

京剧锣鼓牌子研究

张伯瑜 《中央音乐学院学报》1期

话剧音乐的性质和功能

郦子柏 《戏剧》夏季号

歌剧音乐及其在中国的实践

居其宏 《歌剧艺术》1期

歌剧《深宫欲海》音乐漫议

陈剑如 《剧海》3期

民族神韵 激越壮歌

——简析歌剧《仰天长啸》音乐的艺术特色

宫 威 《人民音乐》8期

戏剧教育

李文敏的程派教学

琮 庄 《戏剧报》1期

黄梅戏的育才模式初探

程功恩 《黄梅戏艺术》1期

谈戏曲表演教学中的示范教学法

贾占生 《戏曲艺术》2期

谈谈戏曲小品教学

黄德英 《戏曲艺术》2期

改进把功课教学的尝试

章 流 俞珍珠 《戏曲艺术》2期

谈电视录相在戏曲教学中的应用（四）

戴天平 《戏曲艺术》2期

改革与探索——表演教学思考一二

李学通 《戏剧艺术》2期

戏曲演员成才初探

张作子 《剧海》3期

话剧演员声乐教学初探

宋世珍 《戏剧》秋季号

朝鲜族表演人才的教学探索

金乃千 《戏剧》秋季号

培养现代黄梅戏人才之我见

邱 克 《黄梅戏艺术》3期

关于戏校学员气质特点的研究

权朝鲁　周跃先　王　希　《戏剧丛刊》5期

天性的发现与诱导

唐爱梅　《戏剧》冬季号

基础教学与艺术创造

马承祥　《戏剧》冬季号

桃李如今密似云

——萧长华先生教学生活略述

钮　骠　《戏曲艺术》4期

教学相长，多出人才

蔡英莲　《戏曲艺术》4期

戏曲身训教材与教法断想

薛　漪　《戏曲艺术》4期

剧院、剧团

自主增活力，奋发创业绩

——林县豫剧一团从改革中走出一条兴旺之路

张　迈　《戏剧报》1期

剧院建设和大众传播探讨

张建钟　《戏剧报》1期

艺术表演团体体制改革研讨

许柏林　《大舞台》1期

戏曲剧团体制改革的几点看法

谭　伟　《戏文》1期

浅谈剧团经费自给率下降的问题

周贵南　《剧海》1期

黄土地上的大篷车

——记宁夏话剧团的起飞

邝亦农　《人民日报》海外版2月11日

谈谈表演艺术团体现代管理意识

——赴加拿大考察引起的思考

蓝　天　《安徽新戏》2期

略论演出管理的双革

张成刚　《剧海》2期

艺术表演团体富余人员的最佳选择

《光明日报》6月23日

鼓励冒尖，扩大市场，严格管理

——上海市人民滑稽剧团体制改革经验介绍

李茂新　史　耘　《上海戏剧》4期

千呼万唤难出来

——羞羞答答的戏曲演出团体改革

裘红民　《戏文》4期

专业艺术表演团体的出路在哪里？

王成瑞　《安徽新戏》4期

一个出人出戏走正路的剧团

——记杞县豫剧团

郜明堂　《河南戏剧》4期

表演团体布局随谈

朱静民　《剧海》4期

文经结合——戏剧发展的必由之路

唐永啸　《四川戏剧》4期

再论艺术团体改革的整体意识

艾治国　《戏友》3期

清末明初剧团社会化与管理历史经验探讨

张　余　《戏剧艺术》3期

艺术管理体制古今谈

姚汉荣　《戏剧艺术》3期

“大作品”与剧团体改

严　肃　《四川戏剧》5期

对重庆经济文化联合体的回顾与思考

申列荣　陈家昆　《四川戏剧》5期

马少波谈国家京剧院（团）的建设

王希平　《中国戏剧》11期

艺术表演团体的特点及管理

王文章　《戏剧评论》6期

重点、热点、难点

——谈艺术表演团体的“双轨制”

胡广爱　《地方戏艺术》4期

戏剧工作者

笃实劬学，不媚时俗

——记京剧武生演员马玉璋

钮　骠　《戏剧报》1期

穷团·荀派·野皇妃

——访宋长荣、夏永泉

晶　晶　唯　韧　《剧影月报》1月号

没有结局，只有开始

——记辽宁人艺演员宋国锋

黄世明　《戏剧报》2期

风流落尽是艰辛

——记哈尔滨话剧院中年演员陆久栋

王龙波　《戏剧报》2期

横刀立马欲“折梅”

——记晋剧刀马旦高翠英

杜嘉夫　《戏剧报》2期

戏曲战线上的一位强者

——袁文娜印象

文　川　《戏曲艺术》1期

他在舞台上写“新诗”
——记沈阳话剧团青年导演王延松
齐世明 《电视与戏剧》1期
线条、色彩、路
——记歌剧导演胡湘光
《歌剧艺术》1期
经冬娇莺暖枝啼
——记绍剧第一代女旦章艳秋（续完）
谢涌诗 《戏文》1期
介绍昆剧演员张世铮
杨晴俊 《戏文》1期
默默耕耘，赫赫有报
——记优秀京剧演员董翠娜
王 臣等 《戏剧丛刊》1期
艺海珍珠分外明
——记青年吕剧演员刘玉凤
韩日成 《戏剧丛刊》1期
戏唱千遍功夫真
——记豫剧表演艺术家王善朴
开 沛 《河南戏剧》1期
常香玉回忆录（7—11）
常香玉口述 《河南戏剧》1—4、6期
粉墨生涯一甲子
——川剧表演艺术家曾荣华小记
廖友朋 《戏剧与电影》2期
梅花香自苦寒来
——记“最佳表演奖”获得者侯丹梅
阿 泰 《银屏舞台》1期
老艺术家的新徒弟
——访京剧演员周应伟
黄光新 《戏剧与电影》3期
思索·追求·实践
——访著名话剧导演徐晓钟
杜家福 《文艺报》3月12日
我眼里的母亲——徐玉兰
俞小勇 《上海戏剧》2期
新蕾吐芳华
——记越剧新秀王君安、李 敏
吴 斌 《福建戏剧》2期
闪光的音符
——访东山潮剧团的黄来旺
林水全 《福建戏剧》2期
“危机”声中好戏景
——访古田县闽剧团团长林汉湘
禾 木 《福建戏剧》2期

张宝英在改革中腾飞
——表演艺术家访问札记
刘文化 《河南戏剧》2期
两支红楼钗，一代梨园女
——记著名川剧演员肖开蓉、刘芸
曾渝陵 《戏剧与电影》4期
身怀绝技的洪吉昆
孙安堂 《戏剧报》5期
投身艺坛五十春（续一）
张云良 《剧影月报》5月号
南方京剧中的美猴王——张翼鹏
龚义江 《戏曲艺术》2期
唐派艺术后继有人
——记沈阳京剧院著名演员汪庆元
宁殿弼 《电视与戏剧》3期
闲不住的妈妈——范瑞娟
陈小宏 《上海戏剧》3期
没有一股傻劲怎么行
——记许桂芝
韦日正 汪福来 《黄梅戏艺术》2期
在困境中发展的中国戏曲
——访中国艺术研究院戏曲研究所所长苏国荣
孟长基 《福建戏剧》3期
花香斗艳待有时
——话秦腔优秀演员王婉丽
姚 娣 《当代戏剧》3期
艺术是他的生命
——记维吾尔族表演艺术家吐尔逊·艾山
李万根 《新疆艺术》3期
像吟唱一首诗一样
——《桑》剧赴新加坡演出前访徐晓钟
邝亦农 《人民日报》海外版6月22日
在中日戏剧的友好之桥上
——记《结婚》中译者戏剧翻译家于黛琴
晓 雄 《戏剧评论》4期
坎坷路上苦求索
——记黄梅戏导演黎承刚
程日免 《安徽新戏》4期
虎美玲的艺术世界
王浮星 高崇峻 《河南戏剧》4期
他还想冲上蓝天
——记剧作家杜政远
晓 庆 《河南戏剧》4期
林连昆其人其艺
左 莱 《中国戏剧》10期

深深怀念彭俐侬同志

康　濯　《戏曲研究》27辑

从王玉莲到卓文君

原双喜　《戏友》4期

艺坛新秀崔嫦娟

牛坤平　《戏友》4期

戏剧史

〔综合〕

扬州的戏剧

〔澳大利亚〕柯林·马克林著　明　光译

《艺术百家》1期

诗、乐、舞、戏融于一炉

——试论维吾尔戏剧

李肖冰　《戏剧》秋季号

同一片云彩下的两个艺术世界——抗战时期国统区戏剧与解放区戏剧之比较

廖全京　《四川戏剧》1期

〔戏曲〕

李渔研究中一个值得注意的问题

傅晓航　《大舞台》1期

闲话评剧"祖师爷"

郭启宏　《大舞台》1期

翁老明与山东琴书及小戏

刘延祥　《戏剧丛刊》1期

30年代的山东省立剧院

张和英　《戏剧丛刊》1期

洗涤窠臼，变旧成新

——《李笠翁曲话》研究一得

吴乾浩　《剧海》1期

坚实的足迹——《秦腔剧目初考》评述

周传家　《当代戏剧》1期

《长恨歌》《长生殿》新绎

钱　华　《文学评论》1期

论王国维的艺术价值观

张本南　《文学遗产》1期

承前启后的爱情悲剧《娇红记》

朱颖辉　《戏剧》春季号

中国南方农村古舞台巡礼（续一）

黄维若　《戏剧》春季号

《〈录鬼簿正续编〉新校本》序

王季思　《戏曲艺术》1期

《西厢记》研究的深化与开拓——《西厢记考证·后记》

蒋星煜　《戏曲艺术》1期

潘月樵等参加攻打江南制造局时间考

希　泽　《戏曲艺术》1期

浅论李渔

刘东升　《蒲剧艺术》1、2期

高庆奎略传（二、三）

李宗白　《戏友》1、2期

戏曲起源在民俗学上的认识

麻国钧　《戏剧文学》3期

论小说史即活的戏曲史

刘　辉　《戏剧艺术》1期

论两宋的饮食习俗与戏剧演出

翁敏华　《戏剧艺术》1期

朱权评传

夏写时　《戏剧艺术》1期

自残——得"道"

——元杂剧散论之一

洛　地　《艺术百家》1期

论《浣纱记》主题及其大收煞优劣

张文若　《艺术百家》1期

梅兰芳与20世纪（第1章）

徐城北　《艺术百家》1期

惆怅兴亡系绮罗——试论吴伟业的戏曲创作

周维培　《艺术百家》1期

从汉剧、黄梅戏在鄂东的兴衰，看时代审美要求对戏曲的影响

李久玖　《黄梅戏艺术》1期

忆安庆地区文训班（黄梅戏）

徐炳孚　《黄梅戏艺术》1期

岳西的木偶黄梅戏

汪同元　《黄梅戏艺术》1期

汤显祖在芜湖撰作《牡丹亭》说

朱建明　《黄梅戏艺术》1期

"太湖县抗建剧团"始末

郝培根　《黄梅戏艺术》1期

中国当代戏曲史略（续）

朱颖辉　《地方戏艺术》1期

一组具有早期特征的宋杂剧雕砖

——兼论"杂扮"的游离性特征

杨建民　《地方戏艺术》1期

两广戏剧交流考

顾乐真　《粤剧研究》1期

从佛山看粤剧产生和发展的社会基础

陈志杰　《粤剧研究》1期

邝新华和粤剧中兴
赖伯疆 《粤剧研究》1期
65年粤剧戏迷杂忆
汪容之 《粤剧研究》1期
"粤东天乐部"在梧州演出的我见
徐远洲 《粤剧研究》1期
戏曲史·心史·社会史
宁宗一 《社会科学战线》1期
我国现代戏剧评论之滥觞
——评介《丽丽所戏言》
谭春发 《戏剧评论》2期
清代戏剧主体的失落对戏曲发展的影响
孙文辉 《电视与戏剧》2期
海外戏曲孤本《风月锦囊》的新发现
彭 飞 朱建明 《上海艺术家》2期
凤阳花鼓与江南滩簧
蒋仁法 《安徽新戏》2期
对台·弹台·破台·闹台——福州戏俗趣谈
曲 锋 《福建戏剧》2期
以史为镜，可知兴衰——简析昆曲发展的历史经验
石生潮 《剧海》2期
鲁迅在易俗社观剧记
盛文庭 《当代戏剧》2期
40年前的一桩戏剧公案
——梅兰芳发表"移步不换形"主张之始末
张颂甲 《戏剧报》5期
中国戏剧社会化、商品化管理史证辩优
张晓果 《戏剧报》6期
封建王朝的挽歌
——孔尚任《桃花扇》思想内容新探
孔 瑾 《戏剧》夏季号
中国南方农村古舞台巡礼（续完）
黄维若 《戏剧》夏季号
论郑廷玉杂剧的语言艺术
毛小雨 《戏曲艺术》2期
魏长生唱秦腔质疑（上、下）
何光表 《戏曲艺术》2、3期
情绪·心态·意向
刘彦君 《戏曲研究》26辑
宋金古剧在山西之流变
——对上党地区发现院本考辩
杨孟衡 《戏曲研究》26辑
孟称舜的卒年及其后人
胡绪伟 《戏曲研究》26辑
胡绪伟《孟称舜的卒年及其后人》书后
朱颖辉 《戏曲研究》26辑
五溪鼓乐声
——辰河戏在少数民族地区的流行
李怀荪 《戏曲研究》26辑
民族沃土盛开"山茶花"
——彩调剧在广西少数民族地区流播成长
蔡定国 《戏曲研究》26辑
潮剧在泰国的沧桑
赖伯疆 《戏曲研究》26辑
言菊朋传略
李宗白 《戏曲研究》26辑
梆子——农民的艺术（论文摘要）
周传家 《戏曲研究》26辑
《录鬼簿》的历史地位
——兼论元人戏剧观
吕薇芬 《戏曲研究》26辑
钟嗣成戏曲文学创作论新探
陆 林 《戏曲研究》26辑
钟嗣成论戏剧审美的功利要求
蓝 凡 《戏曲研究》26辑
抗日战争时期桂林一带的戏曲活动
傅淑云 《戏曲研究》26辑
元代社会与杂剧兴衰
刘荫柏 《文艺研究》3期
山川满目泪沾衣
——白朴《梧桐雨》的时代特征
公书仪 《戏曲研究》26期
蒲剧流入西北考续
杨志烈 《蒲剧艺术》2期
上党戏源流诸说
李近义 《戏友》2期
台湾歌仔戏的发展与变迁
曾永义 《戏剧艺术》2期
张岱对戏曲史论之贡献
蒋星煜 《戏剧艺术》2期
《一捧雪》本事新证
刘致中 《戏剧艺术》2期
吴舒凫生平考
——与刘辉先生商榷
华 生 《戏剧艺术》2期
中国戏曲从叙事体到代言体的嬗变
秐 耕 《艺术百家》2期
古戏剧并非起源于歌舞——"戏""舞"二词辨异
冯建民 《艺术百家》2期
梅兰芳与20世纪（第2章1933）

徐城北 《艺术百家》2期

滩簧考述
——兼谈锡剧的总源头
王染野 《艺术百家》2期

淮剧的“东西路”与“南北派”
邓小秋 《艺术百家》2期

川昆形成诸因及剧目略考
冬 尼 《四川戏剧》3期

从早期传本论证南戏的创作和成书（上）
徐朔方 《社会科学战线》2期

为一代戏曲大师立传之作
——评蒋士铨的《临川梦》传奇
王永健 《苏州大学学报》2期

《元刊杂剧三十种新校》题记
吴小如 《兰州大学学报》2期

新的美学观念与研究方法的成功探求
——论王国维《宋元戏曲考》
洪 欣 《戏剧文学》7期

从潮剧《张春郎削发》看李渔戏曲结构学说
陈韩显 《戏剧评论》4期

关于中国文化史的几点随想
——廖奔著《宋元戏曲与民俗》序
冯其庸 《文艺研究》4期

试论元杂剧中包公形象大量出现的原因
张月中 张琪瑛 《大舞台》4期

熔百家之美成一人之奇
——学习《西厢记》对古典诗词的熔铸
刘润为 《大舞台》4期

论中国传统文化对戏曲文学的制约
肖善因等 《戏剧文学》8期

目连戏今昔谈
俞康生 《剧海》4期

论傩与傩戏源于楚巫觋
胡健国 《剧海》4期

节日民俗与戏曲文化
郑传寅 《四川戏剧》4期

简论封建法制文化的戏曲形态
——从包公戏看清官意识
刘永濂 《四川戏剧》4期

马健翎剧作的评介问题
董丁诚 《当代戏剧》4期

中国戏曲今见最早的剧本
——跋敦煌唐写本P.3128号卷子
曲金良 《戏剧》秋季号

夏庭芝和他的《青楼集》
孙崇涛 徐宏图 《戏剧》秋季号

精湛的伎艺 悲惨的命运
——读《青楼集》
徐宏图 李兆淦 《戏曲艺术》3期

魏长生唱秦腔质疑（下）
何光表 《戏曲艺术》3期

“关公戏”与关羽其人
许天柏 《戏友》3期

论张彭春与梅兰芳的合作及其影响
马 明 《戏剧艺术》3期

论汪笑侬的戏曲改良活动
傅秋敏 《戏剧艺术》3期

论徐谓“本色”的多层构建
王长安 《戏剧艺术》3期

论《西厢记》的评点系统
谭 帆 《戏剧艺术》3期

滑稽戏和文明戏的血统关系
江上行 《艺术百家》3期

试论“以时文为南曲”
钟明奇 《艺术百家》3期

题材内容的单向吸收与双向交融
——中国小说与戏曲比较研究之二
刘 辉 《艺术百家》3期

王骥德艺术观的启示
朱 沨 《黄梅戏艺术》3期

从“梁祝”叙事山歌到戏曲
——黄梅戏“下天台”、“上天台”的产生及其流播
桂遇秋 《黄梅戏艺术》3期

壮剧30年
丘振声 《民族艺术》3期

壮师剧的三个历史时期
蒙光朝 《民族艺术》3期

“车王府曲本”管窥
苏寰申 刘烈茂 郭精锐 《中山大学学报》3期

“车王府曲本”笔谈
中山大学“车王府曲本”整理组 《中山大学学报》3期

论关汉卿的戏剧观及其创作的社会机遇
惠 连等 《大舞台》5期

河北梆子在新疆
张进清 《大舞台》5期

满族戏——“朱赤温”
王玫罡 《大舞台》5期

五腔调的起源与发展

克 明 瑞 峰 国 强 《大舞台》5期

奉天落子初探

崔春昌 《电视与戏剧》5期

南戏、北曲及其他

吴 戈 《戏文》5期

论《牡丹亭》的理想性质

李家杰 《安徽新戏》5期

福建古剧遗址三证

廖 奔 《福建戏剧》5期

元前期曲坛与全真教

侯光复 《文学遗产》5期

论古代戏曲民俗

赵小林 《华东师范大学学报》5期

汇集在丝路中段的眺望

——中国戏剧起源研讨会附记

黄维钧 《中国戏剧》11期

论关汉卿的戏剧特征

〔苏〕弗·谢曼诺夫 姜 涛译 《外国戏剧》4期

萧长华先生简要年表

钮 骠 《戏曲艺术》4期

《西厢记》第五本不是王实甫之作

蔡运长 《戏曲艺术》4期

贵州民族民间傩戏与民俗

庆修明 《戏曲研究》27辑

场上之曲的倡导者与实践者

——重评沈璟的戏曲理论与实践者

朱万曙 《戏曲研究》27辑

徐渭与汤显祖

张新建 《戏曲研究》27辑

明代青阳腔剧目刍议

班友书 《戏曲研究》27辑

宋代戏剧调笑滑稽的机趣美

胡天成 《戏曲研究》27辑

杨小楼艺术活动概略

戴淑娟 《戏曲研究》27辑

《国外研究中国戏曲的英语文献索引》补

(香港) 何贵初 《戏曲研究》27辑

王实甫籍贯考索

魏志礼 《大舞台》6期

从山陕梆子的流变看戏曲剧种的优胜劣汰

魏冠儒 《大舞台》6期

论冯梦龙的戏曲美学观

洪 欣 《戏剧文学》12期

论中国戏剧之起源

——中国戏剧起源研讨会纪实

《戏剧艺术》4期

人类学、性与《长生殿》

孙小布 《戏剧艺术》4期

从戏剧性谈傣剧的形成

毛祥麟 《戏剧艺术》4期

戏剧性及其发生机制

——元杂剧结构研究之二

李昌集 《艺术百家》4期

《燕子笺》作者辨析

呼安泰 《艺术百家》4期

梅兰芳与20世纪(第4章1944)

徐城北 《艺术百家》4期

见微知著 彰往昭来

——从东至县黄梅戏与目连戏、文词戏的盛衰谈起

方文章 《黄梅戏艺术》4期

民间说唱文学与黄梅戏的历史渊源

桂遇秋 《黄梅戏艺术》4期

明代戏曲作家佘翘生平及其著作

张良侯 《安徽新戏》6期

真假杂糅 远譬近指——读《吟风阁杂剧》

周 旻 《福建戏剧》6期

寄情于史 泪洒曲苑——评《柳子戏简史》

刘加林 《戏剧丛刊》6期

清代戏剧家丁耀亢及其创作

孙永和 《戏剧丛刊》6期

越调剧种探源

王 毅 《河南戏剧》6期

宋金表演艺术戏曲化过渡的形态特征

——宋金杂剧研究之二

杨建民 《地方戏艺术》4期

迷戏辨析

王槐蔚 《当代戏剧》6期

“老腔影子”史考

曹冠敏 《当代戏剧》6期

略论古剧的幽默传统

龚维英 《当代戏剧》6期

《王国维年谱》证补

张清华 《文学遗产》6期

论汤显祖“情”的美学观

宋锦有 《南开学报》6期

元曲作家的悲观心理与情感特征

吴建国 《华东师范大学学报》6期

新曲学的崛起与旧曲学的终结

——王国维与吴梅戏曲研究之比较

周维培　《南京大学学报》4期

悲观沓见　离合环生

——论我国古典悲剧理论的情感结构模式

周安华　《南京大学学报》4期

〔话剧〕

国立剧专漫忆

冬　尼　《四川戏剧》1期

田汉与“南国社”（3、4、5）

严　肃　《戏友》1、3、4期

忆“抗敌剧社”一次非同寻常的演出活动

戈　枫　《新文学史料》1期

试论陈白尘喜剧创作

胡星亮　《剧影月报》5月号

周朴园性格的再认识

闵　阳　《大舞台》3期

酸楚的人生，情化的哲理

——论王利发〔老舍《茶馆》〕

张永萱　《剧作家》3期

论陈白尘剧作中的两种可贵精神

董　健　《艺术百家》2期

开拓·发展·收获

——1928—1986年田汉研究述评

韩日新　《文学评论》3期

思想的开掘　艺术的创新

——论曹禺新编历史剧《王昭君》

朱月瑾　《南京大学学报》2期

中国话剧史上最早的女子演剧

高　鉴　《人民日报》海外版6月17日

谈曹禺剧作中女性形象的几个特点

王宛平　《戏剧》秋季号

并峙于黑暗王国中的喜剧双峰

——论抗战时期李健吾、杨绛的喜剧创作

张静河　《戏剧》秋季号

苦斗中出现的戏剧

——论南国社在中国话剧史上的地位与影响

刘　平　《戏剧》秋季号

曹禺创作的迷惘意识

万同林　《艺术百家》3期

论日本新派剧对中国早期话剧的影响

王宛平　《戏剧》冬季号

阿英在上海“孤岛”时期的剧本创作

李为文　《安徽新戏》6期

徐圩戏剧初探

潘亚暾　汪义生　《福建戏剧》6期

试论李健吾的悲剧艺术

汪修荣　《山西大学学报》4期

从石中剖出美玉来

——试论老舍剧作的构思艺术

郑启幕　《吉林大学学报》4期

五四时期话剧的崛起与沉沦

张艳华　《文史哲》4期

悲剧的提示：走与留·命运选择·文化冲突

——重新认识曹禺笔下三女性

杨苗燕　《中山大学学报》4期

中国戏剧与世界戏剧

化丑为美，异域同辉

——《看钱奴》与《吝啬鬼》之比较

郑　雷　《大舞台》1期

中国喜剧与欧美喜剧的比较

张英铎　《河南戏剧》1期

梅兰芳的艺术使我们着迷

〔苏〕斯坦尼斯拉夫斯基著　梅绍武译

《人民日报》2月18日

布拉格87年国际舞台美术展述评（二）、（三）

李　畅　《戏剧》春季号、夏季号

布拉格国际舞台美术展中的民族化

李　畅　《戏曲艺术》

论王尔德对中国话剧发展的影响

夏　骏　《戏剧艺术》1期

论中国话剧艺术对契诃夫的选择

朱栋霖　《戏剧艺术》1期

中西话剧舞台上的荒诞色彩

张艳华　《戏剧艺术》1期

纪君祥的《赵氏孤儿》与伏尔泰的《中国孤儿》——中法文学的首次交融

钱林森　《文艺研究》2期

“黑暗王国”中的人物意识显现

——《孔雀东南飞》、《大雷雨》和《原野》的平行比较

朱希祥　《华东师范大学学报》2期

中国戏曲与布莱希特演剧体系的比较

盛　泽　《当代戏剧》3期

《雷雨》与《俄狄浦斯王》

周　旋　《外国文学研究》2期

“陌生化”在中国

——俄国形式主义与中国戏曲及古

典美学的比较

吴健波 《戏剧文学》7期

点线的艺术和板块的艺术

——中西戏剧结构比较

蓝 凡 《上海戏剧》4期

奥尼尔在中国

龙文佩 《复旦学报》4期

第一届纽约国际艺术节（戏剧）印象

孙惠柱 《外国戏剧》4期

东京奥尼尔国际学术讨论会记盛

汪义群 《上海艺术家》5、6期

中国戏剧的“第三次冲击”

——中央戏剧学院演出团星岛访问演出记行

陈 述 《戏剧》冬季号

一次盛大的国际会议和戏剧节

廖可兑 《戏剧艺术》4期

东西文化交流的一次盛会

刘海平 《戏剧艺术》4期

外国戏剧

传统的连续性与各派的并存性

——访苏观剧杂记

董 健 《戏剧报》1期

曾野绫子和她的《家庭悲剧》

俞慈韵 《人民日报》1月28日

80年代美国戏剧的发展——从商业戏剧到非赢利戏剧

谢榕津 《戏剧评论》1期

苏联戏剧的改革与实验

沙 金 《上海戏剧》1期

美国的舞台设计

吴光耀 《福建戏剧》1期

日本的传统艺术与现代生活

王耀华 《福建戏剧》1期

尤金·奥尼尔的戏剧与存在主义

戴 寅 《中国人民大学学报》1期

悲剧并未衰亡

——苏联当代悲剧《石椁》读后有感

陈瘦竹 《文艺报》2月6日

奥格斯托·波尔的戏剧理论和实践

春放立木 《外国戏剧》1期

戏剧是一种毫无意义的礼拜仪式

——论日奈的戏剧思想

全小虎 《外国戏剧》1期

喜看苏联儿童歌剧《大狼和七只小羊羔》

——再访莫斯科国立儿童音乐剧院

戈宝权 《外国戏剧》1期

“荒谬的现实”与“荒谬的作品”——阿尔贝·加缪的剧本《误会》评介

邓世还 《戏剧》春季号

扎哈罗夫之迷

查明哲 《戏剧》春季号

访列宁格勒戏剧学院

林荫宇 《戏剧》春季号

《推销员之死》是不是悲剧

——美国戏剧理论界的一场讨论

戴 玲 《戏剧文学》3期

80年代中期苏联戏剧界的思考与争论

陈世雄 《戏剧艺术》1期

苏联的文艺改革及纪实悲剧《石椁》

——反映切尔诺贝利核电站事件的剧本评价

应天士 《艺术百家》1期

从《基金会》看布埃罗的净化观

陈凯先 《当代外国文学》1期

论阿尔班·贝尔格的歌剧《沃采克》（一、二、三）

余志钢 《中央音乐学院学报》1、2、3期

苏、波剧目一瞥

陈健秋 《剧本》4月号

国外音乐剧简况评述

刘诗荣 《歌剧艺术》2、3期

无限的时空

——试论美国话剧《小镇风情》

吴建新 《安徽新戏》2期

虚实相生的舞台美术

——访苏释疑之一、之二

陈健秋 《剧海》2期

古诺和他的歌剧艺术

孙慧双 《人民音乐》4期

寻求时代特征的西德剧作家波托·斯特劳斯

谢莹莹 《外国文学》2期

布尔加科夫的《火红的岛》

汀 化 《苏联文学》2期

从两台名剧的演出看苏联戏剧艺术流派的并存与竞争

——访苏札记之二

刘 川 《剧影月报》5月号

奥尼尔的《诗人的气质》

蒋虹丁 《剧影月报》5月号

今日苏联剧坛印象

——记中国戏剧家代表团访问苏联

舒 强 《外国戏剧》2期

潘慧和他的剧作

萧　曼　《外国戏剧》2期

寻求时代特征——联邦德国剧作家波托·斯特劳斯

谢莹莹　《外国戏剧》2期

他是这样成功的——访苏联人民演员尼丰托娃

苏　红　《外国戏剧》2期

剧坛宿将乌里扬诺夫

王爱儒　《外国戏剧》2期

我所看到的苏联戏剧（之一）

林荫宇　《戏剧》夏季号

日本当代戏剧概况

濑户宏　《戏剧》夏季号

日本话剧的开创者——小山内薰

王爱民　《戏剧》夏季号

斯坦尼斯拉夫斯基体系在美国

李　醒　《戏剧》夏季号

希腊悲剧：影响与变形

任生名　《戏剧》夏季号

戏剧·情境·哲理

——论存在主义境遇戏剧的哲理寓意

刘志新　《艺术广角》3期

捷克斯洛伐克戏剧访问记

王正春　《剧作家》3期

论双向戏剧化，角色的换演及其他

——以犹太文化及其戏剧为个例的分析

顾晓鸣　《戏剧艺术》2期

美国黑人戏剧文学

郭继德　《戏剧艺术》2期

社会与人性的选择，传统与现代的融合

——记英国当代剧作家彼得·谢弗和他的剧作

汪义群　《戏剧艺术》2期

残酷戏剧和他的两个宣言（安托南·阿尔托的戏剧理论）

吴光耀　《戏剧艺术》2期

布莱希特戏剧的模式变革

张健中　《戏剧评论》2期

公开性与戏剧

——访苏释疑之三

陈健秋　《剧海》3期

谈谈表现主义戏剧

邹昆凌　《云南戏剧》3期

《奇异的插曲》的戏剧特色与主题意义

杨永丽　《当代外国文学》2期

论奥尼尔剧作中的大海形象及其作用

张　冲　《当代外国文学》2期

恶棍耶？悲剧主人公？

——奥尼尔“古典型”悲剧人物初探

赵　宇　《当代外国文学》2期

民主德国专利的搏斗，法治对独断的胜利

——论《俄瑞斯忒亚》三部曲及对此剧中几个问题的异议

林亚光　《外国文学研究》2期

喜剧的启示

——《伪君子》、《钦差大臣》读后

潘传文　《外国文学研究》2期

试论奥尼尔戏剧的美学特征

夏茵英　《戏剧文学》7期

“胡萝卜从哪里来？”

——从《等待戈多》之争看当今西方文论

杨正润　《文艺报》7月2日

盖利曼的艺术探求与戏剧创作

郭家中　《中国戏剧》8期

日本创作歌剧的历程

王北城　《歌剧艺术》4、5期

“尚简”潮头的弄潮儿——谈易卜生戏剧的审美特征

吴桂珍　《新疆艺术》4期

米·沙特罗夫政论剧

宁　兴　《俄苏文学》4期

麦克纳马拉教授与美国的大众娱乐研究

孙慧柱　费春放　《外国戏剧》3期

斯特莱赫特和“人的戏剧”

吕同六　《外国戏剧》3期

日本四季剧团与观众

李小慧　《外国戏剧》3期

西德歌剧院的经营管理

王文章　《外国戏剧》3期

我所看到的苏联戏剧（续）

林荫宇　《戏剧》秋季号

严肃是没有出路的——论迪伦马特的《老妇还乡》

赵晓丽　屈长江　《戏剧》秋季号

罗森克兰兹和吉尔登斯丹没有死

——莎士比亚与现代戏剧比较研究

田　民　《戏剧》秋季号

迪伦马特悲喜剧的美学特征

吴朝红　《戏剧》秋季号

北欧诸国剧场考察

诸有韬　《戏剧》秋季号

战后德语戏剧简论

李如茹　《戏剧艺术》3期

荒诞派戏剧与一般戏剧的差异

王长安　《艺术百家》3期

怎样理解哈姆雷特的犹豫

马　珂　《地方戏艺术》3期

“他人即地狱”

——萨特戏剧《密室》浅析

徐　枫　《外国文学研究》3期

莎剧演出与时代审美意识

张晓阳　《外国文学研究》3期

谢德林歌剧《死魂灵》的结构特征

高燕生　《中央音乐学院学报》3期

人的异化与现代西方戏剧的发展

陈世雄　《文艺研究》5期

盖尔曼谈“双人戏”

童道明　《戏剧文学》10期

文艺复兴：莎士比亚生不逢时

张未民　《戏剧文学》10期

不肯驾轻就熟的剧作家

王克豪　《剧作家》5期

奥尼尔晚年奉献

陈　渊　《上海艺术家》5、6期

漫谈奥尼尔剧作中的悲剧意识

龙文佩　《上海剧作家》5、6期

奥尼尔剧作的现代性及其特点

华　明　《上海艺术家》5、6期

澳大利亚新戏剧运动刍议

王晓玉　《外国文学》5期

《想入非非》的想象的延伸

魏宗万　《外国文学》5期

莎士比亚与文艺复兴时期的历史观

张晓阳　《辽宁大学学报》5期

从审美鉴赏的角度看布莱希特的“间离效果”

王　捷　《戏剧文学》11期

古希腊悲剧审美特征漫笔

丁扬忠　《剧本》12月号

从歌剧《女佣工》谈起——乌克兰戏剧浅谈

谭得伶　《外国戏剧》4期

匠心甘苦有谁知——莎士比亚戏剧背景研究

张泗洋　《外国戏剧》4期

反艺术——评“演艺”及其代表者纳托尔

华　明　《戏剧》冬季号

战后的美国戏剧

郭继德　《戏剧文学》12期

论尤金·奥尼尔

——现代戏剧奠基人尤金·奥尼尔

郭继德　《戏剧艺术》4期

漫谈奥尼尔对戏剧艺术形式的开拓

龙文佩　《戏剧艺术》4期

由“奥尼尔热”引起的思考

汪义群　《戏剧艺术》4期

《休伊》与《尤奕》

杨永丽　《戏剧艺术》4期

奥尼尔与现代悲剧意识

任生名　《戏剧艺术》4期

荒诞派

马小弥　《戏剧与电影》12期

日本现代能剧简介

曾　波　《云南戏剧》6期

从《翻译》看爱尔兰问题的特殊性和普遍性

陈　恕译　《外国文学》6期

人文主义理想的悲歌绝响

——话说《李尔王》

陈长春　《外国文学研究》4期

当代法国戏剧新特点纵横谈

高　强　《南京大学学报》4期

丧失与复苏

李德纯　《外国戏剧》2期

歌剧导演

〔联邦德国〕汉斯·哈特雷伯著　顾耀明译　《歌剧艺术》1期

任意编改《卡门》

〔法〕阿兰·巴里斯著　龙世华译　《歌剧艺术》1期

歌剧及其在美国的前途

〔美〕赫伯特·格拉夫著　顾连理译　《歌剧艺术》1、4、5、6期

美国先锋派戏剧现状如何

〔美〕迈尔·古索　谢榕津摘译　《外国戏剧》1期

戏剧符号学的几个问题

〔法〕安娜·于贝尔斯费尔特　李华艺　黎继德译　《外国戏剧》1期

彼德·布鲁克的6天

——和群众切磋戏剧艺术

〔法〕乔治·巴努　张学采译　《外国戏剧》1期

罗伯特·泰勒的艺术生涯

周国珍编译　《外国戏剧》1期

印度现代戏剧

胡亚非节译　《外国戏剧》1期

空白与虚惘——日常生活的戏剧

〔美〕雷诺拉·香巴尼　吴朝虹编译　《戏

剧》春季号

小剧院的艺术是什么样的？

〔苏〕尤·季米特里叶夫　张苏琴译　《戏剧》春季号

布莱希特与喜剧

M·马克歌　艾理译　《戏剧文学》3 期

铸造神话

〔法〕萨特　施康强译　《外国戏剧》2 期

阿瑟·密勒忆往昔

〔美〕唐·沙利文　杜梦纲摘译　《外国戏剧》2 期

日本青年剧作家北村想

渝人编译　《外国戏剧》2 期

现代哑剧简述

刘丽华编译　《外国戏剧》2 期

印度当代戏剧

〔印〕苏列殊·阿瓦斯蒂著　胡亚非节译　《外国戏剧》2 期

转变中的英国剧坛

〔美〕弗兰克·里奇著　谢榕津编译　《外国戏剧》2 期

布莱希特论舞台设计

〔美〕约翰·魏勒　吴光耀译　《戏剧》夏季号

论再体现的时间过程

〔苏〕奥·列麦兹　孙德馨译　《戏剧》夏季号

格洛托夫斯基的实验戏剧

〔美〕罗伯特·苏德雷　哈利娜·菲力普维克丝著　范益松编译　《戏剧艺术》2 期

日本歌舞伎的革新

〔美〕玛格丽特·克若伊丹著　羽　军译　《四川戏剧》3 期

著名歌唱家论歌唱

——菲奥莱扎科索托

张显平译　周小燕校　《歌剧艺术》4、5期

一部引起强烈反响的剧作

高　志　阎　静摘译　《俄苏文学》4 期

大众娱乐和戏剧研究

〔美〕马尔文·卡尔森　春　放译　《外国戏剧》3 期

理想的演员——日本14位名导演艺术谈之二

〔日〕木村隆整理　李华艺摘译　《外国戏剧》3 期

论布莱希特

〔法〕罗兰·巴尔特　张小鲁译　《外国戏剧》3 期

在政府资助与票房收入之外

〔英〕约翰·皮克斯　任生名译　《外国戏剧》3 期

全能的艺术家伊夫·蒙当

〔法〕玛-伊·鲁希　文　枫编译　《外国戏剧》3 期

现代社会发展和剧场

〔英〕约蒂·莱恩著　田培明译　《戏剧艺术》3 期

现代化剧场的组织结构与工作展开

〔日〕清水裕之著　高伟民译　《戏剧艺术》3 期

导演与剧作家

〔英〕查尔斯·马洛维茨著　郭曙海译　《戏剧艺术》3 期

近十年来的日本舞台美术

〔日〕野村乔著　孙浩然译　《戏剧艺术》3 期

音乐喜剧、音乐话剧、音乐剧

陈伯康等译　《歌剧艺术》4、5 期

美国现代歌剧《尼克松在中国》

〔美〕南茜·马列兹著　李耀伦译　《歌剧艺术》4、5 期

歌剧《马尔科姆·爱克斯》的巨大成就

〔美〕戴维·斯特里特著　徐　山译　《歌剧艺术》4、5 期

日本创作歌剧的历程

〔日〕宫泽纵一著　王北成译　《歌剧艺术》4、5 期

是工具不是法则

——与青年剧作者谈技巧

吴朝红编译　《戏剧与电影》10期

歌剧表演艺术论

〔苏〕梅耶荷德　童道明译　《外国戏剧》4 期

我的导演观——日本14位名导演艺术谈之三

〔日〕木村隆整理　黎继德译　《外国戏剧》4 期

罗伯特·泰勒的艺术生涯（续）

周国珍编译　《外国戏剧》4 期

魁北克戏剧40年

〔加〕马塞尔·弗尔坦　文　枫编译　《外国戏剧》4 期

80年代的拉美戏剧

韩纪扬编译 《外国戏剧》4期

布莱希特与视觉艺术（下）

〔英〕约翰·魏勒特 吴光耀译 《戏剧》冬季号

论尤金·奥尼尔的《马可百万》：追求边缘性和东方的非物质化

〔美〕梅秀立 巫宁坤译 《戏剧》冬季号

当代剧场空间问题

〔法〕丹尼斯·巴布莱特 刘杏林译 《戏剧》冬季号

苏联著名导演托夫斯托诺戈夫的个性

〔苏〕波·津盖尔曼 姜丽节译 《戏剧》冬季号

论斯坦尼斯拉夫斯基体系

〔俄〕米哈伊尔·契诃夫 童道明译 《戏剧》冬季号

观众戏剧学

〔意〕马克·德·马里尼著 丁瑞良译 《戏剧艺术》4期

戏剧类型

〔苏〕托马舍夫斯基著 谢振天译 《戏剧艺术》4期

波克罗夫斯基的导演工作

顾耀明 戈兆鸿译 《歌剧艺术》6期

收录报刊目录

戏剧报（自第7期起改为《中国戏剧》） 剧本 外国戏剧 戏剧 戏曲艺术 新剧本 戏剧评论 戏曲研究 文艺研究 大舞台 蒲剧艺术 戏友 电视与戏剧 艺术广角 戏剧文学 剧作家 上海戏剧 上海艺术家 戏剧艺术 歌剧艺术 剧影月报 艺术百家 戏文 黄梅戏艺术 安徽新戏 福建戏剧 影剧新作 戏剧丛刊 河南戏剧 地方戏艺术 剧海 南粤剧作 粤剧研究 民族艺术 四川戏剧 戏剧与电影 银屏舞台 云南戏剧 当代戏剧 新疆艺术 人民音乐 中国音乐 文学评论 文学遗产 新文学史料 外国文学 苏联文学 当代外国文学 俄苏文学 外国文学研究 社会科学战线 北京大学学报 中国人民大学学报 中央音乐学院学报 南开学报 山西大学学报 辽宁大学学报 吉林大学学报 复旦学报 华东师范大学学报 南京大学学报 苏州大学学报 文史哲 武汉大学学报 中山大学学报 兰州大学学报 人民日报 人民日报海外版 光明日报 文艺报 文汇报

（李 雷等辑）

1988年中国艺术研究院录相目录

本目录所列录相系中国艺术研究院录相室和昆曲研究会，《中国戏曲发展史》电视系列片摄制组，浙江、福建、贵州、云南等省文化厅，在京戏曲院团合作录制。

演员（演出单位）	剧目
浙昆	
汪世瑜　王奉梅	长生殿　絮阁·密誓·小宴·惊变
汪世瑜	紫钗记　折柳·阳关
汪世瑜	牡丹亭　拾画·叫画·硬拷
王奉梅	疗妒羹　题曲
陶伟民　李明华	鸣凤记　写本
汪世瑜　龚世葵	狮吼记　跪池
王世瑶　龚世葵	渔家乐　相梁·刺梁
王世瑶　张世铮	鸣凤记　吃茶
王世瑶	幽闺记　请医
王世瑶　王奉梅	跃鲤记　芦林
张世铮	十五贯　判斩
张志红　汪世瑜	牡丹亭　游园·惊梦
永嘉昆曲	
谢菲菲　郑淑兰	摘桂记　牲祭
王冬生　郑淑兰	琵琶记　吃糠
林媚媚　周云娟	荆钗记　见娘
刘文华	窦娥冤　斩娥
莆仙戏	
莆田县　仙游县	莆仙戏排场
祁玉钦　黄宝珍	张协状元　遇虎·马踏
姚金铸	杀狗记　元春迎狗
黄宝珍　黄宝珠	蒋世隆　瑞兰走雨
傅清连	目莲救母　打地狱
何云英　傅丽云　林俊平 王庆清	目莲救母　银奴吊
蔡新技　傅丽云	目莲救母　龙女弄
林玉灿　张挺　郑剑飞 章俊峰	三鞭回二锏
林新枝　林凤锦	朱朝连
林玉灿　侯秀萍　张金国 王庆清	陈光蕊　洪江被劫
梨园戏	
黄炳铜　吴艺华	刘文龙
郑小梅　黄晓萍	郭　华　入山门
吴艺华	王　魁　走　路
黄永芬　黄晓萍	董　永　摘　花
黄炳铜　曾静萍	朱文太平钱　赠绣箧
林文荣	大出苏
泉州木偶	
庄文铁　陈学群　傅端凤 夏荣锋	目莲救母　速报司·托梦
孟素萍　林晓军　庄文铁 杨　度　夏荣锋	目莲救母　母子别·许豹殴父·劝开荤
庄文铁　林晓军　孟素萍 夏荣锋	目莲救母　四海龙王贺寿
黄文君　陈学群　陈应鸿	目莲救母　罗卜守墓·招朋
傅端凤　夏荣锋　孟素萍	目莲救母　刘世真·打益利
陈应鸿　林晓军　傅端凤	窦　滔
布依戏	
王贞荣　贺阿迪	胡喜与南祥

黄保达　黄光阳	武显王闹花灯
韦吉刚　贺兴秀	看山穿
莫绍基　黄中岳	一女嫁多夫
李定明　韦云贵	哑面傩

地　戏

贵州省普定县地戏队	孟怀远招亲　演出仪式

傩　戏

广仲坤　吴德华	二圣登殿
安永生　卜兴国	真假尤重九
广仲坤　安永生	毛鸡打铁
张毓福　张毓贤	开　坛
周碧朝　张金德	开　洞
张金铭　何顺智　张金和	出关爷
张金和　何正尧　何顺智	五报先锋
安国如　安世文　安维曹	出虎豹
简泽波	压兵先师
张毓福　张毓贤	梁山土地
李泽国　李泽安　吴廷义	开　洞
李泽国　李楹福　李楹丰	砍三元　扫邪归正
肖兴堂　申茂桃	上刀山
吴廷英　李楹福　李永辉	骑龙下海
郑周成　夏仲文　杨继宣	打加官
杨继宣　杨发庆　郑周成	引兵
郑周成　张忠恒　夏文帮	打红花山

侗　戏

云南省黎平县	珠郎娘美
侗戏演出队	三媳争婆　外调

关索戏

云南省澄江县	战长沙　　古城会
小屯关索戏团	踩村

白　剧

陈协忠　张杰新　张永和	敬戏神
张沛仁　陈协忠　张兰仲	三出首
大理白剧演出队	火烧磨房　竹林拾子
	曹三斤告状

傣　剧

爱有源　刀立廷	请戏神
焦二所　刀波月团凹	火龙传
刀安先　刀立廷　刀安庶	锁阳城
刀立廷	天官赐福
刀安先　刀安庶	跳灵官

佤族清戏

廖美玲　李兰芳　张正仙	姜氏刁姑
李家伦　李立忠　杨兰芳	和尚化缘
李兰芳　廖美玲　张正仙	安安送米
沈家兴　李家显	文龙辞妻

京　剧

李长春　李宝光　刘莉莉	强项令
李长春　李宝光	姚　期
杨姐一	盗仙草
辛宝达	逍遥津
王东华	螺丝峪
王东华	战冀州
许嘉宝	天女散花
李长春　李鸣岩	赤桑镇
李长春　李鸣岩	遇皇后
李长春	铡美案
俞大陆　马玉璋　高牧坤	挑滑车
杨少春	
刘长瑜　张曼玲　曲素英	五花洞
沈健瑾　刘长生　寇春华	
司　锌	
朱秉谦　张春孝	断臂说书
李维康　耿其昌	汾河湾
叶少兰　李长春	壮　别
冯志孝　孙　岳　李鸣岩	甘露寺
刘　琪　李　可	扈家庄
刘秀荣　张春孝	穆柯寨
钱浩梁　李景春　李景德	艳阳楼
高牧坤	麒麟阁
张曼玲	青霜剑
王晶华	徐母训子
齐啸云	七郎托兆
刘秀荣　张春孝	虹霓关
孙　岳　袁国林	赠绨袍
张春华	时迁盗甲
杜近芳	生死恨
杨春霞	西厢记

（吴小川　刘沪生）

1988年广播剧目录

中央台

红橄榄
生命交响曲
怪摊
桃花扇
风暴啊，风暴
堵嘴
出卖生命
老八路疼孙子
特殊任务、人际、路灯（小品）
发财、星星亮晶晶（短剧）
大邱庄人（10集）
家庭奏鸣曲（《家教》续集，14集）
浮躁（14集）
评剧皇后（7集）

北京台

拍卖
一本难念的经（5集）
天意和人意
鲁斯兰与柳德米拉（上、下集）
清官泪
魔力
5号宿舍
有意栽花
伞

山西台

拓荒者（5集）
献上一束夜来香
有感于斯文（4集）
桑园里的故事（8集）

辽宁台

雁过留声
滨海深情
失踪的炸弹
冬天的眼睛
吉它，不会沉默
夫妻饭店
秋天总有落叶
一座难过的桥

吉林台

最后的钟声（微型）
花伞（微型）
杭州路10号（微型）
病友（微型）
醉鬼的梦（小品）
我多想……（小品）
长春起义（4集）
人生方程式（6集）
阑尾

黑龙江台

铃兰花覆盖的地下（5集）
公孙鞅（3集）
天上多了一颗星（3集）
金沟的故事（6集）
马铁匠、冯铁匠和他们的女人
都市风流（6集）
半夜敲门
紧急特殊情况
垃圾数字
他涨我也涨
局长的条子
酱猪肚
钱眼儿里的故事
审戏

上海台

在押解死囚的列车上
太太学堂（5集）
鸡不叫了
强盗的烦恼
大洋彼岸的百年恩仇（14集）
天堂并不遥远（16集）
民警中尉
国民公仆（7集）
地平线外（4集）
列车在黎明时到达（立体声）
不知新娘在谁家

江苏台

烦恼人生
两代姻缘（上、下集）
家丑
白兰花
寂寞的蝴蝶
蒺藜刺儿
小村晚秋（4集）

浙江台

海的女儿（立体声童话剧）
丑小鸭（立体声童话剧）
神灯（立体声童话剧）
阿里巴巴和40大盗（立体声童话剧）
康拉德（立体声童话剧）
清高
送你一束夜来香（5集）
鬼怨（戏曲广播剧）
海瑞巧判“偷瓜”（小品）

严子陵的故事（小品）
局倭选花（小品）
阿婆的竹椅（小品）

福建台
国民公仆（7集）
海誓山盟（4集）
“101”在太平洋
青黄不接
98级台阶上的尼姑
香港来的女经理（上、下集）

江西台
含泪的呼唤
凤凰嫂（5集）
微山湖畔
奶奶和我家的波斯猫
祝你运气好
燃烧的暴风雪
老树（4集）

山东台
茅台酒瓶子（微型）
石翠小传（1—6集）
难解的方程
流动的人格
远山，那迷濛的溪流
围困（微型）
老货郎与新货郎
我的战友红霞
说客盈门
柴棚有个老妈妈
太阳前面的我、你、他
龙家庄的故事（上、下集）
浪滩上的女人
借媳妇（戏曲广播剧）
娶婆婆（戏曲广播剧）
金钱的微笑

河南台
圆桌会议
清戏（上、下集）
马屁术
明星厂长
火红的晚霞

一只神奇的鹦鹉
经验之谈
雨涤杨柳
生活是七色光
啊，这个女人
家庭小夜曲
阴影
卖草帽的媳妇
香君恨（3集）
女人的魅力（6集）

湖北台
送你一条红地毯
一张彩票
夕照故乡明
黑眼睛·黄皮肤·白天使
代理厂长的情思（7集）
生活的奥秘（8集）

湖南台
冒险家：一个男人和一个女人(7集)
小贝壳
国公墓
世界，五彩斑斓
星期三的紫罗兰
资格

广东台
草浪（28集）
将计就计
两个贫穷的富翁
爱情的价值
星期天的客人
钻石梦
人间百态（190个微型剧）

广西台
大海无情亦有情
80年代的扯淡
编辑部半日史
柳暗花明
画龙点睛的传说
躁动的夏天
采蜜图

四川台
三国演义：刘备携民、赤壁大战
贝多芬
市长得了阑尾炎

贵州台
寻找人生（5集）
收发室里的笑声（5集）
伸向银行的黑手（5集）

云南台
5次以上的方程没有公式解
陈风当官记
怪摊
作坊的姐们
家庭圆舞曲
插曲
报复股份有限公司（上、下集）
酒歌
泼水节狂欢曲
春游百龙潭
依兰飘香
怕死莫把将军做
白兰花（4集）

甘肃台
是谁错了
谢谢他们，谢谢
百分比
时间和金钱
骆驼和人
并非荒唐的故事
最后一次代笔
狂热和饥饿
溥仪的后裔
是恍惚还是清醒

新疆台
风雨同舟（4集）
冰山难越（4集）
回族诗人尤素甫（6集）
秀野吟诗
今天对昨天的反思
第一位教师

音乐家肖邦
生活的美
邻居
棒槌
于连叔叔
小偷和姑娘
寄生虫
无答案的问题

秦皇岛台
陶八两
太原台
石评梅与高君宇（11集）
乌江怨（6集）
偷笔的孩子（儿童剧）
第三次婚礼
妈妈去上班（小品）
赤峰台
草原风雪夜（小品）
在破败的土堡旁（4集）
丹东台
悼词
瓜地春秋
明月几时有
阜新台
热土
锦州台
路劫
结婚的日子（戏曲广播剧）
本溪台
燃烧的暴风雪
3月的惊悸
沈阳台
在风味饭店里
清官泪
阑尾
租赁厂长（8集）
懒得离婚
通化台
小城，一个多雪的冬天
新闻价值（微型）
涨价以后（微型）
夜光螺（8集）
胸怀
一封感谢信

道拉吉之歌
山魂
吉林市台
景深中的物点（4集）
在黑暗与黎明的交叉点上
祭奠（短剧）
母爱的复苏（短剧）
电话铃又响了（短剧）
长春台
花匠的报酬（微型）
枯树（微型）
画眉相亲（小品）
同林鸟
牧鹿姑娘（2集）
胡家屯轶事（4集）
大庆台
东方阿波罗
海女
月亮湖上的渔屋
明月几时有
黄金梦
没有消失的苦痛
天河桥
伊春台
军人的妻子
那弯曲的小河
生命
齐齐哈尔台
绿森林啊，黑森林（5集）
蓝鸟
养女
乐极生悲（小品）
佳木斯台
一个死囚的新生（5集）
有这样一只出山虎（3集）
一个厂长的画外音
明白
失约（小品）
夜来麻将声（（小品）
缺点儿什么？（小品）
小强和东东（小品）
鹤岗台
英雄的遗腹子
苦果（6集）
失落了的……（小品）

鸡西台
不死的诗魂
双鸭山台
老森林里的一伙黑人（上、下集）
天下第一关
爱的思索
承包风云
牡丹江台
边地
霖芬桥
当代“酒仙”
徐州台
小萝卜头（儿童剧）
连云港台
暖风急流（5集）
白牡丹行动（4集）
苏州台
觉醒
难唱的恋歌
寻找失落的吴歌
风波
价值
南京台
西厢记
王子和阿丽黛
天涯寻梦人
海图神灯（戏曲广播剧）
海峡之声台
牌坊
济南台
奔向太阳升起的地方（17集）
小四合院的人们（5集）
天使的愤怒（16集）
黄河纤夫（10集）
茉莉花（6集）
瓜棚风月（5集）
桃花湾的娘们（9集）
破土（12集）
庄户人家（10集）
我不是骆驼祥子（8集）
延安的孩子（5集）
阮玲玉（14集）
伦敦启示录（5集）
蓝天下一支绿色的歌
山泉

青青石板路
亲人
小村
本报最新消息
在甲板的天篷下面
等他归来的人
一把小提琴
牧师的喜悦
黑塔归团
朝辞白帝彩云间
新闻的尊严
醉花阴
男儿要远行（上、下）
谷场女神
拜年
豆芽
金环与铁柱
蓝色的旋律
清高
魏征谏君
李离伏剑
在废墟下
社会溺爱病
一个柔弱的女人
戏中的戏
幸吉乌次郎
歌女
毁约
母亲在这里
一块面包
保姆
军魂草
戈壁恋
十字街头
两只蟋蟀
心中的路
请君入瓮
双飞燕
照相机皮套
露芭的生日礼物

卓别林过节
逝去的亲人
全脂奶粉
忏悔
范筑先将军
婚礼
汽车大王和葡萄皇后
第十次错误
阿诗玛
减去10岁
带血的手套
一个边防军人的妻子
鸽子
黑色、绿色和白云
红丝带
敬礼妈妈
神秘的银币
我们来相会
奶奶的心事
苹果熟了
青蛙国王
温良敦厚的诈骗犯
夜总会的新节目
女儿经
好事在哪里
人在天涯
路是人走出来的
纤夫
夜走祭子岭
大篷车上
库卡拉恰
我们对门的小酒店
信号塔
清丽春江水
杜十娘
这是一片神奇的土地
苏小妹三难新郎
法尼娜·法尼尼
万元户
风雨黄昏

谁是幽灵
两张头彩彩票
金牌献给母亲
生命曲
生活的强者
赖债庙
心曲
爬满青藤的木屋
康老大
流动的人格
两幅油画
一堂音乐课（儿童剧）
寻找时间的脚（儿童剧）
黑箭（儿童剧）
红旗该给谁（儿童剧）
彩霞的传说（儿童剧）
闪光的灯（儿童剧）
飞蛾、蜘蛛和小姑娘（儿童剧）
秒针历险记（儿童剧）
朱重和朱童
皇帝的新装
一张邮票
带孔的大红枣
小艾莉的星期天
井（4集）
许穆夫人（4集）
女人的力量（6集）
青岛台
破土（12集）
郑州台
赵家屯今日有好
母女怨
衡阳台
茶花岭纪事（4集）
乌鲁木齐台
狼（小品）
爱的和弦（小品）
再见，特克斯
京华梦（5集）

无生产剧目：大兴安岭台。

未报生产剧目：天津台、河北台、内蒙台、大连台、鞍山台、抚顺台、哈尔滨台、大庆台、绥化台、铁岭台、安徽台、淄博台、福州台、厦门台、武汉台、成都台、陕西台、宝鸡台、甘肃台、青海台、宁夏台、兰州台。

（本刊辑）

1988年在中国上演的外国戏剧

·中国剧院(团)上演的外国剧目·

剧名	作者	译者	导演	演出单位	首演时间	复演时间
纽约少年（音乐趣剧）	〔美〕奥伦德·哈里斯	叶小铿	〔美〕奥伦德·哈里斯	中国福利会儿童艺术剧院		1月1日
野猪	〔苏〕维克托·谢尔盖耶维奇·罗佐夫	陈宝辰	李月、刘立滨	中央戏剧学院表演系85班、舞美设计83班、灯光设计85班、舞台技术管理班教学实习演出	1月17日	
伊尔库茨克的故事	〔苏〕阿尔布卓夫	白嗣宏	梁伯龙	同上	1月17日	
回归	〔苏〕A·伽林	沙金	王小琮	甘肃省话剧团（小剧场演出）	1月21日	
罗慕路斯大帝	〔瑞士〕弗里德里希·迪伦马特	叶廷芳	张应湘	上海戏剧学院84级学生公演	1月24日	
红黄蓝（系列笑剧）	〔日〕井上厦（黄维若、吴继成剧本改写）	丛林春	吴继成	中国煤矿文工团话剧团		1月28日
伊尔库茨克的故事	〔苏〕阿尔布卓夫	白嗣宏	娄乃鸣	中华全国总工会文工团话剧团	1月	
动物园的故事	〔美〕爱德华·奥尔比		娄乃鸣	同上	1月	
求婚	〔俄〕契诃夫		雷蔚珠	同上	1月	
蠢货	〔俄〕契诃夫		娄乃鸣	同上	1月	
命运的捉弄	〔苏〕埃·布拉金斯基、埃·梁赞诺夫	陈锌 马志洁	陆久栋	哈尔滨话剧院	1月	
莫斯科的傍晚	〔苏〕A·伽林	赵鼎真	王泉、孙冰	天津人民艺术剧院	1月	
想入非非	〔澳大利亚〕杰克·希伯德	胡文仲	〔澳〕卡里洛·甘德瑞	上海人民艺术剧院	3月8日	
纽约少年（音乐趣剧）	〔美〕奥伦德·哈里斯	叶小铿	王焰	北京市儿童艺术剧团	3月18日	

剧名	作者	译者	导演	演出单位	首演时间	复演时间
伟大的魔法师（儿童幻想喜剧）	〔苏〕维·古巴列夫	叶小铿	康安声	中国福利会儿童艺术剧院（1959年以《仙巾》名演出，现演出作重新处理）	4月4日	
结婚	〔日〕桥田寿贺子	于黛琴	金乃千、唐爱梅	中央戏剧学院表演系84级朝鲜民族班毕业公演	4月15日	
高加索灰阑记	〔德〕贝·布莱希特		陈颙	中国青年艺术剧院（纪念贝·布莱希特诞辰90周年演出）		4月25日
威尼斯商人	〔英〕莎士比亚		陈永森	福建省话剧院	4月	
啊，荒野	〔美〕尤金·奥尼尔			南开大学外文系	5月5日	
地狱之火	〔美〕阿瑟·密勒	聂振雄	银国春、王丽娜	中央戏剧学院表演系84级朝鲜民族班毕业公演	5月8日	
△悲悼	〔美〕尤金·奥尼尔		娄际成、焦晃	复旦大学复旦剧社（上海）	5月21日	
△天边外	〔美〕尤金·奥尼尔	荒芜	耿保生	复旦大学复旦剧社（上海）	5月25日	
快乐的汉斯（儿童剧）	〔日〕多田彻	刘慧敏	赵桂良	新疆话剧团		5月28日
△大神布朗	〔美〕尤金·奥尼尔	鹿金	胡伟民	上海青年话剧团（上海）	5月30日	
△进入黑夜的漫长旅程	〔美〕尤金·奥尼尔	蒋虹丁 蒋嘉	张孚琛（特邀）	南京军区政治部前线话剧团（南京）	5月31日	6月
△悲悼	〔美〕尤金·奥尼尔（邓定维、张应湘改编）	荒芜	张应湘	上海戏剧学院84级毕业公演（上海）	6月1日	
△天边外	〔美〕尤金·奥尼尔	荒芜 白野	熊国栋	江苏省话剧团（南京）	6月5日	
△琼斯皇	〔美〕尤金·奥尼尔	茅白玉	冯昌年	江苏省话剧团（南京）	6月7日	
结婚	〔日〕桥田寿贺子	于黛琴	金乃千、唐爱梅	延边话剧团	6月10日	
安提戈涅	〔希腊〕索福克勒斯	罗念生	罗锦鳞（总导演）、陆久栋、吴继成	哈尔滨话剧院	6月11日（哈尔滨）	7月8日（希腊） 8月2日（北京）
△休伊（独幕剧）	〔美〕尤金·奥尼尔		胡伟民	上海青年话剧团（上海）	6月12日	
△啊，荒野（英语）	〔美〕尤金·奥尼尔		白荣光	复旦大学复旦外文剧社（上海）	6月12日	
△马可·百万	〔美〕尤金·奥尼尔	刘海平 庄国欧	〔美〕杰克逊·菲宾	上海人民艺术剧院（上海）	6月25日	
桥头眺望	〔美〕阿瑟·密勒		糜曾	上海戏剧学院85级教学实习演出	6月25日	
所有人反对所有人	〔法〕阿达莫夫		〔法〕勒内·卢瓦荣	中华全国总工会文工团话剧团	7月1日	

剧名	作者	译者	导演	演出单位	首演时间	复演时间
从弗赖堡来的儿媳	〔南斯拉夫〕勃兰尼斯拉夫·努希奇	冯春	赵国斌	上海戏剧学院85级演出	7月2日	
洋麻将	〔美〕D·L·柯培恩	卢燕	夏淳	北京人民艺术剧院		10月1日
哗变	〔美〕赫尔曼·沃克	英若诚	〔美〕查尔顿·赫斯顿 任鸣	北京人民艺术剧院	10月17日	
豆蔻镇的居民和强盗	〔挪威〕托尔逊·埃格纳	叶君健	廖向红	中国儿童艺术剧院	10月17日	
欲望号街车	〔美〕田纳西·威廉斯		〔英〕迈克·阿尔弗莱兹	天津人民艺术剧院	10月	
审婚	〔罗马尼亚〕		汤纪颖、李健平	南京市话剧团	10月	
排队	〔意〕安东尼		胡向东	复旦大学复旦剧社	11月	
浴血美人	〔法〕克洛德·普兰	董纯 沈大力	王晓鹰	中国青年艺术剧院	12月31日	
罪恶的心	〔美〕柏丝·享莱		〔美〕罗伯特·斯坎南	武汉话剧团	1988年	
蝴蝶夫人（歌剧）	作曲〔意〕G·普契尼，编剧L·伊利卡、G·吉阿果萨	戈宝权 郑兴丽 张承谟	韩冰、陈大林	中央歌剧院		1—2月香港、澳门 7—8月芬兰
卡门（歌剧）	作曲〔法〕乔治·比才，编剧〔法〕亨利·麦雅克、吕多维克·阿莱维	译配孙慧双、郑小瑛	总导演〔法〕勒内·泰拉松，指挥〔法〕让·皮里松、郑小瑛、胡炳旭	中央歌剧院		同上
托斯卡（歌剧）	作曲〔意〕贾科谟·普契尼，编剧〔意〕裘塞佩·贾科萨（根据法国剧作家萨尔杜路易基·伊和卡同名剧本）		张远文，指挥〔美〕帕特里·萨默斯、黄佩琴	上海歌剧院、美国旧金山歌剧院联合演出	4月25日	5月“上海之春”
△鲸油（歌剧）	原著〔美〕尤金·奥尼尔，改编作曲〔美〕比埃特丽斯·劳弗尔	王树元 配词朱江声	叶野，指挥张国勇	上海歌剧院	6月12日	

注：凡打△者，参加纪念尤金·奥尼尔诞辰100周年南京、上海奥尼尔戏剧节。

·外国剧院(团)来华演出的剧目·

剧名	作者	译者	导演	演出单位	演出时间	地点
爱的悲伤、街头音乐剧等				法国哑剧大师布拉戴尔	2月20日	
休伊	〔美〕尤金·奥尼尔		汤姆·麦克迪姆特	美里洛杉矶奥尼尔剧社	6月8日	南京
一仆二主(喜剧)	〔意〕哥尔多尼			意大利阿塔合作剧团	6月15日	北京、扬州南京、上海
乔乔桑	〔澳〕丹尼尔·凯恩		杰夫·胡克	澳大利亚墨尔本戏剧匣剧院	9月30日	北京、上海南京
汉斯·安徒生之恋	〔丹麦〕约翰·凡里比瓦利·克罗斯、托米·斯蒂尔,作词作曲弗兰克·雷萨,编曲唐·沃克		〔日〕浅利庆太	日本四季剧团	10月22日	北京
年糕树、石头·剪子·布				日本影法师剧团	10月26日	上海

(本刊辑)

戏剧院校统计

全国戏剧学院、艺术学院（戏剧专业）设置情况

（1987—1988学年度）

专业设置及学员人数	院长（负责人）	在校学生			应届毕业生			专任教师
		本科生	专科生	研究生	本科生	专科生	研究生	
〔中央戏剧学院〕 戏剧文学54 话剧导演38 话剧表演62 舞美系服装设计15绘景6 舞美设计35 灯光10技术管理12 戏曲导演干部专修班12（大专） 表演系大庆班18（大专） 表演干部专修班26（大专）	徐晓钟	232	56	36	41	32	6	教授14 副教授50 讲师66 助教9
〔中国戏曲学院〕 戏曲文学49 戏曲表演69 戏曲音乐13 舞台美术24	俞 琳	75	80			16		教授2 副教授17 讲师36 助教17 教员20
〔中央音乐学院〕 声乐歌剧系97	赵 沨（名誉） 于润洋	52	15	2	8	7		教授6 副教授12 讲师9 助教6
〔中国音乐学院〕 歌剧专业66	李西安	24	42		7	29		教授1 副教授5 讲师12 助教3 教员3
〔中国人民解放军艺术学院〕 戏剧系话剧表演24 全军电视专题片编辑短训班10	邓 斌		24					副教授7 讲师14 助教1

专业设置及学员人数	院长（负责人）	在校学生			应届毕业生			专任教师
		本科生	专科生	研究生	本科生	专科生	研究生	
〔吉林艺术学院〕								
戏剧系戏文11导演11表演36影视编导10	邓也穆	58	10					副教授2　讲师23　助教12
〔吉林艺术学院延边分院〕								
话剧系（未招生）	金之镇							教师3
〔上海戏剧学院〕								
话剧表演88　舞台美术设计38灯光设计32化妆设计26服装设计32　戏剧理论27　话剧导演17　戏剧创作31　委托培养电影导演20话剧表演45舞台美术设计1　干部专修科戏剧创作17	陈恭敏	291		24		32	2	教授4　副教授34　讲师79　助教28　教员3
〔山东艺术学院〕								
戏剧系话剧表演29舞台美术15	高　九	44				22		教授2　副教授6　讲师11　助教9　教师1
〔武汉音乐学院〕								
歌剧班16（进修生）戏曲音乐研究1　戏曲曲式1	童忠良		1	1			1	教授1　副教授4　教师1
〔云南艺术学院〕								
戏剧系戏剧（电视）编导29戏剧（影视）表演24戏曲导演干部专修科14	叶公贤		67					副教授3　讲师5　助教2　教师14
〔贵州艺术专科学校〕（大专）								
戏剧表演23　戏剧文学8　导演7	涂尘野		38					专业教师9（含外聘）
〔安徽省艺术学校〕（大专班）								
导演20　戏曲美术6	周心田		26					
〔福建艺术学校〕（大专班）								
编剧6　舞台美术28	邵钟世		34					

全国中等戏剧学校设置情况

（1987—1988学年度）

专业设置及学员人数	校长（负责人）	在校学生	应届毕业生	专任教师
〔中国戏曲学院〕（中专） 表演专业155　音乐专业67　舞台美术专业48	贯　涌	270		101
〔北京市戏曲学校〕 京剧表演69　昆曲表演48　话剧表演26　评剧表演48　戏曲音乐20　曲剧表演16　木偶表演11　木偶制作7	佟志贤	114	131	66
〔天津市戏曲学校〕（1988年1月更名为天津市艺术学校） 京剧50　评剧33　河北梆子34　舞台管理22　戏曲音乐52　舞蹈专业47　京剧演员(代培)32乐队(代培)8	黄启书（代）	335	57	121
〔河北省艺术学校〕 河北梆子88　京剧52	邱　林	140	110	75
〔唐山市职业艺术学校〕 评剧　唐剧（未招新生）	马秀荣			56
〔石家庄地区职业戏曲学校〕 河北梆子　丝弦（未招新生）	张树祺		50	50
〔张家口地区戏剧学校〕 晋剧表演40　晋剧音乐25	张保平	65		43
〔山西省戏曲学校〕 晋剧表演126　晋剧音乐45　舞台美术15　戏剧史论22	蒋振中	331	134	144
〔晋中地区艺术学校〕 晋剧表演83　戏曲音乐21	程玉英	160	24	61
〔运城地区艺术学校〕 蒲剧表演97　蒲剧音乐29	王秀兰	186	40	47
〔临汾地区艺术学校〕 蒲剧表演86　戏曲音乐25	张玉明	171	68	46
〔忻州地区艺术学校〕 北路梆子表演30　北路梆子音乐25　舞台美术20	王建军	75	25	32
〔太原市艺术学校〕 晋剧表演78　晋剧音乐21	荣　峥	170		55

专业设置及学员人数	校长（负责人）	在校学生	应届毕业生	专任教师
〔阳泉市文艺班〕 晋剧表演40	高爱卿	75	6	22
〔大同市艺术学校〕 耍孩15 舞台美术10	王庆云	75		31
〔长冶市艺术学校〕 上党戏曲71	马天云	141		37
〔吕梁地区艺术学校〕 碗碗腔50 晋剧表演61 晋剧音乐5 舞台美术5	凌书怀	159		30
〔雁北地区艺术学校〕 戏曲音乐35 北路梆子表演70	刘振宇	313	70	74
〔辽宁省戏剧学校〕 京剧表演47 评剧表演54 京评剧音乐伴奏30 舞台美术（未招生）	张文鸣	125		160
〔沈阳市艺术学校〕 评剧45	张德久			10
〔吉林省戏曲学校〕 评剧49 吉剧62 舞台美术25 地方戏（未招生）	邓惜华	136		93
〔黑龙江艺术学校〕 京剧表演47 京剧音乐10 评剧表演8 评剧音乐4 地方戏表演29 地方戏音乐5 编剧28	王　崇	131	62	65
〔上海市戏曲学校〕 京剧演员班55 越剧演员班12 越剧音乐班17 昆剧演员班58 昆剧音乐班25 沪剧演员班48 评弹班10	俞振飞（名誉） 刘名祯	226		113
〔江苏省戏剧学校〕 话剧表演39 锡剧表演25 编剧专业15 舞美专业39 舞蹈专业71	戴相勤（负责人）	288	99	175
〔连云港市艺术学校〕 京剧班35	杨夏一	35		24
〔盐城市戏剧学校〕 淮剧表演72 淮剧音乐伴奏18	司宏钟	90		29
〔苏州市艺术学校〕 锡剧表演12 滑稽戏表演14	邹家源	26	26	21
〔浙江艺术学校〕 越剧表演58 越剧音乐伴奏13 舞台美术20	於爱如	129	38	43

专业设置及学员人数	校长（负责人）	在校学生	应届毕业生	专任教师
〔安徽省艺术学校〕				
黄梅戏表演29　成人表演22　戏曲音乐22	周心田	99		89
〔安徽省黄梅戏学校〕				
黄梅戏表演90　黄梅戏音乐32　舞美28	潘忠仁	156	6	72
〔福建艺术学校〕				
地方戏曲表演115　地方戏曲音乐伴奏5　话剧表演11　歌剧表演35　木偶表演9　木偶雕刻3	邵钟世	192		74
〔江西省文艺学校〕				
高安采茶20　武宁采茶15　九江京剧35　广昌采茶28　瑞昌采茶11　萍乡采茶22　都昌黄梅15　抚州采茶30　宜春采茶26　吉安采茶40　上饶赣剧15　新余歌剧9	顾旭光	266	142	
〔山东省艺术学校〕				
演员专业49　音乐专业23　舞美科23　吕剧演员35音乐30　柳子演员35　职工进修班77	殷宝忠	278	55	124
〔山东省潍坊艺术学校〕				
吕剧表演专业22　戏曲音乐伴奏专业13　京剧表演专业（未招生）	王振民	35		42
〔山东省烟台艺术学校〕				
京剧表演26　京剧演奏12　吕剧表演48　吕剧演奏26	解际宸	112	36	81
〔山东省临沂地区艺术学校〕				
京剧表演27　柳琴戏表演8　戏曲音乐伴奏7	王振衡	42		21
〔河南省戏曲学校〕				
戏曲表演30　戏曲伴奏33　舞台美术39	袁文娜	48	88	84
〔河南省濮阳地区戏曲学校〕				
戏曲表演99　戏曲伴奏60	黄发国	88	60	32
〔河南省商丘地区戏曲学校〕				
戏曲表演53　戏曲伴奏30	韦　震	34	78	48
〔河南省南阳地区戏曲学校〕				
戏曲表演140　戏曲伴奏35　曲艺26	杨自清	129	72	33
〔河南省许昌文化艺术学校〕				
戏曲表演50　戏曲伴奏36	赵端午	63	56	36

专业设置及学员人数	校长（负责人）	在校学生	应届毕业生	专任教师
〔河南省开封文化艺术学校〕 戏曲表演16 戏曲伴奏8	陶光宙	16		7
〔河南省郑州文化艺术学校〕 戏曲表演58 戏曲伴奏20	黄正伦	78		36
〔河南省新乡文化艺术学校〕 戏曲表演46 戏曲伴奏16	李怀清	62	25	28
〔河南省洛阳文艺学校〕 戏曲表演63 戏曲伴奏38 舞台美术19	王良利	86	56	69
〔河南省驻马店文艺学校〕 戏曲表演 戏曲伴奏(均未招生)	方仲根			16
〔湖北省艺术学校〕 歌剧专业14 话剧专业20 汉剧专业29	阎恒凯	86	18	73
〔湖北省黄石市艺术学校〕 戏曲专业20	骆传林	60		11
〔湖北省黄冈地区艺术学校〕 黄梅戏专业53 艺术管理专业52	邱克	105	26	37
〔荆州地区艺术学校〕 荆州花鼓戏120 荆州花鼓戏伴奏19	周传志	139		27
〔湖南省艺术学校〕 湘剧科67 长沙花鼓科47 湘昆科30 话剧班23 皮影木偶30 阳戏科40	王一飞	237		94
〔邵阳戏曲学校〕 祁剧表演77 祁剧音乐13	易钧华	90		18
〔衡阳戏曲学校〕 衡阳湘剧35 衡阳花鼓45	谭保成（名誉） 唐佐楹	80		14
〔常德市戏曲学校〕 武陵剧表演24 武陵剧音乐8 常德花鼓戏表演23 常德花鼓戏音乐6	邬里奇	61		18
〔广东粤剧学校〕 戏曲表演77 戏曲音乐29	李国秀	106		43
〔汕头戏曲学校〕 戏曲表演38 戏曲音乐13	詹植三	51		26
〔梅州市艺术学校〕 戏曲表演35 戏曲音乐8	徐向荣	43		29
〔湛江艺术学校〕 戏曲表演80 戏曲音乐25	孙俊庭	105		38

专业设置及学员人数	校长（负责人）	在校学生	应届毕业生	专任教师
〔海南琼剧学校〕				
戏曲表演34 戏曲音乐13	李业耀	47		36
〔广西艺术学校〕				
彩调班40 话剧表演17 木偶班18 粤剧班40	尹 羲（名誉） 杨令燕	115	40	61
〔四川省川剧学校〕				
史论班22 导演班16 成人班50 演员班30 音乐班20 校外班 160	赵培镛	298	34	107
〔贵州省艺术学校〕				
花灯科表演 77	陈敦品	77		27
〔云南省文艺学校〕				
京剧科31 滇剧科53 花灯科40 话剧科17 舞美科36	向钧治	177		72
〔西藏自治区艺术学校〕				
藏戏班（未招新生）话剧班16	阿旺克村	16		4
〔陕西省艺术学校〕				
新疆戏曲表演班30 青海戏曲表演班35 戏曲表演班30 歌剧班10 舞台美术班13 音乐伴奏班21 长安戏曲表演班27	薛增禄	166	21	147
〔西安市艺术学校〕				
秦腔表演53 儿童剧表演31 舞台美术16 音乐伴奏23	邹文林	123		125
〔甘肃省艺术学校〕				
秦剧表演47 秦剧音乐 陇剧 京剧（均未招新生）	高今荣	47	47	

（本刊辑）

中国剧协各地分会一览

剧协北京分会

地址：北京市西长安街7号
邮政编码：100031
电话：66.7019
主席：曹　禺
副主席：张梦庚　夏　淳　马少波　赵燕侠
　　胡　沙　李桂云　马祥麟　魏喜奎

剧协天津分会

地址：天津市河西区台儿庄51号铁路宾馆内
主席：赵　路
名誉主席：王雪波
副主席：石　路　陈佩华　吴同宾　马少良
　　杨荣环　高长德　孔祥玉　高介云

剧协河北分会

地址：石家庄市石岗大街市庄路2号
邮政编码：050061
电话：74.1131
主席：裴艳玲
副主席：王正西　王仲德（兼秘书长）　宋英杰
　　尚羡智　赵德平　韩占武　魏淙江

剧协山西分会

地址：太原市五一广场侯家巷1号
邮政编码：030001
电话：223968
主席：贾　克
副主席兼常务书记：王笑林

剧协内蒙古分会

名誉主席：超克图纳仁
主席：娅　茹
副主席：李小春　高　彬　李凤阁　赵纪鑫
　　白荣庭　查洪武　王鸿喜

剧协辽宁分会

地址：沈阳市和平区三段一里1号
邮政编码：110003
电话：21972
常务副主席：项　冶
副秘书长：胡献阁

剧协吉林分会

地址：长春市工农广场科学会堂13楼
电话：883121　883132—531
主席：胡　苏
副主席：吴景春　赵羽翔　陈正岩　吴　飞
　　许东活
秘书长：吴英俊

剧协黑龙江分会

地址：哈尔滨市南岗区跃景街16号
邮政编码：150006
电话：30924
主席：张玉林
常务副主席兼秘书长：向　阳

剧协上海分会

地址：上海延安西路238号
电话：513323
主席：于　伶
副主席：俞振飞　袁雪芬　黄佐临　童芷苓
　　任德耀　孙浩然　姚时晓　石凌鹤

丁是娥
副秘书长（主持工作）：张丙昆

剧协江苏分会
地址：南京市宁海路126 号
邮政编码：210024
电话：636632
副主席：梁　冰
秘书长：陈　坤
负责人：谭慕平

剧协浙江分会
地址：杭州建德路9号
邮政编码：310006
电话：778991—86（剧协）
驻会副主席：李光耀
秘书长：王秀涛

剧协安徽分会
地址：合肥市宿州路9号
邮政编码：230001
电话：52574
名誉主席：余　耘　左　平
主席：蓝　天
副主席：马　兰　陈发仁　刘永璜　刘云程
方　白　完艺舟　柏龙驹　王汝贵
秘书长：王汝贵
副秘书长：朱文珍

剧协福建分会
地址：福州西洪路凤凰池
邮政编码：350002
电话：32828
主席：柯子铭
副主席：陈贻亮　叶洪威　胡奇明　郑怀兴
秘书长：林　明

剧协江西分会
地址：南昌八一大道141 号
邮政编码：330046
电话：67377
驻会副主席：李虎臣

剧协山东分会
地址：济南市经六路小纬二路117 号
邮政编码：250001
电话：21475转剧协
主席：高玉铭
副主席：刘小衡
秘书长：郭书伟

剧协河南分会
地址：郑州市经七路34号
邮政编码：450003
电话：31364—102
秘书长：周玉迅
副秘书长：荆　桦

剧协湖北分会
地址：武汉市东湖东亭二路特1号
邮政编码：430000
电话：813374
主席：阮润学
驻会副主席兼秘书长：白金亮
副主席：陈先祥　余笑予　沈虹光　李志高
李喜华　朱春牛　胡新中

剧协湖南分会
地址：长沙市八一西路35号
电话：23249
主席：铁　可
副主席兼秘书长：周峥嵘

剧协广东分会
地址：广州市文德路79号
电话：340405
主席：李　门
副主席：唐　瑜　范　敏　陈仕元

剧协广西分会
地址：南宁市建政路28号
邮政编码：530023
电话：23613
主席：张化声
副主席：郑继馨　黄婉秋　祝锦炎　韦壮凡
潘楚华
常务副主席兼秘书长：莫　右（驻会）

剧协四川分会
地址：成都市布后街2号

邮政编码：610017

电话：663834

秘书长：庞家声

副主席：高　鹏　杜旭民　尚艾仁　叶增宽
张克瑶　刘法鲁　陈正庆　尚长荣

秘书长：李民生

剧协贵州分会

地址：贵阳市科学路66号

邮政编码：550002

电话：22033

主席：武光瑞

副主席：谢振东　林　薇　魏　然　熊亦农
王　呐

副主席兼秘书长：洪家尧

剧协云南分会

地址：昆明市翠湖北路1号

邮政编码：650031

电话：27916

主席：杨　明

副主席：关肃霜　谭碧波　郭少川

秘书长：姜家俊

剧协西藏分会

电话：24134　23774

主席：大旺堆

副主席：胡金安　罗布杰

剧协陕西分会

地址：西安市东木头市172号

邮政编码：710001

电话：2－2477

名誉主席：鱼　讯

主席：杨　兴

剧协甘肃分会

地址：兰州市东岗西路284号

邮政编码：730000

主席：程士荣

副主席：陈　光

秘书长：李　迟

剧协青海分会

地址：西宁市黄河路12号

邮政编码：180001

电话：45042

主席：张武明

常务副主席兼秘书长：李　振

剧协宁夏分会

地址：银川市文化东街23号

邮政编码：750001

电话：26324

主席：殷元和

剧协新疆分会

地址：乌鲁木齐市民主路

邮政编码：830002

电话：77914

主席：斯拉吉丁·则帕尔

秘书长：戴治琼

（本刊辑）

关于部分直属艺术表演团体领导人员试行聘任制的暂行规定

各司局，各直属艺术表演团体：

多年来实行的由政府文化主管机关委任艺术院团领导人员的单一模式，现已证明不能充分反映艺术表演工作的特点，也难以适应改革、开放、搞活方针的继续贯彻。今后对我部直属艺术表演团体领导班子的调整，可视需要和可能，分别采用聘任、民主选举、公开召标、承包等方式，通过试点，积累经验，把选拔艺术生产经营实体管理人才的工作同过去委任制的做法区别开来，使领导班子调整后的院团逐步过渡到“院（团）长负责制”、“艺术总监负责制”、“导演中心”制、“主演委托”制等新的管理模式，从领导体制的变革，来推动整个文艺管理体制的改革。

聘任制是改革艺术表演团体人事制度的方式之一，可在部分艺术表演团体中试行。现就试行部直属艺术表演团体领导人员聘任制的具体做法，作如下暂行规定：

一、这里所说的艺术院团的领导人员是指院（团）长、艺术总监、经理等正副职人员。他们的基本任职条件是：能够认真贯彻党的路线、方针、政策，执行部对本单位制定的业务方针，具有改革精神，善于管理，作风正派，身体健康。

二、直属艺术院团领导人员的聘任程序是：正职由艺术局提名，经干部司复核后报部审定，由艺术局正式聘任；副职由受聘的院（团）长、艺术总监、经理等正职人员提名、报艺术局审核，经干部司会审同意，并报经主管业务和干部工作的副部长批准，由正职人员正式聘任。

三、聘任期每届一般为3年，最长不超过5年。表现称职，工作需要的，可以连聘连任。

四、受聘人员在任期内实行任期责任制，提出任期内的明确任务和责任目标，并由正职人员与艺术局负责人签订合同。受聘人员在任期内可以享受与原艺术表演团体行政领导人员相应级别的政治、生活、工资待遇；解聘后不再享受上述待遇。

五、艺术局和受聘人员都应严格履行聘任合同的规定，如艺术局不能履行聘任合同的规定，使受聘人员无法正常进行工作，受聘人员有权提出辞职；如受聘人员不能履行聘任合同的规定，给院团的业务活动和经营活动造成严重损失，艺术局有权提出解聘。受聘人员辞职的程序是：由辞职人提出书面报告陈述理由，经聘任部门审核批准后生效。解聘的程序是：属于正职人员，由艺术局提出报部审定；属于副职人员，由正职人员提出报艺术局审定。

六、对受聘人员每年进行一次全面考核。考核结果作为对受聘人员奖惩和解聘、批准辞职或续聘的重要依据。

七、试行过程中的未尽事宜，可由艺术局与有关部门、受聘人员共同协商解决。

1988年9月12日

（《文化部文件》文干字（88）第705号　1988年9月22日印发）

编 后 记

《中国戏剧年鉴》1989卷在极其困难的情况下终于问世，与读者见面了。

由于种种原因，特别是经济的原因，近年来《中国戏剧年鉴》始终处于非常状态。在这种状态下，已经编好的86卷不能发厂，材料、稿件已集大半的87卷无法进入编辑阶段。1988年境况越加困顿，不只是88卷的编辑工作提不到日程，年鉴的生存都成了问题。过重的经济压力使中国戏剧出版社再也无力负担年鉴的亏损，中国戏剧家协会又无专项经费，《中国戏剧年鉴》面临停刊的威胁。

但是，戏剧是中国现代文化的重要组成部分。中国的戏剧，历史如此悠久，复盖面如此广大，影响如此深厚，越来越为世界所瞩目，是不能没有一部史册型的戏剧年鉴来纪录其历史发展轨迹的。从1981年以来，《中国戏剧年鉴》已出版5卷，一些中外戏剧专家、学者，包括曹禺同志，评价它是戏剧文化积累的基础工程，是精神文化不可缺少的重要文献资料。基于这样的认识，《中国戏剧年鉴》编辑部的部分成员决定承担风险，进行承包，自筹经费办年鉴。这个行动得到我们的上级领导——中国戏剧家协会书记处的支持，并批准成立"中国戏剧年鉴社"。《中国戏剧年鉴》终于暂时存活下来。

承包的决定是在1988年秋认可的。编辑部与剧协领导协议，承包始自1989卷年鉴的编辑、出版工作，因种种原因未能出版的1986年至1988年卷3本，在适当的时候由双方协商办法补出。编辑、出版上这一不得已的变通，请读者予以谅解。

《中国戏剧年鉴》承包办刊过程中得到多方的支持，包括经济上的支持。福建、江苏、广西、山东、贵州、安徽、广东、天津、河南等省（市、自治区）文化厅（局）系统和剧协分会鼎力相助，例如福建省文化厅、剧协分会和戏研所，他们于1987年年鉴在福建举行首次特约编辑会议时就给予多种支援，此次年鉴处于生死关头时一如既往。《中国戏剧年鉴》各省（市、自治区）的特约编辑，如何迺强、张泉俤、白云龙、谢振东、王敬一、李惠珍、苏家驹、陈维光、吴元骧、李迟、甄光俊等，他们全力奔走，想方设法为年鉴寻找生路。戏剧界前辈给予了精神和道义上的支持。中直、部属和各地戏剧界的专家、同行如林明、翟斌、葛芸生、梁冰、张晶、杨兰春、洪家尧等，以及各界关心戏剧的朋友如蔡安安先生等，都给予了精神或物质的支援。中国文联出版公司在我们陷入极端困境的时候，毅然伸出救援之手，帮助解决了出版的难题。凡此种种，使《中国戏剧年鉴》全体成员深受感动和鼓舞，增强了坚守阵地的勇气和信心。在此，编辑部全体同仁表示衷心的感谢。

年鉴是一种兼具文献性、学术性、工具性，并不断储存大量信息和资料的书刊。这种特点决定它本身是不可能自负盈亏的。象《中国戏剧年鉴》这类专业性很强的年鉴，今后很可能要走社会化办刊的路子。我们已作好了思想准备，并在这一期开始进行了一些试验，希望戏剧界的同行和各界朋友们继续给予支持和帮助，共同来维护中国这样一个戏剧大国不能没有的戏剧年鉴。

《中国戏剧年鉴》编辑部

1989年4月

中国戏剧年鉴

中国戏剧年鉴编辑部

地址：北京东四八条52号（100700）

电话：44.0410

首届中国戏剧节

↖ 寻梦 （话剧）中国铁路文工团演出 孙秀樱摄

↙ 晨钟惊梦 （京剧）北京京剧院演出 孙秀樱摄

↙ 南唐遗事 （昆剧）北方昆曲剧院演出 钱祖会摄

← 黑色的石头 （话剧）大庆市话剧团演出

↓ 欲望号街车 （话剧）天津人民艺术剧院演出

孙秀樱摄

⊸ 膏药章（京剧）湖北省京剧团演出　刘金初摄

⤷ 小桥流水（话剧）贵州省铜仁地区文工团演出　孙秀樱摄

⤷ 公寓·13（歌剧）郴州地区歌舞剧团演出　冯　之摄

⤹ 琼斯皇（话剧）江苏省话剧团演出　孙秀樱摄

⤹ 决战淮海（话剧）中国人民解放军总政话剧团演出　孙秀樱摄

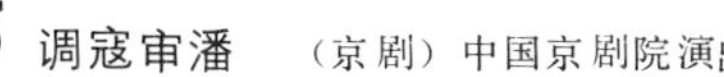

调寇审潘　（京剧）中国京剧院演出　甄　雷摄

夕照祁山　（川剧）自贡市川剧团演出　王世荣摄

钟离春　（老调）保定地区老调一团演出　刘双录摄

陆文龙　（河北梆子）河北省河北梆子剧院演出　周　村摄

探母吟　（京剧）天津京剧团演出　陈　昕摄

司文郎　（豫剧）河南省豫剧二团演出　王信军摄

⊸ 爱新觉罗·多尔衮 （评剧）

白城市评剧团演出 周永泰摄

⌕ 母女怨 （豫剧）河南省通许县豫剧团演出

王信军摄

♀ 卖碗 （秦腔）宁夏秦腔剧团演出 王金熔摄

♀ 瓦氏夫人 （壮剧）广西壮剧团

南宁供电局文艺队联合演出 唐晓鹂摄

♀ 有盼 （歌剧）内蒙古伊克昭盟达拉特旗乌兰牧骑演出 赵文慧摄

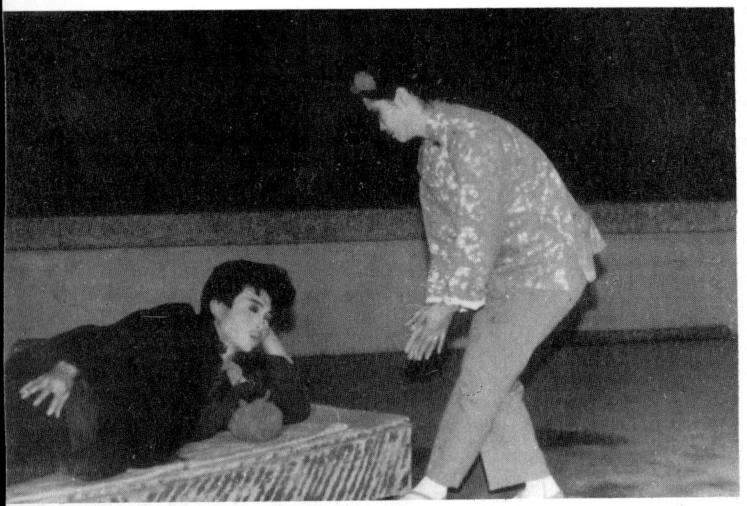

-○ 风流寡妇　（评剧）沈阳评剧院

沈阳汽车制造厂经济文化联合体二团演出　代明贺摄

⚲ 香港行　（京剧）中国京剧院演出　甄　雷摄

⚲ 独钓寒江雪　（桂剧）柳州市桂剧团演出　白云龙摄

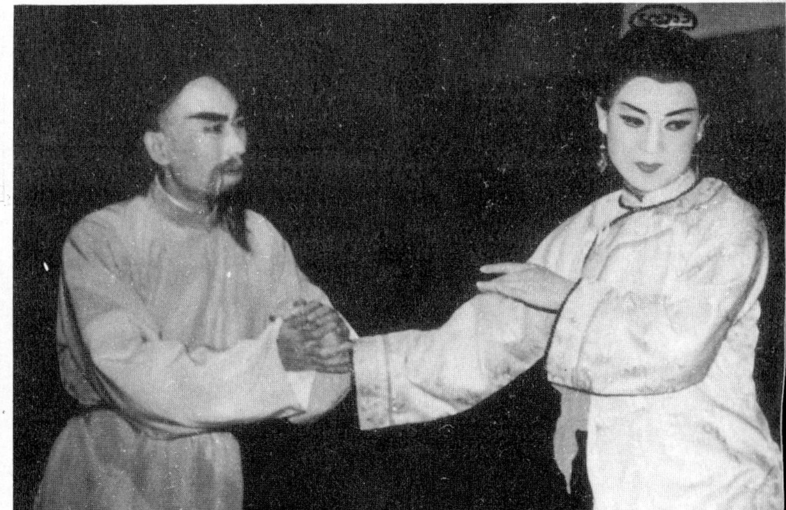

孟姜女　（河北梆子）北京河北梆子剧团演出

郭夏霞摄

钱南园　（滇剧）昆明市滇剧团演出　李希麟摄

问君能有几多愁　（越剧）上海越剧院一团演出

阿克苏，你好！（话剧）阿克苏文工团演出　剧团供稿

归来的情哥（豫剧）河南省豫剧三团演出　李明宣摄

两个女人和一个男人　（眉户剧）山西临汾地区眉户剧团演出　张武林摄

风暴过洞庭　（花鼓戏）湖南沅江县花鼓戏剧团演出　谭兆龙摄

寡妇·光棍　（话剧）河北省话剧团演出　张少明摄

两地家书（上党梆子）山西省晋城市上党梆子青年团演出　张武林摄

○ 五月早晨的丹麦王子　（话剧）湖南省话剧团演出

黄建国摄

回头是爱　（话剧）吉林市话剧团演出　董庆吉摄

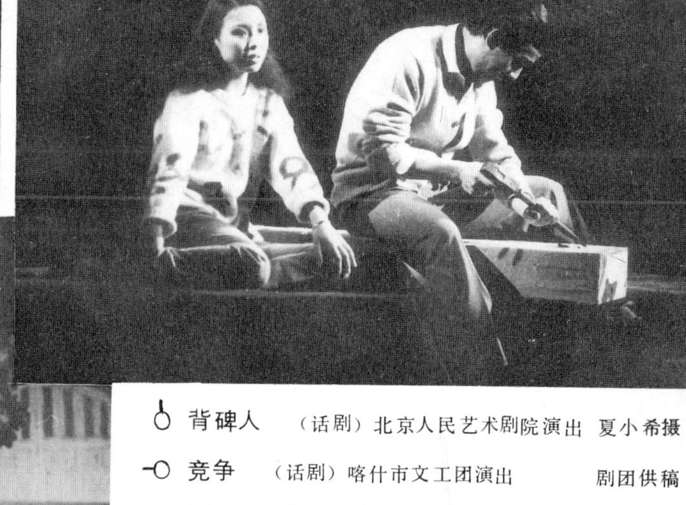

背碑人　（话剧）北京人民艺术剧院演出　夏小希摄

竞争　（话剧）喀什市文工团演出　剧团供稿

西尔买买提是个机灵的孩子　（话剧）

新疆浦洛县文工团演出　剧团供稿

秦始皇　（话剧）辽宁人民艺术剧院演出　王　旭摄

咫尺天涯 （歌剧）甘肃省歌剧团演出

跳蚤 （儿童剧）四川人民艺术剧院演出 田 大摄

宝贝蛋与男子汉 （儿童剧）宁夏话剧团演出 沙 军摄

特殊夏令营 （儿童剧）辽宁儿童艺术剧院演出 赵贤杰 温百儒摄

八仙过海 （木偶）中国木偶艺术剧团演出 剧团供稿

首届中国戏剧节

曹禺

节妇吟　（梨园戏）福建省梨园戏实验剧团演出

孙秀樱摄

天下第一楼　（话剧）北京人民艺术剧院演出

苏德新摄

契丹魂　（评剧）长春评剧院演出　剧团供稿

山鬼　（湘剧）湖南省湘剧院演出　沈吾惇摄

火神与秋女　（话剧）中国青年艺术剧院演出

陈阿丁摄

契丹太子 （京剧）锦州市京剧团演出

少年天子 （曲剧）北京市曲剧团演出

刘 岩摄

花轿错 （闽剧）福建省实验闽剧团演出

赵君奇摄

曹操与杨修 （京剧）上海京剧院演出

钱自清摄

康熙大帝 （京剧）沈阳京剧院一团演出

代明贺摄

潘月樵传奇 （京剧）上海京剧院演出

钱自清摄

○ 华清池　（川剧）绵阳市川剧团演出　陈　彦摄

○ 甘棠夫人　（京剧）中国京剧院演出　甄　雷摄

○ 桑树坪纪事　（话剧）中央戏剧学院表演系86届干修班演出　文武周摄

○ 丰州滩传奇　（漫瀚）包头市漫瀚剧团演出　王鹏威　王书珊摄

○ 寡妇树的故事　（话剧）福建省话剧院演出　赵君奇摄

○ 洪荒大裂变　（京剧）武汉市京剧团演出　彭维模摄

哗变 （话剧）北京人民艺术剧院演出 苏德新摄

我一点也不快活 （儿童剧）中国福利会儿童艺术剧院演出 方缊华摄

水上吉卜赛 （话剧）河南省话剧团演出 王信军摄

天狼星 （话剧）中国青年艺术剧院演出 陈阿丁摄

好梦 （话剧）福建省话剧院实验剧团演出 程天琦摄

爱情变奏曲 （话剧）吉林市话剧团演出 董庆吉摄

桑树坪纪事　（话剧）刘元声设计

马可百万　（话剧）崔可迪　莫少江设计

仰天长啸　（歌剧）周本义　金长烈设计

美的旋律　（歌剧）里公木设计

中国龙口啤酒厂

龙口啤酒厂座落在风景秀丽、气候宜人、交通方便的对外开放港口——龙口市，占地总面积67,000平方米。龙口啤酒厂引进国外80年代先进水平包装生产线，有总容量3400m^3锥形露天发酵罐48座、发酵应用微机监控以及国内一流的化验、检测设施，利用当地优良的地下水，选用进口优级大麦和新疆一级酒花，生产"寰龙"牌龙口啤酒，是具有5万吨生产能力的专业厂。

龙口啤酒泡沫细腻，挂杯持久，酒液清澈透明，口味纯正，富有充足的二氧化碳，并有明显的酒花香，畅销全国十几个省市，并出口销往东南亚地区，赢得国内外消费者好评。在1986年全国首届日用消费品评选活动中，被评为"信得过"产品，获"信任杯"。1987年特制龙口啤酒在农牧渔业部啤酒评比中以最高分数夺魁，荣获部优产品称号，1988年又获省优产品称号，在同年7月哈尔滨国际啤酒博览会上获"金熊杯"奖。